EL INVERSOR INTELIGENTE

A través de los diversos azares, a través de todas las vicisitudes, cubrimos nuestro camino...

Eneida

EL INVERSOR INTELIGENTE

UN LIBRO DE ASESORAMIENTO PRÁCTICO

EDICIÓN REVISADA

BENJAMIN GRAHAM

HarperEnfoque

HarperEnfoque

Publicado en Nashville, Tennessee, Estados Unidos de América
Harper*Enfoque* es una marca registrada
de HarperCollins Christian Publishing, Inc.

Diseño de cubierta: Nancy Singer Olaguera
Traducción: *Idoia Bengoechea*

ISBN: 978-1-4003-4326-3
ISBN: 978-1-4003-4327-0 (eBook)

Índice

Prefacio a la cuarta edición, por Warren E. Buffett

Leí la primera edición de este libro a principios de 1950, cuando tenía diecinueve años. En aquel momento pensé que era, con gran diferencia, el mejor libro sobre inversión que se había escrito en toda la historia. Sigo pensando lo mismo.

Para invertir con éxito durante toda la vida no es necesario un coeficiente intelectual estratosférico, un conocimiento empresarial extraordinario ni información privilegiada. Lo que hace falta es una infraestructura intelectual que permita adoptar decisiones y la capacidad de evitar que las emociones deterioren esa infraestructura. Este libro establece de manera precisa y clara la infraestructura que hace falta. A usted le corresponde aportar la disciplina emocional.

Si sigue los principios de comportamiento y de negocio que propone Graham, y si presta especial atención a los valiosísimos consejos contenidos en los capítulos 8 y 20, sus inversiones no rendirán frutos decepcionantes. (Eso tiene más mérito de lo que pueda creer usted). El que consiga resultados extraordinarios o no dependerá del esfuerzo y el intelecto que aplique a sus inversiones, así como de las oscilaciones provocadas por la irracionalidad del mercado que se produzcan durante su carrera de inversión. Cuanto más irracional sea el comportamiento del mercado, más oportunidades tendrá el inversor que se comporte de manera profesional. Siga las indicaciones de Graham y se beneficiará de la irracionalidad, en lugar de ser víctima de ella.

Para mí, Ben Graham fue mucho más que un autor o un profesor. Él influyó en mi vida mucho más que cualquier otra persona, salvo mi padre. Poco después del fallecimiento de Ben en 1976, escribí el siguiente obituario breve sobre él en el *Financial Analysts Journal*. A medida que avancen en la lectura del libro, creo que percibirán alguno de los rasgos que menciono en este homenaje.

BENJAMIN GRAHAM
1894 – 1976

Hace varios años Ben Graham, que en aquella época tenía casi 80 años de edad, manifestó a un amigo la idea de que esperaba hacer todos los días «algo alocado, algo creativo y algo generoso».

La inclusión de ese primer objetivo caprichoso reflejaba su gran habilidad para expresar las ideas de una manera en la que no tienen cabida la exageración, el afán de dar lecciones o el engreimiento. Aunque sus ideas tenían un gran potencial, su forma de expresarlas era indefectiblemente amable.

A los lectores de esta revista no les hace falta que me explaye sobre los logros que obtuvo desde el punto de vista de la creatividad. Es muy frecuente que el fundador de una disciplina vea eclipsado su trabajo por el de sus sucesores en un plazo relativamente breve. Sin embargo, cuarenta años después de la publicación del libro que aportó estructura y razonamiento lógico a una actividad desordenada y confusa, resulta difícil destacar posibles candidatos incluso para el puesto de segundo clasificado en el terreno del análisis de valores. En un terreno en el que buena parte de las teorías parecen insensateces pocas semanas o meses después de su publicación, los principios de Ben han conservado su firmeza y sensatez, y su valor frecuentemente ha aumentado y se ha podido comprender mejor tras las tormentas financieras que han echado por tierra otras estructuras intelectuales más endebles. Su consejo de sensatez aportó incesantes recompensas a sus seguidores, incluso a aquellos que contaban con capacidades naturales inferiores a las de los profesionales mejor dotados que fracasaron al seguir a quienes abogaban por la brillantez o la moda.

Un aspecto muy destacable del dominio ejercido por Ben en su terreno profesional fue que consiguió ejercer dicho dominio sin por ello tener que reducir su campo de actividad intelectual, ni concentrar todo su esfuerzo en un único objetivo. Al contrario, su dominio fue más bien un producto secundario de un intelecto cuya amplitud prácticamente escapaba a cualquier intento de definición. Indiscutiblemente, nunca he conocido a ninguna persona que tuviese una mente de semejante calibre. Memoria prácticamente absoluta, fascinación incesante por el nuevo conocimiento y una asombrosa capacidad para reformular ese nuevo conocimiento de una manera que permitiese aplicarlo a problemas aparentemente inconexos; esos son los rasgos que hacían que entrar en contacto con su pensamiento, en cualquier terreno, fuese una delicia.

No obstante, su tercer imperativo, la generosidad, fue el terreno en el que tuvo más éxito que en ningún otro. Para mí Ben era mi profesor, mi empresario y mi amigo. En cada una de esas facetas, al igual que con todos sus estudiantes, empleados y amigos, hizo gala de una generosidad absoluta, sin fin, sin llevar la cuenta, en el terreno de las ideas, el tiempo y el espíritu. Cuando hacía falta claridad de pensamiento, no había mejor sitio al que acudir. Cuando se necesitaba asesoramiento o una palabra de ánimo, Ben siempre estaba allí.

Walter Lippmann habló en una ocasión de los hombres que plantan árboles bajo los cuales se sientan otros hombres. Ben Graham era uno de esos hombres.

Reimpresión de *Financial Analysts Journal*, noviembre – diciembre de 1976.

Una nota sobre Benjamin Graham por Jason Zweig

¿Quién era Benjamin Graham, y por qué debería usted prestar atención a lo que dijo?

Graham no sólo fue uno de los mejores inversores que han existido jamás; también fue el mejor pensador práctico sobre inversiones de toda la historia. Antes de Graham, los gestores de patrimonio se comportaban de una forma muy similar a la de los gremios medievales, guiados básicamente por la superstición, las suposiciones y por rituales incomprensibles. La obra de Graham *Security Analysis* fue el libro de texto que transformó este círculo enmohecido en una profesión moderna.[1]

Por su parte, *El inversor inteligente* fue el primer libro en el que se describió, para los inversores individuales, el marco emocional y las herramientas analíticas esenciales para el éxito financiero. Sigue siendo, individualmente considerado, el mejor libro sobre inversión que se ha escrito para el público general. *El inversor inteligente* fue el primer libro que leí cuando empecé a trabajar para la revista *Forbes* como aprendiz de reportero en 1987, y me sorprendió la certeza con la que Graham afirmaba que antes o después todos los períodos alcistas de mercado acaban de mala manera. En octubre de aquel año las acciones estadounidenses sufrieron su peor crisis en una sola jornada de la historia, y me enganché a las teorías de Graham. (Hoy en día, después del período exuberantemente alcista de finales de 1999 y de la brutal recesión que comenzó a principios de 2000, las afirmaciones de *El inversor inteligente* parecen más proféticas que nunca).

Graham adquirió sus conocimientos por las malas: vivió en primera persona la angustia de la pérdida financiera y estudió durante décadas la historia y la psi-

[1] Escrito en colaboración con David Dodd y publicado por primera vez en 1934.

cología de los mercados. Nació en Londres el 9 de mayo de 1894, con el nombre de Benjamin Grossbaum; su padre era comerciante de platos y figuras de porcelana.[2] La familia se trasladó a Nueva York cuando Ben tenía un año de edad. Al principio disfrutaron de un buen nivel de vida, con doncella, cocinero y ama de llaves francesa en Upper Fifth Avenue, la mejor zona de Nueva York. Sin embargo, el padre de Ben falleció en 1903, el negocio de la porcelana tuvo problemas y la familia cayó rápidamente en la pobreza. La madre de Ben convirtió su casa en una casa de huéspedes; después, se endeudó para hacer operaciones en el mercado de valores a margen, y se arruinó con la crisis de 1907. Durante el resto de su vida, Ben recordaría la humillación de tener que cobrar un cheque para su madre y oír al cajero preguntando: «¿Tiene Dorothy Grossbaum crédito para cobrar cinco dólares?».

Afortunadamente, Graham obtuvo una beca en Columbia, donde su brillantez floreció plenamente. Se graduó en 1914, el segundo de su promoción. Antes de que concluyese el último semestre de estudios de Graham, tres departamentos, inglés, filosofía y matemáticas, le habían solicitado que se uniese a su plantilla docente. Sólo tenía veinte años de edad.

Dejando a un lado el mundo académico, Graham decidió intentarlo en Wall Street. Comenzó como administrativo en una firma de negociación de bonos, después empezó a trabajar como analista, más tarde alcanzó el rango de socio y poco después estaba dirigiendo su propia sociedad de inversión.

El apogeo y posterior caída de Internet no habrían sorprendido a Graham. En abril de 1919 obtuvo un rendimiento del 250% en el primer día de cotización de Savold Tyre, una nueva oferta en el floreciente sector de la automoción; en octubre de ese año se reveló que la empresa era un fraude y sus acciones no tenían ningún valor.

Graham se convirtió en un maestro de la investigación de las acciones con un detalle microscópico, casi molecular. En 1925, escarbando entre los complejos informes presentados por los oleoductos a la Comisión de Comercio Interestatal de Estados Unidos, descubrió que Northern Pipe Line Co., que en aquel momento cotizaba a 65 dólares por acción, tenía obligaciones de gran calidad por un valor mínimo de 80 dólares por acción. (Adquirió las acciones, no dejó de insistir a sus directivos para que incrementasen los dividendos y acabó obteniendo 110 dólares por acción tres años después).

A pesar de las horrorosas pérdidas de casi el 70% que se produjeron durante la gran crisis de 1929 a 1932, Graham sobrevivió y prosperó en la época posterior, buscando y seleccionando oportunidades y ocasiones entre los restos del desastre del mercado alcista. En la actualidad no se conserva un registro exacto de las primeras rentabilidades obtenidas por Graham, pero desde 1936 hasta que se retiró en 1956, su Graham-Newman Corp. obtuvo por lo menos un 14,7%

---

[2] Los Grossbaums cambiaron su nombre a Graham durante la Primera Guerra Mundial, cuando los apellidos de origen germano provocaban suspicacias.

anual, en comparación con el 12,2% obtenido por el mercado de valores en su conjunto, lo que supone uno de los mejores antecedentes a largo plazo de la historia de Wall Street.[3]

¿Cómo lo consiguió Graham? Combinando su extraordinaria capacidad intelectual con un profundo sentido común y una amplia experiencia, Graham desarrolló sus principios básicos, que tienen por lo menos la misma validez en la actualidad que la que tuvieron durante su vida:

— Una acción no es un simple símbolo en una tabla de cotización o un pulso electrónico; es una participación en la propiedad de un negocio real, con un valor subyacente que no depende de la cotización de la acción.
— El mercado es un péndulo que oscila constantemente entre un optimismo insostenible (que hace que las acciones sean demasiado caras) y un pesimismo injustificado (que hace que sean demasiado baratas). El inversor inteligente es un realista que vende a optimistas y compra a pesimistas.
— El valor futuro de todas las inversiones es una función de su precio actual. Cuanto mayor sea el precio que se paga, menor será la rentabilidad que se obtenga.
— Por mucho cuidado que se ponga, el único riesgo que ningún inversor puede eliminar por completo es el riesgo de equivocarse. Únicamente si se insiste en lo que Graham denominó el «margen de seguridad», no pagar nunca un precio excesivo, por interesante que pueda parecer una inversión, se pueden minimizar las probabilidades de cometer un error.
— El secreto del éxito financiero está dentro de la persona. Si se llega a ser un pensador crítico que no acepta ningún «hecho» del mercado de valores como artículo de fe, y si se invierte con una confianza paciente, se podrá sacar un buen partido de manera sostenida, incluso en los peores períodos bajistas del mercado. Desarrollando la disciplina y el coraje personal es posible impedir que los cambios de humor de las otras personas rijan el destino financiero personal. Al final, el comportamiento que tienen las inversiones de una persona es mucho menos importante que el comportamiento que tiene esa persona.

---

[3] Graham-Newman Corp. era un fondo de inversión abierto (véase el capítulo 9) que Graham gestionaba en asociación con Jerome Newman, a quien también se puede considerar, por derecho propio, inversor muy diestro. Durante buena parte de su historia, el fondo estuvo cerrado a nuevos inversores. Estoy agradecido a Walter Schloss por facilitar los datos esenciales para calcular los rendimientos obtenidos por Graham-Newman. Parece que la rentabilidad media anual del 20% que cita Graham en el epílogo (pág. 557) no tiene en cuenta los cánones de gestión.

El objetivo de esta edición revisada de *El inversor inteligente* consiste en aplicar las ideas de Graham a los mercados financieros actuales a la vez que se deja su texto absolutamente intacto (con la excepción de notas aclaratorias a pie de página).[4] Después de cada uno de los capítulos de Graham, encontrará un nuevo comentario. En estas guías para el lector he añadido ejemplos recientes que deberían poner de manifiesto lo relevantes, y lo liberadores, que siguen siendo en la actualidad los principios de Graham.

Envidio la emoción y la experiencia formativa de que van a disfrutar leyendo la obra maestra de Graham por primera vez, o incluso por tercera o cuarta vez. Como todos los clásicos, cambia nuestra forma de apreciar el mundo y se renueva cada vez, educándonos. Es una obra que mejora cada vez que se lee. Teniendo a Graham como guía, es seguro que llegará usted a ser un inversor mucho más inteligente.

[4] El texto que se reproduce es el de la cuarta edición revisada, actualizada por Graham en 1971-1972 e inicialmente publicada en 1973.

Introducción

Qué se pretende conseguir con este libro

El objetivo de este libro consiste en proporcionar, en una forma adecuada para los legos en esta materia, orientación a la hora de adoptar y poner en práctica una política de inversión. En términos relativos, se dirá poco sobre la técnica de análisis de valores; se prestará atención principalmente a los principios de inversión y a las actitudes de los inversores. No obstante, facilitaremos unas cuantas comparaciones condensadas de valores específicos, principalmente de parejas de valores colindantes en las cotizaciones de la Bolsa de Nueva York (NYSE, New York Stock Exchange), para aclarar de manera concreta los elementos más importantes que influyen en las elecciones específicas de acciones ordinarias.

En cualquier caso, buena parte de nuestro espacio se dedicará a las pautas históricas seguidas por los mercados financieros, y en algunos casos nos remontaremos muchas décadas. Para invertir de manera inteligente en valores es necesario estar dotado de un conocimiento adecuado del comportamiento que han tenido en la práctica los diferentes tipos de obligaciones y de acciones en circunstancias variables, de las cuales es muy probable que, por lo menos algunas, vuelvan a darse en nuestra propia experiencia personal. No hay afirmación más cierta ni más aplicable a los mercados de valores que la famosa advertencia de Santayana: «Los que no recuerdan el pasado están condenados a repetirlo».

Nuestro texto se dirige a los inversores, que es una figura claramente diferente de los especuladores, y nuestra primera tarea será aclarar y destacar estas diferencias, en la actualidad prácticamente olvidadas. Debemos afirmar desde el principio que éste no es un libro sobre «cómo ganar un millón». No hay formas seguras y fáciles de alcanzar la riqueza en los mercados de valores, ni en ningún otro sitio. No estaría mal reforzar la afirmación que acabamos de hacer con un poco de historia financiera, sobre todo si se tiene en cuenta que se pueden extraer unas cuantas lecciones de dicha historia. En el culminante año 1929, John J. Raskob, una prominente figura tanto en Estados Unidos como en Wall Street, alabó las bondades del capitalismo en un artículo publicado en el *Ladies' Home Journal* titulado «Todo el mundo debería ser rico».* Su tesis era que con ahorrar únicamente 15 dólares al mes e invertirlos en buenas acciones ordinarias, reinvirtiendo los dividendos, se podría obtener un patrimonio de 80.000 dólares en veinte años, habiendo aportado únicamente 3.600 dólares. Si el magnate de General Motors hubiese tenido razón, habría sido ciertamente una forma muy fácil de llegar a ser rico. ¿Hasta qué punto acertó? Nuestro cálculo aproximado, que se basa en una inversión en los treinta valores que componen el Dow Jones Industrial Average (DJIA), indica que si se hubiese seguido la prescripción de Raskob durante el período que va de 1929 a 1948, el patrimonio del inversor a principios de 1949 habría ascendido a unos 8.500 dólares. Es una cifra muy alejada de la promesa del prohombre de 80.000 dólares, e indica la poca confianza que se puede depositar en tales garantías y previsiones optimistas. Sin embargo, y como comentario marginal, debemos destacar que la rentabilidad realmente obtenida por esa operación a veinte años habría sido de más del 8% compuesto anual, y eso teniendo en cuenta que el inversor habría comenzado sus adquisiciones con el DJIA en un nivel de 300 y habría acabado con una valoración basada en el nivel de cierre a 1948 de 177. Esta marca podría considerarse un argumento convincente del principio de adquisiciones periódicas mensuales y de acciones ordinarias sólidas durante los buenos y los malos tiempos, un programa que se conoce como «promediar el coste en unidades monetarias».

Como nuestro libro no se dirige a los especuladores, no está destinado a los que operan en el mercado. La mayoría de estas personas se guían por gráficos u otros medios principalmente mecanicistas para determinar los momentos adecuados para comprar y vender. El único principio aplicable a prácticamente todos estos denominados «métodos técnicos», es el de que se debe comprar porque un valor o el mercado ha evolucionado al alza y se debe vender porque ha descendido. Es exactamente lo contrario a cualquier principio de negocio váli-

* Raskob (1879-1950) era director de Du Pont, la gran empresa química, y presidente del comité financiero de General Motors. También fue presidente nacional del Partido Demócrata y el impulsor de la construcción del Empire State Building. Los cálculos realizados por el profesor de finanzas Jeremy Siegel confirman que el plan de Raskob habría aumentado de valor hasta poco menos de 9.000 dólares después de 20 años, aunque la inflación habría erosionado buena parte de esos beneficios. El mejor examen reciente sobre las opiniones de Raskob acerca de las inversiones a largo plazo en acciones, se encuentra en el ensayo del asesor financiero William Bernstein en www.efficientfrontier.com/ef/197/raskob.htm.

do en cualquier otro terreno, y es absolutamente improbable que pueda conducir al éxito duradero en el mercado de valores. En nuestra propia experiencia y observación del mercado de valores, que cubre más de 50 años, no hemos conocido a una sola persona que haya ganado dinero de manera consistente o duradera aplicando ese principio de «seguir al mercado». No tenemos ninguna duda a la hora de afirmar que este método es tan falaz como popular. Ilustraremos la afirmación que acabamos de hacer, aunque la siguiente exposición, por supuesto, no debe ser considerada como prueba irrefutable de lo que decimos, con una breve exposición de la famosa teoría Dow para operar en el mercado de valores, que expondremos posteriormente.*

Desde su primera publicación en 1949, han ido apareciendo revisiones de *El inversor inteligente* con intervalos de aproximadamente cinco años. En la actualización de la presente edición tendremos que ocuparnos de una serie de nuevos acontecimientos producidos desde el momento en que se redactó la edición de 1965. Entre tales acontecimientos se pueden mencionar:

1. Una subida sin precedentes en el tipo de interés de las obligaciones de buena calificación.
2. Una reducción de aproximadamente el 35% en el nivel de precios de las principales acciones ordinarias, que concluyó en mayo de 1970. Se trata de la mayor reducción porcentual en un período de treinta años. (Innumerables emisiones de acciones de menor calidad sufrieron una reducción mucho mayor).
3. Una persistente inflación de los precios mayoristas y al consumo, que adquirió aún más impulso incluso en un momento de declive del entorno empresarial general en 1970.
4. La rápida aparición y desarrollo de empresas de tipo «conglomerado», de operaciones de franquicia y de otras novedades conexas en el mundo de los negocios y las finanzas. (Entre ellas se pueden mencionar una serie de triquiñuelas como las operaciones con instrumentos no admitidos a cotización[1], la proliferación de *warrants* de opciones sobre valores, las denominaciones engañosas, el uso de bancos extranjeros, etcétera).†

---

* La «breve exposición» de Graham se recoge en dos partes, en la página 48 y en las páginas 214-215. Si se desea información más detallada sobre la teoría Dow, véase http://viking.som.yale.edu/will/ dow/dowpage.html.

† Los fondos de inversión adquirían «valores no admitidos a cotización oficial» en transacciones privadas y después revaluaban esos títulos a un precio superior para ofrecerlos al público (véase la definición de Graham en la página 605). Esto hizo posible que estos fondos especulativos declarasen unos resultados insosteniblemente elevados a mediados de la década de 1960. La Comisión del Mercado de Valores de Estados Unidos acabó con este abuso en 1969, por lo que ya ha dejado de ser un motivo de preocupación para los inversionistas en fondos. Las opciones sobre acciones se explican en el capítulo 16.

5. La quiebra del mayor ferrocarril de Estados Unidos, el excesivo endeudamiento tanto a corto como a largo plazo de muchas empresas que anteriormente habían contado con una sólida financiación, e incluso el perturbador problema de solvencia entre las agencias de valores.*
6. La aparición de la moda del «alto rendimiento» en la gestión de los fondos de inversión, incluso de algunos fondos de inversión gestionados por bancos, con inquietantes resultados.

Estos fenómenos recibirán nuestro cuidadoso análisis, y algunos de ellos exigirán que modifiquemos las conclusiones y algunas indicaciones destacadas de nuestra anterior edición. Los principios subyacentes de la inversión sensata no deben modificarse de una década a otra, pero la aplicación de estos principios debe adaptarse a los principales cambios en el entorno y los mecanismos financieros.

Esta última afirmación se puso a prueba durante la redacción de la presente edición, cuyo primer borrador concluyó en enero de 1971. En aquel momento el DJIA estaba experimentando una firme recuperación desde su punto mínimo de 632, y estaba avanzando hacia el máximo que alcanzó en 1971, 951, con un entorno generalizado de optimismo. Cuando concluyó el último borrador, en noviembre de 1971, el mercado estaba sumido en un nuevo declive, que lo llevó al 797 y renovó la incertidumbre generalizada sobre su futuro. No hemos permitido que estas fluctuaciones afecten a nuestra actitud general sobre la política de inversión sensata, que no ha sufrido modificaciones sustanciales desde la primera edición de este libro en 1949.

La profundidad de la retracción del mercado experimentada en 1969-1970 debería haber servido para despejar una ilusión que había ganado terreno durante las dos décadas anteriores. Dicha ilusión afirmaba que se podían comprar las principales acciones ordinarias en cualquier momento y a cualquier precio, con la garantía no sólo de que en última instancia se obtendrían beneficios, sino de que además cualquier pérdida que se pudiese sufrir en el ínterin se recobraría rápidamente gracias a una renovada recuperación del mercado hasta nuevos niveles elevados. Se trataba de una situación demasiado ventajosa para que pudiese ser cierta. Al final el mercado de valores ha «vuelto a la normalidad», en el sentido de que tanto los especuladores como los inversionistas en valores deben estar dispuestos, de nuevo, a experimentar sustanciales y tal vez prolongadas, reducciones, así como incrementos, en el valor de sus carteras.

* La Penn Central Transportation Co., que en la época era el mayor ferrocarril de Estados Unidos, solicitó protección concursal el 21 de junio de 1970, lo que fue toda una conmoción para los inversionistas, que nunca habían esperado que una empresa de tales dimensiones quebrase (véase la página 452). Entre las empresas con una deuda «excesiva» que Graham tenía en mente estaban Ling-Temco-Vought y National General Corp. (véanse páginas 454 y 492). El «problema de solvencia» apareció en Wall Street entre 1968 y 1971, cuando varias corredurías prestigiosas quebraron súbitamente.

En el área de muchas acciones ordinarias de segundo y tercer orden, sobre todo en el caso de empresas recientemente admitidas a cotización, el caos provocado por la última quiebra del mercado fue catastrófico. No es que fuese una novedad en sí mismo, dado que ya había ocurrido algo similar en 1961-1962, pero en el caso actual se ha producido un elemento novedoso en el sentido de que algunos de los fondos de inversiones tenían grandes compromisos en emisiones extraordinariamente especulativas y evidentemente sobrevaloradas de este tipo. Es obvio que no sólo hay que advertir al principiante de que aunque el entusiasmo pueda ser necesario para conseguir grandes logros en otros lugares, en el mercado de valores conduce de manera prácticamente segura al desastre.

La principal cuestión que debemos abordar surge del enorme aumento del tipo de interés en las obligaciones de primera categoría. Desde finales de 1967 el inversor ha podido obtener mucho más del doble de renta de tales obligaciones de lo que habría podido obtener de los dividendos de unas acciones representativamente equivalentes. A principios de 1972 la rentabilidad de las obligaciones de mayor nivel era del 7,19%, en comparación con un mero 2,76% en el caso de los valores industriales. (Estas cifras deben compararse con el 4,40% y el 2,92%, respectivamente, de finales de 1964). Resulta difícil caer en la cuenta de que cuando escribimos por primera vez este libro en 1949 las cifras eran casi exactamente las contrarias: las obligaciones rendían únicamente el 2,66% y las acciones rendían el 6,82%.[2] En las ediciones anteriores hemos urgido de manera constante a que por lo menos el 25% de la cartera del inversor conservador estuviese invertido en acciones, y en general nos hemos mostrado partidarios de un reparto a partes iguales entre los dos tipos de instrumentos. En la actualidad debemos plantearnos si la mayor ventaja actual del rendimiento de las obligaciones en comparación con el rendimiento de las acciones podría llegar a justificar una política de inversión exclusiva en obligaciones hasta que se vuelva a establecer una relación más sensata, como esperamos que ocurra. Por supuesto, la cuestión de la inflación continuada tendrá la máxima importancia a la hora de llegar a una decisión en este terreno. Dedicaremos un capítulo a esta exposición.*

En el pasado hemos realizado una distinción básica entre los dos tipos de inversores a los que se dirigía este libro: el «defensivo» y el «emprendedor». El inversor defensivo (o pasivo) es el que centra principalmente su atención en evitar errores o pérdidas serias. Su segundo objetivo consistirá en no tener que realizar grandes esfuerzos o trámites y en quedar eximido de la necesidad

---

* Véase el capítulo 2. A principios del año 2003, las obligaciones del Tesoro de Estados Unidos con vencimiento a 10 años ofrecían una rentabilidad del 3,8%, mientras que las acciones (medidas en función de DJIA) ofrecían una rentabilidad del 1,9%. (Se debe tener en cuenta que esta relación no es muy diferente de las cifras de 1964 que menciona Graham). La renta generada por las obligaciones de mejor calidad ha venido reduciéndose incesantemente desde 1981.

de adoptar decisiones frecuentes. El rasgo determinante del inversor emprendedor (o activo, o dinámico) es su deseo de dedicar tiempo y esfuerzo a la selección de un conjunto de valores que resulten a la vez sensatos, sólidos y más atractivos que la media. A lo largo de muchas décadas un inversor emprendedor de este tipo podría esperar que sus esfuerzos y capacidades adicionales le reportasen una recompensa satisfactoria, en forma de un promedio mejor que el obtenido por el inversor pasivo. Albergamos algunas dudas sobre si se puede prometer una recompensa adicional realmente sustancial al inversor activo en las circunstancias actuales. No obstante, cabe la posibilidad de que el año que viene, o en los años venideros, la situación llegue a ser diferente. Por lo tanto, seguiremos prestando atención a las posibilidades ofrecidas por la inversión emprendedora, tal y como han existido en los períodos anteriores y como pueden volver a existir en el futuro.

Tradicionalmente ha imperado la opinión de que el arte de la inversión de éxito radica en primer lugar en la elección de los sectores que tienen más probabilidades de crecer en el futuro, y en la identificación de las empresas más prometedoras dentro de esos sectores. Por ejemplo, los inversores inteligentes, o sus asesores inteligentes, se habrán dado cuenta hace tiempo de las grandes posibilidades de crecimiento del sector informático en conjunto, y de IBM en particular. Lo mismo podría afirmarse de bastantes otros sectores de crecimiento y empresas de crecimiento. De todas formas, esto no resulta tan sencillo como parece retrospectivamente en todos los casos. Para dejar clara esta cuestión desde el principio, permítanos introducir aquí un párrafo que incorporamos por primera vez en la edición de 1949 de este libro:

> Un inversor de ese tipo podría, por ejemplo, ser comprador de acciones de transporte aéreo porque considerase que su futuro es aún más brillante que la tendencia que ya está reflejada en el mercado en la actualidad. Para este tipo de inversor el valor de nuestro libro radicará más en las advertencias contra las trampas ocultas en su método de inversión favorito que en cualquier técnica positiva que le pueda ser de utilidad práctica a lo largo del camino que ha elegido.*

---

* Las «acciones de empresas de transporte aéreo», por supuesto, generaron tanto interés a finales de la década de 1940 y principios de la de 1950 como las acciones de empresas de Internet medio siglo después. Entre los fondos de inversión más intensamente negociados en aquella época estaba el Aeronautical Securities y el Missiles-Rockets-Jets & Automation Fund. Estos fondos, al igual que las acciones que tenían en cartera, acabaron siendo un desastre como inversión. En la actualidad se admite de manera generalizada que los beneficios acumulados del sector de las líneas aéreas, durante toda su historia, ha sido negativo. La lección en la que insiste Graham no es que deba usted evitar las acciones de las líneas aéreas, sino que no debe sucumbir nunca a la idea de que es «seguro» que una industria va a tener mejores resultados que todas las demás en el futuro.

Esas trampas han resultado ser especialmente peligrosas en el sector mencionado. Por supuesto, era fácil prever que el volumen de tráfico aéreo crecería espectacularmente a lo largo de los años. A causa de este factor las acciones de este sector se convirtieron en una de las opciones favoritas de los fondos de inversión. No obstante, a pesar de la ampliación de los ingresos, a un ritmo incluso superior al del sector informático, la combinación de problemas tecnológicos y la excesiva ampliación de la capacidad provocó fluctuaciones en las cifras de beneficio que incluso en algunos momentos fueron desastrosas. En el año 1970, a pesar de que se alcanzó un nuevo nivel máximo en las cifras de tráfico, las líneas aéreas sufrieron una pérdida de aproximadamente 200 millones de dólares para sus accionistas. (También arrojaron pérdidas en 1945 y en 1961). Los valores de estas acciones volvieron a experimentar en 1969-1970 un declive mayor que el mercado general. Los registros históricos indican que incluso los expertos con dedicación exclusiva y substanciales salarios de los fondos de inversión se equivocaron radicalmente a la hora de calibrar el futuro a un plazo relativamente corto de un sector importante y nada esotérico.

Por otra parte, aunque los fondos de inversión tienen inversiones sustanciales y obtienen beneficios sustanciales con IBM, la combinación de su aparentemente elevado precio y la imposibilidad de estar absolutamente seguro acerca de su tipo de crecimiento les impidieron destinar más de aproximadamente el 3% de sus fondos a esta empresa con magníficos resultados. Por lo tanto, el efecto de esta excelente opción en sus resultados generales no ha sido, en modo alguno, decisivo. Adicionalmente, muchas, cuando no la mayoría, de sus inversiones en empresas del sector informático diferentes de IBM han acabado siendo, aparentemente, muy poco o nada rentables. De estos dos ejemplos generales se pueden extraer dos lecciones para nuestros lectores:

1. Las perspectivas evidentes de crecimiento físico de un sector no se traducen en beneficios evidentes para los inversionistas.
2. Los expertos no disponen de formas fiables de elegir y concentrar sus inversiones en las empresas más prometedoras de los sectores más prometedores.

El autor no ha seguido este método en su carrera financiera como gestor de fondos de inversión, y no puede ofrecer ni asesoramiento específico ni grandes ánimos a los que deseen probarlo.

¿Que tratamos, entonces, de lograr con este libro? Nuestro principal objetivo consistirá en orientar al lector para prevenirle frente a las áreas de posibles errores sustanciales, y en desarrollar políticas con las que se sienta cómodo. Hablaremos bastante sobre la psicología de los inversores, porque indiscutiblemente el principal problema del inversor, e incluso su principal enemigo, es muy probable que sea él mismo. («La culpa, querido inversor, no está en nuestras estrellas, y no está en nuestras acciones, sino en nosotros mismos...»).

Esto ha resultado ser aún más cierto en las últimas décadas, a medida que se hacía cada vez más necesario que los inversores conservadores adquiriesen acciones ordinarias y por lo tanto se expusiesen, de manera voluntaria o no tan voluntaria, a las emociones y las tentaciones del mercado de valores. Mediante explicaciones, ejemplos y exhortaciones, esperamos ayudar a nuestros lectores a establecer una actitud mental y emocional adecuada para abordar sus decisiones de inversión. Hemos visto ganar y conservar mucho más dinero a «personas comunes» que estaban temperamentalmente bien dotadas para el proceso de inversión que a otras personas que carecían de esta buena predisposición anímica, aunque tuviesen un gran conocimiento de las finanzas, la contabilidad y la historia del mercado de valores.

Adicionalmente, tenemos la esperanza de implantar en el lector la tendencia a medir o cuantificar. Respecto de 99 de cada 100 emisiones podríamos decir que a un precio determinado son suficientemente baratas para comprarlas, y a otro precio determinado serían tan costosas que deberían ser vendidas. El hábito de relacionar lo que se paga con lo que se ofrece es un rasgo valiosísimo a la hora de invertir. En un artículo publicado en una revista destinada a mujeres hace muchos años aconsejamos a las lectoras que comprasen sus acciones de la misma forma que compraban en la tienda de ultramarinos, y no como compraban sus perfumes. Las pérdidas realmente horrorosas de los últimos años (y de muchas otras ocasiones anteriores) se sufrieron en emisiones de acciones en las que el comprador se olvidó de realizar la pregunta esencial: «¿Cuánto cuesta?».

En junio de 1970 la pregunta «¿Cuánto cuesta?» podría haber sido respondida con la cifra mágica de 9,40%: la rentabilidad que se podía obtener en las nuevas ofertas de obligaciones de primera categoría de empresas concesionarias de servicios públicos. En la actualidad esa cifra se ha reducido a aproximadamente al 7,3%, pero incluso este rendimiento resulta suficientemente tentador para plantearse la siguiente pregunta: «¿Para qué molestarse en buscar cualquier otra respuesta?». No obstante, hay muchas otras respuestas posibles, que deben ser cuidadosamente consideradas. Además, tenemos que repetir que tanto nosotros como nuestros lectores debemos estar preparados de antemano para la posibilidad de que se produzcan unas condiciones radicalmente diferentes en el período que va, por ejemplo, de 1973 a 1977.

Por lo tanto, expondremos de manera bastante detallada un programa positivo para invertir en acciones ordinarias, parte del cual entrará dentro del campo de interés de los dos tipos de inversores y parte del cual está destinado principalmente al grupo emprendedor. Llamativamente, sugeriremos que uno de nuestros requisitos esenciales en este terreno es que nuestros lectores se limiten a emisiones que se vendan no muy por encima del valor de sus activos materiales.* El motivo de este consejo aparentemente desfasado es de naturaleza práctica

---

* Entre los activos tangibles están los bienes físicos de la empresa (como inmuebles, fábricas, bienes de equipo y existencias) así como sus saldos financieros (como el

y psicológica al mismo tiempo. La experiencia nos ha demostrado que aunque hay numerosas empresas con un buen crecimiento que valen varias veces lo que el valor de sus activos, el comprador de tales acciones acaba quedando excesivamente expuesto a los caprichos y fluctuaciones del mercado de valores. Por el contrario, el inversor que destina sus fondos a acciones de, por ejemplo, empresas concesionarias de servicios y suministros públicos cuya cotización implica que es posible comprar estas empresas prácticamente por el valor de su activo neto siempre puede considerarse propietario de una participación en unas empresas sólidas y en expansión, adquiridas a un precio racional, con independencia de lo que el mercado de valores pueda decir en sentido contrario. Es muy probable que el resultado obtenido en última instancia gracias a este tipo de política conservadora acabe siendo mejor que el derivado de las emocionantes incursiones en terrenos tan llenos de *glamour* como de peligro, llevadas a cabo en función de las previsiones de crecimiento.

El arte de la inversión tiene una característica que por lo general no se aprecia. Es posible que el inversor lego obtenga un resultado considerable, aunque no sea espectacular, aplicando un mínimo esfuerzo y capacidad; sin embargo, para mejorar este nivel fácilmente alcanzable es necesaria mucha dedicación y mucho más que un ramalazo de sabiduría. Si simplemente está tratando de aportar un poquito más de conocimiento e inteligencia a su programa de inversiones, en vez de obtener unos resultados un poco mejores de lo normal, podría acabar obteniendo peores resultados que si no hubiese realizado ese pequeño esfuerzo.

Dado que cualquier persona puede igualar los resultados medios del mercado, limitándose a comprar y conservar una cesta representativa de las cotizaciones, podría parecer comparativamente sencillo mejorar la media; sin embargo, es un hecho que la proporción de personas inteligentes que tratan de lograr ese resultado y que fracasan es sorprendentemente grande. Incluso la mayoría de los fondos de inversión, con todo su personal experto, no han obtenido unos resultados tan brillantes a lo largo de los años como el mercado general. En combinación con lo que acabamos de decir están los resultados de las predicciones publicadas del mercado de valores elaboradas por las agencias de bolsa, respecto de las cuales hay elocuentes pruebas de que sus previsiones, basadas en complejos cálculos, han sido menos fiables que si las hubiesen elaborado limitándose a lanzar una moneda al aire.

A la hora de escribir este libro hemos tratado de tener presente esta trampa básica de la inversión. Se han destacado las virtudes de una política de cartera sencilla, la adquisición de obligaciones de gran categoría en combinación con

---

dinero en efectivo, las inversiones a corto plazo y las cuentas por cobrar). Entre los elementos no incluidos en los activos tangibles están las marcas, derechos de propiedad intelectual, patentes, franquicias, fondo de comercio y marcas comerciales. Para ver cómo se puede calcular el valor del activo tangible, véase la nota † al pie de la página 221.

una cartera diversificada de las principales acciones ordinarias, que cualquier inversor puede poner en práctica con escasa colaboración de expertos. Las incursiones más allá de este territorio seguro y firme se han presentado como si estuviesen llenas de dificultades desafiantes, sobre todo en el área del temperamento. Antes de lanzarse a una incursión de ese tipo, el inversor debería estar seguro de sí mismo y de sus asesores, en especial a la hora de determinar si tienen una clara concepción de las diferencias existentes entre la inversión y la especulación y entre el precio de mercado y el valor subyacente.

Un método sensato y racional de inversión, firmemente basado en el principio del margen de seguridad, puede generar sustanciales beneficios. No obstante, no se debe adoptar la decisión de tratar de obtener unos rendimientos sustanciales, en vez de tratar de obtener los frutos garantizados de la inversión defensiva, sin haberse sometido a un profundo examen de conciencia personal.

Un último pensamiento en retrospectiva. Cuando el joven auditor empezó a trabajar en Wall Street en junio de 1914 nadie tenía ni la más remota idea de lo que nos esperaba en el siguiente medio siglo. (El mercado de valores ni siquiera sospechaba que, en un plazo de dos meses, iba a estallar una guerra mundial que acabaría cerrando la bolsa de valores de Nueva York). En el momento presente, en 1972, Estados Unidos el país más rico y poderoso de la tierra, aunque esté asolado por todo tipo de problemas importantes y aunque su confianza sobre el futuro flaquee. Sin embargo, si limitamos nuestra atención a la experiencia de inversión en Estados Unidos, se puede extraer una cierta tranquilidad de ánimo del estudio de los resultados de los últimos 57 años. A través de todas las vicisitudes y problemas, tan perturbadoras como imprevistas, no ha dejado de ser cierto que los principios de inversión sólidos y sensatos han producido por lo general unos resultados sólidos y sensatos. Hemos de actuar a partir de la hipótesis de que seguirán haciéndolo en el futuro.

Nota al lector: Este libro no aborda en sí mismo la política financiera general de ahorradores e inversionistas; se ocupa únicamente de la parte de sus fondos que están dispuestos a destinar a valores comercializables (o canjeables), es decir, a obligaciones y acciones. En consecuencia, no abordaremos otros medios tan importantes como los depósitos de ahorro y los depósitos a plazo fijo, las cuentas en cajas de ahorros, los seguros de vida, las pensiones y las hipotecas inmobiliarias o las inversiones inmobiliarias. El lector debe tener en cuenta que siempre que se encuentre con la palabra «actualidad» o equivalente, en el texto, dicha expresión se referirá a finales de 1971 o principios de 1972.

Comentario a la introducción

> Si has construido castillos en el aire, tu trabajo no tiene por qué perderse; está donde tiene que estar. Lo que tienes que hacer ahora es poner cimientos debajo del castillo.
>
> *Henry David Thoreau,* Walden

Hay que tener en cuenta que Graham anuncia desde el principio que este libro no va a explicarle cómo puede ganar al mercado. Ningún libro digno de confianza puede hacer eso.

Al contrario, este libro le enseñará tres lecciones muy eficaces:

— Cómo puede reducir al mínimo las probabilidades de sufrir pérdidas irreversibles.
— Cómo puede aumentar al máximo las probabilidades de conseguir beneficios sostenibles.
— Cómo puede controlarse el comportamiento autodestructivo que impide que la mayor parte de los inversores aprovechen todo su potencial.

En los años de crecimiento de finales de la década de 1990, cuando los valores tecnológicos parecían duplicar su cotización todos los días, la noción de que se podía perder prácticamente todo el dinero invertido parecía absurda; sin embargo, a finales del año 2002, muchas de las empresas punto com y de telecomunicaciones habían perdido el 95% de su valor o más. Después de perder el 95% del dinero, es necesario ganar un 1.900% *simplemente para volver al punto de partida.*[1] La asunción de riesgos alocados puede colocarle en una

[1] Para poner esta afirmación en perspectiva, hay que pensar en cuántas veces es probable que vayamos a poder comprar una acción a 30 dólares y venderla a 600.

situación tan desesperada que le resulte prácticamente imposible recuperarse. Ése es el motivo de que Graham insista constantemente en la importancia de evitar las pérdidas, y no sólo lo hace en los capítulos 6, 14 y 20, sino en los hilos de advertencia con los que ha entretejido todo el texto.

Por mucho cuidado que se tenga, el precio de las inversiones descenderá de vez en cuando. Aunque nadie puede eliminar ese riesgo, Graham le mostrará cómo puede gestionarlo, y cómo puede controlar sus temores.

¿Es usted un inversor inteligente?

Respondamos a una pregunta de importancia capital. ¿Qué quiere decir exactamente Graham con la expresión inversor «inteligente»? En la primera edición de este libro, Graham define el término, y deja claro que este tipo de inteligencia no tiene nada que ver con el coeficiente intelectual o las puntuaciones SAT. Simplemente significa tener la paciencia, la disciplina y la voluntad necesarias para aprender; por otra parte, también es necesario saber controlar las emociones y pensar por uno mismo. Este tipo de inteligencia, explica Graham, «es más un rasgo del carácter que del cerebro».[2]

Hay pruebas de que un elevado coeficiente intelectual y una gran formación académica no son suficientes para conseguir que un inversor sea inteligente. En 1998, Long-Term Capital Management L.P., un fondo de inversión de gestión alternativa dirigido por un batallón de matemáticos, informáticos y dos economistas ganadores del Nobel, perdieron más de 2.000 millones de dólares en cuestión de semanas, al apostar una enorme cantidad a que el mercado de bonos volvería a una situación «normal». Sin embargo el mercado de bonos siguió empeñado en que su situación fuese cada vez más «anormal», y LTCM se había endeudado hasta un nivel tal que su quiebra estuvo a punto de hundir el sistema financiero mundial.[3]

En la primavera de 1720, Sir Isaac Newton tenía acciones de la Sociedad del Mar del Sur, la acción más apreciada de Inglaterra. Con la impresión de que el mercado se estaba descontrolando, el gran físico comentó que «podía calcular los movimientos de los cuerpos celestiales, pero no la locura de la gente». Newton se desprendió de sus acciones de la Sociedad del Mar del Sur, embolsándose un beneficio del 100% que ascendió a 7.000 libras. Sin embargo, meses

---

[2] Benjamin Graham, *The Intelligent Investor* (Harper & Row, 1949), pág. 4.

[3] Un «fondo de inversión de gestión alternativa» (*hedge fund*) es un conjunto de dinero, básicamente al margen de la normativa de la Administración, invertido de manera agresiva para clientes acaudalados. Si se quiere leer una narración extraordinaria de la historia del LTCM, véase Roger Lowenstein, *When Genius Failed* (Random House, 2000).

después, dejándose llevar por el exuberante entusiasmo del mercado, Newton volvió a tomar una participación en la Sociedad a un precio muy superior, y perdió más de 20.000 libras (o más de tres millones de dólares en dinero actual). Durante el resto de su vida prohibió que nadie pronunciase las palabras «Mar del Sur» en su presencia.[4]

Sir Isaac Newton fue uno de los hombres más inteligentes que han vivido, empleando el concepto de inteligencia que más habitualmente utilizamos. Sin embargo, según los términos de Graham, Newton distaba mucho de ser un inversor inteligente. Al dejar que el rugido de la multitud se impusiese a su propio juicio, el mayor científico del mundo actuó como un tonto.

En pocas palabras, si hasta el momento sus inversiones han fracasado, no es porque sea usted estúpido. Es porque, al igual que Sir Isaac Newton, no ha adquirido la disciplina emocional que es imprescindible para tener éxito en la inversión. En el capítulo 8 Graham explica de qué manera se puede mejorar la inteligencia utilizando y controlando las emociones y negándose a rebajarse hasta el nivel de irracionalidad del mercado. En ese capítulo podrá aprender la lección de que ser un inversor inteligente es más una cuestión de «carácter» que de «cerebro».

Crónica de una calamidad

Detengámonos un momento a analizar algunos de los más importantes acontecimientos financieros que han tenido lugar en los últimos años:

1. La peor crisis de mercado desde la Gran Depresión, en la que las acciones estadounidenses perdieron el 50,2% de su valor, o lo que es lo mismo, 7, 4 billones de dólares, entre marzo de 2000 y octubre de 2002.
2. Descensos mucho más acusados en la cotización de las acciones de las empresas que más interés habían suscitado durante la década de 1990, como por ejemplo AOL, Cisco, JDS Uniphase, Lucent y Qualcomm, además de la destrucción absoluta de centenares de valores de Internet.
3. Acusaciones de fraude financiero a gran escala en algunas de las empresas más respetadas y de mayor tamaño de Estados Unidos, como por ejemplo Enron, Tyco y Xerox.
4. Las quiebras de empresas que en cierto momento llegaron a estar mejor consideradas que si hubiesen sido de oro, como por ejemplo Conseco, Global Crossing y World Com.

---

[4] John Carswell, *The South Sea Bubble* (Cresset Press, Londres, 1960), págs. 131, 199. Véase también www.harvard-magazine.com/issues/mj99/damnd. html.

5. Alegaciones de que las firmas de contabilidad habían manipulado los libros e incluso habían destruido registros para ayudar a sus clientes a engañar al público inversor.
6. Acusaciones de que los ejecutivos de grandes empresas habían desviado cientos de millones de dólares para su propio lucro personal.
7. Pruebas de que los analistas de valores de Wall Street habían alabado públicamente acciones que en privado habían reconocido que no eran más que basura.
8. Un mercado de valores que, incluso después de su sangrante descenso, parece sobrevalorado a juzgar por medidas históricas, y que sugiere a muchos expertos que las acciones tienen todavía más recorrido a la baja.
9. Un incesante descenso de los tipos de interés que ha hecho que los inversores no tengan alternativas atractivas al margen de las acciones.
10. Un entorno de inversión muy susceptible ante la imprevisible amenaza del terrorismo mundial y de la guerra en oriente medio.

Buena parte de estos destrozos podrían haber sido (y de hecho fueron) evitados por los inversores que aprendieron los principios de Graham y los respetaron. En palabras del propio Graham, «aunque el entusiasmo puede ser necesario para los grandes logros en otros ámbitos, en Wall Street conduce de manera prácticamente invariable al desastre». Al permitir que la emoción les dominase, respecto de las acciones de Internet, respecto de las acciones con un potencial de «crecimiento», respecto de las acciones en conjunto, muchas personas han cometido los mismos errores estúpidos que Sir Isaac Newton. Han dejado que los juicios de otras personas se impongan a sus propios juicios personales. Se han desentendido de la advertencia de Graham de que «las pérdidas realmente horrorosas» siempre se producen después de que «el comprador se olvidase de preguntar cuánto costaba». Lo más doloroso de todo es que, al perder su autocontrol justo en el momento en el que más lo necesitaban, estas personas han demostrado la veracidad de la afirmación de Graham de que «el principal problema del inversor, incluso su peor enemigo, es muy probable que sea él mismo».

El pelotazo que acabó fallando el blanco

Muchas personas se emocionaron con las acciones de tecnología y de Internet, creyéndose las mentiras de que el sector de alta tecnología seguiría creciendo más que cualquier otro durante los años venideros, o incluso durante toda la eternidad:

— A mediados de 1999, después de haber obtenido un rendimiento del 117,3% en sólo los primeros cinco meses del año, el gestor de cartera de Monument Internet Fund, Alexander Cheung, predijo que su fondo ganaría el 50% al año durante los tres a cinco años siguientes y una media anual del 35% «a lo largo de los próximos 20 años».[5]

— Después de que su fondo Amerindo Technology Fund creciese un increíble 248,9% en 1999, el gestor de cartera Alberto Vilar ridiculizó a todos los que se atreviesen a dudar de que Internet era una máquina perpetua de hacer dinero: «Si no se está en este sector, se tendrán resultados insatisfactorios. Irás en coche de caballos, y yo iré en Porsche. ¿No te gustan las oportunidades de multiplicar el crecimiento por diez? Entonces vete a otra parte».[6]

— En febrero de 2000, el gestor de fondos de inversión James J. Cramer proclamó que las empresas relacionadas con Internet «son las únicas que merece la pena tener en cartera en este momento». Estas «ganadoras del nuevo mundo», como las denominó, «son las únicas que van a seguir subiendo más consistentemente en los buenos y en los malos tiempos». Cramer llegó incluso a tirar contra Graham: «Hay que deshacerse de todas las matrices y fórmulas y textos que existían antes de la Web... Si utilizásemos cualquiera de las cosas que enseñaban Graham y Dodd, no tendríamos en cartera ni un duro para gestionar».[7]

---

[5] Constance Loizos, «Q&A: Alex Cheung», *InvestmentNews*, 17 de mayo de 1999, pág. 38. La mayor rentabilidad a 20 años en la historia de los fondos de inversión (*mutual funds*) fue el 25,8% anual conseguido por el legendario Peter Lynch de Fidelity Magellan durante las dos décadas que concluyeron el 31 de diciembre de 1994. El resultado obtenido por Lynch convirtió 10.000 dólares en más de 982.000 dólares en el plazo de 20 años. Cheung predecía que su fondo convertiría 10.000 dólares en más de 4 millones de dólares en el mismo plazo de tiempo. En vez de considerar a Cheung un optimista ridículamente seguro de sí mismo, los inversores le entregaron una montaña de dinero, con aportaciones a su fondo que superaron los 100 millones a lo largo del siguiente año. Una inversión de 10.000 dólares en el Monument Internet Fund en mayo de 1999 se habría reducido a aproximadamente 2.000 dólares para finales del año 2002. (El fondo Monument ha dejado de existir en su forma original, y en la actualidad se conoce como Orbitex Emerging Technology Fund).

[6] Lisa Reilly Cullen, «The Triple Digit Club,» *Money*, diciembre de 1999, pág. 170. Si hubiese invertido 10.000 dólares en el fondo de Vilar a finales de 1999, habría acabado el año 2002 conservando únicamente 1.195 dólares, una de las peores destrucciones de patrimonio en la historia de los fondos de inversión.

[7] Véase www.thestreet.com/funds/smarter/891820.html. Las acciones favoritas de Cramer no «subieron considerablemente en los buenos ni en los malos tiempos». Para finales del año 2002, una de las 10 ya había quebrado, y una inversión de 10.000 dólares repartida por igual entre las acciones elegidas por Cramer habría perdido el 94% de su valor, con lo que le habría dejado con un total de 597,44 dólares. Puede que lo que Cramer quiso decir fuese que sus acciones serían «ganadoras» no en «el nuevo mundo» sino en el «otro mundo».

Todos estos presuntos expertos se desentendieron de las sensatas palabras de advertencia de Graham: «Las perspectivas evidentes de crecimiento físico de una empresa no se traducen en beneficios evidentes para los inversores». Aunque parece sencillo predecir qué sector va a crecer más deprisa, esa capacidad de previsión no tiene valor real si la mayor parte de los demás inversores ya prevén lo mismo. Para el momento en el que todo el mundo decide que una industria concreta es «evidentemente» la mejor para invertir, las cotizaciones de las acciones de las empresas de ese sector habrán ascendido tanto que su rentabilidad futura no podrá evolucionar salvo a la baja.

Por lo menos hasta el momento actual nadie ha tenido las agallas de seguir afirmando que la tecnología seguirá siendo el sector de mayor crecimiento del mundo. De todas formas, no se olvide de lo siguiente: las personas que en la actualidad afirman que el siguiente pelotazo seguro estará en la asistencia sanitaria, en la energía, en el sector inmobiliario o en el oro no tendrán más razón al final que la que acabaron teniendo los que cantaban las alabanzas de la alta tecnología.

El resquicio de esperanza

Si en la década de 1990 ningún precio parecía demasiado elevado para las acciones, en 2003 hemos llegado a un punto en el que ningún precio parece ser suficientemente bajo. El péndulo ha oscilado, como Graham sabía que siempre hace, desde la exhuberancia irracional hasta el pesimismo injustificable. En 2002 los inversionistas sacaron 27.000 millones de dólares de los fondos de inversión, y un estudio realizado por la Securities Industry Association descubrió que uno de cada 10 inversionistas había reducido por lo menos un 25% su cartera de acciones. Las mismas personas que estaban dispuestas a comprar acciones a finales de la década de 1990, cuando su cotización ascendía y, por lo tanto, eran muy caras, vendían acciones a medida que su cotización se reducía y, por lo tanto, eran baratas.

Como Graham muestra con gran brillantez en el capítulo 8, esto es exactamente lo contrario de lo que hay que hacer. El inversor inteligente se da cuenta de que las acciones cada vez son más arriesgadas, no menos arriesgadas, a medida que su cotización aumenta, y menos arriesgadas, y no más, a medida que sus cotizaciones descienden. El inversor inteligente teme el mercado alcista, puesto que hace que las acciones resulten más caras de adquirir. Por el contrario, siempre y cuando se tenga suficiente efectivo disponible para hacer frente a los gastos necesarios, se deberían aceptar de buen grado los períodos bajistas del mercado, puesto que hacen que las acciones vuelvan a estar a buenos precios.[8]

---

[8] La única excepción a esta regla corresponde a los inversores que estén en una etapa avanzada de su jubilación, que tal vez no vivan lo suficiente para ver el final de un

Así que anímese. La muerte del mercado alcista no es la mala noticia que todo el mundo cree que es. Gracias al declive de las cotizaciones de las acciones, el momento actual es considerablemente más seguro, y más sensato, para crear un patrimonio. Siga leyendo, y deje que Graham le explique cómo lograrlo.

---

prolongado período bajista del mercado. De todas formas, ni siquiera un inversor de edad avanzada debería vender sus acciones simplemente porque hayan bajado de cotización; ese método no sólo haría reales sus pérdidas sobre el papel, sino que privaría a sus herederos de la posibilidad de heredar esas acciones a un coste inferior, con las ventajas fiscales que eso entraña a la hora de liquidar los impuestos de sucesiones.

Capítulo 1

Inversión en contraposición a especulación: Resultados que puede esperar el inversor inteligente

Este capítulo mostrará un esquema de las opiniones que se van a exponer durante el resto del libro. En particular, queríamos exponer desde el principio nuestro concepto de política de cartera adecuada para un inversor individual, no profesional.

Inversión en contraposición a especulación

¿Qué queremos decir cuando empleamos el término «inversor»? A lo largo del libro el término se empleará en contraposición al término «especulador». Ya en 1934, en nuestro libro de texto *Security Analysis*,[1] tratamos de formular con precisión la diferencia que existe entre los dos, de la siguiente manera: «Una operación de inversión es aquella que, después de realizar un análisis exhaustivo, promete la seguridad del principal y un adecuado rendimiento. Las operaciones que no satisfacen estos requisitos son especulativas».

Aunque nos hemos aferrado tenazmente a esta definición a lo largo de los 38 años siguientes, merece la pena destacar los cambios radicales que se han producido en el uso del término «inversor» durante este período. Después del gran declive del mercado que tuvo lugar entre 1929 y 1932 en Estados Unidos todas las acciones ordinarias se consideraban, de manera generalizada, especulativas por su propia naturaleza. (Una importante autoridad declaró, sin matizaciones, que únicamente las obligaciones podían ser comparadas con objetivos de inversión[2]). De modo que en aquella época tuvimos que defender nuestra definición frente a la alegación de que ofrecía un ámbito demasiado amplio al concepto de inversión.

En la actualidad nuestra preocupación es exactamente la contraria. Tenemos que evitar que nuestros lectores acepten el uso ordinario que aplica el término «inversor» a todos y cada uno de los que se encuentran presentes en el mercado de valores. En nuestra última edición citábamos el siguiente titular de un artículo de portada del principal periódico financiero de Estados Unidos, publicado en junio de 1962:

> *Los pequeños inversores adoptan una postura bajista: venden en descubierto lotes incompletos*

En octubre de 1970 el mismo periódico publicaba un artículo editorial en el que se criticaba a los que denominaba «inversores imprudentes», que en esta ocasión se afanaban en el lado comprador.

Estas citas ilustran suficientemente la confusión que ha dominado durante muchos años en el uso de las palabras inversión y especulación. Piense en la definición de inversión que hemos propuesto anteriormente, y compárela con la venta de unas cuantas acciones por parte de un miembro inexperto del público, que ni siquiera es propietario de lo que está vendiendo, y que tiene una convicción, que en gran medida es puramente emocional, de que va a poder recomprarlas a un precio muy inferior. (No es improcedente señalar que cuando apareció el artículo de 1962, el mercado ya había experimentado un declive de importancia sustancial, y estaba a punto de experimentar un repunte de aún mayor entidad. Era probablemente uno de los peores momentos posibles para vender en descubierto). En un sentido más general, la expresión utilizada en el segundo caso de «inversores imprudentes» podría ser considerada como una contradicción en los términos digna de carcajada, algo así como «avaros manirrotos», si esta utilización improcedente de las palabras no fuese tan nociva.

El periódico empleaba la palabra «inversor» en estos casos porque en el despreocupado lenguaje de Wall Street, todo aquel que compra o vende un valor se convierte en un inversor, con independencia de lo que compre, o de cuál sea su objetivo, o el precio que paga, o de que lo haga al contado o a margen. Compare esta situación con la actitud que mostraba el público hacia las acciones en 1948, cuando más del 90% de los encuestados se declaraban contrarios a la compra de acciones.[3] Aproximadamente la mitad afirmaba que su motivo era que «no era seguro, que creía que la bolsa era un juego de azar», y aproximadamente la otra mitad afirmaba que el motivo era que «no estaba familiarizado con ese tipo de operaciones».[*]

---

[*] El estudio mencionado por Graham fue realizado para la Reserva Federal por la Universidad de Michigan y fue publicado en el *Boletín de la Reserva Federal*, en julio de

Es realmente paradójico (aunque en modo alguno sorprendente) que las compras de acciones de todo tipo fuesen consideradas de manera bastante generalizada como extraordinariamente especulativas o arriesgadas justo en el momento en el que esos instrumentos se vendían en las condiciones más atractivas, y en el que estaban a punto de experimentar la mayor subida de cotización que han tenido en toda la historia; a la inversa, el propio hecho de que hubiesen subido hasta niveles que eran indudablemente peligrosos a juzgar por la experiencia pasada las convirtió, en un momento posterior, en «inversiones», y a todo el público que compraba acciones, en «inversores».

La distinción entre inversión y especulación con acciones ordinarias siempre ha sido útil, y el hecho de que esa distinción esté desapareciendo es un motivo de preocupación. Frecuentemente hemos afirmado que Wall Street, como institución, haría bien si recuperara esa distinción y si la expusiese explícitamente en sus relaciones con el público. De lo contrario, las bolsas de valores podrían ser acusadas algún día de ser las causantes de las pérdidas extraordinariamente especulativas, con el argumento de que quienes las habían sufrido no fueron suficientemente advertidos contra ellas. Paradójicamente, una vez más, buena parte de los recientes problemas de imagen financiera de algunas agencias de valores parece provenir de la inclusión de acciones especulativas en sus propios fondos de capital. Confiamos en que el lector de este libro llegue a adquirir una idea razonablemente clara de los riesgos inherentes a las operaciones realizadas con acciones, riesgos que son inseparables de las oportunidades de obtener beneficios que ofrecen, y que deben ser tenidos en cuenta, tanto los unos como las otras, en los cálculos realizados por el inversor.

Lo que acabamos de decir indica que es posible que ya no exista la posibilidad de crear una cartera compuesta por acciones ordinarias representativas seleccionadas con arreglo a una política de inversión absolutamente pura, en el sentido de que siempre se puede esperar adquirirlas a un precio que no entrañe

---

1948. Se preguntaba a los participantes, «suponga que una persona decide que no va a gastar su dinero. Puede depositarlo en el banco o en obligaciones, o puede invertirlo. ¿Qué cree que sería lo más sensato que podría hacer con el dinero en estos días: depositarlo en el banco, comprar bonos de ahorro, invertirlo en inmuebles o comprar acciones ordinarias? Únicamente el 4% pensaba que las acciones ordinarias ofrecerían un resultado «satisfactorio». El 26% consideraban que «no eran seguras» o que eran «un juego de azar». Desde 1949 hasta 1958, el mercado de valores consiguió una de las mayores rentabilidades decenales de la historia, alcanzando el 18,7% anual. En una fascinante repetición de aquella pionera encuesta de la Reserva Federal, un estudio realizado por *BusinessWeek* a finales de 2002 descubrió que únicamente el 24% de los inversores estaban dispuestos a invertir más en sus fondos de inversión o en sus carteras de valores, en comparación con el 47% que lo habían estado sólo tres años antes.

ningún tipo de riesgo de pérdida de mercado o de «cotización» de entidad suficientemente grande para que pueda resultar inquietante. En la mayor parte de los períodos el inversor deberá reconocer la existencia de un factor especulativo en su cartera de valores. Es responsabilidad suya asegurarse de que ese elemento queda confinado a unos límites estrictos, y también es responsabilidad suya estar preparado financiera y psicológicamente para sufrir resultados negativos cuya duración puede ser breve o prolongada.

Se deberían añadir dos párrafos sobre la especulación con valores por sí misma, en contraposición al elemento especulativo que en la actualidad es inherente a la mayor parte de acciones representativas. La especulación sin matices no es ni ilegal, ni inmoral ni (para la mayor parte de las personas) un método de engordar la cartera. Al margen de eso, un cierto nivel de especulación es a la vez necesario e inevitable, porque en muchas situaciones que afectan a las acciones existen sustanciales posibilidades tanto de obtener beneficios como pérdidas, y los riesgos de dichas circunstancias deben ser asumidos por alguna persona.[*] Hay especulación inteligente, de la misma manera que hay inversión inteligente. No obstante, hay muchas formas de conseguir que la especulación no sea inteligente. De entre ellas las más destacadas son: (1) especular en la errónea creencia de que lo que se está haciendo en realidad es invertir; (2) especular de manera seria en vez de hacerlo como mero pasatiempo, si se carece de los adecuados conocimientos y capacidades para hacerlo; y (3) arriesgar en operaciones especulativas más dinero del que se puede permitir perder.

De acuerdo con nuestra concepción conservadora, todos los no profesionales que operen *a margen*[†] deberían reconocer que están especulando *ipso facto*, y es obligación de su corredor advertirles de que lo están haciendo. Además,

---

[*] La especulación es beneficiosa en dos niveles: En primer lugar, sin especulación, empresas nuevas no contrastadas, como Amazon.com o, en el pasado, Edison Electric Light Co., nunca habrían podido obtener el capital necesario para su expansión. La atractiva posibilidad ambiciosa de conseguir un gran beneficio es el aceite que lubrica la maquinaria de la innovación. En segundo lugar, el riesgo se cambia (aunque nunca se elimina) cada vez que se vende o se compra una acción. El comprador adquiere el riesgo primario de que esta acción pierda valor. Por su parte el vendedor sigue reteniendo un riesgo residual: la posibilidad de que la acción que acaba de vender aumente de valor.

[†] Una cuenta de margen permite comprar acciones con dinero que se toma prestado del intermediario financiero. Al invertir con dinero prestado se gana más cuando las acciones suben de precio, pero es posible perderlo todo cuando su cotización baja. La garantía del préstamo es el valor de las inversiones depositadas en su cuenta, por lo que tendrá que depositar más dinero si ese valor se reduce hasta una cantidad inferior a la cantidad que ha tomado en préstamo. Si se desea más información sobre las cuentas a margen, véase www.sec.gov/investor/ pubs/margin.htm, www.sia.com/publications/pdf/MarginsA.pdf, y www. nyse.com/pdfs/2001_factbook_09.pdf.

cualquier persona que compre un valor de lo que han dado en denominarse acciones «recalentadas», o que haga cualquier tipo de operación que en esencia sea similar a ésa, está especulando o haciendo una apuesta. La especulación siempre es fascinante, y puede ser muy divertida siempre y cuando sus resultados sean favorables. Si quiere probar suerte, separe una porción, cuanto más pequeña mejor, de su patrimonio, colóquela en una cuenta separada y destínela a este fin. No añada nunca más dinero a esta cuenta simplemente porque el mercado ha evolucionado al alza y los beneficios son copiosos. (En realidad, ése será, precisamente, el momento de empezar a pensar en la posibilidad de retirar dinero del fondo especulativo). No mezcle nunca sus operaciones especulativas y sus operaciones de inversión en la misma cuenta, ni en ninguna parte de su proceso de reflexión.

Resultados que puede esperar el inversor defensivo

Ya hemos afirmado que el inversor defensivo es aquel que está principalmente interesado en la seguridad y en no tener que molestarse mucho en la gestión de sus inversiones. En general, ¿qué vía de actuación debería seguir, y qué rendimientos podría esperar en «condiciones medias normales», si es que existen realmente tales condiciones? Para responder a estas preguntas deberemos tener en cuenta en primer lugar lo que escribimos sobre esta cuestión hace siete años, después, los cambios sustanciales que se han producido desde entonces en los factores subyacentes que rigen el rendimiento que puede esperar el inversor y, por último, lo que debería hacer y lo que debería esperar en las circunstancias vigentes a día de hoy (principios de 1972).

1. Qué dijimos hace seis años

Recomendamos que el inversor dividiese su cartera entre obligaciones de primera categoría y acciones ordinarias de primer orden; que la proporción destinada a obligaciones nunca fuese inferior al 25% ni superior al 75%, por lo que la cifra destinada a acciones tenía que ser necesariamente la complementaria; que su opción más sencilla consistiría en mantener una proporción 50-50 entre las dos alternativas, introduciendo ajustes para restaurar la igualdad cuando la evolución del mercado la hubiese desequilibrado en un 5% aproximadamente. Como política alternativa podría optar por reducir el componente de acciones al 25% «si tenía la impresión de que el mercado había alcanzado un nivel peligrosamente elevado» y, por el contrario, que podía incrementarla hacia el máximo del 75% «si tenía la impresión de que el declive en la cotización de las acciones estaba haciendo que éstas fuesen cada vez más atractivas».

En 1965 el inversor podía obtener aproximadamente el 4,5% de rendimiento con las obligaciones de primera categoría sujetas a tributación y el 3,25% con unas buenas obligaciones exentas de tributación. La rentabilidad por dividendo de las principales acciones (con el índice DJIA en un nivel del 892) ascendía únicamente al 3,2%. Este hecho, en combinación con algunos otros, recomendaba una postura cauta. Dejábamos entender que «en niveles normales de mercado» el inversor debería ser capaz de obtener una rentabilidad por dividendo inicial de entre el 3,5% y el 4,5% por sus adquisiciones de acciones, a la que debería añadir un incremento firme de valor subyacente (y en el «precio de mercado normal») de una cesta de acciones representativas aproximadamente del mismo importe, lo que arrojaría un rendimiento combinado por dividendos y revalorización de aproximadamente el 7,5% al año. La división en partes iguales entre obligaciones y acciones arrojaría una rentabilidad de aproximadamente el 6% antes de impuestos. Añadimos que el componente de acciones debería incorporar un sustancial nivel de protección frente a la pérdida de capacidad de compra provocada por la inflación a gran escala.

Se debe destacar que los cálculos anteriores señalaban unas expectativas de un tipo de revalorización del mercado de valores muy inferior al que se había obtenido entre 1949 y 1964. Esa tasa de crecimiento había alcanzado un promedio bastante superior al 10% en lo tocante al conjunto de acciones cotizadas y, por lo general, se consideraba que era una especie de garantía de resultados igualmente satisfactorios respecto de lo que cabía esperar en el futuro. Pocas personas estaban dispuestas a considerar seriamente la posibilidad de que ese elevado tipo de revalorización en el pasado significase realmente que la cotización de las acciones estaba «en un nivel demasiado elevado en la actualidad» y, por lo tanto, que «los maravillosos resultados obtenidos desde 1949 no fuesen un augurio de muy buenos resultados, sino por el contrario de malos resultados, para el futuro».

2. *Qué ha ocurrido desde 1964*

El principal cambio desde 1964 ha sido el incremento de los tipos de interés ofrecidos por las obligaciones de primera categoría, que han alcanzado unos niveles máximos en términos históricos, aunque desde entonces se ha producido una considerable recuperación desde los precios inferiores de 1970. El rendimiento que se puede obtener con las buenas emisiones empresariales ronda en la actualidad el 7,5%, y aún más en comparación con el 4,5% de 1964. Mientras tanto, la rentabilidad por dividendo de las acciones de tipo DJIA experimentaron un razonable incremento también durante el declive del mercado de 1969-70, pero en el momento en el que escribimos (con el «Dow» a 900) es inferior al 3,5% en comparación con el 3,2% de finales de 1964. El cambio en los tipos de interés vigentes provocó un declive máximo de aproximadamente el 38% en el precio de mercado de las obligaciones a medio plazo (digamos 20 años) durante este período.

Estos acontecimientos tienen un aspecto paradójico. En 1964 realizamos una prolongada exposición sobre la posibilidad de que el precio de las acciones pudiese ser demasiado elevado y estar sujeto a un severo declive en última instancia; no obstante, no consideramos específicamente la posibilidad de que lo mismo pudiese pasar con el precio de las obligaciones de primera categoría. (Tampoco lo hizo nadie de quien tengamos noticia). Lo que sí hicimos fue advertir (en la página 90) de que «una obligación a largo plazo puede experimentar grandes variaciones de precio en respuesta a los cambios de los tipos de interés». A la luz de lo que ha ocurrido desde entonces, creemos que esta advertencia, con sus correspondientes ejemplos, fue insuficientemente destacada. Porque el hecho es que si el inversor hubiese tenido una cantidad concreta en el DJIA a su precio de cierre de 874 en 1964, habría obtenido un pequeño beneficio sobre dicha cantidad a finales de 1971; incluso en el nivel inferior (631) de 1970 la pérdida declarada habría sido inferior que la que se muestra en las obligaciones a largo plazo de buena categoría. Por otra parte, si hubiese limitado sus inversiones en obligaciones a bonos de ahorro de Estados Unidos, emisiones empresariales a corto plazo o cuentas de ahorro, no habría experimentado pérdida en el valor de mercado de su principal a lo largo del período y habría disfrutado de un mejor rendimiento por renta que el ofrecido por las buenas acciones. Por lo tanto, resultó que los auténticos «equivalentes a efectivo» acabaron siendo mejores inversiones en 1964 que las acciones ordinarias, a pesar de la experiencia de inflación que, en teoría, debería haber favorecido a las acciones en relación con el efectivo. La reducción en el valor del principal cotizado de las obligaciones a largo plazo de buena categoría fue consecuencia de los acontecimientos que tuvieron lugar en el mercado de dinero, una zona de difícil comprensión, que normalmente no influye mucho en la política de inversión de los particulares.

Ésta es otra más de la innumerable serie de experiencias que se han producido a lo largo del tiempo y que han demostrado que el futuro de los precios de los valores nunca puede darse por sabido por adelantado.* Prácticamente siempre las obligaciones han fluctuado mucho menos en precio que las acciones y, por lo general, los inversores siempre han podido adquirir buenas obligaciones con cualquier tipo de vencimiento sin tener que preocuparse sobre las variaciones que pudiese experimentar su valor de mercado. Esta regla general ha sufrido unas cuantas excepciones, y el período siguiente a 1964 resultó ser una de ellas. Volveremos a hablar sobre las modificaciones de los precios de las obligaciones en un capítulo posterior.

---

* Lea otra vez la frase de Graham, y caiga en la cuenta de lo que está diciendo el mayor de los expertos de la inversión: El futuro de los precios de los valores no se puede predecir nunca. A medida que vaya avanzando en la lectura de este libro, se dará cuenta de que todas las demás afirmaciones de Graham están diseñadas para ayudarle a comprender y aceptar esa realidad. Como no puede predecir cuál va a ser el comportamiento de los mercados, tendrá que aprender a predecir y controlar su propio comportamiento.

3. Expectativas y política a finales de 1971 y principios de 1972

Hacia finales de 1971 era posible obtener un interés sujeto a tributación del 8% con obligaciones empresariales a medio plazo de buena calidad, y del 5,7% exento de tributación con unas buenas obligaciones estatales o municipales. En el terreno del más corto plazo, el inversor podía obtener aproximadamente el 6% en emisiones de la Administración estadounidense reembolsables en un plazo de cinco años. En este último caso, el comprador no tenía que preocuparse de una posible pérdida de valor de mercado, puesto que estaba seguro del íntegro reembolso, incluido el 6% de rendimiento por intereses, al final de un período de tenencia relativamente breve. El DJIA al recurrente nivel de precios de 900 imperante en 1971 únicamente rinde el 3,5%.

Partamos de la hipótesis de que en la actualidad, al igual que en el pasado, la decisión de política básica que se debe adoptar es la forma de repartir los fondos entre obligaciones de gran categoría (o lo que se denomina también «equivalente a efectivo») y las principales acciones de tipo DJIA. ¿Qué vía debería seguir el inversor en las condiciones actuales, si no tenemos ningún motivo sólido para predecir ni un movimiento sustancial al alza ni un movimiento sustancial a la baja durante un cierto período en el futuro? En primer lugar, hemos de destacar que si no se producen cambios adversos serios, el inversor defensivo debería estar en condiciones de contar con el actual rendimiento por dividendo del 3,5% respecto de su inversión en acciones y también en una apreciación anual media de aproximadamente el 4%. Como explicaremos posteriormente, esta apreciación se basa esencialmente en la reinversión por diversas empresas de un importe anual correspondiente con cargo a los beneficios no distribuidos. Haciendo los cálculos con criterios antes del pago de impuestos, el rendimiento combinado de estas acciones alcanzaría, por lo tanto, una media de aproximadamente el 7,5%, algo menos que el interés ofrecido por las obligaciones de primera categoría.[*] Haciéndolos con criterios después de impuestos el rendimiento medio de las acciones oscilaría en torno al 5,3%.[5] Esta cifra sería

---

[*] ¿Qué tal resultó la predicción de Graham? A primera vista parece que muy bien: Desde principios de 1972 hasta finales de 1981, las acciones obtuvieron un rendimiento anual medio del 6,5%. (Graham no especificó el marco temporal de su previsión, pero es razonable suponer que estaba pensando en un horizonte temporal a 10 años vista). No obstante la inflación alcanzó el desorbitado nivel del 8,6% anual durante este período, con lo que canceló todos los beneficios generados por las acciones. En esta sección de este capítulo, Graham resume lo que se conoce como «ecuación de Gordon» que básicamente afirma que el rendimiento futuro del mercado de valores es la suma del rendimiento por dividendo actual más el crecimiento previsto de los beneficios. Con un rendimiento por dividendo levemente inferior al 2% a principios de 2003 y un crecimiento de los beneficios a largo plazo de aproximadamente el 2%, en combinación con una inflación levemente superior al 2%, una rentabilidad media futura anual del 6% es razonable. (Véase el comentario sobre el capítulo 3).

aproximadamente igual a la que se puede obtener en la actualidad con unas buenas obligaciones a medio plazo exentas de tributación.

Estas expectativas resultan mucho menos favorables para las acciones en comparación con las obligaciones de lo que eran en nuestro análisis de 1964. (Esa conclusión es consecuencia inevitable del hecho esencial de que las rentabilidades de las obligaciones han aumentado mucho más que las rentabilidades de las acciones desde 1964). Nunca debemos perder de vista el hecho de que los pagos de intereses y principal de las obligaciones de buena calidad están mucho mejor protegidos y, por lo tanto, son más seguros que los dividendos y las revalorizaciones de las acciones. En consecuencia, estamos obligados a llegar a la conclusión de que en la actualidad, aproximándonos al final de 1971, las inversiones en obligaciones parecen claramente preferibles a las inversiones en acciones. Si pudiéramos estar seguros de que esta conclusión es correcta, tendríamos que aconsejar al inversor defensivo que pusiese todo su dinero en obligaciones y nada de su dinero en acciones ordinarias hasta que la actual relación de rentabilidades cambiase sustancialmente a favor de las acciones.

La cuestión es que, por supuesto, no podemos estar seguros de que las obligaciones vayan a seguir siendo mejor que las acciones a partir de los niveles actuales. El lector pensará inmediatamente en el factor de la inflación como uno de los principales argumentos para sostener lo contrario. En el siguiente capítulo afirmaremos que nuestra considerable experiencia con la inflación en Estados Unidos a lo largo de este siglo no apoyaría la elección de acciones a costa de las obligaciones con los actuales diferenciales de rendimiento. No obstante, siempre existe la posibilidad, aunque nosotros la consideramos remota, de una aceleración en la inflación, que de una o de otra forma acabase haciendo que los valores de capital fuesen preferibles a las obligaciones pagaderas o rescatables por un importe fijo de dinero.* Existe la posibilidad alternativa, que también consideramos extraordinariamente improbable, de que las empresas estadounidenses lleguen a conseguir un nivel tal de beneficios, sin que se produzca una aceleración de la inflación, que se justifique un gran aumento de los valores de las acciones en los años venideros. Por último, también existe la posibilidad más probable de que vayamos a ser testigos de otro gran aumento especulativo en el valor de mercado que no tenga una justificación real en los valores subyacentes. Cualquiera de estas razones, y tal vez otras que no se nos han ocurrido, podrían

---

*Desde 1997, cuando se introdujeron los Treasury Inflation-Protected Securities (o TIPS), las acciones han dejado de ser automáticamente la mejor opción para los inversores que esperan que la inflación aumente. Los TIPS, a diferencia de otras obligaciones, aumentan de valor si sube el Índice de Precios al Consumo, con lo que en la práctica inmunizan al inversor contra las posibles pérdidas monetarias debidas a la inflación. Las acciones no ofrecen una garantía de ese tipo y, de hecho, ofrecen una cobertura relativamente deficiente contra los tipos de inflación elevados. (Si se desean más detalles, véase el comentario al capítulo 2).

hacer que el inversor lamentase tener una concentración del 100% en obligaciones, incluso a sus niveles de rendimiento más favorables.

Por lo tanto, después de esta abreviada exposición de las principales consideraciones, volveremos a enunciar la misma política de compromiso básico para los inversores defensivos: es decir, que en todo momento tengan una parte sustancial de sus fondos en carteras de tipo obligación y una parte significativa también en acciones. Sigue siendo cierto que pueden optar entre mantener un reparto sencillo a partes iguales entre los dos componentes o una proporción diferente en función de su valoración, que varíe entre el mínimo del 25% y el máximo del 75% de cualquiera de las dos. Ofreceremos nuestra opinión más detallada sobre estas políticas alternativas en un capítulo posterior.

Teniendo en cuenta que en el momento presente el rendimiento global que cabe esperar de las acciones ordinarias es prácticamente el mismo que el de las obligaciones, el rendimiento actualmente previsible (incluida la revalorización de las acciones) por parte del inversor experimentaría poca variación con independencia de la forma en que éste repartiese sus fondos entre los dos componentes. Tal y como se ha calculado anteriormente, el rendimiento agregado de ambas partes debería rondar el 7,8% antes de impuestos o el 5,5% con arreglo a criterios de rendimiento exento de tributación (o haciendo los cálculos después del pago de impuestos). Un rendimiento de esta magnitud es apreciablemente superior al que habría obtenido a largo plazo el inversor conservador típico durante la mayor parte del pasado. Es posible que no parezca atractivo en relación con el 14%, aproximadamente, de rendimiento exhibido por las acciones durante los 20 años de evolución predominantemente alcista de mercado que siguieron a 1949. No obstante, debería recordarse que entre 1949 y 1969 el precio del DJIA se había multiplicado por más de cinco, mientras que sus ganancias y dividendos se habían multiplicado por dos, aproximadamente. Por lo tanto, la mayor parte de los impresionantes resultados de mercado de ese período se basaban en una modificación de las actitudes de los inversionistas y los especuladores, más que en el incremento de valor subyacente de las empresas. En ese sentido, podría afirmarse que se trataba de un crecimiento autoinducido por sugestión.

Al hablar sobre la cartera de acciones del inversor defensivo hemos limitado nuestros comentarios exclusivamente a emisiones de máxima categoría del tipo que se incluyen en los 30 títulos integrados en el Dow Jones Industrial Average. Lo hemos hecho únicamente por comodidad, y no para dar a entender que solamente esas 30 emisiones son adecuadas para dicho tipo de inversor. De hecho, hay muchas otras empresas de una calidad equivalente o superior a la media de la cesta del Dow Jones; entre ellas se podrían mencionar numerosas empresas concesionarias de servicios públicos (que disponen de una media Dow Jones independiente para representarlas).* No obstante, la principal cuestión que

---

* En la actualidad, las alternativas disponibles de manera más generalizada al Dow Jones Industrial Average son el índice de acciones Standard & Poor's 500 (el «S&P»)

se quiere destacar es que los resultados generales del inversor defensivo no serán, con toda probabilidad, radicalmente diferentes de una lista diversificada representativa a otra o, por decirlo más exactamente, que ni dicho inversor ni sus asesores serán capaces de predecir con certeza cuáles son las diferencias que acabarán produciéndose en la práctica en última instancia. Es cierto que se supone que el arte de la inversión hábil radica especialmente en la selección de aquellos valores que vayan a dar mejores resultados que el mercado en general. Por motivos que expondremos en otro momento, somos escépticos respecto a la capacidad que tengan en general los inversores defensivos de conseguir resultados mejores que la media, lo que, si nos paramos a reflexionar, supondría en realidad tener que superar sus propios rendimientos generales.* (Nuestro escepticismo se hace extensivo a la gestión de los grandes fondos por parte de expertos).

Permítanos ilustrar nuestra afirmación con un ejemplo que en primera instancia puede dar la impresión de que demuestra exactamente lo contrario. Entre diciembre de 1960 y diciembre de 1970 el DJIA pasó de 616 a 839, lo que supone un incremento del 36%. No obstante, en el mismo período el índice ponderado de Standard & Poor's, mucho mayor, compuesto por 500 acciones pasó de 58,11 a 92,15, lo que supone un incremento del 58%. Evidentemente, el segundo grupo habría resultado ser una «compra» mejor que el primero. Pero ¿quién habría estado dispuesto a predecir en 1960 que lo que parecía un lote variado de todo tipo de acciones ordinarias iba a conseguir unos resultados nítidamente mejores que los «treinta tiranos» aristocráticos del Dow? Todo esto demuestra, insistimos una vez más, que en muy raras ocasiones se pueden hacer predicciones fiables sobre las variaciones de los precios, en términos absolutos o relativos.

Repetiremos aquí, sin disculparnos por ello, porque se trata de una advertencia en la que nunca se insiste lo suficiente, que el inversor no puede tener esperanzas de conseguir resultados mejores que la media mediante la adquisición de nuevas ofertas, o de acciones «recalentadas» de cualquier tipo, expresiones con las que nos referimos a aquellas que están recomendadas para conseguir un rápido beneficio.† En realidad es casi absolutamente seguro que a

---

y el índice Wilshire 5000. El S&P se centra en 500 empresas muy conocidas que suponen aproximadamente el 70% del valor total del mercado de valores de Estados Unidos. El Wilshire 5000 sigue los rendimientos de prácticamente todas las acciones significativas con cotización pública en Estados Unidos, que ascienden aproximadamente a 6.700 en total; sin embargo, como las mayores empresas representan la mayor parte del valor total del índice, el rendimiento del Wilshire 5000 suele ser bastante similar al del S&P 500. Varios fondos de inversión de bajo coste permiten a los inversores tener las acciones incluidas en estos índices en una única y conveniente cartera de inversión. (Véase el capítulo 9).

* Véanse las páginas 391-393 y las páginas 405-409.

† Si se desea información más detallada, véase el capítulo 6.

la larga ocurrirá exactamente lo contrario. El inversor defensivo debe limitarse a las acciones de empresas importantes que tengan un prolongado historial de explotación rentable y que se encuentren en una sólida situación financiera. (Cualquier analista de valores que se merezca su salario será capaz de elaborar una lista con tales empresas). Los inversores agresivos pueden adquirir otros tipos de acciones, pero tales acciones deberían cotizar en condiciones definitivamente atractivas, tal y como quedan establecidas después de un análisis inteligente.

Para concluir esta sección, permítasenos mencionar brevemente tres conceptos complementarios o prácticas que puede seguir el inversor defensivo. La primera es la adquisición de acciones de fondos de inversión bien establecidos como alternativa a la creación de su propia cartera de acciones. También podría recurrir a uno de los «fondos de inversión común», o «fondos combinados» gestionados por empresas de inversión y bancos en muchos estados; alternativamente, si cuenta con cantidades sustanciales, puede utilizar los servicios de una firma de asesoramiento de inversión reconocida. De esta manera obtendrá una administración profesional de su programa de inversión que seguirá las líneas ordinarias. El tercer concepto es el método de «promediar el coste en unidades monetarias», que significa simplemente que quien emplea este método invierte en acciones el mismo número de unidades monetarias cada mes o cada trimestre. De esta forma adquiere más acciones cuando el mercado está en un punto bajo que las que adquiere cuando está en un punto elevado, y lo más probable es que a la larga obtenga un precio general satisfactorio para toda su cartera. En términos estrictos, este método es una aplicación de un método más general conocido como «inversión mediante fórmula». Este segundo concepto ya ha sido mencionado cuando sugerimos que el inversor puede modificar sus carteras de acciones entre un mínimo del 25% y el máximo del 75%, en relación inversa a la evolución del mercado. Estas ideas son valiosas para el inversor defensivo, y se expondrán con mayor amplitud en capítulos posteriores.*

Resultados que puede esperar el inversor agresivo

Nuestro comprador de acciones emprendedor, por supuesto, deseará y esperará obtener unos resultados generales mejores que su colega defensivo o pasivo. En cualquier caso, lo primero que tiene que hacer es asegurarse de que sus

* Si desea más consejos sobre «los fondos de inversión bien asentados», véase el capítulo 9. La «administración profesional» por parte de «una firma de asesoramiento de inversión reconocida» se explica en el capítulo 10. La técnica de «promedio de coste en unidades monetarias» se explica en el capítulo 5.

resultados no sean peores. No resulta muy complicado dedicar una gran dosis de energía, estudio y capacidad innata a las operaciones en el mercado de valores y acabar sufriendo pérdidas en vez de disfrutando beneficios. Estas virtudes, si se canalizan en la dirección equivocada, se transforman, a la hora de la verdad, en handicaps. Por lo tanto, es absolutamente esencial que el inversor emprendedor empiece por adquirir una clara conciencia de las líneas de actuación que le van a ofrecer unas razonables oportunidades de éxito, y de aquellas que no lo van a hacer.

En primer lugar analizaremos varios de los comportamientos que los inversores especuladores han seguido generalmente para obtener resultados mejores que la media. Entre ellos están los siguientes:

1. *Operar siguiendo al mercado*. Esto supone por lo general comprar acciones cuando el mercado evoluciona al alza y venderlas después de que haya alcanzado el punto de inflexión y esté evolucionando a la baja. Las acciones elegidas estarán, con toda probabilidad entre las que se hayan estado «comportando» mejor que la media del mercado. Un pequeño número de profesionales suelen concentrarse en la venta en descubierto. Con esta técnica venderán acciones de las que no son propietarios, sino prestatarios, préstamo que se habrá materializado siguiendo los mecanismos de las bolsas de valores. Su objetivo consiste en extraer un beneficio de un posterior descenso en la cotización de tales acciones, mediante su recompra a un precio inferior a aquel por el que las vendieron. (Como indica nuestra cita tomada del *Wall Street Journal* de la página 34, incluso los «pequeños inversores» por inadecuado que sea el término, en ocasiones, y a pesar de su inexperiencia, prueban su suerte con la venta en descubierto).
2. *Selectividad a corto plazo*. Esto significa comprar acciones de empresas que declaran, o que está previsto que declaren, un aumento de beneficios, o de empresas respecto de las cuales se prevé algún otro tipo de acontecimiento favorable.
3. *Selectividad a largo plazo*. En este terreno normalmente se hace hincapié en los excelentes resultados de crecimiento en el pasado, que se considera probable que se mantengan en el futuro. En algunos casos, además, el «inversor» puede elegir empresas que todavía no hayan arrojado resultados impresionantes, pero que se espera que demuestren una elevada capacidad de beneficio en un momento posterior. (Tales empresas suelen pertenecer frecuentemente al área tecnológica, por ejemplo, ordenadores, medicamentos, electrónica, y frecuentemente suelen estar desarrollando nuevos procesos o productos que se consideran especialmente prometedores).

Ya hemos expresado anteriormente una opinión negativa acerca de las probabilidades generales que tiene el inversor de alcanzar el éxito en estas áreas de actividad. Hemos excluido la primera técnica, tanto por motivos teóricos como por motivos realistas, del campo de la inversión. Hacer operaciones siguiendo al mercado no es un método «que, tras un análisis exhaustivo, ofrezca seguridad del principal y un rendimiento satisfactorio». Volveremos a hablar sobre las operaciones de compraventa rápida de valores en el mercado en un capítulo posterior.*

En su esfuerzo por elegir las acciones más prometedoras ya sea a corto o largo plazo, el inversor se enfrenta a obstáculos de dos tipos, el primero derivado de la falibilidad humana y el segundo de la naturaleza de su competición. Puede equivocarse en sus estimaciones sobre el futuro; o incluso aunque acierte, es posible que el precio de mercado actual ya refleje plenamente lo que el inversor está anticipando. En el área de la selectividad a corto plazo, los resultados del año en curso de una empresa suelen estar, por lo general, descontados por el mercado de valores, que ya los conocerá; los resultados del año siguiente, en la medida en que sean previsibles, ya habrán sido cuidadosamente tenidos en cuenta. Por lo tanto, el inversor que elige emisiones basándose principalmente en los resultados superiores obtenidos en el año en curso, o en lo que se le dice que puede esperar para el año próximo, tiene muchas probabilidades de encontrarse con que muchos otros han hecho lo mismo que él, por el mismo motivo.

Al elegir acciones por sus perspectivas a *largo plazo*, el inversor se enfrenta a unos obstáculos básicamente idénticos. La posibilidad de un error manifiesto en la predicción, que ilustramos con nuestro ejemplo de las líneas aéreas de la página 20, es indudablemente mayor que cuando tiene que abordar los beneficios a más corto plazo. Como los expertos suelen equivocarse cuando realizan tales previsiones, teóricamente es posible que un inversor extraiga grandes beneficios si hace predicciones correctas en un momento en el que el mercado en conjunto está haciendo predicciones incorrectas. No obstante, eso únicamente ocurre en la teoría. ¿Cuántos inversores emprendedores pueden dar por supuesto que tienen la capacidad intelectual o los dones proféticos para superar a los analistas profesionales en su juego favorito de estimar los beneficios futuros a largo plazo?

Por lo tanto, todo ello nos conduce a la siguiente conclusión, tan lógica como desconcertante: para disfrutar de una probabilidad razonable de obtener unos resultados continuados mejores que la media, el inversor debe seguir unas políticas que sean (1) inherentemente sensatas, firmes y prometedoras, y (2) que no gocen de popularidad en el mercado de valores.

¿Hay algún tipo de política de ese estilo que tenga el inversor emprendedor a su disposición? Una vez más, la teoría nos indica que la respuesta debería ser sí; hay motivos generales para pensar que la respuesta debería ser afirmativa también en la práctica. Todo el mundo sabe que las variaciones especulativas

---

* Véase el capítulo 8.

de las acciones tienen recorridos demasiado prolongados en ambas direcciones, con frecuencia en el mercado general y con certeza, por lo menos, en un número limitado de los valores individuales. Además, es posible que una acción concreta esté minusvalorada por falta de interés o por un prejuicio popular injustificado. Podríamos llegar más lejos y afirmar que en una proporción asombrosamente grande de las operaciones realizadas con acciones ordinarias, los que las realizan no parece que sean capaces de distinguir, por utilizar términos que no puedan ser considerados groseros, una parte de su anatomía de otra. En este libro mostraremos numerosos ejemplos de discrepancias (pasadas) entre precio y valor. Por lo tanto, da la impresión de que cualquier persona inteligente, que tenga una buena capacidad numérica, debería darse todo un festín en el mercado de valores, aprovechándose de la inconsciencia de otras personas. Eso parece, pero por algún motivo a la hora de la verdad las cosas no son tan sencillas. Comprar una acción pasada por alto y, por lo tanto, minusvalorada para obtener beneficios suele ser una experiencia que requiere mucho tiempo y que pone a prueba la paciencia del inversor. Vender en descubierto una emisión excesivamente popular y, por lo tanto, sobrevalorada tiene muchas probabilidades de acabar siendo una prueba no sólo del coraje y la capacidad de resistencia de la persona, sino también de la profundidad de sus bolsillos.* El principio es sensato, su aplicación con buenos resultados no es imposible, pero es evidentemente un arte que no resulta fácil dominar.

También hay un grupo bastante amplio de «situaciones especiales», que a lo largo de varios años puede darse por supuesto que aportarán una jugosa rentabilidad anual del 20% o más, con un mínimo de riesgo general para aquellos que sepan manejarse en este terreno. Entre esas situaciones están el arbitraje entre valores, los pagos o indemnizaciones en caso de liquidación o las coberturas protegidas de ciertos tipos. El caso más típico es el de una fusión o adquisición prevista que ofrezca un valor sustancialmente superior para ciertas acciones que la cotización de dichas acciones en la fecha del anuncio. El número de este tipo de operaciones ha aumentado en gran medida en los últimos años, y esto debería haber dado lugar a un período extraordinariamente rentable para los exper-

---

* Al «vender en descubierto» una acción se está apostando porque la cotización de esa acción baje y no suba. Vender en descubierto es un proceso que tiene tres etapas: En primer lugar, se toman prestadas acciones de alguien que las tenga; después, inmediatamente, se venden las acciones prestadas; por último, se sustituyen esas acciones por otras que se compran posteriormente. Si la cotización de las acciones baja, se podrán comprar las acciones sustitutivas a un precio menor. La diferencia entre el precio al que se vendieron las acciones prestadas y el precio que se pagó por las acciones de sustitución es el beneficio bruto (reducido por los costes de intereses o dividendos junto con los costes de corretaje). No obstante, si la cotización de las acciones sube en vez de bajar, la pérdida potencial es ilimitada, por lo que las ventas en descubierto son inaceptablemente especulativas para la mayor parte de los inversores individuales.

tos. Sin embargo, con la multiplicación de anuncios de fusiones vino una multiplicación de los obstáculos a las fusiones y de operaciones que no culminaron con éxito; de este modo, se sufrieron unas cuantas pérdidas individuales en un tipo de operaciones que hasta entonces habían sido fiables. También es posible que el tipo de beneficio general disminuyese al enfrentarse a demasiada competencia.*

La reducción de la rentabilidad de estas situaciones especiales parece ser una manifestación de una especie de proceso autodestructivo, similar a la ley del rendimiento decreciente, que se ha ido desarrollando a lo largo de la vida de este libro. En 1949 pudimos presentar un estudio de las fluctuaciones del mercado de valores durante los 75 años anteriores que ratificaba una fórmula, basada en los beneficios y en los tipos de interés vigentes, para determinar un nivel para comprar el DJIA por debajo de su valor «central» o «intrínseco», y para vender por encima de dicho valor. Era una aplicación de la máxima que regía el comportamiento de los Rothschild: «Comprar barato y vender caro».† Además, tenía la ventaja de funcionar directamente en contra de la máxima asentada y perniciosa del mercado de valores de que las acciones debían comprarse porque habían evolucionado al alza y venderse porque habían evolucionado a la baja. Por desgracia, después de 1949, esta fórmula dejó de funcionar. Una segunda ilustración la ofrece la famosa «Teoría Dow» de los movimientos del mercado de valores, si se comparan sus espléndidos resultados declarados para el período que va de 1897 a 1933 y sus resultados mucho más cuestionables desde 1934.

Un tercer y último ejemplo de las oportunidades de oro que recientemente no están disponibles es el siguiente: una buena parte de nuestras operaciones en el mercado de valores habían estado concentradas en la adquisición de títulos de ocasión que se identificaban fácilmente como tales por el hecho de que se vendían por debajo de su proporción en el valor de los activos circulantes netos (capital y de explotación), sin contar la cuenta de instalaciones y

---

* A finales de la década de 1980, cuando se multiplicaron las adquisiciones y las compras apalancadas, Wall Street organizó mesas de arbitraje institucionales para aprovechar cualquier error en la determinación de precios en esas complejas operaciones. Llegaron a ser tan diestras en su cometido que las posibilidades de conseguir beneficios fácilmente desaparecieron, y muchas de esas mesas se han cerrado desde entonces. Aunque Graham vuelve a exponerlo (véase páginas 195-196), este tipo de operaciones ha dejado de ser viable o adecuado para la mayor parte de las personas, puesto que únicamente las operaciones por valor de varios millones de dólares tienen el volumen suficiente para generar beneficios que merezcan la pena. Las instituciones y personas acaudaladas pueden utilizar esta estrategia a través de fondos de inversión de gestión alternativa especializados en arbitrajes de fusiones o «eventos».

† La familia Rothschild, dirigida por Nathan Mayer Rothschild, fue la potencia dominante en la banca de inversión europea y en el negocio de la intermediación durante el siglo XIX. Si se desea leer una brillante narración de su historia, véase Niall Ferguson, *The House of Rothschild: Money's Prophets, 1798–1848* (Viking, 1998).

otros activos, y después de deducir todo el pasivo. Estaba claro que esas acciones se vendían a un precio muy inferior al valor que tendría la empresa como entidad no cotizada. Ningún propietario ni accionista mayoritario pensaría en vender sus propiedades por una cifra tan ridículamente reducida. Sorprendentemente, tales anomalías no eran difíciles de encontrar. En 1957 se publicó una lista que mostraba prácticamente 200 emisiones de este tipo que estaban disponibles en el mercado. De diversas maneras prácticamente todos estos títulos de oportunidad resultaron ser rentables y el resultado anual medio fue mucho más remunerativo que la mayor parte de las otras inversiones. Sin embargo, este tipo de emisiones también desapareció prácticamente por completo del mercado de valores a lo largo de la siguiente década, y con su desaparición, también se esfumó una zona fiable para realizar hábiles y acertadas operaciones por parte del inversor emprendedor. No obstante, con los precios mínimos de 1970 volvieron a aparecer un número considerable de estos títulos que cotizaban «por debajo del capital circulante» y a pesar de la fuerte recuperación del mercado, seguía habiendo bastantes de ellos al final del ejercicio como para constituir una cartera íntegra.

El inversor emprendedor, en las condiciones actuales, sigue teniendo varias posibilidades de obtener unos resultados mejores que la media. La enorme lista de valores negociables tiene que incluir un número razonable que se pueda identificar como minusvalorados en función de unos criterios lógicos y razonablemente fiables. Estas emisiones deberían rendir unos resultados más satisfactorios, en promedio, que los del DJIA o cualquier cesta representativa similar. En nuestra opinión, la búsqueda de este tipo de emisiones no merecería la pena salvo que el inversor tuviese esperanzas de añadir, por ejemplo, el 5% antes de impuestos al rendimiento anual medio de la parte correspondiente a las acciones de su cartera. Trataremos de exponer uno o más de tales métodos de selección de acciones para que los utilice el inversor activo.

Comentario al capítulo 1

Toda la infelicidad humana tiene un mismo origen: no saber estar tranquilamente sin hacer nada en una habitación.

Blaise Pascal

¿Por qué cree que los corredores del parquet de la Bolsa de Nueva York siempre prorrumpen en vítores cuando suena la campana al cierre de la jornada, con independencia del comportamiento que haya tenido ese día el mercado? Porque siempre que usted hace operaciones, ellos ganan dinero, lo gane usted o no. Al especular en vez de invertir, usted reduce las probabilidades de incrementar su propio patrimonio, y aumenta las de incrementar el patrimonio de algún otro.

La definición de inversión de Graham no puede ser más clara: «Una operación de inversión es aquella que, tras un análisis exhaustivo, promete seguridad para el principal y un adecuado rendimiento».[1] Se debe tener en cuenta que invertir, según Graham, es una actividad compuesta por tres elementos de igual trascendencia:

— Es necesario analizar exhaustivamente la empresa y la solidez de sus negocios subyacentes, antes de comprar sus acciones.

[1] Graham va aún más allá, desarrollando cada uno de los términos esenciales de su definición: «análisis exhaustivo» significa «el estudio de los hechos a la luz de los criterios de seguridad y valor establecidos», mientras que «seguridad para el principal» significa «protección frente a las pérdidas en las condiciones o variaciones normales o razonables» y rendimiento «adecuado» o «satisfactorio» significa «cualquier tipo o cantidad de rendimiento, por reducido que sea, que el inversor esté dispuesto a aceptar, siempre y cuando actúe con una inteligencia razonable». (*Security Analysis*, 1934 ed., págs. 55–56).

— Es necesario protegerse deliberadamente frente a pérdidas graves.
— Se debe aspirar a unos resultados «adecuados», no a unos resultados extraordinarios.

El inversor calcula lo que vale una acción, atendiendo al valor de sus negocios. El especulador apuesta que una acción subirá de precio porque alguna otra persona estará dispuesta a pagar más por ella. Como dijo Graham en una ocasión, los inversores juzgan «el precio de mercado en función de unas reglas de valor establecidas», mientras que los especuladores «basan sus reglas de valor en el precio de mercado».[2] Para un especulador, la incesante sucesión de cotizaciones de la acción es como el oxígeno; si se corta el suministro, fallece. Para el inversor, lo que Graham denominaba valores «de cotización» importan mucho menos. Graham le apremia a invertir únicamente si se sentiría cómodo siendo propietario de una acción aunque no tuviese ninguna forma de conocer su cotización diaria.[3]

Al igual que apostar en el casino o en las carreras de caballos, especular en el mercado puede ser emocionante o incluso provechoso (si se acaba teniendo suerte). En cualquier caso, es el peor modo imaginable para crear un patrimonio. El motivo es que Wall Street, al igual que Las Vegas o que el hipódromo, ha ajustado las probabilidades de modo que la casa siempre acabe ganando, al final, a cualquiera que trate de ganar a la casa a su propio juego especulativo.

Por otra parte, la inversión es un tipo de casino único, en el que es posible no perder al final, siempre y cuando se juegue única y exclusivamente siguiendo las reglas que ponen las probabilidades claramente a su favor. Las personas que invierten ganan dinero para sí mismas; las personas que especulan ganan dinero para sus corredores. Ése, a su vez, es el motivo de que Wall Street siempre minusvalore las virtudes duraderas de la inversión y acentúe el llamativo atractivo de la especulación.

Inseguro a alta velocidad

Confundir la especulación con la inversión, advierte Graham, es siempre un error. En la década de 1990 esa confusión provocó una destrucción masiva. Prácticamente a todo el mundo se le acabó la paciencia a la vez, aparentemente, y Estados Unidos se convirtió en la Nación de la Especulación, y en la de operadores del mercado que saltaban de acción en acción como los saltamontes zumbando en un campo de heno en agosto.

---

[2] *Security Analysis*, 1934 ed., p. 310.

[3] Como aconsejaba Graham en una entrevista, «Pregúntese a sí mismo: ¿Si no existiese un mercado para estas acciones, estaría dispuesto a hacer una inversión en esta empresa en estas condiciones?». (*Forbes*, 1 de enero de 1972, p. 90).

Todo el mundo empezó a creer que la demostración de la validez de una técnica de inversión era simplemente que «funcionase» o no. Si obtenían mejores resultados que la media del mercado durante cualquier período, por peligrosas o estúpidas que fuesen sus tácticas, las personas en cuestión alardeaban de que tenían «razón». En cualquier caso, el inversor inteligente no está interesado en tener razón temporalmente. Para alcanzar los objetivos financieros a largo plazo, es necesario tener razón de manera sostenida y fiable. Las técnicas que se pusieron tan de moda en la década de 1990 –las operaciones intradía, el desentenderse de la diversificación, los fondos de inversión especulativos, el seguimiento de «sistemas» de selección de acciones– funcionaban aparentemente. No obstante, no tenían ninguna probabilidad de conseguir buenos resultados a largo plazo, porque no cumplían los tres criterios de Graham para invertir.

Para darse cuenta de los motivos por los que la elevada rentabilidad temporal no demuestra nada, imagine que hay dos lugares separados por 240 kilómetros de distancia. Si respeto el límite de velocidad de 120 kilómetros por hora, puedo recorrer esa distancia en dos horas. Sin embargo, si conduzco a 240 kilómetros por hora, podría llegar allí en una hora. Si lo intento y sobrevivo ¿tendré «razón»? ¿Debería sentir usted la tentación de intentarlo, cuando me oiga alardear de que ha «funcionado»? Las argucias ingeniosas para conseguir mejores resultados que el mercado son muy similares: en períodos breves, mientras la suerte sigue estando de su lado, funcionan. A largo plazo, le matarán.

En 1973, cuando Graham revisó por última vez *El inversor inteligente*, la tasa de rotación anual en la Bolsa de Nueva York era del 20%, lo que significa que el accionista típico tenía en su cartera las acciones durante cinco años antes de venderlas. Para 2002, la tasa de rotación había alcanzado el 105%, un período de tenencia de únicamente 11,4 meses. En 1973, el fondo de inversión promedio mantenía las acciones durante casi tres años; en el año 2002, ese período de tenencia se había reducido a solamente 10,9 meses. Daba la impresión de que los gestores de los fondos de inversión estudiaban las acciones que compraban durante el tiempo necesario para descubrir que no deberían haberlas comprado, y después se desprendían rápidamente de ellas y volvía a comenzar el proceso.

Ni siquiera las firmas de gestión de patrimonio más respetadas pudieron resistirse a la tentación. A principios del año 1995, Jeffrey Vinik, gestor de Fidelity Magellan (que en aquella época era el mayor fondo de inversión del mundo) tenía el 42,5% de sus activos en acciones de empresas tecnológicas. Vinik proclamaba que la mayor parte de sus accionistas «han invertido en nuestro fondo para alcanzar unos objetivos que están a varios años de distancia ... Creo que sus objetivos son los mismos que los míos, y que creen, al igual que hago yo, que es mejor adoptar una perspectiva a largo plazo». Sin embargo, seis meses después de expresar esos nobles objetivos, Vinik se deshizo de prácticamente todas sus acciones tecnológicas, desprendiéndose de 19.000 millones de dólares en ocho semanas frenéticas. ¡Que viva el largo plazo! Llegado el año 1999, la división de intermediación económica en el mercado de valores de

Fidelity animaba a sus clientes a que hiciesen operaciones en el mercado en cualquier lugar, en cualquier momento, a través de un ordenador de mano Palm, lo que estaba perfectamente ajustado al nuevo eslogan de la firma, «Todos los segundos cuentan».

FIGURA 1.1

Acciones aceleradas

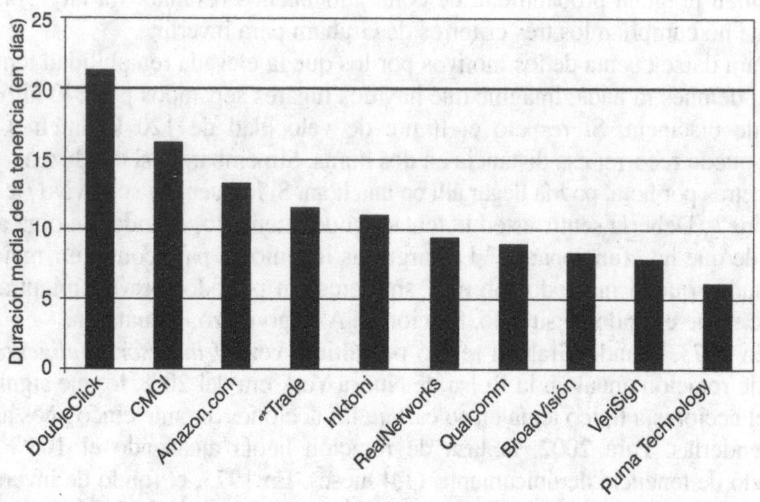

En el mercado NASDAQ la rotación alcanzó la velocidad de la luz, como muestra la figura 1.1.[4]

En 1999, las acciones de Puma Technology, por ejemplo, cambiaron de manos una media de una vez cada 5,7 días. A pesar del espléndido lema del NASDAQ, «el mercado de valores para los próximos cien años», muchos de sus clientes únicamente eran capaces de conservar una acción durante 100 horas.

[4] *Fuente:* Steve Galbraith, Sanford C. Bernstein & Co. informe de investigación, 10 de enero de 2000. Las acciones de esta tabla tuvieron un rendimiento medio del 1.196,4% en 1999. Perdieron una media del 79,1% en 2000, 35,5% en 2001, y 44,5% en 2002; destruyendo todos los beneficios obtenidos en 1999, con creces.

El videojuego financiero

Wall Street consiguió que la realización de operaciones *online* pareciese la forma instantánea de forrarse: Discover Brokerage, la sección *online* de la venerable agencia Morgan Stanley, lanzó un anuncio de televisión en el cual un desarrapado conductor de grúa recogía a un ejecutivo elegantemente vestido. Al ver una foto de una playa tropical colocada en el salpicadero, el ejecutivo le pregunta: «¿Vacaciones?». «En realidad», contesta el conductor de la grúa, «ésa es mi casa». Desconcertado, el ejecutivo contesta: «Parece una isla». Henchido de orgullo, el conductor de la grúa le responde: «Técnicamente, es un país».

La propaganda no se quedaba ahí. Las operaciones *online* no exigían esfuerzo y no existía ningún tipo de reflexión. Un anuncio de televisión de Ameritrade, el intermediario *online*, mostraba a dos amas de casa que acababan de volver de hacer *footing*; una de ellas conecta su ordenador, pulsa unas cuantas veces el ratón y afirma entusiasmada: «Creo que acabo de ganar 1.700 dólares». En un anuncio de televisión para la agencia Waterhouse, una persona le preguntaba al entrenador de baloncesto Phil Jackson: «¿Sabe algo sobre operaciones en el mercado de valores?». Su respuesta: «En un par de tardes aprenderé todo lo que me haga falta». (¿Cuántos partidos habrían ganado los equipos de la NBA de Jackson si hubiese seguido esa misma filosofía en la cancha de baloncesto? Aparentemente, no saber nada del otro equipo pero afirmar: «Estoy dispuesto a jugar con ellos ahora mismo», no parece una fórmula para ganar un campeonato).

Llegado el año 1999, había por lo menos seis millones de personas que hacían operaciones financieras *online*, y aproximadamente la décima parte de ellas eran «operadores intradía», que utilizaban Internet para comprar y vender acciones a la velocidad de la luz. Todo el mundo, desde la diva del espectáculo Barbra Streisand a Nicholas Birbas, un antiguo camarero de 25 años del barrio de Queens, en Nueva York, se intercambiaban acciones como si se tratasen de brasas ardiendo que les quemasen en las manos. «Antes», bromeaba Birbas, «invertía a largo plazo, y descubrí que no era inteligente». En la actualidad Birbas hace operaciones de acciones hasta diez veces al día y espera ganar 100.000 dólares en un año. «No soporto ver números rojos en mi columna de pérdidas y ganancias», comentó Streisand en una entrevista concedida a la revista *Fortune*. «Soy tauro, el toro, así que reacciono ante el rojo. Si veo números rojos, vendo rápidamente las acciones».[5]

[5] En vez de mirar a las estrellas, Streisand debería haber sintonizado con Graham. El inversor inteligente nunca se desprende de una acción exclusivamente porque su cotización haya bajado; siempre se pregunta antes si el valor de la actividad subyacente de la empresa ha cambiado.

Al lanzar de manera continua datos sobre acciones en bares y barberías, cocinas y cafeterías, taxis y zonas de descanso para camiones, los sitios web financieros y la televisión financiera convirtieron el mercado de valores en un vídeo-juego nacional ininterrumpido. La sociedad en general tenía la impresión de que sabía más sobre los mercados que en ningún momento de la historia. Por desgracia, aunque todo el mundo estaba saturado de datos, el conocimiento brillaba por su ausencia. Las acciones se desconectaron absolutamente de las empresas que las habían emitido, se convirtieron en puras abstracciones, lucecitas que se desplazaban en una pantalla de televisión o de ordenador. Si las lucecitas evolucionaban al alza, lo demás daba igual.

El 20 de diciembre de 1999, Juno Online Services hizo público un plan de negocio revolucionario: perder todo el dinero posible, deliberadamente. Juno anunció que a partir de aquel momento iba a ofrecer todos sus servicios minoristas gratuitamente: no iba a cobrar por el correo electrónico, tampoco lo iba a hacer por el acceso a Internet, e iba a gastar millones de dólares más en hacer publicidad durante el año siguiente. Tras este anuncio de hara-kiri empresarial, las acciones de Juno se dispararon, pasando de 16,375 dólares a 66,75 dólares en dos días.[6]

¿Qué motivo habría para molestarse en descubrir si una actividad era rentable, o qué tipo de bienes o servicios producía una empresa, o quiénes eran sus directivos, o incluso cuál era el nombre de la empresa? Lo único que había que saber sobre las acciones era el ingenioso código del símbolo con el que eran representadas en la lista de cotización: CBLT, INKT, PCLN, TGLO, VRSN, WBVN.[7] De esa forma, era posible hacer operaciones con ellas aún más rápido, sin la fastidiosa demora de dos segundos de tener que buscarlas en un motor de búsqueda de Internet. A finales de 1998, las acciones de una diminuta sociedad de mantenimiento de edificios, que prácticamente no tenía volumen de negociación, Temco Services, prácticamente se triplicaron en cuestión de minutos, con un volumen de operaciones elevadísimo. ¿Por qué? Como consecuencia de una desconcertante forma de dislexia financiera, miles de operadores adquirieron acciones de Temco porque confundieron su símbolo de cotización, TMCO, por el de Ticketmaster Online (TMCS), una de las empresas favoritas de Internet, cuyas acciones salieron a cotización precisamente aquel día.[8]

---

[6] Solamente 12 meses después, las acciones de Juno habían languidecido hasta 1,093 dólares.

[7] Un símbolo de cotización (*ticker symbol*) es una abreviatura, normalmente de una a cuatro letras de longitud, del nombre de la empresa, que se utiliza a efectos de realización de transacciones.

[8] Éste no fue un incidente aislado; por lo menos en otras tres ocasiones a finales de la década de 1990, los operadores de intradía hicieron que se dispararan las acciones de otras empresas al confundir su símbolo de cotización con el de la recién flotada empresa de Internet.

Oscar Wilde comentó jocosamente que un cínico «sabe el precio de todo y no sabe el valor de nada». Según esa afirmación, el mercado de valores es un cínico redomado, pero a finales de 1990, el mercado habría dejado sin palabras al propio Wilde. Una mera opinión torpemente expresada sobre el precio que tal vez pudiera llegar a alcanzar una acción podía ser la causa de que esa acción llegase a duplicar su cotización, sin que nadie se hubiese molestado en examinar, aunque fuese por encima, su valor. A finales de 1998, Henry Blodget, un analista de CIBC Oppenheimer, advirtió de que «con todas las acciones de Internet, la valoración tiene más de arte que de ciencia». A continuación, y citando únicamente la posibilidad de crecimiento futuro, elevó su «objetivo de cotización» de Amazon.com de 150 dólares a 400 dólares, de un plumazo. La cotización de Amazon.com se disparó ese día en un 19% y, a pesar de las protestas de Blodget, que afirmaba que su objetivo de cotización era una previsión a un año vista, superó los 400 dólares en tres semanas. Un año después, Walter Piecyk, analista de PaineWebber, predijo que las acciones de Qualcomm alcanzarían una cotización de 1.000 dólares durante los 12 meses siguientes. Las acciones, que ya habían experimentado una subida del 1.842% durante ese ejercicio, subieron otro 31% ese día, llegando a una cotización de 659 dólares por acción.[9]

De fórmula a fracaso

De todas formas, hacer operaciones como alma que lleva el diablo no es la única forma de especulación. Durante la última década, más o menos, se promocionaba una fórmula especulativa tras otra, y después, cuando esa fórmula alcanzaba popularidad, era arrojada la basura. Todas ellas compartían unos cuantos rasgos: es fácil, es rápido, es imposible que produzca perjuicios, y todas ellas infringían por lo menos una de las diferencias establecidas por Graham entre la inversión y la especulación. A continuación ofrecemos unas cuantas fórmulas de moda que fracasaron rotundamente.

Aprovecharse del calendario

El «efecto de enero», y la tendencia a que las pequeñas acciones generasen grandes beneficios al llegar el cambio de ejercicio, fue objeto de gran promoción en artículos académicos y libros populares publicados durante la década de 1980. Estos estudios ponían de manifiesto que si se cargaba la cartera de valores de acciones de pequeñas empresas en la segunda mitad de diciembre y se conserva-

[9] En 2000 y 2001, Amazon.com y Qualcomm perdieron un total acumulado del 85,8% y el 71,3% de su valor, respectivamente.

ban durante el mes de enero, se podía tener la esperanza de superar los resultados de mercado en cinco o diez puntos porcentuales. Este efecto sorprendió a muchos expertos. Después de todo, si fuese tan fácil, todo el mundo lo sabría, todo el mundo lo aprovecharía, y la oportunidad se esfumaría.

¿Cuál era la causa del tirón experimentado por las cotizaciones en enero? En primer lugar, muchos inversores vendían sus peores acciones a finales del ejercicio para generar pérdidas que les permitiesen reducir sus cuentas con Hacienda. En segundo lugar, los gestores profesionales de patrimonio actuaban con más cautela a final del ejercicio, en un esfuerzo por defender sus resultados, en el caso de que fuesen mejores que los del mercado, o por reducir la repercusión negativa, si sus resultados eran peores que la media. De ese modo, se mostraban reacios a comprar (o incluso a conservar) acciones cuya cotización estuviese descendiendo. Además, si la acción que tenía malos resultados era de una empresa pequeña y poco conocida, el gestor de patrimonios estaría aún menos dispuesto a mostrarla en su listado de cartera de final del ejercicio. Todos estos factores hacían que las acciones de pequeñas empresas se convirtiesen en gangas momentáneas. Cuando las ventas provocadas por los efectos fiscales cesaban en el mes de enero, habitualmente se recuperaban, lo que daba lugar a un sustancioso y rápido beneficio.

El efecto de enero no ha desaparecido, pero sí se ha debilitado. Según el catedrático de finanzas William Schwert, de la Universidad de Rochester, si hubiese comprado acciones de empresas pequeñas a finales de diciembre y las hubiese vendido a principios de enero habría superado al mercado en 8,5 puntos porcentuales desde 1962 hasta 1979, en 4,4 puntos de 1980 a 1989 y en 5,8 puntos de 1990 hasta 2001.[10]

A medida que aumentaba el número de personas que conocía el «efecto de enero», aumentó el número de operadores que compraban acciones de pequeñas empresas en diciembre, con lo que éstas eran menos ventajosas y, por lo tanto, su rentabilidad se reducía. Además, el efecto de enero es mayor entre las acciones de pequeñas empresas, pero según el Plexus Group, la principal autoridad sobre gastos de intermediación en el mercado financiero, el coste total de comprar y vender estas acciones de pequeñas empresas puede llegar al 8% de la inversión.[11] Por desgracia, después de pagar al intermediario, todos los beneficios obtenidos con el efecto de enero se habrán evaporado.

---

[10] Schwert expone estos descubrimientos en un brillante ensayo de investigación, «Anomalies and Market Efficiency», disponible en http://schwert.ssb.rochester.edu/papers.htm.

[11] Véase Plexus Group Commentary 54, «The Official Icebergs of Transaction Costs», enero de 1998, en www.plexusgroup.com/fs_research.html.

Limitarse a hacer «lo que funciona

En 1996, un gestor de patrimonio poco conocido llamado James O'Shaughnessy, publicó un libro llamado *What Works on Wall Street*. En él afirmaba que los «inversores pueden conseguir unos resultados mucho mejores que el mercado». O'Shaughnessy hacía una afirmación asombrosa: desde 1954 hasta 1994 se podrían haber convertido 10.000 dólares en 8.074.504 dólares, multiplicando por más de diez los resultados del mercado, lo que suponía una asombrosa rentabilidad anual del 18,2%. ¿Cómo se lograban esos resultados? Adquiriendo una cesta de las 50 acciones con la mayor rentabilidad a un año, cinco años sucesivos de incremento de los beneficios, y unas cotizaciones que fuesen inferiores a 1,5 veces sus ingresos societarios.[12] Como si de un Edison de Wall Street se tratase, O'Shaughnessy obtuvo la patente de Estados Unidos número 5.978.778 por sus «estrategias automatizadas» y lanzó un grupo de cuatro fondos de inversión basados en su descubrimiento. A finales de 1999, los fondos habían absorbido más de 175 millones de dólares del público y en su carta anual a los inversores, O'Shaughnessy afirmaba en grandilocuentes términos: «Como siempre, espero que juntos podamos alcanzar nuestros objetivos a largo plazo manteniendo nuestro rumbo y aplicando nuestras estrategias de inversión contrastadas a lo largo del tiempo».

Sin embargo, «lo que funciona en Wall Street» dejó de funcionar a partir del momento en el que O'Shaughnessy dio publicidad al mecanismo. Como indica la figura 1.2, dos de sus fondos sufrieron pérdidas tan graves que tuvieron que cerrar a principios de 2000, y el mercado de acciones general (valorado según el índice S&P 500) vapuleó a todos los fondos de O'Shaughnessy prácticamente sin interrupciones durante casi cuatro años sucesivos.

En junio de 2000 O'Shaughnessy se acercó más a sus propios y personales «objetivos a largo plazo» cediendo los fondos a un nuevo gestor, y dejando a sus clientes con la papeleta de apañárselas con aquellas «estrategias de inversión contrastadas a lo largo del tiempo».[13] Los accionistas de O'Shaughnessy podrían haberse sentido menos enojados si el autor hubiese puesto un título más exacto a su libro, por ejemplo *Lo que solía funcionar en Wall Street... hasta que escribí este libro*.

---

[12] James O'Shaughnessy, *What Works on Wall Street* (McGraw-Hill, 1996), págs. xvi, 273–295.

[13] En una destacable ironía, los dos fondos de O'Shaughnessy que sobrevivieron (conocidos ahora como fondos Hennessy) comenzaron a tener unos buenos resultados en cuanto O'Shaughnessy anunció que cedía la gestión a otra sociedad. Los accionistas de los fondos enfurecieron. En una sala de chat de www.morningstar.com, uno de ellos manifestaba su enfado: «Supongo que para O'S largo plazo significa 3 años. [...] Entiendo que estés irritado. Yo también confié en el método de O'S [...] Recomendé este fondo a varios amigos y familiares, y ahora me alegro de que no siguieran mi consejo».

FIGURA 1.2

Lo que solía funcionar en Wall Sreet...

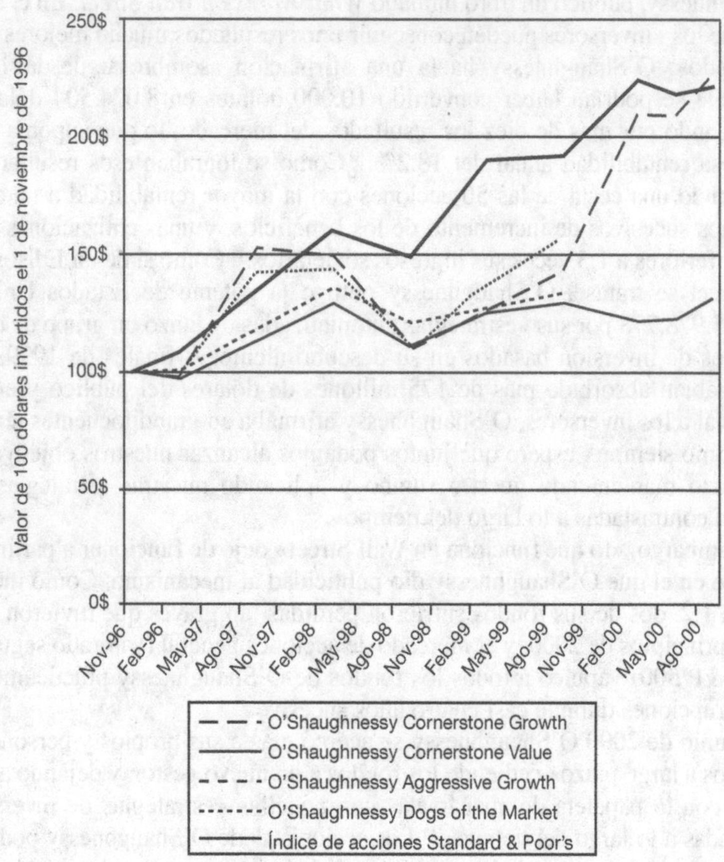

Fuente: Morningstar, Inc.

Aplicar el método «Las cuatro alocadas»

A mediados de 1990, el sitio web Motley Fool, junto con unos cuantos libros, ensalzó, por activa, pasiva y perifrástica, los méritos de una técnica llamada «Las cuatro alocadas» (The Foolish Four). Según Motley Fool, podrían haber «hecho trizas las medias de mercado durante los últimos 25 años», y podrían «vapulear a sus fondos de inversión» dedicando «únicamente 15 minutos al año» a planificar sus inversiones. Lo mejor de todo es que esta técnica tenía «riesgos mínimos». Lo único que hacía falta era:

1. Identificar las cinco acciones del Dow Jones Industrial Average con la menor cotización y la mayor rentabilidad por dividendo.
2. Descartar la que tuviese el menor precio.
3. Destinar el 40% de los fondos a la acción que tuviese la segunda menor cotización.
4. Colocar el 20% en cada una de las transacciones restantes.
5. Un año después, volver a clasificar el Dow de la misma manera y reconfigurar la cartera siguiendo los pasos 1 a 4.
6. Repetir hasta llegar a ser rico.

Según afirmaba Motley Fool, esta técnica habría superado al mercado durante un período de 25 años por un destacable 10,1% anual. Durante las dos décadas siguientes, sugerían, 20.000 dólares invertidos en «Las cuatro alocadas», deberían convertirse en 1.791.000 dólares. (Además, también afirmaban que se podían conseguir resultados aún mejores si se elegían las cinco acciones del Dow que tuviesen mayor relación de rendimiento por dividendo a la raíz cuadrada de la cotización de la acción, eliminando la que tuviese la mayor relación y comprando las cuatro siguientes.)

Analicemos si esta «estrategia» podría cumplir los requisitos establecidos por Graham en su definición de inversión:

— ¿Qué tipo de «análisis exhaustivo» podría justificar que se descartase la acción cuya relación entre precio y dividendo era más atractiva, y que no obstante se eligiese a las cuatro siguientes que tenían una puntuación inferior en esos atributos deseables?
— ¿De qué forma destinar el 40% del dinero a una única acción puede considerarse «riesgo mínimo»?
— ¿Cómo es posible que una cartera compuesta por únicamente cuatro acciones esté suficientemente diversificada para ofrecer «seguridad del principal»?

«Las cuatro alocadas», en pocas palabras, es una de las fórmulas de selección de acciones más ridículas que se han elaborado jamás. Los Bufones cometieron el mismo error que O'Shaughnessy: Si se analizan grandes cantidades de datos correspondientes a un período suficientemente prolongado, surgirán un número enorme de pautas, aunque sólo sea por casualidad. Por mera chiripa, las empresas que tienen una rentabilidad por acción superior a la media tendrán muchos rasgos en común. No obstante, salvo que esos factores sean la causa de que las acciones tengan mejores resultados, no se podrán utilizar para predecir la rentabilidad futura.

Ninguno de los factores que descubrieron los Bufones con tanta fanfarria –desprenderse de la acción que tuviese la mejor cifra, duplicar los fondos destinados a la acción con la segunda cifra, dividir el rendimiento por dividendo por la raíz cuadrada de la cotización de la acción– podrían ser la causa, ni podrían explicar, los resultados futuros de la acción. La revista *Money* descubrió que una cartera compuesta por acciones cuyos nombres no tuviesen letras repetidas habría obtenido unos resultados casi tan brillantes como los de «Las cuatro alocadas», y por el mismo motivo: por pura chiripa.[14] Como Graham nunca deja de recordarnos, las acciones tienen buenos o malos resultados en el futuro porque las actividades en las que se apoyan tienen buenos o malos resultados, ni más ni menos.

Como cabía esperar, en vez de vapulear al mercado, «Las cuatro alocadas» vapulearon a los miles de personas que picaron y creyeron que era una forma de invertir. Solamente en el año 2000, las cuatro acciones alocadas, Caterpillar, Eastmant Kodak, SBC y General Motors, perdieron el 14%, mientras que el Dow únicamente perdió el 4,7%.

Como demuestran estos ejemplos, únicamente hay una cosa que nunca tiene un mal año en Wall Street: las ideas insensatas. Cada uno de estos presuntos métodos de inversión cayeron ante la implacable Ley de Graham. Todas las fórmulas mecánicas para obtener un resultado superior son una «especie de proceso de autodestrucción, similar a la ley de rendimientos decrecientes». Hay dos motivos que explican que la rentabilidad se esfume. Si la fórmula únicamente se basa en casualidades estadísticas aleatorias (como «Las cuatro alocadas»), el mero paso del tiempo dejará claro que eran insensateces desde el primer momento. Por otra parte, si la fórmula realmente ha funcionado en el pasado (como el efecto de enero), al recibir publicidad y generalizarse, los operadores del mercado acabarán erosionando, y normalmente llegarán a eliminar, su capacidad para que siga funcionando en el futuro.

Todo esto refuerza la advertencia de Graham de que hay que dar a la especulación el mismo tratamiento que los jugadores veteranos dan a sus visitas al casino:

— Nunca debe engañarse, creyendo que está invirtiendo cuando en realidad está especulando.
— La especulación se hace mortalmente peligrosa en el momento en el que uno empieza a tomársela en serio.
— Debe poner límites estrictos a la cantidad que está dispuesto a apostar.

Al igual que hacen los jugadores sensatos cuando, por ejemplo, llevan 100 dólares al casino y dejan el resto del dinero cerrado bajo llave en la caja de seguridad de la habitación del hotel, el inversor inteligente separa una parte de su cartera total y la destina a una cuenta de «dinero para tonterías». Para la

---

[14] Véase Jason Zweig, «False Profits», *Money*, agosto de 1999, págs. 55–57. También se puede encontrar una exhaustiva explicación de «Las cuatro alocadas» en www.investor home.com/fool.htm.

mayoría de nosotros, el 10% de nuestro patrimonio general es la cantidad máxima que podemos permitirnos arriesgar en operaciones especulativas. No mezcle nunca el dinero de su cuenta especulativa con el dinero de sus cuentas de inversión: no permita nunca que su forma de pensar especulativa influya en sus actividades de inversión; y no ponga nunca más del 10% de sus activos en su cuenta de dinero para tonterías, pase lo que pase.

Para bien o para mal, el instinto jugador forma parte de la naturaleza humana: por lo tanto, para la mayor parte de las personas es inútil incluso intentar suprimirlo. En cualquier caso, tiene que conseguir limitarlo y controlarlo. Ésa es la mejor forma de asegurarse de que nunca se engañará ni confundirá especulación con inversión.

Capítulo 2

El inversor y la inflación

La inflación, y la lucha contra ella, han centrado buena parte de la atención del público en los últimos años. La reducción del poder de compra del dinero en el pasado, y en particular el temor (o la esperanza, para los especuladores) de otro declive grande adicional en el futuro, han influido en gran medida en la forma de pensar de los mercados financieros. Está claro que las personas que tienen unos ingresos fijos en términos monetarios sufrirán cuando el coste de la vida aumente, y lo mismo cabe decir de los que tienen una cantidad de principal fija en términos monetarios. Los propietarios de acciones, por otra parte, disfrutan de la posibilidad de que una pérdida de la capacidad de compra de la unidad monetaria sea compensada por el crecimiento de sus dividendos y de las cotizaciones de sus acciones.

A partir de esos hechos incontestables, muchas autoridades financieras han llegado a la conclusión de que (1) las obligaciones son una forma de inversión inherentemente indeseable, y (2) en consecuencia, las acciones ordinarias son por su propia naturaleza, instrumentos de inversión más deseables que las obligaciones. Hemos oído hablar de instituciones benéficas a las que se aconsejaba que sus carteras deberían estar compuestas al 100% de acciones, y de un 0% de obligaciones.* Esto es exactamente lo contrario de lo que se afirmaba antaño

* Para finales de la década de 1990, este consejo, que puede ser apropiado para una fundación o para una donación con un período de inversión de duración infinita, se había extendido a los inversores individuales, cuyos ciclos vitales son finitos. En la edición de 1994 de su influyente obra, *Stocks for the Long Run*, el profesor de finanzas Jeremy Siegel de la Wharton School recomendaba que los inversores «arriesgados» comprasen a margen, tomando prestado más de un tercio de su patrimonio neto, para destinar el

cuando las inversiones de instituciones benéficas y trusts estaban limitadas, por ministerio de la ley, a obligaciones de primera categoría (y a unas contadísimas acciones preferentes selectas).

Nuestros lectores tendrán la inteligencia suficiente para darse cuenta de que ni siquiera las acciones de mejor calidad pueden ser una compra mejor que las obligaciones *en todas las circunstancias*, es decir, con independencia de lo elevado que esté el mercado de valores y de lo reducida que sea la rentabilidad por dividendo en comparación con los tipos de interés ofrecidos por las obligaciones. Una afirmación de ese tipo sería tan absurda como la contraria, tan frecuentemente repetida años atrás, de que cualquier obligación es más segura que cualquier acción. En este capítulo trataremos de aplicar diferentes medidas al factor inflación, para poder alcanzar algunas conclusiones sobre la medida en la cual el inversor puede verse inteligentemente influido por las expectativas relativas a futuras alzas en el nivel de precios.

En este terreno, como en tantos otros del mundo financiero, tenemos que basar nuestra opinión sobre la política futura en el conocimiento de la experiencia del pasado. ¿Es la inflación un rasgo novedoso en Estados Unidos, por lo menos con la gravedad con la que se ha manifestado desde 1965? Si hemos sufrido circunstancias de inflación equiparables (o peores) a lo largo de nuestra experiencia vital, ¿qué lecciones se pueden extraer de esas situaciones a la hora de abordar la inflación en la actualidad? Comencemos con la tabla 2.1, una tabulación histórica condensada que contiene abundante información sobre las variaciones experimentadas por el nivel de precio general y los correspondientes cambios de los rendimientos y valores de mercado de las acciones ordinarias. Nuestras cifras (correspondientes a Estados Unidos) comienzan en el año 1915, y por lo tanto cubren 55 años, y están presentadas en intervalos quinquenales. (Utilizaremos los datos de 1946 en lugar de los de 1945 para evitar el efecto del último año de control de precios durante la guerra).

Lo primero que se aprecia es que en el pasado ha existido inflación, mucha inflación. La mayor dosis quinquenal tuvo lugar entre 1915 y 1920, cuando el coste de la vida prácticamente se duplicó. Esa cifra se puede comparar con el incremento del 15% que se produjo entre 1965 y 1970. En el ínterin, se han producido tres períodos de descenso de los precios y seis de incremento, en proporción variable, algunos muy reducidos. A la vista de estos datos, el inversor debería considerar claramente que es probable que se produzca una inflación, ya sea continua o recurrente.

135% de sus recursos a acciones. Hasta los funcionarios se apuntaron a la fiesta: En febrero de 1999, el honorable Richard Dixon, encargado del tesoro de Maryland, dijo ante la audiencia de una conferencia sobre inversión: «No tiene sentido que nadie tenga dinero, por poco que sea, en un fondo de renta fija».

TABLA 2.1

El nivel general de precios, los beneficios de las acciones y la cotización de las acciones en intervalos de cinco años, 1915-1970

	Nivel de precio[a]		*Índice de acciones S & P*[b]		*Cambio porcentual respecto del nivel anterior*			
Año	Mayorista	Al consumo	Beneficios	Precio	Precios mayoristas	Precios al consumo	Beneficios de las acciones	Cotización de las acciones
1915	38,0	35,4		8,31				
1920	84,5	69,8		7,98	+96,0%	+96,8%		-4,0%
1925	56,6	61,1	1,24	11,15	-33,4	-12,4		+41,5
1930	47,3	58,2	0,97	21,63	-16,5	-4,7	-21,9%	+88,0
1935	43,8	47,8	0,76	15,47	-7,4	-18,0	-21,6	-26,0
1940	43,0	48,8	1,05	11,02	-0,2	+2,1	+33,1	-28,8
1946[c]	66,1	68,0	1,06	17,08	+53,7	+40,0	+1,0	+55,0
1950	86,8	83,8	2,84	18,40	+31,5	+23,1	+168,0	+21,4
1955	97,2	93,3	3,62	40,49	+6,2	+11,4	+27,4	+121,0
1960	100,7	103,1	3,27	55,85	+9,2	+10,5	-9,7	+38,0
1965	102,5	109,9	5,19	88,17	+1,8	+6,6	+58,8	+57,0
1970	117,5	134,0	5,36	92,15	+14,6	+21,9	+3,3	+4,4

[a] Medias anuales. Para el nivel de precios de 1957 = 100 en la tabla; pero utilizando una nueva base 967 = 100, la media de 1970 es de 116,3 para los precios al consumo y de 110,4 para el índice de acciones.
[b] Media 1941-1943 = 10.
[c] Se utiliza el año 1946, para evitar el efecto de los controles de precios de la Segunda Guerra Mundial.

¿Podemos determinar cuál es el tipo de inflación que probablemente vaya a producirse? Nuestra tabla no sugiere ninguna respuesta clara; muestra variaciones de todo tipo. No obstante, parecería sensato basar nuestra valoración en el historial relativamente congruente de los 20 últimos años. El incremento anual medio del nivel de precios al consumo de este período ha sido del 2,5%; el de 1965-1970 fue del 4,5%; el de 1970, en solitario, fue del 5,4%. La política pública oficial ha adoptado una postura claramente contraria a la inflación a gran escala, y hay varios motivos para creer que las políticas federales serán más eficaces en el futuro que en los últimos años.* Creemos que sería razonable que el inversor, en este punto, basase su reflexión y sus decisiones en un tipo probable (que dista mucho de ser seguro) de inflación de, por ejemplo, el 3% anual. (Esa cifra debe compararse con un tipo anual de aproximadamente el 2,5% correspondiente a todo el período que va de 1915 a 1970).[1]

¿Cuáles serían las consecuencias de ese incremento? Eliminaría, en forma de mayores costes de vida, aproximadamente la mitad de los ingresos que se pueden obtener en la actualidad con las obligaciones de buena calificación a medio plazo exentas de tributación (o de nuestro hipotético equivalente después de impuestos obtenido con obligaciones empresariales de la mejor calificación). Esto supondría una grave reducción, que de todas formas no debe exagerarse. No significaría que el verdadero valor, o capacidad de compra, del patrimonio del inversor tuviese necesariamente que reducirse con el paso del tiempo. Si el inversor gastase la mitad de los ingresos obtenidos por intereses después de impuestos, mantendría esta capacidad de compra intacta, incluso en un entorno con una inflación anual del 3%.

La siguiente pregunta, por descontado, es la siguiente: «¿Puede estar el inversor razonablemente seguro de que va a conseguir mejores resultados comprando y conservando instrumentos que no sean calificaciones de la máxima categoría, incluso con el tipo de interés sin precedentes que se ofrecía en 1970-1971?». ¿No sería, por ejemplo, un programa compuesto íntegramente por acciones preferible a un programa que estuviese compuesto en parte por acciones y en parte por obligaciones? ¿No ofrecen las acciones ordinarias una mejor protección intrínseca frente a la inflación, y no es prácticamente seguro que van a ofrecer una mejor rentabilidad a lo largo de los años que la de las obligaciones? ¿No ha sido a la hora de la verdad mejor el tratamiento recibido por el inversor con las acciones que con las obligaciones a lo largo de los 55 años de duración de nuestro estudio?

---

* Éste es uno de los infrecuentes errores de valoración de Graham. En 1973, justo dos años después de que el presidente Richard Nixon impusiese los controles salariales y de precios, la inflación alcanzó el 8,7%, su nivel más elevado desde el final de la Segunda Guerra Mundial. La década que va desde 1973 hasta 1982 fue la más inflacionaria de la historia moderna de Estados Unidos, puesto que el coste de la vida se multiplicó por más de dos.

La respuesta a estas preguntas dista de ser sencilla. Las acciones ordinarias, ciertamente, han arrojado un resultado mejor que las obligaciones durante un prolongado período de tiempo en el pasado. La ascensión del DJIA desde una media de 77 en 1915 a una media de 753 en 1970 arroja un tipo compuesto anual de algo más del 4%, al que se debe añadir otro 4% adicional por rentabilidad media por dividendo. (Las cifras correspondientes del compuesto S&P son aproximadamente similares). Estas cifras combinadas del 8% anual son, por supuesto, mucho mejores que la rentabilidad obtenida con las obligaciones durante el mismo período de 55 años. Pero no son mejores que la rentabilidad que en la actualidad ofrecen las obligaciones de mejor categoría. Esto nos lleva a la siguiente pregunta lógica: ¿hay algún motivo convincente para creer que las acciones ordinarias van a conseguir unos resultados mucho mejores en los años venideros de lo que han conseguido durante las últimas cinco décadas y media?

La respuesta a esta pregunta esencial tiene que ser un no tajante. Las acciones ordinarias pueden conseguir mejores resultados en el futuro que en el pasado, pero que lo logren dista mucho de ser un hecho seguro. A la hora de abordar esta cuestión tenemos que hacer frente a dos diferentes períodos temporales de referencia en los que se deben encuadrar los resultados de las inversiones. El primero cubre el futuro a largo plazo, lo que es probable que suceda, por ejemplo, en los próximos 25 años. El segundo es el marco en el que se debe evaluar lo que es probable que le ocurra al inversor, tanto financiera como psicológicamente, a lo largo de períodos a corto y medio plazo, digamos cinco años o menos. Su mentalidad, sus esperanzas y aprensiones, su satisfacción o insatisfacción con lo que ha hecho, y, sobre todo, sus decisiones sobre lo que tiene que hacer a continuación, vienen determinadas no por una panorámica retrospectiva de toda una vida de inversión, sino por su experiencia de año en año.

En esta cuestión podemos ser categóricos. No hay conexión temporal estrecha entre las condiciones inflacionarias (o deflacionarias) y la evolución de las cotizaciones y beneficios de las acciones ordinarias. El ejemplo más claro es el período reciente, 1966–1970. La subida del coste de la vida fue del 22%, la mayor en un período de cinco años desde 1946-1950. Sin embargo, tanto los beneficios como las cotizaciones de las acciones, en conjunto, han descendido desde 1965. Existen contracciones similares en ambas direcciones en los historiales de períodos quinquenales precedentes.

Inflación y beneficios empresariales

Otra forma muy importante de abordar esta cuestión consiste en estudiar el tipo de beneficios sobre el capital generado por las empresas estadounidenses. Dicho tipo, evidentemente, ha fluctuado junto con el tipo general de actividad económica, pero no ha mostrado una tendencia general a aumentar con los precios al por mayor o con el coste de la vida. De hecho, dicho tipo se ha reducido de manera muy acusada durante los últimos 20 años, a pesar de la inflación experimentada en dicho período. (En cierta medida, la reducción se debió a la aplicación de unos tipos de amortización más liberales. Véase la tabla 2.2). Nuestros estudios extendidos nos han llevado a la conclusión de que el inversor no puede contar con obtener un tipo muy superior al tipo quinquenal más reciente obtenido por el grupo DJIA: aproximadamente el 10% sobre el valor neto de los activos tangibles (valor contable) subyacente a las acciones.[2] Teniendo en cuenta que el valor de mercado de tales emisiones está muy por encima de su valor contable, por ejemplo 900 de valor de mercado en comparación con 560 de valor contable a mediados de 1971, los beneficios sobre el precio de mercado vigente ascienden únicamente a aproximadamente el 6,25%. (Esta relación se expresa, por lo general, de forma inversa, o «múltiplo de beneficios», por ejemplo, que el precio actual del DJIA, que asciende a 900, es igual a 18 veces los beneficios reales de los 12 meses que concluyen en junio de 1971).

Nuestras cifras encajan perfectamente con la idea que se planteaba en el capítulo[*] anterior que sugería que el inversor puede esperar un rendimiento por dividendo medio de aproximadamente el 3,5% del valor de mercado de sus acciones, más una apreciación de aproximadamente el 4% anual, resultante de la reinversión de beneficios. (Se debe tener en cuenta que en este cálculo se supone que cada unidad monetaria añadida al valor contable incrementa el precio de mercado en aproximadamente 1,60 unidades monetarias).

El lector alegará que en última instancia nuestro cálculo no tiene en cuenta el incremento de los beneficios y los valores de las acciones que resultan de nuestra inflación anual prevista del 3%. Justificamos nuestra postura en la falta de signos de que la inflación de una entidad equiparable en el pasado haya tenido cualquier tipo de efecto *directo* sobre los beneficios por acción declarados. Las frías cifras demuestran que la *totalidad* de la gran ganancia obtenida por la unidad del DJIA durante los últimos 20 años se debió a un gran crecimiento proporcional del capital invertido derivado de la reinversión de beneficios. Si la inflación hubiese operado como factor independiente favorable, su efecto habría sido el de incrementar el «valor» del capital previamente existente; a su vez, esto debería haber incrementado el tipo de beneficio de dicho capital antiguo y, por lo tanto, del capital antiguo y del nuevo combinado. Sin embargo, no ha sucedido nada así en los 20 últimos años, durante los cuales el nivel de precio al por mayor ha aumentado prácticamente en un 40%. (Los beneficios empresariales deberían verse más influidos por los precios mayoristas que por los precios al consumo). El único mecanismo para que la inflación incremente el valor de las acciones es el aumento de los beneficios de la inversión de capital. Atendiendo a los datos históricos, esto no ha sucedido.

---

[*] Véase la página 40.

En los ciclos económicos del pasado, las épocas de bonanza iban acompañadas por un incremento del nivel de los precios y las malas rachas por una reducción de los precios. Por lo general se tenía la impresión de que «un poco de inflación» venía bien a los beneficios empresariales. Esta opinión no ha sido contradicha por la historia de 1950 a 1970, que pone de manifiesto una combinación de prosperidad por lo general sostenida y de precios crecientes, también por lo general. No obstante, las cifras indican que el efecto de todo esto sobre el poder de generación de beneficio del capital en acciones ha sido bastante limitado; de hecho, ni siquiera ha servido para mantener el tipo de beneficio sobre la inversión. Claramente, ha habido importantes influencias compensatorias que han impedido que se produjese cualquier incremento en la rentabilidad real de las empresas estadounidenses en conjunto. Tal vez el más importante de todos ellos haya sido (1) el incremento de los tipos salariales, que eran superiores a los incrementos de productividad, y (2) la necesidad de grandes cantidades de nuevo capital, que al satisfacerse retenían a la baja la relación entre ventas y capital empleado.

Nuestras cifras de la tabla 2.2 indican que, lejos de haber tenido un efecto beneficioso sobre las empresas y sus accionistas, la inflación ha resultado ser bastante perjudicial. Las cifras más llamativas de nuestra tabla son las correspondientes al crecimiento del endeudamiento empresarial entre 1950 y 1969. Es sorprendente la poca atención que han prestado los economistas y el mercado de valores a esta evolución. El endeudamiento de las empresas se ha ampliado mul-

TABLA 2.2

Deuda, beneficios y beneficios sobre el capital de las empresas, 1950-1969

		Beneficios empresariales			
	Deuda neta empresarial	Antes de impuestos sobre la renta	Después de impuestos	*Porcentaje obtenido sobre el capital*	
Año	*(miles de millones)*	(millones)	(millones)	Datos de S & P[a]	Otros datos[b]
1950	140,2$	42,6$	17,8$	18,3%	15,0%
1955	212,1	48,6	27,0	18,3	12,9
1960	302,8	49,7	26,7	10,4	9,1
1965	453,3	77,8	46,5	10,8	11,8
1969	692,9	91,2	48,5	11,8	11,3

[a]Beneficios del índice industrial S&P, divididos entre el valor contable medio por año.
[b]Cifras correspondientes a 1950 y 1955 de Cottle y Whitman; las de 1960 a 1969 de *Fortune*.

tiplicándose casi por cinco mientras que sus beneficios antes de impuestos se han multiplicado por poco más de dos. Con el incremento de los tipos de interés durante ese período, es evidente que el endeudamiento agregado de las empresas en la actualidad constituye un factor económico negativo de cierta magnitud y es un verdadero problema para muchas empresas individuales. (Se debe tener en cuenta que en 1950 los beneficios netos después de intereses y antes de impuestos eran aproximadamente del 30% del endeudamiento empresarial, mientras que en 1969 eran de únicamente el 13,2% del endeudamiento. La relación correspondiente a 1970 debe haber sido incluso menos satisfactoria). En resumen, parece que una parte significativa del 11% que obtienen las acciones empresariales en conjunto se logra mediante el uso de una gran cantidad de nuevo endeudamiento que cuesta el 4% o menos después de las deducciones fiscales. Si nuestras empresas hubiesen mantenido la relación de endeudamiento del año 1950, su tasa de beneficios sobre el capital social se habría reducido aún más, a pesar de la inflación.

El mercado de valores ha considerado que las empresas concesionarias de servicios y suministros públicos han sido una de las principales víctimas de la inflación, al estar atrapadas entre el gran incremento del coste de los recursos ajenos y la dificultad de elevar las tarifas que se cobran y que vienen determinadas por un proceso reglamentario. Sin embargo, éste puede ser el momento de indicar que el propio hecho de que los costes unitarios de la electricidad, el gas y los servicios telefónicos hayan crecido mucho menos que el índice de precios al consumo general ha hecho que estas empresas se encuentren en una sólida posición estratégica para el futuro.[3] Por ministerio de la ley, tienen derecho a cobrar unas tarifas que sean suficientes para obtener un rendimiento adecuado para su capital invertido, y probablemente esto protegerá a sus accionistas en el futuro de la misma forma que lo ha hecho durante los períodos inflacionarios del pasado.

Todo lo anterior nos devuelve a nuestra conclusión de que el inversor no tiene ningún criterio sólido para esperar una rentabilidad superior a la media de, digamos, el 8% en una cartera de acciones de tipo DJIA adquirida al nivel de precios de finales de 1971. No obstante, ni siquiera el hecho de que estas expectativas resultasen estar minusvaloradas de manera substancial demostraría la sensatez de un programa de inversión compuesto exclusivamente por acciones. Si el futuro tiene algo garantizado es que los beneficios y el valor de mercado anual medio de una cartera de valores no crecerá a un tipo uniforme del 4% ni de ninguna otra cifra. En las memorables palabras de J.P. Morgan, «*Fluctuarán*».* Esto significa, en primer lugar, que el comprador de acciones a

* John Pierpont Morgan fue el financiero más poderoso de finales del siglo XIX y principios del XX. A causa de su gran influencia, siempre le preguntaban qué iba a hacer a continuación el mercado de valores. Morgan acuñó una respuesta asombrosamente breve e infaliblemente exacta: «Fluctuará». Véase Jean Strouse, *Morgan: American Financier* (Random House, 1999), pág. 11.

los precios actuales, o a los precios del futuro, correrá un riesgo real de sufrir resultados insatisfactorios durante un período de varios años. Fueron necesarios 25 años para que General Electric (y el propio DJIA) recuperase el terreno perdido en la debacle de 1929–1932. Además, si el inversor concentra su cartera en acciones, es muy probable que se deje llevar por los arrebatadores incrementos o por los deprimentes declives. Esto resulta especialmente cierto si su razonamiento le lleva a expectativas de inflación adicional. Porque en ese caso, si se produce otra fase alcista en el mercado, tomará la gran subida del mercado no como una señal de peligro de una inevitable caída, ni como una oportunidad de cobrar sus cuantiosos beneficios, sino como una reivindicación de las hipótesis de inflación y como un motivo para seguir comprando acciones por elevado que sea el nivel del mercado o por bajo que sea el rendimiento en forma de dividendo. Ése es el camino hacia el crujir y rechinar de dientes.

Alternativas a las acciones como cobertura frente a la inflación

La política ordinaria de las personas de todo el mundo que desconfían de su divisa ha sido comprar y conservar oro. Esta actividad ha sido ilegal para los ciudadanos de Estados Unidos desde 1935, por fortuna para ellos. En los últimos 35 años el precio del oro en el mercado abierto ha pasado de 35 dólares por onza a 48 dólares por onza a principios de 1972, un incremento de únicamente el 35%. Sin embargo, durante todo este tiempo, el tenedor de oro no ha recibido ningún tipo de renta por su capital y, al contrario, ha sufrido ciertos gastos anuales por el almacenamiento. Evidentemente, habría conseguido mucho mejores resultados con su dinero si lo hubiese depositado a plazo en un banco, a pesar del incremento del nivel general de precios.

La prácticamente absoluta inutilidad del oro para proteger frente a una pérdida del poder de compra del dinero debe arrojar serias dudas frente a la capacidad del inversor ordinario para protegerse frente a la inflación colocando su dinero en «cosas».* Hay unas cuantas categorías de objetos valiosos que han experimentado llamativos incrementos de valor de mercado a lo largo de los años como los diamantes, los cuadros de maestros de la pintura, las primeras

---

* El filósofo de la inversión Peter L. Bernstein tiene la impresión de que Graham «se equivoca de cabo a rabo» en sus comentarios sobre los metales preciosos, en especial sobre el oro que (por lo menos en los años posteriores a la redacción de este capítulo) hizo gala de una sólida capacidad para superar a la inflación. El asesor de inversiones William Bernstein está de acuerdo, señalando que la asignación de una pequeña cantidad de dinero a un fondo de metales preciosos (por ejemplo, un 2% de los activos totales) es demasiado pequeña para lesionar los resultados globales cuando el oro tiene malos resultados. No obstante, cuando el oro tiene un buen resultado, su rentabilidad

ediciones de libros, los sellos y monedas de colección, etcétera. Sin embargo, en muchos, si no en la mayoría, de estos casos, parece haber un elemento de artificialidad o desequilibrio o incluso irrealidad en los precios ofrecidos. De una u otra forma, es difícil aceptar que pagar 67.500 dólares por un dólar de plata de Estados Unidos fechado en 1804 (que ni siquiera fue acuñado en ese año) es una «operación de inversión»[4]. Reconocemos que esta cuestión no es una de nuestras especialidades. Muy pocos de nuestros lectores podrán actuar con seguridad y facilidad en este terreno.

La propiedad directa de bienes inmuebles ha sido considerada, tradicionalmente, como un sensato programa de inversión a largo plazo, que aporta una importante protección frente a la inflación. Por desgracia, los valores de los bienes inmuebles también están sujetos a grandes fluctuaciones; se pueden cometer graves errores en la ubicación, precio pagado, etcétera; la actuación de los vendedores puede estar plagada de ardides y trampas. Por último, la diversificación no resulta viable para el inversor que cuenta con medios moderados, salvo que se recurra a diversos tipos de participaciones con otros y con los riesgos especiales que conllevan las nuevas salidas al mercado, que no son muy diferentes de la situación que se da en el mercado de valores. Tampoco ésta es nuestra especialidad. Lo único que podemos decir al inversor es que se asegure de que realmente es lo que le interesa antes de lanzarse a ello.

Conclusión

Naturalmente, volvemos a ratificarnos en la política recomendada en nuestro capítulo anterior. Por el mero hecho de la existencia de incertidumbres en el futuro el inversor no puede permitirse el lujo de colocar todos sus fondos en una única cesta, ni en la cesta de las obligaciones, a pesar de los rendimientos excepcionalmente elevados que las obligaciones han ofrecido recientemente, ni en la cesta de valores, a pesar de la perspectiva de inflación sostenida.

Cuanto más dependa el inversor de su cartera y de la renta que obtenga de ella, más necesario le resultará protegerse de lo imprevisto y de lo desconcertante en esa etapa de su vida. Es axiomático que el inversor conservador debería tratar de minimizar sus riesgos. Tenemos la convicción de que los ries-

---

suele ser espectacular, en ocasiones superior al 100% en un único año, por lo que puede por sí solo, conseguir que una cartera por lo demás apagada, brille como el sol. No obstante, el inversor inteligente evita la inversión directa en oro, con sus elevados costes de almacenamiento y seguro; en su lugar, buscará un fondo de inversión bien diversificado que se especialice en acciones de empresas de metales preciosos y que cobre menos de un 1% en gastos anuales. Limite su participación al 2% del total de su activos financieros (o tal vez al 5% si tiene más de 65 años de edad).

gos que entraña la compra de, por ejemplo, una obligación de una compañía telefónica con una rentabilidad cercana al 7,5% son muy inferiores a los de comprar DJIA a 900 (o cualquier índice de valores equivalente al mencionado). Sin embargo, la posibilidad de inflación a gran escala sigue existiendo, y el inversor debe disponer de algún tipo de seguro frente a ella. No hay ninguna certeza de que el elemento compuesto por valores de una cartera de inversión vaya a proteger adecuadamente frente a tal inflación, pero debería aportar más protección que el elemento de obligaciones.

Esto es lo que decíamos sobre la cuestión en nuestra edición de 1965 (página 97), y hoy volveríamos a escribir lo mismo:

> Al lector debe resultarle evidente que no sentimos entusiasmo por las acciones a estos niveles (DJIA a 892). Por motivos que ya se han mencionado, tenemos la impresión de que el inversor defensivo no se puede permitir el lujo de prescindir de una parte substancial de acciones ordinarias en su cartera, aunque las consideremos únicamente como un mal menor; el mayor serían los riesgos que acarrea una cartera compuesta exclusivamente por obligaciones.

Comentario al capítulo 2

Los estadounidenses cada vez son más fuertes. Hace veinte años hacían falta dos personas para transportar alimentos por valor de diez dólares. Hoy en día basta con un crío de cinco años.

Henny Youngman

¿Inflación? ¿A quién le importa la inflación?

Después de todo, el crecimiento anual del coste de los bienes y servicios registró un promedio de menos del 2,2% entre 1997 y 2002, y los economistas creen que hasta ese tipo mínimo puede estar sobrevalorado.[1] (Piense, por ejemplo, en cómo se han desplomado los precios de los ordenadores y la electrónica de consumo, y cómo ha mejorado la calidad de muchos productos, lo que significa que los consumidores están obteniendo un mejor valor por su dinero). En los últimos años es probable que el verdadero tipo de inflación en Estados Unidos haya rondado el 1% anual, un incremento tan infinitesimal que muchos expertos han proclamado que la «inflación ha muerto».[2]

---

[1] La U.S. Bureau of Labor Statistics, que calcula el Índice de Precios al Consumo que sirve para medir la inflación, mantiene un sitio web útil y completo en www.bls.gov/cpi/home.htm.

[2] Si se desea leer una interesante exposición del escenario de «la inflación ha muerto», véase www.pbs.org/newshour/bb/economy/july-dec97/inflation_12-16.html. En 1996, la Comisión Boskin, un grupo de economistas al que el gobierno solicitó que investigase si la tasa de inflación oficial era exacta, estimó que se había sobrevalorado, frecuentemente por casi dos puntos porcentuales al año. Para leer el informe de la Comisión, véase www.ssa.gov/history/reports/boskinrpt.html. Muchos expertos de inversión tienen en la actualidad la impresión de que la deflación, o la reducción de precios, es una amenaza aún mayor que la inflación; la mejor forma de protegerse frente a ese riesgo consiste en incluir obligaciones como elemento permanente de su cartera. (Véase el comentario al capítulo 4).

La ilusión del dinero

Existe otro motivo por el que los inversores pasan por alto la importancia de la inflación: lo que los psicólogos denominan la «ilusión del dinero». Si consigue un incremento salarial del 2% un año en el que la inflación llega al 4%, es prácticamente seguro que se sentirá mejor que si sufriese un recorte salarial del 2% durante un año en el cual la inflación fuera igual a cero. Sin embargo, las dos modificaciones salariales le dejarían prácticamente en la misma situación: un 2% peor después de la inflación. Mientras la variación nominal (o absoluta) sea positiva, lo consideramos positivo, aunque el resultado real (o después de la inflación) sea negativo. Además, cualquier variación de su salario será más vívida y específica que el cambio generalizado de precios en el conjunto de la economía.[3] De la misma manera, a los inversores les encantaba conseguir un 11% en sus depósitos a plazo en 1980, y están profundamente decepcionados obteniendo únicamente el 2% en 2003, aunque perdiesen dinero después de la inflación en aquella época y se mantengan en un nivel similar a la inflación en la actualidad. El tipo nominal que obtenemos aparece impreso en los anuncios del banco y en los pasquines que colocan en sus escaparates, y si ese número es elevado nos sentimos bien. Sin embargo, la inflación erosiona ese número elevado de manera subrepticia. En lugar de colocar anuncios, la inflación se limita a robar nuestro patrimonio. Por eso es tan fácil pasarla por alto, y por eso es tan importante medir el éxito de la inversión no sólo en función de lo que se obtiene, sino en función de lo que se conserva después de la inflación.

En un plano aún más básico, el inversor inteligente debe estar siempre en guardia frente a cualquier cosa imprevista o subestimada. Hay tres buenos motivos para considerar que la inflación no ha muerto:

— En un período tan reciente como el que va de 1973 a 1982 Estados Unidos experimentó uno de los períodos inflacionistas más dañinos de su historia. Medidos en función del índice de precios al consumo, los precios se multiplicaron por más de dos durante ese período, ascendiendo a un tipo anualizado de casi el 9%. Únicamente en 1979 la inflación alcanzó el 13,3%, paralizando la economía con el fenómeno que se conoció como «estagflación», que llevó a muchos comentaristas a dudar de que Estados Unidos pudiese competir en el mercado mundial.[4] Los bienes y

---

[3] Si se desea profundizar en las ideas sobre esta trampa del comportamiento, véase Eldar Shafir, Peter Diamond, y Amos Tversky, «Money Illusion,» en Daniel Kahneman y Amos Tversky, eds., *Choices, Values, and Frames* (Cambridge University Press, 2000), págs. 335–355.

[4] Ese año, el presidente Jimmy Carter pronunció su famoso discurso sobre la «enfermedad» en el que advertía de la existencia de una «crisis de confianza» que estaba «afectando al propio corazón y al alma y el espíritu de nuestra voluntad nacional» y que «amenazaba con destruir el tejido social y político de Estados Unidos».

servicios que costaban 100 dólares a principios de 1973 costaban 230 dólares a finales de 1982, lo que reducía el valor del dólar a menos de 45 centavos. Ninguna persona que viviese en esa época bromearía con tal grado de destrucción del patrimonio; nadie que sea prudente puede dejar de protegerse frente al riesgo de que ese fenómeno se repita.

— Desde 1960, el 69% de los países del mundo con economías orientadas al mercado han sufrido por lo menos un año en el que la inflación ha ascendido a un tipo anualizado del 25% o más. Como media, esos períodos de inflación han destruido el 53% de la capacidad de compra de los inversores.[5] Estaríamos locos si no esperásemos que Estados Unidos fuese a quedar, de una o de otra manera, al margen de tal desastre. No obstante, estaríamos aún más locos si llegásemos a la conclusión de que es imposible que esto pueda ocurrir en dicho país.[6]

— El crecimiento de los precios hace posible que la Administración estadounidense abone sus deudas con dólares abaratados por la inflación. Erradicar por completo la inflación va en contra de los intereses de cualquier Administración pública que tome prestado dinero con regularidad.[7]

Media protección

¿Qué puede hacer, entonces, el inversor inteligente para protegerse frente a la inflación? La respuesta normal sería «comprar acciones», pero como ocurre con frecuencia con las respuestas ordinarias, no es completamente cierto.

La figura 2.1 muestra, respecto de cada uno de los años que van de 1926 a 2002, la relación entre la inflación y los precios de las acciones.

---

[5] Véase Stanley Fischer, Ratna Sahay y Carlos A. Vegh, «Modern Hyper-and High Inflations», National Bureau of Economic Research, Working Paper 8930, en www.nber.org/papers/w8930.

[6] De hecho, Estados Unidos ha sufrido dos períodos de hiperinflación. Durante la Revolución Americana, los precios casi se triplicaron cada año desde 1777 hasta 1779; una libra de mantequilla costaba 12 dólares y un barril de harina casi llegaba a los 1.600 en el Massachusetts de la Revolución. Durante la Guerra de Secesión la inflación alcanzó tasas anuales del 29% en el Norte y de casi el 200% en la Confederación Sudista. En épocas tan recientes como 1946, la inflación alcanzó el 18,1% en Estados Unidos.

[7] Estoy agradecido a Laurence Siegel de la Ford Foundation por esta cínica, a la vez que exacta, noción. Inversamente, en una época de deflación (o de descenso sostenido de los precios) es más ventajoso ser prestamista que prestatario, que es el motivo por el que la mayor parte de los inversores deberían tener por lo menos una pequeña parte de sus activos en obligaciones, como forma de seguro frente a la deflación de los precios.

Como se puede ver, en los años en los que los precios de los bienes y servicios al consumo se redujeron, como ocurre en la parte izquierda del gráfico, la rentabilidad de las acciones fue terrible, con un mercado que llegó a perder hasta el 43% de su valor.[8] Cuando la inflación superó el 6%, como ocurre en los ejercicios del extremo derecho del gráfico, las acciones también se hundieron. El mercado perdió dinero en 8 de los 14 años en los cuales la inflación superó el 6%; el rendimiento medio de esos 14 años fue un escaso 2,6%.

Mientras que una inflación moderada hacía posible que las empresas trasladasen a los clientes el incremento de costes que experimentaban en sus materias primas, la inflación elevada provoca el caos, y obliga a los clientes a reducir al mínimo sus adquisiciones y deprime la actividad en toda la economía.

Los datos históricos son claros: desde la aparición de unos datos exactos del mercado de valores en 1926, ha habido 64 períodos quinquenales (es decir, de 1926 a 1930, de 1927 a 1931, de 1928 a 1932, etc., hasta llegar a 1998 – 2002). En 50 de esos 64 períodos quinquenales (lo que supone el 78% del tiempo) las acciones tuvieron resultados mejores que la inflación.[9] Es impresionante, pero imperfecto; significa que las acciones no han sido capaces de mantenerse a la altura de la inflación aproximadamente una quinta parte del tiempo.

Dos acrónimos al rescate

Afortunadamente, se pueden incrementar las defensas contra la inflación extendiendo las inversiones más allá de las acciones. Desde los últimos escritos de Graham han aparecido dos instrumentos para combatir la inflación que están a disposición general de los inversores.

---

[8] Cuando la inflación es negativa, recibe la denominación técnica de «deflación». La reducción habitual de los precios puede parecer atractiva a primera vista, hasta que se piensa en el caso de Japón. Los precios llevan experimentando deflación en Japón desde 1989, con descensos de valor anuales en el mercado inmobiliario y en el mercado de valores, lo que supone una interminable tortura por desgaste para la segunda economía del mundo.

[9] Ibbotson Associates, *Stocks, Bonds, Bills, and Inflation, 2003 Handbook* (Ibbotson Associates, Chicago, 2003), tabla 2-8. La misma pauta se puede apreciar con claridad fuera de Estados Unidos: En Bélgica, Italia y Alemania, en donde la inflación fue especialmente elevada en el siglo XX, «la inflación parece haber tenido un efecto negativo tanto en los mercados de acciones como en los de obligaciones», indican Elroy Dimson, Paul Marsh y Mike Staunton, en *Triumph of the Optimists: 101 Years of Global Investment Returns* (Princeton University Press, 2002), p. 53.

FIGURA 2.1

¿Qué tal protegen las acciones frente a la inflación?

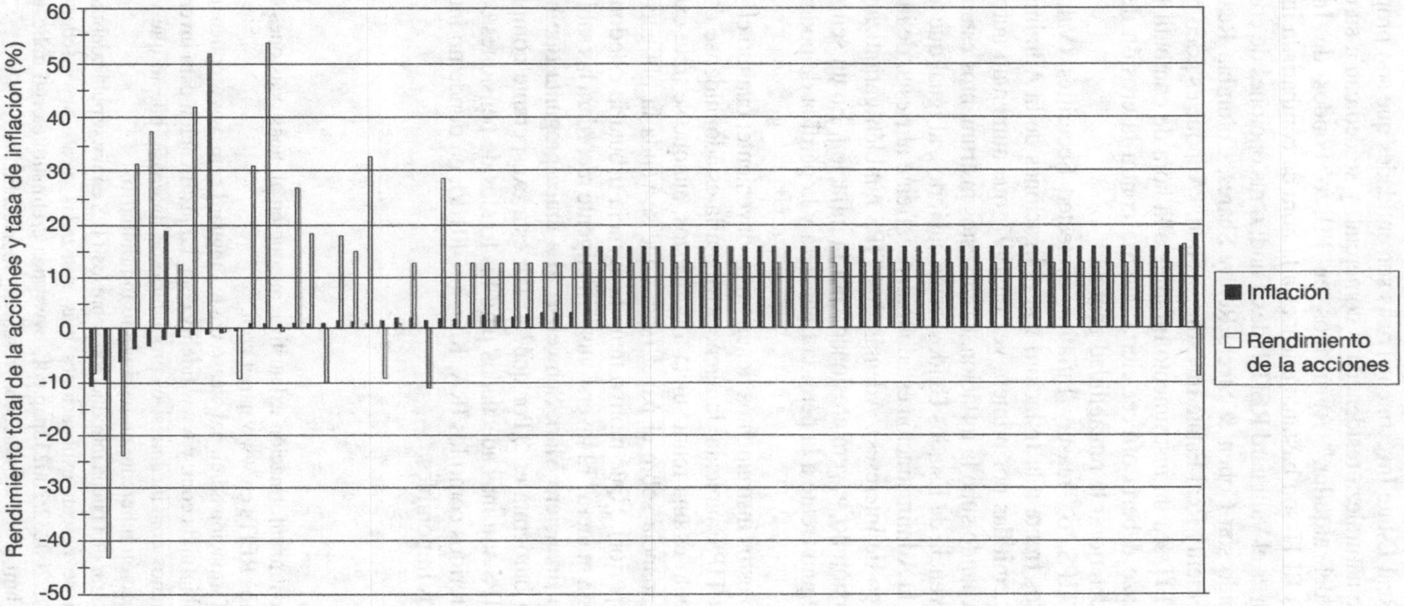

Este gráfico muestra la inflación y los rendimientos de las acciones de todos los años entre 1926 y 2002, ordenados no con criterios cronológicos sino en orden desde la menor inflación anual a la más elevada. Cuando la inflación es muy negativa (véase el extremo izquierdo) las acciones tienen un rendimiento muy insatisfactorio. Cuando la inflación es moderada, como sucedió en la mayoría de los años de este periodo, las acciones suelen tener unos resultados satisfactorios, por lo general. Sin embargo, cuando la inflación se eleva hasta niveles muy altos (véase el extremo derecho) las acciones suelen tener rendimientos erráticos, con pérdidas que la mayoría de las ocasiones superan el 10%.

Fuente: Ibbotson Associates.

REIT. Los Real Estate Investment Trusts son entidades que son propietarias de inmuebles de naturaleza residencial y comercial, y se dedican a su explotación a través del alquiler.[10] Agrupados en FII, o Fondos de Inversión Inmobiliaria, los REIT son bastante eficaces a la hora de combatir la inflación. La mejor opción es el Vanguard REIT Index Fund; otras opciones de coste relativamente reducido son Cohen & Steers Realty Shares, Columbia Real Estate Equity Fund y Fidelity Real Estate Investment Fund.[11] Aunque es poco probable que un fondo REIT sea un instrumento infalible a la hora de combatir la inflación, a largo plazo debería ofrecer cierta defensa contra la erosión del poder adquisitivo sin deteriorar la rentabilidad general.

TIPS. Los TIPS, o Treasury Inflation Protected Securities (Valores del Tesoro Protegidos frente a la Inflación) son obligaciones de la Administración estadounidense, emitidas por primera vez en 1997, que aumentan automáticamente de valor cuando sube la inflación. Como estos instrumentos están respaldados por la solvencia de Estados Unidos, están cubiertos, al igual que todas las obligaciones de la Administración estadounidense, frente al riesgo de incumplimiento (o impago de intereses). Además, los TIPS también garantizan que el valor de la inversión no se verá erosionado por la inflación. En un sencillo instrumento, se asegura frente a la pérdida financiera y la pérdida de poder adquisitivo.[12]

Sin embargo estos instrumentos tienen un inconveniente: cuando el valor de las obligaciones TIPS aumenta, la agencia tributaria estadounidense considera que ese incremento es una renta sujeta a impuestos, aunque se trate exclusivamente de una ganancia sobre el papel (salvo que se venda la obligación a su nuevo precio superior). ¿Qué motivo tiene la agencia tributaria estadounidense para actuar de esta manera? El inversionista inteligente recordará las sabias palabras del analista financiero Mark Schweber: «La única pregunta que nunca se debe hacer a un burócrata es '¿Por qué?'». Por esta exasperante complicación tributaria, los TIPS son más adecuados para los fondos de pensiones con pago de impuestos diferidos como los IRA, Keogh o 401(k), en donde no incrementarán los ingresos imponibles.

---

[10] Se puede encontrar información exhaustiva, aunque en algunas ocasiones esté algo desfasada, sobre los REITs en www.nareit.com.

[11] Si se desea información adicional, véase www.vanguard.com, www.cohenandsteers.com, www.columbiafunds.com, y www.fidelity.com. La justificación para invertir en un fondo REIT es menos convincente si es propietario de una casa, puesto que ya tendrá usted una participación inherente en patrimonio inmobiliario.

[12] Se puede encontrar una buena introducción sobre los TIPS en www.publicdebt.treas.gov/of/ofinflin.htm. Si se desean explicaciones más avanzadas, véase www.federalreserve.gov/Pubs/feds/2002/200232/200232pap.pdf, www.tiaa-crefinstitute.org/Publications/resdiags/73_09-2002.htm, y www.bwater.com/research_ ibonds.htm.

Se pueden adquirir TIPS directamente a la Administración de Estados Unidos en www.publicdebt.treas.gov/of/ofinflin.htm o en un fondo de inversión de bajo coste como Vanguard Inflation-Protected Securities o Fidelity Inflation-Protected Bond Fund.[13] Directamente o a través de un fondo de inversión, los TIPS son el sustituto de la parte de los fondos de jubilación que mantendría en efectivo de no existir este instrumento. No haga operaciones de mercado con ellos; los TIPS pueden sufrir volatilidad a corto plazo, por lo que es mejor considerar que se trata de una pertenencia permanente, vitalicia. Para la mayoría de los inversores, destinar por lo menos un 10% de los activos de jubilación a TIPS es una forma inteligente de mantener una parte de los fondos de manera absolutamente segura, y absolutamente al margen de las largas e invisibles zarpas de la inflación.

[13] Si se desean detalles sobre estos fondos, véase www.vanguard.com o www.fidelity.com.

Capítulo 3

Un siglo de historia del mercado de valores: El nivel de cotización de las acciones a principios de 1972

La cartera de acciones del inversor representará una pequeña sección transversal de esa inmensa y formidable institución conocida como mercado de valores. La prudencia sugiere que debemos tener una idea adecuada de la historia del mercado de valores, sobre todo en lo relativo a las principales fluctuaciones del nivel de las cotizaciones y las diversas relaciones existentes entre las cotizaciones de las acciones en conjunto y sus ganancias y dividendos. El inversor, armado con este conocimiento de los antecedentes, puede estar en condición de llegar a algunas valoraciones útiles sobre el atractivo o el peligro que representa el nivel del mercado en diferentes momentos. Por coincidencia, la existencia de datos estadísticos útiles sobre precios, ganancias y dividendos se remonta a 100 años, hasta 1871. (El material no es tan completo y exhaustivo y digno de confianza en la primera mitad de ese período, pero no obstante es útil). En este capítulo presentaremos las cifras, de manera muy condensada, con dos objetivos. El primero consiste en exponer en términos generales la forma en la que las acciones han obtenido su progreso subyacente durante muchos ciclos del siglo pasado. El segundo objetivo consiste en enfocar la imagen en forma de medias decenales sucesivas, no sólo de las cotizaciones de las acciones, sino también de las ganancias y los dividendos, para sacar a la luz las diferentes relaciones que existen entre estos tres importantes factores. Con este conjunto de materiales como telón de fondo pasaremos a examinar el nivel de las cotizaciones a principios de 1972.

TABLA 3.1

Principales inflexiones del mercado de valores entre 1871 y 1971

	Cowles-Standard 500 Composite			*Dow-Jones Industrial Average*		
Año	Máximo	Mínimo	Declive	Máximo	Mínimo	Declive
1871		4,64				
1881	6,58					
1885		4,24	28%			
1887	5,90					
1893		4,08	31			
1897					38,85	
1899				77,6		
1900					53,5	31%
1901	8,50			78,3		
1903		6,26	26		43,2	45
1906	10,03			103		
1907		6,25	38		53	48
1909	10,30			100,5		
1914		7,35	29		53,2	47
1916-18	10,21			110,2		
1917		6,80	33		73,4	33
1919	9,51			119,6		
1921		6,45	32		63,9	47
1929	31,92			381		
1932		4,40	86		41,2	89
1937	18,68			197,4		
1938		8,50	55		99	50
1939	13,23			158		
1942		7,47	44		92,9	41
1946	19,25			212,5		
1949		13,55	30		161,2	24
1952	26,6			292		
1952-53		22,7	15		256	13
1956	49,7			521		
1957		39,0	24		420	20
1961	76,7			735		
1962		54,8	29		536	27
1966-68	108,4			995		
1970		69,3	36		631	37
Principios de 1972	100		—	900		—

La historia a largo plazo del mercado de valores se resume en dos tablas y un gráfico. La tabla 3.1 expone los puntos mínimos y máximos de diecinueve ciclos bajistas y alcistas que se han producido en los 100 últimos años. Hemos utilizado dos índices. El primero representa una combinación de un primer estudio realizado por la Comisión Cowles y que se remonta a 1870, estudio que se ha conectado con, y que ha proseguido hasta la fecha en, el conocido índice compuesto Standard & Poor's de 500 acciones. El segundo es el aún más afamado Dow Jones Industrial Average (DJIA, o Dow) que se remonta a 1897; está compuesto por 30 empresas, de las cuales una es la American Telephone & Telegraph y las otras 29 son grandes empresas industriales.[1]

El gráfico I, que se incluye por cortesía de Standard & Poor's, muestra las fluctuaciones del mercado de su índice de valores industriales 425 desde 1900 hasta 1970. (Un gráfico comparable que recogiese el DJIA tendría un aspecto muy similar). El lector apreciará tres pautas claramente diferentes, que se extienden cada una de ellas aproximadamente durante un tercio de los 70 años. La primera va desde 1900 a 1924, y muestra durante la mayor parte una serie de ciclos de mercado bastante similares que duran entre tres y cinco años. El progreso anual de este período alcanzó una media de sólo el 3%, más o menos. Después pasamos al mercado alcista de la «Nueva Era», que culmina en 1929, con sus terribles consecuencias de colapso del mercado, seguida por fluctuaciones bastante irregulares hasta 1949. Si comparamos el nivel medio de 1949 con el de 1924, descubriremos que la tasa anual de progreso fue de un mero 1,5%; por lo tanto al cierre de este segundo período el público en general no sentía ningún entusiasmo por las acciones ordinarias. Atendiendo a la regla de los contrastes, era el momento óptimo para el principio de la mayor etapa alcista del mercado que se ha producido en nuestra historia, y que se recoge en el último tercio del gráfico. Es posible que este fenómeno haya alcanzado su culminación en diciembre de 1968, con el nivel 118 de los 425 valores industriales del Standard & Poor's (y el nivel de 108 para el índice compuesto por 500 acciones).

Como muestra la tabla 3.1, entre 1949 y 1968 hubo recaídas bastante importantes (sobre todo en 1956-1957 y en 1961-1962), pero las recuperaciones de esas recaídas fueron tan rápidas que tales períodos deben ser denominados recesiones o retrocesos (dependiendo de las preferencias semánticas) de un único período alcista de mercado, más que ciclos de mercado independientes. Entre el nivel mínimo de 162 en el que se encontraba el «Dow» a mediados de 1949 y el nivel máximo de 995 en el que se encontraba a principios de 1966, el avance ha supuesto una multiplicación por un factor superior a seis en 17 años, lo que arroja una media compuesta del 11% por año, sin incluir los dividendos de, digamos, el 3,5% anual. (La subida del índice compuesto Standard & Poor's fue algo mayor que la del DJIA: en términos reales, del 14 al 96).

Esos rendimientos del 14% o superiores quedaron documentados en 1963, y

GRÁFICO 1

Índice de precios de Standard&Poor's

1941–1943 = 10

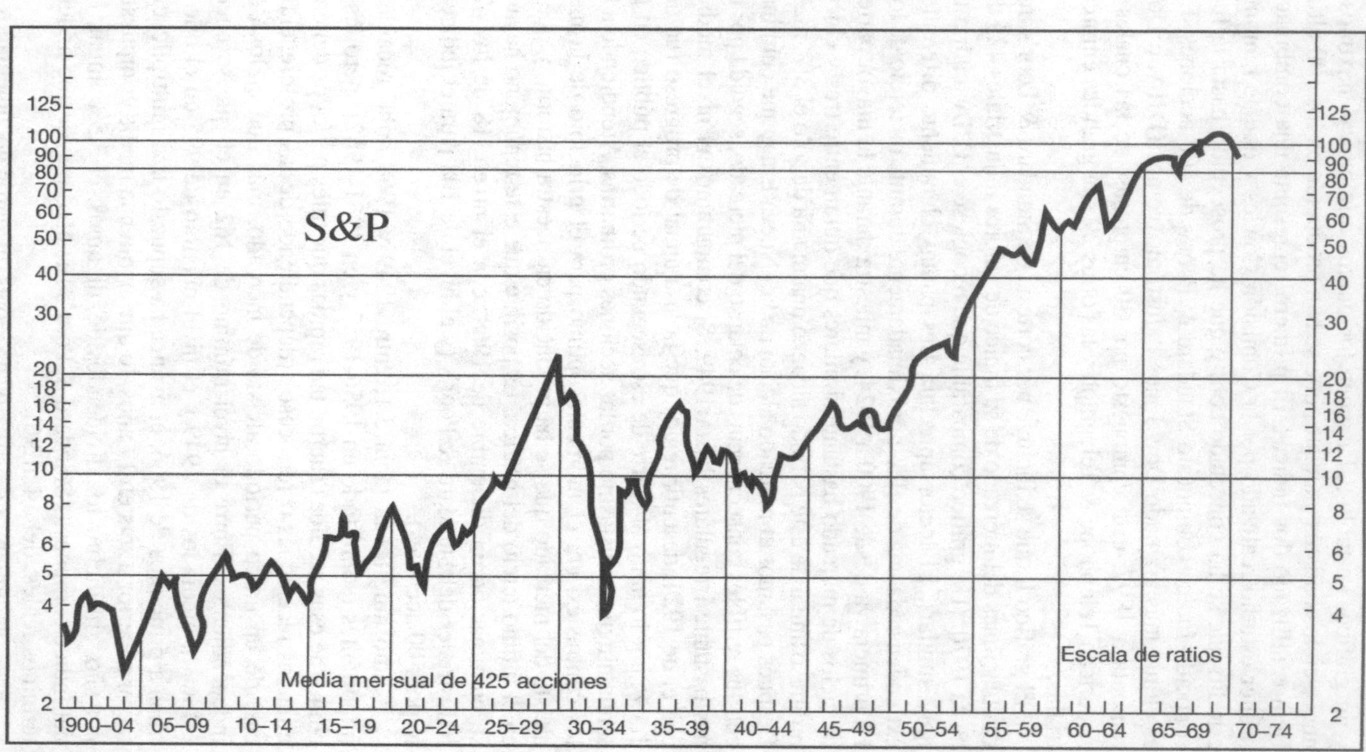

posteriormente, en un estudio que recibió mucha publicidad.*[2] El estudio dio lugar a una satisfacción natural en Wall Street ante tales extraordinarios logros, y también generó la convicción, bastante ilógica y peligrosa, de que se podían esperar resultados igualmente maravillosos para las acciones en el futuro. Fueron muy pocas las personas que se inquietaron ante la idea de que la propia dimensión de la subida de valores podía indicar que se habían cargado en exceso las tintas. El posterior declive desde el punto máximo de 1968 hasta el punto mínimo de 1970 fue del 36% en el caso del índice de Standard & Poor's (y del 37% en el caso del DJIA), el mayor desde el 44% sufrido en el período de 1939 a 1942, que había reflejado los peligros e incertidumbres que surgieron después del bombardeo de Pearl Harbor. En el espectacular estilo tan característico de Wall Street el nivel mínimo de mayo de 1970 fue seguido por una masiva y rápida recuperación en las dos medias, y por el establecimiento de un nuevo máximo histórico de los valores industriales del Standard & Poor's a principios de 1972. La tasa media de su vida de cotización entre 1949 y 1970 arroja un tipo de aproximadamente el 9% para el compuesto S&P (o el índice industrial), utilizando las cifras medias de ambos años. El ritmo de ascensión fue, por supuesto, muy superior al de cualquier período similar anterior a 1950. (Sin embargo, en la última década, el ritmo de avance fue muy inferior: 5,25% en el caso del índice compuesto S&P y únicamente el antaño familiar 3% del DJIA).

El registro de la variación de las cotizaciones debe ser complementado con las correspondientes cifras de ganancias y dividendos, para poder ofrecer una panorámica general de lo que ha ocurrido en nuestra economía de acciones durante las diez décadas. Ofrecemos un resumen de ese tipo en nuestra tabla 3.2. Probablemente sea mucho esperar que todos los lectores estudien detenidamente todas estas cifras, pero tenemos la esperanza de que a algunos les resulten interesantes e instructivas.

A continuación haremos unos cuantos comentarios sobre ellas. Las cifras relativas a la década completa equilibran las fluctuaciones de año a año, eliminando los dientes de sierra, y arrojan una imagen general de crecimiento persistente. Únicamente dos de las nueve décadas después de la primera muestran una reducción de las ganancias y de los precios medios (en 1891-1900 y en 1931-1940), y en ninguna década después de 1900 se observa un descenso de los dividendos medios. Sin embargo, los tipos de crecimiento de las tres categorías son bastante variables. En general, los resultados desde la Segunda Guerra Mundial han sido superiores a los de las décadas anteriores, pero el progreso de la década de 1960 fue menos marcado que el que tuvo lugar en la década de 1950. El inversor actual no puede determinar a partir de este registro

* El estudio, en su forma definitiva es el siguiente: Lawrence Fisher y James H. Lorie, «Rates of Return on Investments in Common Stock: the Year-by-Year Record, 1926–65». *The Journal of Business,* vol. XLI, no. 3 (julio de 1968), págs. 291–316. Si se desea un resumen de la amplia influencia ejercida por el estudio, véase http://library.dfaus.com/reprints/work_of_art/.

TABLA 3.2

Una imagen del rendimiento del mercado de valores, 1871-1970[a]

Período	*Precio medio*	*Beneficios medios*	*PER medio*	*Dividendo medio*	*Rendimiento medio*	*Distribución media de beneficios en forma de dividendo*	*Tasa anual de crecimiento[b]*	
							Beneficios	*Dividendos*
1871-1880	3,58	0,32	11,3	0,21	6,0%	67%	—	—
1881-1890	5,00	0,32	15,6	0,24	4,7	75	-0,64%	-0,66%
1891-1900	4,65	0,30	15,5	0,19	4,0	64	-1,04	-2,23
1901-1910	8,32	0,63	13,1	0,35	4,2	58	+6,91	+5,33
1911-1920	8,62	0,86	10,0	0,50	5,8	58	+3,85	+3,94
1921-1930	13,89	1,05	13,3	0,71	5,1	68	+2,84	+2,29
1931-1940	11,55	0,68	17,0	0,78	5,1	85	-2,15	-0,23
1941-1950	13,90	1,46	9,5	0,87	6,3	60	+10,60	+3,25
1951-1960	39,20	3,00	13,1	1,63	4,2	54	+6,74	+5,90
1961-1970	82,50	4,83	17,1	2,68	3,2	55	+5,80[c]	+5,40[c]
1954-1956	38,19	2,56	15,1	1,64	4,3	65	+2,40[d]	+7,80[d]
1961-1963	66,10	3,66	18,1	2,14	3,2	58	+5,15[d]	+4,42[d]
1968-1970	93,25	5,60	16,7	3,13	3,3	56	+6,30[d]	+5,60[d]

[a] Los siguientes datos se basan principalmente en cifras que aparecieron en el artículo de N. Molodovsky, «Stock Values and Stock Prices», *Financial Analysts Journal,* mayo de 1960. Éstas, a su vez, estaban tomadas del libro de la Comisión Cowles Common *Stock Indexes* para las cifras de los años anteriores a 1926 y del índice compuesto Standard & Poor's 500 para las cifras de los años a partir de 1926.

[b] Las tasas de crecimiento anuales son cifras recopiladas por Molodovsky que cubren períodos de 21 años sucesivos que acaban en 1890, 1900, etc.

[c] Tasa de crecimiento de 1968-1970 en comparación con 1958–1960.

[d] Estas cifras de crecimiento corresponden a los años 1954-1956 en comparación con 1947–1949, 1961–1963 en comparación con 1954–1956, y 1968–1970 en comparación con 1958–1960.

histórico qué porcentaje de ganancia en ingresos por dividendos y por aumento de cotizaciones puede esperar en los 10 próximos años, pero los datos históricos aportan todos los ánimos que pueda necesitar para poner en práctica una política consistente de inversiones en acciones.

No obstante, es necesario hacer una indicación en este momento que no queda de manifiesto en nuestra tabla. El año 1970 estuvo definido por un claro deterioro en la situación de beneficios generales de las empresas estadounidenses. La tasa de beneficios sobre el capital invertido descendió al porcentaje más bajo desde los años de la Guerra Mundial. Igualmente sorprendente es el hecho de que un número considerable de empresas declarasen pérdidas netas durante ese ejercicio; muchas de ellas tuvieron «problemas financieros», y por primera vez en tres décadas hubo varios procesos de quiebra importantes. Estos hechos, junto con algunos otros, han dado lugar a la afirmación que habíamos formulado anteriormente cuando nos aventuramos a sugerir que tal vez la era del gran crecimiento podía haber llegado a su fin en 1969-1970.

Una característica llamativa de la tabla 3.2 es el cambio en las relaciones de precio/beneficio desde la Segunda Guerra Mundial.* En junio de 1949 el índice compuesto S & P tenía un precio que suponía multiplicar sólo por 6,3 los correspondientes beneficios de los 12 meses anteriores; en marzo de 1961 el multiplicador era de 22,9. De la misma manera, el rendimiento por dividendos del índice S & P se ha reducido desde más del 7% en 1949 a sólo el 3,0% en 1961, contraste acentuado por el hecho de que los tipos de interés de las obligaciones de mejor categoría han aumentado en ese período desde el 2,60% hasta el 4,50%. Se trata, claramente, del giro más destacable de actitud de la sociedad en general en toda la historia del mercado de valores.

Para las personas que tienen gran experiencia e instinto de precaución, el paso de un extremo al otro es una fuerte señal de que se esperan problemas en el futuro. Esas personas no pudieron evitar pensar en el período alcista de mercado que tuvo lugar de 1926 a 1929 y sus trágicas consecuencias. No obstante, esos temores no han sido confirmados en la realidad. Ciertamente, el precio de cierre del DJIA en 1970 fue el mismo que seis años y medio antes, y los tan traídos y llevados «arrolladores años 60» resultaron ser básicamente una serie de ascensiones a una sucesión de colinas elevadas que después se bajaban. En cualquier caso, no ha ocurrido nada ni con las empresas ni con las acciones que se pueda comparar al período bajista de mercado y a la depresión de 1929–1932.

---

* El «ratio precio/beneficio» de una acción o de una media de mercado como el índice S & P 500 es un simple instrumento para tomar la temperatura al mercado. Por ejemplo, si una empresa ha conseguido 1 dólar por acción de beneficio neto a lo largo del último año y sus acciones se venden a 8,93 dólares su ratio precio/beneficio será de 8,93; sin embargo, si sus acciones se venden a 69,70 dólares, el ratio precio/beneficios sería de 69,7. En general, un ratio precio/beneficio (o PER) inferior a 10 se considera bajo, entre 10 y 20 se considera moderado y por encima de 20 se considera caro. (Si se desea más información sobre el PER, véase las págs. 189–190).

El nivel del mercado de valores a principios de 1972

Teniendo ante nuestros ojos el resumen de las acciones, cotizaciones, beneficios y dividendos de todo un siglo, tratemos de extraer algunas conclusiones sobre el nivel 900 en el que se encuentra el DJIA y el nivel 100 en el que se encuentra el índice compuesto S&P en enero de 1972.

En cada una de nuestras ediciones anteriores hemos debatido sobre el nivel del mercado de valores en el momento de redacción, y nos hemos dedicado a dar respuesta a la pregunta de si era demasiado elevado para adquisiciones conservadoras. Al lector le puede resultar instructivo revisar las conclusiones a las que llegamos en estas ocasiones anteriores. No es en todos los casos un ejercicio de autoflagelación. Aportará una especie de tejido de conexión que vinculará las diferentes etapas atravesadas por el mercado de valores en los 20 últimos años, y también ofrecerá una imagen natural de las dificultades a las que se enfrenta cualquier persona que trate de llegar a una valoración fundamentada y crítica de los actuales niveles de mercado. En primer lugar, comencemos por reproducir el resumen de los análisis de las ediciones de 1948, 1953 y 1959 que ofrecimos en la edición de 1965.

> En 1948 aplicamos unos criterios conservadores al nivel de 180 en el que se encontraba el Dow Jones y no tuvimos dificultades para llegar a la conclusión de que «no era demasiado elevado en relación con los valores subyacentes». Cuando abordamos este problema en 1953, el nivel medio de mercado de ese año había alcanzado el 275, un incremento de más del 50% en cinco años. Volvimos a plantearnos la misma pregunta, literalmente: «si en nuestra opinión el nivel de 275 para el Dow Jones Industrial era o no excesivamente elevado para una inversión sensata». A la luz del espectacular ascenso que se produjo posteriormente, puede parecer extraño tener que declarar que no era en modo alguno sencillo para nosotros alcanzar una conclusión definitiva en cuanto a que el nivel de 1953 fuese o no atractivo. En aquel momento afirmamos, lo que resulta suficientemente satisfactorio, que «desde el punto de vista de las indicaciones de valor, que deben ser nuestra principal guía de inversión, la conclusión sobre las cotizaciones de las acciones en 1953 debe ser favorable». No obstante, estábamos preocupados por el hecho de que en 1953 las medias habían ascendido durante un período más prolongado que en la mayor parte de las etapas alcistas de mercado del pasado, y por el hecho de que su nivel absoluto estaba en un punto elevado a juzgar por criterios históricos. Comparando estos factores con nuestra valoración favorable, recomendamos una política cauta o de compromiso. Tal y como se produjeron los hechos, esta recomendación no resultó especialmente brillante. Un buen profeta habría previsto que el nivel de mercado estaba a punto de ascender un 100% adicional en los cinco años siguientes. Tal vez deberíamos añadir, en

nuestra defensa, que pocos, si es que hubo alguno, de los que se dedican profesionalmente a hacer previsiones sobre el mercado de valores, tarea a la que nosotros no nos dedicamos, fue capaz de anticipar con más éxito que nosotros lo que esperaba en el futuro.

A principios de 1959 nos encontramos con el DJIA en un máximo histórico de 584. Nuestro exhaustivo análisis, realizado desde todos los puntos de vista, se puede resumir en la siguiente cita (de la página 59 de la edición de 1959): «En resumen, nos sentimos obligados a expresar la conclusión de que el nivel actual de cotización es peligroso. El peligro puede encontrarse en que las cotizaciones ya hayan alcanzado un punto demasiado elevado. Aun cuando no sea éste el caso, la inercia del mercado es tal que inevitablemente acabará alcanzando niveles injustificadamente elevados. Francamente, no podemos imaginar un mercado en el futuro en el cual nunca vaya a haber pérdidas graves, y en el cual todos los principiantes tengan garantizados grandes beneficios con sus adquisiciones de acciones».

La recomendación de precaución que expresamos en 1959 quedó algo más justificada por los acontecimientos posteriores que la actitud correspondiente que mantuvimos en 1954. De todas formas, quedó lejos de estar plenamente justificada. El DJIA ascendió hasta 685 en 1961, después, en un momento posterior de ese año, descendió hasta un nivel levemente inferior al 584 (hasta 566); volvió a ascender hasta 735 a finales de 1961; y posteriormente se precipitó en una evolución cercana al pánico hasta llegar al 536 en mayo de 1962, arrojando una pérdida del 27% en el breve período de seis meses. Simultáneamente se produjo una retracción mucho más grave en el grupo de las denominadas «acciones de crecimiento» más populares, como manifiesta la acusada caída del líder indiscutible, IBM, que pasó de un máximo de 607 en diciembre de 1961 a un mínimo de 300 en junio de 1962.

Durante este período se produjo una absoluta debacle de numerosas acciones recién lanzadas de pequeñas empresas, que se habían ofrecido al público a precios ridículamente elevados y que posteriormente fueron impulsadas hasta cotizaciones aún más elevadas por una innecesaria especulación, que acabó conduciendo a niveles que rayaban en la insensatez. Muchas de estas colocaciones perdieron el 90% o más de su cotización en cuestión de pocos meses.

El colapso que se produjo en el primer semestre de 1962 fue desconcertante, cuando no desastroso, para muchos especuladores que estaban encantados de conocerse, y tal vez para muchas más personas imprudentes que se denominaban a sí mismas «inversores». No obstante, la inflexión que se produjo en un momento posterior de ese ejercicio también fue igualmente imprevista para la comunidad financiera. Las medias del mercado de valores retomaron su curso alcista, lo que produjo la siguiente evolución:

	DJIA	Índice S & P 500
Diciembre 1961	735	72,64
Junio 1962	536	52,32
Noviembre 1964	892	86,28

La recuperación y nueva subida de la cotización de las acciones fue ciertamente destacable y dio lugar a una concomitante revisión del sentimiento existente en el mercado de valores. En los niveles mínimos de junio de 1962 las predicciones habían adoptado un cariz predominantemente bajista y después de la recuperación parcial que se produjo a final del ejercicio predominaba la indeterminación, con preponderancia del escepticismo. Sin embargo, a principios de 1964 el optimismo natural de las agencias de valores volvía a apreciarse con claridad; prácticamente todas las previsiones tenían tintes alcistas, y conservaron ese cariz durante todo el período de subida de 1964.

Posteriormente abordamos la tarea de evaluar los niveles del mercado imperantes en noviembre de 1964 (892 para el DJIA). Después de abordar reflexivamente el nivel desde diferentes perspectivas, alcanzamos tres conclusiones principales. La primera fue que «los viejos criterios (de valoración) parecen inaplicables; todavía no existen nuevos criterios que hayan superado la prueba del tiempo». La segunda conclusión fue que el inversor «debe basar su política en la existencia de grandes incertidumbres. Las posibilidades abarcan los extremos; por una parte, de una prolongada subida adicional del nivel del mercado, por ejemplo del 50%, hasta llegar al 1.350 en el caso del DJIA; o, por otra parte, de una caída imprevista en términos generales de la misma magnitud, que llevaría la media al entorno del 450». La tercera conclusión se expresaba en términos mucho más claros. Afirmamos lo siguiente: «Dejándonos de medias tintas, si el nivel de precios de 1964 no es demasiado elevado, ¿qué precio debería alcanzarse para que pudiésemos decir que el nivel de precios es demasiado elevado?». El capítulo concluía de la siguiente manera:

¿Qué curso de actuación se debe seguir?

Los inversores no deberían llegar a la conclusión de que el nivel del mercado de 1964 es peligroso simplemente porque lo han leído en este libro. Deben ponderar nuestras argumentaciones con la argumentación contraria que escucharán a la mayor parte de las personas competentes y expertas de Wall Street. Al final, todos tenemos que adoptar nuestras propias decisiones y aceptar la responsabilidad que ello entraña. Nos atrevemos a sugerir, no obstante, que si el inversor tiene dudas sobre el curso de actuación que debe seguir, debería optar por la vía de la precaución. Los principios de la inversión, tal y como se exponen en el presente, exigirían la siguiente política en las condiciones imperantes en 1964, en orden de urgencia:

1. No endeudarse para adquirir o mantener valores.
2. No incrementar la proporción de fondos destinados a acciones ordinarias.
3. Reducir la cartera de acciones cuando sea necesario para realinear su proporción hasta un máximo del 50% de la cartera total. El impuesto sobre plusvalías deberá ser abonado con el mejor talante posible y los fondos obtenidos deberán invertirse en obligaciones de la mejor calidad o ser depositados en cuentas de ahorro.

Los inversores que hayan estado siguiendo durante un cierto período de tiempo un plan de promedio en costes monetarios digno de tal nombre pueden, en principio, optar por proseguir con sus compras periódicas sin variación o suspenderlas hasta que tengan la impresión de que el nivel de mercado ha dejado de ser peligroso. Tendríamos que aconsejar en términos bastante rotundos en contra del inicio de un nuevo plan de promedio de coste en unidades monetarias a los niveles vigentes a finales de 1964, puesto que la mayor parte de los inversores no tendrán la capacidad de resistencia para mantener dicho programa en el caso de que los resultados llegasen a ser extraordinariamente negativos poco después del inicio del plan.

En esta ocasión podríamos decir que nuestras advertencias fueron ratificadas por la realidad. El DJIA aumentó aproximadamente un 11% más, hasta el 995, pero después se desplomó de manera irregular hasta un punto mínimo de 632 en 1970, y acabó ese año en el nivel del 839. La misma debacle experimentaron las cotizaciones de las acciones recientemente emitidas de pequeñas empresas, literalmente con reducciones de cotización que alcanzaron el 90%, de la misma manera que había ocurrido en el receso de 1961-1962. Como se señalaba en la introducción, toda la imagen financiera se alteró, aparentemente, hacia unas perspectivas de menor entusiasmo y mayores dudas. Un único dato puede resumir toda esta cuestión: el DJIA cerró 1970 a un nivel inferior al que había alcanzado seis años antes, la primera vez que esto ocurría desde 1944.

Estos fueron nuestros esfuerzos para evaluar los niveles alcanzados en el pasado por el mercado de valores. ¿Hay algo que podamos aprender, nosotros y nuestros lectores, de todo ello? En 1948 y 1953 consideramos que el nivel del mercado era favorable para la inversión (aunque con demasiada cautela en el último año), consideramos que era «peligroso» en 1959 (a un nivel de 584 para el DJIA) y «demasiado elevado» (en un nivel de 892) en 1964. Todas estas valoraciones podrían ser defendidas incluso en la actualidad recurriendo a argumentos razonados. En cualquier caso, es dudoso que hayan sido de la misma utilidad que nuestros consejos menos razonados, que propugnan una política de acciones congruente y controlada por una parte, y que desaniman cualquier tipo de esfuerzo para «imponerse al mercado» o «elegir a los ganadores» por otra parte.

En cualquier caso, creemos que nuestros lectores pueden extraer ciertos beneficios de un análisis renovado del nivel en el que se encuentra el mercado de valores, en esta ocasión a finales de 1971, aun cuando lo que vayamos a decir resulte ser más interesante que útil desde un punto de vista práctico, o más hipotético que concluyente. Hay una brillante afirmación al principio de la obra *Ética* de Aristóteles que dice lo siguiente: «La mente educada se distingue por no esperar más precisión que la que admite la naturaleza de la cuestión estudiada. Por lo tanto, es igualmente poco razonable aceptar conclusiones meramente probables de un matemático y exigir una demostración estricta a un orador». El trabajo del analista financiero queda en algún punto intermedio entre el del matemático y el del orador.

En diversos momentos de 1971, el Dow Jones Industrial Average se encontró en el nivel de 892 correspondiente a noviembre de 1964 que habíamos analizado en nuestra edición anterior. No obstante, en el actual estudio estadístico hemos decidido utilizar el nivel de precios y los datos correspondientes al índice compuesto Standard & Poor's (o S&P 500), porque es más exhaustivo y representativo de la situación del mercado general que el DJIA compuesto por 30 acciones. Nos concentraremos en una comparación de este material en los períodos cercanos a las fechas de nuestras anteriores ediciones, es decir, a los períodos de fin de año de 1948, 1953, 1958 y 1963, y además 1968; respecto del precio actual adoptaremos la cifra de referencia de 100, que resulta cómoda y que se ha registrado en diferentes momentos de 1971 y principios de 1972. Los datos más destacados son los que se recogen en la tabla 3.3. Respecto de las cifras de beneficios, presentamos tanto las que corresponden al último año como la media de los tres años anteriores; para 1971 en materia de dividendos utilizamos las cifras de los dos últimos meses; y para los intereses y precios mayoristas de las obligaciones de 1971 utilizamos los de agosto de 1971.

El ratio de precio/ganancia trienal del mercado en octubre de 1971 fue inferior al de finales de año de 1963 y 1968. Fue aproximadamente el mismo que en 1958, pero muy superior al de los primeros años del prolongado período alcista de mercado. Este importante indicador, por sí solo, no se puede interpretar en el sentido de que indique que el mercado se encontraba en un punto especialmente elevado en enero de 1972. Sin embargo, cuando se introduce en la imagen el rendimiento por intereses de las obligaciones de máxima categoría, las implicaciones resultan mucho menos favorables. El lector detectará en nuestra tabla que la relación de rendimiento de las acciones (beneficios/precio) y los rendimientos de las obligaciones han empeorado durante todo el período, por lo que la cifra de enero de 1972 era menos favorable para las acciones, a juzgar por este criterio, que en cualquiera de los años anteriores objeto de examen. Cuando se comparan los resultados por dividendo con los resultados de las obligaciones se descubre que la relación se invierte por completo entre 1948 y 1972.

TABLA 3.3

Datos relativos al índice compuesto Standard & Poor's en varios años

Año[a]	*1948*	*1953*	*1958*	*1963*	*1968*	*1971*
Precio de cierre	15,20	24,81	55,21	75,02	103,9	100[d]
Obtenido en el año en curso	2,24	2,51	2,89	4,02	5,76	5,23
Beneficio medio de los 3 últimos años	1,65	2,44	2,22	3,63	5,37	5,53
Dividendo en el año en curso	0,93	1,48	1,75	2,28	2,99	3,10
Interés de las obligaciones de máxima categoría[a]	2,77%	3,08%	4,12%	4,36%	6,51%	7,57%
Índice de precios al por mayor	87,9	92,7	100,4	105,0	108,7	114,3
Ratios:						
Precio/beneficios del último año	6,3 X	9,9 X	18,4 X	18,6 X	18,0 X	19,2 X
Precio/beneficios 3 años	9,2 X	10,2 X	17,6 X	20,7 X	19,5 X	18,1 X
«Rentabilidad por beneficio» de 3 años[c]	10,9%	9,8%	5,8%	4,8%	5,15%	5,53%
Rendimiento por dividendo	5,6 %	5,5 %	3,3 %	3,04%	2,87%	3,11%
Rendimiento por beneficio de las acciones/rendimiento de las obligaciones	3,96 X	3,20 X	1,41 X	1,10 X	0,80 X	0,72 X
Rendimiento por dividendo/rendimiento de las obligaciones	2,1 X	1,8 X	0,80 X	0,70 X	0,44 X	0,41 X
Beneficios/valor contable[e]	11,2%	11,8%	12,8%	10,5%	11,5%	11,5%

[a] Rendimiento de las obligaciones con calificación S & P AAA.
[b] Años naturales 1948–1968, más año concluido en junio de 1971.
[c] «Rendimiento por beneficios» significa los beneficios divididos entre el precio, en %.
[d] Precio en oct. 1971, equivalente a 900 en el DJIA.
[e] Cifras medias a tres años.

En el primer año las acciones generaban un resultado del doble que el de las obligaciones; en la actualidad las obligaciones arrojan un resultado del doble, o más, que las acciones.

Nuestra última valoración es que la desfavorable variación en la relación entre el rendimiento de las acciones y el rendimiento de las obligaciones compensa por completo la mejora de la relación de precio a ganancias de finales de 1971, atendiendo a las cifras de ganancias trienales. Por lo tanto, nuestra opinión sobre el nivel de mercado de principios de 1972 tendería a ser la misma que la de hace siete años, es decir, que no es atractivo desde el punto de vista de la inversión conservadora. (Esta afirmación sería aplicable a la mayor parte de la gama de precios que alcanzó el DJIA durante 1971: entre, por ejemplo, 800 y 950).

En términos de oscilaciones históricas de mercado, la imagen de 1971 seguiría dando la impresión de que corresponde a una recuperación irregular en relación con la tremenda recesión sufrida en 1969–1970. En el pasado estas recuperaciones han sido la antesala de una nueva etapa del período alcista recurrente y persistente que comenzó en 1949. (Ésta era la expectación que existía en términos generales en Wall Street durante 1971). Después de la terrible experiencia sufrida por los compradores públicos de ofertas de acciones de baja calificación en el ciclo 1968–1970, es demasiado pronto (en 1971) para animarse a dar otra vuelta en el tiovivo de las nuevas emisiones. Por lo tanto, ese fiable síntoma de peligro inminente en el mercado se echa en falta en la actualidad, al igual que se echaba en falta en el nivel de 892 del DJIA en noviembre de 1964, que analizamos en nuestra edición anterior. Técnicamente, por lo tanto, podría dar la impresión de que la perspectiva apuntaría a otra subida sustancial muy por encima del nivel del 900 en el DJIA antes de que se produjese la siguiente recesión o colapso en serio. En cualquier caso, no podemos dejar ahí esa cuestión, aunque tal vez deberíamos hacerlo. Para nosotros, el desinterés que mostró el mercado a principios de 1971 por las negativas experiencias que se habían sufrido menos de un año antes es una señal inquietante. ¿Puede quedar sin castigo una despreocupación de ese calibre? Tenemos la impresión de que el inversor debería prepararse para una época difícil, tal vez en forma de una rápida repetición del declive de 1969-1970, o tal vez en forma de otra racha alcista en el mercado seguida por un colapso aún más catastrófico.[3]

Qué curso de actuación se debe seguir

Vuelva a leer lo que dijimos en la última edición, que se reproduce en las páginas 94-95. Ésta es nuestra impresión al mismo nivel de precio, por ejemplo 900, para el DJIA a principios de 1972, al igual que lo era a finales de 1964.

Comentario al capítulo 3

> Uno ha de tener mucho cuidado si no sabe adónde va, ya que es posible que no logre llegar allí.
>
> *Yogi Berra*

Pamplinas alcistas

En este capítulo Graham pone de manifiesto hasta qué punto puede ser profético. Examina los dos años siguientes, previendo el «catastrófico» período bajista de mercado de 1973-1974, en el que las acciones estadounidenses perdieron el 37% de su valor.[1] También fija su mirada en un futuro que estaba a más de dos décadas de distancia, exponiendo los argumentos de los gurús de mercado y de los éxitos de ventas editoriales que ni siquiera estaban en el horizonte de su vida.

El núcleo de la argumentación de Graham es que el inversor inteligente nunca debe prever el futuro exclusivamente mediante una extrapolación del pasado. Por desgracia, ése es exactamente el error que cometieron un enterado detrás de otro en la década de 1990. Una sucesión de libros que proclamaban períodos alcistas en el mercado siguieron a la obra del profesor de finanzas de Wharton, Jeremy Siegel, titulada *Stocks for the Long Run* (1994) y culminaron, en un alocado crescendo, con *Dow 36.000*, de James Glassman y Keving Hassett, *Dow 40.000*, de David Elias, y *Dow 100.000*, de Charles Kadlec (todos ellos publicados en 1999). Los pronosticadores afirmaban que las acciones habían tenido una rentabilidad anual media del 7% después de la inflación desde 1802. Por lo tanto, concluían, eso es lo que los inversores deberían esperar en el futuro.

[1] Si no se incluyen los dividendos, las acciones perdieron el 47,8% en esos dos años.

Algunos defensores de estas teorías alcistas fueron aún más allá. Como las acciones «siempre» habían tenido mejores resultados que las obligaciones a lo largo de cualquier período de tiempo que hubiese tenido una duración mínima de 30 años, las acciones tenían que ser, por naturaleza, intrínsecamente menos arriesgadas que las obligaciones o incluso que el dinero en metálico depositado en el banco. Además, si es posible eliminar el riesgo de la propiedad de acciones simplemente poseyéndolas durante un período suficientemente prolongado, ¿qué motivo hay para preocuparse por el precio que se paga inicialmente por esas acciones? (Para averiguar los motivos, lea el recuadro de la página 101).

En 1999 y principios de 2000, la palabrería y las pamplinas que se decían sobre el mercado y su alza infinita eran omnipresentes:

— El 7 de diciembre de 1999 Kevin Landis, gestor de cartera de los fondos de inversión Firsthand apareció en el programa *Moneyline* emitido por la CNN. Cuando se le preguntó si las acciones de telecomunicaciones inalámbricas estaban sobrevaloradas, con muchas de ellas negociando a múltiplos infinitos de sus ganancias, Landis dio la respuesta que tenía preparada. «No es una locura», replicó. «Observe el crecimiento en estado puro, el valor absoluto del crecimiento. Es enorme».
— El 18 de enero de 2000, Rober Froelich, director jefe de estrategia de Kemper Funds, declaró lo siguiente en el *Wall Street Journal*: «Es un nuevo orden mundial. Hay personas que descartan a las empresas adecuadas, que tienen a las personas adecuadas en los puestos adecuados con la visión adecuada porque la cotización de sus acciones es demasiado elevada; ése es el peor error que un inversionista puede cometer».
— En el número del 10 de abril de 2000 de *BusinessWeek*, Jeffrey M. Applegate, que en aquel momento era jefe de estrategia de Lehman Brothers, formuló la siguiente pregunta retórica: «¿Es más arriesgado el mercado de valores en la actualidad que hace dos años, simplemente porque las cotizaciones son más elevadas? La respuesta es no».

Pues mire usted por donde, la respuesta es sí. Siempre ha sido así. Siempre lo será. Cuando Graham preguntaba: «¿Puede esta despreocupación quedar sin castigo?», era consciente de que la respuesta eterna a esa pregunta es no. Como un dios griego lleno de ira, el mercado de valores destrozó a todos los que habían llegado a creer que los elevados rendimientos de finales de la década de 1990 eran una especie de derecho divino. Simplemente hay que examinar a la luz de la realidad las previsiones realizadas por Landis, Froelich y Applegate:

— Desde 2000 hasta 2002, la más estable de las acciones inalámbricas preferidas de Landis, Nokia, perdió «únicamente» el 67%, mientras que la peor Winstar Communications, perdió el 99,9%.
— Las acciones favoritas de Froelich, Cisco Systems y Motorola, habían sufrido una pérdida de más del 70% para finales de 2002. Los inversores

Supervivencia de los mejor cebados

Había un defecto fatal en el argumento de que las acciones «siempre» habían sido mejores a largo plazo que las obligaciones: No existían cifras dignas de confianza correspondientes a lo que había ocurrido antes de 1871. Los índices utilizados para representar los primeros rendimientos generados por el mercado de valores de Estados Unidos contienen únicamente siete (sí, 7) acciones.[1] Sin embargo, en el año 1800 ya existían unas 300 sociedades en Estados Unidos (muchas de ellas participantes en los equivalentes jeffersonianos de Internet: canales y barreras de portazgo de madera). La mayor parte de ellas quebraron, y sus inversores perdieron hasta la camisa.

Sin embargo, los índices de acciones pasan por alto a todas las empresas que quebraron en aquellos primeros años, un problema que se conoce técnicamente como «predisposición de supervivencia». Por lo tanto, estos índices sobrevaloran exageradísimamente los resultados obtenidos por los inversores de la vida real que carecieron de las perfectas dotes adivinatorias para saber exactamente cuáles eran las siete empresas de las cuales había que comprar acciones. Un escaso puñado de sociedades, incluido el Bank of New York y J.P. Morgan Chase, han prosperado continuamente desde la década de 1790. Sin embargo, por cada uno de tales milagrosos supervivientes ha habido miles de desastres financieros como el Dismal Swamp Canal Co., la Pennsylvania Cultivation of Vines Co., y la Snickers's Gap Turnpike Co., todas ellas omitidas de los índices «históricos» de acciones.

Los datos de Jeremy Siegel muestran que, después de la inflación, desde 1802 hasta 1870, las acciones ganaron el 7,0% al año, las obligaciones el 4,8% y el dinero en metálico el 5,1%. Sin embargo Elroy Dimson y sus colegas de la London Business School estiman que los rendimientos de las acciones antes de 1871 están sobrevalorados por lo menos en dos puntos porcentuales al año.[2] En el mundo real, por lo tanto, las acciones no consiguieron mejores resultados que el dinero en metálico y las obligaciones, y es posible que incluso lograsen unos resultados peores. Cualquier persona que afirme que el historial a largo plazo «demuestra» que está garantizado que las acciones tienen mejores resultados que las obligaciones o que el dinero en efectivo es un ignorante.

---

[1] En la década de 1840 estos índices se habían ampliado para incluir acciones de un máximo de siete empresas financieras y 27 empresas de ferrocarriles, lo que seguía siendo una muestra absurdamente poco representativa del joven y bullicioso mercado de valores estadounidense.

[2] Véase Jason Zweig, «New Cause for Caution on Stocks». *Time*, 6 de mayo, 2002, p. 71. Como deja entrever Graham en la p. 85 hasta los índices de acciones existentes entre 1871 y 1920 sufren de predisposición de supervivencia, a causa de los cientos de empresas de automóviles, aviación y radio que desaparecieron sin dejar rastro. También es probable que estos rendimientos estén sobrevalorados en uno o dos puntos porcentuales.

perdieron más de 400.000 millones de dólares únicamente con Cisco, lo que supone una cifra superior a la producción económica anual de Hong Kong, Israel, Kuwait y Singapur juntos.

— En abril de 2000, cuando Applegate planteó su pregunta retórica, el Dow Jones Industrials se encontraba a 11.187; el NASDAQ Composite Index se encontraba en 4.446. Para finales de 2002, el Dow se arrastraba al nivel del 8.300, mientras que el NASDAQ se había ido apagando, hasta llegar aproximadamente al 1.300, eliminando todas las ganancias que había obtenido en los seis últimos años.

Más dura será la caída

Como antídoto duradero a este tipo de pamplinas alcistas, Graham anima al inversor inteligente a plantearse algunas preguntas simples, de carácter escéptico. ¿Por qué tienen que ser los rendimientos futuros de las acciones siempre los mismos que los rendimientos que se han obtenido en el pasado? Cuando todos los inversores aceptan la teoría de que las acciones son una forma garantizada de ganar dinero a largo plazo, ¿no acabará el mercado con unos precios exageradamente elevados? Cuando eso ocurra, ¿cómo va a ser posible que la rentabilidad futura sea elevada?

Las respuestas de Graham, como siempre, están asentadas en la lógica y en el sentido común. El valor de cualquier inversión es, y siempre tendrá que ser, una función del precio que se paga por ella. A finales de la década de 1990, la inflación estaba desapareciendo, los beneficios empresariales parecían estar floreciendo y la mayor parte del mundo estaba en paz. Eso no significaba, ni nunca significaría, que fuese interesante comprar acciones a cualquier precio. Como los beneficios que pueden generar las empresas son finitos, el precio que los inversores deberían estar dispuestos a pagar por las acciones también deben ser finitos.

Abordemos la cuestión desde esta perspectiva: es muy posible que Michael Jordan haya sido el mejor jugador de baloncesto de todos los tiempos, y además atraía a los aficionados al Chicago Stadium como un electroimán gigantesco. Los Chicago Bulls hicieron un fabuloso negocio pagando a Jordan 34 millones de dólares al año para que votase un balón de cuero por una pista de parquet. Sin embargo, eso no significa que los Bulls habrían hecho bien en pagarle 340 millones, o 3.400 millones, o 34.000 millones por temporada.

Los límites del optimismo

Fijarse en los rendimiento recientes del mercado cuando éstos han sido muy buenos, advierte Graham, conducirá a «la conclusión ilógica y peligrosa de que cabe esperar de las acciones resultados igualmente maravillosos en el futuro». De 1995 a 1999, a medida que el mercado aumentaba por lo menos un 20% al año, un espectacular crecimiento sin precedentes en la historia estadounidense, los compradores de acciones llegaron a ser cada vez más optimistas:

— A mediados de 1998, los inversores encuestados por la Gallup Organization por encargo de la agencia de bolsa PaineWebber esperaban que sus carteras ganasen una media de aproximadamente el 13% durante el año siguiente. Sin embargo, a principios del año 2000 su rendimiento previsto medio se había disparado hasta más del 18%.
— Los «profesionales sofisticados» tenían unas expectativas igual de alcistas, y habían incrementado sus propias hipótesis de rendimientos futuros. En el año 2001, por ejemplo, SBC Communications elevó sus previsiones de rendimiento de su plan de pensiones, que pasaron del 8,5% al 9,5%. Para 2002, el tipo medio de rendimiento previsto en los planes de pensiones de las empresas del índice de valores Standard & Poor's 500 había alcanzado un nivel de récord histórico, el 9,2%.

Un rápido examen de la evolución posterior muestra las horribles consecuencias que tuvo ese exceso de entusiasmo desatado:

— Gallup descubrió en 2001 y 2002 que la expectativa media de rendimiento de las acciones en un año se había desplomado al 7%, aunque los inversores podían comprar las acciones a una cotización que era casi un 50% inferior a la del año 2000.[2]
— Estas hipótesis desaforadas sobre la rentabilidades que podrían obtener en sus planes de pensiones acabarán costando a las empresas del índice S & P 500 un mínimo de 32.000 millones de dólares entre los años 2002 y 2004, según recientes estimaciones de Wall Street.

Aunque todos los inversores saben que se supone que tienen que comprar barato y vender caro, en la práctica suelen acabar haciendo lo contrario. La advertencia que hace Graham en este capítulo es muy sencilla: «Atendiendo a la regla de los contrastes», cuanto más se entusiasman los inversores con el mercado de valores a largo plazo, más seguro es que se van a acabar equivocando a corto plazo. El 24 de marzo de 2000, el valor total del mercado de valores de Estados Unidos alcanzó un máximo de 14,75 billones de dólares. El 9 de octubre de 2002, sólo 30 meses después, el mercado de valores total estadounidense tenía un valor de 7,34 billones de dólares, lo que supone el 50,2% menos,

---

[2] Esos precios más baratos de las acciones no significan, por supuesto que las expectativas de los inversores de conseguir un 7% de rendimiento sobre las acciones vayan a materializarse.

una pérdida de 7,41 billones de dólares. En ese período, muchos comentaristas del mercado adoptaron una postura sombríamente bajista, prediciendo unos rendimientos planos o incluso negativos en el mercado para los años, e incluso para las décadas, venideras.

Llegado este momento, Graham plantearía una sencilla pregunta: Teniendo en cuenta los calamitosos errores cometidos por los «expertos» la última vez que se pusieron de acuerdo en algo, ¿por qué rayos deberían creerles ahora los inversores inteligentes?

¿Y ahora qué?

En cambio, dejemos a un lado las distorsiones y pensemos en la rentabilidad futura de la forma en que lo haría Graham. El rendimiento del mercado de valores depende de tres factores:

— Crecimiento real (el incremento de las ganancias y dividendos de las empresas).
— Crecimiento inflacionario (el aumento general de los precios en toda la economía).
— Crecimiento (o decrecimiento) especulativo (cualquier aumento o reducción del apetito de acciones del público inversionista).

A largo plazo, el crecimiento anual de los beneficios empresariales por acción ha alcanzado una media del 1,5% al 2% (sin contar la inflación).[3] A principios de 2003, la inflación rondaba el 2,4% anual; el rendimiento por dividendo de las acciones era del 1,9%. Por lo tanto:

1,5% a 2%
+2,4%
+1,9%
= 5,8% a 6,3%

A largo plazo, eso significa que cabe razonablemente esperar que las acciones alcancen un promedio de aproximadamente el 6% de rentabilidad (o el 4% después de la inflación). Si el público inversor vuelve a actuar de manera avariciosa y vuelve a poner en órbita las acciones una vez más, esa fiebre especulativa hará que aumenten los rendimientos temporalmente. En caso de que, al

[3] Véase Jeremy Siegel, *Stocks for the Long Run* (McGraw-Hill, 2002), p. 94, y Robert Arnott y William Bernstein, «The Two Percent Dilution», documento de trabajo, julio de 2002.

contrario, los inversores actúen temerosamente, al igual que hicieron en las décadas de 1930 y 1970, los rendimientos de las acciones serán temporalmente menores. (Ése es el punto en el que nos encontramos en el año 2003).

Robert Shiller, un profesor de finanzas de la Universidad de Yale, afirma que Graham inspiró su método de valoración: Shiller compara el precio del índice de valores Standard & Poor's 500 con los beneficios empresariales medios de los 10 últimos años (después de deducir la inflación). Tras un examen de los registros históricos, Shiller ha mostrado que cuando esta relación supera ampliamente el 20, el mercado suele ofrecer unos rendimientos deficientes posteriormente; cuando queda muy por debajo de 10, las acciones suelen generar unos substanciales beneficios tras un período de tiempo. A principios de 2003, aplicando los cálculos de Shiller, las acciones cotizaban aproximadamente a 22,8 veces los beneficios medios después de ajustar la inflación de la última década, todavía en la zona peligrosa, pero muy por debajo del demencial nivel de 44,2 veces que alcanzaron en diciembre de 1999.

¿Qué resultados ha obtenido el mercado en el pasado cuando tenía un nivel de precios similar al actual? La figura 3.1 muestra los períodos del pasado en los que las acciones se encontraban en niveles similares, y los resultados que obtuvieron en los períodos decenales que siguieron a esos momentos:

Por lo tanto, a partir de unos niveles de valoración similares a los que se daban a principios de 2003, el mercado de valores en ocasiones ha conseguido unos resultados muy buenos en los 10 años siguientes, en ocasiones ha obtenido unos resultados deficientes, y el resto de las veces ha ido tirando. Creo que Graham, adoptando siempre una postura conservadora, dividiría la diferencia entre los rendimientos inferiores y los rendimientos superiores del pasado, y proyectaría el resultado durante la siguiente década, con lo que las acciones obtendrían aproximadamente el 6% anual, o el 4% después de deducir la inflación. (Es interesante destacar que esa proyección es equivalente al cálculo que habíamos realizado anteriormente cuando sumamos el crecimiento real, el crecimiento inflacionario y el crecimiento especulativo). En comparación con la década de 1990, el 6% son cacahuetes. Sin embargo, es bastante mejor que los beneficios que es probable que generen las obligaciones, y un motivo suficiente para que la mayor parte de los inversores sigan teniendo acciones en su cartera diversificada.

De todas formas, hay una segunda lección que se puede extraer del método aplicado por Graham. La única cosa en la que se puede confiar cuando se hacen previsiones sobre la futura rentabilidad de las acciones es que es muy probable que la previsión resulte ser errónea. La única verdad indiscutible que nos enseñan las décadas pasadas es que el futuro siempre nos sorprenderá; siempre. Y el corolario de esta ley de la historia financiera es que los mercados sorprenderán más brutalmente a las personas que estén más seguras de que sus opiniones sobre el futuro son acertadas. Mantener la humildad respecto a la capacidad personal de previsión, como hizo Graham, siempre servirá de defensa frente al peligro de arriesgar demasiado con una opinión sobre el futuro que puede acabar perfectamente siendo errónea.

FIGURA 3.1

Año	Ratio precio/ beneficios	Rendimiento total en los 10 próximos años
1898	21,4	9,2
1900	20,7	7,1
1901	21,7	5,9
1905	19,6	5,0
1929	22,0	−0,1
1936	21,1	4,4
1955	18,9	11,1
1959	18,6	7,8
1961	22,0	7,1
1962	18,6	9,9
1963	21,0	6,0
1964	22,8	1,2
1965	23,7	3,3
1966	19,7	6,6
1967	21,8	3,6
1968	22,3	3,2
1972	18,6	6,7
1992	20,4	9,3
Medias	20,8	6,0

Fuentes: http://aida.econ.yale.edu/~shiller/data/ie_data.htm;
Jack Wilson y Charles Jones, «An Analysis of the S & P 500 Index and Cowles' Extensions: Price Index and Stock Returns, 1870–1999», *The Journal of Business*, vol. 75, no. 3, julio de 2002, págs. 527–529; Ibbotson Associates.

Notas: El ratio precio/beneficios es un cálculo de Shiller (beneficios reales medios a 10 años del índice de acciones S & P 500 dividido entre el valor del índice a 31 de diciembre). El rendimiento total es la media anual nominal.

Por lo tanto, debe reducir a toda costa sus expectativas, aunque teniendo siempre la precaución de no deprimir su espíritu. Para el inversor inteligente, la esperanza siempre es eterna, porque debe serlo. En los mercados financieros, cuanto peor parece el futuro, mejor suele acabar siendo. Un cínico dijo en una ocasión a G. K. Chesterton, el novelista y ensayista británico, «Benditos sean los que no esperan nada, porque no se sentirán decepcionados». ¿Qué respondió Chesterton?: «Benditos sean los que no esperan nada, porque disfrutarán de todo».

Capítulo 4

Política de cartera general: El inversor defensivo

Las características básicas de una cartera de inversión suelen venir determinadas habitualmente por la situación y las características del propietario o los propietarios. En un extremo hemos tenido a las cajas de ahorros, las compañías de seguros de vida y los denominados fondos fiduciarios legales. Hace una generación sus inversiones estaban limitadas por las estipulaciones legales vigentes en muchos estados a las obligaciones de máxima categoría y, en algunos casos, a acciones preferentes de máxima categoría. En el otro extremo tenemos a los empresarios adinerados y expertos, que incluirán en su lista de valores cualquier tipo de obligación o acción siempre y cuando consideren que constituye una oportunidad de compra atractiva.

Siempre ha sido un viejo y sensato principio que los que no pueden permitirse el lujo de asumir riesgos deberían contentarse con una rentabilidad relativamente reducida en sus fondos invertidos. A partir de esta idea ha surgido la noción general de que el tipo de rendimiento que el inversor debería tratar de alcanzar es más o menos proporcional al nivel de riesgo que está dispuesto a correr. Nuestra opinión es diferente. El tipo de rendimiento que se debe tratar de alcanzar debería depender, al contrario, de la cantidad de esfuerzo inteligente que el inversor está dispuesto a, y es capaz de, aportar a esta tarea. El rendimiento mínimo corresponderá al inversor pasivo, que desee tanto seguridad como falta de esfuerzo y preocupación. El rendimiento máximo será obtenido por el inversor alerta y emprendedor que ponga en juego la máxima inteligencia y capacidad. En la edición de 1965 añadimos lo siguiente: «En muchos casos puede haber menos riesgos reales relacionados con la adquisición de una "acción de ocasión" que ofrezca la oportunidad de obtener un gran beneficio que con una adquisición de una obligación convencional con una rentabilidad aproximada del 4,5%». Esta afirmación encierra más verdad de la que nosotros mismos sospechábamos, puesto que en los años posteriores incluso las mejores obligaciones a largo plazo han perdido una parte substancial de su valor de mercado, a causa del aumento de los tipos de interés.

El problema básico del reparto entre obligaciones y acciones

Ya hemos apuntado de manera muy sucinta la política de cartera que debe adoptar el inversor defensivo.* Debería dividir sus fondos entre las obligaciones de máxima categoría y las acciones ordinarias también de máxima categoría.

Hemos sugerido, como orientación fundamental, que el inversor nunca debe tener menos del 25% ni más del 75% de sus fondos en acciones ordinarias, con la correspondiente proporción inversa de entre el 75% y el 25% en obligaciones. En esta afirmación existe la sugerencia implícita de que la división ordinaria debería de ser a partes iguales entre los dos tipos principales de inversión. Según la tradición, el motivo más sensato para incrementar el porcentaje de acciones ordinarias sería la aparición de niveles de «precio de ocasión» que se producen en un prolongado período bajista de mercado. A la inversa, un procedimiento sensato requeriría reducir el componente de acciones ordinarias a una proporción inferior al 50% cuando a juicio del inversor el nivel de mercado hubiese llegado a ser peligrosamente elevado.

Estas reglas de cartilla básica siempre han sido fáciles de formular y siempre han sido muy difíciles de seguir, porque van en contra de la propia naturaleza humana que produce los excesos de los períodos alcistas y bajistas del mercado. Es prácticamente una contradicción en los términos sugerir, con el ánimo de que sea una política factible para el accionista medio, que aligere sus carteras cuando el mercado supere un cierto punto y que las incremente después del correspondiente descenso de mercado. Que el inversor medio opere, o podría llegar a afirmarse que deba operar, en sentido contrario, es la causa de los grandes repuntes y colapsos que se han producido en el pasado; este escritor cree, además, que también es la causa de que resulte tan probable que vayan a repetirse en el futuro.

Si la división entre operaciones de inversión y operaciones especulativas fuese tan clara en la actualidad como lo fue en el pasado, tal vez podríamos pensar en los inversores como un grupo experto y sagaz que vende sus posesiones

---

* Véase la «Conclusión» de Graham al capítulo 2, p. 74.

a unos especuladores desorientados y despreocupados a precios elevados y recompra lo que les ha vendido cuando los niveles se han venido abajo. Es posible que esta imagen hubiese tenido algún tipo de verosimilitud en el pasado, pero resulta difícil identificarla con los acontecimientos financieros que se han producido desde 1949. No hay ninguna indicación de que las actividades profesionales, como las que llevan a cabo los fondos de inversión, se hayan llevado a cabo de esa manera. El porcentaje de la cartera destinado a acciones por los principales tipos de fondos, los «equilibrados» y los de «acciones ordinarias» han cambiado muy poco de un año a otro. Sus actividades de venta han estado relacionadas principalmente con el esfuerzo por pasar de carteras menos prometedoras a otras más prometedoras.

Si, como venimos creyendo desde hace tiempo, el mercado de valores ha dejado de estar sometido a sus viejos límites, y si todavía no se han establecido otros límites que le sean aplicables, no podemos ofrecer al inversor unas reglas fiables para que pueda reducir su cartera de acciones ordinarias al mínimo del 25% e incrementarla posteriormente hasta el máximo del 75%. Podemos proponer que en general el inversor no debería tener más de un 50% en acciones salvo que tenga una gran confianza en la solidez de la situación de su cartera de acciones y esté seguro de que podría considerar una recesión como la que se produjo en el mercado estadounidense en 1969-1970 con ecuanimidad. Nos resulta difícil encontrar motivos que pudiesen justificar una confianza tan acusada a los niveles imperantes a principios de 1972. Por lo tanto, nuestra recomendación se opondría a cualquier reparto que asignase más del 50% a las acciones ordinarias en este momento. No obstante, y por motivos complementarios, es casi igual de difícil recomendar una reducción de esa cifra muy por debajo del 50%, salvo que el inversor esté inquieto, dentro de sí, por el nivel actual del mercado, y esté también satisfecho con la perspectiva de limitar su participación en cualquier ulterior ascenso a, por ejemplo, el 25% de sus fondos totales.

Todo ello nos lleva a recomendar a la mayoría de nuestros lectores lo que puede parecer una fórmula excesivamente simplista de 50-50. Con este plan, el principio orientador sería el de mantener un reparto lo más parecido posible entre obligaciones y acciones. Cuando los cambios del nivel de mercado hayan elevado el componente de acciones a, por ejemplo, el 55%, se recuperaría el equilibrio vendiendo una onceava parte de la cartera de acciones y transfiriendo los ingresos a la cartera de obligaciones. Por el contrario, una reducción en la proporción de acciones hasta el 45% requeriría el uso de una onceava parte de los fondos en obligaciones para adquirir acciones adicionales.

La Universidad de Yale estuvo aplicando un plan relativamente parecido durante bastantes años, a partir de 1937, aunque su sistema estaba calibrado en torno a la inversión de una proporción del 35% de la «cartera ordinaria» en acciones. A principios de la década de 1950, no obstante, parecía que Yale había renunciado a su antiguamente famosa fórmula, y en 1969 tenía el 61% de su cartera en acciones (incluidos algunos valores convertibles). (En aquel momento los fondos de donaciones de 71 de estas instituciones, que ascendían a 7.600 millones de dólares, tenían el 60,3% en acciones). El ejemplo de Yale ilustra el efecto casi letal que tuvo la gran subida de mercado sobre el antiguamente tradicional método de fórmula para invertir. No obstante, estamos convencidos de que nuestra versión de 50-50 de ese método resulta muy adecuada para el inversor defensivo. Es extraordinariamente sencilla; se orienta de manera prácticamente incuestionable en la dirección correcta; ofrece a la persona que la aplica la sensación de que por lo menos está adoptando ciertas medidas como reacción a la evolución del mercado; y lo que es más importante de todo, impedirá que se incline más y más hacia las acciones a medida que el mercado ascienda hasta niveles cada vez más peligrosos.

Por otra parte, un inversor de naturaleza realmente conservadora se quedará satisfecho con las ganancias que consiga con una mitad de su cartera en un mercado al alza, mientras que en una época de graves bajas disfrutará de gran alivio al reflexionar sobre el hecho de que está en muchas mejores condiciones que muchos de sus amigos más osados.

Aunque la división 50-50 que proponemos es indudablemente el «programa multiuso» más sencillo que se puede idear, cabe la posibilidad de que no sea el que mejores resultados obtenga. (Por supuesto, no es posible proponer ningún método, ni mecánico ni de otra naturaleza, afirmando que va a funcionar mejor que otro). La rentabilidad muy superior que ofrecen en la actualidad las buenas obligaciones en comparación con la de las correspondientes acciones es un argumento muy elocuente para incrementar el componente de las obligaciones. La decisión que adopte el inversor respecto al reparto al 50% entre acciones y obligaciones o su opción por una proporción inferior en acciones bien puede basarse principalmente en su temperamento y actitud. Si es capaz de actuar con sangre fría, ponderando las probabilidades, es posible que en el momento actual le convenga inclinarse por reducir el componente de acciones hasta el 25%, con la idea de esperar hasta que el rendimiento por dividendo del DJIA llegue a ser, por ejemplo, dos tercios del rendimiento de las obligaciones, momento en el cual debería recuperar el reparto a partes iguales entre obligaciones y acciones. Si se toma como punto de partida el nivel 900 del DJIA y un nivel de dividendos de 36 dólares sobre la unidad, sería necesario que la rentabilidad de las obligaciones sujetas a tributación se redujese del 7,5% hasta aproximadamente el 5,5%, sin que se produjese ningún cambio en la rentabilidad presente de las acciones de máxima categoría, o que se produjese una gran retracción del DJIA hasta niveles del orden del 660, sin que tuviese lugar una reducción de la rentabilidad de las obligaciones ni un incremento de los dividendos. La combinación de diferentes cambios intermedios podría dar lugar a la aparición de un «punto de compra» equivalente. Elaborar un programa de este tipo no resulta especialmente complicado; lo difícil es adoptarlo y respetarlo, por no mencionar la posibilidad de que acabe siendo demasiado conservador.

El componente de obligaciones

La elección de emisiones en el elemento de obligaciones de la cartera del inversor acabará girando en torno a dos cuestiones principales: ¿Debe comprar obligaciones sujetas a tributación u obligaciones exentas de tributación, y debe comprar instrumentos con vencimientos a corto plazo o a más largo plazo? La decisión sobre las cuestiones tributarias debería basarse principalmente en cálculos aritméticos, que girasen en torno a las diferencias de rentabilidades y que estableciesen las relaciones entre esas referencias y los tipos tributarios aplicables al inversor. En enero de 1972 la elección entre instrumentos con vencimiento a 20 años oscilaba entre obtener un 7,5% con obligaciones de empresa de «categoría Aa» y el 5,3% en emisiones de primer orden exentas de tributación. (La expresión «deuda municipal» se aplica a todos los tipos de obligaciones exentas de tributación, incluida la deuda emitida por los estados). Por lo tanto, con este vencimiento se producía una pérdida de ingresos de aproximadamente el 30% al pasar del terreno sujeto a tributación al terreno exento de tributación. Por lo tanto, si el inversionista estaba sometido a un tipo tributario marginal superior al 30%, obtendría un ahorro neto después de impuestos si optaba por las obligaciones exentas de tributación; lo contrario ocurriría si su tipo marginal era inferior al 30%. Una persona soltera empieza a pagar un tipo marginal superior al 30% cuando su renta después de deducciones supera los 10.000 dólares. En el caso de una pareja casada, ese tipo es aplicable cuando los ingresos tributables combinados superan los 20.000 dólares. Es evidente que una mayor proporción de inversores individuales obtendrían una mayor rentabilidad después de impuestos con unas obligaciones exentas de tributación que con las obligaciones sujetas a tributación, suponiendo a ambas una buena calidad equivalente.

La opción entre vencimientos a mayor o menor plazo hace referencia a una cuestión bastante diferente, que se puede formular de la siguiente manera: ¿Desea el inversor asegurarse frente a un declive del precio de sus obligaciones, a costa de (1) una menor rentabilidad anual y (2) la renuncia a la posibilidad de una sustancial ganancia en el valor del principal? Creemos que es mejor abordar esta cuestión en el capítulo 8, «El inversor y las fluctuaciones de mercado».

En el pasado, durante un período muy prolongado, las únicas obligaciones adecuadas para las personas físicas fueron los bonos de ahorro de Estados Unidos. Su seguridad era, y sigue siendo, incuestionable; ofrecían una rentabilidad mayor que otras inversiones en obligaciones de primera calidad; y tenían una opción de devolución de dinero y otros privilegios que potenciaban en gran medida su atractivo. En nuestras ediciones anteriores, dedicábamos todo un capítulo a estos instrumentos, con el título «Bonos de ahorro de Estados Unidos: una bendición para los inversores».

Como indicaremos posteriormente, los bonos de ahorro de Estados Unidos siguen teniendo ventajas exclusivas que hacen que sean una adquisición adecuada para cualquier inversor individual. Para una persona con recursos modestos, que, por ejemplo no tenga más de 10.000 dólares para destinar a obligaciones, creemos que siguen siendo la opción más sencilla y la más adecuada. Sin embargo, para los que tengan más recursos puede haber opciones más deseables.

Enumeremos unos cuantos tipos importantes de obligaciones que merecen ser estudiadas por los inversores y examinémoslas brevemente en cuanto a su descripción, seguridad, rendimiento, precio de mercado, riesgo, naturaleza tributaria y otras características.

1. Bonos de ahorro de Estados Unidos de series E y H. En primer lugar resumiremos sus estipulaciones más importantes y después expondremos brevemente las numerosas ventajas de estas inversiones únicas, atractivas y extraordinariamente convenientes. Los intereses de los bonos de serie H se liquidan semestralmente, como ocurre con otros tipos de obligaciones. El tipo de interés es del 4,29% para el primer año y después tienen un tipo fijo del 5,10% durante los nueve años siguientes hasta su vencimiento. Los intereses de los bonos de serie E no se desembolsan, sino que se devengan a favor del tenedor mediante un incremento de su valor de rescate. Estos bonos se venden al 75% de su valor nominal, y vencen al 100% de su valor en cinco años y diez meses desde el momento de adquisición. Si se conservan hasta su vencimiento, su rentabilidad es del 5%, compuesto semestralmente. Si se rescatan antes de su vencimiento, su rentabilidad va ascendiendo desde un mínimo del 4,01% en el primer año hasta una media del 5,20% en los cuatro años y diez meses siguientes.

Los intereses de estos bonos están sujetos al impuesto de la renta federal, pero están exentos de los impuestos de la renta estatales. No obstante, el impuesto de la renta federal sobre los bonos de serie E se puede abonar, a elección del tenedor, anualmente a medida que se vayan devengando los intereses (por medio de un mayor valor de rescate) o pueden ser diferidos hasta que se disponga realmente del bono.

Los propietarios de los bonos de serie E pueden liquidarlos en cualquier momento (poco después de su compra) a su valor de rescate en dicho momento. Los tenedores de los bonos de serie H tienen un derecho similar de liquidación a su valor nominal (coste). Los bonos de serie E son canjeables por bonos de serie H, con ciertas ventajas tributarias. Los bonos destruidos, perdidos o robados pueden ser sustituidos sin coste alguno. Hay ciertas limitaciones a al volumen de compras que se pueden realizar en un año, aunque unas estipulaciones liberales relativas a la copropiedad por parte de miembros de la familia permiten que la mayor parte de los inversores compren todos los bonos que sean capaces de pagar. *Comentario*: No hay ninguna otra inversión que combine (1) garantía absoluta del principal y de los pagos de intereses, (2) el derecho a reclamar la devolución de todo el dinero en cualquier momento y (3) una garantía de un tipo de interés mínimo de 5% durante por lo menos diez años. Los tenedores de emisiones anteriores de bonos de serie E tienen el derecho a prorrogar sus bonos en el momento de vencimiento y, de esta manera, a seguir acumulando valores anuales a tipos sucesivamente mayores. El diferimiento de los pagos de impuestos de la renta durante estos prolongados períodos ha sido una gran ventaja en términos monetarios; calculamos que ha incrementado el tipo efectivo neto después de impuestos recibido hasta en un tercio en casos típicos. Por el contrario, el derecho a liquidar los bonos a precio de coste o superior ha ofrecido a quienes compraron los bonos en años anteriores con tipos de interés inferiores una completa protección frente a la reducción en el valor del principal que debieron soportar buena parte de los que habían realizado sus inversiones en obligaciones; por decirlo de otra manera, les ofreció la posibilidad de *beneficiarse* del incremento de los tipos de interés al cambiar sus carteras con bajos intereses por emisiones con un elevado cupón con criterios de paridad monetaria.

En nuestra opinión, las ventajas especiales de que disfrutan en la actualidad los propietarios de bonos de ahorro compensarán con creces su reducida rentabilidad actual en comparación con otras obligaciones públicas directas.

2. OTRAS OBLIGACIONES PÚBLICAS DE ESTADOS UNIDOS. Existen muchas otras obligaciones públicas de Estados Unidos, con una amplia gama de tipos de interés y fechas de vencimiento. Todas ellas son completamente seguras respecto del pago de intereses y del principal. Están sujetas al impuesto de la renta federal, pero están exentas del impuesto de la renta estatal. A finales de 1971 las emisiones a largo plazo, con vencimiento superior a diez años, arrojaban un rendimiento medio del 6,09%, mientras que las emisiones intermedias (de tres a cinco años) tenían una rentabilidad del 6,35% y las emisiones a corto plazo rendían el 6,03%.

En 1970 era posible comprar diversas emisiones antiguas con un gran descuento. Algunas de estas emisiones se aceptan por su valor nominal como liquidación del impuesto de sucesiones. Ejemplo: las obligaciones del Tesoro de Estados Unidos al 3,5% que vencen en 1990 se encuentran en esta categoría; se vendieron a 60 en 1970, pero cerraron por encima de 77 a finales de 1970.

Es interesante destacar también que en muchos casos las obligaciones indirectas de la Administración estadounidense ofrecieron unos rendimientos apreciablemente superiores a los de sus obligaciones directas con el mismo vencimiento. En el momento de redactar este capítulo, existe una oferta de «Certificados plenamente garantizados por la Secretaría de Transporte del Departamento de Transporte de Estados Unidos» con una rentabilidad del 7,05%. Ese rendimiento es un punto porcentual superior al de las obligaciones directas de Estados Unidos que vencen el mismo año (1986). Los certificados fueron emitidos en la práctica a nombre del consejo de administración de Penn Central Transportation Co., pero se vendieron con el apoyo de una declaración del fiscal general de Estados Unidos que afirmaba que la garantía «generaba una obligación general de Estados Unidos, respaldada íntegramente por su crédito y solvencia». La Administración estadounidense ha asumido un número bastante elevado de obligaciones indirectas de este tipo en el pasado, y todas ellas han sido escrupulosamente atendidas.

El lector podrá preguntarse a qué se debe toda esta palabrería, que aparentemente se refiere a la «garantía personal» de nuestro secretario de Transporte, y que acaba generando un mayor coste para el contribuyente en última instancia. El principal motivo de la técnica de emisión indirecta ha sido el límite de endeudamiento impuesto a la Administración por parte del Congreso. Aparentemente, las garantías ofrecidas por la Administración no se consideran endeudamiento, lo que es un chollo semántico para los inversores más avezados. Puede que el principal efecto de esta situación haya sido la creación de las obligaciones exentas de tributación de la Autoridad de la Vivienda que disfrutan del equivalente de la garantía pública de Estados Unidos y que son prácticamente las únicas emisiones exentas de tributación que son equivalentes a los bonos de la Administración. Otro tipo de deuda que cuenta con apoyo público son las recientemente creadas obligaciones de la New Community, que se ofrecieron con una rentabilidad del 7,60% en septiembre de 1971.

3. Obligaciones estatales y municipales. Estos instrumentos disfrutan de exención del impuesto de la renta federal. También suelen estar, por lo general, exentos del impuesto de la renta en el estado que las emite, aunque no en los demás. Suelen ser, alternativamente, obligaciones directas de un estado o de una subdivisión administrativa, u obligaciones «de ingresos», cuyos intereses son abonados, y están garantizados, exclusivamente con los ingresos procedentes de los peajes de carreteras, puentes o alquileres de edificios vinculados con la emisión en cuestión. No todas las obligaciones exentas del pago de impuestos están suficientemente protegidas para que su adquisición por parte de un inversor defensivo esté justificada. Dicho inversor puede guiarse en su selección por la calificación otorgada a cada emisión por Moody's o por Standard & Poor's. Una de las tres calificaciones superiores ofrecidas por ambos servicios, Aaa (AAA), Aa (AA) o A, debería constituir suficiente indicación de una adecuada seguridad. El rendimiento de este tipo de obligaciones variará tanto en función de la calidad como del vencimiento, ofreciendo los vencimientos a más corto plazo una menor rentabilidad. A finales de 1971 las emisiones representadas en el índice de obligaciones municipales de Standard & Poor's alcanzaban una calidad media de AA, con un vencimiento en un plazo de 20 años y una rentabilidad del 5,78%. Las emisiones típicas de obligaciones de Vineland, Nueva Jersey, cuya calificación oscilaba entre AA y A, ofrecían una rentabilidad de únicamente el 3% para los instrumentos con vencimiento a un año, e incrementaban su rentabilidad al 5,8% en el caso de los vencimientos en 1995 y 1996.

4. Obligaciones de empresa. Estas obligaciones están sujetas tanto a impuestos federales como estatales. A principios de 1972, las obligaciones de mayor calidad ofrecían una rentabilidad del 7,19% en el caso de las que tenían un vencimiento a 25 años, tal y como se reflejaba en la rentabilidad publicada del índice de obligaciones de empresa Aaa de Moody. Las denominadas emisiones de calificación media inferior, con una calificación Baa, ofrecían un

rendimiento del 8,23% en el caso de vencimientos a largo plazo. En ambas categorías las emisiones con un vencimiento a más corto plazo ofrecían una rentabilidad algo inferior a la de las obligaciones a más largo plazo.

Comentario. Los anteriores resúmenes indican que el inversor medio tiene varias opciones entre las obligaciones de mejor categoría. Las personas que se encuentren en los tramos con mayores tipos tributarios obtendrán indudablemente una mejor rentabilidad neta con las buenas emisiones exentas de impuestos. En otros casos, el abanico de rendimientos sujetos a tributación a principios de 1972 se extendería desde el 5,0% de los bonos de ahorro de Estados Unidos, con sus opciones especiales, hasta el 7,5% ofrecido por las emisiones de obligaciones de empresa de mejor nivel.

Inversiones en obligaciones con mayor rentabilidad

Al renunciar a la calidad, el inversor puede obtener un mayor ingreso de renta con sus obligaciones. Tradicionalmente, la experiencia ha demostrado que el inversor ordinario hace mejor si se mantiene alejado de este tipo de obligaciones de alta rentabilidad. Aunque en conjunto pueden acabar ofreciendo una rentabilidad algo mejor que la de las emisiones de máxima calidad, este tipo de instrumentos exponen a su propietario a demasiados riesgos individuales provocados por acontecimientos perjudiciales, que van desde inquietantes descensos de los precios hasta el impago de la deuda. (Es cierto que se suelen producir oportunidades muy ventajosas con una relativa frecuencia entre las obligaciones de peor calidad, pero para poder aprovechar con éxito esas obligaciones es necesario realizar estudios especiales y tener una gran habilidad).*

Tal vez deberíamos añadir en este momento que los límites impuestos por el Congreso a las emisiones de obligaciones directas de Estados Unidos han dado lugar por lo menos a dos tipos de «oportunidades de ocasión» para los inversionistas en materia de adquisición de obligaciones apoyadas con garantía pública. Una de esas oportunidades es la que ofrecen las emisiones exentas de tributación de la «New Housing» y la otra la ofrecida por las obligaciones de la «New Community» (sujetas a tributación) de reciente creación. Las emisiones de la New Housing ofrecidas en julio de 1971 se realizaron con una rentabilidad de hasta el 5,8%, y libres de impuestos federales y estatales, mientras que la emisión de obligaciones de la New Community (sujetas a tributación) vendidas en septiembre de 1971 ofrecieron una rentabilidad de 7,60%. Ambas obligaciones están respaldadas por la garantía pública de Estados Unidos y, por lo tanto, su

---

*La objeción de Graham a las obligaciones de alto rendimiento queda mitigada en la actualidad a causa de la generalizada disposición de los fondos mutuos que distribuyen el riesgo y llevan a cabo la investigación necesaria para adquirir los «bonos basura». Véase el comentario al capítulo 6 en el que se ofrecen más detalles.

seguridad queda libre de cualquier tipo de duda. Además, en términos netos, tienen una rentabilidad considerablemente superior a la de las obligaciones ordinarias de Estados Unidos.*

Depósitos a plazo en lugar de obligaciones

Los inversionistas pueden obtener un tipo de interés tan elevado con un depósito a plazo en un banco comercial o en una caja de ahorros (o con un certificado de depósito bancario) como con una obligación de primera categoría con vencimiento a corto plazo. El tipo de interés en las cuentas de ahorro bancarias puede reducirse en el futuro pero en la situación actual son una adecuada alternativa a la inversión en obligaciones a corto plazo por parte de las personas físicas.

Deuda convertible

Estos instrumentos se exponen en el capítulo 16. La variabilidad de los precios de las obligaciones en general se aborda en el capítulo 8, «El inversor y las fluctuaciones de mercado».

Estipulaciones sobre el rescate de la deuda

En las ediciones anteriores incluimos unas exposiciones relativamente minuciosas sobre este aspecto de la financiación mediante emisión de instrumentos de deuda, porque daba lugar a una grave, a la vez que poco destacada, injusticia hacia el inversionista. En los casos habituales, las obligaciones podían ser rescatadas en un período bastante breve desde su emisión, mediante el pago de una modesta prima (por ejemplo el 5%) sobre el precio de emisión. Esto significaba que, durante un período de grandes fluctuaciones en los tipos de interés subyacentes, el inversor tenía que asumir toda la carga de los cambios desfavorables y se veía privado de cualquier tipo de participación, con la salvedad de esa escasa prima, en los cambios favorables.

Ejemplo: nuestro ejemplo habitual solía ser la emisión de obligaciones al 5% con vencimiento a 100 años de American Gas & Electric, que se vendieron

* Las obligaciones «New Housing» y los pagarés «New Community» han dejado de existir. Las obligaciones de la New Housing Authority contaban con el respaldo del Departamento de Vivienda y Urbanismo de Estados Unidos (HUD), y estaban exentos de tributación en el impuesto sobre la renta, pero no se han emitido desde 1974. Los pagarés New Community, que también contaban con el respaldo del HUD fueron autorizados por una ley federal promulgada en 1968. Hasta 1975 se emitieron aproximadamente 350 millones de dólares de estos pagarés, pero el programa fue extinguido en 1983.

al público a 101 en el año 1928. Cuatro años después, en condiciones cercanas al pánico, estas buenas obligaciones se redujeron a 62,50, con un rendimiento del 8%. En el año 1946, después de un gran movimiento pendular, las obligaciones de este tipo se podían colocar con un rendimiento de sólo el 3%, y la emisión al 5% podría haberse ofrecido en el mercado a casi 160. Sin embargo, llegado ese momento la empresa aprovechó la estipulación de rescate y amortizó las obligaciones pagando solamente 106.

La característica de rescate en los contratos de obligaciones era un caso escasamente camuflado de «cara gano yo, cruz pierdes tú». Al final las instituciones que compraban obligaciones se han negado a aceptar este tipo de disposición injusta; en los últimos años la mayor parte de las emisiones a largo plazo con cupón elevado han disfrutado de protección frente al rescate durante períodos de diez años o más a contar desde la fecha de emisión. Esto sigue limitando el posible incremento de precio, pero no de manera injusta.

En términos prácticos, aconsejamos a la persona que invierta en obligaciones a largo plazo que sacrifique una pequeña parte del rendimiento para obtener la garantía de exclusión de rescate, por ejemplo, durante un período de 20 o 25 años. De la misma manera, resulta ventajoso adquirir una obligación con cupón reducido* en lugar de una obligación con cupón elevado que se venda más o menos a la par y que sea rescatable en un período breve. El motivo es que el descuento, por ejemplo, una obligación al 3,5% a 63,5, que arroja una rentabilidad del 7,85%, ofrece plena protección frente a las consecuencias negativas del rescate.

Acciones preferentes simples, es decir, no convertibles

Es necesario hacer ciertas indicaciones sobre la cuestión de las acciones preferentes. Es posible que existan, y de hecho existen, ciertas acciones preferentes realmente buenas, pero su bondad no se desprende de la figura jurídica de la acción preferente, que es inherentemente negativa. El típico tenedor de acciones preferentes depende para su seguridad de la capacidad y del deseo de la sociedad de pagar dividendos a sus acciones ordinarias. Llegada la situación en la que los dividendos ordinarios se omiten, o incluso están en peligro, la oposición del accionista preferente deviene precaria, porque los consejeros no están obligados a seguir pagando sus dividendos salvo que también paguen dividendos a las acciones ordinarias. Por otra parte, las acciones preferentes típicas no entrañan participación en los beneficios de la sociedad al margen del tipo de dividendo fijo. Por lo tanto, el tenedor de acciones preferentes carece del derecho de reclamación sobre el patrimonio de la sociedad que corresponde al tenedor de obligaciones (o acreedor) y del derecho a participar en beneficios del accionista ordinario (o socio).

* El «cupón» de una obligación es su tipo de interés; una obligación «de cupón bajo» paga un tipo de interés inferior a la media del mercado.

Estas carencias en la posición jurídica de las acciones preferentes suelen salir a la palestra recurrentemente en períodos de depresión. Únicamente un pequeño porcentaje de las emisiones preferentes disfrutan de una posición tan sólida para mantener una indudable naturaleza de inversión en todas las vicisitudes. La experiencia indica que el momento para adquirir acciones preferentes surge cuando su precio se ve injustificadamente deprimido por adversidades temporales. (En esos momentos puede ser un instrumento muy adecuado para el inversor agresivo, pero demasiado poco convencional para el inversor defensivo).

En otras palabras, este tipo de acciones deben ser compradas cuando sean una gran oportunidad, y en ningún otro caso. Nos referiremos posteriormente a las emisiones convertibles y a otras emisiones privilegiadas similares, que entrañan algunas posibilidades especiales de beneficio. Este tipo de instrumentos no se suelen elegir habitualmente para las carteras conservadoras.

Merece la pena mencionar otra peculiaridad en la situación general de las acciones preferentes. Estos instrumentos disfrutan de una situación tributaria mucho más favorable si quienes las adquieren son personas jurídicas que si son personas físicas. Las personas jurídicas únicamente tributan sobre el 15% de los ingresos que obtienen en forma de dividendos, pero deben tributar sobre el importe íntegro de los ingresos que obtienen como intereses ordinarios. A partir del año 1972 el tipo del impuesto de sociedades es del 48%, lo que supone que 100 dólares obtenidos en forma de dividendos de acciones preferentes pagan únicamente 7,20 dólares de impuestos, mientras que 100 dólares percibidos como intereses de obligaciones pagan 48 dólares de impuestos. Por otra parte, las personas físicas tributan de la misma manera por sus inversiones en acciones preferentes que por los intereses obtenidos con obligaciones, con la excepción de una pequeña exención introducida recientemente. Por lo tanto, en lógica estricta, todas las acciones preferentes con categoría de inversión deberían ser adquiridas por personas jurídicas, de la misma manera que todas las obligaciones fiscalmente exentas deberían ser adquiridas por inversores que pagan impuesto sobre la renta.*

---

*Aunque el razonamiento de Graham sigue siendo válido, las cifras han cambiado. Las sociedades pueden deducir en la actualidad el 70% de la renta que reciben en forma de dividendo, y el tipo ordinario del impuesto de sociedades (en Estados Unidos) es del 35%. Por lo tanto, una sociedad pagaría aproximadamente 24,50 dólares de impuestos por 100 dólares de dividendos de acciones ordinarias, en contraposición a los 35 dólares en impuestos que pagaría por 100 dólares de ingresos por intereses. Las personas físicas, en el impuesto sobre la renta, pagan el mismo tipo por los ingresos por dividendos que por los ingresos por intereses, por lo que las acciones preferentes no les ofrecen ninguna ventaja fiscal.

Diferentes figuras de valores

La figura de las obligaciones y la figura de las acciones preferentes, tal y como se han expuesto hasta ahora, son cuestiones relativamente sencillas y fáciles de entender. El tenedor de una obligación tiene derecho a recibir intereses fijos y el pago del principal en una fecha determinada. El propietario de una acción preferente tiene derecho a percibir un dividendo fijo, y no más, que debe ser abonado antes que cualquier tipo de dividendo ordinario. El valor del principal no es exigible en ninguna fecha especificada. (El dividendo puede ser acumulativo o no acumulativo. El inversor puede tener derecho de voto o no tenerlo).

Lo anteriormente indicado describe las estipulaciones ordinarias y, sin duda, la mayoría de las obligaciones y de las acciones preferentes responden a esas figuras, pero hay innumerables excepciones. Las más conocidas son las obligaciones convertibles y otras figuras similares, y las obligaciones de ingresos. En este último tipo de figura, la obligación de abonar intereses no surge salvo que la sociedad obtenga beneficios. (Los intereses no abonados pueden acumularse en forma de gravamen contra futuros beneficios, pero el período de acumulación suele estar limitado frecuentemente a tres años).

Las obligaciones de ingresos deberían ser utilizadas por las sociedades con mucha mayor frecuencia de lo que se hace. El hecho de que no se usen surge, aparentemente, de un mero accidente en la historia de la economía, y es que fueron utilizadas por primera vez en el contexto de la reorganización de las sociedades de ferrocarriles, y por lo tanto han sido relacionadas desde el principio con empresas en débil situación económica y con deficientes inversiones. Sin embargo, la figura en sí misma tiene varias ventajas prácticas, en especial si se compara con, y se emplea el lugar de, las numerosas emisiones de acciones preferentes (convertibles) que se han realizado en los últimos años. Entre tales ventajas destaca el hecho de que los intereses abonados se pueden deducir de la renta imponible de la sociedad, lo que en la práctica reduce el coste de esa forma de capital a la mitad. Desde el punto de vista del inversor es probablemente mejor en la mayoría de los casos que tenga (1) un derecho incondicional a percibir intereses cuando la empresa obtiene beneficios y (2) un derecho a disfrutar de otras formas de protección al margen de la declaración de quiebra y la participación en la masa de la quiebra en caso de que no se obtengan beneficios y no se abonen intereses. Las condiciones de las obligaciones de ingresos se pueden adaptar en beneficio del prestatario y del prestamista de la forma que resulte más adecuada para ambos. (Por supuesto, también se pueden incluir privilegios de conversión). La aceptación por parte de todo el mundo de la figura inherentemente deficiente de las acciones preferentes y el rechazo de la figura más sólida de la obligación de ingresos es una ilustración fascinante de la forma en la cual las instituciones tradicionales y los hábitos arraigados suelen persistir en el mercado de valores a pesar de que se produzcan nuevas condiciones que reclamen una perspectiva diferente. Con cada nueva oleada de optimismo o de pesimismo estamos dispuestos a abandonar los principios históricos contrastados con el paso del tiempo, pero nos aferramos tenaz e incuestionablemente a nuestros prejuicios.

Comentario al capítulo 4

Cuando dejas todo al albur del azar, de repente tu suerte se agota.

Pat Riley, entrenador de baloncesto

¿Hasta qué punto tiene que ser agresiva su cartera?

Según Graham, eso depende menos de los tipos de inversiones que se tienen que del tipo de inversor que se es. Hay dos formas de ser un inversor inteligente:

— Investigando, seleccionando y supervisando continuamente una combinación dinámica de acciones, obligaciones o fondos de inversión.
— Creando una cartera permanente que funcione con el piloto automático y que no requiera más esfuerzo (aunque genere muy poca emoción).

Graham denomina «activo» o emprendedor al primer método; requiere mucho tiempo y enormes cantidades de energía. La estrategia «pasiva» o «defensiva» requiere poco tiempo o esfuerzo, pero exige una separación casi ascética del atractivo tumulto del mercado. Como el teórico de la inversión Charles Ellis ha explicado, el método emprendedor es física e intelectualmente exigente, mientras que el método defensivo es emocionalmente exigente.[1]

Si usted tiene tiempo disponible, es muy competitivo, piensa como los aficionados a los deportes y disfruta de los desafíos intelectuales complejos, el

[1] Si se desea más información sobre la distinción entre la inversión física e intelectualmente difícil, por una parte, y la inversión emocionalmente difícil, por la otra, véase el capítulo 8 y también Charles D. Ellis, «Three Ways to Succeed as an Investor», en Charles D. Ellis y James R. Vertin, eds., *The Investor's Anthology* (John Wiley & Sons, 1997), pág. 72.

método activo es para usted. Si siempre está agobiado, desea sencillez y no le gusta pensar en el dinero, lo suyo es el método pasivo. (Algunas personas se sienten más cómodas combinando los dos métodos; creando una cartera que es principalmente activa y pasiva en parte, o viceversa).

Los dos métodos son igualmente inteligentes, y puede tener éxito con los dos, pero únicamente si se conoce a sí mismo lo suficientemente bien para elegir el adecuado, mantenerlo durante el curso de su vida de inversor, y mantener los costes y emociones bajo control. La distinción que establece Graham entre inversores activos y pasivos es otro de sus recordatorios de que el riesgo financiero no sólo se encuentra donde la mayoría de nosotros tratamos de ubicarlo, en la economía o en nuestras inversiones, sino también en nuestro interior.

¿Se atreverá o se atragantará?

Entonces, ¿cómo debería empezar un inversionista defensivo? La primera y más importante decisión es cuánto dinero debe destinar a acciones y cuánto debe destinar a obligaciones y efectivo. (Tenga en cuenta que Graham colocó deliberadamente esta exposición después del capítulo sobre inflación, para prevenirle con el conocimiento de que la inflación es uno de sus peores enemigos.)

La característica más llamativa sobre la explicación que da Graham acerca de la manera de repartir los activos entre acciones y obligaciones es que nunca menciona la palabra «edad». Esto hace que sus consejos vayan claramente en contra de los vientos de las recomendaciones convencionales, que afirman que el grado de riesgo inversionista que se debe asumir depende principalmente de la edad que se tiene.[2] Una regla básica tradicional consistía en restar 100 a la edad que se tiene e invertir ese porcentaje en acciones, y el resto en obligaciones o en efectivo. (Una persona de 28 años de edad destinaría el 72% de su dinero a acciones; una persona con 81 años de edad únicamente destinaría el 19% a acciones). Como todas las demás teorías, estas hipótesis alcanzaron una difusión febril a finales de la década de 1990. En 1999, un libro muy popular afirmaba que si se tenían menos de 30 años de edad, se debía destinar el 95% del dinero a acciones, aunque se tuviese únicamente una tolerancia «moderada» por el riesgo.[3]

Salvo que haya permitido a los defensores de estas teorías que resten 100 a su coeficiente intelectual, debería ser capaz de darse cuenta de que en esos consejos hay algo que no funciona. ¿Por qué debería su edad determinar cuánto

---

[2] Una reciente búsqueda en Google de la expresión «*age and asset allocation*» encontró más de 30.000 referencias *online*.

[3] James K. Glassman y Kevin A. Hassett, *Dow 36,000: The New Strategy for Profiting from the Coming Rise in the Stock Market* (Times Business, 1999), pág. 250.

riesgo debe asumir? Una anciana de 89 años de edad que tenga un patrimonio de 3 millones de dólares, una cuantiosa pensión y una bandada de nietos estaría fuera de sus cabales si destinase la mayor parte de su dinero a las obligaciones. Disfruta de una pila de dinero y sus nietos (que antes o después acabarán heredando sus acciones) tienen décadas de inversión por delante. Por otra parte, un joven de 25 años de edad que esté ahorrando para su boda y para la entrada del piso estaría loco de remate si destinase todo su dinero a acciones. Si el mercado de valores se desploma no tendrá ingresos para cubrir sus pérdidas, ni sus espaldas.

Lo que es más, por muy joven que se sea, siempre cabe la posibilidad de que sea necesario recuperar el dinero de las acciones súbitamente, no dentro de 40 años, sino dentro de 40 minutos. Sin ningún tipo de advertencia, se podría perder el empleo, la pareja, la capacidad o se podría sufrir cualquier otro tipo de sorpresa. Los imprevistos pueden golpear a cualquiera, a cualquier edad. Todo el mundo debe conservar parte de su patrimonio en el seguro refugio del dinero en metálico.

Por último, muchas personas dejan de invertir precisamente porque el mercado de valores baja. Los psicólogos han demostrado que la mayoría de nosotros somos muy poco hábiles a la hora de predecir en la actualidad de qué manera nos sentiremos si se produce un acontecimiento estresante en el futuro.[4] Cuando las acciones suben a un ritmo del 15 o el 20% al año, como hicieron en las décadas de 1980 y 1990, es muy fácil pensar que esa luna de miel no va a acabar en la vida. Sin embargo, cuando se ve que todo el dinero que se ha invertido queda reducido a un décimo de su cifra original, resulta muy difícil resistir la tentación de salir huyendo hacia la «seguridad» de las obligaciones y del dinero en efectivo. En vez de comprar y conservar sus acciones, muchas personas acaban comprando a precios elevados, vendiendo a precios bajos y no teniendo entre las manos nada salvo su propia cabeza. Como son muy pocos los inversores que tienen la fortaleza para aferrarse a las acciones en un mercado en descenso, Graham insiste en que todo el mundo debe tener un mínimo del 25% en obligaciones. Ese colchón, afirma, le dará el coraje para conservar el resto de su dinero en acciones, incluso en un momento en el que las acciones estén obteniendo unos resultados desoladores.

Para llegar a captar una impresión mejor del riesgo que somos capaz de asumir, hay que pensar en las circunstancias esenciales de nuestra vida, en qué momento se dejará sentir su efecto, en qué momento podrían cambiar, y de qué forma pueden afectar a nuestra necesidad de dinero en efectivo:

— ¿Está soltero o casado? ¿Qué hace su cónyuge o su pareja para ganarse la vida?

---

[4] Si se desea leer un fascinante ensayo sobre este fenómeno psicológico, véase Daniel Gilbert y Timothy Wilson's «Miswanting», en www.wjh.harvard.edu/~dtg/ Gilbert_&_-Wilson(Miswanting).pdf.

— ¿Tiene o va a tener hijos? ¿Cuándo tendrá que empezar a hacer frente a los gastos académicos?
— ¿Va a heredar dinero, o acabará teniendo que asumir responsabilidades financieras por familiares enfermos o mayores?
— ¿Qué factores podrían afectar negativamente a su carrera profesional? (Si trabaja usted para un banco o para una constructora, una subida de los tipos de interés podría dejarle sin trabajo. Si trabaja en una empresa fabricante de productos químicos, la subida de los precios del petróleo podría ser una muy mala noticia).
— Si es usted autónomo, ¿cuánto tiempo suelen sobrevivir los negocios similares al suyo?
— ¿Necesita que sus inversiones sean un complemento a sus ingresos monetarios? (En general, las obligaciones pueden desempeñar esa función; las acciones no).
— Teniendo en cuenta su salario y sus necesidades de gasto, ¿cuánto dinero puede permitirse perder en sus inversiones?

Si después de haber recapacitado sobre estos factores tiene la impresión de que puede asumir los mayores riesgos inherentes a una mayor proporción de acciones, su lugar está en torno al mínimo prescrito por Graham del 25% en obligaciones o dinero en efectivo. Si tiene la impresión de que no puede asumir esos mayores riesgos, manténgase relativamente alejado de las acciones, orientándose hacia el máximo propuesto por Graham del 75% en obligaciones o dinero en efectivo. (Para descubrir si puede llegar al 100%, lea el recuadro de la página siguiente).

Cuando haya establecido estos objetivos porcentuales, cámbielos únicamente a medida que varíen las circunstancias de su vida. No compre más acciones porque el mercado de valores ha subido; no las venda porque ha bajado. La esencia del método de Graham consiste en sustituir las impresiones y las corazonadas por disciplina. Afortunadamente, mediante la estructuración de su plan de ahorro para la jubilación resulta fácil poner su cartera de inversión en piloto automático permanente. Supongamos que se siente cómodo con un nivel de riesgo relativamente elevado, por ejemplo el 70% de su patrimonio en acciones y el 30% en obligaciones. Si la cotización de las acciones en el mercado en general aumenta el 25% (y las obligaciones se mantienen niveladas), pasará a tener poco menos del 75% en acciones y solamente el 25% en obligaciones.[5] Visite el sitio web de su plan de ahorro para la jubilación (o llame a su número de teléfono gratuito) y venda una cantidad suficiente de sus fondos en acciones para volver a equilibrar la cartera en la proporción que se ha marcado como objetivo de 70-30. La clave

[5] En aras de la sencillez, en este ejemplo se da por supuesto que las acciones suben instantáneamente.

¿Por qué no 100% de acciones?

Graham le aconseja que no tenga más del 75% de sus activos totales en acciones. Sin embargo, ¿es desaconsejable para todo el mundo poner todo el dinero en acciones? Para una pequeña fracción de los inversores, una cartera compuesta al 100% por acciones puede ser adecuada. Será un miembro de esa pequeña minoría si usted:

- Ha reservado suficiente dinero en efectivo para poder mantener a su familia durante por lo menos un año.
- Va a invertir de manera incesante durante por lo menos los próximos 20 años.
- Ha sobrevivido al período bajista de mercado que comenzó en el año 2000.
- No vendió acciones durante el período bajista que comenzó en el año 2000.
- Compró más acciones durante el período bajista de mercado que comenzó en el año 2000.
- Ha leído el capítulo 8 de este libro y ha puesto en práctica un plan formal para controlar su comportamiento personal en el terreno de la inversión.

Salvo que haya superado de verdad estos criterios, no le interesa colocar todo su dinero en acciones. Cualquier persona que cediese al pánico durante el último período bajista de mercado será presa del pánico en el siguiente, y lamentará no contar con un colchón de dinero en metálico y obligaciones.

consiste en realizar estas operaciones de reequilibrio de acuerdo con un plan previsible y paciente: sin realizarlo con tanta frecuencia que acabe volviéndose loco, ni tan infrecuentemente que sus objetivos estén constantemente desbaratados. Le recomendamos que lo haga cada seis meses, ni más ni menos, en fechas fáciles de recordar como el año nuevo y el 30 de junio.

Lo mejor de estos ajustes periódicos es que le obligan a basar sus decisiones de inversión en una regla sencilla y objetiva –¿tengo en la actualidad una mayor proporción de estos activos de lo que requiere mi plan?– en lugar de basarlas en las meras impresiones sobre la evolución que van a seguir los tipos de interés o en si cree que los índices del mercado de valores se van a desplomar. Algunas empresas de fondos de inversión, como por ejemplo T. Rowe Price, introducirán en breve servicios que reequilibrarán automáticamente su cartera para la jubilación de modo que se ajuste a los objetivos predeterminados y, de esa forma, usted no tendrá que adoptar nunca decisiones activas.

Los detalles de la inversión en renta fija

En la época de Graham, las personas que invertían en obligaciones tenían que adoptar dos decisiones básicas: ¿Sujetas a tributación o exentas de tributación? ¿A corto plazo o a largo plazo? En la actualidad se debe hacer además otra elección: ¿Obligaciones o fondos de renta fija?

¿Sujetas a tributación o exentas de tributación? Salvo que sus ingresos se encuentren en el tramo gravado a los tipos inferiores en el impuesto de la renta,[6] debería comprar únicamente obligaciones exentas de tributación (municipales) en sus inversiones no destinadas a sus planes de jubilación. De lo contrario una parte injustificadamente elevada de la renta generada por esas obligaciones acabará en manos de Hacienda. Por otra parte, el único espacio adecuado para invertir en obligaciones sujetas a tributación son precisamente las cuentas de los planes de pensiones u otras cuentas fiscalmente protegidas, en las que no se generarán obligaciones tributarias actuales y en las que las obligaciones tributariamente bonificadas no tienen cabida, porque su ventaja fiscal se desaprovecha.[7]

¿A corto plazo o a largo plazo? Las obligaciones y los tipos de interés habitan en lugares contrapuestos de una línea con dientes de sierra: si los tipos de interés aumentan, la cotización de las obligaciones se reduce, aunque las obligaciones a corto plazo reducen su cotización menos que las obligaciones a largo plazo. Por otra parte, si los tipos de interés descienden, las cotizaciones de las obligaciones aumentan, y las obligaciones a largo plazo aumentarán su cotiza-

---

[6] En el ejercicio fiscal 2003, el tramo inferior en el impuesto federal corresponde a personas solteras que ganen menos de 28.400 dólares o personas casadas (que hagan declaración conjunta) que ganen menos de 47.450 dólares.

[7] Hay dos buenas calculadoras *online* que le ayudarán a comparar los resultados después de impuestos de las obligaciones municipales y de las sujetas a tributación en www.investinginbonds.com/cgi-bin/calculator.pl y www.lebenthal.com/index_infocenter.html. Para decidir si le conviene una obligación municipal, localice el «rendimiento equivalente sujeto a tributación» generado por esas calculadoras, y después compare esa cifra con el rendimiento actualmente disponible en las obligaciones del Tesoro (http://money.cnn.com/markets/bondcenter/ o www.bloomberg.com/markets/C13.html). Si el rendimiento de las obligaciones del Tesoro es superior que el rendimiento sujeto equivalente, no le interesan las obligaciones municipales. En cualquier caso, tenga en cuenta que los fondos y obligaciones municipales producen menos renta, y sufren más fluctuación de precios que la mayoría de las obligaciones sujetas a tributación. Además el impuesto mínimo alternativo, que en la actualidad se aplica a muchos estadounidenses de clase media, puede eliminar las ventajas de las obligaciones municipales.

ción más que las obligaciones a corto plazo.[8] Se pueden equilibrar estos altibajos comprando obligaciones a plazo intermedio que venzan en un período de cinco a diez años, cuya cotización no se dispara cuando su lado de dientes de sierra aumenta, y que tampoco se desploma en caso contrario. Para la mayor parte de los inversores, las obligaciones a plazo intermedio son la opción más sencilla, ya que les permite mantenerse al margen del juego de las adivinanzas sobre la evolución que van a seguir los tipos de interés.

¿Obligaciones o fondos de renta fija? Como las obligaciones suelen venderse en bloques de 10.000 dólares de valor, y se necesitan un mínimo indispensable de 10 tipos de obligaciones diferentes para diversificar el riesgo de que cualquiera de ellas pueda quebrar, comprar obligaciones de manera individual no es recomendable salvo que se disponga por lo menos de 100.000 dólares para invertir. (La única excepción son las obligaciones del Estado, que están protegidas frente al riesgo de quiebra por la solvencia del Estado).

Los fondos de renta fija ofrecen una forma de diversificación económica y sencilla, junto con la comodidad de los ingresos mensuales, que se pueden reinvertir directamente en el fondo a los tipos vigentes sin tener que pagar una comisión. Para la mayor parte de los inversores, los fondos de renta fija son una opción mucho más adecuada que las obligaciones materiales en todos los casos (siendo las principales excepciones las obligaciones del Estado y algunas obligaciones municipales). La mayor parte de las agencias de inversión, como Vanguard, Fidelity, Schwab y T. Rowe Price ofrecen un amplio menú de fondos de renta fija a coste reducido.[9]

Las opciones que tienen a su disposición los inversores en obligaciones han proliferado como las setas, por lo que convendrá actualizar la lista que ofrecía Graham de opciones disponibles. En el año 2003, los tipos de interés se habían reducido tanto que los inversores prácticamente no obtenían rentabilidad con las obligaciones, pero no obstante seguían existiendo formas de potenciar los ingresos por intereses sin tener que asumir riesgos excesivos.[10] La figura 4.1 resume las ventajas y los inconvenientes.

A continuación analizaremos unos cuantos tipos de inversiones en obligaciones que permiten satisfacer necesidades especiales.

---

[8] Si se desea una excelente introducción a la inversión en obligaciones, véase http://flagship.vanguard.com/web/planret/AdvicePTIBInvestmentsInvestingInBonds.html#InterestRates. Si se desea una explicación aún más sencilla de las obligaciones, véase http://money.cnn. com/pf/101/lessons/7/. Una cartera «escalonada» que tenga bonos con diferentes bandas de vencimiento, es otra forma de protegerse frente al riesgo de los tipos de interés.

[9] Hay más información disponible, véase www.vanguard.com, www.fidelity.com, www. schwab.com y www.troweprice.com.

[10] Si se desea un resumen *online* accesible de la inversión en obligaciones, véase www.aaii.com/ promo/20021118/bonds.shtml.

FIGURA 4.1

El amplio mundo de las obligaciones

Tipo	*Vencimiento*	*Compra mínima*	*Riesgo de impago*
Letras del Tesoro	Menos de un año	1.000$ (D)	Extraordinariamente bajo
Pagarés del Tesoro	Entre uno y 10 años	1.000$ (D)	Extraordinariamente bajo
Obligaciones del Tesoro	Más de 10 años	1.000$ (D)	Extraordinariamente bajo
Bonos de ahorro	Hasta 30 años	25$ (D)	Extraordinariamente bajo
Certificados de depósito	De un mes a 5 años	Normalmente 500$	Muy bajo; asegurado hasta 100.000$
Fondos del mercado de dinero	397 días o menos	Normalmente 2.500&	Muy bajo
Deuda hipotecaria	De uno a 30 años	2.000$ - 3.000$ (F)	Generalmente moderado per puede ser elevado
Obligaciones municipales	De uno a 30 años o más	5.000$ (D); 2.000$ - 3.000$ (F)	Generalmente moderado per puede ser elevado
Acciones preferentes	Indefinido	No hay	Elevado
Obligaciones de alto rendimiento («bonos basura»)	De 7 a 20 años	2.000$ - 3.000$ (F)	Elevado
Deuda de los mercados emergentes	Hasta 30 años	2.000$ - 3.000$ (F)	Elevado

Fuentes: Bankrate.com, Bloomberg, Lehman Brothers, Merrill Lynch, Morningstar, www.savingsbonds.gov

Notas: (D): adquirido directamente. (F): adquirido a través de fondos de inversión. "Facilidad de venta antes del vencimiento" indica la sencillez con la que se puede obtener un precio justo antes de la fecha de vencimiento; los fondos de inversión suelen ofrecer una mayor facilidad de venta que las obligaciones individuales. Los fondos del mercado de dinero están asegurados por agencias federales hasta un importe de 100.000 dólares si se adquieren a través de un banco que sea miembro del FDIC, pero en los demás casos únicamente disponen de una promesa implícita de que no perderán valor. El impuesto federal sobre la renta de los bonos de ahorro se difiere hasta su rescate o su vencimiento. Las obligaciones municipales suelen estar, por lo general, exentas del impuesto de la renta estatal únicamente en el estado en el que han sido emitidas.

iesgo si uben los pos de nterés	*Facilidad de venta antes del vencimiento*	*¿Exento de la mayor parte de los impuestos sobre la renta estatales?*	*¿Exento del impuesto sobre la renta federal?*	*Referencia*	*Rendimiento a 31/12/202*
uy bajo	Elevada	Y	N	90 días	1,2
oderado	Elevada	Y	N	5 años	2,7
				10 años	3,8
levado	Elevada	Y	N	30 años	4,8
uy bajo	Baja	Y	N	Bono de serie EE comprado después de mayo de 1995	4,2
ajo	Baja	N	N	Media nacional a 1 año	1,5
ajo	Elevada	N	N	Media del mercado de dinero sujeto a tributación	0,8
oderado elevado	Moderada a baja	N	N	Lehman Bros. MBS Index	4,6
oderado elevado	Moderada a baja	N	Y	Media del mercado de dinero sujeto a tributación	4,3
levado	Moderada a baja	N	N	No hay	Muy variable
oderado	Baja	N	N	Merrill Lynch Hight Yield Index	11,9
odeado	Baja	N	N	Media de fondos de obligaciones de mercados europeos	8,8

El dinero en efectivo no es malo

¿Cómo se puede extraer más renta del dinero en efectivo? El inversor inteligente debería tener en cuenta la posibilidad de abandonar los depósitos bancarios a plazo o las cuentas del mercado de dinero, que últimamente ofrecen una rentabilidad muy escasa, y depositar su dinero en estas alternativas en metálico:

Valores del Estado, como por ejemplo las obligaciones de la Administración estadounidense, que no entrañan prácticamente ningún riesgo crediticio, puesto que en vez de incumplir sus obligaciones, la Administración puede limitarse a incrementar los impuestos o a aumentar la velocidad de la máquina de imprimir dinero. Los pagarés del Tesoro estadounidense vencen a 4, 13 o 26 semanas. A causa de estos vencimientos en un plazo tan breve, los pagarés del Tesoro prácticamente no sufren ninguna consecuencia negativa cuando el incremento de los tipos de interés deteriora el valor de otras inversiones en renta fija; la deuda pública a más largo plazo, sin embargo, sufre severos contratiempos cuando los tipos de interés aumentan. La renta por intereses de los valores del Tesoro por lo general está exenta del impuesto sobre la renta estatal (pero no del impuesto sobre la renta federal). Además, con 3,7 billones de dólares en manos del público, el mercado de deuda pública es inmenso, por lo que siempre se puede encontrar un comprador si se necesita el dinero antes de la fecha de vencimiento. Se pueden comprar pagarés del Tesoro, obligaciones a corto plazo y bonos a más largo plazo directamente del gobierno, sin que sea necesario pagar comisiones de intermediación, en www.publicdebt.treas.gov (Si desea más información sobre los TIPS que ofrecen protección frente a la inflación, lea el comentario al capítulo 2).

Bonos de ahorro. Estos instrumentos, a diferencia de los valores del Tesoro, no pueden ser objeto de tráfico; no es posible venderlos a otro inversionista, y se pierden los intereses de tres meses si se rescatan en menos de cinco años. Por lo tanto, son adecuados principalmente como «dinero de reserva» apartado para hacer frente a una futura necesidad de gasto: como regalo por una ceremonia religiosa que vaya a producirse dentro de varios años, como ayuda inicial para hacer frente a los gastos universitarios de un recién nacido. Hay bonos desde 25 dólares, lo que hace que sean excelentes instrumentos para hacer regalos a los nietos. Para inversores que puedan dejar tranquilamente parte de su dinero en efectivo reservado sin posibilidad de acceso durante los años próximos, los «bonos I» protegidos frente a la inflación ofrecieron recientemente un rendimiento muy atractivo de en torno al 4%. Si desea más información visite www.savingsbonds.gov.

Opciones al margen de la Administración pública

Instrumentos de titularización hipotecaria. Consolidadas a partir de miles de hipotecas de todo Estados Unidos, estas obligaciones son emitidas por agencias como la Federal National Mortgage Association («Fannie Mae») o la Government National Mortgage Association («Ginnie Mae»). No obstante, no cuentan con el respaldo crediticio del Tesoro de Estados Unidos, por lo que ofrecen una mayor rentabilidad, en reflejo del mayor riesgo que generan. Las obligaciones hipotecarias por lo general suelen tener peores resultados cuando se reducen los tipos de interés, y prosperan cuando los tipos de interés aumentan. (A largo plazo, estas oscilaciones suelen equilibrarse y los mayores rendimientos netos compensan). Hay buenos fondos de obligaciones hipotecarias ofrecidos por Vanguard, Fidelity y Pimco. No obstante, si un intermediario trata de venderle alguna vez una obligación hipotecaria individual o un «CMO», dígale que llega tarde a una cita con su proctólogo.

Seguros de prima única. Estas inversiones similares a los seguros le permiten diferir los impuestos actuales y obtener una renta periódica cuando se jubile. Las rentas fijas ofrecen un tipo de rendimiento predeterminado; las variables ofrecen una rentabilidad fluctuante. No obstante, de lo que tiene que defenderse realmente en este caso el inversor defensivo es de los agentes, intermediarios y expertos financieros que aplican agresivas técnicas de venta para colocar estos instrumentos con unos elevados costes que rozan la usura. En la mayor parte de los casos los elevados costes de la contratación de estos instrumentos, incluidas las «comisiones de rescate» que entran en juego en caso de que tenga que retirar fondos anticipadamente, serán muy superiores a las ventajas obtenidas. Las contadas pensiones recomendables son las que se compran, no las que se venden; si un instrumento de este tipo genera grandes comisiones para el vendedor, lo más probable es que produzca escasos rendimientos para el comprador. Analice únicamente aquellas que pueda comprar directamente a proveedores que ofrezcan unos costes muy reducidos, como Ameritas, TIAA-CREF y Vanguard.[11]

Acciones preferentes. Las acciones preferentes son lo peor de los dos mundos de la inversión. Son menos seguras que las obligaciones, puesto que en caso de liquidación de los activos, si la empresa quiebra, no tienen prioridad respecto de las obligaciones, y ofrecen menos potencial de beneficio que las acciones ordinarias, puesto que las sociedades habitualmente «rescatan» (por recompra forzosamente) sus acciones preferentes cuando los tipos de interés descienden o cuando su calificación crediticia mejora. A diferencia de lo que ocurre con los pagos de intereses que realizan por la mayor parte de sus obligaciones, las empresas que emiten acciones preferentes no pueden deducir los pagos de dividendos preferentes en sus declaraciones tributarias. Plantéese la siguiente pregunta: Si esta sociedad es lo suficientemente solvente para merecer la inversión, ¿por qué está abonando un cuantioso dividendo por las acciones preferentes, en

[11] En general, las rentas variables no son atractivas para los inversores que tienen menos de 50 años que esperen estar en el tramo superior de la renta durante su jubilación o que no hayan hecho sus aportaciones máximas a sus cuentas IRA o a sus planes de jubilación. Las rentas fijas (con la notable excepción de las de TIAA-CREF) pueden modificar sus tipos «garantizados» y sorprenderle con desagradables comisiones de rescate. Si se desea un análisis exhaustivo y objetivo de las rentas, véanse los dos extraordinarios artículos de Walter Updegrave «Income for Life», *Money*, julio, 2002, págs. 89–96, y «Annuity Buyer's Guide», *Money*, noviembre de 2002, págs. 104–110.

vez de emitir obligaciones y disfrutar de una bonificación fiscal? La respuesta más probable es que la empresa no es solvente, que el mercado para sus obligaciones está por los suelos y que usted debería acercarse a sus acciones preferentes con el mismo interés con el que se acercaría a un pescado muerto que llevase dos días al sol.

Acciones ordinarias. Una visita a la pantalla de acciones en http://screen.yahoo.com/stocks.html a principios de 2003 mostraba que 115 acciones del índice Standard & Poor's 500 ofrecían rendimientos del 3,0% o más. Ningún inversor inteligente, por muy interesado que esté en obtener renta, compraría una acción únicamente por los dividendos que abonase; la sociedad y su actividad tienen que ser sólidas, y la cotización de sus acciones tiene que ser razonable. No obstante, gracias al período bajista que comenzó en el año 2000, algunas acciones importantes están ofreciendo un mayor rendimiento por dividendo que los intereses de las obligaciones del Tesoro. Por lo tanto, hasta el más defensivo de los inversores debería darse cuenta de que elegir selectivamente acciones para una cartera compuesta íntegramente por obligaciones o mayoritariamente por obligaciones puede incrementar su rendimiento por renta, y mejorar sus potenciales resultados.[12]

---

[12] Si se desea más información sobre la función que desempeñan los dividendos véase el capítulo 19.

Capítulo 5

El inversor defensivo y las acciones ordinarias

Las ventajas que tienen las acciones como medio de inversión

En nuestra primera edición (1949) descubrimos que llegado este punto era necesario introducir una larga explicación de los motivos por los que era recomendable incluir un elemento importante de acciones ordinarias en todas las carteras de inversión.* En aquella época estaba extendida de manera general la creencia de que las acciones ordinarias eran instrumentos muy especulativos y por lo tanto inseguros; habían experimentado un descenso relativamente acusado desde los niveles elevados de 1946, pero en vez de atraer a los inversores a causa de sus precios razonables, esta caída había tenido el efecto contrario de socavar la confianza en los títulos de capital. Hemos comentado la situación contraria que se produjo en los 20 años siguientes, en los que el gran aumento del valor de las acciones hizo que pareciesen inversiones seguras y rentables

* A principios de 1949, las tasas medias de rentabilidad generadas por las acciones durante los 20 años anteriores fue del 3,1% en comparación con el 3,9% de las obligaciones a largo plazo del Tesoro, lo que significa que 10.000 dólares invertidos en acciones se habrían convertido en 18.415 dólares durante ese período, mientras que la misma cantidad en obligaciones se habría convertido en 21.494 dólares. Naturalmente, 1949 resultó ser un año fabuloso para comprar acciones: Durante la siguiente década el índice de acciones Standard & Poor's 500 tuvo una subida media del 20,1%, una de las mejores rentabilidades a largo plazo de la historia del mercado de valores de Estados Unidos.

a unos niveles muy elevados que realmente podrían ir acompañados de un nivel considerable de riesgo.*

El argumento que hicimos a favor de las acciones en 1949 giraba sobre dos puntos esenciales. El primero era que habían ofrecido un nivel considerable de protección frente a la erosión del valor monetario de la inversión provocado por la inflación, mientras que las obligaciones no ofrecían ningún tipo de protección en absoluto. La segunda ventaja de las acciones ordinarias radica en su mayor rendimiento neto para los inversores a lo largo de los años. Este mayor rendimiento se produjo tanto gracias a una renta por dividendos media superior a la rentabilidad ofrecida por las obligaciones de buena calidad como por la tendencia subyacente de incremento del valor de mercado a lo largo de los años como consecuencia de la reinversión de los beneficios no distribuidos.

Aunque estas dos ventajas han sido de gran trascendencia, y han ofrecido a las acciones ordinarias un historial mucho mejor que el de las obligaciones durante el pasado a largo plazo, nosotros hemos advertido insistentemente que estos beneficios podrían perderse en caso de que el comprador de acciones pagase un precio demasiado elevado por sus acciones. Esto fue claramente lo que ocurrió en 1929, y el mercado necesitó 25 años para recuperar el nivel desde el que se había producido la abismal caída de 1929-1932.† Desde 1957 las acciones ordinarias han vuelto a perder, a causa de sus elevados precios, la ventaja que tenía el rendimiento en dividendos en relación con los tipos de interés de las obligaciones.** Está por ver que el factor de la inflación y que el factor del crecimiento económico sean capaces de compensar en el futuro esta evolución sustancialmente negativa.

---

* Los anteriores comentarios de Graham sobre esta cuestión aparecen en las págs. 34-35. Imagine lo que habría pensado sobre el mercado a finales de la década de 1990, en la cual cada nuevo máximo histórico se consideraba «prueba» de que las acciones eran una forma exenta de riesgo de alcanzar la riqueza.

† El Dow Jones Industrial Average cerró en aquel momento al máximo histórico de 381,17 el 3 de septiembre de 1929. No cerró por encima de ese nivel hasta el 23 de noviembre de 1954, más de un cuarto de siglo después, cuando alcanzó el 382,74. (Cuando dice que tiene intención de conservar las acciones «a largo plazo», ¿se da cuenta de qué largo puede llegar a ser el largo plazo, o que muchos inversores que compraron en 1929 ni siquiera vivían en 1954?). No obstante, para los inversores pacientes que reinvirtieron sus resultados, el rendimiento de sus acciones fue positivo durante este período por lo demás sombrío, simplemente porque el rendimiento por dividendo alcanzó una media superior al 5,6% anual. Según los profesores Elroy Dimson, Paul Marsh y Mike Staunton de la London Business School, si hubiese invertido 1 dólar en acciones estadounidenses en 1900 y hubiese gastado todos sus dividendos, el valor de su cartera de acciones habría llegado a los 198 dólares en el año 2000. Sin embargo, si hubiese reinvertido todos sus dividendos, su cartera de valores habría tenido un valor de 16.797 dólares. Lejos de ser un complemento accidental, los dividendos son el principal motor de la inversión en acciones.

** ¿Por qué afectan las «cotizaciones elevadas» de las acciones a su rendimiento por

El lector debería haber detectado que es evidente que no tenemos ningún entusiasmo hacia las acciones ordinarias en general estando como está el DJIA en el nivel del 900 a finales de 1971. Por los motivos que ya se han expuesto* tenemos la impresión de que el inversor defensivo no puede permitirse el lujo de pasar sin una parte apreciable de acciones ordinarias en su cartera, aunque deba considerar que este instrumento es un mal menor, siendo el mal mayor los riesgos concomitantes a una cartera compuesta exclusivamente por obligaciones.

Reglas aplicables al componente en acciones

La selección de acciones para la cartera del inversor defensivo debe ser una cuestión que se realice con una relativa sencillez. Nos atreveríamos a sugerir la aplicación de cuatro reglas:

1. Debería haber una diversificación adecuada, aunque no excesiva. Esto podría suponer tener acciones de un mínimo de 10 sociedades emisoras y un máximo de aproximadamente 30.†
2. Cada una de las sociedades elegidas debe ser grande, destacada y tiene que contar con una financiación conservadora. Por indefinidos que sean estos adjetivos, el sentido general es claro. Al final del capítulo se hacen unas indicaciones sobre esta cuestión.

---

dividendo? El rendimiento de una acción es la relación existente entre su dividendo en metálico y el precio de una acción ordinaria. Si una empresa paga 2 dólares de dividendo anual cuando el precio de sus acciones es de 100 dólares, su rendimiento será del 2%. Sin embargo, si el precio de las acciones se duplica y el dividendo se mantiene estable, el rendimiento por dividendo descenderá hasta el 1%. En 1959, cuando la tendencia detectada por Graham en 1957 quedó a la vista de todo el mundo, la mayor parte de los expertos de Wall Street declararon que no podía durar. En el pasado las acciones nunca habían tenido un rendimiento inferior al de las obligaciones; después de todo, como las acciones son más arriesgadas que las obligaciones, ¿por qué iba nadie a adquirirlas, salvo que se pagase una renta por dividendo adicional para compensar el mayor riesgo? Los expertos afirmaban que las obligaciones ofrecerían un rendimiento mayor que las acciones durante unos pocos meses, como máximo, y que después la situación volvería a la «normalidad». Más de cuatro décadas después, la relación no ha vuelto nunca a la normalidad; el rendimiento de las acciones ha estado (hasta el momento) continuamente por detrás del rendimiento de las obligaciones.

* Véanse las páginas 74-75 y 107-108.

† Si se desea otra opinión sobre la diversificación, véase el recuadro en el comentario al capítulo 14 (pág. 396).

3. Cada una de las sociedades debe tener un prolongado historial de pago de dividendos continuado. (Todas las sociedades cuyas acciones están integradas en el Dow Jones Industrial Average cumplían este requisito de dividendo en 1971). Por aclarar en términos específicos esta cuestión, sugeriríamos que el requisito de pagos de dividendos continuados hubiese comenzado por lo menos en 1950.*
4. El inversor debería imponer algún tipo de límite en el precio que está dispuesto a pagar por unas acciones en relación con los beneficios netos obtenidos a lo largo de, por ejemplo, los siete últimos años. Sugeriríamos que ese límite se estableciese en 25 veces tales beneficios medios, y en no más de 20 veces los beneficios correspondientes al último período de 12 meses. No obstante, esta restricción eliminaría prácticamente a todas las sociedades más fuertes y más populares de la cartera. En particular, esto supondría prohibir prácticamente toda la categoría de «acciones de sociedades de crecimiento», que durante los últimos años han sido las preferidas tanto de los especuladores como de los inversores institucionales. Expondremos los motivos que nos llevan a proponer una exclusión tan drástica.

Las acciones de sociedades de crecimiento y el inversor defensivo

El término «acción de sociedad de crecimiento» se aplica a las acciones cuyos beneficios por acción en el pasado han aumentado a un tipo muy superior al de las acciones ordinarias en general, y respecto de las cuales se espera que se mantenga esa tendencia en el futuro. (Algunos autores afirman que una verdadera acción de una sociedad de crecimiento debería ser aquella que se espera que por lo menos duplique sus beneficios por acción en un plazo de diez años, es decir, que los incremente a un tipo anual compuesto de más del 7,1%).†

* En la actualidad, el inversor defensivo probablemente insistiría en que se hubiesen realizado pagos de dividendos de manera continuada durante 10 años (lo que únicamente dejaría al margen a un miembro del Dow Jones Industrial Average, Microsoft, y seguiría teniendo por lo menos 317 acciones para elegir en el índice S & P 500). Incluso insistir en 20 años de pago ininterrumpido de dividendos no sería exageradamente restrictivo; según Morgan Stanley, 255 empresas del S & P 500 satisfacían ese criterio a finales del año 2002.

† La «Regla del 72» es una útil herramienta mental. Para calcular el período de tiempo que hace falta para duplicar una cantidad de dinero, divida 72 entre su tasa de crecimiento prevista. Al 6%, por ejemplo, el dinero se duplicaría en 12 años (72 dividido entre 6 = 12). Al tipo del 7,1% que menciona Graham, una acción de una empresa de crecimiento duplicará sus beneficios en poco más de 10 años (72/7,1 = 10,1 años).

Evidentemente, resulta muy atractivo comprar y poseer acciones de este tipo, siempre y cuando el precio que se pague no sea excesivo. El problema radica en esa condición, por supuesto, ya que las acciones de sociedades en crecimiento se han vendido tradicionalmente a unos precios elevados en relación con los beneficios actuales y a unos múltiplos muy superiores de sus beneficios medios durante el período pasado. Esto ha introducido un elemento especulativo de considerable peso en la imagen de las acciones de sociedades en crecimiento y ha hecho que el éxito con operaciones en este terreno no sea sencillo en absoluto.

La principal empresa de ese tipo ha sido, desde hace mucho tiempo, International Business Machines, y ha aportado extraordinarias recompensas a los que compraron sus acciones hace años y las conservaron tenazmente. No obstante, ya hemos mencionado* que esta empresa, cuyas acciones son las mejores entre las acciones ordinarias, perdió realmente el 50% de su cotización de mercado en un período de declive que duró seis meses durante 1961-1962 y prácticamente el mismo porcentaje en 1969-1970. Otras acciones de sociedades en crecimiento han sido incluso más vulnerables a estos acontecimientos negativos; en algunos casos, no sólo se ha reducido la cotización, sino también los beneficios, lo que ha supuesto un doble contratiempo para quienes tenían acciones de esas empresas. Un buen ejemplo de este segundo tipo, a los efectos que nos interesan ahora, es el de Texas Instruments, que en seis años creció de 5 a 256, sin abonar dividendos, mientras que sus beneficios pasaban de 40 centavos a 3,91 dólares por acción. (Se debe destacar que el precio aumentó cinco veces más deprisa que los beneficios; es un comportamiento habitual entre las acciones populares). Dos años después, los beneficios se habían reducido casi en el 50%, y la cotización lo había hecho en cuatro quintas partes, hasta 49.†

El lector comprenderá con estos ejemplos los motivos por los cuales consideramos que las acciones de empresas en crecimiento, en su conjunto, son un vehículo demasiado incierto y arriesgado para el inversor defensivo. Por supuesto, se pueden conseguir maravillas con unas elecciones individuales adecuadas, adquiridas a niveles adecuados y vendidas posteriormente después de que hayan experimentado un gran incremento de cotización y antes del probable declive.

---

* Graham hace esta indicación en la pág. 93.

† Para demostrar que las observaciones de Graham tienen validez universal podemos introducir a Microsoft en el lugar de IBM y a Cisco en el lugar de Texas Instruments. Treinta años después, los resultados son misteriosamente similares: Las acciones de Microsoft bajaron el 55,7% desde 2000 hasta 2002, mientras que las de Cisco —que se habían multiplicado por casi 50 durante los seis años precedentes— perdieron el 76% de su valor desde 2000 hasta 2002. Al igual que ocurrió con Texas Instruments, la caída de cotización de Cisco fue más acusada que la reducción de sus beneficios, que únicamente se contrajeron en un 39,2% (comparando la media trienal de 1997-1999 con la de 2000-2002). Como siempre, cuanto más recalentadas están, más dura es la caída.

No obstante, el inversor medio no puede contar con lograr este tipo de hazañas en mayor medida que lo que confía en encontrar dinero que crezca en los árboles. Por el contrario, creemos que el grupo de grandes empresas que son relativamente impopulares, y que por lo tanto se pueden conseguir a unos múltiplos de beneficio razonables,* ofrece una zona firme, aunque poco espectacular, de elección para el público general. Ilustraremos esta idea en el capítulo sobre la selección de la cartera.

Cambios de la cartera

En la actualidad es una práctica habitual presentar todas las listas de valores para inspeccionarlas periódicamente a fin de estudiar si se puede mejorar su calidad. Por supuesto, éste es uno de los elementos más importantes del servicio que los asesores de inversión prestan a sus clientes. Prácticamente todas las agencias de intermediación están dispuestas a hacer las pertinentes sugerencias, sin cobrar comisiones especiales, a cambio de las operaciones a comisión que generan esas recomendaciones. Otras agencias de intermediación ofrecen servicios de inversión cobrando comisión por ellos.

Presumiblemente, nuestro inversor defensivo debería obtener, por lo menos una vez al año, el mismo tipo de asesoramiento acerca de los cambios en su cartera que el que trató de obtener cuando realizó su primera inversión de dinero. Como la experiencia personal a la que puede recurrir será escasa, es esencial que se ponga en manos únicamente de agencias que gocen de la mejor reputación; de lo contrario podría acabar siendo presa de incompetentes o de profesionales poco escrupulosos. Es importante, en cualquier caso, que en todas y cada una de las consultas que realice indique a su asesor, en términos claros e inequívocos, que desea respetar escrupulosamente las cuatro reglas de selección de acciones ordinarias que se han expuesto anteriormente en este capítulo. Por cierto, si la lista de acciones ha sido adecuadamente elegida desde el principio, no habrá ninguna necesidad de introducir cambios frecuentes o numerosos.†

---

* «Multiplicador de beneficios» es un sinónimo de los ratios precio / beneficios o PER, que miden cuánto están dispuestos a pagar los inversores por una acción en relación con la rentabilidad del negocio subyacente. (Véase la nota al pie de la pág. 91 del capítulo 3).

† Los inversores pueden configurar su propio sistema automatizado para que supervise la calidad de sus carteras, utilizando «seguidores interactivos de carteras» que están disponibles en sitios web como www.quicken.com, moneycentral.msn.com, finance.yahoo.com, y www.morningstar.com. Graham, no obstante, recomendaría que no se fiase exclusivamente de un sistema de ese tipo; debe aplicar su propia capacidad de juicio como complemento del *software*.

Promediar el coste monetario

La Bolsa de Nueva York, New York Stock Exchange, ha realizado un considerable esfuerzo para popularizar su «plan de compras mensuales», en virtud del cual el inversor destina una cantidad idéntica, en términos monetarios, todos los meses a la adquisición de acciones de una o más empresas. Se trata de la aplicación de un tipo especial de «inversión siguiendo una fórmula» conocida como promedio del coste monetario. Durante el período de mercado predominantemente alcista que comenzó en 1949, los resultados de la aplicación de este procedimiento tuvieron que ser, sin ningún género de dudas, extraordinariamente satisfactorios, puesto que impedían que la persona que utilizase este sistema concentrase sus compras en momentos inadecuados.

En el exhaustivo examen de los planes de inversión mediante fórmula realizado por Lucile Tomlinson,[1] la autora presentó un cálculo de los resultados obtenidos mediante el promedio de coste monetario en el grupo de acciones que integraban el índice industrial Dow Jones. Se realizaron pruebas que cubrían 23 períodos decenales de compra, el primero de ellos concluido en 1929, y el último en 1952. Todas las pruebas arrojaban beneficios al final del período de adquisición o en un plazo de cinco años desde dicho momento. El beneficio medio indicado al final de los 23 períodos de compra era del 21,5%, excluyendo los dividendos recibidos. No creemos que sea necesario destacar que en algunos casos se producía una sustancial depreciación temporal del valor de mercado. La señorita Tomlinson concluye su exposición sobre esta extraordinariamente sencilla fórmula de inversión con esta llamativa afirmación: «Nadie ha descubierto hasta el momento ninguna otra fórmula de inversión que se pueda utilizar con tanta confianza de que se alcanzará el éxito en última instancia, pase lo que pase con las cotizaciones de las acciones, como el promedio de coste monetario».

Se podría objetar que el promedio de coste monetario, aunque parece sensato en principio, es poco realista en la práctica, porque son muy pocas las personas que están en condiciones de tener a su disposición para su inversión en acciones ordinarias la misma cantidad de dinero todos los años durante, por ejemplo, 20 años. En mi opinión, esta aparente objeción ha perdido buena parte de su fuerza en los últimos años. Las acciones ordinarias han llegado a ser generalmente aceptadas como componente necesario de un programa de inversión-ahorro sensato. Por lo tanto, las adquisiciones sistemáticas y uniformes de acciones ordinarias no deben presentar más dificultades psicológicas y financieras que los pagos similarmente continuos de bonos de ahorro de Estados Unidos y de seguro de vida, de los cuales deberían ser complementarias. El importe mensual puede ser reducido, pero los resultados después de 20 o más años pueden ser impresionantes e importantes para el ahorrador.

La situación personal del inversor

Al principio de este capítulo nos hemos referido brevemente a la posición del propietario individual de la cartera. Volvamos a abordar esta cuestión, a la luz de nuestra posterior exposición sobre la política general. ¿En qué medida debería variar el tipo de valores elegido por el inversor atendiendo a sus circunstancias personales? Como ejemplos concretos que representan situaciones muy diferentes tomaremos los siguientes: (1) una viuda que recibe 200.000 dólares con los que tienen que vivir ella y sus hijos; (2) un doctor con éxito que se encuentra en la mitad de su carrera profesional, que tiene unos ahorros de 100.000 dólares, que se incrementan con 10.000 dólares al año; y (3) un joven que gana 200 dólares a la semana y ahorra 1.000 dólares al año.*

En el caso de la viuda, el problema de vivir con su renta es muy difícil. Por una parte, la necesidad de conservadurismo en sus inversiones es de importancia capital. Una división de su patrimonio a partes más o menos iguales entre bonos de Estados Unidos y acciones ordinarias de primera categoría es un compromiso entre estos objetivos y corresponde a nuestra prescripción general para el inversor defensivo. (El componente en acciones podría elevarse hasta el 75% si el inversor está psicológicamente preparado para esta decisión, y si puede estar prácticamente seguro de que no está comprando a un nivel demasiado elevado. Por supuesto, éste no es el caso a principios de 1972).

No excluimos la posibilidad de que la viuda pueda cumplir los requisitos que se imponen al inversor emprendedor, en cuyo caso sus objetivos y métodos serán muy diferentes. Lo único que la viuda no debe hacer es correr riesgos especulativos a fin de «conseguir algunos ingresos extraordinarios». Con esa afirmación nos referimos a tratar de obtener beneficios o más renta sin contar con los medios necesarios que garanticen plena confianza en el éxito general. Puede ser mucho mejor que la viuda retire 2.000 dólares al año de su principal para hacer frente a las facturas que tratar de arriesgar la mitad de ese principal en proyectos inestables y, por lo tanto, especulativos.

El próspero doctor no está sometido a ninguna de las presiones ni necesidades de la viuda y, no obstante, creemos que sus opciones son muy similares. ¿Está dispuesto a involucrarse seriamente en la actividad de la inversión? Si carece del impulso o del conocimiento, lo mejor que puede hacer es aceptar el fácil papel del inversor defensivo. La división de su cartera no debería ser diferente de la de la «atípica» viuda y, por lo tanto, debería tener el mismo margen de elección personal para determinar el tamaño del componente de su cartera destinado a acciones. Los ahorros anuales deberían invertirse aproximadamente en las mismas proporciones que el patrimonio total.

---

* Para actualizar las cifras de Graham, tome cada importe en dólares que aparezca en esta sección y multiplíquelo por cinco.

Es más probable que el doctor medio decida adoptar la postura del inversor emprendedor que lo haga la viuda media, y tal vez el doctor tendrá más probabilidades de éxito en esa actividad. No obstante, tiene un handicap importante: el hecho de que tiene menos tiempo disponible para profundizar en su formación inversionista y para administrar sus fondos. De hecho, los profesionales de la medicina tienen fama de haber culminado con escaso éxito sus incursiones en el mundo de los valores financieros. El motivo es que normalmente tienen una gran confianza en su propia inteligencia y un gran deseo de obtener una buena rentabilidad por su dinero, sin darse cuenta de que para conseguirlo es necesario prestar mucha atención a esta cuestión y adoptar una forma profesional de abordar los valores financieros.

Por último, el joven que ahorra 1.000 dólares al año y espera ir mejorando progresivamente, se encuentra con las mismas opciones, aunque también por motivos diferentes. Parte de sus ahorros deberían ir automáticamente a bonos de serie E. El resto es una cantidad tan modesta que difícilmente le compensaría someterse a la exigente disciplina educativa y de temperamento que le permitiese llegar a ser un inversor agresivo. Por lo tanto, recurrir simplemente a nuestro programa ordinario de inversor defensivo sería, al mismo tiempo, la política más sencilla y la más lógica.

No pasemos por alto la naturaleza humana en esta cuestión. Las finanzas ejercen una gran fascinación sobre muchos jóvenes brillantes que cuentan con limitados recursos. Les gustaría ser inteligentes y emprendedores en la utilización de sus ahorros, aun cuando la renta de sus inversiones sea mucho menos importante para ellos que sus salarios. Tal actitud es encomiable y positiva. Es una gran ventaja que el joven capitalista comience su educación y su experiencia financiera en las etapas iniciales de su vida. Si va a operar como un inversor agresivo es indudable que cometerá ciertos errores y que tendrá que asumir algunas pérdidas. La juventud puede superar estas decepciones y beneficiarse de ellas. Animamos a los novatos en la compra de valores a que no malgasten sus esfuerzos y su dinero en tratar de obtener mejores resultados que el mercado. Es mejor que estudien los valores y que pongan a prueba su capacidad de juicio para comparar el precio y el valor con las sumas más pequeñas posibles.

De esta manera volvemos a la afirmación, hecha al principio, de que el tipo de valores que se deben comprar y el tipo de rendimiento que se debe tratar de obtener no depende de los recursos financieros del inversor, sino de su preparación financiera en términos de conocimiento, experiencia y temperamento.

Nota sobre el concepto de «riesgo»

Convencionalmente se habla de las obligaciones de buena categoría diciendo que son menos arriesgadas que las acciones preferentes de buena categoría, y que estas últimas son menos arriesgadas que las acciones ordinarias de buena categoría. De estas afirmaciones proviene el prejuicio popular contra las acciones ordinarias, derivadas del hecho de que no se considera que sean «seguras», prejuicio que quedó de manifiesto en el estudio realizado por el Consejo de la Reserva Federal en 1948. Nos gustaría destacar que las palabras «riesgo» y «seguridad» se aplican a los valores en dos sentidos diferentes, lo que da lugar a una confusión teórica.

Una obligación resulta ser claramente insegura cuando se incumplen los deberes de pago de intereses o de devolución del principal. De la misma manera, si una acción preferente o incluso una acción ordinaria se compra con la expectativa de que se siga abonando un tipo determinado de dividendo, cualquier reducción o cualquier falta de declaración de dividendo significará que esa acción ha resultado ser insegura. También es cierto que la inversión entraña el riesgo de que exista una razonable posibilidad de que el titular tenga que vender en un momento en el que el precio esté muy por debajo del coste.

No obstante, la idea del riesgo también se suele extender para aplicarla al posible declive del precio de la acción, aun cuando ese declive pueda ser de naturaleza cíclica y temporal, incluso aunque el tenedor de las acciones tenga pocas probabilidades de verse obligado a vender en tales momentos. Estos riesgos se dan en todo tipo de valores, salvo en los bonos de ahorro de Estados Unidos, y en las emisiones de acciones ordinarias se dan en mayor medida que en las emisiones preferentes consideradas como de categoría. No obstante, creemos que esta cuestión no es un verdadero riesgo en el sentido práctico del término. La persona que tiene una hipoteca sobre un edificio puede verse obligada a asumir una pérdida sustancial si se viese obligada a venderlo en un momento desfavorable. Ese elemento no se tiene en cuenta al juzgar la seguridad o el riesgo de las hipotecas inmobiliarias ordinarias, cuyo único criterio es la certidumbre de los pagos puntuales. De la misma manera, el riesgo que se atribuye a una actividad mercantil ordinaria se mide desde el punto de vista de las probabilidades de que pierda dinero, no de lo que ocurriría si su propietario se viese obligado a venderlo.

El capítulo 8 expondrá nuestro convencimiento de que el inversor legítimo no tiene que perder dinero simplemente porque el precio del mercado de sus participaciones accionariales se reduzca; por lo tanto, el hecho de que se produzca una bajada de precios no significa que esté corriendo un verdadero riesgo de incurrir en pérdidas. Si un grupo de inversiones en acciones ordinarias bien seleccionadas muestra un rendimiento satisfactorio general medido durante un número razonable de años, este grupo de inversiones habrá demostrado que es «seguro». Durante ese período su valor de mercado habrá fluctuado, con toda probabilidad, y existen más o menos las mismas probabilidades de que durante un cierto período hubiese tenido que ser vendido por un precio inferior al que le costó al comprador, que de que no ocurra esto. Si este hecho hace que la inversión sea «arriesgada», deberíamos afirmar que se trata de una inversión arriesgada y segura al mismo tiempo. Esta confusión se puede evitar si aplicamos el concepto de riesgo exclusivamente a la pérdida de valor que se materializa mediante la venta real, o que se provoca por un deterioro sustancial en la posición de la sociedad, o, lo que puede ocurrir con mayor frecuencia, que es resultado del pago de un precio excesivo en relación con el valor intrínseco del título en cuestión.[2]

La mayor parte de las acciones ordinarias entrañan riesgo de sufrir tal deterioro. No obstante, nuestra tesis es que una inversión de grupo adecuadamente realizada en acciones ordinarias no entraña un riesgo substancial de este tipo y que, por lo tanto, no debe afirmarse que es «arriesgada» simplemente por el elemento de la fluctuación de precios. No obstante, este riesgo estará presente si existe el peligro de que se acabe demostrando que el precio pagado era claramente demasiado elevado en función de criterios de valor intrínseco, aun cuando cualquier ulterior declive de mercado pueda acabar recuperándose muchos años después.

Nota sobre la categoría de «sociedades grandes, prominentes y financiadas de manera conservadora»

La expresión que encabeza este apartado ha sido utilizada anteriormente en el texto del capítulo para describir el tipo de acciones ordinarias a las cuales deberían limitar sus adquisiciones los inversores defensivos, siempre y cuando, además, esas empresas hayan pagado dividendos de manera continua durante un número considerable de años. Los criterios basados en adjetivos siempre son ambiguos. ¿Dónde debe trazarse la línea divisoria de tamaño, de prominencia, o de naturaleza conservadora de la estructura financiera? Sobre esta última cuestión podemos sugerir un criterio específico que, aunque sea arbitrario, sigue las líneas de las teorías generalmente aceptadas. Las finanzas de una sociedad industrial no son conservadoras salvo que el capital ordinario (en valor nominal) represente por lo menos la mitad de la capitalización total, incluidos empréstitos bancarios.[3] En el caso de una empresa de ferrocarriles o de una concesionaria de servicios públicos la cifra debería ser de por lo menos el 30%.

Las palabras «grande» y «prominente» denotan la idea de un tamaño sustancial combinado con una posición de liderazgo en su sector. Tales empresas suelen recibir habitualmente la denominación de «primera categoría»; las restantes acciones son lo que se denominan, por lo tanto, de «segunda categoría», con la salvedad de que las acciones de empresas en crecimiento suelen ser colocadas habitualmente en una categoría independiente por parte de las personas que las compran por el hecho de que se trata de acciones de empresas en crecimiento. Para aportar una cierta concreción a esta exposición, sugeriríamos que «grande» en la situación actual fuese una empresa que tuviese 50 millones de dólares de activo o que tuviera un volumen de negocio de 50 millones de dólares.* Para ser «prominente», una sociedad debería estar ubicada en el primer cuarto o en el primer tercio de las clasificaciones por volumen de su grupo industrial.

Sería una locura, no obstante, insistir en tales criterios arbitrarios. Se ofrecen únicamente a modo de guía para aquellos que estén interesados en recibir orientación. No obstante, cualquier regla que el inversor establezca por sí mismo y que no quiebre el significado de sentido común de «grande» y «prominente» debería ser aceptable. Por la propia naturaleza de la cuestión, tiene que haber un gran número de empresas que para ciertas personas estén dentro del grupo adecuado para la inversión defensiva y que, sin embargo, para otras personas no lo estén. Esta diversidad de opiniones no es dañina. De hecho, tiene un saludable efecto en las condiciones del mercado de valores, porque permite una gradual diferenciación o transición entre las emisiones de acciones de primera categoría y de segunda categoría.

---

* En los mercados actuales, para tener consideración de gran empresa, la empresa debería tener un valor total de mercado (o «capitalización de mercado») de por lo menos 10.000 millones de dólares. Según la pantalla de información bursátil *online* de http://screen.yahoo.com/stocks.html, con esos criterios se podía elegir entre 300 acciones para invertir a principios de 2003.

Comentario al capítulo 5

La felicidad humana no es producto tanto de grandes golpes de buena suerte que rara vez ocurren, sino de las pequeñas ventajas que tienen lugar todos los días

Benjamin Franklin

La mejor defensa es un buen ataque

Después de la sarracina que se ha producido en el mercado de valores en los últimos años, ¿por qué iba a querer ningún inversor defensivo poner un solo euro en acciones?

En primer lugar, recuerde la insistencia de Graham en que el grado hasta el cual se debe ser defensivo depende menos de la tolerancia hacia el riesgo que del deseo de dedicar tiempo y dinero a su cartera. Si se aborda de la manera adecuada, invertir en acciones es tan sencillo como dejar el dinero en obligaciones y en metálico. (Como veremos en el capítulo 9, se puede comprar un fondo referenciado a un índice del mercado de valores sin más esfuerzo que el que se necesita para vestirse por la mañana).

Como consecuencia del período bajista de mercado que comenzó en el año 2000, es comprensible que se sienta escaldado y, a su vez, que ese sentimiento le lleve a determinar que no va a volver a comprar otra acción en su vida. Como dice el refrán, «el gato escaldado del agua fría huye». Como la crisis de 2000-2002 fue tan terrible, muchos inversores consideran en la actualidad que las acciones son instrumentos extraordinariamente arriesgados; sin embargo, paradójicamente, el propio hecho de entrar en crisis ha eliminado buena parte del riesgo del mercado de valores. Antes era agua hirviendo, pero ahora es agua a temperatura ambiente.

Enfocada desde un punto de vista lógico, la decisión sobre poseer o no poseer acciones en la actualidad no tiene nada que ver con la cantidad de dinero que se haya perdido con las acciones hace unos pocos años. Cuando las acciones tienen un precio suficientemente razonable para generar crecimiento en el futuro, conviene tener acciones, con independencia de las pérdidas que puedan haber ocasionado en los últimos años. Esto es aún más cierto cuando los rendimientos de las obligaciones son bajos y, por tanto, reducen la rentabilidad futura de las inversiones en renta fija.

Como hemos visto en el capítulo 3, las acciones estaban (a principios del año 2003) sólo levemente sobrevaloradas a juzgar por criterios históricos. Mientras tanto, a sus precios recientes, las obligaciones ofrecen una rentabilidad tan reducida que el inversor que las compra por su supuesta seguridad es como el fumador que cree que puede protegerse frente al cáncer de pulmón fumando sólo cigarrillos con bajo contenido en alquitrán. Por muy defensivo que se sea como inversor, en el sentido de escasa participación que da Graham a ese término, o en el sentido contemporáneo de escaso riesgo, los valores actuales significan que debe tener por lo menos parte de su dinero en acciones.

Afortunadamente, nunca ha sido tan sencillo para un inversor defensivo comprar acciones. Una cartera en piloto automático permanente, que ponga a trabajar sin esfuerzo un poco de su dinero todos los meses en inversiones predeterminadas, puede evitarle la necesidad de tener que dedicar una gran parte de su vida a seleccionar acciones.

¿Debe comprar lo que conoce?

En primer lugar examinemos una cosa de la que el inversor defensivo siempre se tiene que proteger: la creencia de que se pueden elegir acciones sin hacer ningún tipo de trabajo de preparación. En la década de 1980 y principios de la década de 1990, uno de los eslóganes de inversión más populares era «compra lo que conoces». Peter Lynch, que dirigió Fidelity Magellan de 1977 hasta 1990, período en el que consiguió el mejor historial obtenido nunca por un fondo de inversión, fue el defensor más carismático de esa propuesta. Lynch afirmaba que los inversores aficionados tenían una ventaja que los inversores profesionales habían olvidado cómo utilizar: «El poder del conocimiento ordinario». Si se descubre un gran restaurante nuevo, un buen coche, una pasta de dientes o unos vaqueros, o si se da cuenta de que en el aparcamiento de una empresa cercana siempre hay automóviles, o que en la sede central de una empresa se sigue trabajando a altas horas de la madrugada, se tendrá una percepción personal sobre esas acciones que el analista profesional o el gestor de cartera nunca podría percibir. En palabras de Lynch, «a lo largo de toda una vida de comprar coches o cámaras se adquiere un sentido para determinar lo que es bueno y lo que es malo, lo que se vende y lo que no se vende ... y lo más importante es que usted lo sabe antes de que lo sepa Wall Street».[1]

---

[1] Peter Lynch con John Rothchild, *One Up on Wall Street* (Penguin, 1989), pág. 23.

La regla de Lynch, «puede conseguir mejores resultados que los expertos si utiliza su ventaja invirtiendo en empresas o sectores que ya conozca», no es absolutamente desacertada, y miles de inversores se han beneficiado con su puesta en práctica a lo largo de los años. No obstante, la regla de Lynch únicamente puede funcionar si también respeta su corolario: «Encontrar una empresa prometedora es sólo la primera parte. A continuación hay que hacer la investigación». En su beneficio, hay que destacar que Lynch insiste en que nadie debería invertir nunca en una empresa, por fantásticos que sean sus productos o por saturado que esté su aparcamiento, sin estudiar sus estados financieros y sin estimar el valor de su actividad.

Por desgracia, la mayor parte de los compradores de acciones no han hecho ningún caso a esa parte de su recomendación.

Barbra Streisand, la diva de los operadores intradía, es un buen ejemplo de la forma en la que la gente ha aplicado incorrectamente las recomendaciones de Lynch. En 1990 parloteaba: «Todo el mundo va a Starbucks todos los días, así que he comprado acciones de Starbucks». No obstante la protagonista de la película musical *Funny Girl* se olvidó de que por mucho que te gusten esos cafés con leche largos, sigue siendo necesario analizar los estados financieros de Starbucks y asegurarse de que la empresa no está más sobrevalorada incluso que los cafés. Muchísimos compradores de acciones cometieron el mismo error aumentando sus carteras de acciones de Amazon.com porque les encantaba su sitio web, o comprando acciones de e*Trade porque era el intermediario *online* que utilizaban.

Los «expertos» también atribuyeron valor a esa idea. En una entrevista televisada por la CNN a finales de 1999, preguntaron directamente al gestor de cartera Kevin Landis, de Firsthand Funds, lo siguiente: «¿Cómo lo hace? ¿Por qué yo no puedo hacerlo?». (Desde 1995 hasta finales de 1999, el fondo Firsthand Technology Value había producido un asombroso 58,2% de beneficios anualizados medios). «En realidad, tú también puedes hacerlo», contestó alegremente Landis. «Lo único que tienes que hacer es centrarte en las cosas que conoces, mantener un estrecho contacto con una industria y hablar con las personas que trabajan en esa industria todos los días»[2].

La perversión más dolorosa de la regla de Lynch se produjo en los planes de jubilación de empresa. Si se supone que «tienes que comprar lo que conoces», ¿qué inversión puede ser mejor para el plan de jubilación que las acciones de tu

---

[2] Entrevista con Kevin Landis en CNN *In the Money*, 5 de noviembre de 1999, 11 a.m. hora de la costa este. Si el propio historial de Landis sirve de indicación, centrarse «en las cosas que conoces» no es «todo lo que hace falta en realidad» para tener éxito en la selección de acciones. Desde finales de 1999 hasta finales de 2002, el fondo de Landis, repleto de empresas tecnológicas que afirmaba que conocía personalmente, gracias a que su oficina principal estaba en Silicon Valley, perdieron el 73,2% de su valor, un vapuleo aún peor que el que sufrió el fondo medio de tecnología durante ese período.

propia empresa? Después de todo trabajas en ella; ¿no quiere decir eso que sabes más acerca de la empresa de lo que podría llegar a saber nunca cualquier analista ajeno a ella? Por desgracia, los empleados de Enron, Global Crossing y WorldCom, muchos de los cuales habían puesto prácticamente la totalidad de sus activos de jubilación en las acciones de su propia empresa, para acabar sin nada, descubrieron que las personas de dentro de la empresa frecuentemente sólo poseen la ilusión del conocimiento, y no el verdadero conocimiento.

Un equipo de psicólogos dirigido por Baruch Fischhoff, de la Canergie Mellon University, han documentado un hecho perturbador: familiarizarse más con una materia no reduce significativamente la tendencia que tienen las personas a exagerar lo mucho que realmente saben acerca de esa cuestión.[3] Éste es el motivo por el que «invertir en lo que se conoce» puede ser extraordinariamente peligroso; cuanto más sabemos al principio, menos probabilidades existen de que examinemos detalladamente la acción en busca de sus puntos débiles. Esta perniciosa forma de manifestación del exceso de confianza se denomina técnicamente «predisposición hacia el origen», o hábito de apegarse a lo que nos resulta familiar:

— Los inversores individuales tienen tres veces más acciones de su compañía telefónica local que de todas las demás compañías telefónicas en conjunto.
— El fondo de inversión típico suele estar compuesto por acciones de empresas cuyas sedes centrales están 200 kilómetros más cerca de la oficina principal del fondo de lo que está la media de las empresas estadounidenses.
— Los titulares de cuentas de inversión para jubilación mantienen entre el 25 y el 30% de sus activos para la jubilación en acciones de su propia empresa.[4]

En pocas palabras, la familiaridad genera complacencia. En los reportajes informativos de la televisión, ¿no es siempre el vecino, o uno de los mejores amigos o el padre del delincuente el que dice con una voz de incredulidad «era una persona muy agradable»? Eso se debe a que siempre que estamos demasiado cerca de una persona o de una cosa, damos por ciertas nuestras creencias, en lugar de cuestionarlas como hacemos cuando guardan relación con algo que nos resulta más distante. Cuanto más familiar resulta una acción, más probable es que acabe convirtiendo al inversor defensivo en un inversor perezoso que cree que no tiene que analizar las acciones. No permita que esto le pase a usted.

---

[3] Sarah Lichtenstein y Baruch Fischhoff, «Do Those Who Know More Also Know More about How Much They Know?», *Organizational Behavior and Human Performance*, vol. 20, nº 2, diciembre de 1977, págs. 159–183.

[4] Véase Gur Huberman, «Familiarity Breeds Investment»; Joshua D. Coval y Tobias J. Moskowitz, «The Geography of Investment»; y Gur Huberman y Paul Sengmuller, «Company Stock in 401(k) Plans», todos ellos disponibles en http://papers.ssrn.com.

¿Se las puede apañar solo?

Afortunadamente, para el inversor defensivo que esté dispuesto a hacer las tareas necesarias para crear una cartera de acciones, ésta es la Edad de Oro: nunca antes en la historia financiera había sido tan cómodo y barato ser propietario de acciones.[5]

Hágalo usted mismo. A través de intermediarios *online* especializados como www.sharebuilder.com, www.foliofn.com y www.buyandhold.com puede comprar acciones automáticamente aunque tenga muy poco dinero en metálico disponible. Estos sitios web cobran unas cantidades muy reducidas, en ocasiones de sólo 4 dólares por cada compra periódica de cualquiera de los miles de acciones de Estados Unidos que tienen disponibles. Puede invertir todas las semanas o todos los meses, reinvertir los dividendos e incluso incrementar la cantidad que destina a acciones a través de retiradas electrónicas de fondos de su cuenta bancaria o mediante el depósito directo de su nómina. Sharebuilder cobra más por vender que por comprar, recordándole, como si le diesen un pequeño golpecito en la nariz con un periódico enrollado, que vender rápidamente es un pecado capital de la inversión, mientras que FolioFN ofrece un excelente instrumento de seguimiento tributario.

A diferencia de lo que ocurría con los intermediarios tradicionales o los fondos de inversión que no le abrirían la puerta por menos de 2.000 o 3.000 dólares, estas firmas *online* no tienen requisitos de saldos mínimos y están adaptadas a la medida de los inversores novatos que quieren poner sus carteras de inversión en vías de desarrollo en piloto automático. Por supuesto, una comisión por transacción de 4 dólares se lleva un monstruoso 8% de una inversión mensual de 50 dólares, pero si ése es todo el dinero del que puede prescindir, estos sitios de microinversión son prácticamente el único lugar en el que puede construir una cartera diversificada.

También puede comprar acciones individuales directamente a la sociedad que las emita. En 1994, la Comisión del Mercado de Valores estadounidense suavizó las limitaciones que tiempo atrás había impuesto a la venta directa de acciones al público. Cientos de sociedades reaccionaron creando programas basados en Internet que permitían a los inversores comprar acciones sin tener que recurrir a un intermediario. Algunas fuentes de información *online* útiles sobre la adquisición directa de acciones son www.dripcentral.com, www.nets-

[5] Según el profesor de finanzas Charles Jones de la Columbia Business School, el coste de una pequeña operación en una dirección (compra o venta) con una acción cotizada en la New York Stock Exchange se redujo desde aproximadamente el 1,25% en la época de Graham hasta aproximadamente el 0,25% en 2000. En el caso de instituciones como los fondos de inversión, esos costes son, en la práctica, superiores. (Véase Charles M. Jones, «A Century of Stock Market Liquidity and Trading Costs», en http://papers.ssrn.com).

tockdirect.com (una filial de Sharebuilder) y www.stockpower.com. Cabe la posibilidad de que tenga que pagar algunas pequeñas comisiones, que tal vez superen los 25 dólares al año. En cualquier caso, los programas de adquisiciones directas de acciones suelen ser, por regla general, más baratos que los intermediarios.

Tenga en cuenta, no obstante, que comprar acciones en pequeños bloques durante años puede provocar grandes quebraderos de cabeza tributarios. Si no está dispuesto a llevar un registro permanente y exhaustivamente detallado de sus adquisiciones, no las haga. Por último, no invierta únicamente en una acción, ni siquiera en un reducido número de acciones diferentes. Si no está dispuesto a repartir sus apuestas, no debería apostar en absoluto. La indicación que daba Graham que recomendaba poseer acciones de entre 10 y 30 empresas sigue siendo un buen punto de partida para los inversores que deseen seleccionar sus propias acciones, pero estos inversores además deben asegurarse de que no están excesivamente expuestos a un único sector.[6] (Si desea más información sobre la forma de seleccionar las acciones individuales que van a componer su cartera, lea las páginas 135-136 y los capítulos 11, 14 y 15).

Si después de configurar una cartera de inversión en piloto automático *online* de este estilo descubre que hace operaciones más de dos veces al año, o que pasa más de una o dos horas al mes, en total, dedicándose a sus inversiones, es que algo ha ido espantosamente mal. No permita que la facilidad de uso y la sensación de inmediatez de Internet le seduzcan y le hagan convertirse en un especulador. Un inversor defensivo participa, y gana, la carrera quedándose quieto.

Conseguir ayuda. El inversor defensivo también puede adquirir acciones a través de un intermediario de precios económicos, un planificador financiero o una agencia de bolsa de servicios integrales. En el caso de que opte por un intermediario económico, tendrá usted que hacer la mayor parte de la selección de valores por sí mismo; las orientaciones que ofrecía Graham le ayudarán a crear una cartera básica que requiera unas mínimas labores de mantenimiento y que ofrezca las máximas probabilidades de obtener unos resultados firmes. Por otra parte, si no puede dedicar el tiempo, o reunir el interés para hacerlo por usted mismo, no hay ningún motivo para avergonzarse de contratar a otra persona para que elija las acciones o los fondos de inversión para usted. En cualquier caso, hay una responsabilidad que no debe delegar nunca. Usted, y nadie más que usted, debe investigar y averiguar (antes de entregar su dinero) si el asesor es digno de confianza y cobra unos honorarios razonables. (Si desea más indicaciones, lea el capítulo 10).

---

[6] Para determinar si las acciones que posee están suficientemente diversificadas en diferentes sectores industriales, puede utilizar la función gratuita «Instant X-Ray» en www.morningstar.com o consultar la información sobre sectores (Global Industry Classification Standard) en www.standardandpoors.com.

Subcontrate. Los fondos de inversión son la mejor manera de que el inversor defensivo aproveche las ventajas de ser propietario de acciones sin los inconvenientes de tener que velar por su propia cartera. Con un precio relativamente reducido, se puede obtener un elevado nivel de diversificación y de comodidad, dejando que sea un profesional el que elija y vigile las acciones en su nombre. En su versión más brillante, es decir en las carteras indexadas, los fondos de inversión no requieren prácticamente ningún tipo de supervisión o mantenimiento. Los fondos referenciados a un índice son una especie de inversión que tiene muy pocas probabilidades de provocar cualquier tipo de sufrimiento o sorpresa, incluso aunque nos olvidásemos de ellos durante 20 años. Son el sueño del inversor defensivo hecho realidad. Si desea información más detallada, lea el capítulo 9.

Allanar el camino

En la evolución cotidiana de los mercados financieros, que dan tirones, sufren crisis, suben y bajan de un día a otro, el inversor defensivo puede asumir el control del caos. La renuncia a mostrarse activo, la renuncia a cualquier supuesta capacidad de predecir el futuro, pueden llegar a ser su arma más eficaz. Al poner todas las decisiones de inversión en piloto automático, se elimina cualquier autoengaño que pudiese hacerle creer que sabe cuál va a ser la evolución que sigan las acciones, y se elimina la capacidad que tiene el mercado de enojar a las personas por desquiciada que sea su recuperación.

Como indica Graham, la técnica del «promedio de coste monetario» le permite destinar una cantidad fija de dinero a la inversión en intervalos periódicos. Todas las semanas, meses o trimestres se compran las acciones, con independencia de que los mercados hayan subido, bajado o se hayan mostrado estables. Cualquier fondo de inversión o firma de intermediación puede transferir de forma automática y segura el dinero electrónicamente en su nombre, por lo que nunca tendrá que molestarse en firmar un cheque ni tendrá que sentir la punzada consciente del pago. En esencia, ojos que no ven, corazón que no siente.

La forma más adecuada de poner en práctica la técnica del promedio de coste monetario consiste en crear una cartera de fondos referenciados a índices, que posean todas las acciones u obligaciones que merezca la pena tener. De esta manera, no sólo se renuncia al juego de adivinación de la evolución que va a seguir el mercado, sino también a la tarea de tratar de identificar qué sectores del mercado, y qué acciones u obligaciones dentro de esos sectores, van a conseguir los mejores resultados.

Supongamos que puede apartar 500 dólares al mes. Contratando tres tipos de fondos referenciados a diferentes índices y aplicando la técnica del promedio de coste monetario, destinando 300 dólares a un fondo que tenga la totalidad del mercado de acciones estadounidenses, 100 dólares a otro fondo que tenga acciones extranjeras y 100 dólares a un fondo que tenga obligaciones de Estados Unidos, se garantiza que será propietario de prácticamente todas las inversiones del planeta que merezca la pena tener.[7] Todos los meses, como un reloj, compra más. Si el mercado ha caído, el importe predeterminado le permite comprar más acciones que el mes anterior. Si el mercado ha subido, el dinero predeterminado le permitirá comprar menos acciones. Al colocar su cartera en piloto automático permanente de esta manera, consigue evitar el riesgo de destinar más dinero al mercado justo en el momento en el que parece más atractivo (y en realidad es más peligroso) o negarse a seguir invirtiendo después de una crisis de mercado que haya hecho que las inversiones sean realmente económicas (aunque aparentemente sean más «arriesgadas»).

Según Ibbotson Associates, la importante firma de investigación financiera, si hubiese invertido 12.000 dólares en un índice referenciado al Standard & Poor's 500 a principios de 1929, diez años después sólo le quedarían 7.223 dólares. No obstante, si hubiese comenzado con unos escasos 100 dólares y simplemente hubiese ido invirtiendo otros 100 dólares todos los meses, para agosto de 1939 su dinero habría alcanzado los 15.571 dólares. Ése es el poder de las compras disciplinadas, incluso en medio de la gran depresión y con el peor período bajista de mercado de toda la historia.[8]

La figura 5.1 ilustra la magia del método del promedio de coste monetario en un período bajista de mercado más reciente.

Lo mejor de todo, es que después de haber creado una cartera en piloto automático permanente con fondos de índices en su núcleo, podrá responder a todas las preguntas sobre el mercado con la respuesta más contundente que un inversor defensivo puede ofrecer: «Ni lo sé, ni me importa». Si alguien pregunta si las obligaciones van a conseguir mejores resultados que las acciones, limítese a responder «ni lo sé, ni me importa»; después de todo, está comprando automáticamente las dos. ¿Tendrán mejores resultados las acciones de las empresas de asistencia sanitaria que las acciones de las empresas de alta tecnología? «Ni lo sé, ni me importa». Es usted propietario permanente de ambas. ¿Cuál será el próximo Microsoft? «Ni lo sé, ni me importa», siempre y cuando sea lo suficientemente grande para pertenecer a la cartera, su fondo de índices lo tendrá, y usted aprovechará los frutos. ¿Tendrán mejores resultados las acciones extranjeras que las acciones de Estados Unidos? «Ni lo sé, ni me importa»; si lo tienen, aprovechará el beneficio, si no lo tienen, podrá comprar más a precios más bajos.

---

[7] Si desea una explicación más profusa sobre los motivos que hacen aconsejable tener una parte de la cartera en acciones extranjeras, véase páginas 208-209.

[8] *Fuente:* Datos de hoja de cálculo facilitados por cortesía de Ibbotson Associates. Aunque no fue posible que los inversores minoristas comprasen el índice S & P 500 completo hasta 1976, el ejemplo demuestra, no obstante, la eficacia de comprar más acciones cuando la cotización de las acciones evoluciona a la baja.

FIGURA 5.1

Un grano no hace granero...

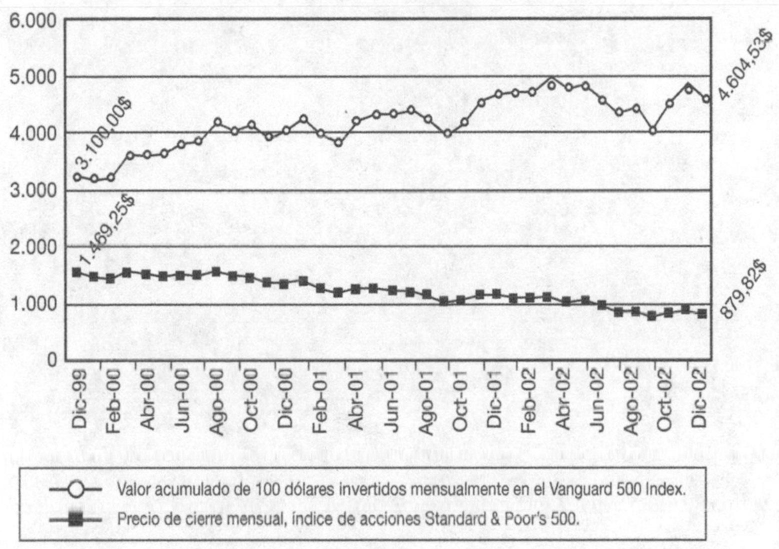

Desde finales de 1999 hasta finales de 2002, la media del S & P 500 estuvo en caída libre. No obstante, si hubiese operado una cuenta de fondo de inversión con una inversión mínima de 3.000 dólares y hubiese añadido 100 dólares todos los meses, su desembolso total, por importe de 6.600 dólares, habría perdido el 30,2%, substancialmente menos que el desplome del 41,3% sufrido por el mercado. Aún mejor, su compra ininterrumpida a precios más bajos le habría ofrecido la base para disfrutar de una explosiva recuperación cuando el mercado rebotase.

Fuente: The Vanguard Group.

Al permitirle decir «ni lo sé, ni me importa», la cartera en piloto automático permanente le libera de la sensación de que tiene que predecir lo que están a punto de hacer los mercados financieros, y de la ilusión de que todo el mundo puede hacerlo. Ser consciente de lo poco que se puede hacer respecto al futuro, en combinación con la aceptación de la ignorancia, será el arma más poderosa que tenga a su alcance el inversor defensivo.

Capítulo 6

Política de cartera para el inversor emprendedor: Método negativo

El inversor «agresivo» debería comenzar desde el mismo punto de partida que el inversor defensivo, es decir, con una distribución de sus fondos entre obligaciones de primera categoría y acciones ordinarias de primera categoría adquiridas a precios razonables.* Debe estar dispuesto a adentrarse en otros tipos de compromisos con valores, pero en todos los casos necesitará una argumentación bien razonada que justifique la incursión. La exposición de esta cuestión de manera ordenada entraña dificultades, porque no hay un único modelo, ni un modelo ideal de organización de las operaciones agresivas. El campo de elección es amplio; la selección debería depender no sólo de la competencia y la preparación del individuo, sino también, y de manera igualmente justificada, de sus intereses y preferencias.

Las generalizaciones que más útiles pueden resultar al inversor emprendedor son de índole negativa. Que se mantenga al margen de las acciones preferentes de primera categoría, y las deje para las personas jurídicas. Que también se mantenga alejado de las obligaciones y acciones preferentes de categoría inferior, salvo que puedan adquirirse a precio de oportunidad, lo que normalmente significa un precio que esté por lo menos el 30% bajo par en el

* En este caso Graham comete un desliz terminológico. Después de insistir en el capítulo 1 en que la definición de inversor «emprendedor» no depende de la cantidad de riesgo que se quiera asumir, sino de la cantidad de trabajo que se esté dispuesto a realizar, Graham vuelve a caer en la noción convencional de que los inversores emprendedores son más «agresivos». El resto del capítulo, no obstante, deja claro que Graham sigue considerando válida su definición original.

caso de emisiones con elevados cupones, y a precios muy inferiores en el caso de emisiones con cupones menores.* Tendrá que dejar que sean otros los que compren emisiones de obligaciones de Estados extranjeros, aunque el rendimiento sea atractivo. También tendrá que actuar con gran prevención ante todo tipo de nuevas emisiones, incluidas las obligaciones convertibles y las acciones preferentes convertibles que puedan parecer tentadoras y las acciones ordinarias con excelentes ganancias limitadas al pasado reciente.

En lo relativo a las inversiones en obligaciones ordinarias, el inversor agresivo haría bien si siguiese la pauta de actuación que se ha sugerido para su congénere defensivo, y limitase su elección a las emisiones sujetas a tributación de primer orden, de las cuales es posible en la actualidad elegir valores que rinden aproximadamente el 7,25%, y las obligaciones exentas de tributación de buena calidad, que pueden ofrecer unos rendimientos de hasta el 5,30% en el caso de instrumentos con vencimientos a más largo plazo.†

Acciones preferentes y obligaciones de segunda categoría

Teniendo en cuenta que a finales de 1971 es posible encontrar obligaciones empresariales de primera categoría que ofrecen un rendimiento del 7,25% o incluso más, no tendría mucho sentido comprar emisiones de segunda categoría simplemente por el mayor rendimiento que ofrecen. De hecho, las sociedades con una posición de solvencia relativamente deficiente han descubierto que les ha resultado prácticamente imposible colocar «obligaciones simples» (es decir, no convertibles) entre el público en los dos últimos años. Por lo tanto, su financiación con recursos ajenos ha tenido que realizarse a través de la emisión de obligaciones convertibles (o lo que es lo mismo, obligaciones unidas a un *warrant*) que están en una categoría diferente. Se desprende que prácticamente todas las obligaciones no convertibles de categoría inferior corresponden a emisiones más antiguas que se están vendiendo con un gran descuento. Por lo tanto, ofrecen la posibilidad de disfrutar de una substancial ganancia en valor del prin-

---

* Los «valores con cupón elevado» son obligaciones empresariales que pagan tipos de interés superiores a la media (en los mercados actuales, por lo menos el 8%) o acciones preferentes que abonan grandes rendimientos en forma de dividendo (10% o más). Que una empresa tenga que abonar tipos de interés elevados para poder tomar prestado dinero es una señal fundamental de que es una empresa de riesgo. Si desea más información sobre las obligaciones de alto rendimiento o bonos «basura» (véanse las páginas 167-169).

† A principios de 2003, los rendimientos equivalentes son aproximadamente el 5,1% en las obligaciones empresariales de mejor categoría, y del 4,7% en las obligaciones municipales exentas de tributación a 20 años. Para actualizar estos rendimientos, véase www.bondsonline.com/asp/news/composites/html o www.bloomberg.com/markets/rates.html y www.bloomberg.com/markets/psamuni.html.

cipal si se dan condiciones favorables en el futuro, para lo que sería necesario que se combinasen la mejora de la calificación de solvencia de la sociedad, por una parte, y una reducción de los tipos de interés generales, por otra parte.

No obstante, incluso en la cuestión de los descuentos de precio y la concomitante oportunidad de conseguir beneficios gracias al principal, las obligaciones de segunda categoría compiten con mejores instrumentos. Algunas de las obligaciones firmemente arraigadas con tipos de cupón «a la antigua usanza» (2,5% a 4%) se vendían aproximadamente por 50 centavos por dólar nominal en 1970. Se pueden mencionar los siguientes ejemplos: American Telephone & Telegraph 2,625%, con vencimiento en 1986, cotizaba a 51; Atchison Topeka & Santa Fe RR 4%,con vencimiento en 1995, cotizaba a 51; McGraw-Hill 3,875%, con vencimiento en 1992, cotizaba a 50,5.

Por lo tanto, en las condiciones imperantes a finales de 1971, los inversores emprendedores pueden obtener de obligaciones de buena categoría que se venden con grandes descuentos todo lo que deberían desear razonablemente tanto desde el punto de vista de la rentabilidad como de las posibilidades de revalorización.

A lo largo de este libro nos referimos a la posibilidad de que cualquier situación de mercado bien definida y prolongada que se haya dado en el pasado se pueda volver a repetir en el futuro. Por lo tanto, deberíamos tener en cuenta qué políticas deberían elegir los inversores agresivos en el terreno de las obligaciones, si los precios y los rendimientos de las emisiones de mejor categoría volviesen a la situación que anteriormente se consideraba normal. Por este motivo volveremos a reimprimir las observaciones que sobre esta cuestión realizamos en la edición de 1965, cuando las obligaciones de mejor categoría rendían únicamente el 4,5%.

En este momento deberíamos hacer alguna indicación sobre las emisiones de segunda categoría que se pueden encontrar con facilidad, y que arrojan rentabilidades de hasta el 8% o más. La principal diferencia entre las obligaciones de primera categoría y las de segunda categoría suele darse en el número de veces que los gastos por intereses están cubiertos por los beneficios. Por ejemplo: a principios de 1964 las obligaciones remunerables con cargo a ingresos de Chicago, Milwaukee, St Paul and Pacific, al 5%, que cotizaban a 68, arrojaban un rendimiento del 7,35%. Sin embargo, los gastos totales por intereses de la autopista, antes de impuestos de sociedades, únicamente se cubrieron 1,5 veces en 1963, en comparación con nuestros requisitos de que estén cubiertos 5 veces en el caso de una emisión de ferrocarril bien protegida.[1]

Muchos inversores adquieren títulos de este tipo porque «necesitan renta» y no pueden conformarse con la rentabilidad más escasa ofrecida por las emisiones de mejor categoría. La experiencia indica claramente que es poco sensato comprar una obligación o una acción preferente que carece de una adecuada seguridad simplemente porque su rendimiento es atractivo.* (En este caso la

---

* Si desea un ejemplo reciente que refuerza dolorosamente la observación de Graham, véase la página 168 más adelante.

palabra «simplemente» quiere decir que la emisión no está cotizando con un gran descuento y, por lo tanto, no ofrece la oportunidad de obtener una substancial ganancia gracias al valor del principal). Cuando estos títulos se adquieren a precio íntegro, es decir, no muchos puntos por debajo del 100*, hay muchas probabilidades de que en algún momento futuro el tenedor tenga que sufrir unas cotizaciones muy inferiores. Cuando llega una mala racha, ya sea de actividad de la empresa o de mercado, las emisiones de este tipo suelen ser muy dadas a sufrir grandes caídas; frecuentemente se suspenden los pagos de intereses o dividendos, o por lo menos se ven en peligro, y en muchas ocasiones se producen marcadas caídas de los precios aun cuando los resultados de explotación no sean tan malos.

Como ilustración específica de esta característica de los títulos senior de segunda calidad resumamos el comportamiento seguido por la cotización de un grupo de diez obligaciones remunerables con ingresos de empresas de ferrocarril en 1946-1947. El grupo está compuesto por todas aquellas que cotizaron a 96 o más en 1946, con precios máximos que de media alcanzaron 102,5. Al año siguiente el grupo había registrado unos precios mínimos que en promedio alcanzaban únicamente el 68, lo que supone una pérdida de un tercio de valor de mercado en un período de tiempo muy reducido. Sorprendentemente, los ferrocarriles del país estaban consiguiendo en 1947 unas ganancias muy superiores a las obtenidas en 1946; por lo tanto, la drástica reducción de la cotización fue en contra de la situación en la que se encontraba la actividad de estas empresas y fue en realidad un reflejo del ambiente de liquidación que imperaba en el mercado general. No obstante, se debe señalar que la caída de valor de estas obligaciones remunerables con ingresos fue proporcionalmente mayor que la de las acciones ordinarias de la lista industrial del Dow Jones (aproximadamente el 23%). Evidentemente, el comprador de este tipo de obligaciones a un coste superior a 100 no podría haber contado con participar en cualquier ulterior crecimiento en el mercado de valores. El único rasgo atractivo era el rendimiento por intereses, que de media alcanzaba el 4,25% (en comparación con el 2,50% de las obligaciones de primera categoría, lo que supone una ventaja de 1,75% en ingresos anuales). No obstante, lo que se produjo a continuación puso de manifiesto con demasiada rapidez y de manera absolutamente explícita que, a cambio de la pequeña ventaja en renta anual, el comprador de estas obligaciones de segunda categoría se estaba arriesgando a sufrir la pérdida de una parte sustancial de su principal.

---

* Los precios de las obligaciones cotizan en porcentajes del «valor a la par» o 100. Una obligación cuyo precio sea «85» se estará vendiendo al 85% del valor de su principal; una obligación ofrecida inicialmente por 10.000 dólares que en la actualidad se estuviese vendiendo a 85 costaría 8.500 dólares. Cuando las obligaciones se venden por debajo de 100 se denominan obligaciones «con descuento»; por encima de 100 se convierten en obligaciones «con prima».

El ejemplo anterior nos permite exponer lo que opinamos sobre la falacia popular que suele recibir la denominación de «inversión para empresarios». Esto supone la adquisición de un título que muestre un rendimiento mayor que el que se puede obtener con una emisión de primera categoría y que entrañe un riesgo concomitantemente superior. Es un mal negocio aceptar la posibilidad reconocida de sufrir una pérdida de principal a cambio de un mero 1 o 2% de renta anual adicional. Si está dispuesto a asumir ciertos riesgos, debería estar seguro de que puede conseguir un beneficio realmente importante con el valor del principal en caso de que todo salga bien. Por lo tanto, una obligación de segunda categoría con un interés del 5,5 o del 6% *que se venda a la par* es prácticamente siempre una mala adquisición. Esos mismos títulos a 70 podrían resultar más adecuados, y si tiene paciencia probablemente podrá adquirirlos a ese nivel.

Las obligaciones de segunda categoría y las acciones preferentes tienen dos atributos contradictorios que el inversor inteligente debe tener claramente presentes. Prácticamente todas sufren graves retrocesos cuando la situación del mercado es negativa. Por otra parte, una gran parte de ellas recuperan su posición cuando vuelven las condiciones favorables, y éstas, en última instancia, «acaban saliendo bien». Esto es cierto incluso en el caso de las acciones preferentes (cuando se trata de obligaciones con derecho a acumular los dividendos no desembolsados) que no han pagado dividendos durante muchos años. Hubo un número de títulos de ese tipo a principios de la década de 1940, como consecuencia del período de gran depresión de la década de 1930. Durante el período de crecimiento explosivo de la postguerra, 1945-1947, muchas de estas grandes acumulaciones fueron pagadas en metálico o con nuevos títulos, y en muchos casos también se atendió al pago del principal. Como resultado, las personas que unos cuantos años antes habían comprado estos títulos desfavorecidos a precios muy bajos obtuvieron grandes beneficios.[2]

Bien podría darse el caso de que, en términos contables generales, los mayores rendimientos que se pueden obtener con las emisiones senior de segunda categoría hayan compensado las pérdidas de principal que eran irrecuperables. En otras palabras, un inversor que haya comprado todos esos títulos a sus precios ofrecidos podría haber tenido unos resultados similares, a largo plazo, a los de una persona que se hubiese limitado a títulos de primera categoría; tampoco puede descartarse que sus resultados hubiesen sido aún mejores.[3]

No obstante, a efectos prácticos, esta cuestión es básicamente irrelevante. Sea cual sea el resultado, el comprador de títulos de segunda categoría que haya pagado el precio íntegro estará preocupado e incómodo cuando la cotización de los títulos se venga abajo. Además, no podrá adquirir un número suficiente de títulos que le permita garantizarse un resultado «medio», y tampoco estará en condiciones de reservar una parte de sus mayores ingresos para compensar o «amortizar» las pérdidas de principal que acaben siendo permanentes. Por último, es una mera cuestión de sentido común abstenerse de comprar títulos a una cotización de más o menos 100 si la experiencia histórica indica que se pueden comprar probablemente a 70 o menos en el siguiente período de debilidad que atraviese el mercado.

Obligaciones de países extranjeros

Todos los inversores que tengan un poco de experiencia, por pequeña que ésta sea, saben que las obligaciones extranjeras, en conjunto, se han granjeado fama de ser un mal instrumento de inversión desde 1914. Esto era inevitable, si se tiene en cuenta que desde esa época ha habido dos guerras mundiales y una depresión mundial en el ínterin de una profundidad nunca conocida. Sin embargo, cada pocos años las condiciones de mercado son suficientemente favorables para hacer posible la venta de algunos nuevos instrumentos extranjeros a un precio cercano a la par. Este fenómeno es muy revelador de la forma de pensar de la mente del inversor medio, y no sólo en el campo de las obligaciones.

No tenemos ningún *motivo concreto* para preocuparnos por los futuros resultados que acumulen las obligaciones extranjeras bien consideradas, como por ejemplo las de Australia o Noruega. Sin embargo, lo que sí sabemos es que en caso de que, o cuando, aparezcan problemas, el propietario de obligaciones extranjeras no tendrá ningún medio legal, ni de otro tipo, de hacer valer sus derechos. Quienes compraron obligaciones de la República de Cuba al 4,5% a una cotización de hasta 117 en 1953 tuvieron que sufrir el impago de sus intereses y después tuvieron que venderlas a cotizaciones tan bajas como 20 centavos por dólar en 1963. La lista de obligaciones de la bolsa de Nueva York de aquel año también incluía obligaciones del Congo Belga al 5,25% que cotizaban a 36, obligaciones de Grecia al 7% que cotizaban a 30, y diferentes emisiones de obligaciones de Polonia con cotizaciones que llegaban hasta un mínimo de 7. ¿Cuántos lectores tienen alguna idea sobre las repetidas vicisitudes de las obligaciones al 8% de Checoslovaquia desde que se ofrecieron por primera vez en Estados Unidos en 1922 a 96,5? Su cotización subió a 112 en 1928, se redujo a 67,75 en 1932, se recuperó hasta 110 en 1936, se vino abajo a 6 en 1939, se recuperó (increíblemente) a 117 en 1946, se desplomó rápidamente a 35 en 1948 y se ha vendido a cotizaciones tan bajas como 8 en 1970.

Hace años se formuló una especie de argumentación que justificaba la adquisición de obligaciones extranjeras en Estados Unidos basada en el motivo de que una nación acreedora tan rica como la nuestra está moralmente obligada a prestar dinero al extranjero. El tiempo, ese elemento indispensable para poder saborear fría la venganza, ha traído a Estados Unidos su propio problema peliagudo de balanza de pagos, parte del cual es atribuible a la adquisición a gran escala de obligaciones extranjeras por parte de los inversores estadounidenses que trataban de conseguir una pequeña ventaja de rendimiento. Durante muchos años del pasado hemos puesto en tela de juicio la supuesta atracción de tales inversiones desde el punto de vista del comprador; tal vez deberíamos añadir en la actualidad que este último no sólo se haría un favor a sí mismo, sino también a su país, si dejase pasar estas oportunidades.

Las salidas a bolsa en general

Podría parecer desaconsejable tratar de formular cualquier tipo de afirmación general sobre las salidas a bolsa en conjunto, puesto que cubren la más amplia gama posible de calidad y de atracción. Ciertamente, habrá excepciones a cualquier regla que pueda sugerirse. Nuestra única recomendación es que todos los inversores deberían mostrarse muy cautos ante las ofertas públicas iniciales, lo que significa, simplemente, que tales ofertas deben ser objeto de un cuidadoso examen y de pruebas extraordinariamente severas antes de decidir que interesa su adquisición.

Hay dos motivos para esta doble precaución. El primero es que las ofertas públicas iniciales cuentan con el respaldo de especiales dotes de venta por parte del vendedor, y exigen, por lo tanto, un especial nivel de resistencia a la compra.* El segundo es que la mayor parte de estas salidas a bolsa tienen lugar en «condiciones favorables de mercado», lo que significa condiciones favorables para el vendedor y, por lo tanto, menos favorables para el comprador.†

El efecto de estas consideraciones va siendo cada vez más importante a medida que descendemos por la escala, comenzando con las obligaciones de máxima calidad, pasando por los títulos senior de segunda categoría, hasta que llegamos a la colocación de acciones ordinarias en la parte inferior de la escala jerárquica. En el pasado se han financiado cuantiosas cantidades mediante una técnica que consistía en reembolsar las obligaciones existentes a su precio de rescate, sustituyéndolas después por nuevas emisiones que abonaban un cupón inferior. La mayor parte de esta actividad se llevaba a cabo en la categoría de las obligaciones de máxima calidad y de acciones preferentes. Los compradores solían ser, principalmente, grandes instituciones financieras, sobradamente cualificadas para proteger sus intereses. Por lo tanto, los precios de estas ofertas estaban cuidadosamente determinados para cubrir el precio de salida de emisiones comparables, y la destreza de los vendedores influía poco en el resultado. A medida que los tipos de interés se iban reduciendo más y más, los compradores

* Las nuevas emisiones de acciones ordinarias, ofertas públicas iniciales, suelen venderse con «descuento de suscripción» (una comisión incluida) del 7% En contraste, la comisión del comprador por las acciones antiguas suele ser inferior al 4%. Siempre que Wall Street gana aproximadamente el doble por vender algo nuevo que por vender algo antiguo, lo nuevo recibirá el mayor esfuerzo de venta.

† Recientemente, los profesores de finanzas Owen Lamont de la Universidad de Chicago y Paul Schultz de la Universidad de Notre Dame han demostrado que las organizaciones optan por ofrecer nuevas acciones al público cuando el mercado de valores está cerca de un punto máximo. Si desea una exposición técnica de estas cuestiones, véase la obra de Lamont «Evaluating Value Weighting: Corporate Events and Market Timing» y la de Schultz «Pseudo Market Timing and the Long-Run Performance of IPOs» en http:// papers.ssrn.com.

acababan pagando un precio excesivamente elevado por estas emisiones, y buena parte de ellas acabaron sufriendo grandes declives en el mercado. Éste es uno de los rasgos característicos de la tendencia a colocar nuevas emisiones cuando las condiciones son más favorables para el emisor; no obstante, en el caso de las emisiones de títulos de primera categoría, las consecuencias negativas para el comprador serán desagradables, pero no llegarán a ser graves.

La situación resulta ser algo diferente cuando estudiamos las acciones preferentes y las obligaciones de menor categoría que se vendieron durante los períodos 1945-1946 y 1960-1961. En estos casos, el efecto del esfuerzo de venta es más aparente, porque la mayor parte de estos títulos se colocaron probablemente entre inversores individuales e inexpertos. Un rasgo característico de estas ofertas es que no ofrecían una imagen adecuada si se juzgaban con arreglo al resultado de las empresas estudiado durante un número suficiente de años. Su apariencia era de suficiente seguridad, en la mayor parte de los casos, siempre y cuando se pudiese dar por supuesto que los recientes beneficios se iban a poder mantener sin serios contratiempos. Los bancos de inversión que colocaron estas emisiones probablemente aceptaron esta hipótesis, y sus vendedores tuvieron pocas dificultades para persuadirse a sí mismos y a sus clientes de que tal iba a ser el caso. No obstante, fue una forma poco sensata de abordar una operación de inversión, que probablemente acabó resultando muy costosa.

Los períodos alcistas de mercado normalmente se caracterizan por el hecho de que un gran número de sociedades no cotizadas deciden salir a bolsa con acciones cotizadas. Esto fue lo que sucedió en 1945-46, y nuevamente a partir de 1960. El proceso posteriormente alcanzó proporciones extraordinarias, hasta que concluyó con un cierre catastrófico en mayo de 1962. Después del tradicional período de «enfriamiento y recuperación» que duró varios años, toda la tragicomedia volvió a repetirse, paso por paso, en 1967-1969.*

Nuevas ofertas de acciones ordinarias

A continuación se reproducen unos cuantos párrafos, sin ninguna modificación, tomados de la edición de 1959, con unos comentarios añadidos:

* En los dos años que van de junio de 1960 a mayo de 1962, más de 850 empresas vendieron sus acciones al público por primera vez, una media de una por día. A finales de 1967 el mercado de las ofertas iniciales de acciones se volvió a calentar; en 1969 comenzaron su existencia una asombrosa cifra de 781 nuevas acciones. Ese exceso de oferta ayudó a crear los períodos bajistas de mercado de 1969 y 1973–1974. En 1974, el mercado de ofertas públicas iniciales estaba tan muerto que únicamente salieron a cotización 9 empresas en todo el año. 1975 fue testigo del nacimiento de únicamente 14 acciones cotizadas. Esa insuficiente oferta, a su vez, ayudó a potenciar el

La financiación mediante acciones ordinarias adopta dos formas diferentes. En el caso de sociedades que ya están admitidas a cotización, se ofrecen acciones adicionales en un número proporcional a sus carteras, a los accionistas existentes. El precio de suscripción se establece por debajo del actual precio de mercado, y los derechos para suscribir acciones tienen un valor monetario inicial.* La venta de nuevas acciones prácticamente siempre está suscrita por uno o más bancos de inversión, aunque existe la esperanza y la expectativa general de que la totalidad de las nuevas acciones sean suscritas mediante el ejercicio de los derechos de suscripción. Por lo tanto, la venta de acciones ordinarias adicionales de sociedades admitidas a cotización por lo general no requiere un esfuerzo activo de venta por parte de las firmas que distribuyen estos títulos.

El segundo tipo es la colocación pública de acciones ordinarias de lo que hasta ese momento eran sociedades cuyas acciones no cotizaban en bolsa. La mayor parte de estas acciones se venden por cuenta de los titulares de las participaciones de control, con el objetivo de poder allegar fondos en una situación favorable de mercado y diversificar sus propias finanzas. (Cuando se captan nuevas cantidades de dinero para la actividad de la empresa, frecuentemente, ese dinero se obtiene por medio de la venta de acciones preferentes, como se ha indicado anteriormente).

---

período alcista de mercado de la década de 1980, cuando aproximadamente 4.000 nuevas cotizaciones inundaron el mercado, ayudando a desencadenar el exceso de entusiasmo que condujo al crash de 1987. Entonces el péndulo osciló en la otra dirección, cuando las ofertas públicas iniciales desaparecieron de escena en 1988-1990. Esa escasez contribuyó al período alcista de mercado de la década de 1990, y con la exactitud de un reloj suizo, Wall Street retomó su trabajo de sacar a cotización nuevas empresas, lanzando cerca de 5.000 ofertas públicas iniciales. Posteriormente, después del estallido de la burbuja en el año 2000, sólo se produjeron 88 ofertas públicas iniciales en 2001, la menor cifra anual desde 1979. En todos los casos, el público ha salido escaldado de las ofertas públicas iniciales, se ha mantenido alejado de ellas durante un mínimo de dos años, pero siempre ha vuelto para recibir un nuevo escarmiento. Desde que existen los mercados de valores, los inversores han atravesado estos ciclos maníaco-depresivos. En la primera fiebre de ofertas públicas iniciales que tuvo lugar en Estados Unidos, allá por 1825, se dice que un hombre fue aplastado por la estampida de especuladores que trataban de comprar acciones del nuevo Bank of Southwark; los compradores más acaudalados contrataron a matones para que se abriesen paso a puñetazos hasta los primeros puestos de la cola. Por supuesto, para 1829 las acciones habían perdido aproximadamente el 25% de su valor.

* En estas líneas Graham está describiendo las ofertas de derechos de suscripción, en las que se solicita a los inversores que ya poseen acciones que aporten más dinero para mantener la misma participación proporcional en la empresa. Esta forma de financiación, que sigue siendo de uso generalizado en Europa, prácticamente ha desaparecido en Estados Unidos, salvo en el caso de los fondos de inversión cerrados.

Esta actividad sigue un patrón bien definido, que por la propia naturaleza de los mercados de valores debe generar muchas pérdidas y decepciones al público en general. Los peligros surgen como consecuencia del carácter de las empresas que obtienen financiación por estos medios y de las condiciones de mercado que hacen posible la financiación.

En la primera parte del siglo (XX) una gran proporción de las principales sociedades estadounidenses fueron admitidas a cotización en bolsa. A medida que pasó el tiempo, el número de empresas de primer orden que cotizaban fue disminuyendo firmemente; por lo tanto, las colocaciones en bolsa se han concentrado a medida que pasaba el tiempo cada vez más en empresas relativamente pequeñas. Por una desgraciada correlación, durante ese mismo período, el público interesado en comprar acciones ha ido adquiriendo una arraigada preferencia por empresas importantes y, simultáneamente, ha adquirido prejuicios contra las empresas pequeñas. Este prejuicio, como muchos otros, tiende a debilitarse a medida que se asientan las tendencias alcistas en el mercado; los grandes y rápidos beneficios obtenidos por el conjunto de acciones ordinarias son suficientes para atenuar la facultad crítica del público, a la vez que potencian su instinto comprador. Durante estos períodos, además, no suele resultar difícil identificar una serie de empresas cotizadas que disfrutan de excelentes resultados, aunque buena parte de estas empresas no tendrían un historial tan impresionante si los resultados que se analizan se remontasen, por ejemplo, a diez años o más.

Cuando estos factores se combinan surgen las siguientes consecuencias: en algún momento en medio de un período alcista de mercado aparecen las primeras colocaciones iniciales en bolsa. Sus precios se establecen en niveles relativamente atractivos y los compradores de estas primeras colocaciones obtienen beneficios considerables. A medida que prosigue la subida del mercado, esta forma de financiación se hace cada vez más frecuente; la calidad de las sociedades que van saliendo a bolsa se deteriora cada vez más; los precios que se solicitan y que se obtienen se aproximan mucho a niveles exorbitantes. Una señal bastante fiable de que se aproxima el final de un período alcista es el hecho de que las acciones ordinarias recién colocadas de sociedades pequeñas y desconocidas flotan en el mercado a niveles algo superiores al imperante para muchas empresas de medianas dimensiones con un prolongado historial de mercado. (Debería añadirse que muy poca de esta actividad de financiación mediante acciones ordinarias suele ser llevada a cabo por bancos de inversión de gran tamaño y de buena reputación).*

* En la época de Graham, los bancos de inversión más prestigiosos solían mantenerse alejados de las operaciones de ofertas públicas iniciales, que estaban consideradas como una indigna actividad de aprovechamiento de la ignorancia de los inversores. En el apo-

La insensatez del público y la disposición de las organizaciones vendedoras a vender todo aquello que se pueda vender obteniendo beneficio únicamente pueden tener un resultado: el colapso del precio. En muchos casos, estas ofertas iniciales pierden el 75% o más de su precio de oferta. La situación se agrava por el anteriormente mencionado hecho de que, en última instancia, el público tiene una aversión real a ese tipo precisamente de pequeñas emisiones que tan ansiosamente adquieren en los momentos de despreocupación. Muchas de estas emisiones caen, proporcionalmente, tan por debajo de su verdadero valor como anteriormente se vendían por encima de él.

Un requisito elemental del inversor inteligente es la capacidad de resistirse a las argucias de los vendedores que les ofrecen títulos de ofertas públicas iniciales durante etapas alcistas del mercado. Aunque se puedan encontrar una o dos de estas ofertas que puedan superar exigentes pruebas de calidad y valor, probablemente es una mala política participar en este tipo de actividad. Por supuesto, el vendedor señalará que muchas de estas nuevas ofertas han disfrutado de importantes subidas de mercado, incluidas algunas alzas espectaculares en el día en el que salen a bolsa. No obstante, todo ello forma parte de la atmósfera especulativa. Es dinero fácil. Tendrá mucha suerte si acaba perdiendo sólo el doble del dinero que sea capaz de ganar inicialmente con estas operaciones.

Algunas de estas colocaciones pueden acabar siendo excelentes compras, unos cuantos años después, cuando nadie las quiera y se puedan obtener por una pequeña fracción de su verdadero valor.

En la edición de 1965 continuamos nuestra exposición sobre esta materia de la siguiente forma:

Aunque los aspectos más generales del comportamiento del mercado de valores desde 1949 no se han prestado muy bien a un análisis basado en una prolongada experiencia, la evolución de las colocaciones de nuevas acciones en el mercado ha seguido exactamente el curso que cabía esperar en función de la historia. Es dudoso que en el pasado se

geo de la fiebre de salidas a bolsa de finales de 1999, y principios de 2000, sin embargo, los principales bancos de inversión de Wall Street se lanzaron de lleno. Las venerables firmas se desprendieron de su tradicional prudencia y se comportaron como luchadores de barro borrachos, lanzándose ansiosamente a encajar acciones ridículamente sobrevaloradas entre un público desesperadamente deseoso de apoderarse de ellas. La descripción realizada por Graham de la forma de operar de las ofertas públicas iniciales es un clásico que debería ser de lectura obligatoria en las clases de ética de la banca de inversión, si las hubiese.

hayan realizado tantas ofertas iniciales, de una calidad tan baja, y con unas caídas de precio tan extremas como las que se están produciendo en 1960-1962.[4] La capacidad del mercado de valores, en su conjunto, para desentenderse rápidamente de ese desastre es, indiscutiblemente, un fenómeno extraordinario, que nos hace retomar los recuerdos largo tiempo enterrados de la similar invulnerabilidad que mostró ante el colapso inmobiliario que sufrió Florida en 1925.

¿Debe producirse una recaída en la locura de las ofertas públicas iniciales antes de que el actual período alcista de mercado alcance su cierre definitivo? ¿Quién lo sabe? No obstante, lo que sí sabemos es que un inversor inteligente no se olvidará de lo que ha ocurrido en 1962 y dejará que sean otros los que disfruten del siguiente lote de rápidos beneficios en esta área y que sean otros, en consecuencia, los que sufran las posteriores pérdidas desastrosas.

En la edición de 1965, tras estos párrafos mencionábamos «Un horrible ejemplo», literalmente, la venta de acciones de Aetna Maintenance Co. a 9 dólares en noviembre de 1961. Siguiendo un comportamiento típico, las acciones subieron rápidamente hasta 15 dólares; al año siguiente cayeron a 2,375 y en 1964 a 0,875. La historia posterior de esta empresa entra dentro de lo extraordinario, e ilustra alguna de las extrañas metamorfosis que han tenido lugar en el mundo de las empresas, grandes y pequeñas, de Estados Unidos en los últimos años. El lector curioso encontrará la historia, antigua y moderna, de esta empresa en el apéndice 5.

No resulta en absoluto difícil ofrecer ejemplos aún más espantosos tomados de la versión más reciente de «la misma vieja historia de siempre», que cubren los años 1967-1970. Nada más adecuado para nuestros objetivos que exponer el caso de AAA Enterprises, que resultaba ser la primera sociedad que aparecía recogida en la *Stock Guide* de Standard & Poor's. Las acciones se vendieron al público a 14 dólares en 1968, subieron rápidamente a 28, pero a principios de 1971 cotizaban a unos abismales 25 centavos. (Incluso esa cotización representa una brutal sobrevaloración de la empresa, puesto que acababa de iniciar un proceso de quiebra en una situación lamentable). Hay tanto que aprender, y hay tantas advertencias que deben ser tenidas en cuenta, en la historia de esta colocación que le hemos reservado un tratamiento detallado posteriormente, en el capítulo 17.

Comentario al capítulo 6

Los golpes que fallas son los que te agotan.

Angelo Dundee, entrenador de boxeo

Para el inversor agresivo, lo mismo que para el inversor defensivo, lo que no se hace tiene tanta repercusión sobre el éxito como lo que sí se hace. En este capítulo, Graham enumera lo que en su opinión no deben hacer los inversores agresivos. A continuación ofrecemos una lista actualizada.

¿La escoria de la tierra?

Las obligaciones de alto rendimiento, a las que Graham denomina de «segunda categoría» o de «categoría inferior» y que en la actualidad se denominan «bonos basura», son objeto de una valoración claramente negativa por parte de Graham. En su día, era demasiado costoso y laborioso para el inversor individual diversificar los riesgos de impago.[1] (Para descubrir hasta qué punto puede ser nocivo el impago, y de qué forma tan descuidada pueden llegar a caer en uno de ellos hasta los inversores más «sofisticados» que se dedican profesionalmente a la inversión en obligaciones, vea el recuadro de la página 168). En la actualidad, no obstante, hay más de 130 fondos de inversión especializados en bonos basura. Estos fondos compran basura a carretadas; tienen docenas de obligaciones diferentes. Eso mitiga las quejas de Graham acerca de la dificultad que

[1] A principios de 1970, cuando Graham escribió la obra, había menos de una docena de fondos de bonos basura, y prácticamente todos ellos cobraban unas comisiones que llegaban hasta el 8,5%; algunos llegaban incluso a hacer pagar un canon por el privilegio de reinvertir sus dividendos mensuales en el fondo.

Un mar de lágrimas para las obligaciones de WorldCom

Comprar una obligación únicamente por su rendimiento es cómo casarse únicamente por el sexo. Si lo que nos atrajo en un primer momento se agota, acabaremos preguntándonos: «¿Qué más hay?». Cuando la respuesta sea «Nada», tanto los cónyuges como los obligacionistas acabarán con el corazón destrozado.

El 9 de mayo del año 2001, WorldCom Inc. colocó la mayor oferta de obligaciones de la historia empresarial de Estados Unidos, por valor de 11.900 millones de dólares. Entre los que se sintieron atraídos por las rentabilidades de hasta el 8,3%, como moscas a la miel, estuvieron las siguientes instituciones: California Public Employees' Retirement System, que es uno de los mayores fondos de pensiones del mundo; Retirement Systems of Alabama, cuyos gestores posteriormente explicaron que «los mayores rendimientos» les resultaron «muy atractivos en el momento en el que adquirimos las obligaciones»; y Strong Corporate Bond Fund, cuyo gestor conjunto estaba tan orgulloso del cuantioso interés generado por las obligaciones de WorldCom que llegó a decir «estamos percibiendo unos ingresos adicionales más que suficientes para compensar el riesgo en el que incurrimos».[1]

No obstante, habría bastado un vistazo de 30 segundos al folleto de las obligaciones de WorldCom para darse cuenta de que estas obligaciones no tenían nada que ofrecer salvo su rendimiento, y tenían todo que perder. En dos de los cinco años anteriores, los resultados antes de impuestos de WorldCom (los beneficios obtenidos por la empresa antes de pagar la cantidad adeudada a la Agencia Tributaria) fueron insuficientes para cubrir sus cargas fijas (el coste del pago de intereses a los titulares de obligaciones) por la impresionante cifra de 4.100 millones de dólares. WorldCom únicamente podía cubrir los pagos relacionados con esas obligaciones endeudándose más con los bancos. Además, con esta nueva dosis monstruosa de obligaciones, WorldCom estaba engordando sus costes por intereses en otros 900 millones de dólares al año.[2] Al igual que Don Creosote en la película *El sentido de la vida de Monty Python*, WorldCom se estaba llenando hasta el punto de llegar a reventar.

Ningún rendimiento por intereses podría llegar nunca a ser lo suficientemente cuantioso para compensar a un inversor por arriesgarse a ese tipo de explosión. Las obligaciones del WorldCom generaron unos cuantiosos rendimientos de hasta el 8% durante unos pocos meses. Después, como habría predicho Graham, la rentabilidad dejó súbitamente de ofrecer cobijo:

- WorldCom solicitó la declaración de quiebra en julio de 2002.
- WorldCom reconoció en agosto de 2002 que había inflado las declaraciones de beneficios en más de 7.000 millones de dólares.[3]

- Las obligaciones de WorldCom se impagaron cuando la empresa no pudo seguir cubriendo sus cargos por intereses; las obligaciones perdieron más del 80% de su valor original.

---

[1] Véase www.calpers.ca.gov/whatshap/hottopic/worldcom_faqs.htm y www.calpers.ca.-gov/whatsnew/press/2002/0716a.htm; Retirement Systems of Alabama Quarterly Investment Report del 31 de mayo, 2001, en www.rsa.state.al.us/Investments/-quarterly_report.htm; y John Bender, cogestor del Strong Corporate Bond Fund, citado en www.businessweek.-com/magazine/content/01_22/ b3734118.htm.

[2] Todas estas cifras están extraídas del folleto de WorldCom, o documento de ventas, para la oferta de obligaciones. Presentado el 11 de mayo de 2001, se puede ver en www.sec.gov/ edgar/searchedgar/companysearch.html (en la ventana de «Company name», introduzca «WorldCom»). Incluso sin la ventaja que da la perspectiva del tiempo, que nos permite ser perfectamente conscientes de que los beneficios de WorldCom estaban fraudulentamente inflados, la oferta de obligaciones de WorldCom habría dejado sin palabras a Graham.

[3] Si desea documentación sobre el colapso de WorldCom, véase www.worldcom.com/infodesk.

entraña la diversificación. (No obstante, su predisposición en contra de las acciones preferentes de alto rendimiento sigue siendo válida, puesto que no hay ninguna forma económica y disponible de manera generalizada de repartir sus riesgos).

Desde 1978 se ha alcanzado una media anual del 4,4% del mercado de bonos basura que se han impagado, pero incluso después de esos impagos, los bonos basura han seguido produciendo un rendimiento anualizado del 10,5%, en comparación con el 8,6% de las obligaciones del Tesoro de Estados Unidos a diez años.[2] Por desgracia, la mayor parte de los fondos de bonos basura cobran elevadas comisiones y consiguen unos resultados insatisfactorios a la hora de proteger el importe principal original de su inversión. Los fondos de bonos basura pueden ser adecuados si está usted jubilado, desea conseguir unos ingresos mensuales adicionales que complementen su pensión y puede tolerar grandes bajadas temporales de valor. Si trabaja en un banco u otro tipo de empresa financiera, una gran subida de los tipos de interés podría limitar su ascenso o incluso plantear amenazas a la seguridad de su empleo, por lo que un fondo de bonos basura, que suele tener mejores resultados que los otros fondos de renta fija cuando suben los tipos de interés, podría ser un instrumento adecuado como contrapeso en su plan de jubilación. El fondo de bonos basura, no obstante, no deja de ser una pequeña alternativa, y no una obligación, para el inversor inteligente.

---

[2] Edward I. Altman y Gaurav Bana, «Defaults and Returns on High-Yield Bonds», documento de investigación, Stern School of Business, New York University, 2002.

La cartera de inversión de vodka y burrito

Graham consideraba que las obligaciones extranjeras no eran una apuesta mejor que los bonos basura.[3] En la actualidad, no obstante, hay ciertas obligaciones extranjeras que pueden tener cierto atractivo para los inversores que sean capaces de soportar mucho riesgo. Hay aproximadamente una docena de fondos de inversión especializados en obligaciones emitidas en países con economías de mercado emergente (lo que antiguamente se denominaba «países del tercer mundo») como Brasil, México, Nigeria, Rusia y Venezuela. Ningún inversor en su sano juicio destinaría más del 10% del total de la cartera de obligaciones a unos instrumentos tan «picantes» como éstos. Sin embargo, los fondos de inversión en obligaciones de mercados emergentes raramente evolucionan en sincronía con el mercado de valores de Estados Unidos, por lo que son una de las escasas inversiones que tienen pocas probabilidades de descender simplemente porque el Dow vaya a la baja. Esto puede aportar una pequeña dosis de consuelo en su cartera justo en el momento en el que más lo necesite.[4]

Morir como mueren los operadores

Como hemos visto en el capítulo 1, las operaciones intradía, en las que las acciones se tienen en cartera durante períodos de pocas horas, son una de las mejores armas que se han inventado para cometer el suicidio financiero. Tal vez algunas de sus operaciones ganen dinero, la mayoría de ellas perderán dinero, pero su intermediario ganará con todas ellas.

Su propia ansia por comprar o vender una acción acabará reduciendo los resultados que obtenga. Una persona que está desesperada por comprar una acción puede acabar ofreciendo 10 centavos más que la cotización más reciente de la acción antes de que los vendedores estén dispuestos a desprenderse de ésta. Ese coste adicional, llamado «impacto de mercado» nunca aparece en su cuen-

---

[3] Graham no critica las obligaciones extranjeras a la ligera, puesto que pasó varios años al principio de su carrera como agente de obligaciones con sede en Nueva York de prestamistas domiciliados en Japón.

[4] Dos fondos de bajo coste, bien gestionados, de mercados emergentes son Fidelity New Markets Income Fund y T. Rowe Price Emerging Markets Bond Fund; si desea más información, véase www.fidelity.com, www.morningstar.com, y www.troweprice.com. No compre ningún fondo de obligaciones de mercados emergentes que tenga unos gastos de operación anuales superiores al 1,25% y esté advertido de que algunos de estos fondos cobran comisiones por reembolso a corto plazo para desanimar a los inversores que tengan intención de mantenerlos en cartera durante menos de tres meses.

ta de corretaje, pero es real. Si está demasiado ansioso por comprar 1.000 acciones de una empresa e impulsa su precio al alza sólo en 5 centavos, acaba de costarse a usted mismo 50 dólares, que pueden ser invisibles, pero que son muy reales. Por otra parte, cuando los inversores presas del pánico están frenéticos por vender una acción y se desprenden de ella por un precio inferior a su más reciente cotización, el impacto de mercado vuelve a golpear.

Los costes de realizar operaciones intradía desgastan los rendimientos como las pasadas de papel de lija. Comprar o vender una acción de una pequeña empresa que esté en el candelero puede costar entre el 2% y el 4% (o lo que es lo mismo, entre el 4% y el 8% para una transacción dc compra y venta de «ida y vuelta»).[5] Si se colocan 1.000 dólares en una acción, los costes de operación podrían consumir aproximadamente 40 dólares antes incluso de empezar. Cuando se vendan las acciones, podría ser necesario desembolsar otro 4% en gastos de operación.

Ah, es verdad, todavía queda algo más. Cuando se hacen operaciones en vez de inversiones, las ganancias a largo plazo (gravadas al tipo máximo de ganancias de capital del 20%) se convierten en renta ordinaria (gravada a un tipo máximo del 38,6%).

Si se suma todo eso, el operador necesita ganar por lo menos el 10% simplemente para alcanzar el umbral de rentabilidad en cada una de sus operaciones de compra y venta de acciones.[6] Cualquiera puede conseguirlo una vez, por mera suerte. Conseguirlo con la suficiente frecuencia para justificar la atención obsesiva que requiere, junto con los infernales niveles de estrés que genera, es absolutamente imposible.

Miles de personas lo han intentado, y la evidencia es clara: cuantas más operaciones se hacen, menos valor se conserva.

Los profesores de finanzas Brad Barber y Terrance Odean de la Universidad de California examinaron los historiales de operaciones de más de 66.000 clientes de una importante firma de intermediación financiera de coste económico. Desde 1991 hasta 1996 estos clientes realizaron más de 1.900.000 operaciones. Antes de que los costes de operación desgastasen sus rendimientos, las personas integradas en el estudio habían conseguido unos resultados mejores que el mercado en un promedio de por lo menos medio punto porcentual al año. Después

---

[5] La fuente definitiva en materia de costes de intermediación es el Plexus Group de Santa Monica, California, y su sitio *web*, www.plexusgroup.com. Plexus afirma persuasivamente que, al igual que la mayor parte del iceberg está debajo de la superficie del océano, la mayor parte de los costes de corretaje son invisibles, lo que lleva, erróneamente, a los inversores a pensar que sus costes de operación son insignificantes en los caos en los que los costes por comisiones son reducidos. Los costes dc operación con acciones del NASDAQ son considerablemente superiores para las personas físicas que los costes de operación con acciones que cotizan en la NYSE (véase la página 149, nota 5).

[6] Las condiciones en el mundo real son aún más desagradables, porque en este ejemplo estamos pasando por alto los impuestos estatales sobre la renta.

de tener en cuenta los costes de operación, los más activos de estos operadores, los que movían más del 20% de sus carteras de acciones al mes, pasaron de obtener mejores resultados que el mercado a tener unos decepcionante resultados de 6,4 puntos porcentuales por debajo del mercado. Los inversores más pacientes, no obstante, los que realizaban operaciones con un minúsculo 0,2% de sus carteras totales en un mes típico, consiguieron tener mejores resultados que el mercado, incluso después de tener en cuenta sus costes de operación. En lugar de entregar una gran parte de sus ganancias a sus intermediarios y a Hacienda, consiguieron quedarse con casi todo.[7] Si desea observar estos resultados, vea la figura 6.1.

La lección está clara: no haga lo que sea, quédese quieto. Ya va siendo hora de que todo el mundo reconozca que el término «inversor a largo plazo» es una redundancia. El inversor a largo plazo es el único tipo de inversor que existe. Una persona que no puede quedarse con las acciones durante más de unos cuantos meses cada vez está condenado a acabar como vencido, no como vencedor.

No por mucho madrugar...

Entre las toxinas del enriquecimiento rápido que envenenaron las mentes del público inversor en la década de 1990, una de las más letales fue la idea de que era posible enriquecerse participando en las ofertas públicas iniciales. Una oferta pública inicial es la venta por primera vez de acciones de una sociedad al público en general. A primera vista, invertir en una oferta pública inicial parece una idea fantástica; después de todo, si alguien hubiese comprado 100 acciones de Microsoft cuando salió a bolsa el 13 de marzo de 1986, su inversión de 2.100 dólares habría alcanzado los 720.000 dólares a principios de 2003.[8] Los profesores de finanzas Jay Ritter y William Schwert han demostrado que si usted hubiese repartido un total de únicamente 1.000 dólares en todas las ofertas públicas iniciales en enero de 1960, a su precio de oferta inicial, y las hubiese vendido a final de dicho mes, y hubiese vuelto a invertir de nuevo en cada hornada de ofertas públicas iniciales de cada mes sucesivo, su cartera de inversor habría tenido un valor de más de 533.000 quintillones:

En números, esa cifra se escribiría así:
533.000.000.000.000.000.000.000.000.000.000.000

---

[7] Los descubrimientos de Barber y Odean están disponibles en http://faculty.haas.berkeley.edu/odean/Current%20Research.htm and http://faculty.gsm.ucdavis.edu/~bmbarber/research/default.html. Por cierto, numerosos estudios han sacado a la luz resultados prácticamente idénticos entre gestores de patrimonios profesionales, de manera que no es un problema que se limite a las personas «ingenuas» .

[8] Véase www.microsoft.com/msft/stock.htm, «IPO investment results».

FIGURA 6.1

Cuanto más corres, más rezagado te quedas

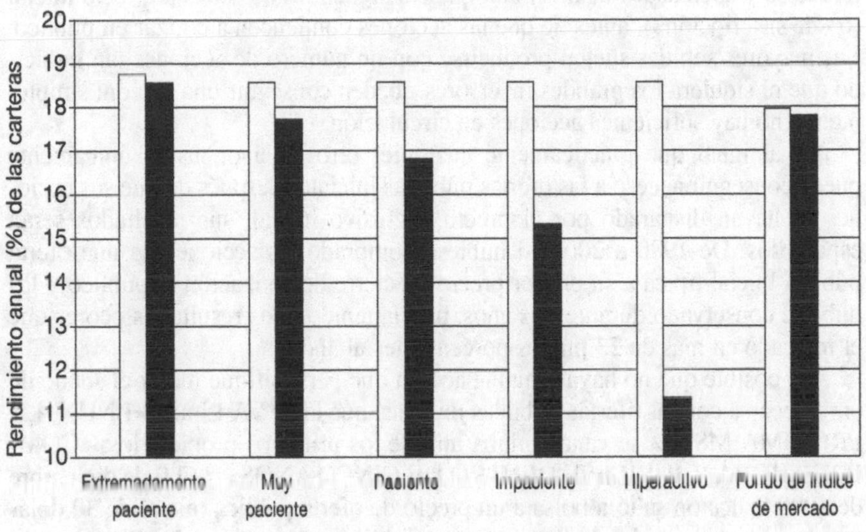

Rendimiento antes de costes de operación | Rendimiento después de costes de operación

Los investigadores Brad Barber y Terrance Odean hicieron una clasificación con miles de operadores, a los que dividieron en cinco categorías, atendiendo a la frecuencia con la que rotaban sus participaciones. Aquellos que operaban menos (a la izquierda) conservaban la mayor parte de sus ganancias. Sin embargo, los operadores impacientes e hiperactivos hacían ricos a sus agentes, pero no se enriquecían ellos. (Las barras del extremo derecho muestran un fondo de índice de mercado a efectos comparativos).

Fuente: Profesores Brad Barber, Universidad de California en Davis, y Terrance Odean, Universidad de California en Berkeley.

Por desgracia, por cada oferta pública inicial como la de Microsoft que resulta ser un gran éxito, hay miles de fracasos. Los psicólogos Daniel Kahnerman y Amos Tversky han demostrado que cuando los seres humanos calculan las probabilidades o la frecuencia de un suceso, la valoración no se basa en la frecuencia con la que realmente ocurrió el suceso, sino en lo notables que son los ejemplos ocurridos en el pasado. Todos queremos comprar «el siguiente Microsoft», precisamente porque sabemos que no compramos el primer Microsoft. Sin embargo, todos pasamos convenientemente por alto el hecho de que la mayoría de las otras ofertas públicas iniciales fueron inversiones horrorosas. Únicamente podría haber ganado esos 533.000 quintillones de dólares si no hubiese pasado por alto nunca ni uno solo de esos raros triunfos del mercado de las ofertas públicas iniciales, y eso prácticamente es algo imposible. Por último, la mayor parte de los altos rendimientos de las ofertas públicas iniciales son obtenidos por miembros de un club privado exclusivo, los grandes bancos de inversión y sociedades de inversión que consiguen las acciones al precio inicial (o «de suscripción»), antes de que las acciones comiencen a cotizar en público. Las mayores subidas suelen producirse con un número de acciones tan reducido que ni siquiera los grandes inversores pueden conseguir una acción; simplemente, no hay suficientes acciones en circulación.

Si, al igual que prácticamente cualquier otro inversor, usted únicamente puede conseguir acceso a las ofertas públicas iniciales después de que sus acciones se hayan disparado por el precio exclusivo inicial, sus resultados serán espantosos. De 1980 a 2001, si hubiese comprado las acciones de una oferta pública inicial típica a su primer precio de cierre de cotización al público y las hubiese conservado durante tres años, habría tenido unos resultados peores que el mercado en más de 23 puntos porcentuales al año.[9]

Es posible que no haya ninguna acción que personifique mejor el sueño de enriquecerse con las ofertas públicas iniciales que la de VA Linux. «LNUX, LA PRÓXIMA MSFT» se vanagloriaba uno de los primeros propietarios; «COMPRE AHORA Y JUBÍLESE DENTRO DE CINCO AÑOS».[10] El 9 de diciembre de 1999 la acción salió a bolsa a un precio de oferta pública inicial de 30 dólares. La demanda de las acciones era tan febril que cuando el NASDAQ abrió aquella mañana, ninguno de los propietarios iniciales de VA Linux se desprendió de ninguna de las acciones hasta que el precio alcanzó los 299 dólares. La acción alcanzó un máximo de 320 dólares y cerró el día a 239,25 dólares, lo que supone una ganancia del 697,5% *en un único día*. No obstante, esos beneficios únicamente fueron disfrutados por un puñado de operadores institucionales; los inversores individuales se quedaron prácticamente al margen por completo.

Más importante es el hecho de que adquirir las acciones en una oferta pública inicial es mala idea porque infringe flagrantemente una de las reglas más importantes planteadas por Graham: con independencia del número de personas que quieran comprar una acción, únicamente se deben comprar acciones si esa compra ofrece una forma económica de llegar a ser propietario de una empresa deseable. A su precio máximo de su primer día de cotización, los inversores estaban valorando las acciones de VA Linux por un total de 12.700 millones de dólares. ¿Cuál era el valor de la empresa que había emitido las acciones? VA Linux tenía menos de cinco años y había conseguido unas ventas acumuladas totales de 44 millones de dólares de su *software* y servicios, aunque había perdido 25 millones de dólares en el pro-

---

[9] Jay R. Ritter e Ivo Welch, «A Review of IPO Activity, Pricing, and Allocations», *Journal of Finance*, agosto, 2002, pág. 1797. El sitio web de Ritter, en http:// bear.cba.ufl.edu/ritter/, y la página principal de Welch, en http://welch.som.yale. edu/, son minas de oro de datos para quien esté interesado en ofertas iniciales de acciones.

[10] Mensaje nº 9, colocado por «GoldFingers6», en el tablón de mensajes VA Linux (LNUX) en messages.yahoo.com, con fecha 16 de diciembre de 1999. MSFT es el símbolo de cotización para Microsoft Corp.

ceso. Los resultados fiscales del último trimestre indicaban que VA Linux había conseguido ventas por valor de 15 millones de dólares, aunque había incurrido en pérdidas por valor de 10 millones de dólares para conseguir esas ventas. Esta empresa, por lo tanto, perdía prácticamente 70 centavos de cada dólar que entraba en sus arcas. El déficit acumulado de VA Linux (el importe en el cual los gastos totales habían sido mayores que sus ingresos) ascendía a 30 millones de dólares.

Si VA Linux hubiese sido una empresa no cotizada que perteneciese a su vecino, y un día su vecino se hubiese asomado sobre la valla y le hubiera preguntado que cuánto estaría dispuesto a pagar por esta pequeña empresa con graves problemas para quitársela de las manos, ¿usted le habría respondido: «Bueno, 12.700 millones de dólares me parece una cifra acertada»? ¿O más bien habría sonreído educadamente, se habría dado la vuelta hacia la barbacoa y se habría preguntado qué rayos había estado fumando su vecino? Basándose exclusivamente en su propia valoración, a ninguno de nosotros se nos ocurriría en nuestra vida pagar casi 13.000 millones de dólares por una máquina de perder dinero que ya tenía un agujero negro de 30 millones de dólares.

Sin embargo, cuando se trata de operaciones públicas en vez de privadas, cuando la valoración se convierte en un concurso de popularidad, el precio de las acciones parece más importante que el valor de la empresa a la que representan. Siempre y cuando haya otra persona que esté dispuesta a pagar más de lo que ha pagado usted por la acción, ¿qué importancia tiene lo que pueda valer la empresa?

El siguiente gráfico muestra la importancia que puede tener.

FIGURA 6.2

La Leyenda de VA Linux

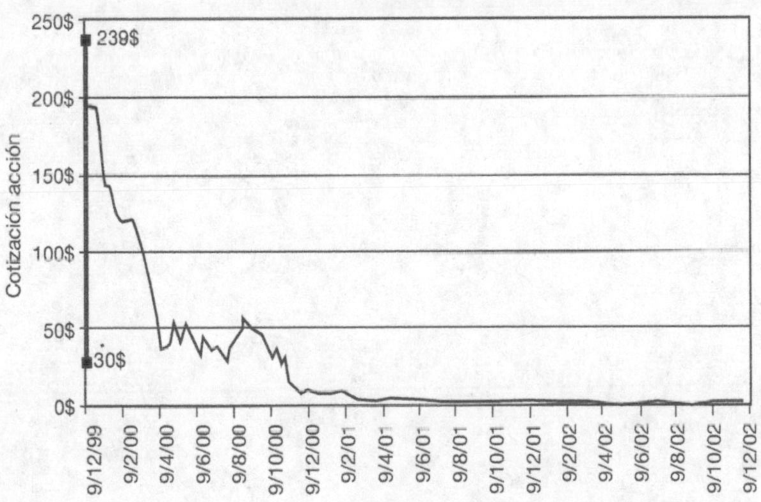

Fuentes: VA Linux Systems Inc.; www.morningstar.com

Después de subir como un cohete el primer día de negociación, VA Linux se desplomó como un ladrillo. El 9 de diciembre de 2002, tres años después del día en el que la acción se cotizase a 239,50 dólares, la cotización de VA Linux cerró a 1,19 dólares por acción.

Ponderando objetivamente los datos, el inversor inteligente debería llegar a la conclusión de que este tipo de operaciones deberían denominarse, en lugar de oferta pública inicial: «oferta pública para idiotas», «ofrezco precios insensatos», o también «oportunidad para imbéciles».

Capítulo 7

Política de cartera para el inversor emprendedor: Aspectos positivos

El inversor emprendedor, por definición, dedicará una buena cantidad de atención y esfuerzo a obtener de su inversión un resultado superior al generado por las inversiones ordinarias. En nuestro debate sobre la política de inversión general hemos hecho algunas sugerencias relativas a las *inversiones en obligaciones* que se dirigían principalmente al inversor emprendedor. Este tipo de inversores pueden estar interesados en oportunidades especiales de los siguientes tipos:

1. Obligaciones exentas de tributación de la New Housing Authority, garantizadas por la Administración de Estados Unidos.
2. Obligaciones sujetas a tributación de la New Community Authority, que también están garantizadas por la Administración de Estados Unidos.
3. Obligaciones industriales exentas de tributación emitidas por las autoridades municipales, pero atendidas por los pagos de renta realizados por empresas fuertes.

En el capítulo 4 se han hecho referencias a estos inusuales tipos de emisiones de obligaciones.*

* Como ya se ha señalado (véase la página 116, nota al pie), las obligaciones de New Housing Authority y New Community ya no se emiten.

En el otro extremo del espectro puede haber obligaciones de menor calidad obtenibles a precios tan bajos que constituyen verdaderas oportunidades de compra de ocasión. Sin embargo, estas oportunidades se encuadrarían en el área de «situaciones especiales», en las que no hay una verdadera distinción entre las obligaciones y las acciones ordinarias.*

Operaciones con acciones ordinarias

Las actividades que caracterizan especialmente al inversor emprendedor en el campo de las acciones ordinarias se pueden clasificar en cuatro epígrafes:

1. Comprar en momentos en los que el mercado está bajo y vender en los que el mercado está alto.
2. Comprar «acciones de empresas en crecimiento» cuidadosamente seleccionadas.
3. Comprar emisiones de ocasión de diferentes tipos.
4. Comprar en «situaciones especiales».

Política de mercado general – Fórmulas de coyuntura

Reservamos para el siguiente capítulo nuestra explicación sobre las posibilidades y las limitaciones de una política de entrar en el mercado cuando éste se halla deprimido y vender en las etapas avanzadas de un período de subida. Durante muchos años del pasado, esta brillante idea parecía simultáneamente sencilla y factible, al menos después de un examen a primera vista de un gráfico de mercado que abarcase sus fluctuaciones periódicas. Ya hemos admitido con tristeza que el comportamiento del mercado en los 20 últimos años no se ha prestado a este

* En la actualidad estas «obligaciones de menor calidad» en «situación especial» son conocidas como obligaciones no atendidas o impagadas. Cuando una empresa está en quiebra (o se encamina hacia la quiebra) sus acciones ordinarias pierden prácticamente todo su valor, puesto que el derecho de quiebra de Estados Unidos ofrece a los obligacionistas un derecho de reivindicación mucho más eficaz que a los accionistas. Sin embargo, si la empresa se reconstituye con éxito y sale de la quiebra, los obligacionistas suelen recibir capital de la empresa y el valor de las obligaciones se suele recuperar cuando la empresa vuelve a ser capaz de hacer frente al pago de intereses. Por lo tanto, las obligaciones de una empresa con problemas pueden tener un rendimiento prácticamente tan positivo como las acciones ordinarias de una empresa en buen estado. En estas situaciones especiales, como dice Graham, «no existe diferencia real entre las obligaciones y las acciones ordinarias».

tipo de operaciones basándonos en cualquier tipo de criterio matemático. Las fluctuaciones que han tenido lugar, aunque no han sido de dimensiones desdeñables, habrían requerido un talento especial o una gran «sensibilidad» a la hora de operar para poder aprovecharlas. Esto se aparta bastante de la inteligencia que estamos suponiendo que tienen nuestros lectores y, por lo tanto, debemos excluir de nuestros postulados las operaciones que se basen en ese tipo de habilidad.

El plan 50-50 que proponíamos al inversor defensivo y que expusimos en la página 109 es la mejor fórmula específica o automática que podemos recomendar a todos los inversores en las circunstancias de 1972. No obstante, hemos conservado un amplio margen entre el 25% mínimo y el 75% máximo en acciones ordinarias, que ofrecemos a los inversores que tengan marcadas convicciones sobre el peligro o la atracción del nivel del mercado general. Hace 20 años, más o menos, era posible exponer detalladamente una serie de fórmulas claramente determinadas para ir modificando el porcentaje destinado a acciones ordinarias, con la confianza de que estos planes tenían utilidad práctica.[1] Aparentemente, ha pasado la época de utilizar ese tipo de métodos y hoy en día tendría poco sentido tratar de determinar nuevos niveles para entrar y salir del mercado que se basasen en las pautas seguidas desde 1949. Es un período de tiempo demasiado breve para poder extraer de él algún tipo de guía fiable para el futuro.*

Método de las acciones de empresas en crecimiento

A todos los inversores les gustaría elegir las acciones de empresas que van a tener mejores resultados que la media durante una serie de años. Las acciones de una empresa en crecimiento podrían definirse como las acciones de una empresa que haya crecido en el pasado y que se espere que vaya a seguir haciéndolo en el futuro.[2] Por lo tanto, parecería lógico que el inversor inteligente se concentrase en elegir un conjunto de acciones de empresas en crecimiento. A la hora de la verdad, la cuestión es algo más complicada, como trataremos de explicar.

La identificación de las empresas que han tenido mejores resultados que la media en el pasado es una simple tarea estadística. El inversor puede obtener

* Téngase muy en cuenta lo que dice Graham en este caso. Escribiendo en 1972, afirma que el período que comenzó en 1949, con una duración superior a los 22 años, es demasiado breve para extraer conclusiones fiables. Gracias a su dominio de las matemáticas, Graham no pasa nunca por alto el hecho de que para llegar a conclusiones objetivas es necesario contar con muestras de períodos muy prolongados de tiempo con grandes cantidades de datos. Los charlatanes que anuncian que la validez de sus tristes tretas de selección de acciones está «contrastada por el tiempo» casi siempre basan sus descubrimientos en unas muestras que Graham nunca aceptaría. (Graham con frecuencia utilizaba períodos de 50 años para analizar datos pasados).

una lista de 50 o 100 empresas de ese tipo si se la pide a su agente de bolsa.* Entonces, ¿por qué no se limita a elegir 15 o 20 de las acciones más prometedoras de este grupo y ¡zas! ya tiene una cartera de acciones con éxito garantizado?

Esa sencilla idea tiene dos fallos. El primero es que las acciones de empresas con un buen historial y con buenas perspectivas aparentes cotizan a precios proporcionalmente elevados. Es posible que el inversor acierte en su valoración sobre las perspectivas de esta empresa y, no obstante, no consiga unos resultados especialmente positivos, por el mero hecho de que ha pagado el precio íntegro (y tal vez excesivo) de la prosperidad prevista. El segundo fallo es que su valoración sobre el futuro puede ser errónea. Un crecimiento inusualmente rápido no se puede mantener eternamente; cuando una empresa ya ha disfrutado de una brillante expansión, el propio tamaño alcanzado hace que la repetición de sus logros resulte más difícil. En algún momento la curva de crecimiento se atenúa, y en muchos casos se viene abajo.

Es evidente que si se limita el análisis a unos pocos ejemplos elegidos, con la ventaja que da el tiempo, se puede demostrar la facilidad con la que se pueden ganar o perder fortunas en el terreno de las acciones de empresas en crecimiento. ¿De qué manera se pueden juzgar con justicia los resultados generales que se pueden obtener en este campo? Creemos que es posible extraer unas conclusiones razonablemente sensatas a partir de un estudio de los resultados obtenidos por los fondos de inversión especializados en el método de selección de acciones de empresas en crecimiento. El respetado manual titulado *Investment Companies*, publicado anualmente por Arthur Wiesenberger & Company, miembro de la New York Stock Exchange, calcula el rendimiento anual de unos 120 «fondos de crecimiento» de ese tipo durante una serie de años. De esos fondos, 45 cuentan con registros que cubren diez años o más. La ganancia general obtenida por estas empresas, sin ponderar el tamaño del fondo, llega al 108% durante la década 1961-1970 (tabla 7.1), en comparación con el 105% del índice compuesto S & P y del 83% del DJIA.[3] En los dos años 1969 y 1970 la mayoría de los 126 «fondos de crecimiento» obtuvieron peores resultados que cualquiera de los índices. Se pueden encontrar resultados similares en nuestros estudios anteriores. La consecuencia que cabe extraer es que las inversiones diversificadas en empresas en crecimiento no produjeron recompensas extraordinarias si se comparan con los resultados obtenidos por las acciones ordinarias en general.†

---

* Hoy en día, el inversor emprendedor puede reunir una lista de este estilo en Internet visitando sitios web como por ejemplo www.morningstar.com (pruebe la herramienta Stock Quickrank), www.quicken.com/investments/stocks/search/full, y http://yahoo. marketguide.com.

† Durante el período de 10 años que concluyó el 31 de diciembre de 2002, los fondos invertidos en grandes empresas de crecimiento, el equivalente a lo que Graham denomina «fondos de crecimiento» obtuvieron una media anual del 5,6%, lo que supone unos resultados inferiores al mercado en una media de 3,7 puntos porcentuales por año. Sin embargo, los fondos de «gran valor» que invierten en grandes empresas con un precio

No hay ningún motivo para creer que el inversor inteligente medio, incluso con una gran dedicación de tiempo y esfuerzo, pueda conseguir mejores resultados a lo largo de los años con la compra de acciones de empresas en crecimiento que las empresas de inversión especializadas en este campo. Indiscutiblemente, estas organizaciones tienen más cerebros y más instalaciones de investigación a su disposición que usted. En consecuencia, nuestra recomendación debería ser que el inversor emprendedor se abstuviese del tipo habitual de inversión en acciones de empresas en crecimiento.[*] Se trata de unas empresas cuyas excelentes perspectivas están plenamente reconocidas por el mercado, por lo que tales excelentes perspectivas ya están reflejadas en su relación de cotización a ganancias, que suele ser superior a 20. (En el caso del inversor defensivo sugerimos un límite superior de precio de compra de 25 veces las ganancias medias de los últimos siete años. Estos dos criterios serían más o menos equivalentes en la mayor parte de los casos).[†]

---

más razonable también obtuvieron unos resultados peores que el mercado durante el mismo período de tiempo (en un punto porcentual íntegro por año). ¿Es el problema simplemente que los fondos de crecimiento no pueden seleccionar de manera fiable acciones que vayan a conseguir mejores resultados que el mercado en el futuro? ¿O es que los elevados costes de gestión del fondo medio (con independencia de que compre acciones de empresas de crecimiento o de «valor») es superior a cualquier rendimiento extraordinario que sus directivos puedan conseguir con sus selecciones de valores? Si desea actualizar el rendimiento de los fondos, véase www.morningstar.com, «Category Returns». Si desea un revelador recordatorio de lo perecedero que puede ser el rendimiento de diferentes estilos de inversión, véase www.callan.com/resource/periodic_table/pertable.pdf.

[*] Graham realiza esta observación para recordarle que un inversor «emprendedor» no es aquel que asume más riesgo que la media o que adquiere acciones de «crecimiento agresivo»; un inversor emprendedor es simplemente aquel que está dispuesto a dedicar más tiempo y esfuerzo a la investigación de su cartera.

[†] Hay que destacar que Graham insiste en calcular el ratio precio / beneficios a partir de una media multianual de los beneficios históricos. De esa forma se reducen las probabilidades de sobrestimar el valor de una empresa como consecuencia de haber basado los cálculos en un repunte temporal de la rentabilidad. Imagine que una empresa ha ganado 3 dólares por acción en los 12 últimos meses, pero únicamente ha ganado una media de 50 centavos por acción durante los seis años precedentes. ¿Qué cifra —la repentina de 3 dólares o la constante de 50 centavos— es más probable que represente la tendencia sostenible? A 25 veces los beneficios de 3 dólares obtenidos en el ejercicio más reciente, la acción cotizaría a 75 dólares. Sin embargo, a 25 veces los beneficios medios de los siete últimos años (6 dólares de beneficios totales, divididos entre siete es igual a 85,7 centavos por acción de beneficios anuales medios), la acción cotizaría únicamente a 21,43 dólares. La cifra que elija tiene una gran trascendencia. Por último merece la pena mencionar que el método imperante en Wall Street en la actualidad, que consiste en basar los ratios de cotización / beneficios en los «beneficios del próximo ejercicio» sería anatema para Graham. ¿Cómo se puede valorar una empresa basándose en unos beneficios que todavía ni siquiera se han generado? Es como determinar los precios de las casas basándose en el rumor de que Cenicienta va a construir su próximo castillo justo a la vuelta de la esquina.

Lo más llamativo acerca de las acciones de empresas en crecimiento, consideradas en conjunto, es su tendencia a experimentar grandes oscilaciones en la cotización de mercado. Esto es cierto en el caso de las empresas de mayores dimensiones y más asentadas en el mercado, como por ejemplo General Electric e IBM, y aún más en el caso de empresas más modernas y más pequeñas que tienen éxito. Sirven de ilustración para nuestra tesis de que la principal característica del mercado de valores desde 1949 ha sido la inyección de un elemento muy especulativo en la cotización de las acciones que han conseguido los éxitos más brillantes, y que por sí mismas tendrían derecho a la calificación de óptima inversión. (Disfrutan de la mejor calificación de solvencia, y pagan tipos de interés mínimos por los fondos que allegan mediante deuda). La condición de inversión de una sociedad de ese tipo puede mantenerse inalterada durante un largo período de años, pero las características de riesgo de sus acciones dependerán de las vicisitudes a las que se vean expuestas en el mercado de valores. Cuanto mayor sea el entusiasmo que sienta el público respecto de esas acciones, y cuanto más rápidamente suban en comparación con el crecimiento real de sus beneficios, mayor será el riesgo que plantean.*

El lector estaría en su derecho de plantearse si no es cierto que las fortunas realmente cuantiosas obtenidas con las acciones son precisamente las acumuladas por quienes contrajeron un compromiso sustancial en los primeros años de una empresa en cuyo futuro tenían gran confianza, y por quienes conservaron sus acciones originales con una fe inquebrantable mientras sus inversiones se multiplicaban por 100 o más. La respuesta es «sí». Sin embargo, las grandes fortunas con inversiones en una única empresa son conseguidas casi siempre por personas que mantienen una estrecha relación con esa empresa concreta, por medio de una relación de empleo, una conexión familiar, etcétera, que justifica el hecho de que coloquen una gran parte de sus recursos en un único medio y mantengan su compromiso en todas las circunstancias, a pesar de las numerosas tentaciones para vender a precios aparentemente elevados a lo largo de los años. Un inversor que no tenga ese estrecho contacto personal tendrá que afrontar

---

* Hay ejemplos recientes que reafirman el argumento de Graham. El 21 de septiembre de 2000, Intel Corp., el fabricante de chips para ordenadores, anunció que esperaba que sus ingresos creciesen hasta un 5% el siguiente trimestre. A primera vista, suena excelentemente; la mayoría de las grandes empresas estarían encantadas de conseguir un incremento del 5% de las ventas en sólo tres meses. Sin embargo, en respuesta al anuncio, las acciones de Intel cayeron un 22%, una pérdida en un solo día de casi 91.000 millones de dólares en valor total. ¿Por qué? Los analistas de Wall Street habían previsto que los ingresos de Intel subiesen hasta un 10%. De manera similar, el 21 de febrero de 2001, EMC Corp., una empresa de almacenamiento de datos, anunció que esperaba que sus ingresos aumentasen por lo menos en un 25% en 2001, pero que la nueva cautela mostrada por los clientes «podía dar lugar a unos ciclos de venta más prolongados». Ante este leve atisbo de duda, las acciones de EMC perdieron el 12,8% de su valor en un único día.

TABLA 7.1

Resultados medios de los «fondos de crecimiento», 1961-1970[a]

	1 año 1970	*5 años* 1966-1970	*10 años* 1961-1970	*1970* Rendimiento por dividendo
17 fondos de gran crecimiento	-7,5%	+23,2%	+121,1%	2,3%
106 fondos de crecimiento más pequeño - grupo A	-17,7	+20,3	+102,1	1,6
38 fondos de crecimiento más pequeño - grupo B	-4,7	+23,2	+106,7	1,4
15 fondos con la palabra «crecimiento» en su nombre	-14,2	+13,8	+97,4	1,7
Índice compuesto Standard & Poor's	+3,5%	+16,1	+104,7	3,4
Dow Jones Industrial Average	+8,7	+2,9	+83,0	3,7

[a] Estas cifras han sido facilitadas por Wiesenberger Financial Services.

permanentemente la duda de si tiene una parte demasiado elevada de sus fondos en ese único medio.* Cada declive, por temporal que resulte ser a la larga, acentuará su problema; por otra parte, las presiones, tanto internas como externas, pueden obligarle a aceptar lo que a primera vista parece ser un sustancial beneficio, aunque a la larga acabase siendo inferior a la bonanza que podría haberle esperado si hubiese conservado su inversión hasta el final.[4]

Tres campos recomendados para la «inversión emprendedora»

Para obtener unos resultados de inversión mejores que la media durante un período de tiempo prolongado es necesaria una política de selección u operación que sea adecuada en dos frentes: (1) debe superar la prueba objetiva o racional de su sensatez subyacente y (2) debe ser diferente de la política seguida por la mayoría de los inversores o especuladores. Nuestra experiencia y nuestros estudios nos llevan a recomendar tres métodos de inversión que satisfacen esos criterios. Son muy diferentes unos de otros, y cada uno de ellos puede exigir un tipo diferente de conocimiento y temperamento por parte de quienes lo pongan en práctica.

La gran empresa relativamente impopular

Si suponemos que el hábito del mercado consiste en sobrevalorar las acciones de empresas que han tenido un excelente crecimiento o que están de moda por algún otro motivo, es lógico suponer que el mercado minusvalorará, por lo menos en términos relativos, a las empresas que resulten impopulares por acontecimientos insatisfactorios de naturaleza temporal. Esta hipótesis podría formularse en una ley fundamental del mercado de valores, que sugiere un método de inversión que debería resultar conservador y prometedor.

---

* El equivalente actual de los inversores «que tienen una estrecha relación con la empresa en cuestión» son las denominadas personas que ejercen el control, altos directivos o consejeros que ayudan a dirigir la empresa y que son propietarios de grandes bloques de acciones. Directivos como Bill Gates de Microsoft o Warren Buffett de Berkshire Hathaway tienen un control directo sobre el destino de una empresa, y los inversores externos quieren ver que estos grandes directivos mantienen su amplia participación como voto de confianza. Sin embargo, los directivos de nivel inferior y los trabajadores corrientes no pueden influir en la cotización de las acciones de la empresa con sus decisiones individuales; por lo tanto, no deberían colocar más que un pequeño porcentaje de sus activos en las acciones de la empresa de la que son empleados. En cuanto a los inversores externos, no importa lo bien que crean que conocen a la empresa; es aplicable la misma objeción.

El requisito clave en este terreno es que el inversor emprendedor se concentre en las empresas de mayor tamaño que estén atravesando un período de impopularidad. Aunque las empresas pequeñas también pueden estar minusvaloradas por motivos similares, y en muchos casos pueden incrementar sus beneficios y la cotización de sus acciones en un momento posterior, entrañan el riesgo de pérdida definitiva de la rentabilidad y también de un prolongado desinterés por parte del mercado a pesar de la mejora de sus resultados. Las grandes empresas, por lo tanto, ofrecen una doble ventaja en relación con las otras. En primer lugar, tienen los recursos de capital y de capacidad intelectual para poder superar la adversidad y volver a disfrutar de una base de beneficios satisfactoria. En segundo lugar, es muy probable que el mercado responda con una razonable rapidez a cualquier mejora que se materialice.

Una destacable demostración de la sensatez de esta tesis se encuentra en los estudios del comportamiento de las cotizaciones de acciones poco populares integradas en el Dow Jones Industrial Average. El estudio partía de la base de una inversión realizada cada año en las seis o en las diez acciones del DJIA que cotizaban a los menores múltiplos de los beneficios del año en curso o del año anterior. Podría decirse que eran las acciones más «baratas» de la lista, y su condición de barata era evidentemente el reflejo de una relativa impopularidad entre los inversores o los operadores. Adicionalmente se suponía en el estudio que estas acciones eran vendidas al final de períodos de tenencia que oscilaban entre uno y cinco años. Los resultados de estas inversiones se comparaban con los resultados mostrados por el DJIA en su conjunto o por el grupo de acciones con el mayor multiplicador (es decir, las acciones más populares).

El material detallado que tenemos a nuestra disposición cubre los resultados de adquisiciones anuales hipotéticamente realizadas en cada uno de los últimos 53 años.[5] En el período inicial, 1917-1933, este método habría resultado no rentable. Sin embargo, desde 1933 el método ha mostrado unos resultados extraordinariamente satisfactorios. En 34 pruebas realizadas por Drexel & Company (en la actualidad Drexel Firestone)* con períodos de tenencia de un año, de 1937 a 1969, las acciones más baratas tuvieron unos resultados claramente peores que el DJIA únicamente en tres casos; los resultados fueron más o menos iguales en seis casos; y las acciones baratas obtuvieron resultados claramente mejores que la media en 25 años. El resultado consistentemente mejor de las acciones con bajo multiplicador se muestra (tabla 7.2) en los resultados medios de períodos quinquenales sucesivos, cuando se comparan con los del DJIA y los del grupo de diez acciones con multiplicador más alto.

* Drexel Firestone, un banco de inversión de Filadelfia, que se fusionó en 1973 con Burnham & Co. y posteriormente se convirtió en Drexel Burnham Lambert, famoso por sus operaciones de financiación con bonos basura durante la fiebre de fusiones de la década de 1980.

TABLA 7.2

Beneficio o pérdida porcentual media anual sufrida por las acciones de control, 1937-1969

Período	10 emisiones de bajo multiplicador	10 emisiones de multiplicador elevado	Acciones del DJIA 30
1937-1942	-2,2	-10,0	-6,3
1943-1947	17,3	8,3	14,9
1948-1952	16,4	4,6	9,9
1953-1957	20,9	10,0	13,7
1958-1962	10,2	-3,3	3,6
1963-1969 (8 años)	8,0	4,6	4,0

El cálculo de Drexel muestra además, que una inversión original de 10.000 dólares realizada en las emisiones con multiplicador bajo en 1936, y modificada cada año con arreglo a ese principio, habría alcanzado los 66.900 dólares para el año 1962. Las mismas operaciones realizadas con las acciones con multiplicador elevado habrían alcanzado un valor de únicamente 25.300 dólares; por otra parte, una operación con las 30 acciones de la cesta habría incrementado los fondos originales hasta los 44.000 dólares.*

La idea de comprar acciones de «empresas grandes poco populares», y su ejecución en grupo, tal y como se ha descrito anteriormente, resulta bastante sencilla. No obstante, al analizar empresas individuales se debe tener en ocasiones en cuenta un factor especial de importancia opuesta. Las empresas que son inherentemente especulativas porque consiguen unos beneficios que varían muchísimo suelen cotizar a un precio relativamente elevado y con un multiplicador relativamente bajo en los buenos años y, por el contrario, cotizan a precios bajos y con multiplicadores elevados en los años malos. Estas relaciones quedan de manifiesto en la tabla 7.3, que cubre las fluctuaciones de las cotizaciones de las acciones de Chrysler Corp. En estos casos, el mercado muestra un nivel suficiente de escepticismo sobre la posibilidad de mantenimiento de los beneficios excepcionalmente elevados como para valorarlos de manera conservadora, y viceversa cuando los beneficios son escasos o inexistentes. (Se debe tener en cuenta que, por motivos aritméticos, cuando una empresa no gana «prácticamente nada», sus acciones deben cotizar a un multiplicador elevado de esos minúsculos beneficios).

---

* Esta estrategia de adquirir las acciones más baratas del Dow Jones Industrial Average se denomina en la actualidad el método de los «Perros del Dow». Si desea información sobre el «Dow 10», está disponible en www.djindexes.com/jsp/dow510Faq.jsp.

TABLA 7.3

Precios y beneficios de la acciones ordinarias de Chrysler, 1952-1970

Año	*Beneficios por acción*	*Cotización máxima o mínima*	*PER*
1952	9,04$	H 98	10,8
1954	2,13	L 56	26,2
1955	11,49	H 101,5	8,8
1956	2,29	L 52 (in 1957)	22,9
1957	13,75	H 82	6,7
1958	(déf.) 3,88	L 44[a]	—
1968	24,92[b]	H 294[b]	11,8
1970	déf.	L 65[b]	—

[a] La mínima de 1962 fue baja 37,5.

[b] Después de ajustar el efecto del desdoblamiento de acciones. déf.: pérdida neta

A la hora de la verdad, Chrysler ha sido un caso bastante excepcional en la lista DJIA de empresas líderes y, por lo tanto, no ha afectado en gran medida a los cálculos de bajo multiplicador. Sería bastante sencillo evitar la inclusión de estas acciones anómalas en la lista de bajo multiplicador imponiendo el requisito adicional de que la cotización de la acción fuese baja en relación con los beneficios *medios* pasados, o imponiendo algún tipo de requisito similar.

A la hora de redactar esta revisión, sometimos a prueba los resultados del método de bajo multiplicador del DJIA aplicándolo a un grupo hipotéticamente comprado a finales de 1968 y reevaluado el 30 de junio de 1971. En esta ocasión, las cifras resultaron ser bastante decepcionantes, ya que los cálculos arrojaron una gran pérdida para el grupo de bajo multiplicador de seis o diez empresas y un buen beneficio para el caso de las empresas con elevado multiplicador. Este ejemplo de resultados negativos no debería viciar las conclusiones basadas en más de 30 experimentos, pero el hecho de que haya sucedido recientemente aporta un elemento de ponderación negativa especial. Tal vez el inversor agresivo debería comenzar con la idea del «bajo multiplicador», y añadir algún otro requisito cuantitativo y cualitativo a esa idea a la hora de organizar su cartera.

Adquisición de valores de ocasión

Para nosotros, una acción de ocasión es aquella que, atendiendo a hechos establecidos mediante análisis, parece valer considerablemente más del precio que indica su cotización. En este género se incluyen obligaciones, acciones preferentes que se vendan bajo par, y también acciones ordinarias. Por ser lo más concretos posible, permítanos sugerir que un valor no es una verdadera «ocasión» salvo que el valor indicado sea por lo menos un 50% superior al precio. ¿Qué tipos de datos permitirían llegar a la conclusión de que se da una discrepancia de tal calibre? ¿Cómo llegan a existir este tipo de ocasiones u ofertas, y de qué manera puede el inversor sacar partido de ellas?

Hay dos pruebas con las que se puede detectar la existencia de una acción ordinaria que esté negociando en condiciones de ocasión. La primera consiste en el método de la valoración. Se basa principalmente en la estimación de los beneficios futuros, y después en la multiplicación de esos beneficios por un factor apropiado al valor en concreto. Si el valor resultante está suficientemente por encima del precio de mercado, y si el inversor confía en la técnica empleada, podrá calificar de ocasión a esa acción. La segunda prueba es el valor que tendría la empresa para un propietario privado. Este valor también suele estar determinado principalmente por los beneficios futuros que se esperan, en cuyo caso el resultado sería idéntico al del primer método. No obstante, en el segundo tipo de prueba, es probable que se preste más atención al valor realizable del activo, haciendo especial hincapié en al activo circulante neto o capital de explotación.

En los niveles bajos del mercado general una gran proporción de acciones ordinarias son acciones de ocasión, medidas con arreglo a estos criterios. (Un ejemplo típico es el de General Motors cuando se vendía a menos de 30 en 1941, cotización que era equivalente a 5 para las acciones de 1971. Había estado ganando más de 4 dólares y pagando 3,50 dólares o aún más, en dividendos.) Es cierto que los beneficios actuales y las perspectivas inmediatas pueden ser ambos negativos, pero una valoración equilibrada de las circunstancias futuras medias indicaría valores muy superiores a los precios imperantes. Por lo tanto, la inteligencia de mostrar coraje en los mercados deprimidos queda reivindicada no sólo por la voz de la experiencia, sino también por la aplicación de técnicas razonables de análisis de valor.

Las mismas veleidades del mercado que suelen hacer que la lista de cotización en general esté en situación de ocasión suelen provocar la existencia de muchas ocasiones individuales prácticamente en cualquier nivel del mercado. El mercado es muy dado a hacer montañas con meros granos de arena, y a convertir pequeños contratiempos en gravísimas dificultades.* Incluso la mera falta de interés o de entusiasmo puede impulsar un descenso de precios hasta niveles absurdamente bajos. De este modo, existen lo que aparentemente son dos fuentes de minusvaloración: (1) unos resultados actuales decepcionantes y (2) desinterés o impopularidad sostenidos a lo largo del tiempo.

* Entre las mayores de las montañas hechas de un grano de arena recientemente: En mayo de 1998, Pfizer Inc. y el Departamento de Medicamentos y Alimentos de Estados Unidos anunciaron que seis hombres que estaban tomando el medicamento contra la

No obstante, ninguna de estas causas, consideradas únicamente por sí solas, puede servir de guía fiable para conseguir el éxito con una inversión en acciones ordinarias. ¿Cómo se puede estar seguro de que unos resultados actualmente decepcionantes van a ser únicamente temporales? Por supuesto, se pueden aportar magníficos ejemplos de casos en los que ha sido así. Las acciones de empresas siderúrgicas solían ser famosas por su condición de acciones cíclicas, y el comprador más avezado podía adquirirlas a precios bajos cuando los beneficios eran reducidos y venderlas en los años de gran crecimiento obteniendo un bonito beneficio. Chrysler Corporation ofrece un espectacular ejemplo, tal y como ponían de manifiesto los datos de la tabla 7.3.

Si éste fuese el comportamiento ordinario de las acciones de empresas con resultados fluctuantes, la obtención de beneficios en el mercado de valores sería una cuestión muy sencilla. Por desgracia, podemos citar muchos ejemplos de declives de beneficios y precio que no fueron seguidos automáticamente por una espectacular recuperación de ambos. Uno de esos ejemplos es el de Anaconda Wire and Cable, que había conseguido grandes beneficios hasta 1956, con un precio máximo de 85 en ese año. Los beneficios después se redujeron de forma irregular durante seis años, el precio cayó hasta 23,50 en 1962 y al año siguiente fue absorbida por su empresa matriz (Anaconda Corporation) al equivalente de sólo 33.

Las abundantes experiencias de este tipo sugieren que el inversor necesita algo más que una mera reducción de los beneficios y la cotización para contar con una base sólida en la que apoyar su decisión de compra. Debería exigir la existencia de una indicación de por lo menos una razonable estabilidad de los beneficios durante la última década o más, o lo que es lo mismo, que no se haya dado ningún año de déficit de beneficios, en combinación con un tamaño suficiente y una suficiente fortaleza financiera que permita hacer frente a posibles contratiempos en el futuro. La combinación ideal en este terreno es, por lo tanto, la de una gran y destacada empresa cuya cotización esté muy por debajo de su precio medio en el pasado y de su multiplicador medio de precio / beneficio. Sin duda, este criterio eliminaría la mayor parte de las oportunidades rentables en

---

impotencia llamado Viagra habían muerto de un ataque al corazón mientras practicaban sexo. Las acciones de Pfizer sufrieron un súbito ataque de flaccidez y perdieron el 3,4% en un día de intensa negociación. Sin embargo, las acciones de Pfizer recuperaron su vigor cuando la investigación mostró posteriormente que no había ningún motivo para alarmarse; la acción subió prácticamente un tercio durante los dos años siguientes. A finales de 1997, las acciones de Warner-Lambert Co. cayeron un 19% en un día cuando en Inglaterra se suspendieron temporalmente las ventas de su nuevo medicamento para la diabetes; en el plazo de seis meses, las acciones casi se habían duplicado. A finales de 2002, Carnival Corp., que opera barcos de crucero, perdió casi el 10% de su valor después de que una serie de turistas enfermaran con graves diarreas y vómitos, en barcos gestionados por otras empresas.

empresas como Chrysler, puesto que sus años con precios bajos suelen estar acompañados por lo general de unos elevados ratios de precio / beneficio. En cualquier caso, podemos asegurar al lector, y sin lugar a dudas volveremos a hacerlo posteriormente, que hay una enorme diferencia entre los «beneficios que se podrían haber ganado jugando a posteriori» y los «beneficios de dinero real». Albergamos serias dudas respecto a que una inversión de tipo montaña rusa como la de Chrysler sea un medio adecuado para las operaciones de nuestro inversor emprendedor.

Hemos mencionado el desinterés o la impopularidad prolongada a lo largo del tiempo como segunda causa de las caídas de precio hasta niveles injustificadamente bajos. Un caso actual de este tipo podría ser el de National Presto Industries. En el período alcista de mercado de 1968 cotizó a un máximo de 45, que únicamente era 8 veces los beneficios de 5,61 dólares de ese ejercicio. Los beneficios por acción crecieron tanto en 1969 como en 1970, pero la cotización se redujo hasta sólo 21 en 1970. Esa cotización suponía multiplicar por menos de 4 los beneficios (récord) de ese ejercicio, y era inferior al valor de su activo neto circulante. En marzo de 1972 la cotización había subido a 34, y no obstante seguía siendo sólo 5,5 veces los beneficios declarados en el último ejercicio, y aproximadamente el mismo valor que su activo neto circulante ampliado.

Otro ejemplo de este tipo lo ofrece actualmente Standard Oil of California, una empresa de gran importancia. A principios de 1972 cotizaba aproximadamente al mismo precio que 13 años antes, es decir a 56. Sus beneficios habían sido destacablemente homogéneos, con un crecimiento relativamente reducido pero con un único declive de pequeña importancia durante todo el período. Su valor contable era aproximadamente igual al precio de mercado. Con este historial conservadoramente favorable entre los años 1958 y 1971, la empresa nunca ha tenido una cotización media anual que llegase a ser 15 veces sus beneficios ordinarios. A principios de 1972, la relación precio / beneficios era de únicamente 10.

Un tercer motivo de que un acción pueda cotizar a un precio injustificadamente bajo puede ser el fallo por parte del mercado a la hora de percibir la verdadera imagen de sus beneficios. Nuestro ejemplo clásico es el de Northern Pacific Railway, que en 1946-47 pasó de 36 a 13,5. Las verdaderas ganancias en 1947 se acercaron a los 10 dólares por acción. El precio de la acción estuvo retenido en gran medida por su dividendo de 1 dólar. Esta empresa tampoco suscitó gran interés porque buena parte de su capacidad para generar beneficio estuvo oculta por el peculiar método de contabilidad de las empresas de ferrocarriles.

El tipo de valor de ocasión que puede identificarse con más facilidad es el de las acciones que cotizan por un valor inferior al del capital circulante neto, después de deducir todas las obligaciones previas.* Esto significaría que el com-

---

* Con la expresión de «capital circulante neto» Graham se refiere al activo circulante de una empresa (como efectivo, valores liquidables y existencias) menos su exigible total (inlcuidas las acciones preferentes y la deuda a largo plazo).

prador no pagaría nada en absoluto por el activo fijo, los edificios, la maquinaria, etcétera, o por cualesquiera partidas de fondo de comercio que pudiesen existir. Muy pocas empresas acaban teniendo un valor en última instancia inferior al del capital circulante en exclusiva, aunque sería posible encontrar algunos extraños casos. Lo sorprendente, por el contrario, es que haya tantas empresas disponibles que hayan sido valoradas por el mercado con arreglo a estos criterios tan ventajosos para el comprador. Una recopilación realizada en 1957, cuando el mercado no estaba en modo alguno en niveles bajos, sacó a la luz aproximadamente unas 150 acciones de ese tipo. En la tabla 7.4 resumimos los resultados que se obtendrían de haber comprado el 31 de diciembre de 1957, una acción de cada una de las 85 sociedades de esa lista de las cuales aparecían datos en la *Monthly Stock Guide* de Standard & Poor's, y de conservar esas acciones durante dos años.

Por algún tipo de coincidencia, cada uno de los grupos progresaron durante esos dos años en una medida cercana al valor del activo circulante neto agregado. El beneficio de toda la «cartera» durante ese período fue del 75%, en comparación con el 50% de las 425 empresas industriales del Standard & Poor's. Lo que es más destacable es que ninguna de las emisiones arrojaron pérdidas significativas, siete de ellas se mantuvieron aproximadamente al mismo nivel, y 78 mostraron sustanciales ganancias.

Nuestra experiencia con este tipo de selección de inversión, actuando siempre con criterios diversificados, fue uniformemente buena durante muchos años con anterioridad a 1957. Probablemente podría afirmarse sin duda que constituye un método seguro y rentable de determinar y aprovechar situaciones minusvaloradas. No obstante, durante la subida de mercado generalizada que tuvo lugar después de 1957, el número de oportunidades de este tipo se limitó extraor-

TABLA 7.4

Experiencia de beneficios de acciones infravaloradas, 1957-1959

Ubicación del mecado	*Número de empresas*	*Activo circulante neto agregado por acción*	*Cotización agregada Dic. 1957*	*Cotización agregada Dic. 1959*
New York Stock Exchange	35	748$	419$	838$
American Stock Exchange	25	495	289	492
Midwest S.E.	5	163	87	141
Mercados no oficiales	20	425	288	433
Total	85	1.831$	1.083$	1.904$

dinariamente, y muchas de las disponibles arrojaron pequeños beneficios de explotación o incluso pérdidas. La recesión de mercado de 1969-1970 produjo una nueva cosecha de estas acciones «por debajo del capital circulante». Hablaremos sobre este grupo en el capítulo 15, que versa sobre la selección de acciones para el inversor emprendedor.

Modelo de acciones de ocasión de empresas de segundo nivel. Hemos afirmado que una oferta de segundo nivel es aquella que no es líder de un sector relativamente importante. Por lo tanto, puede ser alguna de las empresas de menores dimensiones de un sector importante, pero también podría ser alguna de las empresas más importantes de un sector de escasa entidad. A modo de excepción, una empresa que haya conseguido establecerse como empresa en crecimiento no suele ser considerada, por regla general, de segundo nivel.

En el gran período alcista de mercado de la década de 1920 se establecían relativamente pocas distinciones entre líderes sectoriales y otras acciones admitidas a cotización, siempre y cuando estas últimas fuesen de tamaño respetable. El público tenía la impresión de que las empresas de medianas dimensiones eran lo suficientemente resistentes para capear los temporales y que tenían mejores posibilidades de conseguir una expansión realmente espectacular que las empresas que ya tenían grandes dimensiones. Los años de la depresión 1931-1932, no obstante, tuvieron un efecto especialmente devastador entre las empresas que no eran de primera fila ya fuese a causa de su tamaño o de su estabilidad inherente. A causa de esa experiencia, los inversores han adquirido desde entonces una marcada preferencia por los líderes sectoriales y una concomitante falta de interés durante la mayor parte del tiempo por las empresas ordinarias de importancia secundaria. Esto ha significado que este último grupo tradicionalmente ha cotizado a unos precios muy inferiores en relación con los beneficios y los activos de aquéllos a los que han cotizado las empresas integradas en el primer grupo. Adicionalmente, ha significado que en muchos casos el precio ha caído hasta niveles tan bajos que las acciones de estas empresas han llegado a estar incluidas en la categoría de ocasiones.

Cuando los inversores rechazaban las acciones de empresas secundarias, aun cuando se vendiesen a precios relativamente bajos, estaban expresando la creencia, o el temor de que estas empresas tuviesen que enfrentarse a un futuro decepcionante. De hecho, por lo menos de manera subconsciente, calculaban que cualquier precio era demasiado elevado para estas empresas porque en el fondo estaban condenadas a la extinción, en un sentido muy similar a la teoría complementaria imperante en 1929 de que las empresas de primer orden nunca alcanzarían un precio que fuese demasiado elevado porque sus posibilidades en el futuro eran ilimitadas. Tanto una como otra opinión eran exageraciones y acabaron conduciendo a severos errores de inversión. De hecho, la sociedad cotizada de dimensiones medianas suele ser de un tamaño considerable, si se compara con las empresas que no cotizan en bolsa. No hay motivos razonables para que tales empresas no sigan operando de manera indefinida, sometidas a las vicisitudes características de nuestra economía, pero ganando, en conjunto, una rentabilidad razonable sobre su capital invertido.

Esta somera revisión indica que la actitud adoptada por el mercado de valores hacia las empresas de orden secundario suele ser poco realista y, en consecuencia, suele crear, en épocas ordinarias, innumerables casos de graves minusvaloraciones. A la hora de la verdad, el período de la Segunda Guerra Mundial y la expansión de la postguerra fueron más beneficiosos para las pequeñas empresas que para las grandes, porque en aquel momento la competencia ordinaria para conseguir ventas se suspendió y las empresas de menores dimensiones pudieron ampliar sus ventas y sus márgenes de beneficio de manera más espectacular. De esta forma, en 1946 la pauta de mercado se había invertido por completo en relación con la imperante antes de la guerra. Mientras que las acciones líderes del Dow Jones Industrial Average únicamente habían subido el 40% desde finales de 1938 hasta el máximo de 1946, el índice Standard & Poor's de acciones de precio reducido se había disparado nada menos que el 280% durante ese mismo período. Los especuladores y muchos inversores autodidactas, haciendo gala de la escasa capacidad de recuerdo de los participantes en el mercado de valores, se lanzaron a comprar valores nuevos y antiguos de empresas poco importantes a niveles inflados. De este modo, el péndulo osciló claramente hacia el extremo contrario. El mismo tipo de valores de empresas secundarias que anteriormente había proporcionado con gran diferencia la mayor proporción de oportunidades de compras de ocasión estaba registrando en el momento presente el mayor número de ejemplos de sobrevaloración y exceso de entusiasmo irracional. De una forma diferente, este fenómeno se repitió en 1961 y 1968, momentos en los cuales se puso más interés en las nuevas ofertas de pequeñas empresas de naturaleza inferior a las secundarias, y en prácticamente todas las empresas de ciertos campos que gozaban del favor del público, como la «electrónica», los «ordenadores», las «franquicias» y otros.*

---

* Desde 1975 hasta 1983, las acciones de empresas de pequeñas dimensiones («de segundo orden») tuvieron un resultado mejor que el de las grandes empresas a las que superaron por el asombroso porcentaje de 17,6 puntos porcentuales al año. El público inversor se lanzó por acciones de pequeñas empresas, las gestoras de fondos de inversión lanzaron cientos de nuevos fondos especializados en esas empresas y las pequeñas empresas agradecieron el esfuerzo arrojando unos resultados peores que los de las grandes empresas del orden de 5 puntos porcentuales durante la siguiente década. El ciclo volvió a repetirse en 1999, cuando las acciones de las pequeñas empresas superaron a las de las grandes en casi 9 puntos porcentuales, animando a los bancos de inversión a vender por primera vez al público cientos de acciones recalentadas de pequeñas empresas de tecnología. En lugar de tener en sus denominaciones las palabras «electrónica», «ordenadores», o «franquicia», las nuevas palabras de moda eran «.com», «óptico», «inalámbrico», e incluso prefijos como «e-» y también «I-». Las modas en el campo de la inversión siempre acaban convirtiéndose en desastres que se llevan por delante a todos los que habían depositado su confianza en la moda.

Como cabía esperar, la posterior caída del mercado se dejó sentir más intensamente en estos valores sobrevalorados. En algunos casos la oscilación del péndulo llegó al extremo de establecer una subvaloración definitiva e irrecuperable.

Si la mayor parte de los títulos secundarios normalmente suelen estar minusvalorados, ¿qué motivo tiene el inversor para confiar en que pueda conseguir beneficios en esa situación? Si la situación persiste indefinidamente, ¿no estará siempre en la misma posición de mercado que cuando compró los títulos? La respuesta a estas preguntas es algo complicada. La obtención de beneficios sustanciosos con la compra de valores de empresas secundarias a precios de ocasión puede producirse de diversas maneras. En primer lugar, la rentabilidad por dividendo suele ser relativamente elevada. En segundo lugar, los beneficios reinvertidos son sustanciales en relación con el precio pagado y, en última instancia, acabarán afectando a la cotización. En un período de entre cinco y siete años estas ventajas pueden acumularse y hacerse bastante cuantiosas en una cesta de inversión bien seleccionada. En tercer lugar, los períodos alcistas de mercado suelen ser más generosos habitualmente con las acciones que tienen baja cotización; de ese modo, en esos períodos las acciones que habitualmente se consideran de ocasión suelen elevarse hasta niveles por lo menos razonables. En cuarto lugar, incluso durante períodos de evolución anodina del mercado se suele producir un proceso continuo de ajuste de cotizaciones, durante el cual las acciones de empresas secundarias que estaban minusvaloradas suelen ascender por lo menos hasta los niveles normales para ese tipo de valor. En quinto lugar, los factores específicos que en muchos casos habían provocado los decepcionantes resultados de beneficios pueden corregirse, por el advenimiento de nuevas condiciones, por la adopción de nuevas políticas o por un cambio en la dirección de las empresas.

En los últimos años un importante factor nuevo ha sido la adquisición de pequeñas empresas por parte de otras más grandes, normalmente en el marco de un programa de diversificación. En estos casos, la retribución abonada ha sido prácticamente siempre generosa, muy por encima de los niveles de ocasión vigentes no mucho antes.

Cuando los tipos de interés eran muy inferiores a los de 1970, el campo de los títulos de ocasión se extendía a las obligaciones y acciones preferentes que se vendían con grandes descuentos en relación con el importe que daban derecho a reivindicar. Actualmente tenemos una situación diferente en la que incluso títulos bien garantizados se venden con grandes descuentos si sus cupones tienen intereses del 4,5% o menos, por ejemplo. Uno de ellos son las obligaciones de American Telephone & Telegraph al 2,625%, con vencimiento en 1986, que se vendían a niveles tan bajos como 51 en 1970; las obligaciones al 4,5% de Deere & Co., con vencimiento en 1983, que se vendían por cantidades tan bajas como 62. Bien puede darse el caso de que éstas hayan sido oportunidades de compra de ocasión antes de que pase mucho tiempo, si los tipos de interés imperantes descendiesen sustancialmente. Para encontrar emisiones de obligaciones de ocasión en el sentido más tradicional del término, probablemente deberíamos volver nuestra mirada una vez más a las obligaciones de primera hipoteca de los ferrocarriles que se encuentran actualmente con dificultades financieras, y que se venden en la franja de los 20 o los 30. Estas situaciones no son para el inversor inexperto; a falta de una verdadera capacidad para percibir los valores en este campo, pueden pillarse los dedos. Sin embargo, existe la tendencia subyacente de cargar excesivamente las tintas en las bajadas de mercado en este campo; en consecuencia, el grupo en conjunto, ofrece una invitación especialmente prometedora para llevar a cabo un análisis cuidadoso y valiente. En la década que concluyó en 1948 el grupo multimillonario de obligaciones de ferrocarril impagadas ofreció numerosas oportunidades espectaculares en este sentido. Tales oportunidades han sido bastante escasas desde entonces; no obstante, parece probable que vuelvan a repetirse en la década de 1970.*

Situaciones especiales o «rescates»

No hace mucho tiempo éste era un terreno que prácticamente podía garantizar en todo momento una atractiva tasa de rendimiento a los que supiesen manejarse en él; además, esto era posible prácticamente en todo tipo de situación de mercado general. De hecho, ni siquiera era un territorio prohibido a los miembros del público en general. Los que se sentían atraídos por este tipo de actividad podían aprender las técnicas y llegar a ser practicantes bastante hábiles sin necesidad de grandes estudios académicos o períodos de aprendizaje. Algunos otros fueron suficientemente perspicaces para darse cuenta de la sensatez sub yacente de este método y para establecer vínculos con jóvenes brillantes que gestionaban fondos dedicados principalmente a este tipo de «situaciones especiales». No obstante, en los últimos años, por motivos que expondremos posteriormente, el campo del «arbitraje y las operaciones de rescate» ha llegado a ser más arriesgado y menos rentable. Bien pudiera darse el caso de que en años venideros este terreno volviese a ser más propicio. En cualquier caso, merece la pena exponer la naturaleza general y el origen de estas operaciones, con uno o dos ejemplos ilustrativos.

La «situación especial» típica ha tenido su origen en el aumento del número de adquisiciones de empresas pequeñas por parte de las empresas grandes, a medida que el evangelio de la diversificación de productos iba siendo adoptado

---

* Las obligaciones de ferrocarriles incumplidas no ofrecen oportunidades significativas en la actualidad. Sin embargo, como ya se ha indicado, los bonos basura no atendidos o incumplidos, así como las obligaciones convertibles emitidas por empresas de alta tecnología, pueden ofrecer un apreciable valor después de la crisis de mercado de 2000-2002. No obstante, en este campo la diversificación es fundamental e inviable si no se dispone, de 100.000 dólares, como mínimo, para dedicar únicamente a este tipo de valores incumplidos. Salvo que sea usted multimillonario, este tipo de diversificación no es una opción.

por un número cada vez más elevado de equipos directivos. Casi siempre parece un buen negocio para estas empresas la adquisición de una empresa existente en el terreno en el que desea introducirse, en lugar de la alternativa de lanzar un nuevo proyecto desde cero. Para que esta adquisición sea posible, y para conseguir la aceptación de la necesaria mayoría de los accionistas de la empresa adquirida, casi siempre es necesario ofrecer un precio considerablemente superior al nivel imperante en el mercado. Estas operaciones empresariales siempre han ofrecido interesantes oportunidades de beneficio para aquellos que han estudiado este terreno y tienen una buena capacidad de juicio, reforzada por una amplia experiencia.

Los inversores hábiles consiguieron grandes cantidades de dinero no hace muchos años mediante la adquisición de obligaciones de empresas ferroviarias inmersas en procesos concursales, obligaciones que sabían que valdrían mucho más de lo que les habían costado cuando esas empresas fuesen finalmente reorganizadas. Después de la promulgación de los planes de reorganización surgía un mercado para los nuevos títulos que negociaban en condiciones «cuando se emitan». Estos nuevos títulos casi siempre se vendían por una cifra considerablemente superior al coste de las viejas emisiones que iban a ser canjeadas por ellos. Siempre existía el riesgo de que los planes no se consumasen o de que se produjesen demoras imprevistas, pero en conjunto estas «operaciones de arbitraje» resultaron ser extraordinariamente rentables.

Se produjeron oportunidades similares como consecuencia de la escisión de las sociedades de cartera concesionarias de servicios y suministros públicos en aplicación de la legislación promulgada en 1935. Prácticamente todas estas empresas acabaron valiendo considerablemente más cuando dejaron de ser sociedades pertenecientes a una sociedad de cartera y se convirtieron en un grupo de empresas operativas independientes.

El factor subyacente en este terreno es la tendencia que tiene el mercado de valores a minusvalorar los títulos que están afectados por algún tipo de proceso judicial complicado. Tradicionalmente, había un aforismo en Wall Street que decía «Nunca te metas en juicios». Puede ser un buen consejo para el especulador que esté tratando de llevar a cabo acciones rápidas con sus carteras. Sin embargo, la adopción de esta actitud por parte del público en general acabará creando oportunidades de compra de ocasión en los valores afectados por esa actitud, puesto que el prejuicio en contra de estas empresas hará que sus acciones coticen a niveles injustificadamente bajos.*

El aprovechamiento de las situaciones especiales es una rama técnica de la inversión que exige una mentalidad y una dotación un tanto inusual. Probablemente, sólo una pequeña parte de nuestros inversores emprendedores

---

* Un ejemplo clásico reciente es Philip Morris, cuyas acciones perdieron un 23% en dos días después de que un tribunal de Florida autorizase a los miembros del jurado a plantearse una indemnización por daños de hasta 200.000 millones de dólares en contra

acabarán dedicándose a esta actividad, y este libro no es el medio adecuado para exponer sus complicaciones.[6]

Consecuencias más generales de nuestras reglas de inversión

La política de inversión, tal como ha sido desarrollada en este libro, depende en primer lugar de una decisión adoptada por el inversor que tiene que optar por una función defensiva (pasiva) o agresiva (emprendedora). El inversor agresivo debe tener un conocimiento considerable de los valores de los títulos, suficiente, de hecho, para considerar que sus operaciones con valores son equivalentes a una actividad empresarial. En esta filosofía no hay espacio para una postura intermedia, ni una serie de escalones entre la situación pasiva y la situación agresiva. Muchos, tal vez la mayoría, de los inversores tratan de colocarse en esa categoría intermedia; en nuestra opinión es una solución de compromiso que tiene más probabilidades de generar decepciones que logros positivos.

Como inversor no puede pretender convertirse, si quiere actuar de manera razonable, en «medio empresario» y pensar en tener la mitad de los beneficios normales con sus fondos.

De este razonamiento se desprende que la mayoría de los propietarios de valores deberían optar por la calificación de defensivos. No tienen ni el tiempo, ni la determinación, ni la preparación mental para lanzarse a la inversión como actividad semiempresarial. Por lo tanto, deberían contentarse con el excelente rendimiento que en la actualidad se puede conseguir con una cartera defensiva (e incluso con menos) y deberían resistir con firmeza la tentación recurrente de incrementar este rendimiento desviándose hacia otros terrenos.

El inversor emprendedor podría lanzarse justificadamente a cualquier operación con valores para la cual su formación y su capacidad de juicio sean adecuadas y que parezca suficientemente prometedora *medida con arreglo a criterios empresariales establecidos*.

En nuestras recomendaciones y advertencias para este grupo de inversores hemos tratado de aplicar tales criterios empresariales. En los destinados al inversor defensivo nos hemos guiado principalmente por los tres requisitos de seguridad subyacente, sencillez de elección y promesa de resultados satisfactorios,

---

de la empresa, que finalmente había admitido que los cigarrillos pueden provocar cáncer. En el plazo de un año, las acciones de Philip Morris duplicaron su valor, para volver a caer después de una posterior sentencia multimillonaria dictada en Illinois. Existen algunos otros casos de acciones que han quedado prácticamente destruidas por pleitos de responsabilidad civil, entre los que cabe incluir a Johns Manville, W. R. Grace, y USG Corp. Por lo tanto, el consejo de «no te metas en juicios» sigue siendo válido para todos los inversores, con la única excepción de los más intrépidos.

tanto en términos psicológicos como aritméticos. El uso de estos criterios nos ha llevado a excluir del campo de las inversiones recomendadas una serie de tipos de valores que normalmente se consideran adecuados para varios tipos de inversores. Estas prohibiciones se enumeraron en nuestro primer capítulo, en la página 45.

Analicemos de una manera algo más detallada que antes las nociones implícitas en estas exclusiones. Hemos desaconsejado la compra a «precio completo» de tres categorías de títulos importantes: (1) obligaciones extranjeras, (2) acciones preferentes ordinarias, y (3) acciones ordinarias secundarias, incluidas, por supuesto, las ofertas originales de ese tipo de títulos. Con la expresión «precio completo» nos referimos a un precio cercano a la par en el caso de obligaciones o acciones preferentes, y a precios que representan más o menos el valor justo empresarial de la empresa en caso de acciones ordinarias. La inmensa mayoría de los inversores defensivos deben evitar estas categorías, sea cual sea el precio; el inversor emprendedor deberá comprarlas únicamente cuando sean obtenibles a precios de ocasión, que ya hemos afirmado que son los precios que no son superiores a dos tercios del valor de tasación de los valores.

¿Qué ocurriría si todos los inversores se guiasen por nuestros consejos sobre estas cuestiones? Esta cuestión se abordó en lo que respecta a las obligaciones extranjeras en la página 160, y no tenemos que añadir nada a lo que dijimos en aquel momento. Las acciones preferentes de categoría de inversión deberían ser adquiridas únicamente por personas jurídicas, como las compañías de seguros, que pueden beneficiarse con el régimen tributario especial del que disfrutan ese tipo de acciones cuando sus tenedores son personas jurídicas.

La consecuencia más problemática de nuestra política de exclusiones se produce en el terreno de las acciones ordinarias de segunda categoría. Si la mayoría de los inversores, integrados como deben estar en la categoría defensiva, no las comprasen en absoluto, el conjunto de posibles compradores se restringiría gravemente. Además, si los inversores agresivos únicamente deben comprarlas cuando sus precios están en niveles de ocasión, estas acciones estarían condenadas a venderse por debajo de su valor justo, salvo en la medida en que fuesen adquiridas por motivos poco inteligentes.

Es posible que esto suene muy estricto e incluso vagamente poco ético. Sin embargo, a la hora de la verdad, nos estamos limitando simplemente a reconocer lo que ha ocurrido en la práctica en este terreno durante la mayor parte de los últimos 40 años. Las emisiones de segunda categoría, en su mayor parte, fluctúan en torno a un nivel central que está muy por debajo de su valor justo. Alcanzan, e incluso superan, ese valor justo en ciertas ocasiones; pero esto suele suceder en las etapas superiores de los períodos alcistas de mercado, cuando las lecciones extraídas de la experiencia práctica aconsejarían no pagar los precios imperantes por las acciones ordinarias.

Por lo tanto, únicamente estamos sugiriendo que el inversor agresivo sea consciente de las verdades de la vida a las que deben hacer frente estos valores de categoría secundaria, y que reconozca que los niveles de mercado central que son habituales para esta categoría deben ser la guía de referencia para establecer sus propios niveles de compra.

En cualquier caso, en esta cuestión se da una paradoja. La empresa de categoría secundaria bien elegida típica puede ser tan prometedora como el líder sectorial típico. Las carencias que afectan a las empresas de menores dimensiones en materia de estabilidad inherente pueden compensarse fácilmente con sus mayores posibilidades de crecimiento. En consecuencia, a muchos lectores les puede parecer ilógico denominar «poco inteligente» la compra de estos valores secundarios a sus niveles de pleno «valor empresarial». Creemos que el argumento más fuerte es el de la experiencia. La historia financiera indica claramente que el inversor puede esperar resultados satisfactorios, de media, con las acciones ordinarias de categoría secundaria únicamente si las compra por un valor inferior al que tendrían para un propietario particular, es decir, si las compra de ocasión.

La última frase indica que este principio se refiere al inversor ordinario externo. Cualquier persona que pueda controlar una empresa secundaria, o que forme parte de un grupo cohesionado que ejerza dicho control, estaría absolutamente justificado para comprar las acciones con los mismos criterios que si estuviese invirtiendo en una «sociedad no cotizada» u otro tipo de empresa particular. La distinción entre las dos situaciones, y entre las políticas de inversión que se deben aplicar en cada una de ellas, en lo que respecta a personas de dentro y fuera de la empresa adquiere más importancia a medida que se *reduce* la importancia de la propia empresa. Una característica esencial de una empresa de primer orden o líder es que una acción única, por sí sola, suele valer tanto como una acción perteneciente a un bloque de control. En las empresas de categoría secundaria el valor de mercado medio de una acción independiente es sustancialmente menor que el valor que tiene para el propietario que ejerce el control. A causa de este hecho, la cuestión de las relaciones entre los accionistas y los directivos, y entre los accionistas internos y externos suele ser mucho más importante y controvertida en el caso de las empresas de categoría secundaria que en el caso de las empresas de categoría primaria.

Al final del capítulo 5 comentamos la dificultad que existía a la hora de hacer distinciones claras y precisas entre empresas primarias y secundarias. Las numerosas empresas que se encuentran en los límites colindantes de las dos categorías pueden razonablemente mostrar un comportamiento de precio intermedio. No sería ilógico que un inversor adquiriese acciones de cualquiera de esas empresas con un pequeño descuento del precio indicado o de casación, con el argumento de que se encuentran a una pequeña distancia de la clasificación de empresas primarias y que bien podrían adquirir esa clasificación en un futuro no muy lejano.

Por lo tanto, la distinción entre empresas de categoría primaria y secundaria no tiene por qué hacerse con excesiva precisión; dado que, si se estableciese de manera precisa y tajante, una pequeña diferencia de calidad debería producir una gran diferencia en el precio de compra que estaría justificado. Al hacer esta afirmación estamos admitiendo la existencia de un terreno intermedio en la clasificación de las acciones ordinarias, aunque no nos hemos mostrado partidarios de defender la posibilidad de dicho terreno intermedio en la clasificación de inversores. Nuestro argumento para esta aparente incongruencia es el siguiente: no se desprende un grave perjuicio de la existencia de algún cierto nivel de incertidumbre a la hora de evaluar un único valor, porque estos casos son excepcionales y la cuestión no tiene una gran trascendencia. Sin embargo, la elección del inversor entre una postura defensiva y una postura agresiva tiene graves e importantes consecuencias para él, y no debería permitirse que quedase en una situación confusa o comprometida a la hora de adoptar esta decisión básica.

Comentario al capítulo 7

> Hace falta una gran osadía y una gran cautela para amasar una gran fortuna; cuando se ha logrado, hace falta diez veces más osadía y cautela para conservarla.
>
> *Nathan Mayer Rothschild*

La coyuntura no es nada

En un mundo ideal, el inversor inteligente únicamente tendría acciones cuando fuesen baratas y las vendería cuando su precio fuese exagerado, momento en el que llenaría la cartera de obligaciones y dinero en efectivo hasta que las acciones volviesen a ser suficientemente baratas para comprarlas. Desde 1966 hasta finales de 2001, según se afirma en un estudio, 1 dólar conservado permanentemente en acciones habría aumentado hasta 11,71 dólares. Sin embargo, si se hubiese salido del mercado justo antes de los cinco peores días de cada año, el dólar original habría crecido hasta 987,12 dólares.[1]

Como casi todas las ideas de mercado mágicas, ésta se basa en un truco de manos. ¿De qué manera, exactamente, puede uno determinar cuáles van a ser los peores días antes de que esos días lleguen? El 7 de enero de 1973, el *New York Times* publicó una entrevista con uno de los principales pronosticadores finan-

---

[1] «The Truth About Timing», *Barron's*, 5 de noviembre de 2001, pág. 20. El título de este artículo es un práctico recordatorio de un principio siempre vigente para el inversor inteligente. Cada vez que vea la palabra «verdad» en un artículo sobre inversión, prepárese; es muy probable que muchas de las citas que aparezcan a continuación sean mentiras. (En primer lugar, un inversor que hubiese comprado acciones en 1966 y las hubiera conservado hasta finales de 2001 habría terminado, por lo menos, con 40 dólares, no con 11,71; da la impresión de que el estudio citado en *Barron's* ha pasado por alto la reinversión de los dividendos).

cieros del país, que animaba a los inversores a comprar acciones, sin ningún tipo de duda: «Sólo en casos muy poco frecuentes se dan las circunstancias para poder confiar tan incondicionalmente en que el mercado va a evolucionar al alza como ahora». Ese pronosticador se llamaba Alan Greenspan, y sólo en ocasiones muy poco frecuentes alguien se ha equivocado tan incuestionable y claramente como lo hizo aquel día el futuro presidente de la Reserva Federal. 1973 y 1974 resultaron ser los peores años de crecimiento económico y del mercado de valores desde la Gran Depresión.[2]

¿Pueden los profesionales evaluar la coyuntura de mercado mejor que Alan Greenspan? «No veo ningún motivo para no pensar que la mayor parte de la crisis ya ha quedado atrás», declaró Kate Leary Lee, presidenta de la firma de evaluación de coyuntura de mercado de R. M. Leary & Co., el 3 de diciembre de 2001. «Éste es el momento en el que le interesa entrar en el mercado», añadió, prediciendo que las acciones «ofrecen buenas perspectivas» para el primer trimestre de 2002.[3] Durante los tres siguientes meses, las acciones consiguieron una diminuta rentabilidad del 0,28%, resultados que estaban 1,5 puntos porcentuales por debajo de los conseguidos por el dinero en metálico.

Leary no es la única. Un estudio realizado por los profesores de finanzas de la Duke University descubrió que si hubiésemos seguido las recomendaciones del mejor 10% de todos los boletines de análisis de coyuntura de mercado, habríamos obtenido un 12,6% de rendimiento anualizado entre 1991 y 1995. No obstante, si no hubiésemos hecho caso de esas recomendaciones y hubiésemos mantenido nuestro dinero en un fondo de índice del mercado, habríamos obtenido un 16,4%.[4]

Como el filósofo danés Soren Kierkegaard indicó, la vida sólo se puede entender mirando hacia atrás, pero se debe vivir mirando hacia delante. A posteriori siempre se sabe exactamente cuándo debería haber comprado y cuándo debería haber vendido acciones. No deje que eso le lleve a pensar que es usted capaz de percibir, en tiempo real, en qué momento tiene que entrar y en qué momento tiene que salir. En los mercados financieros, a posteriori siempre se tiene razón al 100%, pero a priori no se tiene ni idea. Por lo tanto, para la mayor

---

[2] *New York Times*, 7 de enero de 1973, especial sección «Economic Survey», págs. 2, 19, 44.

[3] Comunicado de prensa, «Es un buen momento para estar en el mercado, afirma R. M. Leary & Company», 3 de diciembre de 2001.

[4] También se habría ahorrado miles de dólares en cuotas anuales de suscripción (que no han sido deducidos de los cálculos de rendimientos de los boletines). Los costes de intermediación y los impuestos de plusvalías a corto plazo suelen ser, por regla general, muy superiores en el caso de quienes operan en función de la coyuntura que en el caso de los inversores que conservan sus participaciones durante períodos prolongados. Si desea consultar el estudio Duke, véase John R. Graham y Campbell R. Harvey, «Grading the Performance of Market-Timing Newsletters», *Financial Analysts Journal*, noviembre/diciembre de 1997, págs. 54–66, disponible también en www.duke.edu/~charvey/research.htm.

parte de los inversores acertar con la coyuntura del mercado es una imposibilidad práctica y emocional.[5]

Todo lo que sube...

Como los cohetes espaciales que aumentan de velocidad a medida que ascienden hacia la estratosfera, las acciones de empresas en crecimiento parecen, en ocasiones, que desafían a la gravedad. Observemos las trayectorias de tres de las acciones que experimentaron mayor crecimiento en la década de 1990: General Electric, Home Depot y Sun Microsystems (véase la figura 7.1).

Todos los años desde 1995 hasta 1999, cada una de ellas aumentó de tamaño y fue más rentable. Los ingresos se duplicaron en Sun y se multiplicaron por más de dos en Home Depot. Según Value Line, los ingresos de GE aumentaron el 29%; sus beneficios aumentaron el 65%. En Home Depot y Sun los beneficios por acción prácticamente se multiplicaron por tres.

No obstante, también estaba pasando otra cosa, una cosa que no habría sorprendido a Graham en absoluto. Cuanto más rápidamente crecían estas empresas, más caras resultaban sus acciones. Cuando las acciones crecen más deprisa que las empresas, los inversores siempre acaban lamentándolo. Como muestra la figura 7.2:

Una gran empresa no es una gran inversión si se paga demasiado por sus acciones.

Cuanto más sube una acción, más probable parece que siga subiendo. Sin embargo, esa creencia instintiva queda radicalmente contradicha por la ley fundamental de la física financiera: Cuanto más grandes se hacen, más lentamente crecen. Una empresa de 1.000 millones de dólares puede duplicar sus ventas con una relativa facilidad; sin embargo, ¿adónde puede ir una empresa de 50.000 millones de dólares para encontrar otros 50.000 millones de dólares de volumen de actividad?

Las acciones de empresas en crecimiento resultan interesantes de comprar cuando sus precios son razonables, pero cuando su ratio de precio a beneficio sube muy por encima de 25 o 30, la cosa se pone fea:

— La periodista Carol Loomis descubrió que de 1960 a 1999, únicamente ocho de las 150 mayores empresas recogidas en la lista Fortune 500 consiguieron incrementar sus beneficios en una media anual de por lo menos el 15% durante dos décadas.[6]

---

[5] Si se desea más información sobre alternativas sensatas a las técnica de coyuntura de mercado —el equilibrio de la cartera y el promedio de coste en unidades monetarias— véanse los capítulos 5 y 8.

[6] Carol J. Loomis, «The 15% Delusion», *Fortune*, 5 de febrero de 2001, págs. 102–108.

FIGURA 7.1

Vamos, vamos, que nos vamos... por los aires

		1995	1996	1997	1998	1999
General Electric	Ingresos (millones de $)	43.013	46.119	48.952	51.546	55.645
	Beneficios por acción ($)	0,65	0,73	0,83	0,93	1,07
	Rendimiento anual de la acciones (%)	44,5	40,0	50,6	40,7	53,2
	Ratio a fin de año precio/beneficios	18,4	22,8	29,9	36,4	47,9
Home Depot	Ingresos (millones de $)	15.470	19.536	24.156	30.219	38.434
	Beneficios por acción ($)	0,34	0,43	0,52	0,71	1,00
	Rendimiento anual de la acciones (%)	4,2	5,5	76,8	108,3	68,8
	Ratio a fin de año precio/beneficios	32,3	27,6	37,5	61,8	73,7
Sun Microsystems	Ingresos (millones de $)	5.902	7.095	8.598	9.791	11.726
	Beneficios por acción ($)	0,11	0,17	0,24	0,29	0,36
	Rendimiento anual de la acciones (%)	157,0	12,6	55,2	114,7	261,7
	Ratio a fin de año precio/beneficios	20,3	17,7	17,9	34,5	97,7

Fuentes: Bloomberg, Value Line.

Notas: Ingresos y beneficios para ejercicios fiscales; rendimiento de la acciones para años naturales; ratio precio/beneficios es la cotización a 31 de diciembre dividida entre los beneficios declarados para los cuatro trimestres anteriores.

FIGURA 7.2

¿Qué hay ahí abajo?

	Cotización acciones 31/12/99	*Cotización acciones 31/12/02*	*PER 31/12/99*	*PER marzo 2003*
General Electric	51,58$	24,35$	48,1	15,7
Home Depot	68,75$	23,96$	97,4	14,3
Sun Microsystems	38,72$	3,11$	123,3	n/a

n/a: No aplicable, Sun tuvo pérdidas netas en 2002.
Fuentes: www.morningstar.com, yahoo.marketguide.com.

— Analizando cinco décadas de datos, la firma de investigación Sanford C. Bernstein & Co. demostró que únicamente el 10% de las grandes empresas estadounidenses habían incrementado sus beneficios en el 20% durante por lo menos cinco años consecutivos; únicamente el 3% habían crecido el 20% durante un período mínimo de 10 años sucesivos; y ninguna empresa lo había logrado durante 15 años consecutivos.[7]

— Un estudio académico de miles de acciones de empresas estadounidenses que cubría el período entre 1951 y 1998 descubrió que a lo largo de todos los períodos de 10 años los beneficios netos crecían una media del 9,7% anual. Sin embargo, para el 20% de ese grupo compuesto por las mayores empresas, los beneficios crecían una media anual de sólo el 9,3%.[8]

Hay muchos líderes empresariales que no son capaces de comprender estas probabilidades (véase el recuadro de la página 206). El inversor inteligente, no obstante, no se interesa por las acciones de empresas de gran crecimiento cuando son más populares, sino cuando algo va mal. En julio de 2002, Johnson & Johnson anunció que las autoridades supervisoras federales estaban investigando acusaciones sobre fraude contable en una de sus fábricas de medicamentos, y sus acciones perdieron el 16% en un único día. Ese descenso hizo que la cotización de las acciones de J&J pasase de un PER de 24 a uno de 20, respecto de los beneficios de los 12 meses anteriores. En este nivel menor, Johnson

[7] Véase Jason Zweig, «A Matter of Expectations», *Money*, enero de 2001, págs. 49-50.

[8] Louis K. C. Chan, Jason Karceski, y Josef Lakonishok, «The Level and Persistence of Growth Rates», National Bureau of Economic Research, documento de trabajo nº 8282, mayo de 2001, disponible en www.nber.org/papers/ w8282.

Hiperpotencial para la hiperpropaganda

Los inversores son las únicas personas que pueden caer presa del espejismo de que el hipercrecimiento puede sostenerse indefinidamente. En febrero del año 2000, se preguntó al consejero delegado de Nortel Networks, John Roth, cuánto más era capaz de crecer su gigantesca empresa de fibra óptica. «El sector está creciendo entre el 14% y el 15% al año», replicó Roth, «y nosotros vamos a crecer seis puntos más deprisa que eso. Para una empresa de nuestro tamaño, son unas perspectivas embriagadoras». La cotización de las acciones de Nortel, que ya habían subido el 51% al año durante los seis años anteriores, había alcanzado un múltiplo de 87 respecto de la cifra que Wall Street estaba suponiendo que podría ganar en el año 2000. ¿Estaba sobrevalorado el precio de las acciones? «Nos estamos acercando», se encogió de hombros Roth, «pero sigue habiendo mucho espacio para incrementar nuestra valoración a medida que vayamos poniendo en práctica la estrategia inalámbrica». (Después de todo, añadió, Cisco System estaba cotizando a 121 veces sus beneficios previstos).[1]

En cuanto a Cisco, en noviembre del año 2000, su consejero delegado, John Chambers, insistió en que su empresa podría seguir creciendo por lo menos el 50% al año. «La lógica», declaró, «nos indica que esto podría ser la escapada definitiva». La cotización de las acciones de Cisco había experimentado una gran retracción, en aquel momento se encontraba en un nivel que suponía multiplicar solamente por 98 los beneficios del ejercicio anterior, y Chambers animaba a los inversores a que comprasen. «¿Por quién van a apostar?», preguntó. «Ésta puede ser la oportunidad».[2]

Al contrario, estas empresas de crecimiento se contrajeron y sus sobrevaloradas acciones se marchitaron. Los ingresos de Nortel se redujeron al 37% en el año 2001, y la empresa perdió más de 26.000 millones de dólares aquel año. Los ingresos de Cisco se incrementaron el 18% en el año 2001, pero la empresa acabó con una pérdida neta de más de 1.000 millones de dólares. Las acciones de Nortel, que cotizaban a 113,50 dólares cuando Roth pronunció aquellas palabras, concluyeron el año 2002 a 1,65 dólares. Las acciones de Cisco, que cotizaban a 52 dólares cuando Chambers afirmó que su empresa estaba a punto de «escaparse del pelotón», se vinieron abajo hasta los 13 dólares. Desde entonces, ambas empresas han sido más discretas a la hora de predecir su futuro.

---

[1] Lisa Gibbs, «Optic Uptick», *Money*, abril de 2000, págs. 54–55.

[2] Brooke Southall, «Cisco's Endgame Strategy», *InvestmentNews*, 30 de noviembre de 2000, págs. 1, 23.

& Johnson podía volver a convertirse en una acción de una empresa en crecimiento con margen para crecer, con lo que se convertiría en un ejemplo de lo que Graham denominaba «la gran empresa relativamente impopular».[9] Este tipo de impopularidad temporal puede crear riqueza duradera, al ofrecernos la oportunidad de comprar una gran empresa a un buen precio.

¿Debería poner todo sus huevos en una única cesta?

«Ponga todos sus huevos en una única cesta, y después vigile esa cesta», proclamó Andrew Carnergie hace un siglo. «No disperse sus fuerzas... Los grandes éxitos en la vida se consiguen con la concentración». Como señala Graham, «las fortunas grandes de verdad conseguidas en la bolsa» son las de personas que acumularon todo su dinero en una única inversión que conocían extraordinariamente bien.

Prácticamente todas las personas más ricas de Estados Unidos pueden atribuir su riqueza a una inversión concentrada en una única industria o incluso en una única empresa (pensemos en Bill Gates y Microsoft, Sam Walton y Wal-Mart, o en los Rockefeller y Standard Oil). La lista Forbes 400 de los estadounidenses más ricos, por ejemplo, ha estado dominada por fortunas sin diversificar desde que fue recopilada por primera vez en 1982.

No obstante, prácticamente ninguna pequeña fortuna se ha ganado de esa forma, y no hay muchas grandes fortunas que se hayan conservado de esa manera. Lo que Carnegie se olvidó de mencionar es que la concentración también da lugar a la mayor parte de los grandes fracasos de la vida. Vuelva a examinar la «lista de los ricos» de *Forbes*. En 1982, el patrimonio neto de un miembro del Forbes 400 era de 230 millones. Para estar presente en el Forbes 400 de 2002, el miembro medio del Forbes de 1982 únicamente tendría que haber conseguido una rentabilidad anual media del 4,5% sobre su patrimonio, durante un período en el que hasta las cuentas bancarias rindieron mucho más que esa cifra y el mercado de valores obtuvo una media anual de 13,2%.

¿Cuántas de las fortunas del Forbes 400 de 1982 seguían en la lista 20 años después? Únicamente 64 de los miembros originales, un escaso 16%, seguían en la lista en el año 2002. Al mantener todos sus huevos en la cesta única que les había permitido entrar en la lista, en sectores que en el pasado habían

[9] Casi 20 años antes, en octubre de 1982, las acciones de Johnson & Johnson perdieron un 17,5% de su valor en una semana cuando varias personas murieron tras ingerir Tylenol que había sido adulterado con cianuro por un desconocido ajeno a la empresa. Johnson & Johnson respondió utilizando de forma pionera envases a prueba de manipulaciones, y las acciones subieron hasta convertirse en una de las mejores inversiones de la década de 1980.

experimentado crecimientos espectaculares, como el petróleo y el gas, o los aparatos informáticos, o la fabricación básica, el resto de los miembros desaparecieron de la lista. Cuando llegaron los malos momentos, ninguna de estas personas, a pesar de las grandes ventajas que pueden acarrear los patrimonios inmensos, estaban correctamente preparadas. Únicamente fueron capaces de quedarse paradas y cerrar los ojos ante el horroroso crujido provocado por la economía en cambio constante mientras trituraba su única cesta y todos sus huevos que tenían depositados en ella.[10]

La cesta de las oportunidades

Tal vez podría usted pensar que en nuestro mundo infinitamente interconectado, sería facilísimo elaborar y comprar una lista de acciones que cumpliese los requisitos establecidos por Graham para ser consideradas oportunidades (página 191). Aunque Internet resulta de gran ayuda, sigue siendo necesario hacer buena parte del trabajo a mano.

Coja un ejemplar del *Wall Street Journal* de hoy, pase a la sección «Dinero e inversión» y eche un vistazo a los indicadores de las bolsas NYSE y NASDAQ para encontrar las listas del día con las acciones que han llegado a su punto mínimo del último año; una forma sencilla y rápida de localizar empresas que podrían cumplir los requisitos de capital circulante neto de Graham. (*Online*, haga la prueba en http://quote.morningstar.com/highlow.html?msection=HighLow).

Para comprobar si una acción se vende por una cifra inferior al valor de su capital circulante neto (lo que los seguidores de Graham denominan «netas netas») descargue o solicite el informe anual o trimestral más reciente del sitio web de la empresa o de la base de datos EDGAR en www.sec.gov. Reste del activo circulante de la empresa su pasivo total, incluidas las acciones preferentes y la deuda a largo plazo. (O consulte en su biblioteca local un ejemplar de la Encuesta de Inversión Value Line, y se ahorrará una costosa suscripción anual. Todos los números incluyen una lista de «Acciones de ocasión» que se acercan a la definición de Graham). Últimamente la mayoría de esas acciones pertenecen a sectores arrasados como la alta tecnología y las telecomunicaciones.

A 31 de octubre de 2002, por ejemplo, Comverse Technology tenía 2.400 millones de activo circulante y 1.000 millones de pasivo total, con lo que el capital neto de explotación ascendía a 1.400 millones de dólares. Con menos de 190 millones de acciones y una cotización inferior a 8 dólares por acción, Comverse tenía una capitalización total de mercado de menos de 1.400 millones de dóla-

---

[10] Quiero expresar mi agradecimiento al gestor de inversión Kenneth Fisher (que es columnista de *Forbes*) por la observación sobre lo difícil que resulta mantenerse en la lista Forbes 400.

res. El capital social de Comverse, que estaba valorado por debajo del valor del efectivo y las existencias de Comverse, hacía que la actividad empresarial permanente de la sociedad se vendiese prácticamente por nada. Como bien sabía Graham, es posible perder dinero con acciones como las de Comverse, y ese es el motivo por el que únicamente se debe comprar este tipo de acciones si es posible identificar un par de docenas cada vez y mantenerlas en cartera pacientemente. No obstante, en las muy raras ocasiones en las que don Mercado genera ese número tan elevado de auténticas gangas, es prácticamente seguro que ganará usted dinero.

¿Cuál es su política extranjera?

Invertir en acciones extranjeras puede no ser obligatorio para el inversor inteligente, pero definitivamente es aconsejable. ¿Por qué? Intentemos realizar un pequeño experimento mental. Estamos a finales de 1989 y es usted japonés. Éstos son los hechos:

- Durante los 10 últimos años, su mercado de valores ha ganado una media anual del 21,2%, muy por encima del 17,5% de ganancias anuales de Estados Unidos.
- Las empresas japonesas están comprando todo lo que encuentran en Estados Unidos, desde el campo de golf de Pebble Beach hasta el Rockefeller Center; mientras tanto, empresas estadounidenses como Drexel Burnham Lambert, Financial Corp. of America y Texaco están quebrando.
- El sector de alta tecnología estadounidense se muere. El de Japón experimenta un crecimiento explosivo.

En 1989, en la tierra del sol naciente, la única conclusión a la que se podía llegar era que invertir fuera de Japón era la idea más estúpida jamás concebida desde la de fabricar máquinas expendedoras automáticas de *sushi*. Naturalmente, usted invertiría todo su dinero en acciones de empresas japonesas.

¿El resultado? A lo largo de la siguiente década, perdería aproximadamente dos tercios de su dinero.

¿La lección? No es que nunca se deba invertir en mercados extranjeros como el de Japón; la lección es que los japoneses nunca deberían haber mantenido todo su dinero en el mercado de origen. Tampoco debería hacerlo usted. Si vive en Estados Unidos, trabaja en Estados Unidos, y recibe su salario en dólares de Estados Unidos, ya está haciendo una apuesta múltiple a favor de la economía de Estados Unidos. Para ser prudente, debería poner parte de su cartera de inversión en otro lugar, simplemente porque nadie, en ningún lugar, puede estar seguro nunca de lo que va a pasar en el futuro en su país de origen o en el extranjero. Destinar hasta un tercio del dinero que se invierte en fondos de inversión que tengan acciones extranjeras (incluidas las de empresas de economías emergentes) es útil para asegurarse frente al riesgo de que el país de origen no siempre sea el mejor lugar del mundo para invertir.

Capítulo 8

El inversor y las fluctuaciones de mercado

En la medida en la que los fondos del inversor estén colocados en obligaciones de gran categoría con vencimiento a un plazo relativamente corto, por ejemplo, siete años o menos, dichos fondos no se verán especialmente afectados por los cambios en los precios de mercado y no será necesario que el inversor los tenga en cuenta. (Esto también es aplicable a los bonos de ahorro de Estados Unidos que tenga en cartera, que siempre se pueden liquidar a su precio de coste o a un precio superior). Las obligaciones a más largo plazo que tenga pueden experimentar unas variaciones de precios relativamente grandes durante sus ciclos vitales, y es prácticamente indudable que su cartera de acciones ordinarias fluctuará en valor durante cualquier período que dure varios años.

El inversor debería ser consciente de estas posibilidades y debería estar preparado para ellas tanto desde un punto de vista financiero como psicológico. Querrá aprovecharse de los beneficios que pueda obtener como consecuencia de los cambios en los niveles de mercado, lo que casi siempre se producirá mediante incrementos de valor de sus carteras de acciones a medida que pase el tiempo, y es posible que también mediante la realización de compras y ventas a precios ventajosos. Que sienta este interés es inevitable, y absolutamente legítimo. No obstante, dicho interés entraña el indudable peligro de que acabe cayendo en actitudes y actividades especulativas. Para nosotros es fácil recomendarle que no especule; lo difícil es que usted siga este consejo. Repitamos lo que dijimos al principio: si quiere especular, hágalo con los ojos abiertos, siendo consciente de que probablemente acabará perdiendo dinero; asegúrese de que limita el importe que pone en juego y sepárelo por completo de su programa de inversión.

Nos ocuparemos en primer lugar de la cuestión más importante de los cambios de precios de las acciones ordinarias y, posteriormente, nos ocuparemos de la cuestión de las obligaciones. En el capítulo 3 ofrecimos un estudio histórico de lo que ha ocurrido en el mercado de valores durante los 100 últimos años. En esta sección retornaremos a ese material cada cierto tiempo, para comprobar qué promesas encierra el pasado para el inversor, tanto en forma de revalorización a largo plazo de una cartera que se conserve prácticamente sin modificaciones a lo largo de períodos sucesivos de subida y bajada, como en cuanto a las posibilidades de comprar cerca de los mínimos durante períodos de caída del mercado y vender no muy por debajo de los máximos en los períodos de evolución alcista del mercado.

Fluctuaciones del mercado como guía para las decisiones de inversión

Dado que las acciones ordinarias, incluso las de categoría de inversión, están sujetas a fluctuaciones recurrentes y de amplio recorrido en sus precios, el inversor inteligente debería estar interesado en las posibilidades de aprovecharse de estas oscilaciones de péndulo. Hay dos posibles formas de lograrlo: actuar en función de la *coyuntura* y actuar en función del *precio*. Con la expresión de actuar en función de la coyuntura nos referimos al intento de anticiparse a la trayectoria que va a seguir el mercado de valores: comprar o conservar la inversión cuando se considera que la evolución futura será al alza, y vender o abstenerse de comprar cuando se considere que la evolución futura será a la baja. Con la expresión actuar en función del precio nos referimos al intento de comprar acciones cuando cotizan por debajo de su valor justo y de venderlas cuando suben por encima de dicho valor. Una forma menos ambiciosa de actuar en función del precio consiste, sencillamente, en poner todo de su parte para no pagar un precio excesivo por las acciones en el momento de llevar a cabo las adquisiciones. Esto podría ser suficiente para el inversor defensivo, cuyo principal interés se centra en la tendencia a largo plazo; por lo tanto, representa el nivel mínimo básico de atención que se debe prestar a los niveles de mercado.[1]

Estamos convencidos de que el inversor inteligente puede conseguir resultados satisfactorios con cualquiera de las dos formas de actuación en función del precio. También estamos seguros en igual medida de que si se centra en actuar en función de la coyuntura, en el sentido de hacer pronósticos, acabará actuando como un especulador, y acabará teniendo los resultados propios del especulador financiero. A las personas inexpertas esta distinción puede parecerles tenue, y de hecho ni siquiera en Wall Street goza de aceptación generalizada. Por cuestión de práctica operativa, o tal vez como consecuencia de un minucioso proceso de convicción, los corredores y los agentes de bolsa y los servicios de inversión parecen inseparablemente unidos al principio de que tanto los inversores como los especuladores en acciones ordinarias tendrían que prestar una permanente y detenida atención a los pronósticos de mercado.

Cuanto más se aleja uno de Wall Street, más escepticismo encontrará, o por lo menos eso creemos, hacia las pretensiones de pronosticar la evolución del mercado de valores o de determinar el momento adecuado para operar en él en función de la coyuntura. Parece imposible que el inversor se tome muy en serio las innumerables predicciones que aparecen prácticamente a diario y que se ponen a su disposición simplemente con pedirlas. Sin embargo, en muchos casos, presta atención a esas predicciones e incluso las pone en práctica. ¿Por qué? Porque se le ha persuadido de que es importante que se forme una opinión de un tipo u otro acerca de la futura evolución del mercado de valores, y porque tiene la impresión de que los pronósticos ofrecidos por las agencias de bolsa o servicios de previsión son, por lo menos, más fiables que sus propios pronósticos.*

No tenemos en esta obra el espacio suficiente para exponer con detalle las ventajas y los inconvenientes de los pronósticos de mercado. Esta disciplina recibe una enorme cantidad de capacidad intelectual, y es indiscutible que algunas personas pueden ganar dinero trabajando como buenos analistas del mercado de valores. No obstante, es absurdo pensar que el público en general vaya a poder ganar en algún momento dinero con los pronósticos de mercado. Simplemente plantéese la siguiente pregunta: ¿Quién va a comprar cuando el público en general, siguiendo una señal concreta, se lance a vender para conseguir beneficios? Si usted, el lector, pretende enriquecerse a lo largo del tiempo aplicando algún sistema o método de antelación respecto a los pronósticos de mercado, debería suponer que está tratando de hacer lo mismo que una innumerable cantidad de personas, y que pretende hacerlo mejor que sus numerosos competidores en el mercado. No hay ningún fundamento ni en el terreno de la lógica ni en el de la experiencia para suponer que cualquier inversor típico o

---

* A finales de la década de 1990, las previsiones de los «estrategas de mercado» cobraron mayor influencia que nunca. Lamentablemente, no mejoraron en fiabilidad. El 10 de marzo de 2000, precisamente el día que el índice compuesto del NASDAQ alcanzaba su máximo histórico de 5.048,62, el analista técnico jefe de Prudential Securities, Ralph Acampora, dijo en *USA Today* que esperaba que el NASDAQ llegase a 6.000 en 12 o 18 meses. Cinco semanas después, el NASDAQ había retrocedido hasta los 3.321,29. Pero Thomas Galvin, estratega de mercado de Donaldson, Lufkin & Jenrette, declaró que «el NASDAQ únicamente tiene 200 o 300 puntos de recorrido a la baja, y 2.000 al alza». Resultó que no hubo recorrido al alza y sí más de 2.000 puntos de recorrido a la baja, ya que el NASDAQ siguió despeñándose hasta que finalmente tocó fondo el 9 de octubre de 2002, a 1.114,11. En marzo de 2001, Abby Joseph Cohen, estratega jefe de inversión en Goldman, Sachs & Co., predijo que el índice de acciones Standard & Poor's 500 cerraría el año a 1.650 y que el Dow Jones Industrial Average terminaría 2001 a 13.000. «No esperamos una recesión», dijo Cohen, y creemos que los beneficios empresariales crecerán a una tasa más cercana a la tendencia histórica de crecimiento a medida que vaya avanzando el año». La economía estadounidense se hundía en la recesión mientras pronunciaba sus palabras, y el S & P 500 concluyó 2001 a 1.148,08, mientras que el Dow acabó a 10.021,50 —un 30% y un 23% por debajo de sus previsiones, respectivamente.

medio es capaz de anticipar los movimientos del mercado con más éxito que el público en general, del que forma parte.

Hay un aspecto de toda esta teoría del «aprovechamiento de la coyuntura» que aparentemente ha pasado inadvertida a todo el mundo. El aprovechamiento de la coyuntura tiene una gran importancia psicológica para la especulador, porque desea conseguir su beneficio en un período breve de tiempo. La idea de tener que esperar un año para que sus acciones suban de valor le resulta repugnante. Sin embargo, el período de espera, de por sí, no tiene ninguna trascendencia para el inversor. ¿Qué ventaja tiene para el inversor tener su dinero desinvertido hasta que reciba alguna señal (presumiblemente) digna de confianza de que ha llegado el momento de comprar? Únicamente tendrá alguna ventaja si con la espera consigue comprar posteriormente a un precio suficientemente reducido para compensar su pérdida de ingresos por dividendo. Lo que esto significa es que la realización de operaciones en función de la coyuntura no tiene auténtico valor para el inversor, salvo que dicho momento determinado en función de la coyuntura coincida con el determinado en función del precio, es decir, salvo que le permita volver a comprar sus acciones a un precio sustancialmente inferior al anterior precio de venta.

En este sentido, la famosa teoría de Dow sobre las compras y ventas en función de la coyuntura ha sido objeto de una historia muy poco habitual.* En pocas palabras, esta técnica interpreta como una señal de compra ciertas subidas especiales de mercado que superen los niveles medios de cotización, mientras que interpreta como una señal de venta ciertas bajadas especiales de mercado similares, que atraviesan los niveles medios de cotización. Los resultados calculados, que no necesariamente son reales, que se hubiesen obtenido con el uso de este método mostraron una serie prácticamente sin excepciones de beneficios en las operaciones desde 1897 hasta principios de la década de 1960. Atendiendo a esta exposición, el valor práctico de la teoría Dow parecería firmemente comprobado; la duda, si es que la hubiese, recaería sobre la fiabilidad que este «registro» publicado tendría en cuanto a reflejo de lo que habría hecho realmente en el mercado una persona que aplicase las teorías de Dow, no en cuanto a la validez de éstas.

Un estudio más detallado de las cifras indica que la calidad de los resultados arrojados por la teoría de Dow cambió radicalmente después de 1938, unos pocos años después de que la teoría hubiese empezado a ser tenida seriamente en cuenta en Wall Street. Su logro más espectacular había sido el de dar una señal de venta, a 306, aproximadamente un mes antes de que se desatase la crisis de 1929, y en haber mantenido a sus seguidores al margen del prolongado período de descenso del mercado hasta que la situación se había corregido prácticamente a sí misma, en el nivel de 84, en 1933. Sin embargo, a partir de 1938, la teoría de Dow había funcionado principalmente sacando del mercado a sus

* Véase la página 17.

partidarios a un precio razonablemente bueno, pero introduciéndoles de nuevo en el mercado a un precio superior. Durante casi 30 años a partir de 1938 se habrían obtenido unos resultados sustancialmente mejores simplemente comprando y conservando el DJIA.[2]

En nuestra opinión, que se basa en cuantiosos estudios de este problema, el cambio de los resultados experimentados por la teoría de Dow no es accidental. Pone de manifiesto una característica inherente de las fórmulas de operación y de los pronósticos en el terreno de los negocios y las finanzas. Las fórmulas que consiguen partidarios y que adquieren importancia lo hacen porque han funcionado bien durante un período de tiempo, o en ocasiones simplemente porque han sido hábilmente adaptadas a los registros estadísticos del pasado. Sin embargo, a medida que aumenta su aceptación, su fiabilidad tiende a disminuir. Esto ocurre por dos motivos: en primer lugar, el paso del tiempo aporta nuevas condiciones que la vieja fórmula no es capaz de acoger. En segundo lugar, en la evolución del mercado de valores, la popularidad de una teoría de operación tiene en sí misma influencia sobre el comportamiento del mercado, y esto reduce a largo plazo sus posibilidades de generar beneficios. (La popularización de una teoría como la de Dow podría aparentemente dar lugar a su propia justificación, ya que provocaría una subida o una bajada de mercado por la simple actuación de sus seguidores cuando se diese una señal de compra o de venta. Una «estampida» de este tipo sería, por supuesto, mucho más peligrosa que ventajosa para el público que hace operaciones en el mercado).

El método de comprar en el punto bajo y vender en el punto alto

Estamos convencidos de que el inversor medio no puede tener éxito si trata de aprovechar las variaciones de precio en sus operaciones intentando pronosticarlas. ¿Puede beneficiarse de dichas variaciones después de que hayan tenido lugar, es decir, comprando después de cada bajada importante y vendiendo después de cada subida importante? Las fluctuaciones experimentadas por el mercado durante un período de muchos años antes de 1950 hicieron que esa idea fuese bastante prometedora. De hecho, una definición clásica del «inversor hábil» decía que «es una persona que ha comprado en un período de bajada de mercado en el que los demás vendían, y ha liquidado su cartera en un período de alza del mercado en el que todos los demás compraban». Si examinamos nuestro cuadro 1, que cubre las fluctuaciones del índice compuesto Standard & Poor's entre 1900 y 1970, y las cifras correspondientes de la tabla 3.1 (página 86) podemos apreciar con facilidad los motivos por los que esta teoría parecía válida hasta no hace mucho tiempo.

Entre 1897 y 1949 se produjeron diez ciclos de mercado completos, que iban desde un punto mínimo de un período a la baja del mercado hasta un punto máximo del período alcista de mercado, y de nuevo hasta el punto mínimo del período bajista. Seis de esos ciclos no duraron más de cuatro años, cuatro se extendieron durante un período de seis o siete años y uno, el famoso ciclo de la «nueva era» de 1921 a 1932, duró once años. El porcentaje de subida desde los puntos mínimos a los puntos máximos osciló del 44% al 500%, y la mayoría estuvo entre el 50% y el 100%. El porcentaje de caídas posteriores osciló del 24% al 89%, y la mayoría se encontraron entre el 40% y el 50%. (Se debe tener en cuenta que una caída del 50% contrarresta completamente una subida previa del 100%).

Prácticamente todos los períodos alcistas compartieron una serie de características bien definidas, como por ejemplo: (1) un nivel de precio máximo con criterios históricos, (2) elevadas relaciones precio ganancias, (3) reducidos rendimientos por dividendo en comparación con los rendimientos de las obligaciones, (4) abundante actividad de especulación a margen, y (5) numerosas ofertas públicas iniciales de acciones de escasa calidad. Por lo tanto, al estudioso de la historia del mercado de valores podría parecerle que el inversor inteligente debería haber sido capaz de identificar los sucesivos períodos bajistas y alcistas de mercado, para comprar en los primeros y vender en los segundos, y hacerlo en la mayor parte de las ocasiones, con unos intervalos de tiempo relativamente breves. Se elaboraron varios métodos para determinar los niveles de compra y de venta del mercado general, niveles basados en factores de valor o alternativamente en el porcentaje de variaciones de los precios, o en ambos criterios.

No obstante, debemos señalar que incluso antes del período alcista sin precedentes que comenzó en 1949, se produjeron suficientes variaciones en los sucesivos ciclos de mercado para complicar, y en ocasiones frustrar, el deseable proceso de comprar en el punto bajo y vender en el punto elevado. La más notable de estas desviaciones, por supuesto, fue el gran período alcista de mercado de finales de la década de 1920, que hizo que todos los cálculos se desviasen en gran medida.* Ni siquiera en 1949, por lo tanto, existía en modo alguno la certeza de que el inversor pudiese basar sus políticas y procedimientos financieros

* Sin períodos bajistas de mercado que hagan retroceder la cotización de las acciones, cualquiera que esté esperando para «comprar barato» se sentirá absolutamente abandonado, y con demasiada frecuencia acabará abandonando cualquier precaución que haya podido tener y se lanzará al agua de cabeza. De ahí que el mensaje de Graham sobre la importancia de la disciplina emocional sea tan importante. Desde octubre de 1990 hasta enero de 2000, el Dow Jones Industrial Average evolucionó al alza de forma incansable, sin perder en ningún momento más del 20% y experimentando pérdidas del 10% o superiores sólo en tres ocasiones. El beneficio total (sin contar los dividendos): 395,7%. Según Crandall, Pierce & Co., fue el segundo período alcista ininterrumpido de mercado más prolongado del siglo pasado; sólo el *boom* de 1949–1961 duró más. Cuanto más dura el mercado alcista, más gravemente afecta la amnesia a los inversores; después de unos cinco años, muchas personas ya no creen que los períodos bajistas sean posibles. Todos los que olvidan están condenados a que se les recuerde lo que ha pasado y, en el mercado de valores, siempre resultan desagradables los recuerdos recuperados.

principalmente en el intento de comprar a niveles bajos en los períodos de descenso del mercado y liquidar sus carteras en los niveles altos de los períodos de alza del mercado.

En el período que siguió a ese año ocurrió exactamente lo contrario. El comportamiento del mercado en los 20 últimos años no ha seguido los patrones anteriores, ni ha respetado las señales de peligro que en el pasado estaban bien determinadas, ni ha permitido el sucesivo aprovechamiento de sus ciclos mediante la aplicación de las viejas reglas para comprar en los momentos bajos y vender en los altos. Que la antigua y relativamente periódica pauta de fases de alza y de baja del mercado vaya a volver con el paso del tiempo es algo que no sabemos. Lo que no nos parece realista es que el inversor intente basar su política actual en la fórmula clásica, es decir, que espere a que se produzcan unos niveles contrastados de baja de mercado antes de comprar cualquier acción ordinaria. Nuestra política recomendada, no obstante, sí que estipula que se introduzcan variaciones en la proporción entre acciones ordinarias y obligaciones que se tienen en cartera si el inversor opta por actuar de esa forma, atendiendo al criterio de que el nivel de los precios de transacciones le parezca más o menos atractivo en función de criterios de valor.*

Planes con fórmulas

En los primeros años de subida del mercado de valores que comenzaron en 1949-50 los diversos métodos de aprovechamiento de los ciclos del mercado de valores atrajeron un interés considerable. Estos métodos se conocieron como «planes de inversión con fórmula». La esencia de todos estos planes, salvo en el sencillo caso del promedio de coste monetario, es que el inversor realice automáticamente algunas ventas de acciones cuando el mercado experimenta una subida sustancial. En alguna de esas fórmulas una subida bastante cuantiosa del nivel de mercado tendría como consecuencia la venta de toda la cartera de inversión en acciones; otros planes estipulaban la conservación de una pequeña proporción de acciones en todas las circunstancias.

Este método tiene el doble atractivo de que, aparentemente, es lógico (y conservador) y de que muestra unos excelentes resultados cuando se aplica retrospectivamente al mercado de valores a lo largo de muchos años del pasado. Por desgracia, su aceptación aumentó precisamente en el momento en el que estaba destinado a ofrecer peores resultados. Muchas de las personas que aplicaban

* Graham expone esta «política recomendada» en el capítulo 4 (págs. 108–110). Esta política, que en la actualidad se denomina «asignación táctica de activos», es aplicada de manera generalizada por inversores institucionales como fondos de pensiones y fondos de donaciones y becas de universidad.

estos «planes con fórmulas» se encontraron fuera por completo, o casi por completo, del mercado en alguno de los niveles alcanzados a mediados de la década de 1950. Es indudable que obtuvieron unos excelentes beneficios, pero en términos generales el mercado «se les escapó» en el momento en el que salieron de él, y sus fórmulas no les dieron la más mínima oportunidad de volver a recuperar una posición en acciones.*

Se da una similitud entre la experiencia de quienes adoptaron el método de inversión con fórmula a principios de la década de 1950 y los que adoptaron la versión puramente mecánica de la teoría Dow 20 años antes. En ambos casos, la popularización de esos postulados señaló prácticamente el momento exacto en el que los sistemas respectivos dejaron de funcionar bien. Nosotros hemos seguido una experiencia similarmente embarazosa con nuestro propio «método de valor central» de determinación de niveles indicados de compra y de venta del Dow Jones Industrial Average. Aparentemente la lección que se debe extraer es que cualquier método para ganar dinero en el mercado que se pueda explicar de manera sencilla y que pueda ser seguido por muchas personas es, por su propia naturaleza, demasiado simple y demasiado sencillo para que dure.† La concluyente indicación de Spinoza es tan aplicable al mercado de valores como a la filosofía: «todo lo excelso es tan difícil como raro».

Fluctuaciones de mercado de la cartera del inversor

Todos los inversores que tengan acciones ordinarias deben esperar que su valor fluctúe a lo largo de los años. El comportamiento del DJIA desde nuestra última edición escrita en 1964 refleja bastante bien lo que ha ocurrido con la car-

---

* Muchos de estos «planificadores de fórmula» habrían vendido todas sus acciones a finales de 1954, después de que el mercado de acciones subiese un 52,6%, el segundo rendimiento anual más elevado de la historia en aquel momento. Durante los cinco años siguientes, estos operadores de coyuntura habrían quedado al margen, mientras las acciones duplicaban su valor.

† Las maneras fáciles de ganar dinero en el mercado de acciones se desvanecen por dos motivos: las tendencias, de manera natural, suelen invertirse a lo largo del tiempo, lo que se denomina «volver a la media»; el otro motivo es la rápida adopción del método de selección de acciones por parte de un gran número de personas, que se amontonan y aguan la fiesta a todos los que habían llegado primero. (Hay que darse cuenta de que, al hacer referencia a esta «experiencia embarazosa» Graham, es, como siempre, honrado al admitir sus propios fallos). Véase Jason Zweig, «Murphy Was an Investor», *Money*, julio de 2002, págs. 61–62, y Jason Zweig, «New Year's Play», *Money*, diciembre de 2000, págs. 89–90.

tera de valores de un inversor conservador que haya limitado sus participaciones accionariales a las empresas grandes, destacadas y financiadas de manera conservadora. El valor general habrá crecido desde un nivel medio de aproximadamente 890 hasta un máximo de 995 en 1966 (y de 985 nuevamente en 1968), cayendo hasta 631 en 1970 y consiguiendo una recuperación prácticamente completa hasta 940 a principios de 1971. (Como las acciones individuales alcanzan sus máximos y sus mínimos en diferentes momentos, las fluctuaciones del grupo del Dow Jones en conjunto son menos severas que las de sus componentes separados). Hemos realizado un seguimiento de las fluctuaciones de precios de otros tipos de carteras de acciones diversificadas y conservadoras, y hemos descubierto que los resultados generales no son excesivamente diferentes de los indicados anteriormente. En general, las acciones de empresas de segundo orden* fluctúan más que las de las empresas importantes, pero eso no significa necesariamente que un grupo de empresas bien establecidas, aunque de menores dimensiones, vayan a conseguir unos resultados menos satisfactorios a lo largo de un período relativamente prolongado. En cualquier caso, el inversor también podría resignarse anticipadamente a la probabilidad, más que a la mera posibilidad, de que la mayor parte de sus participaciones en acciones aumenten el 50% o más, por ejemplo, desde su punto mínimo y se reduzcan en el equivalente de un tercio desde su punto máximo en diferentes períodos de los cinco próximos años.†

No será muy probable que el inversor serio crea que las fluctuaciones de un día a otro, o incluso las fluctuaciones de un mes a otro, del mercado de valores vayan a enriquecerle o a empobrecerle. ¿Podrían hacerlo los cambios a más largo plazo y de mayor calado? En este terreno surgen dudas prácticas, y problemas psicológicos que probablemente se complicarán. Una subida sustancial en el mercado es, simultáneamente, un motivo justificado de satisfacción y una

---

* El equivalente actual de lo que Graham denomina «empresas de segundo orden» serían cualquiera de las miles de acciones de empresas no incluidas en el índice Standard & Poor's 500. Tiene a su disposición una lista revisada periódicamente de las 500 acciones del índice S & P. en www.standardandpoors.com.

† Téngase muy en cuenta lo que está afirmando Graham en este caso. No sólo es posible, sino que más bien es probable que la mayoría de las acciones que posea vayan a ganar por lo menos el 50% con respecto a su cotización más baja y que vayan a perder como mínimo el 33% con respecto a su cotización más elevada, con independencia de cuáles sean las acciones que posea y de que el mercado en su conjunto suba o baje. Si no puede aceptarlo, o si cree que su cartera, por arte de magia es inmune a ello, es que no reúne usted las condiciones para llamarse inversor. [Graham se refiere a una caída del 33% como al «tercio equivalente» porque una subida del 50% haría que una acción de 10 dólares valiese 15 dólares. Partiendo de 15 dólares, una pérdida del 33% (o una bajada de 5 dólares) la dejaría nuevamente en 10 dólares, que era el punto de partida].

causa de preocupación prudente, pero también puede entrañar una gran tentación de emprender acciones imprudentes. Sus acciones han subido, ¡bien! Es usted más rico que antes, ¡bien! Pero, ¿ha subido demasiado el precio y debería pensar en vender? ¿O debería castigarse por no haber comprado más acciones cuando el nivel era más bajo? O, y éste es el peor pensamiento de todos, ¿debería ceder a la atmósfera alcista, llenarse de entusiasmo, y del exceso de confianza y de la codicia que domina al público en general (del cual, después de todo, usted forma parte), y contraer mayores y peligrosos compromisos? Planteada en estos términos sobre el papel, la respuesta a la última pregunta es evidentemente no, pero incluso el inversor inteligente necesitará una considerable fuerza de voluntad para dejar de seguir a la multitud.

Por estas causas de naturaleza humana, más incluso que por los cálculos de pérdidas o ganancias financieras, nos mostramos favorables a algún tipo de método mecánico para modificar la proporción entre obligaciones y acciones en la cartera del inversor. La principal ventaja, tal vez, es que dicha fórmula le ofrecerá algo que hacer. A medida que suba el mercado venderá acciones de su cartera, y destinará los ingresos a obligaciones; cuando el mercado baje, hará lo contrario. Estas actividades ofrecerán una salida a sus energías que de lo contrario estarían excesivamente concentradas. Si es el tipo de inversor adecuado, encontrará satisfacción adicional en el hecho de que sus operaciones sean exactamente contrarias a las que realiza la multitud.*

Valoraciones empresariales en contraposición a valoraciones del mercado de valores

La repercusión de las fluctuaciones de mercado en la verdadera situación del inversor también se puede analizar desde el punto de vista del accionista que es propietario parcial de varias empresas. El tenedor de acciones negociables tiene en realidad una doble condición, y con ella el privilegio de poder aprovechar cualquiera de las dos condiciones a su elección. Por una parte, su posición es análoga a la del accionista minoritario o socio pasivo de una sociedad no cotizada. En este sentido, sus resultados dependen absolutamente de los beneficios de la empresa o de los cambios que experimenten los valores subyacentes de sus activos. Normalmente determinaría el valor de dicha participación en una empresa privada calculando su cuota en el patrimonio neto que se muestre en el balance más reciente. Por otra parte, el inversor en acciones ordinarias tiene un valor, materializado en un certificado o en una anotación en cuenta, que puede vender en cuestión de minutos a un precio que varía de un momento a otro,

* Para el inversor actual, la estrategia ideal para aplicar esta fórmula es el equilibrio de cartera, que exponemos en las páginas 124–125.

siempre y cuando el mercado esté abierto, y que frecuentemente está muy alejado del valor reflejado en el balance.*

La evolución del mercado de valores en los últimos años ha hecho que el inversor típico dependa más de la evolución de las cotizaciones de las acciones y se muestre menos dado a considerarse simplemente propietario de una empresa. El motivo es que las empresas de éxito en las que probablemente concentra sus participaciones cotizarán prácticamente de manera constante a precios muy superiores al valor neto de su activo (o valor contable, o «valor de balance»). Al pagar estas primas de mercado el inversor entrega unos valiosísimos rehenes a la fortuna, porque dependerá de que el propio mercado de valores ratifique sus compromisos.†

Éste es un factor de importancia capital en la inversión actual, y ha recibido menos atención de la que merece. La estructura de las cotizaciones del mercado de valores, en su conjunto, contiene una contradicción interna. Cuanto mejores son los resultados y las perspectivas de una empresa, menos relación tendrá el precio de sus acciones con su valor contable. Sin embargo, cuanto mayor sea la prima que se paga en relación con el valor contable, más inciertos serán los criterios para determinar su valor intrínseco, es decir, una mayor parte de este «valor» dependerá del cambiante humor y de las mediciones del mercado de valores. Por lo tanto, de esta manera llegamos a la paradoja final en virtud de la cual cuanto más éxito tenga una empresa, mayores serán las fluctuaciones en el precio de sus acciones. Esto significa, a la hora de la verdad, en un sentido muy real, que cuanto mayor es la calidad de una acción, más *especulativa* será, por lo menos en comparación con las acciones poco espectaculares de las empresas intermedias.** (Lo que hemos dicho es aplicable en el marco de la comparación de las empresas en crecimiento más importantes con el grueso de las empresas bien establecidas;

---

* En la actualidad la mayor parte de las empresas únicamente entregan certificados previa solicitud específica. Las acciones existen en forma de anotación en cuenta puramente electrónica (de una forma muy similar a lo que sucede con su cuenta bancaria, que no contendrá dinero real, sino asientos informáticos electrónicos de abonos y adeudos) y, por lo tanto, hoy en día es más sencillo operar en bolsa de lo que lo era en la época de Graham.

† Valor neto del activo, valor contable, valor del balance y valor del activo tangible son, todos ellos, sinónimos de valor neto, o valor total de los bienes físicos de la empresa y los activos financieros menos el exigible íntegro. Se puede calcular utilizando los balances que se incluyen en los informes anuales y trimestrales de las empresas; de los recursos propios se restan todas las partidas «inmateriales» como fondo de comercio, marcas comerciales y otros intangibles. Se divide entre el número íntegramente diluido de acciones en circulación para calcular el valor contable por acción.

** El empleo que hace Graham de la palabra «paradoja» es, probablemente, una alusión a un artículo clásico de David Durand, «Growth Stocks and the Petersburg Paradox», *The Journal of Finance*, vol. XII, nº. 3, septiembre de 1957, págs. 348–363, excluimos de nuestra opinión a las empresas muy especulativas, porque son las propias empresas las que son especulativas).

La exposición que hemos hecho anteriormente debería explicar el comportamiento frecuentemente errático seguido por el precio de las acciones de las empresas más impresionantes y con mejores resultados. Nuestro ejemplo favorito es el del rey de todas ellas, International Business Machines. La cotización de sus acciones descendió desde 607 a 300 en siete meses en 1962–1963; después de dos desdoblamientos, su precio cayó de 387 a 219 en 1970. De la misma manera, Xerox, un generador de beneficios aún más impresionante en las últimas décadas, pasó de 171 a 87 en 1962–1963 y de 116 a 65 en 1970. Estas imponentes pérdidas no eran indicativas de que en el mercado existiesen dudas acerca del crecimiento futuro a largo plazo de IBM o de Xerox; al contrario, reflejaban la falta de confianza en la prima de valoración que el propio mercado había atribuido a esas excelentes perspectivas.

La exposición anterior nos lleva a una conclusión de importancia práctica para el inversor conservador que invierta en acciones. Si quiere prestar alguna atención especial a la selección de su cartera, sería mejor que se concentrase en acciones que cotizasen relativamente cerca del valor de su activo tangible, por ejemplo, algo más de un tercio por encima de esa cifra. Las adquisiciones realizadas a esos niveles, o niveles inferiores, pueden conectarse con cierta lógica al balance de la empresa, y pueden tener una justificación o un apoyo independientes de los fluctuantes precios de mercado. La prima respecto del valor contable que pueda ser necesario abonar podría considerarse como una especie de valor extraordinario abonado por la ventaja de disfrutar de cotización en el mercado, con la concomitante posibilidad de realizar operaciones de tráfico mercantil.

Llegado este momento, es necesario hacer una advertencia. Una acción no es una inversión sensata simplemente porque se pueda comprar a un precio cercano al valor de su activo. El inversor debería exigir, además, una relación satisfactoria entre los beneficios y el precio, una situación financiera suficientemente sólida y la perspectiva de que los beneficios por lo menos se mantengan a lo largo de los años. Es posible que esto parezca mucho exigir a una acción que

---

en el que se comparaba la inversión en acciones de empresas de crecimiento con cotizaciones elevadas con las apuestas a cara o cruz sucesivas en las que la cuantía del premio aumenta con cada tirada. Durand indica que si una acción de empresas de crecimiento pudiese seguir creciendo a una tasa elevada durante un período de tiempo indefinido, el inversor debería (en teoría) estar dispuesto a pagar por esas acciones un precio infinito. Entonces, ¿por qué jamás se ha vendido una acción por un precio de infinitos dólares por participación? Porque cuanto más elevada es la tasa de crecimiento futuro prevista, y cuanto más largo es el período de tiempo a lo largo del cual se prevé ese crecimiento, más se amplía el margen de error, y más se eleva el coste de un eventual error de cálculo, por pequeño que éste sea. Graham comenta este problema más adelante, en el apéndice 4 (pág. 588).

tenga una cotización modesta, pero se trata de una prescripción que no resulta difícil satisfacer prácticamente en cualquier condición de mercado, con la salvedad de las peligrosamente elevadas. En los casos en los que el inversor esté dispuesto a renunciar a la brillantez de las perspectivas, es decir a un crecimiento previsto superior al de la media, no tendrá ninguna dificultad para encontrar una amplia selección de acciones que cumplan nuestros criterios.

En nuestros capítulos sobre la selección de acciones ordinarias (capítulos 14 y 15) ofreceremos datos que mostrarán que más de la mitad de las acciones del DJIA cumplían nuestro criterio de relación entre activo y valor a finales de 1970. La acción que está repartida de forma más generalizada en el mercado, la de AT&T, se vendía, de hecho, por debajo del valor del activo tangible de la empresa en el momento de redactar estas notas. La mayor parte de las acciones de empresas energéticas, además de sus otras ventajas, están disponibles en la actualidad (principios de 1972) a precios razonablemente cercanos a los valores de su activo.

El inversor cuya cartera esté integrada por acciones que tengan el apoyo de tales valores contables está en condiciones de adoptar una posición mucho más independiente y distanciada de las fluctuaciones del mercado que los inversores que han abonado elevados múltiplos de los beneficios y del activo tangible por las acciones de sus carteras. En tanto en cuanto la capacidad de generar beneficios de sus participaciones siga siendo satisfactoria, podrá desentenderse en la medida que desee de las oscilaciones caprichosas del mercado. Aún más, en ocasiones podrá utilizar esas oscilaciones caprichosas para jugar al juego maestro de comprar barato y vender caro.

El ejemplo A & P

Llegado este momento, introduciremos uno de los ejemplos originales, de hace muchos años pero que ejerce cierta fascinación sobre nosotros porque combina muchos aspectos de la experiencia empresarial y de inversión. Está protagonizado por la Great Atlantic & Pacific Tea Co. Ésta es la historia:

Las acciones de A & P fueron admitidas a cotización en el mercado «Curb», que en la actualidad es la American Stock Exchange, en 1929 y llegaron a cotizar a 494. En 1932 habían descendido hasta 104, aunque los beneficios de la empresa eran prácticamente igual de cuantiosos en aquel año catastrófico en términos generales de lo que lo habían sido anteriormente. En 1936 la cotización osciló entre 111 y 131. Después, en la recesión empresarial y el período bajista de mercado de 1938 las acciones descendieron hasta un nuevo punto mínimo de 36.

Ese precio era extraordinario. Significaba que las acciones ordinarias y las preferentes alcanzaban, en conjunto, un precio de venta de 126 millones de dólares, aunque la empresa acababa de declarar que tenía 85 millones de dólares simplemente en efectivo y un capital de explotación (o activo circulante neto) de

134 millones de dólares. A & P era la mayor empresa minorista de Estados Unidos, o incluso del mundo, con un historial continuo e impresionante de grandes beneficios a lo largo de muchos años. Sin embargo, en 1938 Wall Street consideraba que esta extraordinaria empresa valía menos que sus activos circulantes, lo que significaba que valía menos como empresa con perspectiva de futuro que si se liquidase. ¿Por qué? En primer lugar, estaban las amenazas de imposición de impuestos especiales a las cadenas de tiendas; en segundo lugar, porque los beneficios netos se habían reducido en el año anterior; y, en tercer lugar, porque el mercado en general estaba deprimido. La primera de estas razones era un temor exagerado que acabó resultando infundado; las otras dos eran ejemplos típicos de efectos temporales.

Supongamos que el inversor hubiese comprado acciones ordinarias de A & P en 1937 a, por ejemplo, 12 veces sus beneficios medios quinquenales, o sea aproximadamente a 80. Nos abstendremos mucho de afirmar que el posterior descenso hasta 36 no tuviese importancia para nuestro inversor. Habría hecho bien en analizar cuidadosamente la situación, para comprobar si había cometido algún error de cálculo. No obstante, si los resultados de su estudio fuesen tranquilizadores, como debería haber ocurrido, podría considerar, justificadamente, que el declive del mercado era un capricho temporal de las finanzas, y que debía desentenderse de él, salvo que tuviese los recursos y el coraje de aprovecharlo y comprar un mayor número de las acciones a precio de oportunidad que se le estaban ofreciendo.

Acontecimientos posteriores y reflexiones

Al año siguiente, 1939, las acciones de A & P ascendieron hasta 117,50, o lo que es lo mismo tres veces el precio mínimo de 1938, muy por encima de la media de 1937. Dicha inflexión en el comportamiento de las acciones ordinarias no es en absoluto infrecuente, pero en el caso de A & P fue más llamativo que en la mayoría. En los años siguientes a 1949 la cadena de tiendas de ultramarinos ascendió con el mercado general hasta que en 1961 sus acciones desdobladas (10 por 1) alcanzaron un punto máximo de 70,5 que era equivalente a 705 si se hubiese mantenido íntegra la acción de 1938.

El precio de 70,5 era destacable por el hecho de que suponía multiplicar por 30 los beneficios de 1961. Un PER de ese calibre, que debe compararse con un PER de 23 para el DJIA en ese año, debería haber dado a entender que había expectativas de un espectacular crecimiento de los beneficios. Este optimismo no tenía ninguna justificación que pudiese encontrarse en la contabilidad de beneficios de la empresa de los años anteriores, y resultó ser un error absoluto. En vez de aumentar rápidamente, la evolución de los beneficios en el período posterior fue por lo general a la baja. El año siguiente al 70,5 el precio se redujo más de la mitad, hasta 34. No obstante, en esta ocasión las acciones no eran la oportunidad que habían sido en el momento de la cotización mínima de 1938.

Después de diferentes tipos de fluctuación, el precio descendió hasta otro nivel mínimo de 20,5 en 1970 y de 18 en 1972, después de haber declarado el primer *déficit* trimestral de su historia.

En esta historia podemos apreciar las diferentes vicisitudes que puede atravesar una importante empresa estadounidense en poco más de una sola generación, y también cuántos errores de cálculo y excesos de optimismo y de pesimismo ha cometido el público a la hora de evaluar sus acciones. En 1938 la empresa era prácticamente un regalo, y nadie quiso aceptarlo; en 1961 el público pedía a gritos acciones a precios ridículamente elevados. Después de ese momento de histeria se produjo una rápida pérdida de la mitad del valor de mercado, y pocos años después otro declive adicional importante. En el ínterin la empresa pasó de ser una extraordinaria generadora de beneficios a cosechar mediocres resultados; su beneficio en 1968, año en el que se produjo un espectacular crecimiento de la economía, fue inferior al del año 1958; había pagado una serie de confusos dividendos pequeños que no estaban justificados por las aportaciones actuales al superávit; y así sucesivamente. A & P era una empresa de mayores dimensiones en 1961 y en 1972 que en 1938, pero no estaba tan bien dirigida, no era tan rentable, y no era tan atractiva.*

De esta historia se pueden extraer dos lecciones principales. La primera es que el mercado de valores se equivoca mucho de vez en cuando, y en ocasiones un inversor valiente que esté alerta puede aprovecharse de esos errores manifiestos. La otra es que la mayor parte de las empresas cambian de naturaleza y calidad a lo largo de los años, en ocasiones para mejor y tal vez más frecuentemente, para peor. No es necesario que el inversor vigile los resultados de sus empresas como un halcón; no obstante, sí debería examinarlos a fondo de vez en cuando.

Volvamos a nuestra comparación entre el tenedor de acciones negociables y la persona que tiene una participación en la empresa no cotizada. Hemos afirmado que el primero tiene la opción de considerarse simplemente el propietario parcial de las diferentes empresas en las que ha invertido, o alternativamente puede pensar que es el tenedor de acciones que se pueden vender en cualquier momento que desee al precio al que cotizan en el mercado.

No obstante, se debe tener en cuenta este hecho importante: el verdadero inversor prácticamente nunca se ve *obligado a vender* sus acciones, y, salvo en esos contados momentos en que pudiese verse forzado a vender, está en perfec-

---

* La historia más reciente de A & P es prácticamente igual. Al final del año 1999, la cotización de sus acciones era de 27,875 dólares; al final del año 2000, era de 7,00 dólares; un año después, de 23,78 dólares; al final del año 2002, era de 8,06 dólares. Aunque posteriormente salieron a la luz algunas irregularidades contables de A & P, va en contra de toda lógica creer que el valor de una actividad empresarial relativamente estable como la del comercio de ultramarinos pueda reducirse en tres cuartos en un año, triplicarse al año siguiente y volver a reducirse en dos tercios al año posterior al siguiente.

tas condiciones para desentenderse de la cotización vigente. Deberá prestar atención a las cotizaciones y llevar a cabo alguna intervención únicamente en la medida en que le convenga, y no más.* Por lo tanto, el inversor que permita que otros le arrastren a las estampidas o que se preocupe indebidamente por las retracciones injustificadas provocadas por el mercado en sus carteras estará transformando perversamente su ventaja básica en una desventaja esencial. Se trata de personas que estarían mejor si sus acciones no cotizasen en absoluto, porque podrían librarse de la angustia mental que les provocan los errores de juicio cometidos por *otras personas.*†

Por cierto, se dio una situación generalizada de este tipo en la práctica durante los oscuros años de la depresión de 1931–1933. En aquella época se disfrutaba de una ventaja psicológica cuando se tenían participaciones de empresas que no cotizaban en el mercado. Por ejemplo, las personas que eran propietarias de primeras hipotecas sobre bienes inmuebles que siguieron pagando intereses estuvieron en condiciones de decirse a sí mismas que sus inversiones habían mantenido todo su valor, al no haber cotizaciones de mercado que indicasen otra cosa. Por otra parte, muchas obligaciones de empresas cotizadas, que tenían una calidad aún mejor y una fortaleza subyacente aún mayor sufrieron graves reducciones en sus cotizaciones de mercado, que llevaron a sus propietarios a creer que cada vez eran más pobres. En realidad, los propietarios estaban en mejor situación con los valores cotizados, a pesar de sus precios reducidos. Esto es así porque si lo hubiesen deseado, o si se hubiesen visto obligados, podrían por lo menos haber vendido las acciones, tal vez para cambiarlas por otras que supusiesen una mejor oportunidad. Alternativamente, por otra parte, siguiendo la misma lógica, podrían haberse desentendido de la situación del mercado afirmando que era temporal y básicamente irrelevante. En cualquier caso, es un autoengaño convencerse de que no se ha sufrido ninguna reducción de valor simplemente porque los valores no cotizan en el mercado.

Volviendo a nuestro accionista de A & P de 1938, afirmamos que, en tanto en cuanto hubiera conservado sus acciones, no habría sufrido ninguna pérdida por la reducción de precio, más allá de lo que su propia capacidad de juicio pudiese indicarle como consecuencia de la reducción del valor subyacente o intrínseco. Si no se había producido ninguna reducción de este tipo, el accionis-

---

* «Únicamente en la medida en que le convenga» debe interpretarse como «únicamente en la medida en que el precio sea lo suficientemente favorable para justificar la venta de la acción».

† Es perfectamente posible que éste sea el párrafo más importante de todo el libro de Graham. En estas palabras, Graham resume la experiencia de toda su vida. Por muchas veces que haya leído estas palabras, nunca estará de más que vuelva a hacerlo; son como la criptonita para los períodos bajistas de mercado. Si mantiene estas palabras siempre a mano y deja que ellas le guíen a lo largo de su vida de inversión, logrará sobrevivir en cualquier mercado.

ta tendría todo el derecho a esperar que en su debido momento la cotización del mercado volviese a recuperar el nivel de 1937 o un nivel mejor, como en la práctica acabó sucediendo al año siguiente. En este sentido, su posición era por lo menos tan favorable como si hubiese sido propietario de una participación en una empresa no cotizada. Porque en este caso, también, podría haber tenido, o no, motivos justificados para recortar mentalmente parte del coste de sus participaciones, atribuyendo ese recorte al efecto de la recesión de 1938, dependiendo de lo que hubiese pasado con su empresa.

Los críticos del método de valor para realizar inversiones en acciones afirman que las acciones ordinarias no se pueden considerar ni evaluar adecuadamente de la misma forma que una participación en una empresa similar que no cotice, porque la presencia de un mercado de valores organizado «aporta a la propiedad del capital un atributo nuevo y extraordinariamente importante de liquidez». Sin embargo, lo que esta liquidez significa realmente es, en primer lugar, que el inversor tiene la ventaja de la evaluación diaria y cambiante realizada por el mercado de valores respecto de su cartera, *sea cual sea la utilidad que pueda tener esa valoración*, y en segundo lugar, que el inversor es capaz de aumentar o reducir su inversión, por la cifra cotizada por el mercado a diario, *si desea hacerlo.* Por lo tanto, la existencia de un mercado en el que coticen los valores ofrece al inversor *ciertas opciones* que no tendría si sus valores no cotizasen. En cualquier caso, esa existencia no impone la cotización vigente a un inversor que prefiera basar su concepto de valor en cualquier otra fuente.

Cerremos esta sección con algo parecido a una parábola. Imagine que usted es propietario de una pequeña participación en una empresa no cotizada que le cuesta 1.000 dólares. Uno de sus socios, llamado Sr. Mercado, es muy atento. Todos los días le dice lo que considera que vale su participación, y adicionalmente se ofrece a comprar su participación o a venderle una participación adicional con arreglo a esa valoración. En ocasiones su idea de valor parece razonable y justificada atendiendo a los acontecimientos empresariales y a las perspectivas que usted conoce. Frecuentemente, por otra parte, el Sr. Mercado se deja llevar por su entusiasmo o por sus temores, y el valor que le propone parece rayano en el absurdo.

Si fuese usted un inversor prudente o un empresario sensato, ¿permitiría que la comunicación diaria del Sr. Mercado determinase su concepción del valor con respecto a su participación de 1.000 dólares en la empresa? Únicamente lo consentiría en el caso de que estuviese de acuerdo con él, o en el caso de que quisiese hacer una operación con él. Es posible que esté usted encantado de venderle su participación cuando le ofrezca un precio ridículamente elevado, y que esté igualmente encantado de comprar una participación adicional cuando el precio ofrecido sea bajo. Sin embargo, el resto del tiempo actuaría de una forma más sensata si se formase su propia idea del valor de su cartera, atendiendo a los informes detallados de la empresa acerca de sus operaciones y su situación financiera.

El verdadero inversor se encuentra en esa posición cuando es propietario de una acción cotizada. Puede aprovechar el precio de mercado establecido a diario o no hacer caso de tal precio, según le indique su propia capacidad de juicio y sus preferencias. Debe tomar nota de las principales variaciones de precio, puesto que de lo contrario su capacidad de juicio no tendrá nada con lo que entretenerse. Es posible que esos movimientos le ofrezcan una señal de advertencia que tal vez quiera seguir; en román paladino, esto quiere decir que tiene que vender sus acciones porque el precio ha bajado, a fin de evitar que ocurran cosas peores. En nuestra opinión, tales señales inducen a error por lo menos con la misma frecuencia con la que resultan útiles. Básicamente, las fluctuaciones de precio únicamente deben tener un significado para el verdadero inversor. Le ofrecen la oportunidad de comprar con inteligencia cuando los precios se reducen mucho, y de vender con inteligencia cuando han subido también mucho. En las demás ocasiones lo mejor que puede hacer es olvidarse del mercado de valores y prestar atención a su rentabilidad por dividendos y a los resultados de explotación de sus empresas.

Resumen

La distinción más realista entre el inversor y el especulador se puede apreciar en su actitud hacia los movimientos del mercado de valores. El principal interés del especulador consiste en anticipar y extraer beneficio de las fluctuaciones de mercado. El principal interés del inversor consiste en adquirir y mantener unos valores adecuados a unos precios adecuados. Los movimientos del mercado son importantes en un sentido práctico, porque, alternativamente, crean niveles de precio reducido a los que resulta inteligente comprar o niveles de precio elevado a los que indudablemente debería abstenerse de comprar y probablemente haría bien en vender.

Dista mucho de ser seguro que el inversor típico deba abstenerse de comprar ordinariamente hasta que se produzcan unos niveles bajos del mercado, porque esto puede entrañar una larga espera, con mucha probabilidad la pérdida de ingresos, y la posible pérdida de oportunidades de inversión. En general, puede que sea mejor que el inversor compre acciones siempre que tenga dinero para destinar a acciones, excepto cuando el nivel de mercado general sea muy superior a lo que se pueda justificar recurriendo a criterios sensatos de valoración. Si quiere mostrarse astuto, puede tratar de localizar las omnipresentes oportunidades ofrecidas por algunas acciones individuales.

Además de a la previsión de los movimientos del mercado general, en Wall Street se dedica mucho esfuerzo y capacidad a la elección de las acciones o grupos industriales que vayan a «conseguir mejores resultados» en materia de precio que el resto en un período de tiempo relativamente breve. Por lógico que pueda parecer este esfuerzo, no creemos que sea adecuado a las necesidades o al temperamento del verdadero inversor, en especial si se tiene en cuenta que estaría compitiendo con un gran número de operadores del mercado y de analistas financieros de primer orden que estarían tratando de lograr el mismo objetivo. Al igual que sucede en todas las demás actividades que hacen hincapié en los movimientos del precio en primer lugar y en los valores subyacentes en segundo lugar, el trabajo de muchas mentes inteligentes dedicadas constantemente a este fin tiende a neutralizar los esfuerzos de unos y de otros y acaba siendo perjudicial para todos a lo largo de los años.

El inversor que tenga una cartera de acciones sólida debería esperar que sus precios fluctuasen, y no debería preocuparse por las caídas considerables ni emocionarse por las subidas de precio considerables. Debería recordar siempre que la cotización de mercado es una utilidad que tiene a su disposición, ya sea para aprovecharla o para hacer caso omiso de ella. Nunca debería comprar una acción porque haya subido ni venderla porque haya bajado. No se equivocaría mucho si este lema se redactase en términos más sencillos: «No compre nunca una acción inmediatamente después de una subida sustancial, ni tampoco la venda inmediatamente después de una bajada sustancial».

Una consideración adicional

Debería decirse algo sobre el significado de los precios medios de mercado como medición de la competencia del equipo directivo de una empresa. El accionista valora si su inversión ha tenido éxito tanto desde el punto de vista de los dividendos recibidos como de la tendencia a largo plazo del valor medio de mercado. Los mismos criterios deberían aplicarse a la hora de comprobar la eficacia de los directivos de una empresa y la sensatez de su actitud hacia los propietarios de la empresa.

Esta afirmación puede parecer una perogrullada, pero es necesario destacarla, porque todavía no se ha desarrollado una técnica o un método que goce de aceptación generalizada para someter la actuación de los directivos a la opinión del mercado. Al contrario, los equipos directivos han insistido en todo momento en que no tienen responsabilidad de tipo alguno sobre lo que ocurre en el mercado con el valor de las acciones de su empresa. Es cierto, indudablemente, que no son responsables de las fluctuaciones de precio que, como venimos afirmando, no tienen ninguna relación con las condiciones y valores subyacentes. No obstante, sólo cabe achacar a la falta de atención y conocimiento entre una gran parte de los accionistas el que se permita que esta inmunidad se extienda a todo el ámbito de las cotizaciones de mercado, incluido el establecimiento permanente de un nivel de cotización depreciado e insatisfactorio. Los buenos equipos directivos consiguen buenas cotizaciones medias de mercado, mientras que los malos equipos directivos consiguen malas cotizaciones de mercado.*

* Graham tiene mucho más que decir sobre lo que en la actualidad se conoce como «buen gobierno de la empresa». Véase el comentario al capítulo 19.

Fluctuaciones en los precios de las obligaciones

El inversor debería ser consciente de que aunque la seguridad de su capipal y sus intereses esté fuera de toda duda, una obligación a largo plazo puede experimentar grandes variaciones de precio de mercado como reacción a las variaciones de los tipos de interés. En la tabla 8.1 ofrecemos datos correspondientes a varios años que se remontan hasta 1902, y que cubren los rendimientos de las obligaciones de primera categoría, tanto las empresariales como las exentas de tributación. Como ilustración individual, añadimos las fluctuaciones de precio de dos obligaciones de ferrocarril representativas que cubrían un período similar. (Son las obligaciones hipotecarias generales al 4 de Atchison, Topeka & Santa Fe, con vencimiento en 1995, durante generaciones una de nuestras mejores emisiones de obligaciones no susceptibles de rescate, y las de Northern Pacific Ry, al 3, con vencimiento en 2047 (un vencimiento original a 150 años), con un prolongado historial de obligación de calificación Baa).

A causa de su relación inversa, los bajos rendimientos corresponden a precios elevados y viceversa. El declive experimentado por las obligaciones al 3 de Northern Pacific en la década de 1940 era representativo principalmente de las dudas sobre su seguridad. Es extraordinario que el precio se recuperase hasta alcanzar un máximo histórico en los siguientes años, y posteriormente perdiese dos tercios de su precio principalmente a causa de la subida de los tipos de interés generales. También se han producido asombrosas variaciones en el precio incluso de las obligaciones de mayor categoría durante los 40 últimos años.

Hay que tener en cuenta que los precios de las obligaciones no fluctúan en la misma proporción (inversa) que los rendimientos calculados, porque su valor fijo al vencimiento del 100% ejerce una influencia moderadora. No obstante, en el caso de vencimientos a muy largo plazo, como en nuestro ejemplo de Northern Pacific, los precios y los rendimientos cambian casi en la misma proporción.

Desde 1964 se han producido variaciones sin igual *en ambas direcciones* en el mercado de obligaciones de máxima categoría. Tomemos como ejemplo las «mejores obligaciones municipales» (exentas de tributación); su rentabilidad se ha multiplicado por más de dos, pasando de 3,2% en enero de 1965 al 7% en junio de 1970. Su índice de precios se redujo, en correspondencia, de 110,8 a 67,5. A mediados de 1970 la rentabilidad de las obligaciones a largo plazo de máxima categoría era superior a la que habían tenido *en cualquier momento en los casi 200 años de historia económica de Estados Unidos.*[*] Veinticinco años

---

[*] En función de lo que Graham denomina «la regla de los contrarios», en 2002 los rendimientos de las obligaciones a largo plazo del Tesoro de Estados Unidos alcanzaron sus niveles más bajos desde 1963. Como las rentabilidades de las obligaciones evolucionan a la inversa de los precios, esas inferiores rentabilidades significaron que los precios habían subido, con lo que los inversores se mostraron más dispuestos a comprar en el

TABLA 8.1

Fluctuaciones de los rendimientos de las obligaciones y de los precios de dos emisiones representativas de obligaciones, 1902-1970

	Rendimiento de las obligaciones			*Cotizaciones de las obligaciones*	
	Compuesto S & P AAA	*Municipales S & P*		*A. T. & S. F. al 4%, 1995*	*Nor. Pac. al 3%, 2047*
1902 Mínimo	4,31%	3,11%	1905 Máximo	105,50	79
1920 Máximo	6,40	5,28	1920 Mínimo	69	49,50
1928 Mínimo	4,53	3,90	1930 Máximo	105	73
1932 Máximo	5,52	5,27	1932 Mínimo	75	46,75
1946 Mínimo	2,44	1,45	1936 Máximo	117,50	85,25
1970 Máximo	8,44	7,06	1939-40 Mínimo	99,50	31,50
Cierre de 1971	7,14	5,35	1946 Máximo	141	94,75
			1970 Mínimo	51	32,75
			Cierre de 1971	64	37,25

atrás, justo antes del inicio del prolongado período de alza del mercado, las rentabilidades de las obligaciones estaban en su punto más bajo de la historia; las obligaciones municipales a largo plazo ofrecían un escaso 1%, y las obligaciones industriales ofrecían el 2,40%, en comparación con el 4,50 o el 5% que hasta el momento se había considerado «normal». Los que tenemos una prolongada experiencia en Wall Street hemos visto en acción la ley de Newton de «acción y reacción, iguales y opuestos» que ha operado repetidamente en el mercado de valores, siendo el ejemplo más llamativo que se puede mencionar la subida del DJIA desde 64 en 1921 a 381 en 1929, seguida por una caída histórica hasta 41 en 1932. Sin embargo, en esta ocasión el mayor movimiento pendular tuvo lugar en la normalmente estancada y lenta de movimientos gama de precios y rendimientos de obligaciones de máxima categoría. Lección: no se puede dar por supuesto que nada importante en el mercado de valores va a tener lugar exactamente de la misma forma en que se ha producido en el pasado. Esto representa la primera parte de nuestro aforismo preferido: «*Cuanto más cambia, más es lo mismo*».

Es prácticamente imposible hacer predicciones que merezcan la pena acerca de los movimientos de precios de las acciones, y es completamente imposible hacerlo en el terreno de las obligaciones.* En los viejos tiempos, por lo menos, se podía encontrar una pista útil sobre el inminente final de un período de subida o de bajada del mercado si se estudiaba la actuación seguida por las obligaciones en los momentos anteriores, pero no había pistas similares sobre los cambios inminentes en los tipos de interés y en los precios de las obligaciones. Por lo tanto, el inversor debe elegir entre las inversiones en obligaciones a largo y a corto plazo basándose principalmente en sus preferencias personales. Si quiere estar seguro de que los valores de mercado no van a reducirse, sus mejores opciones serán probablemente los bonos de ahorro de Estados Unidos, de serie E o H, que se describieron anteriormente, en la página 112. Cualquier emisión de esos bonos le ofrecerá una rentabilidad del 5% (después del primer año) en el caso de la serie E durante un período de hasta cinco años y diez meses, y en el caso de la serie H durante un período de hasta diez años, con un valor de reventa garantizado igual al coste o mejor.

Si el inversor desea aprovechar el 7,5% que está actualmente disponible en las obligaciones empresariales a largo plazo de buena categoría, o el 5,3% de las obligaciones municipales exentas de tributación, deberá estar dispuesto a expe-

---

momento en el que las obligaciones estaban en sus niveles de precio más caros y cuando sus rentabilidades futuras, de manera prácticamente garantizada, iban a ser bajas. Esto ofrece otra prueba de la lección de Graham de que el inversor inteligente debe negarse a adoptar decisiones que se basen en las fluctuaciones de mercado.

* En el comentario al capítulo 4 se ofrece un análisis actualizado para los lectores actuales, en el que se explican los rendimientos recientes y la amplia variedad de obligaciones y fondos de obligaciones disponibles hoy en día.

rimentar las fluctuaciones de precio. Los bancos y las compañías de seguros tienen el privilegio de evaluar las obligaciones de buena categoría de este tipo aplicando criterios matemáticos de «coste amortizado», que hacen caso omiso de las cotizaciones de mercado; no sería mala idea que los inversores individuales hiciesen algo similar.

Las fluctuaciones de cotización de las obligaciones *convertibles* y de las acciones preferentes son consecuencia de tres factores diferentes: (1) variaciones en la cotización de la acción ordinaria con la que están relacionadas, (2) variaciones de la situación de solvencia de la sociedad, y (3) variaciones en los tipos de interés generales. Se han vendido abundantes obligaciones convertibles por parte de empresas que tenían una calificación de solvencia muy inferior a la mejor posible.[3] Algunas de estas emisiones se vieron muy negativamente afectadas por los problemas financieros de 1970. En consecuencia, las emisiones de acciones convertibles, en conjunto, han estado sujetas a unas influencias muy inquietantes en los últimos años, y las variaciones de precio han sido inusualmente grandes. En el caso típico, por lo tanto, el inversor se engañaría si esperase encontrar en las obligaciones convertibles la combinación ideal de la seguridad de una obligación de máxima categoría y la protección de precio junto con la posibilidad de beneficiarse de una subida de la cotización de las acciones ordinarias.

Es posible que éste sea el momento adecuado para plantear una sugerencia sobre la «obligación a largo plazo del futuro». ¿Por qué no deberían dividirse los efectos del cambio de tipo de interés de alguna forma práctica y equitativa entre el prestamista y el prestatario? Una posibilidad consistiría en vender las obligaciones a largo plazo con unos pagos de intereses que variasen en función de un índice apropiado del tipo vigente. El principal resultado de este tipo de acuerdo sería: (1) la obligación del inversor siempre tendría un valor principal cercano a 100, si la empresa mantenía su calificación de solvencia, pero los intereses recibidos variarían, por ejemplo, junto con el tipo ofrecido en las nuevas emisiones convencionales; (2) la entidad emisora dispondría de las ventajas de la deuda a largo plazo, librándose de los problemas y costes de las frecuentes renovaciones de la refinanciación, pero por otra parte sus costes por intereses cambiarían de un año a otro.[4]

Durante la última década el inversor en obligaciones ha tenido que enfrentarse a un dilema cada vez más serio: ¿Debería optar por la absoluta estabilidad del valor del principal, aceptando unos tipos de interés variables y normalmente bajos (a corto plazo)? ¿O debería optar por una renta de tipo fijo, con considerables variaciones (normalmente a la baja, por lo que parece) en su valor principal? Sería bueno que la mayor parte de los inversores llegasen a una solución de compromiso entre estos extremos, y pudiesen estar seguros de que ni la rentabilidad por intereses ni el valor de su principal iban a quedar por debajo de un mínimo declarado en un plazo de, por ejemplo, 20 años de duración. Esta situación podría organizarse, sin grandes dificultades, instrumentándose en un contrato de obligación adecuado que tuviese una forma nueva. Nota importante: en la práctica, la

Administración estadounidense ha llegado a una solución similar al combinar los contratos de los bonos de ahorro originales con sus prórrogas a unos tipos de interés más elevados. La sugerencia que planteamos en estas líneas cubriría un período de inversión fijo más largo que el de los bonos de ahorro, e introduciría más flexibilidad en las estipulaciones sobre los tipos de interés.*

Prácticamente no merece la pena hablar sobre las acciones preferentes no convertibles, ya que su especial naturaleza tributaria hace que las seguras sean mucho más deseables para las personas jurídicas, por ejemplo, para las compañías de seguros, que para las personas físicas. Las de peor calidad siempre experimentarán grandes fluctuaciones, en términos porcentuales, no muy diferentes de las de las acciones ordinarias. No podemos hacer ninguna indicación útil sobre este instrumento. La posterior tabla 16.2, pág. 434 ofrece cierta información sobre las variaciones de precios experimentadas por las acciones preferentes no convertibles de peor calidad entre diciembre de 1968 y diciembre de 1970. El declive promedio ascendía al 17%, en comparación con el 11,3% del índice compuesto S&P correspondiente a las acciones ordinarias.

* Como se menciona en el comentario a los capítulos 2 y 4, los títulos del Tesoro protegidos contra la inflación (TIPS) son una versión nueva y mejorada de lo que Graham sugiere en estas líneas.

Comentario al capítulo 8

> La felicidad de quienes ansían la popularidad depende de los demás; la felicidad de los que persiguen el placer fluctúa con estados de ánimo que no pueden controlar; sin embargo, la felicidad de los sabios surge de sus propios actos libres.
>
> *Marco Aurelio*

Dr. Jekyll y Sr. Mercado

La mayor parte de las ocasiones el mercado determina los precios de la mayoría de las acciones con una destacable brillantez. Millones de compradores y de vendedores regateando precios son capaces de conseguir unas valoraciones empresariales destacablemente exactas, en promedio. Sin embargo, en ocasiones, no se consigue un precio ajustado; ocasionalmente, el resultado es un precio tremendamente desajustado. En tales ocasiones, es necesario comprender la imagen del Sr. Mercado que ofrecía Graham, que probablemente es la mejor imagen que se ha elaborado en toda la historia para explicar por qué en algunas ocasiones el precio de las acciones llega a ser tan injustificado.[1] El maníaco-depresivo Sr. Mercado no siempre determina los precios de las acciones de la misma forma en que un tasador o un comprador privado determinarían el valor de una empresa. Al contrario, cuando la cotización de las acciones sube, está encantado de pagar un precio superior a su valor objetivo; por otra parte, cuando la cotización baja, está desesperado por desprenderse de las acciones por menos de su valor real.

¿Sigue estando por aquí el Sr. Mercado? ¿Sigue siendo bipolar? Por supuesto que sí.

---

[1] Véase el texto de Graham, págs. 227–228.

El 17 de marzo de 2000, las acciones de Inktomi Corp. alcanzaron un nuevo máximo histórico de cotización, en 231,625 dólares. Desde que comenzaron a cotizar en junio de 1998, las acciones de esta empresa de *software* de búsqueda por Internet habían aumentado de valor aproximadamente en un 1.900%. En las pocas semanas que habían transcurrido desde diciembre de 1999, la cotización prácticamente se había triplicado.

¿Qué estaba sucediendo en Inktomi, la empresa, para que Inktomi, las acciones, fuesen tan valiosas? La respuesta parece evidente: un crecimiento fenomenalmente rápido. En los tres meses concluidos en diciembre de 1999, Inktomi había vendido productos y servicios por valor de 36 millones de dólares, más de lo que había conseguido en todo el año que finalizó en diciembre de 1998. Si Inktomi fuese capaz de sostener el ritmo de crecimiento que había conseguido en los 12 meses anteriores durante un período de cinco años más, sus ingresos se multiplicarían, y pasarían de 36 millones de dólares por trimestre a 5.000 millones de dólares al mes. Con tamañas perspectivas de crecimiento, cuanto más rápidamente subía la acción, más lejos parecía que sería capaz de llegar.

No obstante, en su irracional enamoramiento con las acciones de Inktomi, el Sr. Mercado había pasado por alto una cuestión relacionada con su actividad empresarial. La empresa perdía dinero, toneladas de dinero. Había perdido 6 millones de dólares en el último trimestre, 24 millones de dólares en los 12 meses anteriores a ese trimestre, y otros 24 millones de dólares en el año anterior a esos 12 meses. Durante toda su vida empresarial, Inktomi no había conseguido ni un centavo de beneficios. Sin embargo, el 17 de marzo de 2000, el Sr. Mercado había determinado un valor para esta minúscula empresa que alcanzaba los 25.000 millones (sí, ha leído bien, nada más y nada menos que 25.000 millones) de dólares.

Después, el Sr. Mercado cayó presa de una súbita depresión. El 30 de septiembre de 2002, justo dos años y medio después de que alcanzasen los 231,625 dólares por acción, las acciones de Inktomi cerraron a 25 centavos, lo que supuso un colapso desde un valor total de mercado máximo de 25.000 millones de dólares a un mínimo de 40 millones de dólares. ¿Se había agotado el negocio de Inktomi? No en absoluto; durante los 12 meses anteriores, la empresa había conseguido 113 millones de dólares en ingresos. ¿Qué había cambiado entonces? Únicamente el humor del Sr. Mercado: a principios de 2000, los inversores estaban tan irrefrenablemente interesados por Internet, que habían determinado un precio para las acciones de Inktomi que representaba 250 veces los ingresos de la empresa. En la actualidad, estaban dispuestos a pagar únicamente 0,35 veces sus ingresos. El Sr. Mercado se había transformado pasando de Dr. Jekyll a Mr. Hyde, y se estaba asegurando de que las acciones que le habían hecho quedar mal se las pagasen todas juntas.

Sin embargo, el Sr. Mercado no tenía más justificación para emprender este feroz ataque a medianoche que la que había tenido para mostrarse insensatamente eufórico. El 23 de diciembre de 2002, Yahoo! Inc. anunció que compraba Inktomi por 1,65 dólares por acción. Era aproximadamente siete veces la cotización de Inktomi el 30 de septiembre. La historia acabará indicando, probablemente, que Yahoo! hizo un brillante negocio. Cuando el Sr. Mercado hace que las acciones sean tan baratas, no es raro que le quiten de las manos empresas enteras.[2]

Piense por sí mismo

¿Estaría dispuesto a permitir que un lunático oficialmente diagnosticado como tal se presentase cinco veces a la semana para decirle que tendría que sentirse usted exactamente igual que se siente él? ¿Estaría usted dispuesto a mostrarse eufórico simplemente porque su visitante lo está, o desgraciado simplemente porque su visitante cree que debería ser usted desgraciado? Claro que no. Usted insistiría en que tiene derecho a asumir el control de su vida emocional, basándose en sus experiencias y sus creencias. Sin embargo, en lo que respecta a la vida financiera, millones de personas permiten que el Sr. Mercado les diga cómo tienen que sentirse y qué tienen que hacer, a despecho del dato incuestionable de que, en ocasiones, se comporta de una forma más desquiciada que una jaula de grillos.

En 1999, cuando el Sr. Mercado se estremecía de satisfacción, los empleados estadounidenses destinaban una media del 8,6% de sus salarios a sus planes de jubilación. En el año 2002, después de que el Sr. Mercado hubiese pasado tres años triturando acciones y llenando con ellas bolsas de basura, la tasa de aportación media se había reducido casi una cuarta parte, hasta sólo el 7%.[3] Cuanto más baratas eran las acciones, menos dispuesto estaba todo el mundo a comprarlas, porque se limitaban a imitar al Sr. Mercado, en lugar de pensar por sí mismos.

El inversor inteligente no debería desentenderse por completo del Sr. Mercado. Al contrario, debería hacer negocios con él, pero únicamente en la medida en que le interesase. La tarea del Sr. Mercado es la de facilitarle precios; su tarea es la de decidir si le resulta interesante hacer algo respecto de esos precios. *No tiene usted que hacer operaciones con el mercado simplemente porque éste le ruegue incesantemente que lo haga.*

Si se niega a permitir que el Sr. Mercado rija su destino, dejará de ser su señor y lo transformará en su siervo. Después de todo, cuando aparentemente se dedica a destruir valor, lo que hace es crear valor en otras partes. En 1999, el índice Wilshire 5000, la medida más amplia de los resultados de las acciones estadounidenses, ganó el 23,8%, impulsado por las acciones de tecnología y

---

[2] Como señaló Graham en una serie clásica de artículos en 1932, la Gran Depresión provocó que las acciones de docenas de empresas cayeran por debajo del valor de su fondos en efectivo y otros activos líquidos, lo cual hacía que «valiesen más muertas que vivas».

[3] Comunicado de prensa, The Spectrem Group, «Plan Sponsors Are Losing the Battle to Prevent Declining Participation and Deferrals into Defined Contribution Plans», 25 de octubre de 2002.

FIGURA 8.1

De apestadas a estrellas

Empresa	*Actividad*	*Rendimiento total* 1999	2000	2001	2002	*Valor final de 1.000 dólares invertidos el 1/1/1999*
Angelica	uniformes industrial	-43,7	1,8	19,3	94,1	1.328
Ball Corp	embalaje de metal y plástico	-12,7	19,2	55,3	46,0	2.359
Checkers Drive-In Restaurants	comida rápida	-45,5	63,9	66,2	2,1	1.517
Family Dollar Stores	minorista de descuento	-25,1	33,0	41,1	5,0	1.476
International Game Technology	maquinaria de juegos de azar	-16,3	136,1	42,3	11,2	3.127
J B Hunt Transportation	transporte por carretera	-39,1	21,9	38,0	26,3	1.294
Jos. A. Bank Clothiers	prendas de vestir	-62,5	50,0	57,1	201,6	2.665
Lockheed Martin	defensa y aeroespacial	-46,9	58,0	39,0	24,7	1.453
Pier 1 Imports	mobiliario doméstico	-33,2	63,9	70,5	10,3	2.059
UST Inc.	tabaco en polvo, rapé	-23,5	21,6	32,2	1,0	1.241
Índice Wilshire Internet		139,1	-55,5	-46,2	-45,0	315
Índice Wilshire 5000 (mercado de acciones total)		23,8	-10,9	-11,0	-20,8	778

Fuentes: Aronson + Johnson + Ortiz, L.P.; www.wilshire.com

telecomunicaciones. Sin embargo, 3.743 de las 7.234 acciones del índice Wilshire experimentaron una reducción de valor a pesar de que la media había subido. Aunque las acciones de alta tecnología y telecomunicaciones estuviesen más recalentadas que un trozo de pizza en un piso de universitarios, miles de acciones de la «vieja economía» se quedaron heladas por el desinterés, y su cotización bajó cada vez más.

Las acciones de CMGI, una «incubadora» o sociedad de cartera de pequeñas empresas emprendedoras de Internet, subieron un impresionante 939,9% en 1999. Mientras tanto, Berkshire Hathaway, la sociedad de cartera a través de la cual el más brillante discípulo de Graham, Warren Buffett, tenía acciones de percherones de la vieja economía como Coca-Cola, Gillette y Washington Post Co., perdía un 24,9%.[4]

Sin embargo, en aquel momento, como en tantos otros, el mercado experimentó un súbito cambio de humor. La figura 8.1 ofrece una muestra de las acciones apestadas en 1999 que se convirtieron en las estrellas del período que va de 2000 a 2002.

En cuanto a estas dos sociedades de cartera, CMGI pasó a perder el 96% en el año 2000, otro 70,9% en el año 2001, y un 39,8% adicional en el año 2002, lo que supone una pérdida acumulada del 99,3%. Berkshire Hathaway subió el 26,6% en 2000 y el 6,5% en 2001, posteriormente experimentó una leve pérdida del 3,8% en 2002, lo que supone una ganancia acumulada del 30%.

¿Puede ganar a los profesionales en su propio juego?

Una de las ideas más penetrantes de Graham es la siguiente: «El inversor que permita que otros le arrastren a las estampidas o que se preocupe indebidamente por las retracciones injustificadas provocadas por el mercado en sus carteras estará transformando perversamente su ventaja básica en una desventaja esencial».

---

[4] Unos cuantos meses después, el 10 de marzo de 2000 —el mismo día en que el NASDAQ alcanzó su máximo histórico— el experto en operaciones *online* James J. Cramer indicó que había sentido «repetidamente» la tentación en fechas recientes de vender en descubierto Berkshire Hathaway, una apuesta de que las acciones de Buffett seguirían cayendo más. Con un vulgar movimiento de su pelvis retórica, Cramer llegó a declarar que las acciones de Berkshire estaban a punto de «llevarse un buen repasito». Ese mismo día, el estratega de mercado Ralph Acampora de Prudential Securities preguntó lo siguiente, «Norfolk Southern o Cisco Systems: ¿Dónde quiere estar en el futuro?». Cisco, una de las claves para la superautopista de Internet del futuro, parecía tener todas las ventajas sobre Norfolk Southern, parte del sistema de ferrocarriles del pasado. (Durante el año siguiente, Norfolk Southern ganó un 35%, mientras que Cisco perdió un 70%).

¿A qué se refiere Graham con las palabras «ventaja básica»? Lo que quiere decir es que el inversor individual inteligente tiene plena libertad para elegir si sigue o no sigue al Sr. Mercado. Usted puede permitirse el lujo de pensar por sí mismo.[5]

El gestor de cartera típico, sin embargo, no tiene más opción que seguir la evolución del Sr. Mercado con todo detalle, comprando a precios elevados, vendiendo a precios bajos, siguiendo de manera prácticamente irracional sus pasos erráticos. A continuación exponemos algunos de los *handicaps* con los que los gestores de fondos de inversión y otros inversores profesionales tienen que cargar:

— Al tener que gestionar miles de millones de dólares, su actividad debe centrarse en las acciones de las mayores empresas, las únicas que pueden comprar en las cantidades multimillonarias que necesitan para completar sus carteras. Por lo tanto, muchos fondos acaban siendo propietarios del mismo número reducido de gigantes cuya cotización está sobrevalorada.

— Los inversores suelen arrojar más dinero a los fondos a medida que sube la cotización de mercado. Los gestores tienen que emplear ese nuevo dinero para comprar más acciones de las empresas que ya tenían en cartera, con lo que impulsan su cotización hasta niveles aún más peligrosos.

— Si los inversores que han depositado dinero en los fondos quieren retirar su dinero cuando el mercado pierde valor, los gestores pueden verse obligados a vender acciones para poder atender a esas solicitudes de fondos. De la misma forma que los fondos se ven obligados a comprar acciones a precios sobrevalorados en los períodos alcistas de mercado, se ven obligados a vender cuando las acciones se abaratan.

— Muchos gestores de cartera consiguen bonificaciones si sus resultados son mejores que los del mercado, por lo que se obsesionan en medir su rentabilidad con respecto a referencias como el índice S&P 500. Si una empresa se incorpora a un índice, cientos de fondos se lanzan impulsivamente a comprar acciones de la empresa. (Si no lo hicieran, y las acciones de esa empresa consiguiesen buenos resultados, los gestores parecerían irresponsables; por otra parte, si adquieren las acciones y éstas tienen unos resultados deficientes, nadie les culpa).

— Es cada vez más habitual que se espere que los gestores de fondos estén especializados. De la misma forma que en la medicina el médico generalista ha dejado su lugar al pediatra especialista en alergias y al otorrinola-

[5] Cuando preguntaban a Graham qué era lo que impedía tener éxito a los inversores individuales, él tenía una respuesta muy concisa: «La principal causa de fracaso es que prestan excesiva atención a lo que está el mercado». Véase «Benjamin Graham: Thoughts on Security Analysis» [transcripción de una conferencia ofrecida en la Facultad de Empresariales de la Northeast Missouri State University, marzo de 1972], revista *Financial History,* nº. 42, marzo de 1991, pág. 8.

ringólogo geriátrico, en la actualidad los gestores de fondos tienen que comprar únicamente acciones «de pequeñas empresas en crecimiento», o únicamente acciones de «empresas con capitalización media», o únicamente acciones «de grandes empresas combinadas».[6] Si una empresa adquiere unas dimensiones demasiado grandes, o demasiado pequeñas, o demasiado baratas, o si llega a ser un poquito excesivamente cara, el fondo tendrá que desprenderse de las acciones, aunque al gestor le encante la empresa.

Por lo tanto, no hay ningún motivo por el que no pueda usted tener unos resultados tan satisfactorios como los de los profesionales. Lo que no podrá hacer usted (a pesar de todos los presuntos expertos que le digan que sí puede) es «ganar a los profesionales en su propio juego». *Ni siquiera los profesionales pueden ganar en su propio juego.* ¿Por qué iba a querer usted jugar a ese juego, para empezar? Si sigue sus reglas, acabará perdiendo, ya que al final acabará siendo un esclavo del Sr. Mercado, al igual que lo son los profesionales.

Lo que debe hacer, al contrario, es caer en la cuenta de que invertir de manera inteligente consiste en controlar lo que se puede controlar. No es posible controlar si las acciones o los fondos que compra van a tener mejores resultados que el mercado hoy, la semana que viene, el mes que viene, o este año; a corto plazo, su rendimiento siempre será rehén del Sr. Mercado y de sus caprichos. Sin embargo, lo que sí puede controlar usted es:

— Los *costes de intermediación*, si hace operaciones con poca frecuencia, de manera paciente, y de forma barata.
— Sus *costes de cartera*, si se niega a comprar fondos de inversión que tengan unos gastos anuales excesivos.
— Sus *expectativas*, si actúa con realismo, y no se deja llevar por las fantasías, a la hora de hacer previsiones sobre los resultados que puede obtener.[7]
— Su *riesgo*, si decide qué parte de su patrimonio total queda expuesto a los azares del mercado de valores, mediante la diversificación y mediante los ajustes de la cartera.
— Su *factura tributaria*, si conserva las acciones durante el período necesario para reducir al máximo sus obligaciones tributarias, atendiendo a la normativa fiscal que se encuentre vigente en cada momento.
— Y, en especial, *su propio comportamiento*.

---

[6] No se preocupe de lo que estos términos significan, o se supone que significan. Aunque delante del público estas clasificaciones son tratadas con el máximo respeto, en privado la mayor parte de los profesionales de la inversión las tratan con el mismo desprecio que normalmente se reserva para los chistes que no tienen maldita la gracia.

[7] Véase la brillante columna de Walter Updegrave, «Keep It Real», *Money*, febrero de 2002, págs. 53–56.

Si presta atención a los programas financieros de televisión, o si lee a la mayoría de los columnistas especializados en el mercado, acabará pensando que la inversión es una especie de deporte, o de guerra, o de lucha para sobrevivir en un entorno hostil. Sin embargo, la inversión no consiste en ganar a otros siguiendo sus reglas del juego. Consiste en aprender a controlarse en el juego que decida usted jugar. El desafío para el inversor inteligente no consiste en encontrar las acciones que más vayan a subir o que menos vayan a bajar, sino en no permitir que se convierta usted en su peor enemigo, en impedir que acabe comprando a precios elevados simplemente porque el Sr. Mercado le grite «¡A comprar!», y en no permitir que acabe vendiendo a precios bajos simplemente porque el Sr. Mercado diga en un momento determinado «¡A vender!».

Si su horizonte de inversión es a largo plazo, por lo menos 25 o 30 años, únicamente hay un método adecuado que pueda seguir: compre todos los meses, de manera automática, y en todas las demás ocasiones en las que pueda prescindir de algo de dinero. La mejor opción para este tipo de carteras vitalicias es un fondo que compre un índice completo de mercado. Venda únicamente cuando necesite el dinero (si necesita un apoyo psicológico, fotocopie y firme su «Contrato de propietario de inversiones», que encontrará en la página 248).

Si quiere ser un inversor inteligente, también tiene que negarse a juzgar su éxito financiero en comparación con lo que está consiguiendo una cuadrilla de personas que son absolutamente desconocidas para usted. Usted no será ni un penique más pobre si otra persona que vive en Denver, en Dallas o en Durango consigue mejores resultados que el S&P 500 y usted no los consigue. No hay ningún epitafio que diga «Ganó al mercado».

En una ocasión entrevisté a un grupo de jubilados de Boca Raton, una de las comunidades de jubilados más ricos de Florida. Cuando pregunté a estas personas, que en su mayoría tenían 70 años o más, si habían conseguido mejores resultados que el mercado durante su vida como inversores, algunos me contestaron que sí, y otros que no; y la mayoría no estaban seguros. Uno de ellos me dijo: «¿Y qué más me da? Lo único que sé es que gracias a mis inversiones he conseguido ganar suficiente dinero para acabar viviendo en Boca».

¿Cabe una respuesta mejor? Después de todo, el objetivo de la inversión no consiste en ganar más dinero que la media, sino en ganar suficiente dinero para satisfacer sus propias necesidades. La mejor forma de medir el éxito de su inversión no consiste en saber si está ganando al mercado, sino en saber si ha elaborado un plan financiero y una disciplina de conducta que tenga probabilidades de permitirle llegar adonde quiere llegar. En última instancia, lo que importa no es cruzar la meta antes que el resto, sino asegurarse de que uno llega a su meta.[8]

---

[8] Véase Jason Zweig, «Did You Beat the Market?», *Money*, enero de 2000, págs. 55–58.

Su dinero y su cerebro

Entonces, ¿por qué les resulta tan cautivador el Sr. Mercado a los inversores? En la práctica, nuestro cerebro está programado para provocarnos problemas a la hora de invertir; los seres humanos somos animales que tratamos de identificar pautas de actuación. Los psicólogos han demostrado que si se presenta una serie aleatoria a un grupo de personas, y se les dice que es imprevisible, insistirán, no obstante, en tratar de adivinar qué va a salir a continuación. De la misma manera, «sabemos» que la siguiente tirada de dados será un 7, que un jugador que lanza una falta va a marcar el gol, que los siguientes números ganadores de la lotería primitiva van a ser, incuestionablemente, 4-27-9-16-42-10, y que las acciones de esta pequeña empresa se van a convertir en el siguiente Microsoft.

Unas recientes investigaciones revolucionarias de la ciencia neurológica indican que nuestros cerebros están diseñados para percibir tendencias incluso donde no las hay. Después de que un acontecimiento suceda dos o tres veces seguidas, ciertas zonas de nuestro cerebro, de manera automática, anticipan que va a suceder de nuevo. Si el acontecimiento se repite, un producto químico natural denominado dopamina se libera, inundando el cerebro con una leve euforia. De esta forma, si una acción sube unas cuantas veces, de manera refleja esperará usted que siga subiendo, y su química cerebral se modificará a medida que suba la acción, con lo que disfrutará usted de un «subidón natural». En la práctica, se hará adicto a sus propias predicciones.

Sin embargo, cuando las acciones pierden valor, la pérdida financiera pone en marcha otra parte del cerebro, encargada de procesar el temor y la ansiedad, y que es responsable de la famosa respuesta de «luchar o salir huyendo» habitual en todos los animales acorralados. De la misma forma que no puede evitar que su corazón se acelere cuando salta una alarma de incendio, de la misma forma que no puede evitar atemorizarse si una serpiente de cascabel aparece en el sendero por el que da usted un paseo, no puede evitar sentir miedo cuando la cotización de las acciones se desploma.[9]

De hecho, los brillantes psicólogos Daniel Kahneman y Amos Tversky han demostrado que el temor a la pérdida financiera tiene una intensidad de más del doble que el placer que se consigue con una ganancia equivalente. Ganar 1.000 dólares con una inversión es estupendo, pero perder 1.000 dólares provoca un sufrimiento emocional del doble de intensidad. Perder dinero resulta tan doloroso, que muchas personas, aterrorizadas ante la perspectiva de una pérdida aún más grave, se desprenden de sus inversiones prácticamente cuando han tocado fondo, o se niegan a comprar más.

---

[9] La neurociencia de la inversión es analizada en el texto de Jason Zweig, «Are You Wired for Wealth?», *Money*, octubre de 2002, págs 74–83, disponible también en http://money.cnn.com/2002/09/25/pf/investing/agenda_brain _short/index.htm. Véase también Jason Zweig, «The Trouble with Humans», *Money*, noviembre de 2000, págs. 67–70.

Noticias que le sirvan de algo

Las acciones se están desplomando, por lo que enciende la televisión para ver las últimas noticias del mercado. Sin embargo, en vez de la CNBC o la CNN, imagine que puede sintonizar la Benjamin Graham Financial Network. En la BGFN, el sonido no refleja el famoso tañido de la campana al cierre del mercado; las imágenes no muestran a los corredores de un lado a otro del parqué en la bolsa, como si fuesen roedores sobreexcitados. La BGFN tampoco muestra imágenes de archivo de inversores que suspiran con desesperación en las aceras cubiertas de nieve al ver las flechas rojas en los indicadores de cotización que recorren las marquesinas de Times Square.

Al contrario, la imagen que llena la pantalla de su televisión es la fachada de la Bolsa de Nueva York, adornada con un enorme letrero en el que dice: «¡Ofertas! 50% de descuento». Como música de introducción, se puede escuchar a la Bachman-Turner Overdrive con su viejo clásico «Todavía no has visto nada». Después, el presentador anuncia alegremente «Las acciones han llegado a ser todavía más atractivas hoy, después de que el Dow descendiese otro 2,5% con un gran volumen de contratación, el cuarto día seguido que las acciones se abaratan. Los inversores del sector tecnológico han conseguido aún mejores resultados, puesto que las empresas líderes como Microsoft han perdido casi el 5% durante la jornada, gracias a lo cual ahora son todavía más económicas. Eso complementa las buenas noticias del año pasado, durante el cual las acciones redujeron su precio en casi el 50%, con lo que llegaron a unos niveles de oportunidad que no se veían desde hacía años. Algunos analistas destacados han hecho gala de optimismo, afirmando que los precios pueden reducirse aún más en las semanas y meses venideros». La emisión de noticias se interrumpe y entra en escena el estratega de mercado Ignatz Anderson de la firma de Wall Street Ketchum & Skinner, que afirma «Mi previsión es que las acciones perderán otro 15% antes de junio. Me muestro cautamente optimista acerca de que si todo va bien, las acciones podrían llegar a perder el 25%, e incluso más».

«Esperemos que Ignatz Anderson acierte», dice alegremente el presentador. «Una reducción del precio de las acciones serían fabulosas noticias para cualquier inversor que tuviera un horizonte de inversión a muy largo plazo. Y ahora veamos lo que tiene que decirnos Wally Wood en nuestra previsión AccuWeather».

Esto permite explicar los motivos por los que nos obsesionamos con la magnitud en términos absolutos de una caída de mercado y nos negamos a ponerla en perspectiva. Por lo tanto, cuando un periodista se asoma a la pequeña pantalla y proclama: «El mercado se desploma, el Dow pierde 100 puntos», la mayor parte de los espectadores se estremecen instintivamente. Sin embargo, con el Dow a los niveles en los que se encuentra actualmente, rondando los 8.000, se trata de un descenso de un mero 1,2%. Piense en lo ridículo que sería que un día en el que hubiese una temperatura de 40 grados el hombre del tiempo dijese: «La temperatura se desploma; ha pasado de 40 grados a 39,5 grados». Eso también sería un descenso del 1,2%. Si no se observan los cambios del mercado en términos porcentuales, es muy fácil caer presa del pánico por pequeñas vibraciones. (Si tiene por delante décadas de inversión, hay incluso una forma mejor de concebir las noticias financieras; vea el recuadro de la página 244).

A finales de la década de 1990, muchas personas llegaron a tener la impresión de que operaban en la oscuridad si no eran capaces de comprobar la cotización de sus acciones varias veces al día. Sin embargo, tal y como dice Graham, el inversor típico «estaría mejor si sus acciones no cotizasen en absoluto, porque podría librarse de la angustia mental que le provocan los errores de juicio cometidos por otras personas». Si después de examinar el valor de su cartera a la 1:24 de la tarde siente la imperiosa necesidad de volver a examinarlo a la 1:37 de la tarde, debería hacerse tres preguntas:

— ¿He llamado a un agente inmobiliario para comprobar el precio de mercado de mi casa a la 1:24 de la tarde? ¿Le he vuelto a llamar a la 1:37 de la tarde?
— Si lo hubiese hecho, ¿habría cambiado el precio? Si hubiese cambiado, ¿me habría apresurado a vender mi casa?
— Si no compruebo, o si ni siquiera sé cuál es el precio de mercado de mi casa en cada minuto, ¿estoy impidiendo que su valor aumente a lo largo del tiempo?[10]

Por supuesto, la única respuesta posible a estas preguntas es ¡claro que no! Debería usted abordar su cartera de inversión desde la misma perspectiva. A lo largo de un horizonte a 10, 20 o 30 años, los antojos diarios del Sr. Mercado, sencillamente, no tienen importancia alguna. En cualquier caso, para una persona que vaya a invertir durante los próximos años, la caída de los precios de las acciones es una buena noticia, no una mala, puesto que podrá comprar más por menos dinero. Cuanto más prolongada y más acusada sea la caída, y cuanto mayor sea la constancia de sus compras durante esa caída, más dinero acabará

---

[10] También merece la pena preguntarse si le gustaría vivir en su casa si su precio de mercado fuese anunciado, hasta el último céntimo, todos los días en los periódicos y la televisión.

ganando al final, si se mantiene firme hasta el final. En vez de temer al mercado cuando se encuentra en una etapa bajista, debería darle la bienvenida de buen grado. El inversor inteligente debería sentirse perfectamente cómodo siendo propietario de acciones o de fondos de inversión aunque el mercado dejase de comunicarle los precios diarios durante los 10 próximos años.[11]

Paradójicamente, según explica el científico neurológico Antonio Damasio, «ejercerá un control muy superior si cae en la cuenta de todo lo que no puede controlar». Si es consciente de su tendencia biológica a comprar a precios elevados y vender a precios bajos, reconocerá la necesidad de poner en práctica la técnica del promedio de coste monetario, el ajuste del equilibrio, y se dará cuenta de lo interesante que es firmar un contrato de inversión. Si coloca la mayor parte de su cartera en piloto automático, será capaz de superar su adicción a la predicción, centrarse en sus objetivos financieros a largo plazo, y desentenderse de los cambios de humor del Sr. Mercado.

Si el mercado le da castañas, haga marrón glacé

Aunque Graham nos indica que deberíamos comprar cuando el Sr. Mercado grita «¡A vender!», hay una excepción que el inversor inteligente tiene que comprender. Vender en un mercado a la baja puede ser interesante si ello da lugar a ventajas fiscales. En Estados Unidos, el derecho tributario permite compensar las pérdidas (cualquier reducción de valor que se materialice vendiendo acciones) de hasta 3.000 dólares de renta ordinaria.[12] Supongamos que compró 200 acciones de Coca-Cola en enero de 2000 por 60 dólares por acción, lo que supone una inversión total de 12.000 dólares. A finales del año 2002, el valor de las acciones se había reducido a 44 dólares por acción, lo que supone que su cartera valdría 8.800 dólares, es decir, una pérdida de 3.200 dólares.

Podría usted haber hecho lo que hacen la mayoría de las personas: quejarse por la pérdida, o esconderla debajo de la alfombra y actuar como si no se hubiese producido. También podría haber asumido el control. Antes de que concluye-

---

[11] En una serie de interesantes experimentos a finales de la década de 1980, un psicólogo de Columbia y Harvard, Paul Andreassen, demostró que los inversores que reciben información constante sobre la evolución de sus acciones obtenían la mitad del rendimiento conseguido por los inversores que no recibían noticias al respecto. Véase Jason Zweig, «Here's How to Use the News and Tune Out the Noise», *Money*, julio de 1998, págs. 63–64.

[12] La normativa tributaria federal está sujeta a cambios constantes. El ejemplo de las acciones de Coca-Cola que aquí se ofrece es válido teniendo en cuenta las disposiciones de la legislación tributaria de Estados Unidos vigente a principios de 2003.

se el año 2002, podría haber vendido todas sus acciones de Coca-Cola, materializando la pérdida de 3.200 dólares. Posteriormente, después de dejar pasar 31 días, para respetar la normativa tributaria, habría vuelto a comprar las 200 acciones de Coca-Cola. Resultado: habría reducido su renta imponible en 3.000 dólares en 2002 y podría utilizar la pérdida de 200 dólares restante en el año 2003. Aún mejor, seguiría siendo propietario de acciones de una empresa en la que confiaba, aunque ahora le habrían costado un tercio menos de lo que había pagado la primera vez.[13]

Si el Tío Sam subvenciona las pérdidas, puede ser interesante vender para materializar las pérdidas. Si el Tío Sam quiere que el mercado parezca lógico en comparación con él, ¿quiénes somos nosotros para quejarnos?

---

[13] Este ejemplo se basa en la hipótesis de que el inversor no ha conseguido plusvalías en 2002 y que no ha reinvertido ninguno de los dividendos de Coca-Cola. Las permutas fiscales no pueden tomarse a la ligera, puesto que pueden gestionarse erróneamente con mucha facilidad. Antes de realizar una permuta fiscal, léase la Publicación 550 de la Agencia Tributaria (www.irs.gov/pub/irspdf/p550.pdf). Encontrará una buena guía para gestionar la tributación de sus inversiones en Robert N. Gordon con Jan M. Rosen, *Wall Street Secrets for Tax-Efficient Investing* (Bloomberg Press, Princeton, New Jersey, 2001). Por último, antes de actuar, consulte con un asesor fiscal profesional.

Contrato de propietario de inversiones

Yo, ..., por el presente declaro que soy un inversor que deseo acumular riqueza durante un período futuro de muchos años.

Sé que habrá muchas ocasiones en las que sienta la tentación de invertir en acciones u obligaciones porque hayan subido (o estén subiendo) de precio, y en otras ocasiones sentiré la tentación de desprenderme de mis inversiones porque habrán bajado (o estarán bajando).

Por el presente declaro que me niego a que una manada de desconocidos adopten por mí mis decisiones financieras. Adicionalmente, contraigo el solemne compromiso de no invertir jamás porque el mercado de valores haya evolucionado al alza, y de que nunca venderé porque haya bajado. Al contrario, invertiré una cantidad de .... al mes, todos los meses, mediante un plan de inversión automático o mediante un «programa de promedio de coste monetario», en los siguientes fondos de inversión o carteras diversificadas:

....

....

....

También invertiré cantidades adicionales siempre que tenga la ocasión de prescindir de dinero en efectivo (y pueda permitirme una pérdida de dinero a corto plazo).

Por el presente declaro que mantendré todas las inversiones de manera sostenida por lo menos hasta la siguiente fecha (como mínimo 10 años después de la fecha de este contrato): .... Las únicas excepciones que se permiten en virtud de este contrato son una súbita y acuciante necesidad de dinero en efectivo, como por ejemplo, una emergencia de salud o la pérdida de trabajo, o un gasto planificado, como el pago de la entrada para una casa o el coste de matrícula de una institución de enseñanza.

Con mi firma estampada al pie de este documento manifiesto mi intención no sólo de respetar los términos y condiciones de este contrato, sino de volver a leer este documento siempre que sienta la tentación de vender cualquiera de mis inversiones.

Este contrato únicamente es válido cuando esté firmado por lo menos por un testigo, y debe ser conservado en un lugar seguro que resulte fácilmente accesible, para referencias futuras.

Firmado: .... Fecha: ....
Testigos:

....

....

Capítulo 9

Invertir en fondos de inversión

Una posible vía de actuación que el inversor defensivo tiene a su disposición consiste en colocar su dinero en participaciones de sociedades de inversión. Aquellas que pueden ser rescatadas a voluntad previa petición del tenedor, contra la percepción del valor neto del activo, se suelen conocer como «fondos mutuos» (o «fondos abiertos»). La mayor parte de estas instituciones se dedican a vender activamente participaciones adicionales a través de un ejército de vendedores. Aquellos fondos cuyas participaciones no son rescatables se denominan fondos «cerrados». El número de participaciones de estos fondos permanece relativamente constante. Todos los fondos de cierta entidad están inscritos en el registro de la Comisión del Mercado de Valores (SEC, Securities & Exchange Commission), y están sometidos a su reglamentación y control.*

Esta industria tiene muy grandes dimensiones. A finales de 1970 había 383 fondos inscritos en la Comisión, y sus activos alcanzaban un total de 54.600 millones de dólares. De esa cifra, 356 eran fondos mutuos, que gestionaban 50.600 millones de dólares, y 27 entidades, que gestionaban 4.000 millones de dólares, eran fondos cerrados.†

---

* Es una infracción del ordenamiento jurídico federal que un fondo de inversiones abierto, un fondo cerrado o un fondo con cotización en bolsa venda acciones al público salvo que esté inscrito en (lo que quiere decir que haya realizado las pertinentes declaraciones financieras a) la Comisión del Mercado de Valores de Estados Unidos.

† La industria de los fondos de inversión ha pasado de ser «muy grande» a ser inmensa. A finales del año 2002, había 8.279 fondos de inversión que tenían en cartera 6,56 billones de dólares; 514 fondos de inversión cerrados con 149.600 millones de dólares en activos; y 116 fondos cotizados en bolsa o EFT con 109.700 millones de dólares En estas cifras no están incluidos las inversiones similares a los fondos realizadas a través de seguros de prima única y fondos de inversión en unidades.

Hay diferentes formas de clasificar los fondos. Una de ellas consiste en fijarse en términos generales en cómo está repartida su cartera; hay «fondos equilibrados», que son los que tienen un elemento importante (aproximadamente un tercio) de obligaciones, o «fondos de acciones» que son aquellos cuyas carteras están compuestas de manera casi íntegra por acciones ordinarias. (Hay algunas otras variedades, como los «fondos de obligaciones», los «fondos de gestión alternativa» (*hedge funds*), o incluso fondos de obligaciones sin mercado oficial).* Otra forma de clasificación se fija en sus objetivos, en función de que traten de conseguir renta, estabilidad de precio o apreciación del capital («crecimiento»). Otra distinción consiste en su método de venta. Los «fondos con comisión de entrada» cobran una comisión de venta (aproximadamente en torno al 9% del valor del activo en el caso de compras mínimas) sobre el valor antes del recargo.[1] Otros fondos, conocidos como «sin comisión de entrada» no cobran tales comisiones; los gestores se conforman con los honorarios habituales de asesoramiento de inversión a modo de retribución de su tarea de gestión del capital. Como no pueden pagar comisiones a los vendedores, el tamaño de los fondos sin comisión de entrada suele estar en el lado bajo de la escala.† Los precios de compra y de venta de los fondos cerrados no suelen estar determinados por las sociedades que los gestionan, sino que fluctúan en el mercado abierto de la misma forma que las acciones ordinarias.

La mayor parte de estas entidades operan con observancia de estipulaciones especiales del derecho tributario, diseñadas para liberar a los accionistas de la doble imposición sobre sus ingresos. En efecto, los fondos deben desembolsar prácticamente todos sus ingresos ordinarios, es decir, los dividendos e ingresos por intereses, después de deducir los gastos. Adicionalmente, pueden abonar los beneficios a largo plazo materializados con las ventas de inversiones, en forma de «dividendo por incremento de capital», que recibirán en manos del accionista el mismo tratamiento que si fuesen beneficios de sus propios valores. (En este terreno hay otra opción, que no mencionaremos en aras de la sencillez).**

---

* Se pueden encontrar listados de los principales tipos de fondos de inversión en www.ici.org/pdf/g2understanding.pdf y http://news.morningstar.com/fundReturns/CategoryReturns.html. Los fondos de títulos no oficiales ya no existen, mientras que los fondos de inversión de gestión alternativa tienen prohibido, en virtud de las reglas de la Comisión del Mercado de Valores vender acciones a cualquier inversor cuya renta anual sea inferior a 200.000 dólares o cuyo patrimonio neto sea menor de 1 millón de dólares.

† En la actualidad la comisión de entrada máxima de un fondo de acciones suele rondar el 5,75%. Si invierte 10.000 dólares en un fondo con una comisión de venta a tanto alzado del 5,75%, la persona (y la agencia de intermediación) que le hayan vendido el fondo se embolsarán 575 dólares, lo que le dejará a usted con una inversión neta inicial de 9.425 dólares. La comisión de ventas por importe de 575 dólares es en realidad el 6,1% de esa cantidad, que es el motivo por el que Graham afirmaba que la forma habitual de calcular la comisión era una «triquiñuela de ventas». Desde la década de 1980, los fondos sin comisión de entrada se han popularizado, y ya no suelen tener menores dimensiones que los fondos con comisión de entrada.

** Prácticamente todos los fondos de inversión en la actualidad están sujetos a tributación como «sociedad de inversión regulada» o RIC, que está exenta de impuesto de

Prácticamente todos los fondos suelen tener un único tipo de valor en circulación. Una nueva tipificación, introducida en 1967, divide la capitalización en títulos preferentes, a los que se destinan todos los ingresos ordinarios, y títulos de capital, o acciones ordinarias, que percibirán todos los beneficios materializados con las ventas de los valores. (Estos fondos reciben la denominación de «fondos de doble finalidad»).*

Muchas de las entidades que declaran que su finalidad principal es el incremento de capital se concentran en la adquisición de lo que han dado en denominarse «acciones de empresas en crecimiento», y frecuentemente suelen incorporar el término «crecimiento» a su razón social. Algunas de tales entidades están especializadas en un campo específico, como la industria química, la aviación, o las inversiones en el extranjero; esto también suele estar indicado en su razón social.

El inversor que desee hacer un compromiso inteligente en acciones de fondos tiene, por lo tanto, una amplia y algo desconcertante variedad de opciones ante sí; la situación no es muy diferente de la que se da en el terreno de la inversión directa. En este capítulo abordaremos una serie de cuestiones importantes, que enumeramos a continuación:

— ¿Hay alguna forma de que el inversor pueda estar seguro de conseguir mejores resultados que la media eligiendo los fondos adecuados? (Pregunta complementaria: ¿Qué ocurre con los «fondos de alto rendimiento»?).†
— Si la respuesta que se da a la pregunta anterior es negativa, ¿de qué forma puede evitar los fondos que le vayan a proporcionar unos resultados peores que la media?
— ¿Es posible realizar una elección inteligente a la hora de escoger entre los diferentes tipos de fondos, por ejemplo, equilibrados frente a fondos únicamente de acciones, fondos abiertos o fondos cerrados, fondos con comisión de entrada o fondos sin comisión de entrada?

---

sociedades siempre y cuando reparta esencialmente todos sus ingresos entre sus accionistas. En la opción que Graham omite «en aras de la sencillez», el fondo puede solicitar a la Comisión del Mercado de Valores permiso para distribuir alguna de sus participaciones directamente entre los accionistas del fondo, como hizo su Graham-Newman Corp. en 1948, repartiendo acciones de GEICO entre los inversores de Graham-Newman. Este tipo de distribución es extraordinariamente inusual.

* Los fondos de doble finalidad, populares a finales de la década de 1980, prácticamente han desaparecido del mercado, lo que es una lástima, puesto que ofrecían a los inversores una forma más flexible de aprovechar las habilidades de grandes seleccionadores de acciones como John Neff. Tal vez la reciente etapa bajista de mercado dé lugar al resurgir de este interesante vehículo de inversión.

† Los «fondos de alto rendimiento» causaron furor a finales de la década de 1960. Eran equivalentes a los fondos de crecimiento agresivo de finales de la década de 1990, y no resultaron mucho más útiles para sus inversores.

Rendimiento de los fondos de inversión en conjunto

Antes de tratar de dar respuesta a estas preguntas, tenemos que hacer unas indicaciones sobre la industria de los fondos de inversión en conjunto. ¿Han sido satisfactorios sus resultados para los inversores? En los términos más generales posibles, ¿qué tal les ha ido a los inversores en comparación con las personas que han decidido invertir directamente? Estamos bastante seguros de que los fondos, en conjunto, han servido para alcanzar una finalidad útil. Han promovido unos buenos hábitos de ahorro y de inversión; han protegido a muchas personas frente a costosos errores en el mercado de valores; han aportado a sus partícipes unos ingresos y unos beneficios comparables con los resultados generales que podrían haber obtenido con acciones. Con criterios comparativos, nos atreveríamos a opinar que el individuo medio que haya dedicado todo su dinero en exclusiva a los fondos de inversión en los diez últimos años habrá conseguido mejores resultados que la persona media que haya realizado directamente sus adquisiciones de acciones.

Esta última afirmación es cierta aun cuando los resultados reales de los fondos parezcan no haber sido mejores que los de las acciones ordinarias en conjunto, e incluso a pesar de que el coste de la inversión en fondos puede haber sido superior al de las adquisiciones directas. La verdadera alternativa a la que han tenido que hacer frente habitualmente los inversores no ha consistido en elegir entre crear y adquirir una cartera de acciones bien equilibrada o hacer lo mismo, aunque de una forma algo más costosa, mediante la compra de fondos. Lo más probable es que su opción haya sido entre sucumbir a las argucias y estratagemas de los vendedores de fondos de inversión que se presentaban en su puerta por una parte, o sucumbir a las argucias y estratagemas aún peores y mucho más peligrosas de los encargados de colocar ofertas públicas iniciales de empresas de segundo y tercer orden. No podemos evitar pensar, además, que la persona media que decide abrir una cuenta de inversión en valores con la idea de realizar inversiones conservadoras en acciones ordinarias tiene muchas probabilidades de tener que enfrentarse con influencias, perniciosas y difíciles de resistir, que la pueden empujar hacia la especulación y hacia las pérdidas especulativas; estas tentaciones serán mucho menos intensas en el caso de la persona que invierta mediante fondos de inversión.

De todas formas, ¿qué resultados han conseguido los fondos de inversión en comparación con el mercado general? Este terreno es algo controvertido, pero trataremos de abordarlo de una manera sencilla que no obstante sea adecuada. En la tabla 9.1 se ofrecen algunos resultados calculados para el período 1961–1970 con los diez mayores fondos de acciones existentes a finales de 1970, aunque para realizar los cálculos únicamente se ha elegido el mayor fondo de cada grupo de inversión. En la tabla se resume el rendimiento general de cada uno de esos fondos en los períodos 1961–1965 y 1966–1970, y los resultados correspondientes a los años 1969 y 1970, considerados individualmente. También ofreceremos los resultados medios calculados mediante la suma de una

TABLA 9.1

Resultados de equipos de gestión de diez grandes fondos de inversión[a]

	(Indicado) 5 años, 1961-1965 (todos +)	*5 años, 1966-1970*	*10 años, 1961-1970 (todos +)*	*1969*	*1970*	*Activo neto, diciembre de 1970 (millones)*
Affiliated Fund	71%	–19,7%	105,3%	-14,3%	+2,2%	1.600$
Dreyfus	97	–18,7	135,4	-11,9	-6,4	2.232
Fidelity Fund	79	–31,8	137,1	-7,4	+2,2	819
Fundamental Inv.	79	+1,0	81,3	-12,7	-5,8	1.054
Invest. Co. of Am.	82	+37,9	152,2	-10,6	+2,3	1.168
Investors Stock Fund	54	+5,6	63,5	-80,0	-7,2	2.227
Mass. Inv. Trust	18	+16,2	44,2	-4,0	+0,6	1.956
National Investors	61	+31,7	112,2	+4,0	-9,1	747
Putnam Growth	62	+22,3	104,0	-13,3	-3,8	684
United Accum.	74	-2,0	72,7	-10,3	-2,9	1.141
Promedio	72	18,3	105,8	-8,9	-2,2	13.628$ (total)
Índice compuesto Standard & Poor's	77	+16,1	104,7	-8,3	+3,5	
DJIA	78	+2,9	83,0	-11,6	+8,7	

[a] Éstos son los fondos de acciones con el mayor activo neto a finales de 1970, pero escogiendo únicamente un fondo de cada equipo de gestión. Datos facilitados por Wiesenberger Financial Services.

única participación de cada uno de los diez fondos. Estas entidades tenían unos activos conjuntos de más de 15.000 millones de dólares a finales de 1969, lo que supone aproximadamente un tercio de los fondos invertidos en acciones ordinarias. Por lo tanto, deberían ser razonablemente representativas de la situación del conjunto del sector. (En teoría, en esta lista debería haber una cierta predisposición hacia unos resultados mejores que los del sector en conjunto, puesto que estaría justificado pensar que estas entidades mejores deberían haber podido disfrutar de una expansión más rápida que las demás; en cualquier caso, es posible que en la práctica no haya sido así).

Se pueden extraer ciertos datos interesantes de esta tabla. En primer lugar, descubrimos que los resultados generales de estos diez fondos para el período 1961-1970 no fueron apreciablemente diferentes de los de la media compuesta de acciones Standard & Poor's 500 (o la media de acciones industriales S&P 425). Sin embargo sí fueron claramente mejores que los resultados cosechados por el DJIA. (Esto plantea la intrigante cuestión de por qué las 30 grandes empresas del DJIA tuvieron peores resultados que los listados mucho más numerosos y aparentemente más variados empleados por Standard & Poor's).* Una segunda cuestión es que los resultados agregados de los fondos, si los comparamos con el índice S&P, han mejorado en cierta medida durante los cinco últimos años, en comparación con los resultados de los cinco años anteriores. Las ganancias de los fondos fueron un poco inferiores que el S&P en el período 1961-1965, y un poco superiores que el S&P en el período 1966-1970. El tercer hecho destacable es que hay grandes diferencias entre los resultados de los fondos individuales.

No creemos que se pueda criticar a la industria de los fondos de inversión por no conseguir mejores resultados que el mercado en conjunto. Sus gestores y sus competidores profesionales tienen que encargarse de administrar una parte tan grande de las acciones en circulación que lo que le ocurre al mercado en conjunto debe ocurrirle, necesariamente, (aunque sea sólo de forma aproximada) al conjunto de sus fondos. (Hay que tener en cuenta que los activos en depósito de los bancos comerciales cubiertos con seguros incluían 181.000 millones de dólares en acciones ordinarias a finales de 1969; si añadiésemos esa cifra a la de las acciones ordinarias depositadas en las cuentas gestionadas por los asesores de inversión, más los 56.000 millones de dólares de los fondos de inversión y similares, tendríamos que llegar a la conclusión de que las decisiones combinadas de estos profesionales determinan las variaciones de las medias del mercado de valores, y que las variaciones de esas medias determinan los resultados conjuntos de los fondos).

---

* Para períodos que llegan hasta los 10 años, los rendimientos del Dow y del S&P 500 pueden diferir en márgenes bastante grandes. Durante el curso de la vida típica de inversión, sin embargo, supongamos que entre 25 y 50 años, sus rendimientos han solido converger bastante.

¿Existen fondos mejores que la media, y puede el inversor elegirlos con el objetivo de conseguir unos resultados mejores para sí mismo? Evidentemente, sería imposible que todos los inversores lo hiciesen, puesto que en tal caso volveríamos al punto de partida, en el que nadie conseguiría mejores resultados que los demás. Analicemos esta cuestión de una forma simplificada, para empezar. ¿Qué impide al inversor identificar cuál ha sido el fondo que ha tenido mejores resultados durante un período de años suficiente en el pasado, suponer que su equipo de gestión es más capaz y que, por lo tanto, conseguirá mejores resultados en el futuro, y colocar su dinero en ese fondo? Ésta es la idea que parece más viable puesto que, en el caso de los fondos de inversión, podría conseguir esta «gestión más capaz» sin necesidad de pagar una prima especial en comparación con los otros fondos. (En contraste, entre las sociedades que no se dedican a la inversión, las empresas mejor gestionadas suelen tener unas cotizaciones proporcionalmente más elevadas en relación con sus activos y beneficios ordinarios).

Los datos empíricos que se han ido recopilando a lo largo de los años acerca de esta cuestión han resultado contradictorios. No obstante, nuestra tabla 9.1, en la que aparecen los diez fondos de mayor tamaño, indica que los resultados cosechados por los cinco fondos que obtuvieron mejores rendimientos en el período que va de 1961 a 1965 se arrastraron, en conjunto, al período posterior, prolongándose durante el quinquenio que va de 1966 a 1970, aunque dos de los fondos integrados en este conjunto no obtuviesen tan buenos resultados como dos de los fondos integrados en el otro grupo de cinco. Nuestros estudios indican que el inversor que destine su dinero a fondos de inversión haría bien en analizar comparativamente los resultados relativos de los fondos durante un período de años en el pasado, como mínimo cinco, siempre y cuando los datos en los que base su estudio no sean consecuencia de una gran variación neta al alza del mercado en su conjunto. En este último caso, es posible que se hayan producido resultados espectacularmente positivos de formas poco ortodoxas, como demostraremos en nuestra siguiente sección sobre fondos «de alto rendimiento». Estos resultados, en sí mismos, pueden indicar únicamente que los gestores de los fondos están corriendo riesgos injustificadamente especulativos, y que les está saliendo bien por el momento.

Fondos «de alto rendimiento»

Uno de los nuevos fenómenos de los últimos años ha sido la aparición del culto del «alto rendimiento» en la gestión de los fondos de inversión (e incluso de muchos fondos de depósito). Debemos comenzar esta sección haciendo la importante salvedad de que lo que en ellas se afirma no es de aplicación a la gran mayoría de fondos firmemente asentados, sino a una sección relativamente reducida del sector que ha captado una cantidad de atención desproporcionadamente grande. La historia se puede exponer con gran sencillez. Algunos de los encargados de estos fondos se marcan el objetivo de conseguir unos resultados mucho mejores que la media (o que el DJIA). Consiguen hacerlo durante un período de tiempo, consiguen una publicidad considerable y muchos más fondos para gestionar. El objetivo era bastante legítimo; por desgracia, parece que en el contexto de la inversión de fondos de dimensiones realmente grandes, este objetivo no se puede alcanzar sin correr riesgos elevados. Por lo tanto, en un período relativamente breve de tiempo, los riesgos se hicieron realidad.

Algunas de las circunstancias que han rodeado al fenómeno del «alto rendimiento» han provocado ostentosos signos de desaprobación entre quienes tenemos una experiencia que se remonta lo suficiente en el tiempo, en algunos casos hasta la década de 1920, y cuyas opiniones, por lo tanto, han sido consideradas anticuadas e irrelevantes en esta (segunda) nueva era. En primer lugar, y en este preciso terreno, prácticamente todos estos gestores de alto y brillante rendimiento eran jóvenes, de 30 o 40 años, cuya experiencia financiera directa se limitaba en exclusiva al continuo período alcista de mercado de 1948 a 1968. En segundo lugar, siempre actuaban como si la definición de «inversión sensata» fuese la de una acción que probablemente fuese a disfrutar de una buena subida en el mercado durante los siguientes meses. Esto provocó grandes compromisos en empresas de muy reciente creación, a unos precios absolutamente desproporcionados con relación a sus activos o a sus beneficios en términos históricos. Esto únicamente podía «justificarse» con una combinación de esperanza infantiloide en los futuros logros de estas empresas junto con una aparente destreza para explotar el entusiasmo especulador del público desinformado y avaricioso.

En esta sección no mencionaremos nombres de personas. Sin embargo, estamos absolutamente convencidos de que tenemos todos los motivos del mundo para mencionar nombres concretos de empresas. El «fondo de alto rendimiento» que más llamó la atención del público fue, indudablemente, Manhattan Fund, Inc., constituido a finales de 1965. Su oferta inicial estuvo compuesta por 27 millones de acciones a una cotización de entre 9,25 y 10 dólares por acción. La sociedad comenzó su andadura con 247 millones de dólares de capital. Se centraba, por supuesto, en la ganancia de capital. La mayor parte de sus fondos se invirtieron en acciones que cotizaban a elevados multiplicadores de los beneficios corrientes, que no pagaban dividendo (o que pagaban un dividendo muy reducido), con unas grandes y espectaculares variaciones de precios y muchos seguidores especuladores. El fondo consiguió una ganancia general del 38,6% en 1967, en comparación con el 11% del índice compuesto S&P. No obstante, a partir de ese momento sus resultados dejaron mucho que desear, como se muestra en la tabla 9.2.

La cartera del Manhattan Fund a finales de 1969 era heterodoxa, por no decir otra cosa. Es un hecho extraordinario que dos de sus mayores inversiones estuviesen concentradas en empresas que solicitaron la quiebra en un plazo de seis meses a partir de aquel momento, y que una tercera tuviese que enfrentarse a demandas de sus acreedores en 1971. Otro hecho extraordinario

TABLA 9.2

La Cartera de un fondo de alto rendimiento y su rendimiento

(Principales participaciones del Manhattan Fund, a 31 de diciembre de 1969)

Acciones en cartera (miles)	*Emisión*	*Cotización*	*Ganado en 1969*	*Dividendo 1969*	*Valor de mercado (millones)*
60	Teleprompter	99	0,99$	0	6,0$
190	Deltona	60 1/2	2,32	0	11,5
280	Fedders	34	1,28	0,35$	9,5
105	Horizon Corp.	53 1/2	2,68	0	5,6
150	Rouse Co.	34	0,07	0	5,1
130	Mattel Inc.	64 1/4	1,11	0,20	8,4
120	Polaroid	125	1,90	0,32	15,0
244[a]	Nat'l Student Mkt'g	28 1/2	0,32	0	6,1
56	Telex Corp.	90 1/2	0,68	0	5,0
100	Bausch & Lomb	77 3/4	1,92	0,80	7,8
190	Four Seasons Nursing	66	0,80	0	12,3[b]
20	Int. Bus. Machines	365	8,21	3,60	7,3
41,5	Nat'l Cash Register	160	1,95	1,20	6,7
100	Saxon Ind.	109	3,81	0	10,9
105	Career Academy	50	0,43	0	5,3
285	King Resources	28	0,69	0	8,1
					130,6$
		Otras acciones ordinarias			93,8
		Otras participaciones			19,6
		Total inversiones[c]			244,0$

[a] Después de un desdoblamiento 2 por 1.

[b] También 1,1 millón de acciones de sociedades del grupo.

[c] Excluyendo partidas equivalentes a efectivo.

Rendimiento anual comparado con el índice compuesto S & P

	1966	*1967*	*1968*	*1969*	*1970*	*1971*
Manhattan Fund	-6%	+36,6%	-7,3%	-13,3%	-36,9%	+9,6%
Compuesto S & P	-10,1%	+23,0%	+10,4%	-8,3%	+3,5%	+13,5%

es que las acciones de por lo menos una de esas empresas condenadas a la desaparición fuesen compradas no sólo por fondos de inversión, sino también por fondos de becas universitarias, por los departamentos de fondos de fideicomiso de las grandes instituciones bancarias y similares.* Un tercer hecho extraordinario es que el gestor fundador del Manhattan Fund vendiese sus acciones de otra sociedad de gestión constituida por separado a otra gran empresa por más de 20 millones de dólares en acciones de su capital; en aquel momento la sociedad de gestión había vendido menos de un millón de dólares en activos. Indudablemente, se trata de una de las mayores divergencias de todos los tiempos entre los resultados obtenidos por el «gestor» y por los «gestionados».

Un libro publicado a finales de 1969[2] ofrece los perfiles de diecinueve personas «que son el máximo exponente de la genialidad en el exigente juego de gestionar miles de millones de dólares pertenecientes a otras personas». En resumen, nos indicaba adicionalmente, que «son jóvenes... algunos ganan más de un millón de dólares al año... son una nueva raza de financieros... sienten una absoluta fascinación por el mercado... tienen una espectacular capacidad para encontrar a los ganadores». Podemos obtener una idea bastante ajustada de los logros de este grupo de genios si examinamos los resultados publicados por los fondos que gestionan. Existen resultados directamente disponibles de los fondos gestionados por doce de las diecinueve personas que eran mencionadas en *The Money Managers*. Como cabía esperar, consiguieron unos buenos resultados en 1966, y unos resultados brillantes en 1967. En 1968 su rendimiento seguía siendo bueno en conjunto, aunque con altibajos en cuanto a los fondos individuales. En 1969 todos cosecharon pérdidas, y sólo uno de los gestores consiguió unos resultados marginalmente mejores que el índice compuesto S&P. En 1970 su rendimiento comparativo fue aún peor que el de 1969.

Hemos expuesto esta imagen para dejar clara una lección, que probablemente puede expresarse de la mejor manera posible con el viejo adagio: «Todo cambia para que todo siga igual». Desde tiempo inmemorial ha habido personas brillantes, llenas de energía, normalmente bastante jóvenes, que han prometido obrar milagros con «el dinero de los demás». Normalmente han sido capaces de hacerlo durante un período de tiempo, o por lo menos de dar la impresión de que lo estaban haciendo, aunque al final han acabado de manera inevitable provo-

---

* Una de las «empresas condenadas a la desaparición» a las que hace referencia Graham era National Student Marketing Corp., una organización fraudulenta que impostaba ser una sociedad, cuya historia fue brillantemente narrada por Andrew Tobias en *The Funny Money Game* (Playboy Press, Nueva York, 1971). Entre los supuestamente sofisticados inversores que fueron timados por el carismático fundador de NSM, Cort Randell, estaban los fondos de becas y donaciones de Cornell y Harvard y los departamentos de trusts de bancos tan prestigiosos como Morgan Guaranty y Bankers Trust.

cando pérdidas al público que les había creído.* Aproximadamente hace medio siglo los «milagros» solían ir acompañados por una flagrante manipulación, una contabilidad societaria engañosa, unas estructuras de capitalización descabelladas y otras prácticas financieras que rayaban en el fraude. Todo esto provocó la implantación de un complejo sistema de controles financieros por parte de la Comisión del Mercado de Valores, así como la adopción de una actitud de cautela recelosa hacia las acciones ordinarias por parte del público en general. Las operaciones de los nuevos «gestores de dinero» del período 1965-1969 tuvieron lugar poco después de que transcurriese toda una generación desde que entraron en escena los cuatreros de 1926-1929.† Las prácticas fraudulentas específicas, prohibidas después de la crisis de 1929, no se han vuelto a emplear, puesto que después de todo quien las emplease correría el riesgo de dar con sus huesos en la cárcel. No obstante, en muchas esquinas de Wall Street han sido sustituidas por nuevos trucos y triquiñuelas que, al final, acaban provocando resultados muy parecidos. La manipulación descarada de los precios desapareció, pero aparecieron muchos otros métodos para atraer la atención de un público crédulo y simplón hacia las posibilidades ofrecidas por las acciones «recalentadas». Se podían comprar sacos de «títulos sin reconocimiento oficial en los mercados»[3] muy por debajo de su precio declarado, con observancia de ciertas restricciones no reveladas aplicables a su venta; estos valores se podían contabilizar inmediatamente en las memorias a su supuesto valor íntegro de mercado, arrojando un beneficio espectacular, e ilusorio. Etcétera, etcétera. Es sorprendente cómo, en una atmósfera radicalmente diferente en materia de reglamentación y prohibiciones, Wall Street fue capaz de imitar buena parte de los excesos y errores cometidos en la década de 1920.

Indudablemente, se impondrán nuevas normas y nuevas previsiones. Los abusos específicos cometidos a finales de la década de 1960 quedarán proscritos de forma bastante eficaz en Wall Street. No obstante, sería mucho esperar que el ansia de especular desapareciese para siempre, o que el aprovechamiento de esa ansia se pudiese abolir definitivamente. Parte del armamento del inversor inteligente consiste en ser consciente de estas «alucinaciones extraordinariamente populares»[4], y en saber mantenerse lo más lejos posible de ellas.

---

* Simplemente como la última prueba de que «todo cambia para que todo siga igual» piense que Ryan Jacob, un genio de 29 años de edad, lanzó el Jacob Internet Fund a finales de 1999, después de conseguir una rentabilidad de 216% en su anterior fondo punto com. Los inversores colocaron casi 300 millones de dólares en el fondo de Jacob en las primeras semanas del año 2000. A continuación perdió el 79,1% en 2000, el 56,4% en 2001, y el 13% en 2002—un colapso acumulado del 92%. Es posible que esa pérdida haya hecho envejecer y espabilar más a los inversores de Mr. Jacob que al propio Mr. Jacob.

† Curiosamente, el desastroso *boom* y posterior estallido de 1999–2002 también llegó aproximadamente 35 años después del anterior ciclo de locura. Tal vez se necesitan unos 35 años para que los inversores que recuerdan la última locura de «Nueva Economía» cedan su influencia a quienes no lo recuerdan. En caso de que esta intuición sea acertada, el inversor inteligente debería mostrarse especialmente alerta alrededor del año 2030.

La imagen arrojada por la mayor parte de los fondos de alto rendimiento es deficiente si analizamos su evolución *después* del espectacular registro que consiguieron en 1967. Con las cifras de 1967 incluidas, sus resultados generales no son tan desastrosos. Con esos criterios de valoración, uno de los operadores incluidos en «The Money Managers» consiguió unos resultados manifiestamente mejores que el índice compuesto S&P, tres lo hicieron indiscutiblemente peor, y seis consiguieron unos resultados más o menos similares. Fijémonos, como referencia de control, en otro grupo de fondos de alto rendimiento, los diez que consiguieron mejores resultados en 1967, con unas ganancias que oscilaron entre el 84% y el 301% únicamente en ese año. De estos fondos, cuatro arrojaron un rendimiento general mejor a cuatro años que el índice S&P, siempre y cuando se incluyan los beneficios del año 1967 en el cálculo; dos superaron al índice en 1968-1970. Ninguno de estos fondos tenía gran volumen, y el tamaño medio rondaba los 60 millones de dólares. Por lo tanto, existe una clara indicación de que este pequeño tamaño es un requisito necesario para conseguir unos resultados sobresalientes de manera continuada.

La imagen que se ha ofrecido hasta ahora entraña la conclusión implícita de que cuando los gestores de los fondos de inversión tratan de conseguir un rendimiento superior cabe la posibilidad de que surjan riesgos especiales. Toda la experiencia financiera históricamente acumulada hasta el momento presente indica que los grandes fondos, gestionados con arreglo a criterios sensatos, son capaces de generar, en el mejor de los casos, unos resultados sólo levemente mejores que los resultados medios del mercado a lo largo de los años. Si estos fondos son gestionados con arreglo a criterios insensatos, podrán conseguir unos beneficios espectaculares, aunque en gran medida engañosos, durante un período determinado de tiempo, resultados que irán seguidos de manera inevitable por unas pérdidas calamitosas. Ha habido algunos casos de fondos que han conseguido unos resultados mejores que la media del mercado, de manera consistente, durante diez años o más. Sin embargo, se trataban de escasas excepciones, que centraban la mayor parte de sus operaciones en terrenos especializados, con estrictos límites impuestos al capital empleado, y que no se colocaban de manera activa entre el público.*

Los fondos cerrados en contraposición a los fondos abiertos

Prácticamente todos los fondos de inversión o fondos abiertos, que ofrecen a sus tenedores la posibilidad de liquidar sus inversiones todos los días percibiendo la valoración de su cartera tienen la pertinente maquinaría para vender

* El equivalente actual de las «escasas excepciones» de Graham suelen ser los fondos de inversión abiertos que se cierran a nuevos inversores, lo que significa que los gesto-

nuevas acciones. De esta manera, la mayor parte de ellos han ido creciendo en tamaño a lo largo de los años. Las entidades de fondos cerrados, que fueron casi todas ellas constituidas hace mucho tiempo, tienen una estructura de capital fijo, y, por lo tanto, han visto reducida su importancia en términos monetarios relativos. Las entidades de fondos abiertos son objeto de venta por muchos miles de vendedores persuasivos y llenos de energía, mientras que nadie está especialmente interesado en distribuir las acciones de entidades de fondos cerrados. Por lo tanto, ha sido posible vender la inmensa mayoría de «fondos de inversión» entre el público con una prima fija de aproximadamente el 9% por encima del valor neto de los activos (prima que iba destinada a cubrir las comisiones de los vendedores y otros gastos), mientras que la mayoría de las acciones de entidades de fondos cerrados se han podido obtener, de manera casi constante, por debajo del valor de su activo. Este descuento de precio ha oscilado entre las empresas en concreto, y el descuento medio del grupo en conjunto también ha oscilado de una fecha a otra. Las cifras aplicables durante el período 1961–1970 se facilitan en la tabla 9.3.

No hace falta mucha perspicacia para sospechar que el menor precio relativo de los fondos cerrados en comparación con los fondos abiertos tiene muy poco que ver con la diferencia en los resultados generales de las inversiones entre los dos grupos. Que esta sospecha es cierta queda demostrado cuando se comparan los resultados anuales obtenidos durante el período que va de 1961 a 1970 por los dos grupos, comparación que puede realizarse con los datos de la tabla 9.3.

De este modo llegamos a una de las pocas reglas claras y apreciables de manera manifiesta respecto de las opciones que tienen ante sí los inversores. Si quiere invertir dinero en fondos de inversión, adquiera un lote de participaciones de fondos cerrados, con un descuento de entre el 10% y el 15% respecto al valor del activo, en vez de pagar una prima de aproximadamente el 9% sobre el valor de las participaciones de una entidad de fondos abiertos. Partiendo de la hipótesis de que los futuros dividendos y variaciones de valor del activo sigan siendo más o menos los mismos para los dos grupos, se obtendrá aproximadamente una quinta parte más por el dinero invertido en participaciones de fondos cerrados.

El vendedor de fondos de inversión le responderá rápidamente con el siguiente argumento: «Si tiene usted participaciones de fondos cerrados nunca podrá estar seguro del precio al que puede venderlos. El descuento puede ser mayor que en la actualidad, y se resentirá como consecuencia de ese mayor dife-

---

res dejan de aceptar más dinero. Aunque eso reduce los honorarios de gestión que pueden percibir, aumenta los rendimientos que los accionistas existentes pueden obtener. Como la mayor parte de los gestores de fondos prefieren esforzarse por llegar a ser el número 1 más que ser el número 1, cerrar un fondo a nuevos inversores es una medida infrecuente y valiente.

TABLA 9.3

Ciertos datos sobre fondos de inversión cerrados, fondos de inversión y el índice compuesto S & P

Año	*Descuento medio de los fondos de inversión cerrados*	*Resultados medios de los fondos de inversión cerrados*[a]	*Resultados medios de los fondos de inversión en acciones*[b]	*Resultados del índice S & P*[c]
1970	-6%	igual	-5,3%	+3,5
1969		-7,9%	-12,5	-8,3
1968	(+ 7)[d]	+13,3	+15,4	+10,4
1967	-5	+28,2	+37,2	+23,0
1966	-12	-5,9	-4,1	-10,1
1965	-14	+14,0	+24,8	+12,2
1964	-10	+16,9	+13,6	+14,8
1963	-8	+20,8	+19,3	+24,0
1962	-4	-11,6	-14,6	-8,7
1961	-3	+23,6	+25,7	+27,0
Media de cifras a 10 años a la par		+9,14%	+9,95%	+9,79%

[a] Media de Wiesenberger de diez sociedades diversificadas .
[b] Media de cinco medias de Wiesenberger de fondos de acciones ordinarias de cada año.
[c] En todos los casos se vuelven a sumar los repartos.
[d] Prima.

rencial. Con nuestras acciones disfruta usted del derecho garantizado de liquidar sus acciones al 100% del valor del activo, por lo menos». Examinemos por encima este argumento: puede ser un buen ejercicio de lógica y de sentido común. Pregunta: Suponiendo que el descuento de las acciones de los fondos cerrados se amplíe, ¿qué probabilidades hay de que se encuentre en peor situación con esas acciones de lo que estaría con una adquisición, por lo demás similar, de acciones de fondos abiertos?

Para responder hace falta un pequeño cálculo aritmético. Supongamos que el inversor A compra unas cuantas acciones de un fondo abierto al 109% del valor de sus activos, y que el Inversor B compra acciones de un fondo cerrado al 85% del valor de sus activos, más una comisión del 1,5%. Los dos conjuntos de acciones ganan y abonan el 30% del valor de su activo en un período de, supongamos, cuatro años, y acaban teniendo el mismo valor que al principio. El inversor A rescata sus acciones al 100% de su valor, perdiendo la prima del 9% que había pagado. Su rentabilidad general para ese período es del 30%,

TABLA 9.4

Resultados medios de fondos de inversión cerrados diversificados, 1961-1970[a]

	1970	*5 años, 1966-1970*	*1961-1970*	*Prima o descuento, diciembre de 1970*
Tres fondos de que se venden con prima	-5,2%	+25,4%	+115,0%	prima de 11,4%
Tres fondos que se venden con descuento	+1,3	+22,6	+102,9	descuento de 9,2%

[a] Datos de Wiesenberger Financial Services.

menos el 9%, o el 21% del valor del activo. A su vez, esto es el 19% de su inversión. ¿Qué cantidad deberá obtener el inversor B con sus acciones del fondo cerrado para conseguir la misma rentabilidad sobre su inversión que el inversor A? La respuesta es el 73%, o un descuento del 27% respecto del valor del activo. En otras palabras, la persona que hubiese invertido en un fondo cerrado podría sufrir un ensanchamiento de 12 puntos en el descuento de mercado (aproximadamente el doble) antes de que su inversión se pusiese a la altura de la realizada por el inversor en un fondo abierto. Una variación negativa de esta magnitud raramente se ha producido, si es que se ha producido en algún momento, en la historia de los fondos cerrados. Por lo tanto, es muy improbable que vaya a obtener un rendimiento general inferior si invierte en una entidad cerrada (representativa), comprada con descuento, siempre que los resultados de su inversión sean aproximadamente similares a los del fondo de inversión representativo. Si se realizan los cálculos con un fondo que cobre una pequeña comisión de entrada (o que no cobre comisión de entrada) en vez de la comisión habitual del 8,5%, la ventaja de la inversión en un fondo cerrado, por supuesto, se reduce, aunque seguirá existiendo.

El hecho de que unos pocos fondos cerrados se estén vendiendo con *primas* mayores que el verdadero 9% de comisión de la mayor parte de los fondos de inversión introduce otra cuestión que debe ser respondida por separado por el inversor. ¿Disfrutan estas entidades que se contratan con prima de una gestión superior que haya demostrado suficientemente su valor para justificar estos precios elevados? Si se intenta encontrar la respuesta en los resultados comparativos de los últimos cinco o diez años, la respuesta debería ser que no. Tres de las seis entidades que contratan con prima tienen principalmente inversiones extranjeras. Una característica llamativa de estas entidades es la gran variación experimentada por los precios en un plazo de pocos años; a finales de 1970, una

TABLA 9.5

Comparación de dos sociedades de fondos de inversión cerrados líderes[a]

	1970	5 años, 1966-1970	1961-1970	Prima o descuento, diciembre de 1970
General Am. Investors Co.	-0,3%	+34,0%	+165,6%	descuento del 7,6%
Lehman Corp.	-7,2	+20,6	+108,0	prima del 13,9%

[a] Datos de Wiesenberger Financial Services.

se vendía a un nivel de una cuarta parte de su nivel máximo, otra a un tercio de su nivel máximo, y otra a menos de la mitad. Si analizamos las tres entidades del mercado interno que se vendían por encima del valor de su activo, descubriremos que la media de su rentabilidad general en un período de diez años era algo mejor que la de los diez fondos con descuento, pero sin embargo ocurría lo contrario si únicamente se tenían en cuenta los cinco últimos años. En la tabla 9.5 se ofrece una comparación del historial entre 1961 y 1970 de Lehman Corp, y de General American Investors, dos de las mayores y más antiguas entidades de fondos cerrados. Una de estas entidades se vendía al 14% sobre el valor de su activo neto, y la otra se vendía al 7,6% por debajo de dicho valor a finales de 1970. La diferencia entre las relaciones de precio a activo neto no parece justificada si nos basamos en las cifras de la tabla.

Inversiones en fondos equilibrados

Los 23 fondos equilibrados que se analizan en el Informe Wiesenberger tenían entre el 25% y el 59% de su activo en acciones preferentes y obligaciones, y la media rondaba el 40%. El resto estaba invertido en acciones ordinarias. Parecería más lógico que el inversor típico realizase sus inversiones en obligaciones directamente, en vez de a través de una inversión en fondos de inversión. La renta media alcanzada por estos fondos equilibrados en 1970 fue de únicamente el 3,9% del valor del activo, lo que es lo mismo que el 3,6% del precio de oferta. La mejor opción para el componente de obligaciones sería la adquisición de bonos de ahorro de Estados Unidos, o de obligaciones empresariales de calificación A o superior, o de obligaciones exentas de tributación, invertidas directamente en la cartera de obligaciones del inversor.

Comentario al capítulo 9

El maestro pregunta a Billy Bob, «Si tienes doce borregos y uno salta por encima de la valla, ¿cuántos borregos te quedan?».

Billy Bob responde, «Ninguno».

«Bueno», dice el profesor, «ya veo que no sabes restar».

«Tal vez no», responde Billy Bob, «pero sé perfectamente cómo son mis borregos».

Un viejo chiste de Texas

Casi perfecto

Los fondos de inversión, una invención puramente estadounidense, fueron introducidos en 1924 por un antiguo vendedor de sartenes y cazuelas de aluminio llamado Edward G. Leffler. Los fondos de inversión son un instrumento bastante barato, muy cómodo, con un elevado nivel de diversificación, por regla general, que están gestionados profesionalmente y estrictamente regulados por algunas de las estipulaciones más exigentes del derecho de valores federal. Al conseguir que la inversión sea sencilla y esté al alcance prácticamente de todo el mundo, los fondos han atraído a unos 54 millones de familias americanas (y a varios millones más de todo el planeta) al mundo de la inversión, lo que probablemente sea el mayor avance conseguido en toda la historia por extender la democracia financiera.

Sin embargo, los fondos de inversión no son perfectos; son casi perfectos, y esa palabra hace que la situación sea completamente diferente. A causa de sus imperfecciones, la mayor parte de los fondos consiguen peores resultados que el mercado, cobrando cantidades excesivas a sus inversores, provocando dolores de cabeza tributarios y padeciendo erráticas oscilaciones en sus resultados. El inversor inteligente debe elegir los fondos con mucho cuidado para no acabar siendo el flamante propietario de un enorme embrollo.

Los primeros puestos de la clasificación

La mayor parte de los inversores se limitan a comprar fondos que hayan subido rápidamente, basándose en la hipótesis de que lo seguirán haciendo. ¿Qué tiene de malo esta estrategia? Los psicólogos han demostrado que los seres humanos tienen una tendencia innata a creer que es posible predecir el largo plazo a partir de una serie de resultados aunque sea muy breve. Lo que es más, a partir de esa experiencia personal sabemos que algunos fontaneros son mejores que otros, que algunos jugadores tienen muchas más probabilidades de marcar tantos, que nuestro restaurante favorito sirve de manera uniforme comida de mejor calidad que los demás y que los niños inteligentes consiguen constantemente buenas calificaciones. La capacidad y la inteligencia y el esfuerzo gozan de reconocimiento, y recompensa constante a nuestro alrededor, y además quienes tienen esa capacidad e inteligencia hacen gala de ellas reiteradamente. Por lo tanto, si un fondo consigue mejores resultados que el mercado, nuestra intuición nos indica que tenemos que esperar que siga consiguiendo mejores resultados de manera constante.

Por desgracia, en los mercados financieros, la suerte es más importante que la capacidad. Si un gestor, por casualidad, se encuentra en el lugar adecuado del mercado en el momento adecuado parecerá que es brillante, pero con demasiada frecuencia, lo que en un momento era fantástico súbitamente se vuelve decepcionante, y el coeficiente intelectual del gestor parecerá haber perdido 50 puntos de la noche a la mañana. La figura 9.1 muestra lo que ocurrió con los fondos más interesantes de 1999.

Éste es otro recordatorio de que el sector más recalentado del mercado, que en 1999 era la tecnología, suele acabar enfriándose más que el nitrógeno líquido, a la velocidad de la luz y sin ningún tipo de advertencia en absoluto.[1] También es un recordatorio de que comprar fondos basándose únicamente en los resultados que han cosechado en el pasado es una de las cosas más estúpidas que puede hacer un inversor. Los estudiosos de las finanzas llevan analizando los resultados de los fondos de inversión desde hace por lo menos medio siglo, y han alcanzado unas conclusiones prácticamente unánimes respecto de varias cuestiones:

— El fondo medio no selecciona las acciones con la destreza suficiente para superar los costes en que incurre en materia de investigación y operación en el mercado.

---

[1] Existen fondos sectoriales especializados en casi todos los sectores imaginables, y que se remontan hasta la década de 1920. Tras casi 80 años de historia, la evidencia resulta abrumadora: El sector más lucrativo, y por lo tanto el más popular, de cualquier ejercicio determinado suele acabar estando entre los de peores resultados del año siguiente. De la misma manera que la ociosidad es la madre del vicio, los fondos sectoriales suelen ser la némesis del inversor.

FIGURA 9.1

El club de los fracasados

Fondo	*Rendimiento total* 1999	2000	2001	2002	*Valor a 31/12/02 de 10.000 dólares invertidos el 1/1/1999*
Van Wagoner Emerging Growth	291,2	-20,9	-59,7	-64,6	4.419
Monument Internet	273,1	-56,9	-52,2	-51,2	3.756
Amerindo Technology	248,9	-64,8	-50,8	-31,0	4.175
PBHG Technology & Communications	243,9	-43,7	-52,4	-54,5	4.198
Van Wagoner Post-Venture	237,2	-30,3	-62,1	-67,3	2.907
ProFunds Ultra OTC	233,2	-73,7	-69,1	-69,4	829
Van Wagoner Technology	223,8	-28,1	-61,9	-65,8	3.029
Thurlow Growth	213,2	-56,0	-26,1	-31,0	7.015
Firsthand Technology Innovators	212,3	-37,9	-29,1	-54,8	6.217
Janus Global Technology	211,6	-33,7	-40,0	-40,9	7.327
Índice Wilshire 5000 (mercado de acciones total)	23,8	-10,9	-11,0	-20,8	7.780

Fuente: Lipper

Nota: Monument Internet posteriormente cambió su nombre por el de Orbitex Emerging Technology.

Estos 10 fondos estuvieron entre los de mejores resultados en 1999 y, de hecho, entre los de mejores resultados anuales de toda la historia. Sin embargo, los tres años siguientes contrarrestaron las gigantescas ganancias de 1999 y parte del principal.

— Cuanto mayores son los gastos de un fondo, menor es su rendimiento.
— Cuanto mayor es la frecuencia con que un fondo hace operaciones con sus acciones, menores suelen ser sus ganancias.
— Los fondos muy volátiles, que rebotan al alza y a la baja más que la media, tienen muchas probabilidades de ser volátiles todo el tiempo.
— Los fondos que han conseguido una elevada rentabilidad en el pasado tienen pocas probabilidades de seguir siendo ganadores durante un período prolongado de tiempo.[2]

Las probabilidades que tiene de elegir con éxito los fondos que van a tener un resultado extraordinario en el futuro basándose en la rentabilidad que han obtenido en el pasado son más o menos similares a las probabilidades que tiene de que el Hombre del Saco y el Abominable Hombre de las Nieves se presenten, cogidos de la mano, en zapatillas rosas de ballet, en la próxima fiesta que dé en su casa. En otras palabras, sus probabilidades no son iguales a cero, pero se acercan mucho a esa cifra. (Véase el recuadro de la página 278).

De todas formas, también hay buenas noticias. En primer lugar, comprender por qué resulta tan difícil encontrar un buen fondo le permitirá llegar a ser un inversor más inteligente. En segundo lugar, aunque los resultados obtenidos en el pasado son un indicador deficiente de la rentabilidad que se va a obtener en el futuro, hay otros factores que se pueden emplear para incrementar las probabilidades de localizar un buen fondo. Por último, un fondo puede ofrecer un valor excelente aunque no consiga unos resultados mejores que el mercado, ya que le ofrece una forma económica de diversificar su cartera y le ofrece tiempo libre para que pueda hacer otras cosas que le resulten más interesantes que dedicarse a elegir personalmente las acciones en las que invierte.

Los primeros serán los últimos

¿Por qué no es mayor el número de fondos ganadores que siguen ganando a lo largo del tiempo?

Cuanto mejores son los resultados que consigue un fondo, más obstáculos deben superar sus inversores:

Gestores que se van a otra parte. Cuando parece que un profesional de la selección de acciones se ha convertido en el Rey Midas y transforma en oro todo

[2] La investigación sobre los rendimientos de los fondos de inversión es demasiado voluminosa para ser citada. Se pueden encontrar prácticos resúmenes y vínculos en: www.investorhome.com/mutual.htm#do, www.ssrn.com (entre en la ventana de búsqueda «mutual fund»), y www.stanford.edu/~wfsharpe/art/art.htm.

lo que toca, todo el mundo quiere tenerlo en su plantilla, incluidas las sociedades gestoras de fondos rivales. Si invirtió en Transamerica Premier Equity Fund para aprovecharse de las capacidades de Glen Bickerstaff, que consiguió unas ganancias del 47,5% en 1997, la suerte le dio la espalda rápidamente; TCW se lo arrebató a su anterior empresa a mediados de 1998 para que dirigiese su fondo TCW Galileo Select Equities Fund, y el fondo de Transamerica quedó por detrás del mercado en tres de los siguientes cuatro años. Si invirtió en el Fidelity Aggressive Growth Fund a principios de 2000 para aprovechar la elevada rentabilidad de Erin Sullivan, que casi había triplicado el dinero de sus accionistas desde 1997, ¿sabe qué le pasó?: se marchó para iniciar su propio fondo de inversión alternativo en el año 2000, y su antiguo fondo perdió más de tres cuartos de su valor durante los tres años siguientes.[3]

Elefantiasis de los activos. Cuando un fondo consigue unos elevados rendimientos, los inversores toman buena nota, y lo inundan con cientos de millones de dólares en cuestión de semanas. Esto hace que el gestor del fondo tenga muy pocas opciones, y todas ellas malas. Puede poner a salvo el dinero para cuando lleguen las vacas flacas, pero en tal caso la reducida rentabilidad ofrecida por el dinero en efectivo afectará activamente a los resultados del fondo si las acciones siguen subiendo. Puede colocar el nuevo dinero en acciones de empresas en las que ya está presente, y que probablemente habrán visto subir su cotización desde el momento en el que las compró por primera vez, y que podrían llegar a estar peligrosamente sobrevaloradas si inyecta millones de dólares más. Otra opción es que compre nuevas acciones que no le hubiesen parecido suficientemente atractivas para adquirirlas anteriormente, y que no le quede más remedio que investigarlas partiendo de cero, y tener que centrar su atención en muchas más empresas de las que estaba acostumbrado a seguir.

Por último, cuando el Nimble Fund, que gestiona 100 millones de dólares, destina el 2% de sus activos (o lo que es lo mismo, 2 millones de dólares) a invertir en Minnow Corp., una empresa que tiene un valor total de mercado de 500 millones de dólares, estará comprando menos de la mitad del 1% de Minnow. Sin embargo, si sus brillantes resultados hacen que el Nimble Fund se hinche hasta alcanzar los 10.000 millones de dólares, una inversión del 2% de sus activos supondría un total de 200 millones de dólares, casi la mitad del valor íntegro de Minnow, lo que supone un nivel de participación en la propiedad que ni siquiera está autorizado en virtud de la normativa federal. Si el gestor de cartera de Nimble sigue estando interesado en tener participaciones de pequeñas empresas, tendrá que repartir su dinero entre un inmenso número de empresas, lo que probablemente supondrá que tendrá que ampliar muchísimo su campo de atención.

[3] Eso no quiere decir que estos fondos hubiesen conseguido mejores resultados si los gestores «galácticos» hubiesen seguido en sus puestos; de lo único que podemos estar seguros es de que los resultados de los dos fondos fueron muy deficientes sin ellos.

Los trucos de manos no dan más de sí. Algunas empresas están especializadas en «incubar» sus fondos, haciendo pruebas en el ámbito privado antes de colocarlos entre el público. (Habitualmente, los únicos accionistas son empleados y filiales de la propia sociedad del fondo). El patrocinador se asegura de que el tamaño de estos fondos sea diminuto, para poder emplearlos como cobayas para sus estrategias de riesgo que funcionan mejor con pequeñas cantidades de dinero, por ejemplo, comprando acciones de empresas minúsculas o haciendo operaciones fugaces con ofertas públicas iniciales. Si su estrategia sale bien, el fondo puede atraer en masa a inversores públicos dando publicidad a la rentabilidad obtenida de manera privada. En otros casos, el gestor del fondo «renuncia a» (o deja de cobrar) las comisiones de gestión, con lo que incrementa el rendimiento neto, y después, cuando los elevados rendimientos han atraído a muchos clientes, se asegura de que éstos las paguen todas juntas. Prácticamente sin excepción alguna, los rendimientos de los fondos incubados y de los fondos cuyos gestores han renunciado (temporalmente) a las comisiones han caído en la mediocridad después de que los inversores ajenos a los fondos los inundaran con millones de dólares.

Gastos crecientes. Frecuentemente, cuesta más hacer operaciones con acciones en bloques muy grandes que en bloques más pequeños; cuando hay menos compradores y vendedores, resulta más difícil casar una operación. Un fondo con 100 millones de dólares de activos gestionados puede pagar el 1% al año en costes de operación. Sin embargo, si ese fondo, a causa de su elevada rentabilidad, se multiplica hasta los 10.000 millones de dólares, sus operaciones podrían llegar a consumir fácilmente por lo menos el 2% de sus activos. El típico fondo suele tener en cartera sus acciones únicamente durante 11 meses cada vez, por lo que los costes de operación pueden hacer desaparecer los resultados como el ácido corrosivo. Mientras tanto, los restantes costes de gestión de un fondo raramente se reducen, y en ocasiones llegan a aumentar, a medida que crecen los activos. Con unos gastos de operación que alcanzan un promedio del 1,5%, y unos costes de negociación que rondan el 2%, el fondo típico tiene que superar al mercado en un 3,5% al año antes de deducir los costes, y eso simplemente le servirá para conseguir unos resultados iguales que el mercado después de que haya deducido los costes en que haya incurrido.

Comportamiento borreguil. Por último, cuando el fondo ha conseguido éxito, sus gestores suelen volverse tímidos y partidarios de la imitación. A medida que crece el fondo, sus comisiones resultan más lucrativas, por lo que sus gestores se muestran más reacios a asumir riesgos que provoquen perturbaciones. Los mismos riesgos que corrieron los gestores para generar sus elevados rendimientos podrían alejar a los inversores en este momento, y poner en peligro los cuantiosos ingresos por comisiones. Por lo tanto, los fondos de mayor tamaño recuerdan a un rebaño de borregos idénticos y gordos, moviéndose timoratamente al unísono, y diciendo «beee» todos a la vez. Prácticamente todos los fondos de crecimiento tienen acciones de Cisco, y de GE, y de Microsoft, y de Pfizer, y de Wal-Mart, prácticamente en idénticas proporciones. Este comporta-

FIGURA 9.2

El embudo del rendimiento de los fondos

Si miramos al pasado desde el 31 de diciembre de 2002, ¿cuántos fondos de acciones estadounidenses han conseguido mejores resultados que el Fondo de Índices Vanguard 500?

Un año:
1.186 de 2.423 fondos (o el 48,9%)

Tres años:
1.157 de 1.944 fondos (o el 59,5%)

Cinco años:
768 de 1.494 fondos (o el 51,4%)

Diez años:
227 de 728 fondos (o el 31,2%)

Quince años:
125 de 445 fondos (o el 28,1%)

Veinte años:
37 de 248 fondos (o el 14,9%)

Fuente: Lipper Inc.

miento es tan generalizado que los estudiosos de las finanzas lo denominan simplemente comportamiento de rebaño.[4] Sin embargo, al proteger sus propios ingresos por comisiones, los gestores de los fondos ponen en peligro la capacidad de conseguir rendimientos superiores para sus inversores externos.

[4] Aquí podemos extraer una segunda lección: Para tener éxito, el inversor individual tiene que evitar comprar en la misma lista de acciones favoritas que ha sido elegida por las instituciones de gran tamaño o, alternativamente, tendrá que conservar más pacientemente esas acciones en su cartera. Véase Erik R. Sirri y Peter Tufano, «Costly Search and Mutual Fund Flows», *The Journal of Finance*, vol. 53, nº. 8, octubre de 1998, págs. 1.589–1.622; Keith C. Brown, W. V. Harlow, y Laura Starks, «Of Tournaments and Temptations», *The Journal of Finance*, vol. 51, nº. 1, marzo de 1996, págs. 85–110; Josef Lakonishok, Andrei Shleifer, y Robert Vishny, «What Do Money Managers Do?», documento de trabajo, Universidad de Illinois, febrero de 1997; Stanley Eakins, Stanley Stansell, y Paul Wertheim, «Institutional Portfolio Composition», *Quarterly Review of Economics and Finance*, vol. 38, nº. 1, primavera de 1998, págs. 93–110; Paul Gompers y Andrew Metrick, «Institutional Investors and Equity Prices», *The Quarterly Journal of Economics*, vol. 116, nº. 1, febrero de 2001, págs. 229–260.

A causa de sus elevados costes y de su deficiente comportamiento, la mayor parte de los fondos son incapaces de ganarse el sustento. No es sorprendente que la elevada rentabilidad sea tan perecedera como un pescado fuera de la nevera. Lo que es más, a medida que pasa el tiempo, el lastre de sus excesivos gastos hace que cada vez sea mayor el número de fondos que quedan más y más por debajo del nivel, como indica la figura 9.2.[5]

Entonces, ¿qué debería hacer el inversor inteligente?

En primer lugar, tiene que darse cuenta de que un fondo de índice, que tiene en cartera todas las acciones del mercado, en todo momento, y que ha renunciado a cualquier tipo de pretensión de que vaya a ser capaz de elegir las «mejores» a la vez que evita las «peores», conseguirá a largo plazo mejores resultados que la mayoría de los fondos. (Si su empresa no ofrece un fondo de índice de bajo coste en su plan de jubilación, póngase de acuerdo con sus compañeros de trabajo y soliciten que se incorpore uno a su plan de pensiones). Sus mínimos gastos generales y de explotación, de aproximadamente el 0,2% al año, y unos costes anuales de operación en el mercado de sólo el 0,1%, ofrecen a los fondos de índices una ventaja insuperable. Si las acciones generan, por ejemplo, el 7% de rentabilidad anualizado a lo largo de los 20 próximos años, un fondo de índice de bajo coste como el Vanguard Total Stock Market ofrecerá una rentabilidad muy cercana al 6,7%. (Eso convertiría una inversión de 10.000 dólares en más de 36.000 dólares). Sin embargo, el fondo de inversión medio, con sus gastos de explotación y generales del 1,5% y aproximadamente el 2% en costes de operación en el mercado, tendría suerte si obtuviese el 3,5% al año. (Con esa rentabilidad, 10.000 dólares se convertirían en poco menos de 20.000 dólares, lo que sería casi el 50% menos que el resultado obtenido por el fondo de índice).

Los fondos de índices tienen sólo un defecto significativo: son aburridos. Nunca podrá alardear en una barbacoa de que tiene el dinero invertido en el fondo con mejores resultados del país. Nunca podrá impresionar a los demás diciendo que consigue mejores resultados que el mercado, porque el objetivo de un fondo de índice consiste en igualar la rentabilidad del mercado, no en superarla. El gestor de su fondo de índice no se la jugará apostando a que el siguiente sector con resultados brillantes será el del teletransporte, o el de los sitios web capaces de transmitir aromas, o el de las clínicas de pérdida de peso por telepatía; el fondo estará presente siempre en todas las empresas, y no sólo en aquellas que el gestor trate de adivinar que van a ser la siguiente maravilla. Sin embargo, a medida que pasen los años, la ventaja de coste de la indexación seguirá devengando rentabilidad incesantemente. Tenga un fondo de índice durante 20 años o más, aportando dinero todos los meses, y podrá estar prácticamente seguro de que conseguirá mejores resultados que la inmensa mayoría

---

[5] Asombrosamente, esta ilustración subestima la ventaja de los fondos de índices, puesto que la base de datos de la que se han tomado los datos no incluye los historiales de cientos de fondos que desaparecieron durante estos períodos. Medida de manera más exacta, la ventaja de la indexación sería insuperable.

de los inversores profesionales y particulares. En los últimos años de subida, Graham alabó a los fondos de índices como la mejor opción para los inversores individuales, al igual que lo hace Warren Buffett.[6]

Inclinar la balanza

Cuando se suman todos los inconvenientes, la duda no es que haya muy pocos fondos que consiguen mejores resultados que el índice, sino que exista alguno que realmente lo consiga. Y si algunos lo consiguen, ¿qué rasgos tienen en común esos fondos?

Sus gestores son los mayores accionistas. El conflicto de intereses entre lo que más ventajoso resulta para los gestores de los fondos y lo que es mejor para sus inversores se mitiga cuando los gestores están entre los mayores propietarios de participaciones en el fondo. Algunas empresas, como Longleaf Partners incluso prohíben a sus empleados que posean fondos diferentes de los suyos. En Longleaf y en otras firmas, como Davis y FPA, los gestores son propietarios de una parte tan importante de los fondos que lo más probable es que gestionen su dinero de la misma manera que harían con el suyo propio, por lo que se reducen las probabilidades de que inflen sus comisiones, de que permitan que los fondos adquieran dimensiones ciclópeas, o que le aticen una liquidación tributaria que le deje temblando. El folleto informativo del fondo, y la «Declaración de información adicional», documentos ambos disponibles en la Comisión del Mercado de Valores, a través de la base de datos EDGAR en www.sec.gov revela si los gestores poseen por lo menos el 1% de las participaciones en el fondo.

Son baratos. Uno de los mitos más extendidos en el mundo de los fondos de inversión es que «consigues lo que pagas», que la elevada rentabilidad es la mejor justificación de las comisiones elevadas. Este argumento tiene dos problemas. El primero es que no es verdad; décadas de estudios han demostrado que los fondos con comisiones elevadas consiguen menores rendimientos a lo largo del tiempo. En segundo lugar, la rentabilidad elevada es temporal, mientras que las comisiones elevadas son prácticamente tan duraderas como el gra-

[6] Véase Benjamin Graham, *Benjamin Graham: Memoirs of the Dean of Wall Street*, Seymour Chatman, ed. (McGraw-Hill, Nueva York, 1996), pág. 273, y Janet Lowe, *The Rediscovered Benjamin Graham: Selected Writings of the Wall Street Legend* (John Wiley & Sons, Nueva York, 1999), pág. 273. Como indicó Warren Buffett en su informe anual de 1996: «La mayor parte de los inversores, tanto institucionales como particulares, descubrirán que la mejor manera de tener acciones consiste en hacerlo a través de un fondo de índices que cobre comisiones mínimas. Los que sigan esta vía superarán con certeza los resultados netos (después de comisiones y gastos) generados por la inmensa mayoría de profesionales de la inversión». (Véase www.berkshirehathaway. com/1996ar/1996.html).

nito. Si se invierte en un fondo porque su rendimiento está por las nubes, es posible que se tengan que sufrir las consecuencias de un aterrizaje forzoso, pero los costes de propiedad del fondo prácticamente no experimentarán variación alguna cuando su rentabilidad caiga por los suelos.

Se atreven a ser diferentes. Cuando Peter Lynch dirigía Fidelity Magellan, compraba todo lo que le parecía barato, con independencia de lo que los otros gestores de fondos tuviesen en cartera. En 1982 su mayor inversión estaba en obligaciones del Tesoro; después de eso, Chrysler se convirtió en el activo con mayor presencia en su cartera, aunque la mayor parte de los expertos predecían que la empresa acabaría quebrando; después, en 1986, Lynch colocó casi el 20% de Fidelity Magellan en acciones de empresas extranjeras como Honda, Norsk Hydro y Volvo. Por lo tanto, antes de invertir en un fondo de acciones estadounidenses, compare sus carteras, que aparecerán recogidas en su último informe, con la parrilla que integra el índice S&P 500; si se parecen como dos gotas de agua, busque otro fondo.[7]

Cierran la puerta. Los mejores fondos suelen estar cerrados a nuevos inversores, y únicamente permiten que los partícipes que ya estaban presentes en el fondo adquieran más participaciones. De esta forma se evita la fiebre de nuevos compradores que quieren participar en las ganancias, y se protege al fondo de los problemas provocados por la elefantiasis de los activos. También es una señal de que los gestores del fondo no ponen sus carteras por delante de las de sus partícipes. Sin embargo, el cierre debe producirse antes, no después, de que el fondo experimente un crecimiento explosivo. Algunas empresas que tienen un historial ejemplar a la hora de cerrar las puertas de sus fondos son Longleaf, Numeric, Oakmark, T. Rowe Price, Vanguard y Wasatch.

No hacen publicidad. Como decía Platón en *La República*, los mandatarios ideales son aquellos que no querían gobernar; de la misma manera, los mejores gestores de fondos suelen comportarse como si no quisieran su dinero. No aparecen constantemente en los programas financieros de la televisión, ni emiten anuncios en los que alardean de que son el número uno en rentabilidad. El fondo Mairs & Power Growth Fund, que siempre ha tenido pequeñas dimensiones, ni siquiera tuvo sitio web hasta el año 2001, y sigue vendiendo sus participaciones únicamente en 24 estados. El Torray Fund nunca ha lanzado un anuncio dirigido al público minorista desde su lanzamiento en 1990.

¿Qué otras cosas debería buscar? La mayor parte de los compradores suelen empezar por fijarse en el rendimiento del pasado, después en la reputación del gestor, después en el nivel de riesgo del fondo, y por último (si es que lo hacen) en los gastos del fondo.[8]

---

[7] Se puede encontrar un listado completo de las empresas que componen el S&P 500 que está disponible en www.standardandpoors.com.

[8] Véase Noel Capon, Gavan Fitzsimons, y Russ Alan Prince, «An Individual Level Analysis of the Mutual Fund Investment Decision», *Journal of Financial Services Research*, vol. 10,

El inversor inteligente se fija en esas mismas cosas, pero en el orden exactamente contrario.

Como los gastos del fondo son mucho más previsibles que su riesgo o su rentabilidad futura, los gastos deberían ser su primer filtro. No hay ningún buen motivo para pagar más que los niveles de gastos de operación que se indican a continuación, por categoría de fondo:

* Obligaciones municipales y sujetas a tributación	0,75%
* Acciones estadounidenses (acciones de grandes y medianas empresas)	1,00%
* Obligaciones de alto rendimiento (bonos basura)	1,00%
* Acciones de empresas estadounidenses (acciones de pequeñas empresas)	1,25%
* Acciones extranjeras	1,50%[9]

A continuación, evalúe el riesgo. En sus folletos (o en la guía del inversor) todos los fondos deberán mostrar un gráfico de barras que indique su peor pérdida durante un trimestre natural. Si no puede soportar la perspectiva de perder por lo menos esa cantidad de dinero en tres meses, busque otro fondo. También merece la pena comprobar la calificación asignada al fondo por Morningstar, una importante firma de investigación de inversión que concede «estrellas de calificación» a los fondos, basándose en cuánto riesgo asumen para conseguir sus resultados (una estrella es la peor calificación, cinco es la mejor). De todas formas, al igual que ocurre con los propios resultados pasados, estas calificaciones son retrospectivas. Los fondos de cinco estrellas, de hecho, tienen la desconcertante costumbre de cosechar en el futuro peores resultados que los de una estrella. Por lo tanto, lo primero que tiene que hacer es encontrar un fondo de bajo coste cuyos gestores sean los principales accionistas, se atrevan a ser diferentes, no hagan mucha publicidad con sus resultados y hayan demostrado que están dispuestos a cerrar la entrada al fondo antes de que éste crezca demasiado para su capacidad de gestión. Entonces, y únicamente entonces, consulte su calificación en Morningstar.[10]

1996, págs. 59–82; Investment Company Institute, «Understanding Shareholders' Use of Information and Advisers», primavera de 1997, en www.ici.org/pdf/rpt_undstnd_share.pdf, pág. 21; Gordon Alexander, Jonathan Jones, y Peter Nigro, «Mutual Fund Shareholders: Characteristics, Investor Knowledge, and Sources: of Information», documento de trabajo OCC, diciembre de 1997, en www.occ.treas.gov/ftp/workpaper/ wp97-13.pdf.

[9] Los inversores pueden buscar fácilmente fondos que se ajusten a estas cargas de gastos utilizando las herramientas de selección de fondos disponibles en www.morningstar.com y http://money.cnn.com.

[10] Véase Matthew Morey, «Rating the Raters: An Investigation of Mutual Fund Rating Services», *Journal of Investment Consulting*, vol. 5, nº. 2, noviembre / diciembre de 2002. Aunque sus calificaciones de estrellas son un deficiente indicador de futuros resultados, Morningstar es la mejor fuente individual de información sobre fondos para los inversores particulares.

Por último, analice el rendimiento conseguido en el pasado, recordando que es únicamente un indicador de cuáles pueden ser los resultados en el futuro. Como ya hemos visto, los ganadores del pasado suelen convertirse en los perdedores del futuro. Sin embargo, los investigadores han puesto de manifiesto que una cosa es prácticamente segura: los perdedores del pasado casi nunca se convierten en los ganadores del futuro. Por lo tanto, evite los fondos que han mantenido una rentabilidad permanentemente deficiente en el pasado, sobre todo si tienen unos costes anuales por encima de la media.

El inaccesible mundo de los fondos cerrados

Los fondos cerrados, aunque fueron populares durante la década de 1980, se han ido atrofiando lentamente. En la actualidad, únicamente hay 30 fondos de capital nacional diversificados, la mayoría de ellos de dimensiones muy pequeñas, de los que únicamente se compran y venden unos pocos cientos de participaciones al día, con elevados gastos y desconcertantes estrategias (como Morgan Fun-Shares, que se especializa en acciones de sectores «adictivos», como el del alcohol, los casinos y el tabaco). La investigación llevada a cabo por el experto en fondos cerrados Donald Cassidy, de Lipper Inc., refuerza las observaciones hechas en el pasado por Graham: los fondos de acciones diversificados cerrados que se venden con descuento no sólo suelen tener mejores resultados que los que se venden con prima, sino que además es muy probable que tengan mejores resultados que el fondo de inversión abierto típico. Por desgracia, no obstante, los fondos de acciones diversificados cerrados no siempre están disponibles con descuento en lo que se ha convertido en un mercado menguante y abandonado.[11]

Por otra parte, hay cientos de fondos de obligaciones cerrados, con opciones especialmente sólidas disponibles en el campo de las obligaciones municipales. Cuando estos fondos se venden con descuento, su rendimiento se amplifica y pueden ser atractivos, siempre y cuando sus gastos anuales estén por debajo de los umbrales que se han indicado anteriormente.[12]

La nueva raza de fondos de índice cotizados en bolsa también puede merecer un cierto estudio. Estos fondos de índices cotizados en bolsa de bajo coste suelen ofrecer en ocasiones el único medio por el cual un inversor puede intro-

---

[11] A diferencia de lo que ocurre con los fondos de inversión ordinarios, los fondos de inversión cerrados no emiten habitualmente sus acciones directamente a quien quiera comprarlas. Al contrario, el inversor debe comprar acciones no al fondo en sí mismo, sino a otro accionista que quiera desprenderse de ellas. De este modo, la cotización de las acciones fluctúa por encima y por debajo de su valor neto del activo dependiendo del juego de la oferta y la demanda.

[12] Si se desea más información, véase www.morningstar.com y www.etfconnect. com.

ducirse en un mercado reducido como por ejemplo el de las empresas domiciliadas en Bélgica, o las acciones del sector de los semiconductores. Otros fondos cotizados vinculados con índices ofrecen una exposición al mercado mucho mayor. De todas formas, por lo general no suelen ser adecuados para inversores que deseen hacer aportaciones de dinero periódicamente, porque la mayor parte de los intermediarios cobrarán una comisión independiente sobre cada nueva inversión que realice.[13]

Hay que saber cuándo hay que retirarse

Una vez que se tiene un fondo, ¿cómo se puede saber que ha llegado el momento de vender? El consejo habitual indica que hay que desprenderse de los fondos si tienen peores resultados que el mercado (o que carteras equivalentes) durante uno, o tal vez dos, o tal vez tres, años seguidos. Sin embargo, este consejo no tiene ningún sentido. Desde su creación en el año 1970 hasta 1999, el Sequoia Fund tuvo peores resultados que el S&P 500 durante 12 de sus 29 años, o lo que es lo mismo, más del 41% del tiempo. Sin embargo, el Sequoia se revalorizó más del 12.500 por cien durante ese período, en comparación con el 4.900% del índice.[14]

El rendimiento de la mayor parte de los fondos se ve perjudicado simplemente porque el tipo de acciones que prefieren pierde su atractivo temporalmente. Si se contrata a un gestor para que invierta de una forma determinada, ¿qué motivo hay para despedirle por hacer exactamente lo que había prometido? Al vender cuando un estilo de inversión deja de estar de moda, no sólo se materializa la pérdida, sino que se pierden las posibilidades de disfrutar de la prácticamente inevitable recuperación. Un estudio puso de manifiesto que los inversores en fondos de inversión consiguieron unos resultados peores que los de sus propios fondos en 4,7 puntos porcentuales anuales desde 1998 hasta 2001, simplemente porque compraron a precios elevados y vendieron a precios bajos.[15]

---

[13] A diferencia de los fondos de inversión de índices, los ETF de índices están sujetos al pago de comisiones ordinarias cuando se compran y se venden, y estas comisiones se suelen cargar a todas las compras adicionales o reinversiones de dividendos. Hay detalles disponibles en www.ishares.com, www.streettracks.com, www.amex.com, y www.indexfunds.com.

[14] Véase el informe para los accionistas de 30 de junio de 1999 de Sequoia en www.sequoia fund.com/Reports/Quarterly/SemiAnn99.htm. Sequoia está cerrado a nuevos inversores desde 1982, lo que ha reforzado sus extraordinarios resultados.

[15] Jason Zweig, «What Fund Investors Really Need to Know», *Money*, junio de 2002, págs. 110–115.

Por qué nos encantan los tableros Ouija

Creer, o incluso solamente esperar, que somos capaces de seleccionar los mejores fondos para el futuro nos hace sentirnos mejor. Nos aporta la placentera sensación de que dominamos el destino de nuestras inversiones. Este sentimiento de «Yo soy el que manda aquí» forma parte de la naturaleza humana; es lo que los psicólogos denominan exceso de confianza. Veamos algunos ejemplos de cómo funciona:

- En 1999 la revista *Money* preguntó a más de 500 personas si sus carteras habían tenido mejores resultados que el mercado o no. Una de cada cuatro dijo que sí. Cuando se les pidió que especificasen los resultados que habían obtenido, sin embargo, el 80% de esos inversores reconocieron unas ganancias inferiores a las del mercado. (El 4% no tenía ni idea de qué subida había experimentado su cartera, pero no obstante estaban seguros de que habían conseguido mejores resultados que el mercado, de todas formas).
- En el marco de un estudio realizado en Suecia se preguntó a los conductores que se habían visto afectados por graves accidentes de circulación que calificasen su propia capacidad de conducción. Estas personas, entre las que había algunas a las que la policía había considerado responsables de los accidentes, y otras que habían sufrido unas lesiones tan graves que tuvieron que responder a las preguntas del estudio desde la cama de un hospital, insistieron en que eran mejores conductores que la media.
- En una encuesta realizada a finales de 2000, *Time* y CNN preguntaron a más de 1.000 votantes potenciales si pensaban que se encontraban dentro del 1% superior de la población en términos de renta. El 19% se colocaron dentro del 1% más rico de Estados Unidos.
- A finales de 1997, un estudio realizado entre 750 inversores puso de manifiesto que el 74% de ellos creían que sus carteras de fondos de inversión «superarían constantemente al Standard & Poor's 500 todos los años», aun cuando la mayor parte de los fondos son incapaces de conseguir mejores resultados que el S&P a largo plazo y muchos de ellos son incapaces de conseguir mejores resultados que dicho índice en cualquier año.[1]

Aunque este tipo de optimismo es un signo normal de una mente sana, el hecho de que lo sea no lo convierte en especialmente adecuado como política de inversión. Sólo es conveniente creer que se puede predecir algo si realmente se puede predecir. Si no es usted realista, su búsqueda de autoestima acabará provocando su autodestrucción.

---

[1] Véase Jason Zweig, «Did You Beat the Market?», *Money*, enero de 2000, págs. 55–58; *Time*/CNN encuesta #15, 25–26 de octubre de 2000, pregunta 29.

Por lo tanto, ¿cuándo debería vender? A continuación le ofrecemos unas cuantas indicaciones de peligro claras:

— Un cambio acusado e imprevisto de estrategia, como por ejemplo un fondo de «valor» que se cargase de acciones tecnológicas en 1999, o un fondo de «crecimiento» que comprase toneladas de acciones de compañías de seguros en el año 2002.
— Un incremento de los gastos, que sugiera que los gestores se están llenando el bolsillo con el dinero de los partícipes.
— Cuantiosas y frecuentes liquidaciones tributarias, provocadas por el exceso de operaciones de mercado.
— Resultados súbitamente erráticos, como por ejemplo cuando un antiguo fondo conservador genera una gran pérdida (o incluso genera una gran ganancia).

Como el asesor de inversiones Charles Ellis solía decir, «Si no estás dispuesto a estar casado, no deberías casarte».[16] La inversión en fondos no es diferente. Si no se está dispuesto a permanecer en un fondo durante por lo menos tres años de vacas flacas, no se debería haber invertido en el fondo. La paciencia es el aliado más poderoso que tiene la persona que invierte en fondos.

[16] Véase entrevista con Ellis en Jason Zweig, «Wall Street's Wisest Man», *Money*, junio de 2001, págs. 49–52.

Capítulo 10

El inversor y sus asesores

La inversión de dinero en valores no se parece a ninguna otra de las operaciones que se realizan en el mundo de los negocios, en el sentido de que prácticamente siempre se basa en algún tipo de asesoramiento recibido de otras personas. La inmensa mayoría de los inversores son aficionados. De manera natural, tienen la impresión de que a la hora de elegir los valores en los que invierten se pueden beneficiar si reciben asesoramiento profesional. Sin embargo, el mismo concepto del asesoramiento de inversión tiene ciertas peculiaridades inherentes.

Si el motivo por el que invierten las personas es el de ganar dinero, a la hora de buscar asesoramiento están pidiendo a otras personas que les digan cómo pueden ganar dinero. Esa idea tiene un cierto elemento de infantilismo. Los empresarios tratan de obtener asesoramiento profesional sobre algunos elementos de su actividad empresarial, pero no esperan que nadie les diga cómo pueden conseguir beneficios. Eso les compete a ellos. Cuando ellos, o personas que no se dedican a los negocios, recurren a otros para que consigan beneficios de inversión para ellos, están esperando un tipo de resultados para los que no existe equivalente en la actividad empresarial ordinaria.

Si presuponemos que existen resultados de *ingresos* normales u ordinarios que se pueden obtener al invertir dinero en valores, la función del asesor se puede especificar con más facilidad. Tendría que utilizar su mejor formación y experiencia para proteger a sus clientes de la posibilidad de cometer errores, y para asegurarse de que consiguen los resultados que su dinero tiene derecho a recibir. La duda surge cuando el inversor exige una rentabilidad superior a la media por su dinero, o cuando su asesor se compromete a conseguir mejores resultados que la media para su cliente, puesto que cabe dudar de que se esté pidiendo o prometiendo más de lo que es probable que se vaya a cumplir.

Se puede obtener asesoramiento sobre inversiones de muchas fuentes diferentes. Entre ellas se puede mencionar: (1) un conocido, un familiar o un amigo, que se suponga que tiene conocimientos sobre valores; (2) un empleado del banco (comercial) local; (3) una agencia de intermediación de bolsa o un profesional de la banca de inversión; (4) un servicio de información financiera o un periódico financiero; y (5) un asesor de inversiones.* El variado carácter de esta lista sugiere que no existe una forma lógica sistemática de enfocar esta cuestión que haya llegado a cristalizar, por lo menos por el momento, en la mente de los inversores.

Hay ciertas consideraciones de sentido común relacionadas con el criterio con el que se pueden calificar de normales o de ordinarios los resultados que se han mencionado anteriormente. Nuestra tesis básica es la siguiente: si el inversor se va a fiar esencialmente del consejo de otros a la hora de gestionar sus fondos, tendrá que limitarse a sí mismo, y limitar a sus asesores, estrictamente a formas ordinarias, conservadoras e incluso poco imaginativas de inversión, o de lo contrario deberá tener un conocimiento frecuentemente íntimo y favorable de la persona que vaya a dirigir sus fondos hacia otros canales. Por el contrario, si entre el inversor y sus asesores existe una relación profesional o de negocios ordinaria, el inversor únicamente podrá mostrarse receptivo ante las sugerencias menos convencionales en la medida en que él, personalmente, haya llegado a tener conocimientos y experiencia en ese terreno y, por lo tanto, haya llegado a ser lo suficientemente competente como para ser capaz de realizar una valoración independiente sobre las recomendaciones de los demás. En este caso, habrá pasado de la categoría de inversor defensivo o poco emprendedor a la de inversor agresivo o emprendedor.

Asesoramiento de inversión y los servicios de gestión de patrimonios ofrecidos por los bancos

Los asesores de inversión verdaderamente profesionales, es decir, las firmas de asesoramiento de inversión bien arraigadas, que cobran importantes comisiones anuales, tienen unas pretensiones y hacen unas promesas bastante modestas. En la mayor parte de los casos, colocan los fondos de sus clientes en valores ordinarios que devengan intereses y dividendos, y se basan principalmente en su experiencia de inversión normal para conseguir los resultados generales. En el

* La lista de fuentes de consejo de inversión sigue siendo tan variada como cuando Graham la elaboró. Un estudio sobre inversores llevado a cabo a finales de 2002 para la Securities Industry Association, un grupo que opera en Wall Street, descubrió que el 17% de los inversores confían principalmente para sus consejos sobre inversión en su cónyuge o en un amigo; el 2% de un empleado bancario; el 16% de un agente; el 10% de publicaciones financieras; y el 24% en un planificador financiero. La única diferencia con respecto a la época de Graham es que en la actualidad el 8% de los inversores confían en Internet y el 3% en los canales de televisión financieros. (Véase www.sia.com).

caso más habitual, es más que dudoso que más del 10% del fondo total vaya a estar invertido en algún momento en valores que no sean de empresas líderes, y en obligaciones de Administraciones públicas (tanto del gobierno federal como de Administraciones estatales y municipales); tampoco suelen esforzarse mucho en aprovechar las oscilaciones del mercado general.

Las principales firmas de asesoramiento de inversión no hacen ninguna afirmación sobre que sean brillantes; se enorgullecen de ser cuidadosas, conservadoras y competentes. Su principal objetivo consiste en conservar el valor del principal a lo largo de los años y en obtener una tasa de rendimiento conservadoramente aceptable. Consideran que cualquier logro que vaya más allá, y realmente se esfuerzan por mejorar su objetivo, es un servicio adicional prestado a sus clientes. Puede que el principal valor que ofrecen a sus clientes radique en que les protegen de errores costosos. Ofrecen todo lo que el inversor defensivo tiene derecho a esperar de cualquier asesor que atienda al público en general.

Lo que hemos dicho acerca de las firmas de asesoramiento financiero con hondo arraigo se puede aplicar, en términos generales, a los servicios de asesoramiento y de gestión patrimonial de los grandes bancos.*

Servicios de información financiera

Las organizaciones de servicios de información financiera son entidades que envían boletines uniformes (en ocasiones en forma de telegramas) a sus suscriptores. Entre las cuestiones abordadas en esos boletines pueden estar el estado y las perspectivas de las empresas, el comportamiento y las perspectivas de los mercados de valores, e información y asesoramiento acerca de acciones concretas. Frecuentemente, suele haber un «departamento de consultas» que se encargará de responder a preguntas que afectan a un suscriptor individual. El coste del servicio alcanza una media muy inferior a las comisiones que suelen cobrar los asesores de inversión a sus clientes individuales. Algunas organizaciones, en especial Babson y Standard & Poor's operan en ámbitos diferentes como servicio de información financiera y como asesores de inversión. (Incidentalmente, hay otras organizaciones, como por ejemplo Scudder, Stevens & Clark que operan de manera independiente a título de asesores de inversión y como gestores de uno o más fondos de inversión).

---

* El carácter de las firmas de asesoramiento de inversión y de los bancos de depósito no ha cambiado, pero en la actualidad no ofrecen sus servicios a inversores con menos de 1 millón de dólares en activos financieros; en algunos casos se necesitan 5 millones de dólares o más. Hoy en día miles de firmas de planificación financiera independientes llevan a cabo funciones muy similares, aunque (como indica el analista Robert Veres) el fondo de inversión ha sustituido a las acciones de grandes empresas y la diversificación ha sustituido a la «calidad» como norma de seguridad.

Las entidades de servicios de información financiera se dirigen, en términos generales, a un segmento de público muy diferente de aquel por el que se interesan las firmas de asesoramiento de inversión. Los clientes de estas últimas suelen estar interesados, habitualmente, en que se les libre de la molestia y de la necesidad de adoptar decisiones. Los servicios de información financiera, por otra parte, ofrecen información y orientación a las personas que se encargan de gestionar y dirigir sus propios asuntos financieros o que se dedican a prestar asesoramiento a otras personas. Muchos de estos servicios se limitan exclusivamente, o casi, a la previsión de los movimientos del mercado aplicando diferentes métodos «técnicos». Dejaremos estos servicios a un lado con la simple indicación de que su trabajo no interesa a los «inversores» tal y como se emplea este término en este libro.

Por otra parte, algunos de los más conocidos, como por ejemplo el Investment Service de Moody's y el de Standard & Poor's, están identificados con organizaciones estadísticas que recopilan los abundantes datos estadísticos que forman la base de todos los análisis de valores serios. Estos servicios tienen una clientela muy variada, que va desde los inversores más conservadores a los más osados especuladores. En consecuencia, deben de tener muchas dificultades para atenerse a una filosofía esencial o claramente definida a la hora de formular sus opiniones y recomendaciones.

Un servicio hondamente arraigado del estilo del de Moody's y los demás, evidentemente, debe ofrecer algo valioso a una amplia gama de inversores. ¿Qué es ese algo? Básicamente, se ocupan de las cuestiones que interesan al inversor-especulador activo típico, y sus opiniones sobre estas cuestiones están revestidas de un cierto halo de autoridad, o por lo menos parecen más dignas de confianza que las de un cliente que no cuente con ayuda.

Durante años los servicios de información financiera han estado realizando previsiones sobre el mercado de valores sin que ninguno se tomase esta actividad muy en serio. Como prácticamente cualquier otro participante en este sector, en ocasiones acertaban y en otras se equivocaban. En todos los casos en los que podían trataban de proteger sus opiniones con el objetivo de evitar el riesgo de que se acabase demostrando que se habían equivocado radicalmente. (Se ha llegado a desarrollar un fino arte de enunciado de frases dignas del oráculo de Delfos, que permite adaptar con éxito cualquier afirmación a cualquier cosa que pueda ocurrir en el futuro). En nuestra opinión, tal vez sesgada por los prejuicios, este segmento de su trabajo no tiene ningún significado real, salvo por la luz que arroja respecto de la naturaleza humana en los mercados de valores. Prácticamente todas las personas interesadas en el mercado de valores quieren que otra persona les diga lo que opina sobre lo que va a pasar en el mercado. Teniendo en cuenta que esta demanda existe, alguien debe ocuparse de satisfacerla.

Sus interpretaciones y previsiones sobre la situación económica o de las empresas, por supuesto, gozan de mucha mayor autoridad y están mucho mejor informadas. Se trata de cuestiones que integran una parte importante en ese gran cuerpo de conocimiento económico que se difunde continuamente entre compradores y vendedores de valores y que suele crear unos precios relativamente racionales para las acciones y las obligaciones en la mayor parte de las circunstancias. Indudablemente, el material publicado por los servicios de información financiera incrementa la cantidad de información disponible y refuerza la capacidad de sus clientes para evaluar las inversiones.

Es difícil evaluar sus recomendaciones sobre valores individuales. Cada servicio tiene derecho a que se le juzgue por separado, y el veredicto podría basarse, en justicia, únicamente en un elaborado y exhaustivo estudio que abarcase muchos años. En nuestra propia experiencia, hemos percibido entre ellos una actitud omnipresente que creemos que suele acabar menoscabando lo que podría ser, en otras circunstancias, un trabajo de asesoría mucho más útil. Se trata de su opinión general de que se debe comprar un valor, específicamente una acción, si las perspectivas a corto plazo de la empresa son favorables, y que se debe vender si esas perspectivas son desfavorables, al margen de cuál sea el precio vigente. Este principio tan superficial suele impedir que los servicios lleven a cabo el sensato trabajo analítico del cual sus plantillas son capaces, es decir, el de determinar si una acción concreta parece que está minusvalorada o sobrevalorada al precio vigente, a la luz de la capacidad de generación de beneficios en un futuro a largo plazo que se indica.

El inversor inteligente no realizará sus operaciones de compra y de venta basándose exclusivamente en las recomendaciones recibidas de un servicio de información financiera. Después de dejar clara esta cuestión, la función del servicio de información financiera empieza a ser útil, en tanto en cuanto facilita información y ofrece sugerencias.

Asesoramiento de las agencias de intermediación de bolsa

Probablemente el mayor volumen de información y asesoramiento ofrecido al público que posee valores provenga de las agencias de intermediación. Se trata de miembros de la New York Stock Exchange y de otras bolsas que se dedican a ejecutar las órdenes de compra y de venta a cambio de una comisión estandarizada. Prácticamente todas las agencias que se relacionan con el público tienen un departamento analítico o «estadístico» que responde a las consultas y hace recomendaciones. Estas agencias reparten gran cantidad de literatura analítica, en ocasiones muy elaborada y costosa, gratuitamente entre los clientes de la agencia.

La consideración que se tenga sobre la relación que mantienen estas agencias con sus clientes tiene una gran trascendencia. Se trata de una relación similar a la que mantiene una empresa con sus clientes, o similar a la que tiene un profesional de una organización de servicios con los suyos. El sector de las agencias de intermediación de Wall Street ha establecido probablemente las normas éticas más estrictas aplicadas por cualquier empresa, pero todavía dista mucho de alcanzar el nivel de las normas y el tipo de relación que se establece cuando se presta un servicio profesional.*

En el pasado, Wall Street ha prosperado básicamente gracias a la especulación, y los especuladores del mercado de valores eran un grupo que prácticamente con absoluta certeza estaban abocados a perder dinero. Por lo tanto, ha sido lógicamente imposible que las agencias de bolsa operasen aplicando criterios estrictamente profesionales. Si lo hubiesen hecho, se habrían visto obligadas a encaminar sus esfuerzos a la reducción, en vez de al incremento, de su volumen de actividad.

Lo más lejos que han llegado ciertas agencias de intermediación en bolsa en ese sentido, y lo más lejos que cabe esperar que vayan a llegar, consiste en abstenerse de inducir o animar a cualquier persona a que especule. Este tipo de agencias se han limitado a ejecutar las órdenes que se les dan, a ofrecer análisis e información financiera y a proporcionar opiniones sobre las potenciales ventajas que ofrecen ciertos valores como inversión. De este modo, por lo menos en teoría, evitan todo tipo de responsabilidad respecto de los beneficios o las pérdidas que sufran sus clientes especuladores.†

La mayor parte de las agencias de bolsa, sin embargo, siguen aplicando los viejos eslóganes según los cuales hacen negocios para ganar comisiones y la forma de tener éxito en su actividad consiste en ofrecer a los clientes lo que los clientes quieren. Dado que los clientes más rentables quieren sugerencias de asesoramiento especulativo, la reflexión y las actividades que llevan a cabo las agencias típicas están muy estrechamente conectadas con la realización de operaciones de manera cotidiana en el mercado. Por lo tanto, este tipo de agencias se esfuerzan muchísimo para ayudar a sus clientes a ganar dinero en un terreno en el que están condenados, prácticamente por una ley matemática, a terminar perdiéndolo.** Lo que queremos decir es que la parte especulativa de las operaciones de la mayor parte de los clientes de las agencias de bolsa no puede ser rentable a largo plazo. No obstante, en la medida en que sus operaciones se parezcan a una verdadera inversión, pueden conseguir unos beneficios con sus inversiones que compensen con creces las pérdidas que sufran en el terreno de la especulación.

---

* En general, Graham era uno de los observadores más implacables y cínicos que se han visto en Wall Street. Sin embargo, en este caso inusual su cinismo se quedó corto. Wall Street puede tener unas normas éticas más elevadas que algunas actividades lucrativas (el contrabando, la prostitución, el tráfico de influencias en el Congreso y el periodismo están entre las que vienen a la mente) pero el mundo de la inversión, no obstante, tiene suficientes mentirosos, tramposos y ladrones para mantener a los recepcionistas de Satanás frenéticamente atareados en las décadas venideras.

† Los miles de personas que compraron acciones a finales de 1990 en la creencia de que los analistas de Wall Street estaban ofreciendo asesoramiento objetivo y valioso han descubierto, a las malas, hasta qué punto tenía Graham razón sobre esta cuestión.

** Es interesante destacar que esta punzante crítica, que Graham dirigió en su día a los corredores de servicios plenos, ha acabado aplicándose a los corredores económicos de

El inversor recibe asesoramiento e información de las agencias de bolsa a través de dos tipos de empleados, que en la actualidad se conocen oficialmente como «corredores de los clientes» (o «ejecutivos de cuentas») y analistas financieros.

El corredor del cliente, que también se llama «representante registrado», anteriormente recibía la mucho menos digna denominación de «mandado del cliente». En la actualidad, debe ser, en la mayoría de los casos, una persona amable que tiene un considerable conocimiento de los valores, y que en su actuación tiene que someterse a un rígido código de conducta. No obstante, como el negocio al que se dedica consiste en ganar comisiones, difícilmente puede permitirse el lujo de no centrarse en la especulación. Por lo tanto, el comprador de valores que desee evitar la posibilidad de verse influido por las consideraciones especulativas tendrá que poner un extraordinario cuidado y ser muy claro en sus relaciones con su corredor de cliente; tendrá que mostrar claramente, tanto de palabra como de hecho, que no está interesado en nada que se parezca ni de lejos a un «chivatazo» de mercado. Cuando el corredor de cliente comprenda claramente que lo que tiene ante sí es un verdadero inversor, respetará su opinión y cooperará con él.

El analista financiero, que antiguamente era conocido sobre todo como analista de valores, es una persona que interesa especialmente a este autor, que ha ejercido esa profesión durante más de cinco décadas, y que ha ayudado a formar a muchos otros analistas. En este momento nos referiremos únicamente a los analistas financieros que trabajan para agencias de intermediación de bolsa. La función del analista financiero se puede comprender con absoluta claridad a partir de la denominación del cargo que desempeña. Es la persona que lleva a cabo los detallados estudios de los valores individuales, que realiza cuidadosas comparaciones de diferentes acciones del mismo campo, y que se forma una opinión experta sobre la seguridad o el atractivo o el valor intrínseco de todos los tipos diferentes de acciones y obligaciones.

Por motivos que seguramente resultarán desconcertantes al lego en la materia, no es necesario cumplir ningún requisito formal para convertirse en analista de valores. Esto resulta absolutamente asombroso si lo comparamos con lo que ocurre en el caso de los corredores de clientes, que deben aprobar un examen, superar unas pruebas de personalidad y han de ser formalmente aceptados

---

Internet a finales de la década de 1990. Estas firmas gastaron millones de dólares en brillante publicidad que incitó a los clientes a hacer más operaciones y a hacerlas más rápidamente. La mayor parte de estos clientes acabaron vaciándose ellos solos los bolsillos, en vez de pagar a otra persona para que lo hiciera, y las comisiones económicas que pagaban por este tipo de transacciones son un triste consuelo para el resultado obtenido. Las firmas de intermediación financiera más tradicionales, mientras tanto, empezaron a hacer hincapié en la planificación financiera y la «gestión integrada de activos» en vez de retribuir a sus corredores únicamente en función de las comisiones que fuesen capaces de generar.

e inscribirse en el registro de la New York Stock Exchange. En la práctica, casi todos los jóvenes analistas han recibido una profunda formación empresarial en las facultades de económicas, y los analistas más veteranos adquirieron una formación por lo menos equivalente en la escuela de su prolongada experiencia. En la inmensa mayoría de los casos, se puede confiar en que la agencia de intermediación de bolsa para la que trabajan los analistas se haya asegurado de contrastar su cualificación y su competencia.*

El cliente de una agencia de intermediación de bolsa puede operar directamente con los analistas de valores, o puede canalizar sus contactos a través de una vía indirecta con el corredor de cliente. En cualquiera de los casos, el analista estará a disposición del cliente para ofrecerle una considerable cantidad de información y asesoramiento. Permítasenos hacer una declaración enfática en este momento. El valor que aporta el analista de valores al inversor depende en gran medida de la propia actitud que tenga el inversor. Si el inversor formula al analista las preguntas adecuadas, probablemente recibirá las respuestas adecuadas o, por lo menos, unas respuestas valiosas. Los analistas contratados por las agencias de intermediación de bolsa, de esto estamos convencidos, sufren el gran handicap derivado de la impresión generalizada de que también tienen que ser analistas de mercado. Cuando se les pregunta si una acción determinada es «buena», esa pregunta frecuentemente quiere decir: «¿Es probable que esta acción vaya a aumentar de valor durante los próximos meses?». Como consecuencia, muchos de ellos se ven obligados a realizar sus análisis mirando de reojo a la pantalla de las cotizaciones, postura que no es muy adecuada para realizar una reflexión razonable o para llegar a conclusiones que sirvan para algo.†

---

* Esto sigue siendo cierto, aunque muchos de los mejores analistas de Wall Street tienen el título de analistas financieros colegiados (CFA). La titulación CFA es otorgada por la Association of Investment Management & Research (anteriormente, la Financial Analysts Federation) únicamente después de que el candidato haya completado años de riguroso estudio y haya superado una serie de complejos exámenes. Más de 50.000 analistas de todo el mundo han obtenido la titulación de CFA. Tristemente, un reciente estudio del profesor Stanley Block descubrió que la mayor parte de los CFA pasan por alto las enseñanzas de Graham: El potencial de crecimiento ocupa un lugar más elevado que la calidad de los beneficios, los riesgos y la política de dividendos a la hora de determinar los PER, mientras que son muchos más los analistas que fundamentan sus calificaciones de compra en la cotización más reciente que en las perspectivas a largo plazo que tiene la empresa. Véase Stanley Block, «A Study of Financial Analysts: Practice and Theory», *Financial Analysts Journal*, julio / agosto de 1999, en www.aimrpubs.org. Como le gustaba afirmar a Graham, sus propios libros han sido leídos, e ignorados, por más personas que ningún otro libro que hable de finanzas.

† Es extraordinariamente inusual que en la actualidad un analista de valores permita que los meros mortales entren en contacto con él directamente. En la mayor parte de los casos, únicamente la nobleza de los inversores institucionales tienen permiso para dirigirse al trono del todopoderoso analista de Wall Street. Un inversor individual podría, tal vez, tener suerte si llama a analistas que trabajen en corredurías «regionales» cuyas

En la siguiente sección de este libro nos ocuparemos de algunos de los conceptos y posibles logros del análisis de valores. Un gran número de analistas que trabajan para las agencias de intermediación de bolsa podrían prestar un extraordinario servicio al inversor de buena fe que quisiera estar seguro de que extrae todo el valor de su dinero, y tal vez algo más. Como ocurre en el caso de los corredores de los clientes, lo que hace falta es que, desde el principio, el analista llegue a comprender claramente la actitud y los objetivos del inversor. Cuando el analista está convencido de que está haciendo operaciones con una persona a la que le interesa el valor más que la cotización, habrá muchas probabilidades de que sus recomendaciones resulten ser verdaderamente ventajosas en general.

El título de CFA para los analistas financieros

En 1963 se dio un importante paso para ofrecer responsabilidad y naturaleza profesional a los analistas financieros. A partir de ese año se otorga el título de *chartered financial analyst* (CFA), que podría traducirse como analista financiero colegiado o analista financiero jurado, a los profesionales expertos que aprueban ciertos exámenes obligatorios y superan otras pruebas de idoneidad.[1] Las materias que se abordan incluyen el análisis de valores y la gestión de cartera. La analogía con el título tradicional del censor jurado de cuentas es evidente y deliberada. Este medio de reconocimiento y control profesional relativamente novedoso debería servir para elevar el nivel de los analistas financieros y, con el paso del tiempo, para que su trabajo llegase a estar ubicado en un nivel verdaderamente profesional.*

Relaciones con las agencias de intermediación de bolsa

Uno de los acontecimientos más inquietantes que están teniendo lugar en el período en el cual escribimos la presente revisión son los problemas financieros,

oficinas se encuentren fuera de Nueva York. El área de las relaciones con los inversores de los sitios web de la mayor parte de las sociedades con cotización en bolsa facilitará un listado de los analistas que siguen la acción. Sitios web como www.zacks.com y www.multex.com ofrecen acceso a los informes de investigación de los analistas, pero el inversor inteligente debe recordar que la mayoría de los analistas no analizan las actividades. En lugar de efectuar ese tipo de análisis, se ocupan en tratar de adivinar la futura cotización de las acciones.

* Benjamin Graham fue una de las principales fuerzas que impulsó la creación del programa CFA que propugnó durante casi dos décadas antes de que llegase a ser realidad.

por decirlo con claridad, la quiebra, o la casi quiebra, de bastantes agencias de intermediación de la New York Stock Exchange, incluidas dos de dimensiones considerables.* Es la primera vez en más de medio siglo que ocurre una cosa semejante, y resulta llamativo por más de un motivo. Durante muchas décadas, la New York Stock Exchange ha estado avanzando hacia unos controles más estrechos y más estrictos sobre las operaciones y el estado financiero de sus miembros, y en este sentido ha introducido requisitos de capital mínimo, realización de auditorías por sorpresa, y similares. Además, desde hace 37 años la Comisión del Mercado de Valores ejerce el control sobre las bolsas y sus miembros. Por último, la propia industria de la intermediación en el mercado de valores ha operado en unas condiciones muy favorables, como por ejemplo, el gran incremento de volumen, las tarifas fijas de comisiones mínimas (que eliminan en gran medida la competencia en el terreno de las comisiones) y la limitación del número de firmas pertenecientes a la industria.

Los primeros problemas financieros de las agencias de intermediación de bolsa (en 1969) se atribuyeron al propio incremento de volumen. Este aumento de volumen, según se afirmaba, imponía exigencias excesivas a sus instalaciones, incrementaba sus gastos generales y provocaba muchos problemas a la hora de realizar las liquidaciones y compensaciones financieras. Se debe destacar que fue probablemente la primera vez en la historia en la que empresas importantes habían quebrado porque tenían un mayor volumen de negocio del que eran capaces de gestionar. En 1970, a medida que se incrementaron las crisis de las agencias de intermediación de bolsa, estas crisis se atribuyeron principalmente a la «caída de volumen». Se trata de una queja desconcertante, si se tiene en cuenta que el volumen de negocio de la New York Stock Exchange en 1970 ascendió a 2.937 millones de acciones, el mayor volumen de su historia y más del doble que en cualquier año antes de 1965. Durante los 15 años de evolución al alza de mercado que concluyeron en 1964, el volumen medio había llegado «únicamente» a los 712 millones de acciones, una cuarta parte de la cifra correspondiente al año 1970, pero la industria de la intermediación había disfrutado de la mayor prosperidad de la historia. Supuesto que, como aparentemente ha sucedido, las firmas miembros de los mercados de valores hayan permitido que sus gastos generales y de otro tipo hayan aumentado a un ritmo tal que no han sido

---

* Las dos empresas en las que Graham estaba pensando probablemente eran Du Pont, Glore, Forgan & Co. y Goodbody & Co. Du Pont (fundada por los herederos de la gran fortuna química) se salvó de la insolvencia en 1970 cuando el emprendedor de Texas H. Ross Perot prestó a la empresa más de 50 millones de dólares; Goodbody, la quinta empresa de intermediación más grande de Estados Unidos, habría desaparecido a finales de 1970 si Merrill Lynch no la hubiese adquirido. Hayden, Stone & Co. también habría desaparecido si no hubiese sido objeto de adquisición. En 1970, quebraron por lo menos siete empresas de intermediación. La absurda historia de la frenética sobreexpansión de Wall Street a finales de la década de 1960 está narrada de forma deliciosa en la obra de John Brooks: *The Go-Go Years* (John Wiley & Sons, Nueva York, 1999).

capaces de soportar ni siquiera una leve reducción de volumen durante parte de un ejercicio, la verdad es que la situación no dice mucho en favor ni de su sensatez empresarial ni de su conservadurismo financiero.

Una tercera explicación de los problemas financieros ha acabado emergiendo entre la niebla de la ocultación, y sospechamos que es la explicación más razonable y certera de las tres. Parece que buena parte del capital de ciertas agencias de intermediación de bolsa estaba depositado en forma de acciones ordinarias que pertenecían a los socios individuales de las agencias. Algunas de estas carteras, aparentemente, tenían una naturaleza extraordinariamente especulativa y se contabilizaban a un valor inflado. Cuando el mercado cayó en 1969, las cotizaciones de estos valores experimentaron una drástica caída y la parte sustancial del capital de las agencias se esfumó junto con el valor de las acciones.[2] En la práctica, esto equivale a decir que los socios de las agencias estaban especulando con el capital que se suponía que protegía a los clientes de los riesgos financieros ordinarios que entraña la actividad de intermediación, con el objetivo de duplicar los beneficios que se obtenían con dicho capital. Esto es inexcusable; nos abstendremos de hacer ningún otro comentario adicional.

El inversor debería utilizar su inteligencia no sólo para formular sus políticas financieras, sino también los detalles asociados con ellas. Entre estos detalles están la elección de un corredor de buena reputación para que se encargue de ejecutar sus órdenes. Hasta el momento había bastado con aconsejar a nuestros lectores que hiciesen operaciones únicamente con los miembros de la New York Stock Exchange, salvo que hubiese razones apremiantes para recurrir a una agencia que no fuese miembro de esa bolsa. A regañadientes, nos vemos obligados a añadir consejos adicionales en este terreno. Creemos que las personas que no tienen cuentas de margen, y en nuestro vocabulario esto significa todos los inversores no profesionales, deberían encargarse de que la entrega y recepción de sus valores fuese gestionada por su banco. Cuando se da una orden de compra a los corredores, se les puede indicar que entreguen los valores que han comprado a su banco contra el pago de tales valores por parte del banco; complementariamente, cuando venda puede dar instrucciones a su banco de que entregue los valores al corredor contra el pago del precio. Estos servicios cuestan un poco más, pero es posible que compensen con creces desde el punto de vista de la seguridad y la tranquilidad. Este consejo puede ser pasado por alto, en la medida en que habrá dejado de ser necesario, después de que el inversor esté seguro de que todos los problemas de las agencias de intermediación de bolsa han sido resueltos, pero nunca antes de que lo esté.*

---

* Ahora casi todas las transacciones de intermediación se llevan a cabo electrónicamente, y los valores ya no se «entregan» físicamente. Gracias al establecimiento de la Securities Investor Protection Corporation, o SIPC en 1970, los inversores, por lo general, pueden contar con recuperar el pleno valor contable si su correduría deviene insolvente. La SIPC es un consorcio de intermediarios regido por la Administración pública; todos los miembros

Banca de inversión

El término «banca de inversión» se aplica a una firma que se dedica en una medida importante a originar, suscribir o garantizar la colocación, y vender nuevas emisiones de obligaciones y acciones. (Suscribir o garantizar la colocación significa garantizar a la sociedad que emite las acciones, o a otros colocadores, que la emisión se va a vender por completo). Algunas agencias de intermediación de bolsa llevan a cabo una cierta actividad de suscripción. Por lo general, esta actividad se limita a participar en los grupos de suscripción formados por los principales bancos de inversión. Existe una tendencia adicional a que las agencias de intermediación de bolsa originen y patrocinen una pequeña cantidad de la financiación de las nuevas emisiones, en especial en forma de pequeñas emisiones de acciones ordinarias en las épocas en las que el mercado sube a toda máquina.

La banca de inversión es, probablemente, el departamento más respetable de la comunidad de Wall Street, porque es el terreno en el que las finanzas desempeñan su constructiva función de aportar nuevo capital para la expansión de la industria. De hecho, buena parte de la justificación teórica del mantenimiento de unos mercados de valores activos, al margen de los frecuentes excesos especuladores, radica en el hecho de que las bolsas de valores organizadas facilitan la colocación de nuevas emisiones de obligaciones y acciones. Si los inversores o los especuladores no tuviesen a su disposición un mercado viable para las nuevas emisiones de valores que se les ofrecen, es posible que se negasen a comprarlas.

La relación entre la banca de inversión y el inversor es básicamente la misma que existe entre el vendedor y el comprador potencial. En el pasado, durante muchos años, la inmensa mayor parte de las nuevas ofertas expresadas en términos monetarios han consistido en emisiones de obligaciones que eran compradas principalmente por las instituciones financieras, bancos y compañías de seguros. En esta actividad, los vendedores de valores tenían que relacionarse con compradores muy inteligentes y expertos. Por lo tanto, cualquier recomendación que realizasen los profesionales de la banca de inversión a este tipo de clientes tenía que someterse a un detallado y escéptico escrutinio. Por lo tanto, estas transacciones se llevaban a cabo prácticamente siempre en pie de igualdad entre profesionales expertos.

Sin embargo, la situación es diferente cuando la relación se establece entre un comprador de valores *individual* y las empresas de banca de inversión, incluidos los corredores que actúan como garantes de colocación. En este tipo de relación, el comprador habitualmente carece de experiencia y raramente posee grandes conocimientos sobre la materia. El vendedor puede influir con gran

---

están de acuerdo en poner en común sus activos para cubrir las pérdidas en que incurran los clientes de cualquiera de las empresas que pueda devenir insolvente. La protección de la SIPC elimina la necesidad de que los inversores realicen los pagos y reciban los títulos a través de la intermediación de una institución bancaria, como Graham animaba a hacer.

facilidad sobre el comprador con su discurso, sobre todo en el caso de emisiones de acciones, puesto que frecuentemente el deseo no declarado del comprador consiste principalmente en obtener un rápido beneficio. El efecto que tiene todo ello es que la protección del público inversor radica menos en su propia facultad de análisis crítico que en los escrúpulos y la ética de las agencias que les hagan ofertas.[3]

Es un tributo a la honradez y a la competencia de las agencias de suscripción el hecho de que sean capaces de desempeñar razonablemente bien las contradictorias funciones de asesor y de vendedor. Sin embargo, es muy imprudente que el comprador confíe ciegamente en la capacidad de juicio del vendedor. En el año 1959 afirmamos en este sentido lo siguiente: «Los malos resultados cosechados por esta insensata actitud se manifiestan una y otra vez en el terreno de la garantía de las colocaciones, y con notables efectos en la venta de emisiones de nuevas acciones durante períodos de activa especulación». Poco después se demostró que esta advertencia era acuciantemente necesaria. Como ya hemos señalado, durante los años 1960–1961 y, de nuevo, en los años 1968–1969 el mercado se vio inundado por una colocación de ofertas públicas iniciales sin precedentes por parte de empresas de la más ínfima calidad, que se vendían al público a unos precios de salida ridículamente elevados y que en muchos casos se veían impulsados a niveles aún mucho mayores por una insensata especulación y por prácticas cercanas a la manipulación. Algunas de las más importantes agencias de Wall Street han participado en cierta medida en esta poco edificante actividad, lo cual pone de manifiesto que la ya conocida combinación de avaricia, insensatez e irresponsabilidad no ha acabado de ser exorcizada de la escena financiera.

El inversor inteligente prestará atención al consejo y a las recomendaciones recibidas de las entidades de banca de inversión, en especial de aquellas que le sean conocidas por su excelente reputación; no obstante, tiene que estar seguro de que aporta una capacidad de juicio sensata e independiente para evaluar esas sugerencias, ya sea su propia capacidad, en el caso de que esté capacitado para realizar esa evaluación, o la de cualquier otro tipo de asesor.*

Otros asesores

Es una buena costumbre, hondamente arraigada, sobre todo en los pueblos pequeños, consultar con el banquero local las inversiones que se piensan realizar. Es posible que el profesional de la banca comercial no sea un gran experto en la valoración de acciones u obligaciones, pero seguro que tiene experiencia y

* Los que hayan seguido los consejos de Graham no habrán picado y no habrán comprado acciones en las ofertas públicas iniciales de Internet que tuvieron lugar entre 1999 y 2000.

una naturaleza conservadora. Sus consejos serán especialmente útiles para el inversor inexperto, que frecuentemente siente la tentación de apartarse del sendero recto y poco interesante de las políticas defensivas, y que necesita sentir la incesante influencia de una mente prudente. A los inversores más despiertos y dinámicos, que traten de conseguir asesoramiento en la elección de valores de oportunidad, no les resultarán especialmente útiles, por lo general, las opiniones de un profesional de la banca general, puesto que no suelen ser muy adecuadas para sus propios objetivos.*

Tenemos que adoptar una actitud mucho más crítica hacia la generalizada costumbre de pedir asesoramiento de inversión a familiares o amigos. La persona que hace la consulta casi siempre cree que tiene buenos motivos para dar por supuesto que la persona a la cual formula la consulta tiene un conocimiento o una experiencia mejor que la suya. Nuestra propia observación indica que suele ser casi siempre igual de difícil seleccionar a un buen asesor lego en la materia que seleccionar correctamente los valores sin ningún tipo de ayuda. Son abundantísimos los malos consejos que se ofrecen gratuitamente.

Resumen

Los inversores que están dispuestos a abonar una comisión por la gestión de sus fondos actuarían con gran sensatez si eligiesen alguna firma de asesoramiento de inversión arraigada en el mercado y que disfrutase de buena fama. Alternativamente, pueden recurrir al departamento de inversión de una gran empresa de gestión patrimonial o a los servicios de supervisión ofrecidos a cambio de comisión por algunas de las principales agencias de intermediación de bolsa de la New York Stock Exchange. Los resultados que se deben esperar no son en modo alguno excepcionales, pero sí son equiparables a los del inversor bien informado y cauto.

La mayor parte de los compradores de valores suelen conseguir asesoramiento sin pagarlo específicamente. Es absolutamente razonable, por lo tanto, que en la mayoría de los casos no tengan derecho a esperar unos resultados mejores que la media y, de hecho, no deberían esperarlos. Deben mostrarse precavidos ante todas las personas, ya se trate de corredores de cliente o de vendedores de valores, que les prometan una rentabilidad o unos beneficios espectaculares. Esto es aplicable tanto a la selección de los valores como a la orientación en el escurridizo (y tal vez ilusorio) arte de las operaciones en el mercado.

Los inversores defensivos, tal y como los hemos definido, no suelen estar, por lo general, preparados para realizar valoraciones independientes sobre las

* Esta función tradicional de los bancos ha sido sustituida, en su mayor parte, por los servicios prestados por contables, abogados o planificadores financieros.

recomendaciones de valores que les hacen sus asesores. Sin embargo, sí que pueden manifestar de manera explícita, e insistente, cuál es el tipo de valores que quieren comprar. Si siguen nuestras recomendaciones, se limitarán a las obligaciones y a las acciones de mejor categoría emitidas por las principales empresas, en especial aquellas que se pueden comprar a unos niveles de precio concretos que no sean elevados a la luz de la experiencia y del análisis. El analista de valores de cualquier agencia de intermediación de bolsa de cierta reputación podrá elaborar una lista adecuada de ese tipo de acciones y podrá certificar al inversor si el precio imperante es o no es razonablemente conservador a juzgar por su experiencia pasada.

El inversor agresivo, por lo general, trabajará en cooperación activa con sus asesores. Estará interesado en que le expliquen detalladamente sus recomendaciones, e insistirá en llevar a cabo su propia valoración sobre esas recomendaciones. Esto significa que el inversor orientará sus expectativas y el carácter de las operaciones con valores que realice hacia el desarrollo de su propio conocimiento y experiencia en este terreno. Únicamente en los casos excepcionales en los que la integridad y la competencia de sus asesores haya quedado demostrada más allá de toda duda debería el inversor poner en práctica los consejos de los demás sin llegar a comprender y a aprobar la decisión que se ha adoptado.

Siempre ha habido vendedores de valores sin principios y agentes de bolsa sin escrúpulos, a los que casi se podría denominar piratas, y, de hecho, tradicionalmente hemos aconsejado a nuestros lectores que limiten sus operaciones, siempre que sea posible, a los miembros de la New York Stock Exchange. Sin embargo, nos vemos obligados, aunque sea a regañadientes, a añadir un consejo de cautela adicional en el sentido de que las entregas y los pagos de valores se realicen a través de la intermediación del banco del inversor. Es posible que la decepcionante imagen que arrojan las agencias de intermediación de Wall Street se haya aclarado por completo en unos cuantos años, pero a finales de 1971, tenemos que seguir insistiendo en que «es mejor estar seguro que lamentarlo».

Comentario al capítulo 10

Agradezco a la mujer milesia el que, viendo al filósofo Tales ocupado de continuo en la contemplación de la bóveda celeste y con los ojos siempre vueltos hacia arriba, le pusiera a su paso algo para hacerle tropezar, por advertirle de que sería el momento de ocupar su pensamiento en las cosas de las nubes cuando hubiere provisto las que estaban a sus pies. Ciertamente, aconsejábale mirarse más a sí mismo que al cielo.

Michel de Montaigne

¿Necesita ayuda?

En los gloriosos días de finales de la década de 1990, muchos inversores optaron por actuar por su cuenta. Realizaron su propia investigación, eligieron las acciones por sí mismos, y realizaron sus operaciones a través de un corredor *online*, con lo que en la práctica estos inversores puentearon la costosa infraestructura de investigación, asesoramiento y ejecución de operaciones de Wall Street. Por desgracia, muchos de estos aficionados al bricolaje financiero decidieron hacer valer su independencia justo en los momentos anteriores a que comenzase la peor etapa de recesión en el mercado desde la Gran Depresión, con lo que en última instancia acabaron teniendo la impresión de que habían hecho una locura al lanzarse a hacer las operaciones en solitario. Por supuesto, eso no es necesariamente cierto; las personas que delegaron todas las decisiones a un corredor tradicional también perdieron dinero.

Sin embargo, muchos inversores encuentran consuelo en la experiencia, capacidad de juicio y segunda opinión que un buen asesor financiero puede proporcionar. Algunos inversores necesitan un tercero independiente que les indique el tipo de rendimiento que tienen que conseguir con sus inversiones, o cuánto dinero adicional tienen que ahorrar, para poder alcanzar sus objetivos financieros. Otros simplemente se benefician del mero hecho de tener a otra persona a la que echar la culpa cuando sus inversiones pierden dinero; de ese modo, en vez de torturarse de forma agónica sufriendo eternas dudas sobre su propia capacidad, tendrán a alguien a quien criticar, que habitualmente podrá defenderse y animarles a la vez. Éste puede ser precisamente el tipo de impulso psicológico que necesiten para seguir invirtiendo con firmeza en un momento en el que otros inversores pueden ver cómo flaquea su ánimo. En definitiva, de la misma manera que no hay ningún motivo por el que no pueda usted gestionar su propia cartera, tampoco hay ninguna razón para avergonzarse de buscar ayuda profesional para gestionarla.[1]

¿Qué le puede indicar que necesita ayuda? A continuación indicamos algunas señales:

Grandes pérdidas. Si su cartera perdió más del 40% de su valor desde el principio de 2000 hasta finales de 2002, cosechó unos resultados aún peores que los propios catastróficos resultados del mercado. No tiene ninguna importancia que sus pérdidas se debiesen a que se mostrase usted indolente, despreocupado o simplemente desafortunado; después de una pérdida tan monstruosa, su cartera está pidiendo ayuda a gritos.

Presupuestos desquiciados. Si tiene que hacer constantemente juegos malabares para llegar a fin de mes, no tiene ni idea de en qué gasta el dinero, le resulta imposible ahorrar de manera periódica, o le resulta permanentemente imposible pagar sus facturas puntualmente, sus finanzas están descontroladas. Un asesor le puede ayudar a controlar su dinero elaborando un plan financiero exhaustivo que indique de qué manera, y cuánto, debe usted gastar, ahorrar, tomar prestado e invertir.

Carteras caóticas. Demasiados inversores pensaron que estaban diversificados a finales de la década de 1990 porque tenían acciones de 39 empresas «diferentes» de Internet, o siete fondos de acciones de empresas en crecimiento estadounidenses «diferentes». Sin embargo, eso es lo mismo que pensar que un coro compuesto exclusivamente por sopranos puede cantar «Old Man River» mejor que una soprano solista. Por muchas sopranos que añadamos, el coro nunca será capaz de llegar a esas notas bajas, salvo que incorpore a algún barítono al grupo. De la misma manera, si todas sus participaciones suben y bajan al unísono, carecerá de la armonía de inversión que aporta la verdadera diversificación. Un plan profesional de «asignación de activos» le será útil.

Cambios importantes. Si trabaja usted por cuenta propia y necesita organizar un plan de jubilación, si sus padres están envejeciendo y no tienen unas finanzas bien organizadas, o si la universidad de sus hijos parece imposible de

---

[1] Si desea una exposición especialmente detallada de estas cuestiones, consulte Walter Updegrave, «Advice on Advice», *Money*, enero de 2003, págs. 53–55.

pagar, un asesor no sólo le aportará tranquilidad, sino que le ayudará a mejorar de verdad su calidad de vida. Además, un profesional preparado puede asegurarse de que se beneficie y de que cumpla con la imponente complejidad derivada del derecho tributario y de las normas que rigen la jubilación.

Confíe y después compruebe

Recuerde que los artistas del fraude financiero se forran consiguiendo que usted confíe en ellos y logrando que no los investigue. Antes de colocar su futuro financiero en manos de un asesor, es indispensable que encuentre a alguien que no sólo le haga sentirse cómodo, sino que además sea una persona cuya honradez esté fuera de toda duda. Como solía decir Ronald Reagan, «Confíe y después compruebe». Empiece por pensar en unas cuantas personas a las que conozca bien y en las que confía absolutamente. Pregunte a esas personas si pueden recomendarle a un asesor en el que confían y que, en su opinión, presta un buen servicio a cambio de sus honorarios. Un voto de confianza de alguien a quien usted estima es un buen punto de partida.[2]

Cuando tenga el nombre de un asesor y de la empresa para la que trabaja, así como la especialidad a la que se dedica –¿es un corredor?, ¿un planificador financiero?, ¿un profesional de la contabilidad?, ¿un agente de seguros?– puede comenzar su análisis detallado. Introduzca el nombre del asesor y de su empresa en un buscador de Internet como Google para ver si aparece algo (busque términos como «multa», «demanda», «reclamación», «medidas disciplinarias», o «suspensión»). Si el asesor es un corredor de bolsa o un agente de seguro, póngase en contacto con la oficina de la comisión de valores de su estado (se puede encontrar un interesante directorio de vínculos *online* en www.nasaa.org) para preguntar si se han presentado reclamaciones de los clientes o si se han emprendido acciones disciplinarias contra el asesor.[3] Si está considerando la posibilidad de contratar a un profesional de la contabilidad que también presta servicios de asesoría financiera, la autoridad supervisora de los profesionales de contabilidad de su estado (a la que podrá localizar a través de la National Association of State Boards of Accountancy en www.nasba.org) le indicará si su historial está limpio.

---

[2] Si no puede conseguir una recomendación de una persona en la que confíe, podrá encontrar un planificador financiero cuya retribución consista únicamente en sus honorarios a través de la www.napfa.org (o www.feeonly.org), cuyos miembros, por lo general deben respetar unos elevados niveles de servicio e integridad.

[3] En sí misma, una queja de un cliente no es suficiente para eliminar a un asesor de su lista de candidatos; sin embargo, una serie insistente de quejas sí lo será. Y una acción disciplinaria aplicada por las autoridades supervisoras federales o estatales será, por lo general, una indicación inapelable de que tiene que buscar otro asesor. Otra fuente para comprobar el historial de un intermediario es http://pdpi.nasdr. com/PDPI.

Los planificadores financieros (o las firmas para las que trabajan) deben estar inscritos en los registros de la Comisión del Mercado de Valores de Estados Unidos o de las autoridades supervisoras competentes en materia de valores del estado en el que esté domiciliada su oficina. Como parte del proceso de inscripción, el asesor

Palabras de advertencia

La necesidad de realizar una investigación preliminar no concluye después de contratar a un asesor. Melanie Senter Lubin, directora de la Comisión de Valores del Estado de Maryland, sugiere que debe usted ponerse en guardia cuando escuche palabras y expresiones que puedan ser un anticipo de futuros problemas. Si su asesor no deja de pronunciarlas, o de tratar de obligarle a hacer cualquier cosa que le haga sentirse incómodo, «póngase en contacto con las autoridades lo antes posible», dice Lubin. Éstas son las expresiones que deberían hacer saltar las alarmas:

«Offshore».
«La oportunidad de la vida».
«Banco de primera categoría».
«Este chiquitín va a ser un genio».
«Garantizado».
«Tiene que darse prisa».
«Es seguro».
«Nuestro modelo informático exclusivo».
«Los que saben invertir lo están comprando».
«Estrategia de opciones».
«No puede fallar».
«No se puede permitir el lujo de quedarse al margen».
«Podemos conseguir mejores resultados que el mercado».
«Lo acabará lamentando si no...».
«Exclusivo».
«Debería concentrarse en los resultados, no en las comisiones».
«¿No quiere hacerse rico?».
«No puede perder».
«El potencial es enorme».
«No hay riesgo de malos resultados».
«Le he dicho a mi madre que lo haga».
«Confíe en mí».
«Operaciones con mercancías genéricas».
«Rentabilidades mensuales».
«Estrategia activa de asignación de activos».
«Podemos limitar el riesgo de pérdida».
«No hay nadie más que sepa cómo hacerlo».

debe presentar un documento con dos partes denominado Formulario ADV. Debería poder examinarlo y descargarlo en las siguientes direcciones web: www.advisorinfo.sec.gov, www.iard.com, o en el sitio web de la autoridad supervisora de valores de su estado. Preste especial atención a las páginas de información sobre declaraciones, en las que el asesor tiene que declarar cualquier acción disciplinaria emprendida por las autoridades. (Se sabe que algunos asesores poco escrupulosos retiran estas páginas antes de entregar el formulario a sus clientes potenciales, por lo que debería usted encargarse de obtener por su cuenta un ejemplar completo). Es una buena idea comprobar el historial del planificador financiero en una segunda fuente como www.cfp-board.org, ya que algunos planificadores que han sido objeto de medidas disciplinarias fuera de su estado de origen pueden tratar de escaparse por los vericuetos de las normas. Tiene más indicaciones sobre la forma de realizar esta investigación exhaustiva en el recuadro de la página 300.

Llegar a conocerlo bien

Un importante boletín de planificación financiera consultó a docenas de asesores recientemente para recopilar sus ideas sobre la forma en que los clientes deberían abordar las entrevistas para conocerlos.[4] A la hora de seleccionar a un asesor, sus objetivos deberían ser:

— Determinar si está interesado en ayudar a los clientes, o si simplemente se limita a aplicar una rutina.
— Concretar si comprende los principios fundamentales de la inversión, tal y como están señalados en este libro.
— Evaluar si tiene la suficiente formación, preparación y experiencia para ayudarle.

A continuación recogemos algunas de las preguntas que los clientes potenciales deberían plantear, si siguiesen las recomendaciones de los importantes planificadores financieros que participaron en la encuesta:

¿Por qué se dedica a esta actividad? ¿Cuál es el enunciado de misión de su empresa? Además de su despertador, ¿qué hace que se levante por la mañana?

¿Cuál es su filosofía de inversión? ¿Utiliza acciones o fondos de inversión? ¿Recurre al análisis técnico? ¿Hace sus operaciones en función de la coyuntura? (Una respuesta afirmativa a cualquiera de las dos últimas preguntas es una señal negativa para usted).

[4] Robert Veres, redactor y editor del boletín *Inside Information*, compartió generosamente estas respuestas para este libro. Se pueden encontrar otros listados de preguntas en www.cfp-board.org y www.napfa.org.

¿Se centra exclusivamente en la gestión de activos, o también ofrece asesoramiento sobre planificación tributaria, patrimonial y de jubilación, elaboración de presupuestos y gestión de deudas y seguros? ¿Podría explicar de qué manera su formación, su experiencia y sus títulos le cualifican para ofrecer ese tipo de asesoramiento financiero?[5]

¿Cuáles son las necesidades que suelen compartir sus clientes? ¿De qué manera puede ayudarme a alcanzar mis objetivos? ¿De qué manera va a supervisar y a informarme sobre mis avances? ¿Me va a facilitar una lista de control que yo pueda utilizar para comprobar de qué forma está poniendo en práctica cualquier plan financiero que preparemos?

¿De qué manera elige las inversiones? ¿Qué método de inversión cree que permite conseguir mejores resultados, y qué pruebas puede mostrarme de que ha conseguido ese tipo de éxito para sus clientes? ¿Qué hace cuando una inversión tiene malos resultados durante todo un año? (Cualquier asesor que responda «vender» no es un buen candidato).

A la hora de hacer recomendaciones de inversión: ¿Acepta algún tipo de retribución abonada por terceros? ¿Por qué, o por qué no? ¿En qué circunstancias? ¿Cuánto, en dinero en efectivo, cree que debería pagar por sus servicios durante el primer año? ¿Qué haría que esa cifra aumentase o se redujese a lo largo del tiempo? (Si los honorarios van a consumir más del 1% de sus activos al año, probablemente debería tratar de encontrar otro asesor).[6]

¿Cuántos clientes tiene, y con qué frecuencia se comunica con ellos? ¿Cuál ha sido el logro obtenido para un cliente del que más orgulloso se siente? ¿Cuáles son las características comunes de sus clientes favoritos? ¿Cuál es la peor experiencia que ha tenido con un cliente, y de qué manera la resolvió? ¿Cuál es el criterio para determinar que un cliente hable con usted o con alguno de sus ayudantes? ¿Cuánto tiempo suelen mantener los clientes abierta una cuenta en su empresa?

¿Puede ver un modelo de estado de cuenta? (Si no puede comprenderlo, pida al asesor que se lo explique. Si no puede comprender su explicación, no es el asesor adecuado para usted).

---

[5] Las titulaciones como el CFA, CFP, o CPA le indican que el asesor ha recibido una exigente preparación y ha superado unos rigurosos exámenes. (La mayor parte de las otras credenciales en forma de «sopas de letras» que suelen exhibir los planificadores financieros, como «CFM» o «CMFC» tienen muy poco significado). Aún más importante, al ponerse en contacto con la organización que otorga las credenciales, puede verificar su historial y comprobar que no haya sido sometido a medidas disciplinarias a causa de infracciones de normas de conducta o de reglas.

[6] Si tiene usted menos de 100.000 dólares para invertir, es posible que no consiga encontrar un asesor financiero que desee ocuparse de sus asuntos. En tal caso, compre una cesta diversificada de fondos de índices de bajo coste, siga los consejos sobre comportamiento que se han ido dando a lo largo de este libro y su cartera debería acabar alcanzando las dimensiones necesarias para que pueda permitirse el lujo de pagar a un asesor.

¿Cree que tiene usted personalmente éxito financiero? ¿Por qué? ¿De qué manera definiría el éxito financiero?

¿Qué tipo de rentabilidad anual media cree que puede obtener con mis inversiones? (Cualquier cifra superior al 8% o al 10% no es realista).

¿Me va a facilitar su currículum, su formulario ADV y por lo menos tres referencias? (Si el asesor o su empresa están obligados a presentar un formulario ADV y el asesor no le va a facilitar una copia de ese formulario, levántese y váyase, y agarre fuertemente la billetera mientras sale por la puerta).

¿Se ha presentado alguna vez una reclamación formal contra usted? ¿Por qué motivo lo despidió el último cliente que lo hizo?

Derrotar a su peor enemigo

Por último, debe tener en cuenta que los asesores financieros verdaderamente buenos no salen de los árboles. Frecuentemente, los mejores suelen tener todos los clientes que son capaces de atender, y únicamente estarán dispuestos a aceptarlo como cliente si les parece que encaja usted bien. Por lo tanto, ellos también le plantearán algunas preguntas difíciles, como por ejemplo:

¿Por qué tiene la impresión de que necesita un asesor financiero?

¿Cuáles son sus objetivos a largo plazo?

¿Cuál ha sido su mayor frustración en su relación con otros asesores (usted incluido)?

¿Tiene un presupuesto? ¿Vive de acuerdo a lo que gana? ¿Qué porcentaje de sus activos se gasta cada año?

Dentro de un año, cuando analicemos lo que ha ocurrido, ¿qué tendré que haber conseguido para que esté usted satisfecho con su progreso?

¿De qué manera gestiona los conflictos o las discrepancias?

¿Cómo reaccionó emocionalmente al período bajista de mercado que comenzó en el año 2000?

¿Cuál es su peor pesadilla financiera? ¿Y su mayor esperanza financiera?

¿Qué tipo de rendimiento sobre la inversión considera razonable? (Base su respuesta en el capítulo 3).

Cualquier asesor que no plantee preguntas de este estilo, y que no esté suficientemente interesado por usted para detectar intuitivamente qué otras preguntas considera usted que son adecuadas, no encajará bien con usted.

Sobre todo, debería confiar lo suficiente en su asesor para permitirle que le proteja de su peor enemigo: usted mismo. «Usted contrata un asesor», explica el columnista Nick Murray, «no para que gestione el dinero, sino para que le gestione a usted».

«Si el asesor es una línea de defensa entre usted y sus peores tendencias impulsivas», dice el analista de planificación financiera Robert Veres, «debería contar con los sistemas necesarios para que ustedes dos puedan controlar esas tendencias». Entre esos sistemas se pueden mencionar los siguientes ejemplos:

— Un plan financiero exhaustivo que indique de qué manera va usted a ganar, ahorrar, gastar, pedir prestado e invertir su dinero.
— Una declaración de política de inversión que especifique su método fundamental de inversión.
— Un plan de asignación de activos que detalle cuánto dinero va a tener en cada una de las diferentes categorías de inversión.

Éstos son los pilares básicos sobre los que se deben apoyar las buenas decisiones financieras, y se deben crear de común acuerdo, entre usted y su asesor, en vez de ser impuestos de forma unilateral. No debería invertir ni un dólar ni adoptar una sola decisión hasta que esté convencido de que estos cimientos sólidos están instalados y son acordes a sus deseos.

Capítulo 11

Análisis de valores para el inversor inexperto: Enfoque general

En la actualidad el análisis financiero es una profesión, o por lo menos una semiprofesión, bien establecida y floreciente. Las diversas sociedades de analistas que componen la National Federation of Financial Analysts cuentan con más de 13.000 miembros, la mayor parte de los cuales se ganan la vida con esta rama de actividad mental. Los analistas financieros tienen libros de texto, un código de ética y hasta una revista trimestral.* También tienen unos cuantos problemas pendientes de resolver. En los últimos años ha habido una cierta tendencia a sustituir el concepto general de «análisis de valores» por el de «análisis financiero». Esta última expresión tiene connotaciones más amplias y se presta mejor a denominar el trabajo de la mayor parte de los analistas de alto nivel de Wall Street. Sería útil concebir el análisis de valores como una actividad que se limita al examen y valoración de acciones y obligaciones, mientras que el análisis financiero abarcaría ese trabajo y la determinación de la política de inversión (selección de cartera), en combinación con una dosis importante de análisis económico general.[1] En este capítulo utilizaremos la denominación que resulte más adecuada en cada circunstancia, aunque haremos especial hincapié en el trabajo del analista de valores en sentido estricto.

El analista de valores se ocupa del pasado, el presente y el futuro de cualquier valor específico. Hace una descripción de la empresa que lo ha emitido;

---

* La National Federation of Financial Analysts es en la actualidad la Association for Investment Management and Research; su publicación de investigación «trimestral», el *Financial Analysts Journal*, actualmente aparece cada dos meses.

resume sus resultados de explotación y su situación financiera; expone sus puntos fuertes y débiles, sus posibilidades y sus riesgos; estima su futura capacidad de generación de beneficios partiendo de diversas hipótesis o de «estimaciones aproximadas». Lleva a cabo complejas comparaciones de diversas empresas, o de la misma empresa en diferentes momentos del tiempo. Por último, expresa una opinión sobre la seguridad del valor en concreto, si es una obligación o una acción preferente con categoría de inversión, o de su atractivo como adquisición, en el caso de que se trate de una acción ordinaria.

Para llevar a cabo todas estas actividades el analista de valores dispone de una serie de técnicas, que van desde las técnicas más elementales a las más complejas. Puede modificar sustancialmente las cifras que se ofrecen en los informes contables anuales de la empresa, aun cuando tales cifras lleven la sagrada *aprobación* del censor jurado de cuentas. El analista trata de localizar aspectos concretos en tales cuentas que puedan decir mucho más o mucho menos de lo que realmente dicen.

El analista de valores debe elaborar y aplicar unos criterios para evaluar la seguridad con los que pueda llegar a la conclusión de si una obligación o una acción preferente determinada pueden ser calificadas como suficientemente sólidas para que su adquisición con fines de inversión esté justificada. Estos criterios están relacionados principalmente con los beneficios medios obtenidos en el pasado, pero también pueden estar relacionados con la estructura de capital, el capital de explotación, el valor del activo y con otras cuestiones.

A la hora de abordar las acciones ordinarias, el analista de valores, hasta hace poco tiempo, raramente aplicaba criterios de valor tan bien definidos como estaban los criterios de seguridad que aplicaba a las obligaciones y a las acciones preferentes. La mayor parte del tiempo se contentaba con elaborar un resumen del resultado obtenido en el pasado, y una previsión más o menos general de lo que podía ocurrir en el futuro, haciendo especial hincapié en los 12 meses siguientes, y llegaba a una conclusión bastante arbitraria. Tradicionalmente el analista, a la hora de elaborar esta conclusión solía mirar de reojo la cotización de la acción que aparecía en las pantallas de información del mercado de valores; en la actualidad en muchas ocasiones los analistas siguen actuando de esa manera. En los últimos años, no obstante, los analistas en ejercicio han prestado mucha atención al problema de la valoración de las acciones de empresas en crecimiento. Muchas de estas acciones se han vendido a unas cotizaciones tan elevadas en relación con los beneficios pasados y actuales que aquellos que las recomendaban han llegado a sentir la obligación especial de justificar su recomendación de compra elaborando unas previsiones relativamente específicas de los beneficios previstos que se adentraban bastante en el futuro. Se han invocado ciertas técnicas matemáticas muy sofisticadas para apoyar las valoraciones a las que se llegaba.

Nos ocuparemos de estas técnicas, de manera resumida, en un momento posterior. No obstante, tenemos que destacar en este momento una problemática paradoja, que es que las valoraciones matemáticas han llegado a adquirir prevalencia precisamente en las áreas en las que se podría considerar que son menos fiables. Porque cuanto mayor es la dependencia de la valoración con respecto a las anticipaciones de lo que va a pasar en el futuro, y cuanto menos vinculada está a una cifra contrastada por el rendimiento conseguido en el pasado, más vulnerable resulta la valoración ante posibles errores de cálculo o equivocaciones graves. Una gran parte del valor descubierto para una acción que cotice con un gran multiplicador deriva de futuras proyecciones que pueden diferir acusadamente del rendimiento obtenido en el pasado, salvo, tal vez, en la propia tasa de crecimiento. De este modo, se podría decir que en la actualidad los analistas de valores se ven obligados a adoptar un cariz más matemático y «científico» precisamente en las situaciones que menos se prestan a ese tipo de tratamientos que aspiran a la exactitud.*

Sigamos avanzando, no obstante, con nuestra exposición de los elementos y técnicas más importantes del análisis de valores. La actual exposición, realizada de forma muy resumida, pretende abordar las necesidades del inversor no profesional. Como mínimo, este inversor tiene que comprender de qué le habla el analista de valores y adónde quiere llevarle; además, debería estar preparado, si es posible, para distinguir entre un análisis superficial y un análisis bien razonado.

El análisis de valores para el inversor inexperto suele estar concebido como aquel que comienza con la interpretación de la memoria financiera anual de una empresa. Se trata de una cuestión que hemos expuesto, explicada para los legos en la materia, en otro libro, titulado *The Interpretation of Financial Statements*.[2] No consideramos necesario ni conveniente recorrer ese mismo terreno en este capítulo, en especial porque el centro de atención del libro que tiene entre las

---

* Cuanto más elevada sea la tasa de crecimiento de su proyección, y cuanto más prolongado sea el período futuro a lo largo del cual se proyecte esa tasa, más sensible será su pronóstico al más leve error. Si, por ejemplo, considera que una empresa que gana 1 dólar por acción puede incrementar ese beneficio en un 15% al año durante los próximos 15 años, sus beneficios acabarían siendo de 8,14 dólares. Si el mercado valora la empresa a 35 veces los beneficios, la cotización de la acción terminará el período a 285 dólares aproximadamente. Sin embargo, si los beneficios crecen al 14% en lugar de hacerlo al 15%, la empresa ganaría 7,14 dólares al final del período — y, alarmados por ese contratiempo, los inversores ya no estarían dispuestos a pagar 35 veces los beneficios. Por ejemplo, a 20 veces los beneficios, la acción terminará alrededor de los 140 dólares por acción, o más de un 50% menos. Como el uso de matemáticas avanzadas aporta un halo de precisión al inherentemente incierto proceso de prever el futuro, los inversores deberían mostrarse muy escépticos ante cualquiera que afirme que conoce una clave compleja para resolver problemas financieros básicos. Como afirma Graham: «En 44 años de experiencia y estudio de Wall Street, nunca he visto cálculos fiables realizados acerca de valores de acciones ordinarias, o de sus concomitantes políticas de inversión, que vayan más allá de la simple aritmética o del álgebra más elemental. Cuando el cálculo, o el álgebra superior entran en escena, puede usted interpretarlo como una señal de advertencia de que el operador está tratando de sustituir la experiencia por la teoría, y por lo general también estará intentando camuflar la especulación bajo el aspecto de inversión». (Véase la página 595).

manos son los principios básicos y las actitudes, más que la información y la descripción. Pasemos a dos cuestiones básicas que subyacen tras la selección de inversiones. ¿Cuáles son las pruebas principales de la seguridad de una obligación o de una acción preferente de una sociedad? ¿Cuáles son los principales factores que deben tenerse en cuenta a la hora de valorar una acción ordinaria?

Análisis de obligaciones

La rama más fiable, y por lo tanto más respetable, del análisis de valores es la relacionada con la seguridad, o calidad, de las obligaciones y las acciones preferentes que tienen categoría de inversión. El principal criterio utilizado en el terreno de las obligaciones emitidas por sociedades es el número de veces que el desembolso total por intereses ha sido cubierto con los beneficios disponibles durante una serie de años en el pasado. En el caso de las acciones preferentes, esa cifra es el número de veces que los intereses desembolsados por obligaciones y por dividendos preferentes, combinados, han sido cubiertos por los beneficios.

Los criterios de sensatez aplicados variarán en función de quién los proponga. Como las pruebas son en esencia arbitrarias, no hay forma de determinar precisamente cuáles son los criterios más adecuados. En la revisión de 1961 de nuestro libro de texto, *Security Analysis*, recomendamos ciertos criterios de «cobertura» que aparecen en la tabla 11.1.*

Nuestra prueba básica se aplica únicamente a los resultados medios de una serie de años. Otras autoridades exigen, adicionalmente, que se muestre una cobertura mínima para todos los años que se estén analizando. A nosotros también nos parece adecuada la realización de una prueba relativa al «peor año», como *alternativa* a la prueba de la media de siete años; sería suficiente con que la obligación o la acción preferente cumpliese cualquiera de estos criterios.

Podría objetarse que el mayor incremento de los tipos de interés de las obligaciones desde 1961 justificaría algún tipo de reducción compensatoria en la exigencia de cobertura de los pagos. Evidentemente, sería mucho más difícil que una empresa industrial fuese capaz de mostrar la cobertura de siete veces los intereses si estos intereses se calcularan al 8% que si se calcularan al 4,5%. Para hacer frente a este cambio de la situación en la actualidad sugerimos un requisito alternativo

---

* En 1972, el inversor de obligaciones empresariales no tenía más opción que crear su propia cartera. Hoy en día, hay alrededor de 500 fondos de inversión que invierten en obligaciones empresariales, creando un lote de valores cómodo y bien diversificado. Dado que no es factible crear una cartera de obligaciones diversificada por su cuenta salvo que disponga, como mínimo, de 100.000 dólares, el inversor inteligente típico se limitará a adquirir un fondo de obligaciones de bajo coste y dejará a sus gestores la engorrosa tarea de investigar la solvencia. Si se desea más información sobre fondos de obligaciones, véase el comentario al capítulo 4.

TABLA 11.1

«Cobertura» mínima recomendada para obligaciones y acciones preferentes

A. Para obligaciones con categoría de inversión

Ratio mínimo de beneficios a total de cargas fijas:

	Antes de impuestos sobre la renta		*Después de impuestos sobre la renta*	
Tipo de empresa	Promedio de los últimos 7 años	Alternativa: Medio en función del «peor año»	Promedio de los últimos 7 años	Alternativa: Medio en función del «peor año»
Empresa de explotación de concesiones de servicios y suministros públicos	4 veces	3 veces	2,65 veces	2,10 veces
Ferrocarril	5	4	3,20	2,65
Industrial	7	5	4,30	3,20
Empresa minorista	5	4	3,20	2,65

B. Para acciones preferentes con categoría de inversión

Deberán aparecer las mismas cifras mínimas que en el ejemplo superior en el ratio de beneficios antes de impuestos sobre la renta a la suma de cargas fijas más dos veces los dividendos preferentes.

Nota: La inclusión del doble de los dividendos preferentes pretende introducir un ajuste por el hecho de que los dividendos preferentes no son fiscalmente deducibles, mientras que las cargas por intereses sí que lo son.

C. Otras categorías de obligaciones y valores preferentes

Los criterios indicados anteriormente no son aplicables a: (1) sociedades de cartera de concesionarias de servicios y suministros públicos; (2) empresas financieras; (3) empresas inmobiliarias. En esta tabla se han omitido los requisitos aplicables a estos grupos especiales.

que está relacionado con el porcentaje que se ha ingresado sobre el importe principal de la deuda. Estas cifras deberían de ser del 33% antes de impuestos en el caso de empresas industriales, del 20% en el caso de concesionarias públicas de servicios y suministros, y del 25% en el caso de empresas de ferrocarriles. Se debe tener presente en este terreno que el tipo abonado en la práctica por la mayor parte de las empresas por el total de su deuda es considerablemente inferior a las actuales cifras del 8%, puesto que cuentan con la ventaja de que las emisiones más antiguas tienen unos cupones menores. El requisito del «peor año» se podría establecer en aproximadamente dos tercios del requisito impuesto a los siete años.

Además de la prueba de cobertura de beneficios, se aplican de manera generalizada algunas otras. Entre ellas se pueden mencionar las siguientes:

1. *Tamaño de la empresa*. Hay una norma mínima desde el punto de vista del volumen de negocio de la sociedad –que es diferente en función de que se trate de una empresa industrial, de una concesionaria de servicios y suministros públicos y de ferrocarriles– y de la población en el caso de obligaciones municipales.
2. *Ratio capital social / recursos*. Es la relación existente entre el precio de mercado de los valores de capital subordinados* y el importe nominal total de la deuda, o de la deuda más las acciones preferentes. Es una medición aproximada de la protección o «colchón» ofrecido por la presencia de una inversión subordinada que deberá soportar en primer lugar el peso de los posibles acontecimientos negativos que puedan producirse. Este factor incluye la valoración del mercado respecto de las perspectivas futuras de la empresa.
3. *Valor patrimonial*. Antes se consideraba que el valor del activo, tal y como aparece reflejado en el balance o en las tasaciones realizadas, era la principal garantía y protección de una emisión de obligaciones. La experiencia ha puesto de manifiesto que, en la mayor parte de los casos, la seguridad o la garantía deriva de la capacidad de obtención de beneficios, y que si dicha capacidad es deficiente, los activos pierden la mayor parte de su supuesto valor. El valor del activo, no obstante, sigue siendo importante como elemento independiente de garantía en sentido amplio de las obligaciones y acciones preferentes de tres grupos de empresas: concesionarias de servicios y suministros públicos (porque las tarifas pueden depender en gran medida de la inversión patrimonial), empresas inmobiliarias y sociedades de inversión.

Llegado este momento, el inversor que esté alerta debería preguntarse: «¿En qué medida son dignas de confianza las pruebas de seguridad que se miden en función de los resultados del pasado y del presente, teniendo en cuenta el hecho de que el pago de los intereses y del principal depende de lo que vaya a suceder en el futuro?». La respuesta únicamente puede apoyarse en la experiencia. La historia de la inversión demuestra que las obligaciones y las acciones preferentes que han superado unas estrictas pruebas de seguridad basadas en el pasado, han conseguido en la mayoría de los casos afrontar las vicisitudes del futuro con éxito. Esto ha quedado demostrado de manera lla-

---

* Con la expresión «valores de capital subordinados» Graham se refiere a las acciones ordinarias Se considera que las acciones preferentes son «prioritarias» respecto de las ordinarias porque la empresa debe abonar todos los dividendos de las acciones preferentes antes de abonar cualquier dividendo a las ordinarias.

mativa en el importante campo de las obligaciones de empresas de ferrocarriles, un campo que ha estado caracterizado por la calamitosa frecuencia de las quiebras y de las graves pérdidas. Prácticamente en todos los casos en los que los ferrocarriles han tenido problemas, se trataba de empresas que habían emitido durante mucho tiempo un exceso de obligaciones, que habían tenido una inadecuada cobertura de las cargas fijas durante períodos de prosperidad media, y que, por lo tanto, deberían haber sido excluidas por los inversores que hubiesen aplicado unas estrictas comprobaciones de seguridad. Por el contrario, prácticamente todos los ferrocarriles que superaron dichas pruebas, consiguieron evitar ese tipo de graves problemas financieros. Nuestra hipótesis quedó llamativamente confirmada en la historia financiera de los numerosos ferrocarriles que se reorganizaron en la década de 1940 y 1950. Todos ellos, con una única excepción, comenzaron su andadura con unas cargas fijas reducidas hasta un punto en el que la cobertura presente de los requisitos de interés fijo era amplia, o por lo menos respetable. La excepción la planteó el New Haven Railroad, que en el año de su reorganización, 1947, tuvo unos beneficios que únicamente cubrían 1,1 veces sus nuevas cargas. En consecuencia, mientras que todos los demás ferrocarriles pudieron superar unas épocas bastante difíciles sin que su solvencia se viese perjudicada, el New Haven Railroad volvió a entrar en administración por deudas (por tercera vez) en 1961.

En el posterior capítulo 17 analizaremos algunas características de la quiebra del Penn Central Railroad, que conmocionó a la comunidad financiera en 1970. Un hecho elemental en este caso fue que la cobertura de las cargas fijas había dejado de estar cubierta de conformidad con criterios conservadores ya desde 1965; por lo tanto, un inversor en obligaciones prudente habría evitado, o se habría desprendido de las obligaciones de este ferrocarril mucho antes de su colapso financiero.

Nuestras indicaciones sobre la validez y el historial del pasado para juzgar la seguridad del futuro es aplicable, e incluso en mayor medida, a las concesionarias de servicios y suministros públicos, que constituyen una sección muy importante de la inversión en obligaciones. La entrada en situación concursal de una sociedad concesionaria del suministro eléctrico o de un sistema de distribución eléctrico sólidamente capitalizada es prácticamente imposible. Desde que se instituyó el control por parte de la Comisión del Mercado de Valores,* en combinación con la disolución de la mayor parte de los sistemas de sociedades de cartera, la financiación de las concesionarias de servicios y

* Después de que los inversores perdieran miles de millones de dólares en las acciones de concesionarias de servicios y suministros públicos irresponsablemente combinadas durante 1929–1932, el Congreso autorizó a la Comisión del Mercado de Valores a regular la emisión de acciones de concesionarias de servicios y suministros públicos en virtud de la Public Utility Holding Company Act de 1935.

suministros públicos ha sido buena, y no se conocen quiebras. Los problemas financieros de las concesionarias de electricidad y gas durante la década de 1930 se podían atribuir prácticamente al 100% a los excesos financieros y a una mala gestión, que dejaron claras huellas en la estructura de capitalización de las sociedades. La realización de unas comprobaciones sencillas, a la vez que estrictas, sobre su seguridad debería haber advertido al inversor de que se alejase de las emisiones de valores cuyo servicio acabaría posteriormente siendo desatendido.

Entre las emisiones de obligaciones de empresas industriales, la historia a largo plazo ha sido diferente. Aunque el grupo de empresas industriales, en conjunto, ha hecho gala de una capacidad de obtención de beneficios mayor que los ferrocarriles o que las concesionarias de servicios y suministros públicos, también ha exhibido un menor nivel de estabilidad inherente de las empresas individuales y las líneas de negocio que las integran. Por lo tanto, en el pasado por lo menos, ha habido convincentes motivos para restringir la adquisición de obligaciones y acciones preferentes de empresas industriales a aquéllas emitidas por empresas que no sólo tenían un gran tamaño sino que también habían mostrado en el pasado una capacidad contrastada para soportar graves crisis.

Desde 1950 se han producido muy pocos casos de incumplimiento o impago de obligaciones emitidas por empresas industriales, pero este hecho es atribuible en parte a que durante este prolongado período no se ha atravesado ninguna etapa de crisis seria. Desde 1966 se han producido acontecimientos negativos en la situación financiera de muchas empresas industriales. Se han producido considerables problemas como consecuencia de la insensata expansión de algunas de ellas. Por una parte, esta expansión ha requerido grandes ampliaciones de la financiación mediante préstamos bancarios y endeudamiento a largo plazo; por otra parte, ha sido frecuente que esa ampliación acabase generando pérdidas de explotación en vez de los beneficios previstos. A principios de 1971 se calculaba que en los siete años anteriores los intereses desembolsados por todas las empresas no financieras habían pasado de un importe de 9.800 millones de dólares en 1963 a una suma de 26.100 millones de dólares en 1970, y que los pagos de intereses habían consumido el 29% de los beneficios agregados antes de intereses e impuestos en 1971, en comparación con sólo el 16% en 1963.[3] Evidentemente, la carga sufrida por muchas empresas individuales había aumentado en una proporción muy superior. Las empresas con un exceso de emisión de obligaciones se han generalizado. Hay multitud de motivos para repetir lo que ya advertimos en nuestra edición de 1965:

> No estamos en absoluto dispuestos a sugerir que el inversor pueda seguir confiando en el indefinido mantenimiento de esta situación favorable y, por lo tanto, que pueda relajar sus niveles de exigencia a la hora de elegir obligaciones en el grupo industrial, o en cualquier otro.

Análisis de acciones ordinarias

La forma más perfecta de análisis de acciones ordinarias conduce a una valoración de la acción que se pueda comparar con la cotización vigente, a fin de determinar si la acción es o no una candidata atractiva a la adquisición. Esta valoración, a su vez, podría llevarse a cabo ordinariamente mediante la estimación de los beneficios medios durante un período de años del *futuro* y después mediante la multiplicación de esa estimación por el «factor de capitalización» adecuado.

El procedimiento que se ha generalizado en la actualidad para calcular la capacidad de generación de beneficios en el futuro toma como punto de partida los datos medios del *pasado* correspondientes al volumen material, los precios recibidos y el margen de explotación. A continuación se calculan las ventas futuras expresadas en términos monetarios, cálculo que se basa en hipótesis relativas a los cambios que se van a producir en el volumen y en el nivel de precios con respecto de los utilizados para el cálculo anterior. Estas estimaciones, a su vez, se basan, en primera instancia, en las previsiones económicas generales sobre el producto nacional bruto y, posteriormente, en algunos cálculos especiales aplicables al sector y a la empresa en cuestión.

Se puede tomar una ilustración de este método de valoración de nuestra edición de 1965 y se puede actualizar añadiendo lo que ha ocurrido después de dicha fecha. The Value Line, uno de los principales servicios de inversión, hace previsiones sobre beneficios y dividendos futuros empleando el procedimiento que se ha señalado en el párrafo anterior, y después calcula una cifra de «potencialidad de precio» (o valor de mercado previsto) aplicando una fórmula de valoración a cada una de las acciones, para lo que se basa en gran medida en ciertas relaciones mantenidas en el pasado. En la tabla 11.2 reproducimos las proyecciones para 1967–1969 que se hicieron en junio de 1964, y las comparamos con los beneficios, y el precio medio de mercado que realmente se obtuvieron en 1968 (que sirve de aproximación al período 1967–1969).

Las previsiones combinadas resultaron estar en cierta medida en la banda inferior, aunque no de forma exagerada. Las correspondientes predicciones hechas seis años antes habían resultado ser excesivamente optimistas en cuanto a los beneficios y los dividendos, aunque dicho exceso de optimismo había sido compensado por la aplicación de un multiplicador reducido, con el resultado de que la cifra de «potencialidad de precio» había acabado siendo aproximadamente la misma que el precio medio de 1963.

El lector se dará cuenta de que un número relativamente elevado de las previsiones individuales se habían desviado mucho de la cifra real. Se trata de un ejemplo más que ratifica nuestra opinión general de que las estimaciones compuestas o colectivas tienen muchas más probabilidades de ser fiables que las realizadas para empresas individuales. Es posible que lo mejor que pueda hacer el analista de valores sea elegir las tres o cuatro empresas cuyo futuro crea que conoce mejor y concentrar sus propios intereses, y los de sus clientes, en las predicciones que haga para esas empresas. Por desgracia, parece ser prácticamente imposible distinguir de

TABLA 11.2

Dow-Jones Industrial Average

[La previsión de The Value Line para 1967-1969 (realizada a mediados de 1964) comparada con los resultados reales en 1968]

	Beneficios Previsión 1967-1969	Real 1968[a]	Cotización a 30 de junio de 1964	Previsión de cotización 1967-1969	Cotización media 1968[a]
Allied Chemical	$3,70	$1,46	54 1/2	67	36 1/2
Aluminum Corp. of Am.	3,85	4,75	71 1/2	85	79
American Can	3,50	4,25	47	57	48
American Tel. & Tel.	4,00	3,75	73 1/2	68	53
American Tobacco	3,00	4,38	51 1/2	33	37
Anaconda	6,00	8,12	44 1/2	70	106
Bethlehem Steel	3,25	3,55	36 1/2	45	31
Chrysler	4,75	6,23	48 1/2	45	60
Du Pont	8,50	7,82	253	240	163
Eastman Kodak	5,00	9,32	133	100	320
General Electric	4,50	3,95	80	90	90 1/2
General Foods	4,70	4,16	88	71	84 1/2
General Motors	6,25	6,02	88	78	81 1/2
Goodyear Tire	3,25	4,12	43	43	54
Internat. Harvester	5,75	5,38	82	63	69
Internat. Nickel	5,20	3,86	79	83	76
Internat. Paper	2,25	2,04	32	36	33
Johns Manville	4,00	4,78	57 1/2	54	71 1/2
Owens-Ill. Glass	5,25	6,20	99	100	125 1/2
Procter & Gamble	4,20	4,30	83	70	91
Sears Roebuck	4,70	5,46	118	78	122 1/2
Standard Oil of Cal.	5,25	5,59	64 1/2	60	67
Standard Oil of N.J.	6,00	5,94	87	73	76
Swift & Co.	3,85	3,41[b]	54	50	57
Texaco	5,50	6,04	79 1/2	70	81
Union Carbide	7,35	5,20	126 1/2	165	90
United Aircraft	4,00	7,65	49 1/2	50	106
U.S. Steel	4,50	4,69	57 1/2	60	42
Westinghouse Elec.	3,25	3,49	30 1/2	50	69
Woolworth	2,25	2,29	29 1/2	32	29 1/2
Total	138,25	149,20	2.222	2.186	2.450
DJIA (Total 2,67%)	52,00	56,00	832	820	918[c]
DJIA Real 1968	57,89				906[c]
DJIA Real 1967-1969	56,26				

[a] Ajustado para descontar el efecto de los desdoblamientos de acciones desde 1964.

[b] Promedio 1967-1969.

[c] La diferencia se debe a un cambio del divisor.

antemano entre las previsiones individuales dignas de confianza y las que están sujetas a grandes probabilidades de error. En esencia, éste es el motivo de la gran diversificación que ponen en práctica los fondos de inversión. Porque concentrarse en las acciones que se sabe que van a resultar extraordinariamente rentables es indudablemente mejor que diluir los resultados y conformarse con una cifra mediocre simplemente por el hecho de diversificarse. Sin embargo, esto no se hace, simplemente porque no se puede hacer de manera *fiable*.[4] La generalización de una gran diversificación es, en sí misma, un rechazo en la práctica del fetiche de la «selectividad» a la que el mercado de valores tanto alude de cara a la galería.[*]

Factores que afectan a la tasa de capitalización

Aunque se supone que los beneficios futuros medios son el principal determinante del valor, el analista de valores tiene en cuenta algunos otros factores de naturaleza más o menos definida. La mayor parte de ellos estarán dentro de su tasa de capitalización, que puede variar en gran medida en función de la «calidad» de la acción en cuestión. Por lo tanto, aunque dos empresas tengan la misma cifra de beneficios previstos por acción para el periodo 1973-1975, por ejemplo, 4 dólares, el analista puede asignar una valoración muy reducida a una, por ejemplo 40, y muy elevada a la otra, por ejemplo 100. Ocupémonos brevemente de algunas de las consideraciones que afectan a estos diferentes multiplicadores.

[*] En años más recientes la mayor parte de los fondos de inversión han imitado de manera prácticamente mecánica al índice de acciones Standard & Poor's 500, a fin de evitar que cualquier desviación en las participaciones provocase una desviación de los resultados del fondo con respecto a los del índice. En una tendencia contraria, algunas gestoras de fondos han lanzado lo que han denominado carteras «enfocadas», compuestas por un número que oscila entre 25 y 50 acciones diferentes que los gestores consideran que son sus «mejores ideas». Eso debería llevar a los inversores a preguntarse si los otros fondos gestionados por los mismos gestores contienen sus peores ideas. Considerando que la mayor parte de los fondos de «mejores ideas» no consiguen unos resultados destacablemente superiores a las medias, los inversores también tienen derecho a preguntarse si las ideas de los gestores tienen algún mérito. Para inversores indiscutiblemente superdotados como Warren Buffett, la amplia diversificación sería una necedad, porque diluiría la fuerza concentrada de unas cuantas ideas fantásticas. Sin embargo, para el típico gestor de fondos o inversor individual, no diversificarse sería una locura, porque resulta extraordinariamente difícil seleccionar un número limitado de acciones que incluya a la mayor parte de las ganadoras y excluya a las perdedoras. A medida que aumenta el número de acciones de la cartera, el perjuicio que puede provocar una selección fallida, de manera individual, se reduce, y las probabilidades de tener en cartera a las grandes ganadoras aumentan. La opción ideal para la mayor parte de los inversionistas es un fondo de índice de mercado de valores total, una forma de bajo coste de tener en cartera todas las acciones que merezca la pena tener.

1. *Perspectivas generales a largo plazo.* Nadie sabe realmente nada sobre lo que va a ocurrir en el futuro lejano, pero aun así los analistas y los inversores tienen unas arraigadas opiniones sobre esta cuestión. Estas opiniones se reflejan en los sustanciales diferenciales existentes entre los ratios precio / beneficios de las empresas individualmente consideradas y de los grupos sectoriales. Sobre esta cuestión en nuestra edición de 1965 añadimos lo siguiente:

> Por ejemplo, a finales de 1963 las empresas del sector químico del DJIA cotizaban a unos multiplicadores considerablemente mayores que los aplicados a las empresas petrolíferas, lo que indicaba que existía en el mercado una mayor confianza en las perspectivas de las primeras que la que existía con respecto a las perspectivas de las segundas. Tales distinciones realizadas por el mercado suelen tener fundamentos sólidos, pero cuando vienen dictadas básicamente por los resultados del pasado tienen las mismas probabilidades de resultar erróneas que de resultar acertadas.

En este momento facilitaremos, en la tabla 11.3, los datos materiales correspondientes a las acciones de empresas químicas y petrolíferas incluidas en el DJIA a finales de 1963 y trasladaremos sus beneficios hasta finales de 1970. Se verá que las empresas químicas, a pesar de los elevados multiplicadores que se les aplicaban, prácticamente no consiguieron ningún incremento de los beneficios en el período posterior a 1963. Las empresas petrolíferas consiguieron unos resultados mucho mejores que las químicas, y aproximadamente en línea con el crecimiento que daban a entender los multiplicadores que se les aplicaban en 1963.[5] Por lo tanto, nuestro ejemplo de las acciones de empresas químicas resultó ser uno de los casos en los que, en la práctica, los multiplicadores de mercado acabaron siendo inadecuados.*

---

* La observación realizada por Graham acerca de las empresas químicas y petrolíferas en la década de 1960 es aplicable a casi todos los sectores en casi todos los períodos de tiempo. La opinión de consenso de Wall Street sobre el futuro de cualquier sector concreto normalmente peca de excesivo optimismo o de excesivo pesimismo. Aún peor, el consenso suele mostrarse más entusiasta en el preciso momento en el que las acciones suelen estar más sobrevaloradas, y más deprimido cuando más baratas son. El ejemplo más reciente, por supuesto es el de las acciones de tecnología y telecomunicaciones, que alcanzaron máximos históricos cuando su futuro parecía más brillante en 1999 y principios de 2000 y después se desplomaron durante 2002. La historia demuestra que los pronosticadores «expertos» de Wall Street son tan ineptos a la hora de predecir los resultados 1) del mercado en conjunto, 2) de sectores industriales y 3) de acciones específicas. Como indica Graham, las probabilidades de que los inversores individuales puedan hacer algo mejor no invitan al optimismo. El inversor inteligente destaca cuando adopta decisiones que no dependen de la fiabilidad de las previsiones de nadie, incluidas las suyas propias (véase el capítulo 8).

TABLA 11.3

Rendimiento de la acciones de empresas químicas y petrolíferas en el DJIA, 1970 en comparación con 1964

	Precio de cierre	1963 Percibido por acción	PER	Precio de cierre	1963 Percibido por acción	PER
Empresas químicas:						
Allied Chemical	55	2,77	19,[illegible] x	24 1/8	1,56	15,5 x
Du Pont[a]	77	6,55	23,5	133 1/2	6,76	19,8
Union Carbide[b]	60 1/4	2,66	22,[illegible]	40	2,60	15,4
			25,[illegible] med.			
Empresas petrolíferas:						
Standard Oil of Cal	59 1/2	4,50	13,2 x	54 1/2	5,36	10,2 x
Standard Oil of N.J.	76	4,74	16,0	73 1/2	5,90	12,4
Texaco[b]	35	2,15	16,3	35	3,02	11,6
			15,3 med.			

[a] Las cifras de 1963 están ajustadas para descontar el efecto del reparto de acciones de General Motors.

[b] Las cifras de 1963 están ajustadas para descontar los efectos de los posteriores desdoblamientos de acciones.

2. *Gestión*. En Wall Street se habla constantemente sobre esta cuestión, pero poco de lo que se dice es realmente útil. Hasta el momento en el que se elaboren y se apliquen unas comprobaciones objetivas, cuantitativas y razonablemente fiables sobre la capacidad de gestión, cualquier análisis que se centre en este factor estará rodeado por una espesa niebla. Es razonable suponer que una empresa que tenga unos resultados asombrosamente brillantes tendrá una gestión inusualmente diestra. Esto se habrá manifestado de por sí en sus resultados históricos; volverá a aparecer en las estimaciones para los cinco próximos años, y una vez más en el factor previamente expuesto de las perspectivas a largo plazo. La tendencia a volver a tenerlo en cuenta una vez más como factor independiente puede impulsar al alza su cotización y podría provocar fácilmente costosas sobrevaloraciones. El factor de la gestión resulta más útil, en nuestra opinión, en aquellos casos en los que se haya producido recientemente un cambio que todavía no haya podido reflejar su trascendencia en las cifras obtenidas en la práctica.

Se han producido dos casos de este tipo de fenómeno relacionados con la Chrysler Motor Corporation. El primero tuvo lugar hace muchos años, en 1921 cuando Walter Chrysler tomó el control de una empresa casi moribunda, Maxwell Motors, y en pocos años la convirtió en una empresa grande y muy rentable, mientras que muchas otras empresas automovilísticas se veían obligadas a cerrar. El segundo caso tuvo lugar en 1962, cuando Chrysler había caído muy bajo en relación con el elevado lugar que había ocupado en el pasado, y sus acciones cotizaban en el punto más bajo en muchos años. En aquel momento tomó el control una nueva participación, relacionada con Consolidation Coal. Los beneficios pasaron de la cifra correspondiente a 1961 de 1,24 dólares por acción al equivalente de 17 dólares en 1963, y la cotización ascendió desde un punto mínimo del 38,5 en 1962 al equivalente de casi 200 en el plazo de un solo año.[6]

3. *Fortaleza financiera y estructura de capital*. Las acciones de una empresa que cuente con abundante superávit de efectivo y respecto de la cual no haya valores preferentes a sus acciones ordinarias es, evidentemente, una mejor compra (al mismo precio) que las de otra empresa que tenga los mismos beneficios por acción pero que también tenga numerosos préstamos bancarios o valores preferentes. Estos factores son adecuada y meticulosamente tenidos en cuenta por parte de los analistas de valores. Una cantidad modesta de obligaciones o de acciones preferentes, sin embargo, no es necesariamente una desventaja para las acciones ordinarias, como tampoco lo es un uso moderado de créditos bancarios estacionales. (Por cierto, una estructura de capital en la que los instrumentos primarios tengan una gran preponderancia, muy pocas acciones ordinarias en relación con las obligaciones y las acciones preferentes, puede, en condiciones favorables, tener como consecuencia un enorme beneficio especulativo para las acciones ordinarias. Es el factor que se conoce como «apalancamiento»).

4. *Historial de dividendos*. Una de las pruebas más persuasivas de la buena calidad es una historia sin interrupciones de pago de dividendos que se remonte a muchos años. Creemos que el historial de pagos de dividendos constantes

durante los 20 últimos años o más es un importante factor favorable en la calificación de calidad de la empresa. De hecho, el inversor defensivo tendría buenos argumentos para limitar sus adquisiciones a las empresas que superasen esta prueba.

5. *Tasa de dividendo actual.* Éste, nuestro último factor adicional, es el más difícil de abordar de una forma satisfactoria. Afortunadamente, la mayor parte de las empresas han adquirido la práctica de seguir lo que cabe denominar política estándar de dividendos ordinarios. Esto significa la distribución de aproximadamente dos tercios de sus beneficios medios, con la salvedad de que en el reciente período de elevados beneficios y grandes demandas de capital adicional la cifra ha tendido a reducirse. (En 1969 fue el 59,5% de las acciones en la media Dow Jones y el 55% si se incluye en el cálculo a todas las empresas estadounidenses).* En los casos en los que los dividendos tienen una relación normal con los beneficios, la valoración se puede hacer atendiendo a cualquiera de los criterios, sin que ello afecte gravemente al resultado. Por ejemplo, una empresa de segundo orden típica con unos beneficios medios previstos de 3 dólares y un dividendo previsto de 2 dólares podría estar valorada a 12 veces sus beneficios o 18 veces su dividendo, y no obstante arrojaría un valor de 36 en ambos casos.

Sin embargo, cada vez es mayor el número de empresas de crecimiento que se están alejando de la política tradicional en el pasado de desembolsar el 60% o más de sus beneficios en forma de dividendos, atendiendo al motivo de que los intereses de los accionistas quedan mejor satisfechos si se retienen prácticamente todos los beneficios para financiar la expansión. La cuestión plantea problemas y exige cuidadosas distinciones. Hemos decidido aplazar nuestra exposición sobre esta importantísima cuestión de la política de dividendos adecuada a una sección posterior, el capítulo 19, en el que nos ocuparemos de ella en el marco del problema general de las relaciones entre la dirección y los accionistas.

Tasas de capitalización de las empresas en crecimiento

La mayor parte de los escritos de los analistas de valores relativos a las valoraciones formales se ocupan de la tasación del valor de las acciones de empresas en crecimiento. Nuestro estudio de los diferentes métodos empleados nos ha llevado a sugerir una fórmula abreviada y bastante sencilla para evaluar las

---

* Esta cifra, en la actualidad se conoce como «ratio de distribución de beneficios». A finales de 2002, el ratio estaba en un nivel de 34,2% respecto del índice de acciones S&P 500, y en épocas tan recientes como 2000 alcanzó el mínimo histórico de 25,3%. (Véase www.barra.com/research/fundamentals.asp). Nos ocupamos de la política de dividendos con más detenimiento en el comentario al capítulo 19.

acciones de las empresas en crecimiento, que tiene el objetivo de ofrecer unas cifras bastante cercanas a las resultantes de los cálculos matemáticos más complejos. Nuestra fórmula es la siguiente:

Valor = Beneficios actuales (normales) x (8,5 más dos veces la tasa de crecimiento anual prevista)

La cifra de crecimiento empleada en la fórmula será la que se espere para el siguiente período de siete a diez años.[7]

En la tabla 11.4 mostramos qué resultados produce nuestra fórmula cuando se aplican diferentes tasas de crecimiento previsto. Es fácil realizar el cálculo inverso y determinar qué tasa de crecimiento está implícitamente anticipada por el precio de mercado actual, suponiendo que nuestra fórmula sea válida. En nuestra última edición realizamos ese cálculo respecto del DJIA y de seis importantes empresas. Estas cifras se reproducen en la tabla 11.5. En aquel momento realizamos los siguientes comentarios:

> La diferencia entre la tasa de crecimiento anual implícita del 32,4% de Xerox y la tasa, notablemente modesta, del 2,8% que se aplica a General Motors es extraordinariamente llamativa. Se puede justificar en parte por la impresión existente en el mercado de valores de que los beneficios obtenidos por General Motors en 1963, los mayores de cualquier empresa en toda la historia, sólo se podrían mantener en el futuro con extraordinaria dificultad y sólo se podrían superar muy marginalmente, en el mejor de los casos. El ratio precio / beneficio de Xerox, por otra parte, es bastante representativo del entusiasmo especulativo aplicado a una empresa que ha conseguido grandes logros y que entraña, tal vez, unas promesas todavía mayores.
>
> La tasa de crecimiento implícita o esperada del 5,1% para el DJIA debe compararse con un incremento anual real del 3,4% (compuesto) entre 1951–1953 y 1961–1963.

Deberíamos haber añadido una nota de advertencia que siguiese a esas líneas: Las valoraciones de las acciones de las empresas que se espera que tengan un elevado crecimiento están, por necesidad, en la banda baja, siempre y cuando aceptemos la hipótesis de que estas tasas de crecimiento se van a materializar en la práctica. De hecho, según los cálculos aritméticos, si se pudiese suponer que una empresa va a crecer a un ritmo del 8% o más de manera indefinida en el futuro, su valor sería infinito, y no habría precio excesivamente elevado que se pudiese pagar por sus acciones. Lo que el tasador está haciendo realmente en tales casos es introducir un margen de seguridad en sus cálculos, de una forma más o menos similar a la que emplea el ingeniero a la hora de elaborar las especificaciones para una estructura. De conformidad con estos criterios, las adquisiciones alcanzarían el objetivo asignado por el analista (en 1963, una

TABLA 11.4

Multiplicadores de beneficios anuales basados en las tasas de crecimiento previstas, basadas en una fórmula simplificada

Tasa de crecimiento	0,0%	2,5%	5,0%	7,2%	10,0%	14,3%	20,0%
Crecimiento en 10 años	0,0	28,0%	63,0%	100,0%	159,0%	280,0%	319,0%
Multiplicador de beneficios actuales	8,5	13,5	18,5	22,9	28,5	37,1	48,5

TABLA 11.5

Tasas de crecimiento implícito o previsto, diciembre de 1963 y diciembre de 1969

Acciones	PER, 1963	Tasa de crecimiento previsto[a], 1963	Percibido por acción 1963	Percibido por acción 1969	Crecimiento anual real, 1963-1969	PER, 1969	Tasa de crecimiento previsto[a], 1969
American Tel. & Tel.	23,0 x	7,3%	3,03	4,00	4,75%	12,2 x	1,8%
General Electric	29,0	10,3	3,00	3,79[b]	4,0	20,4	6,0
General Motors	14,1	2,8	5,55	5,95	1,17	11,6	1,6
IBM	38,5	15,0	3,48[c]	8,21	16,0	44,4	17,9
International Harvester	13,2	2,4	2,29[c]	2,30	0,1	10,8	1,1
Xerox	25,0	32,4	0,38[c]	2,08	29,2	50,8	21,2
DJIA	18,6	5,1	41,11	57,02	5,5	14,0	2,8

[a] Basado en la fórmula de la pág. 320.
[b] Promedio de 1968 y 1970, ya que los beneficios de 1969 se redujeron por huelga.
[c] Después de ajustar el efecto del desdoblamiento de acciones.

rentabilidad general futura del 7,5% al año) aunque la tasa de crecimiento realmente materializada resultase ser sustancialmente inferior a la prevista en la fórmula. Por supuesto, en tal caso, si dicha tasa se pudiese obtener en la práctica, el inversor podría estar seguro de que va a conseguir una cuantiosa rentabilidad adicional. Realmente, no hay ninguna forma de valorar una empresa de alto crecimiento (que tenga una tasa de crecimiento previsto superior, por ejemplo, al 8% anual), en la cual el analista pueda realizar hipótesis realistas tanto del multiplicador adecuado para los beneficios actuales como del multiplicador esperable para los beneficios futuros.

En la práctica resultó que el crecimiento real de Xerox e IBM acabó acercándose mucho a las elevadas tasas implícitas de nuestra fórmula. Como se acaba de explicar, estos extraordinarios resultados produjeron inevitablemente una gran subida de la cotización de ambas acciones. El crecimiento del propio DJIA también se aproximó al previsto en el precio de cierre de mercado de 1963. Sin embargo, la moderada tasa del 5% no afectó al dilema matemático de Xerox e IBM. Resultó que el 23% de subida del precio a finales de 1970, más el 28% en rendimiento por dividendo agregado obtenido, arrojó un resultado no muy lejano de la ganancia general del 7,5% anual que se proponía en nuestra fórmula. En el caso de las otras cuatro empresas, baste decir que su crecimiento no fue igual al de las expectativas implícitas en la cotización de 1963 y que sus cotizaciones no ascendieron tanto como el DJIA. *Advertencia*: estos datos se ofrecen exclusivamente a efectos ilustrativos, y como consecuencia de la inevitable necesidad existente en el análisis de valores de hacer previsiones sobre la tasa de crecimiento futuro de la mayor parte de las empresas estudiadas. El lector no debería caer en el engaño de pensar que estas proyecciones tienen un elevado nivel de fiabilidad o, a la inversa, que pueda contarse con que los precios futuros vayan a comportarse de una forma acorde a las proyecciones, ya que las profecías se materializan, se superan o se incumplen.

Debemos destacar que cualquier valoración de acciones «científica», o por lo menos razonablemente fiable, basada en los resultados futuros previstos, debe tener en cuenta los tipos de interés futuros. Un cuadro determinado de beneficios, o dividendos, previstos tendrá un valor presente menor si suponemos una estructura de tipos de interés superiores que si suponemos una con tipos inferiores.* Tales hipótesis siempre han sido difíciles de realizar con un mínimo grado de fiabilidad, y las recientes oscilaciones violentas en los tipos de interés

* ¿Por qué es así? Por la «regla del 72», a un interés del 10% cualquier cantidad de dinero se duplica en poco más de siete años, mientras que al 7% se duplica en poco más de 10 años. Cuando los tipos de interés son elevados, la cantidad de dinero que se tiene que retirar en la actualidad para alcanzar un valor determinado en el futuro es menor, puesto que esos tipos de interés más elevados permitirán que crezca a una mayor velocidad. Por lo tanto, un incremento en los tipos de interés actuales hace que una futura serie de beneficios o dividendos sea menos valiosa, puesto que la alternativa de invertir en obligaciones será relativamente más atractiva.

a largo plazo hacen que las previsiones de este tipo sean casi fútiles. Por lo tanto, hemos conservado nuestra antigua fórmula, simplemente porque ninguna fórmula nueva parece más razonable.

Análisis sectorial

Como las perspectivas generales de la empresa tienen una gran importancia en el establecimiento de los precios de mercado, es natural que el analista de valores dedique mucha atención al estado económico del sector y de la empresa individual dentro de su sector. Los estudios de este tipo pueden alcanzar un grado de exhaustividad ilimitada. En ocasiones dan lugar a valiosas percepciones de importantes factores que van a influir en el futuro y que no han sido suficientemente apreciados por el mercado en el momento actual. En los casos en los que se pueda extraer una conclusión de este tipo con un razonable nivel de confianza, dicha conclusión será una base sólida para adoptar decisiones de inversión.

Nuestra propia observación, no obstante, nos lleva a reducir en cierta medida el valor práctico de la mayor parte de los estudios sectoriales que se ponen a disposición de los inversores. El material elaborado suele ser normalmente de un tipo con el que el público en general ya suele estar bastante familiarizado y que ya ha ejercido una importante influencia en las cotizaciones de mercado. No suele ser muy frecuente encontrar estudios de agencias de intermediación de bolsa que señalen, con un conjunto convincente de datos, que un sector popular se encamina hacia una crisis o que un sector impopular está a punto de comenzar una etapa de prosperidad. La opinión que tiene Wall Street sobre el futuro a largo plazo se suele prestar doblemente a las equivocaciones, y esto es necesariamente aplicable a este importante elemento de sus investigaciones, que se centra en la previsión de la evolución que van a tener los beneficios en diversos sectores o industrias.

Debemos reconocer, no obstante, que el rápido y omnipresente crecimiento de la tecnología en los últimos años ha tenido importantes efectos en la actitud y en las tareas llevadas a cabo por el analista de valores. Más aún que en el pasado, los avances o los retrocesos de la empresa típica durante la próxima década pueden depender de su relación con nuevos productos y nuevos procesos, que el analista podrá haber tenido la oportunidad de estudiar y evaluar de antemano. Por lo tanto, existe indudablemente un área prometedora para que el analista lleve a cabo un trabajo eficaz, basado en desplazamientos sobre el terreno, entrevistas con investigadores y en una intensa investigación tecnológica realizada por su cuenta. Existen riesgos conectados con las conclusiones de inversión que se adopten principalmente como consecuencia de estas impresiones sobre el futuro, y que no estén respaldadas por un valor que se pueda demostrar en la actualidad. Sin embargo, es posible que existan unos riesgos equivalentes si nos atenemos rigurosamente a los límites del valor establecido por unos sobrios cálculos que se apoyen en los resultados actuales. En este caso, el inversor tendrá que elegir entre ambos caminos. Puede actuar de manera imaginativa y aspirar a los grandes beneficios que recompensarán una visión que resulte ser correcta a posteriori; no obstante, en tal caso, deberá asumir el relevante riesgo de cometer errores de cálculo importantes, o no tan importantes. Por otra parte, puede actuar de manera conservadora y negarse a pagar cantidades que excedan de una modesta prima por posibilidades que todavía no han quedado contrastadas; sin embargo, en tal caso, debe estar dispuesto a tener que aceptar posteriormente que ha dejado pasar oportunidades de oro.

Un método de valoración con dos partes

Volvamos por un momento a la idea de valoración o tasación de las acciones ordinarias que empezamos a exponer en la página 313. Una detenida reflexión sobre esta cuestión nos ha llevado a la conclusión de que es mejor realizarla de una forma muy diferente a la que en la actualidad es la práctica establecida. Nosotros sugerimos que los analistas deben calcular en primer lugar lo que denominamos «valor del rendimiento pasado», que se base exclusivamente en los datos históricos del pasado. Esto indicaría cuál es el valor que debería tener la acción, en términos absolutos, o en porcentaje del DJIA o del índice S&P, si se supusiese que su rendimiento pasado relativo se va a mantener sin variaciones en el futuro. (Este método asume implícitamente la hipótesis de que su tasa de crecimiento relativa, calculada en relación con los siete últimos años, tampoco experimentará cambio alguno durante los siete años siguientes). Este procedimiento se podría llevar a cabo de forma mecánica mediante la aplicación de una fórmula que atribuya ponderaciones individuales a las cifras pasadas de rentabilidad, estabilidad y crecimiento, y también al estado financiero actual. La segunda parte del análisis debería tener en cuenta en qué medida el valor basado exclusivamente en los resultados del pasado debería modificarse a causa de las nuevas condiciones que se esperen para el futuro.

Este procedimiento dividiría el trabajo entre analistas expertos y analistas inexpertos de la siguiente manera: (1) El analista experto configuraría la fórmula que se va a aplicar a todas las empresas de manera generalizada para determinar el valor en función de los resultados del pasado. (2) Los analistas inexpertos calcularían los factores para las empresas designadas, de una forma relativamente mecánica. (3) El analista experto determinaría en qué medida los resultados de una empresa, en términos absolutos o relativos, tienen probabilidades de diferir de su historial del pasado, y qué cambio debería introducirse en el valor para reflejar esa previsión de desviaciones. Lo más adecuado sería que el informe del analista experto mostrase tanto la valoración original como la valoración modificada, y expusiese los motivos que justifican los cambios.

¿Merece la pena hacer un trabajo de este tipo? Nuestra respuesta es más bien afirmativa, pero es posible que nuestros motivos parezcan un tanto cínicos al lector. Albergamos dudas sobre que las valoraciones realizadas de esa forma resulten ser suficientemente fiables en el caso de la típica empresa industrial, de grandes o de pequeñas dimensiones. Ilustraremos las dificultades de este tipo de trabajo en nuestra exposición sobre Aluminum Company of America (ALCOA) en el siguiente capítulo. De todas formas, debe realizarse para ese tipo de acciones ordinarias. ¿Por qué? En primer lugar, muchos analistas de valores están obligados a realizar valoraciones actuales o proyecciones de valoraciones en el marco de su trabajo diario. El método que proponemos debería considerarse como una mejora en relación con los que se aplican por lo general en la actualidad. En segundo lugar, la realización de este tipo de cálculos debería aportar una experiencia útil y un valioso conocimiento a los analistas que pusieran en práctica este método. En tercer lugar, el trabajo de este tipo daría lugar a un valiosísimo corpus de experiencia registrada, como el que existe desde hace tiempo en la medicina, que podría acabar dando lugar a mejores métodos de práctica y a un conocimiento útil de sus posibilidades y sus limitaciones. Las acciones de las concesionarias de servicios y suministros públicos también podrían ser un área importante en la que este método demostrase tener verdadero valor práctico. Con el paso del tiempo el analista inteligente se limitaría a los grupos en los que el futuro parezca razonablemente previsible,* o a aquellos en los que el margen de seguridad del valor del rendimiento pasado en relación con el precio actual es lo suficientemente grande para poder asumir riesgos sobre las variaciones futuras, aplicando un método más o menos parecido al que utiliza para elegir valores preferentes que ofrezcan un buen nivel de seguridad.

En los siguientes capítulos aportaremos ejemplos específicos de la aplicación de las técnicas analíticas. En cualquier caso, deben ser considerados únicamente como ejemplos ilustrativos. Si al lector le resulta interesante esta cuestión, debería estudiarla de manera sistemática y exhaustiva antes de considerarse suficientemente preparado para adoptar por su cuenta una decisión definitiva de compra o de venta respecto de un valor.

---

* Estos grupos sectoriales, idealmente, no dependerían excesivamente de factores tan imprevisibles como la fluctuación de los tipos de interés o la evolución que sigan los precios de materias primas como el petróleo o los metales. Entre las posibilidades estarían las apuestas, los cosméticos, las bebidas alcohólicas, los asilos o la gestión de residuos.

Comentario al capítulo 11

«¿Me podrías indicar hacia dónde tengo que ir desde aquí?». «Eso depende mucho del lugar al que quieras llegar», respondió el Gato.

Alicia en el País de las Maravillas, Lewis Carroll

Poner un precio al futuro

¿Qué factores determinan cuánto debería estar usted dispuesto a pagar por una acción? ¿Qué hace que una empresa valga 10 veces sus beneficios y otra valga 20 veces sus beneficios? ¿Cómo puede estar usted razonablemente seguro de que no está pagando una cantidad excesiva por un futuro aparentemente rosa que se vaya a acabar convirtiendo en una pesadilla espantosa?

Graham tiene la impresión de que hay cinco elementos que son decisivos.[1] Los resume de la siguiente manera:

— Las «perspectivas generales a largo plazo» de la empresa.
— La calidad de su equipo directivo.
— Su fortaleza financiera y su estructura de capital.
— Su historial de dividendos.
— Y su actual tasa de dividendos.

Analicemos estos factores a la luz del mercado actual.

Las perspectivas a largo plazo. Hoy en día, el inversor inteligente debería comenzar por descargar las memorias anuales (Formulario 10-K) de por lo

[1] Como es tan limitado el número de inversores actuales que compran, o que deberían comprar, obligaciones individuales, limitaremos esta exposición al análisis de acciones. Si se desea más información sobre fondos de obligaciones véase el comentario al capítulo 4.

menos cinco años de la página web de la empresa o de la base de datos EDGAR que se encuentra en www.sec.gov.[2] Después tendría que repasar los estados financieros, recopilando datos que le ayudasen a dar respuesta a dos preguntas esenciales. ¿Qué hace crecer a esta empresa? ¿De dónde provienen (y de dónde van a provenir en el futuro) sus beneficios? Entre los problemas que hay que tratar de identificar están los siguientes:

— Que la empresa sea una «adquirente en serie». Una media de más de dos o tres adquisiciones al año es señal de problemas potenciales. Después de todo, si la empresa prefiere comprar las acciones de otra empresa en vez de invertir en sus propios negocios, ¿qué le impide a usted captar la indirecta y buscar otras empresas? Además será necesario comprobar el historial de adquisiciones de la empresa. Hay que ser especialmente precavido con las sociedades bulímicas, aquellas que engullen grandes adquisiciones para acabar vomitándolas después. Lucent, Mattel, Quaker Oats y Tyco International están entre las empresas que han tenido que regurgitar adquisiciones asumiendo pérdidas de infarto. Otras empresas tienen que realizar permanentemente cancelaciones contables o imputar cargas contables que demuestran que han pagado cantidades excesivas por sus adquisiciones del pasado. Eso es un mal presagio para las operaciones que se puedan realizar en el futuro.[3]

— Que la sociedad sea adicta al dinero de otras personas, y que se dedique incesantemente a suscribir deudas o colocar acciones para conseguir toneladas de recursos ajenos. Estas enormes aportaciones de dinero de otras personas se denominan «efectivo procedente de actividades de financiación» en la cuenta de flujo de efectivo de la memoria anual. Con estas inyecciones una empresa moribunda puede tener aspecto saludable, aun cuando sus negocios subyacentes no generen suficiente efectivo, como pusieron de manifiesto no hace mucho tiempo los casos de Global Crossing y de WorldCom.[4]

---

[2] También debería conseguir los informes trimestrales (el Formulario 10-Q) de todo un año, por lo menos. Por definición, estamos dando por supuesto que es usted un inversor «emprendedor» dispuesto a dedicar una cantidad considerable de esfuerzo a su cartera. Si los pasos que se indican en este capítulo le parecen demasiado trabajo, es que desde el punto de vista temperamental no es adecuado que seleccione sus propias acciones. No puede obtener de forma fiable los resultados que imagina a menos que dedique el tipo de esfuerzo al que nos referimos.

[3] Por lo general, podrá encontrar detalles sobre las adquisiciones en la sección «Management's Discussion and Analysis» del Formulario 10-K; realice una comprobación en comparación con las notas al pie de los informes financieros. Si se desea más información sobre los «adquirentes en serie», véase el comentario al capítulo 12.

[4] Para determinar si una empresa es adicta al dinero de otros, lea los «Informes de flujos de efectivo» de los informes financieros. Esta página desglosa las entradas y sali-

— Que la empresa sólo tenga una bala en la recámara, y dependa de un único cliente (o de un puñado de clientes) para obtener la mayor parte de sus ingresos. En octubre de 1999, el fabricante de fibra óptica Sycamore Networks Inc. salió a bolsa por primera vez. El folleto de emisión revelaba que un único cliente, Williams Communications, representaba el 100% de los 11 millones de dólares de ingresos totales de Sycamore. Los operadores de mercado valoraron alegremente las acciones de Sycamore en 15.000 millones de dólares. Por desgracia, Williams quebró dos años después. Aunque Sycamore había conseguido otros clientes, sus acciones perdieron el 97% entre 2000 y 2002.

Cuando estudie las fuentes de beneficios y de crecimiento, trate de identificar tanto los aspectos positivos como los negativos. Entre las señales positivas podemos destacar las siguientes:

— Que la empresa tenga a su alrededor un amplio «foso», o ventaja competitiva. Al igual que los castillos, es posible que algunas empresas sean fácilmente conquistadas por los competidores que las ataquen, mientras que otras son prácticamente inexpugnables. Hay diversas fuerzas que pueden ampliar el foso que rodea a una empresa: una fuerte identidad de marca (piense en Harley Davidson, cuyos compradores se tatúan el logotipo de la empresa en sus cuerpos); un monopolio o un cuasi monopolio sobre el mercado; economías de escala, con la capacidad de suministrar grandes cantidades de bienes o servicios de manera económica (piense en Gillette, que produce hojas de afeitar a toneladas); un activo intangible único (piense en Coca-Cola, cuya fórmula secreta de jarabe aromático no tiene verdadero valor material pero ejerce un impagable dominio sobre los consumidores); y una resistencia a la sustitución (para la mayor parte de las empresas no hay alternativa viable a la electricidad, por lo que es muy poco probable que las empresas eléctricas vayan a ser sustituidas en breve por empresas de otro tipo).[5]

---

das de efectivo de la empresa en «actividades de explotación», «actividades de inversión» y «actividades de financiación». Si el saldo de efectivo obtenido con las actividades de explotación es permanentemente negativo, mientras que el saldo de efectivo obtenido con las actividades de financiación es permanentemente positivo, la empresa ha adquirido el hábito de desear más dinero del que sus actividades pueden generar, y no debería usted pasar a formar parte de los «consentidores» de ese abuso crónico. Si se desea más información sobre Global Crossing, véase el comentario al capítulo 12. Si se desea más información sobre WorldCom, véase el recuadro en el comentario al capítulo 6.

[5] Si desea más datos sobre los «fosos», consulte la obra clásica *Competitive Strategy*, del profesor de la Harvard Business School Michael E. Porter (Free Press, Nueva York, 1998).

— Que la empresa sea corredor de maratón y no de los cien metros. Al observar las cuentas de resultados históricas, se podrá apreciar si los ingresos y los beneficios netos han ido creciendo de manera firme y uniforme durante los diez años anteriores. Un reciente artículo publicado en el *Financial Analysts Journal* confirmaba lo que otros estudios (y la triste experiencia de muchos inversores) ya habían puesto de manifiesto: que las empresas que experimentan un crecimiento más rápido suelen tener tendencia al excesivo calentamiento y a los estallidos.[6] Si los ingresos están creciendo a un ritmo a largo plazo del 10% antes de impuestos (o a una cifra de entre el 6% y el 7% después de impuestos), ese crecimiento puede ser sostenible. Sin embargo, un crecimiento del 15%, como el que muchas empresas se marcan como objetivo, es ilusorio. Una tasa de crecimiento aún mayor, o un súbita expansión explosiva de crecimiento concentrada en uno o dos años tenderá a desaparecer, con certeza, de la misma manera que desaparecería de la cabeza de la carrera un corredor inexperto de maratón que intentase recorrer toda la distancia como si se tratase de una carrera de cien metros.

— Que la empresa siembre y coseche. Por buenos que sean sus productos o por potentes que sean sus marcas, la empresa debe dedicar dinero a promover nuevas actividades. Aunque el gasto en investigación y desarrollo no es una fuente de crecimiento en el momento actual, sí que puede ser la fuente de crecimiento del futuro, en especial si la empresa tiene un historial contrastado de rejuvenecimiento de sus líneas de actividad con nuevas ideas y bienes de equipo. El presupuesto medio de investigación y desarrollo varía de un sector a otro y de una empresa a otra. Durante el ejercicio 2002, Procter & Gamble destinó aproximadamente el 4% de su volumen neto de ventas a la investigación y desarrollo, mientras que 3M destinó el 6,5% y Johnson & Johnson el 10,9%. A largo plazo, una empresa que no gaste nada en I+D será, por lo menos, tan vulnerable como otra que gaste demasiado.

La calidad y el comportamiento del equipo directivo. Los ejecutivos de la empresa deberían explicar qué van a hacer, y después deberían hacer lo que han dicho que iban a hacer. Lea las memorias anuales de los ejercicios anteriores para descubrir las previsiones realizadas por los directivos y para comprobar si las han cumplido o si se han quedado cortos. Los directivos deberían reconocer abiertamente sus fallos y asumir la responsabilidad por ellos, en vez de culpar a víctimas propiciatorias que lo mismo sirven para un roto que para un descosido,

---

[6] Véase Cyrus A. Ramezani, Luc Soenen y Alan Jung, «Growth, Corporate Profitability, and Value Creation», *Financial Analysts Journal*, noviembre / diciembre de 2002, págs. 56–67; también disponible en http://cyrus.cob.calpoly.edu/.

como por ejemplo «la economía», «la incertidumbre», o una «débil demanda». Compruebe si el tono y el contenido de la carta del presidente del consejo de administración se mantiene más o menos constante, o si va cambiando siguiendo las últimas modas de Wall Street. (Preste especial atención a los años de crecimiento explosivo, como 1999: ¿Anunciaron súbitamente los ejecutivos de una empresa de cemento o de ropa interior que estaban «en la vanguardia de la revolución del software de transformación»?).

Estas preguntas también pueden ayudarle a determinar si las personas que dirigen la empresa van a actuar en beneficio de las personas que son propietarias de la empresa:

— ¿Están tratando de alcanzar el número uno?
Una empresa que pague a su consejero delegado 100 millones de dólares al año haría mejor en tener un buen motivo para hacerlo. (¿Tal vez ha descubierto, y patentado, la fuente de la juventud? ¿O tal vez ha descubierto El Dorado y lo ha comprado por 1 dólar el metro cuadrado? ¿O ha entrado en contacto con vida en otro planeta y ha negociado un contrato que obliga a los alienígenas a comprar todos sus suministros a una sola empresa en toda la Tierra?). De lo contrario, este tipo de indecente aquelarre salarial sugiere que la empresa está gestionada por los directivos, en beneficio de los directivos.
Si una empresa modifica la cotización de (o hace «nuevas emisiones» o «canjea») sus opciones sobre acciones ofrecidas a los directivos, manténgase alejado de ella. Con estas artimañas, una empresa cancela las opciones sobre acciones existentes (que normalmente no tendrán ningún valor) que se habían ofrecido a directivos y empleados y las sustituye por otras nuevas a precios ventajosos. Si nunca se permite que su valor llegue a cero, mientras que su potencial de beneficio siempre es infinito, ¿cómo se puede afirmar que las opciones promueven una buena administración de los activos de la empresa? Cualquier empresa establecida que se dedique a modificar el precio de sus opciones, de la forma en que lo han hecho docenas de empresas de alta tecnología, estará actuando de manera escandalosa. Cualquier inversor que compre acciones de ese tipo de empresas estará pidiendo a gritos que lo esquilmen.
Si examina la memoria anual en busca de la nota al pie obligatoria relativa a las opciones sobre acciones, podrá observar hasta dónde cuelga el «faldón de opciones pendientes». AOL Time Warner, por ejemplo, declaró en la portada de su memoria anual que tenía 4.500 millones de acciones ordinarias en circulación a 31 de diciembre de 2002, pero en una nota al pie escondida en medio de la memoria se revelaba que la empresa había emitido opciones sobre 657 millones de acciones más. Por lo tanto, los futuros beneficios de AOL tendrán que dividirse entre el 15% más de acciones. Se debería tener en cuenta la potencial riada de nuevas accio-

nes procedente de opciones sobre acciones siempre que se trate de calcular el valor futuro de una empresa.[7]

El «Formulario 4», que está disponible a través de la base de datos EDGAR en www.sec.gov, revela si los altos ejecutivos y los consejeros de una empresa han estado comprando o vendiendo acciones. Es posible que existan motivos lícitos para que una persona de dentro de la empresa venda acciones, como por ejemplo el interés por diversificar su cartera de inversión, la compra de una casa más grande o un acuerdo de divorcio; sin embargo, una serie reiterada de grandes ventas debe interpretarse como una enorme bandera roja. No es muy razonable que el directivo siga siendo socio suyo si no deja de vender mientras que usted compra.

— ¿Son gestores o promotores?

Los ejecutivos deberían dedicar la mayor parte de su tiempo a gestionar su empresa en privado, y no a promocionarla entre el público que invierte. Con demasiada frecuencia los consejeros delegados se quejan de que sus acciones tienen una cotización demasiado baja, por mucho que dicha cotización suba, olvidándose de la insistencia de Graham en que los directivos deberían esforzarse por evitar que la cotización de las acciones baje en exceso o suba exageradamente.[8] Mientras tanto, son demasiados los directores de finanzas que ofrecen «orientaciones sobre beneficios» o estimaciones aproximadas de los beneficios trimestrales que va a obtener la empresa. Y algunas empresas se muestran más aficionadas a darle al (auto) bombo que el famoso Manolo, lanzando constantemente comunicado de prensa tras comunicado de prensa, en los que se enorgullecen de «oportunidades» temporales, triviales o de dudosa existencia.

Unas cuantas empresas, entre las que se puede mencionar a Coca-Cola, Gillette y USA Interactive han empezado a hacer caso a las autoridades sanitarias y «simplemente, dicen no» a la obsesión cortoplazista de Wall Street. Estas pocas empresas valientes están aportando más datos sobre sus presupuestos actuales y sus planes a largo plazo, a la vez que se niegan a especular sobre lo que puede ocurrir en los próximos 90 días. (Si desea examinar un modelo de comunicación sincera y justa que una empresa puede mantener con sus inversores, vaya a la base de datos EDGAR en www.sec.gov y examine las declaraciones 8-K presentadas por Expeditors International de Washington, que periódicamente publica sus extraordinarios diálogos de preguntas y respuestas con los accionistas en dicho sitio).

---

[7] Jason Zweig es empleado de AOL Time Warner y tiene opciones de compra de acciones en la empresa. Si se desea más información sobre el funcionamiento de las opciones de compra de acciones, véase el comentario al capítulo 19, pág. 534.

[8] Véase la nota 19 del comentario al capítulo 19, pág. 535.

Por último, pregúntese si las prácticas de contabilidad de la empresa están diseñadas para que sus resultados financieros sean transparentes, o si lo que persiguen es que sean opacos. Si las cargas «no recurrentes» no dejan de recurrir, si las partidas «extraordinarias» aparecen con tanta frecuencia que lo único que se puede decir de ellas es que son ordinarias, si los acrónimos como EBITDA adquieren prioridad sobre los resultados netos, o si se recurre a la publicación de beneficios «pro forma» para enmascarar pérdidas reales, es posible que esté observando a una empresa que todavía no ha aprendido a poner los intereses a largo plazo de sus accionistas en primer lugar.[9]

Fortaleza financiera y estructura de capital. La definición más sencilla y básica que es posible dar sobre una buena actividad empresarial es la siguiente: genera más efectivo del que consume. Los buenos directivos no dejan de encontrar formas de destinar ese efectivo a un uso productivo. A largo plazo, las empresas que cumplen este criterio acabarán, de manera prácticamente segura, creciendo en valor, al margen de la evolución que siga el mercado de valores.

Empiece por examinar la cuenta de flujo de efectivo incluida en la memoria anual de la empresa. Compruebe si el efectivo procedente de las operaciones ha aumentado de manera firme, sostenida y uniforme durante los diez últimos años. Después de hacerlo, puede profundizar aún más. Warren Buffett ha popularizado el concepto de *beneficios del propietario*, o lo que es lo mismo, beneficios netos más amortización y depreciaciones, menos los gastos de capital normales. Como afirma el gestor de cartera Christopher Davis, de Davis Selected Advisors: «Si fuese el propietario al 100% de esta empresa, ¿cuánto dinero en efectivo tendría en el bolsillo al final del año?». Al introducir ajustes relativos a partidas contables, como la amortización y la depreciación, que no afectan a los saldos de efectivo de la empresa, los beneficios del propietario pueden ser una medida más apropiada que los beneficios netos declarados. Para ajustar más la definición de beneficios del propietario también debería deducir las siguientes partidas de los beneficios netos declarados:

— Todos los costes de concesión de opciones sobre acciones, que desvían los beneficios de los accionistas actuales canalizándolos hacia los bolsillos de los nuevos propietarios que trabajan en la empresa.
— Todas las partidas «inusuales», «no recurrentes», o «extraordinarias».
— Cualquier tipo de «ingreso» procedente del fondo de pensiones de la empresa.

[9] Si se desea más información sobre estas cuestiones, véase el comentario al capítulo 12 y el extraordinario ensayo de Joseph Fuller y Michael C. Jensen, «Just Say No to Wall Street», en http://papers.ssrn.com.

Si los beneficios del propietario por acción han crecido a una media firmemente sostenida de por lo menos el 6% o el 7% durante los diez últimos años, la empresa es una generadora estable de efectivo, y sus perspectivas de crecimiento son buenas.

A continuación, observe la estructura de capital de la empresa. Examine el balance para comprobar qué volumen de recursos ajenos (acciones preferentes incluidas) tiene la empresa; en general, el endeudamiento a largo plazo debería estar por debajo del 50% del capital total. En las notas a los estados financieros compruebe si el endeudamiento a largo plazo está contratado a tipo fijo (lo que supone que los pagos de intereses serán constantes) o a tipo variable (lo que supondría que los pagos por intereses fluctuarán a lo largo del tiempo, y que podrían acabar siendo muy costosos en el caso de que se produjese una subida de los tipos de interés).

Examine en la memoria anual el cuadro o la cuenta que muestre el «ratio de beneficios a cargas fijas». Ese cuadro en la memoria anual de Amazon.com correspondiente al ejercicio 2002 muestra que los beneficios de Amazon se quedaron a 145 millones de dólares de cubrir sus costes por intereses. En el futuro, Amazon tendrá que conseguir muchos más ingresos con sus operaciones o encontrar la forma de tomar prestado dinero a tipos de interés más bajos. De lo contrario, la empresa podría acabar siendo propiedad no de sus accionistas, sino de sus obligacionistas, que podrían acabar reclamando los activos de Amazon si no tuviesen otra forma de garantizar los pagos de intereses que se adeudan. (Para ser justos, hay que reconocer que el ratio de beneficios a cargas fijas de Amazon fue mucho más saludable en 2002 que dos años antes, cuando los beneficios se quedaron a 1.100 millones de dólares de cubrir los pagos de la deuda).

A continuación haremos unos breves comentarios sobre los dividendos y la política de acciones (hay indicaciones adicionales en el capítulo 19):

— La carga de la prueba de demostrar que es mejor para los accionistas no recibir dividendos recae sobre la empresa. Si la empresa ha conseguido de manera constante mejores resultados que la competencia, tanto en un entorno favorable como en un entorno desfavorable de mercado, estará relativamente claro que sus directivos están aplicando de manera óptima el dinero en efectivo. Sin embargo, si la actividad de la empresa pierde fuelle, o si sus acciones cosechan peores resultados que las de sus rivales, los directivos y los consejeros estarán haciendo un uso inadecuado del efectivo, en caso de que se nieguen a abonar dividendos.

— Las empresas que recurren reiteradamente al desdoblamiento de sus acciones, y que anuncian estas operaciones en arrebatadores comunicados de prensa, están tratando a sus inversores como si fuesen tontos. Como Yogi Berra, que quería que le cortasen la pizza en cuatro trozos «porque no creo que pueda comerme ocho», los accionistas a los que les encanta el desdoblamiento de las acciones se olvidan de lo que realmente es importante. Dos acciones con un valor nominal de 50 dólares no valen más que una acción con un valor de 100 dólares. Los directivos que recurren a esta técnica para animar la cotización de sus acciones están promoviendo y aprovechándose de los peores instintos del público inversor, y el inversor inteligente debería pensárselo dos veces antes de entregar cualquier cantidad de dinero a ese tipo de manipuladores condescendientes.[10]

— Las empresas deberían recomprar sus acciones cuando están baratas, no cuando están rozando los máximos históricos. Por desgracia, ha empezado a ser bastante habitual que las empresas vuelvan a comprar sus acciones en momentos en los que su cotización es excesiva. No hay forma más desfachatada de malgastar el efectivo de una empresa, puesto que el objetivo real de esa maniobra consiste en permitir que los altos ejecutivos se embolsen suculentos y multimillonarios sobres vendiendo, en nombre de la «ampliación del valor para el accionista», las opciones sobre acciones de las que son titulares.

Hay abundantes pruebas incidentales, de hecho, que sugieren que los directivos que hablan de «aumentar el valor para el accionista» raramente lo hacen. En el mundo de la inversión, como en la vida en general, la victoria definitiva suele corresponder a los que hacen cosas, no a los que hablan.

[10] Los desdoblamientos de acciones se abordan con más detalle en el comentario al capítulo 13.

Capítulo 12

Cosas que se deben tener en cuenta respecto de los beneficios por acción

Este capítulo comenzará con dos consejos dirigidos al inversor que inevitablemente tienen unas consecuencias contradictorias. El primero es: no se tome en serio los beneficios de un único año. El segundo es: si presta atención a los beneficios a corto plazo, trate de localizar trampas para incautos en las cifras por acción. Si nuestra primera advertencia fuese respetada estrictamente, la segunda sería innecesaria. Sin embargo, es mucho esperar que la mayoría de los accionistas puedan basar todas sus decisiones sobre sus acciones en el historial a largo plazo y en las perspectivas a largo plazo. Las cifras trimestrales, y en especial las cifras anuales, reciben una gran atención en los círculos financieros, y esta atención difícilmente puede dejar de influir en el pensamiento del inversor. Es posible que necesite cierta formación en este terreno, porque está repleto de posibilidades engañosas.

En el momento de redactar este capítulo aparece en el *Wall Street Journal* el informe de beneficios de Aluminum Company of America (ALCOA) correspondiente al ejercicio 1970. Las primeras cifras que aparecen son las siguientes:

	1970	1969
Beneficio por acción[a]	5,20 dólares	5,58 dólares

La diminuta letra [a] que aparece en el superíndice se explica en una nota al pie; hace referencia al «beneficio básico», o beneficio antes de dilución, antes de imputar cargas especiales. Hay mucho más material en las notas a pie de página; de hecho, las notas ocupan el doble de espacio que las propias cifras básicas.

Únicamente en relación con el trimestre de diciembre, los «beneficios por acción» que se declaran ascienden a 1,58 dólares en 1970, en comparación con 1,56 dólares en 1969.

El inversor o especulador que esté interesado en las acciones de ALCOA, al leer esas cifras, podría decirse: «No está nada mal. Pensaba que 1970 había sido un año de recesión para el sector del aluminio. Sin embargo, el cuarto trimestre muestra una ganancia respecto de lo que ocurrió en 1969, con unos beneficios del orden de 6,32 dólares al año. Veamos. La acción cotiza a 62. ¡Caramba! Es menos de diez veces los beneficios. Así las cosas, parece bastante barata, en comparación con las 16 veces los beneficios de International Nickel, etc., etc...».

Sin embargo, si nuestro amigo inversor-especulador se hubiese molestado en leer todo lo que pone en las notas a pie de página, habría descubierto que en vez de una única cifra de beneficios por acción correspondiente al año 1970 en realidad había cuatro, literalmente:

	1970	*1969*
Beneficio básico	5,20 dólares	5,58 dólares
Resultado neto (después de cargas especiales)	4,32	5,58
Diluido, antes de cargas especiales	5,01	5,35
Diluido, después de cargas especiales	4,19	5,35

En relación con el cuarto trimestre únicamente se facilitaban dos cifras:

Beneficio básico	1,58 dólares	1,56 dólares
Resultado neto (después de cargas especiales)	0,70	1,56

¿Qué significan todas esas diferentes cifras adicionales de beneficio? ¿Qué beneficio es el verdadero del ejercicio y del trimestre finalizado en diciembre? Si el beneficio que se debe tener en cuenta respecto de este último período es de 70 centavos, el resultado neto después de cargas especiales, la tasa anual de beneficio sería de 2,80 dólares, en vez de los 6,32 dólares, y la cotización de 62 supondría «multiplicar por 22 los beneficios», en vez del múltiplo de 10 con el que empezamos.

Parte de la cuestión de los «verdaderos beneficios» de ALCOA se puede responder de manera bastante sencilla. La reducción de 5,20 dólares a 5,01 dólares, para tener en cuenta los efectos de la «dilución» es claramente necesaria. ALCOA tiene un gran número de obligaciones convertibles en acciones ordinarias; para calcular la «capacidad de generación de beneficios» de las acciones ordinarias, a partir de los resultados de 1970, se debe suponer que el derecho de conversión será ejercitado en el caso de que a los tenedores de obligaciones les resulte rentable hacerlo. El importe, en el caso de ALCOA, es relativamente reducido, y no merece en realidad un comentario detallado. Sin embargo, en otros casos tener en cuenta los derechos de conversión, y la existencia de derechos de suscripción de acciones, puede reducir el beneficio aparente a la mitad o menos. Presentaremos ejemplos de un factor de dilución realmente significativo posteriormente (página 439). (Los servicios informativos financieros no siempre actúan de manera uniforme a la hora de deducir el factor de dilución en sus informes y análisis).*

Centrémonos ahora en la cuestión de las «cargas especiales». Esta cifra, que ascendía a 18.800.000 dólares, o lo que es lo mismo 88 centavos por acción, deducida en el cuarto trimestre, no es intrascendente. ¿Se debe pasar por alto por completo, o se debe contabilizar íntegramente como reducción del beneficio, o se debe reconocer parcialmente y pasar por alto parcialmente? El inversor que estuviese alerta también podría preguntarse ¿cómo es posible que se produjese una epidemia virtual de este tipo de amortizaciones y cancelaciones contables especiales que aparecieron en las memorias de tantas empresas al cierre de 1970 y no en los ejercicios anteriores? ¿Es posible que hubiese unos cuantos maquilladores hábiles aplicando sus finas artes sobre las cuentas, por supuesto, siempre dentro de los límites de lo permisible?† Si realizamos un examen detenido, podemos descubrir que tales pérdidas, imputadas y canceladas antes de que realmente se produjesen, se pueden hacer desaparecer, por así decir, sin que se produzcan efectos desagradables en el «beneficio básico» tanto pasado como futuro. En algunos casos extremos pueden llegar a estar disponibles para conseguir que ulteriores cifras de beneficio parezcan casi el doble de lo que en realidad son, gracias a la utilización más o menos malabar de los efectos compensatorios fiscales generados.

---

* «Dilución» es una de las muchas palabras que se emplean para describir los valores con términos del lenguaje de la dinámica de fluidos. Se dice que una acción con un elevado nivel de negociación es «líquida». Cuando una empresa sale a bolsa mediante una oferta pública inicial, se dice que hace que sus acciones «floten» en el mercado. Antaño, cuando una empresa había diluido sus acciones (con grandes cantidades de deuda convertible o con múltiples ofertas de acciones ordinarias), se decía que había «aguado» su capital. Se cree que este término tiene su origen en el legendario manipulador del mercado Daniel Drew (1797–1879), que comenzó su carrera como tratante de ganado. Normalmente llevaba su ganado al sur, hacia Manhattan, y le obligaba a tragar sal durante el camino. Cuando llegaban al Río Harlem, el ganado bebía enormes volúmenes de agua para calmar su sed. Entonces Drew lo llevaba al mercado, donde el agua que acababan de beber hacía que su peso aumentase. Eso le permitía obtener un precio mucho más elevado, ya que el ganado en pie se vende al peso. Más tarde, Drew aguó las acciones del Erie Railroad emitiendo de forma masiva nuevas acciones sin advertencia previa.

† Graham se refiere a la práctica de destacar los rasgos más atractivos, a la vez que se ocultan o se atenúan los rasgos menos favorecedores. Los contables, de la misma manera, pueden transformar simples hechos financieros en rasgos intrincados e incluso incomprensibles.

Al analizar las cargas especiales de ALCOA, lo primero que hay que determinar es cómo se producen. Las notas a pie de página son suficientemente específicas. Las deducciones tienen cuatro orígenes, a saber:

1. La estimación del equipo directivo de los costes previstos de cierre de la división de productos manufacturados.
2. Lo mismo respecto del cierre de las plantas de ALCOA Castings Co.
3. Lo mismo respecto de las pérdidas sufridas en el cierre progresivo de ALCOA Credit Co.
4. Además, los costes estimados en 5,3 millones de dólares asociados con la culminación del contrato de unos «paneles divisorios».

Todas estas partidas están relacionadas con futuros costes y pérdidas. Es fácil afirmar que no forman parte de los «resultados de explotación ordinarios» de 1970, pero entonces, ¿dónde hay que encuadrar esos resultados? ¿Son tan «extraordinarios y no recurrentes» que no se pueden imputar a ningún ejercicio ni epígrafe? Una empresa de tan grandes dimensiones como ALCOA, con un volumen de facturación que asciende a 1.500 millones de dólares al año, debe tener muchísimas divisiones, departamentos, filiales y similares. ¿No será más normal que extraordinario que una o más de esas entidades resulte no ser rentable y sea necesario cerrarla? Lo mismo cabe decir de cuestiones del estilo del «contrato de construcción de paneles divisorios». Piense en lo que sucedería si cuando una empresa sufriese una pérdida en cualquier área de su actividad, tuviese la brillante idea de cancelarlo, imputándolo en forma de «partida especial», o no recurrente, y de esa forma pudiese declarar un «beneficio básico» por acción que únicamente incluyese los contratos y operaciones rentables. La contabilidad sería como el reloj de sol del rey Eduardo VII, que únicamente marcaba las «horas de sol».*

El lector debería detectar dos aspectos ingeniosos del procedimiento de ALCOA que hemos estado exponiendo. El primero es que *al anticipar las pérdidas futuras*, la empresa soslaya la necesidad de imputar las pérdidas en cues-

---

* El rey probablemente encontró su inspiración en un ensayo que fue muy famoso del escritor inglés William Hazlitt, que hablaba sobre un reloj de sol cerca de Venecia que tenía la inscripción *Horas non numero nisi serenas*, que significa, «Sólo cuento las horas que son serenas». Las empresas que excluyen a toda costa las malas noticias de sus memorias financieras con la excusa de que los acontecimientos negativos son «extraordinarios» o «no recurrentes» están tomando prestada una página de Hazlitt, que urgió a sus lectores «a no dejar que el tiempo les afecte salvo en lo que resulte beneficioso, a fijarse únicamente en las sonrisas y no hacer caso de los ceños fruncidos, a hacer de nuestras vidas una colección de momentos brillantes y amables, fijándonos en el lado bueno de las cosas, y dejando que el resto desaparezca de nuestras imaginaciones, sin dejar huella ni rastro» (William Hazlitt, «On a Sun-Dial», ca. 1827). Lamentablemente, los inversores siempre han de contar tanto las horas soleadas como las oscuras.

tión a un año concreto. No corresponden a 1970, porque no se produjeron en la práctica en ese ejercicio. Y no se mostrarán en el año en el que se produzcan en la práctica, porque ya habrán sido provisionadas. Espléndida maniobra, pero ¿no podría decirse que es un poco engañosa?

La nota al pie introducida por ALCOA no dice nada sobre la futura bonificación fiscal derivada de estas pérdidas. (La mayor parte de las declaraciones de este tipo indican específicamente que únicamente se ha deducido el «efecto después de impuestos»). Si la cifra de ALCOA representa las pérdidas futuras antes del correspondiente crédito fiscal, entonces no sólo se verán los futuros beneficios libres del peso de estas cargas (en el momento en el que realmente se incurra en ellas), sino que además se verán incrementados por un crédito tributario de aproximadamente el 50% de su importe. Es difícil creer que la contabilidad se pueda gestionar de esta manera. Sin embargo, es un hecho que algunas empresas que han sufrido grandes pérdidas en el pasado han podido declarar beneficios futuros sin tener que imputar los impuestos ordinarios contra tales beneficios, de una forma que puede hacer que esos beneficios parezcan realmente interesantes, a pesar de que, paradójicamente, se basen en desgracias sufridas en el pasado. (Las compensaciones fiscales derivadas de las pérdidas de años anteriores se contabilizan actualmente por separado como «partidas especiales», pero se contabilizarán en la estadística futura como partes de la cifra de «resultado neto». Sin embargo, una reserva que se cree en la actualidad para pérdidas futuras, si es después de deducir el crédito tributario esperado, no debería crear una adición de este tipo al resultado neto de los ejercicios posteriores).

El otro rasgo ingenioso es el uso por parte de ALCOA, junto con muchas otras empresas, del cierre del ejercicio de 1970 para realizar ciertas cancelaciones contables especiales. El mercado de valores sufrió lo que aparentemente fue una escabechina en el primer semestre de 1970. Todo el mundo esperaba unos resultados relativamente deficientes para la mayor parte de las empresas en ese ejercicio. Wall Street esperaba ahora mejores resultados para 1971, 1972, etcétera. Qué mejor, entonces, que imputar todas las cargas posibles al año de resultados deficientes, que ya había sido mentalmente dado por perdido y que prácticamente había caído en el abismo del pasado, despejando el camino para unas cifras fantásticamente engordadas en los próximos años. Tal vez se trate de una buena práctica contable, una buena política de negocio y bueno para las relaciones entre la dirección y los accionistas. Sin embargo, nosotros albergamos serias dudas al respecto.

La combinación de unas operaciones generalmente (¿o deberíamos decir groseramente?) diversificadas junto con el impulso de hacer limpieza que sintieron las empresas a finales de 1970 ha dado lugar a algunas desconcertantes notas a pie de página en las memorias anuales. Es posible que el lector se quede maravillado ante la siguiente explicación facilitada por una sociedad que cotizaba en la NYSE (cuyo nombre no revelaremos) acerca de sus «partidas especiales» que totalizaban 2.357.000 dólares, o lo que es lo mismo, aproximadamente un tercio de los beneficios antes de las cancelaciones contables: «Están compuestas por una provisión para el cierre de las operaciones de Spalding United Kingdom; provisión para los gastos de reorganización de una división; coste de venta de una pequeña empresa de fabricación de pañales y biberones, enajenación de una participación minoritaria en una línea de arrendamiento de automóviles en España y liquidación de una organización de botas de esquí».*

Hace años las empresas sólidas solían organizar «reservas de contingencia» con cargo a los beneficios de los *buenos años* para absorber algunos de los efectos negativos de los futuros años de crisis. El concepto subyacente era el de equilibrar los beneficios declarados, más o menos, y mejorar el factor de estabilidad en el historial de la empresa. Un motivo digno de encomio, aparentemente; sin embargo, los contables, de manera justificada, se oponían a esta práctica puesto que falseaba los verdaderos beneficios. Insistían en que se presentasen los resultados de cada ejercicio tal y como se habían producido, buenos o malos, y que los accionistas y los analistas tuviesen la ocasión de hacer los promedios o las ecualizaciones, por sí mismos. En la actualidad hemos llegado a ser testigos del fenómeno contrario, en el cual todo el mundo imputa el mayor número de partidas posibles contra el malhadado año 1970, con el objetivo de comenzar 1971 con una hoja no sólo en blanco, sino especialmente preparada para mostrar agradables cifras en los años venideros.

Ha llegado el momento de volver a nuestra primera pregunta. ¿Cuáles fueron, entonces, los verdaderos beneficios obtenidos por ALCOA en 1970? La respuesta exacta sería la siguiente: los 5,01 dólares por acción, después de «dilución», menos la parte de los 82 centavos de «cargas especiales» que justificadamente pudiese ser atribuida a los acontecimientos acaecidos en 1970. Sin embargo, no sabemos qué parte es ésa, y por lo tanto *no podemos declarar con exactitud los verdaderos beneficios de ese ejercicio*. El equipo directivo o los auditores deberían haber manifestado su opinión razonada sobre esta cuestión, pero no lo hicieron. Además, la dirección y los auditores deberían haber estipulado que se dedujese el saldo de estas cargas de los *beneficios ordinarios* de un número adecuado de años futuros, por ejemplo, no más de cinco. Evidentemente, tampoco estarán por la labor de hacerlo, puesto que ya han imputado convenientemente toda la cifra como una carga especial imputable a 1970.

Cuanto más seriamente se tomen los inversores las cifras de beneficio por acción tal y como se publiquen, más necesario será que estén en guardia frente a los factores de contabilidad de uno o de otro tipo que puedan hacer imposible una comparación válida de las cifras de diferentes ejercicios o de diferentes empresas. Hemos mencionado tres de esos posibles factores: el uso de las *cargas especiales*, que pueden no quedar nunca reflejadas en el beneficio por

---

* La empresa a la cual Graham se refiere con tanta timidez parece ser American Machine & Foundry (o AMF Corp.), uno de los grupos organizativos más caóticos de finales de la década de 1960. Fue predecesora de la actual AMF Bowling Worldwide, que opera boleras y fabrica bienes de equipo para boleras.

acción, la reducción de la deducción normal en el *impuesto sobre beneficios* a causa de pérdidas sufridas en el pasado, y el acto de *dilución* implícito en la existencia de cantidades sustanciales de valores convertibles o de derechos de suscripción de acciones.[1] Un cuarto elemento que ha tenido un efecto importante en los beneficios declarados en el pasado es el método elegido para realizar la amortización, principalmente la elección entre el método de amortización «lineal» y el método «acelerado» de amortización. Nos vamos a abstener de dar detalles en este momento. Sin embargo, a modo de ejemplo de lo que está sucediendo en el momento en el que estamos redactando este libro, mencionemos la memoria del ejercicio 1970 de Trane Co. Esta empresa mostró un incremento de prácticamente el 20% en el beneficio por acción respecto del ejercicio de 1969, 3,29 dólares en comparación con 2,76 dólares, pero la mitad de ese incremento fue consecuencia de su vuelta al antiguo método lineal de amortización, que resulta menos gravoso sobre el beneficio que el método acelerado que había empleado el año anterior. (La empresa seguirá aplicando el método acelerado a efectos fiscales, con lo que diferirá los pagos del impuesto sobre la renta correspondiente a la diferencia). Otro factor más, que resulta importante en ciertas ocasiones, es la opción entre imputar el coste de la investigación y el desarrollo en el ejercicio en el que se incurre o amortizarlo a lo largo de una serie de años. Por último, mencionemos la posibilidad de optar entre el método FIFO (primero en entrar, primero en salir) y LIFO (último en entrar, primero en salir) para calcular el valor de los inventarios.*

Una indicación evidente en este sentido debería ser que los inversores no tendrían que prestar ninguna atención a estas variables de contabilidad si los importes afectados fuesen relativamente reducidos. Sin embargo, siendo como es Wall Street, es necesario tomarse en serio hasta las partidas que son relativamente intrascendentes en sí mismas. Dos días antes de que apareciese la memoria de ALCOA en el *Wall Street Journal*, el periódico había publicado una deta-

---

* En la actualidad, los inversores deben tener en cuenta otros varios «factores contables» que pueden distorsionar los beneficios declarados. Uno de ellos son los estados financieros «pro forma» o «como si», que recogen los beneficios de las empresas como si los principios de contabilidad generalmente aceptados no existiesen. Otro es el efecto de dilución que tiene la emisión de millones de opciones sobre acciones en concepto de retribución de los ejecutivos, y la recompra de millones de acciones para evitar que esas opciones reduzcan el valor de las acciones ordinarias. Un tercer factor son las hipótesis inverosímiles sobre la rentabilidad que pueden conseguir los fondos de pensiones de las empresas, que pueden inflar artificialmente los beneficios en los buenos años y contraerlos en los malos. Otro más son las «entidades con finalidades especiales» o firmas o asociaciones del grupo que adquieren activos arriesgados o elementos del pasivo de la empresa y, por lo tanto, «retiran» esos riesgos financieros del balance de la empresa. Otro elemento de distorsión es el tratamiento del marketing u otros costes «inmateriales» como activos de la empresa, en vez de como gastos ordinarios de explotación. Examinaremos brevemente estas prácticas en el comentario que acompaña a este capítulo.

llada exposición sobre los estados correspondientes de Dow Chemical. Finalizaba con la indicación de que «muchos analistas» estaban preocupados por el hecho de que Dow hubiese incluido una partida de 21 centavos en los beneficios ordinarios de 1969, en lugar de tratar esa partida como si fuese un «ingreso extraordinario». ¿Cuál era el problema? Evidentemente, que las evaluaciones de Dow Chemical, que en conjunto afectaban a muchos millones de dólares, parecían depender de cuál fuese exactamente el incremento porcentual conseguido en 1969 respecto de 1968; en este caso, el 9% o el 4,5%. Esto nos parece bastante absurdo; es muy poco probable que las pequeñas diferencias relacionadas con los resultados de un ejercicio puedan influir de modo significativo en los beneficios medios o en el crecimiento del futuro, y en una valoración conservadora y realista de la empresa.

En contraposición, pensemos en otro estado contable que también se publicó en enero de 1971. En este caso hablamos de la memoria anual de 1970 de Northwest Industries Inc.* La empresa estaba pensando en realizar una cancelación contable, en forma de carga especial, de un importe mínimo de 264 millones de dólares, operación que pensaba realizar de un plumazo. De esa cifra, 200 millones de dólares correspondían a la pérdida que debía asumirse como consecuencia de la venta del ferrocarril que pensaba realizar a sus empleados, y el resto era una cancelación contable de una reciente adquisición de acciones. Estas cifras habrían arrojado una pérdida de aproximadamente 35 dólares por acción ordinaria antes de compensaciones por dilución, o lo que es lo mismo, del doble de su precio actual de mercado. Se trataba de una transacción realmente significativa. Si la operación sigue adelante, y si no se modifican las normas tributarias, esta pérdida contabilizada en 1970 permitirá que Northwest Industries materialice aproximadamente 400 millones de dólares de beneficios futuros (en un plazo de cinco años) con sus otras actividades diversificadas sin tener que pagar impuestos sobre la renta por tales beneficios.† ¿Cuál será entonces el verdadero beneficio de esta empresa; debería calcularse teniendo en cuen-

---

* Northwest Industries era la sociedad de cartera de, entre otras empresas, la Chicago and Northwestern Railway Co. y la Union Underwear (fabricante de la ropa interior de las marcas BVD y Fruit of the Loom). Fue adquirida en 1985 por el financiero excesivamente endeudado William Farley, que arruinó a la empresa. Fruit of the Loom fue adquirida en un procedimiento de quiebra por la empresa de Warren Buffett, Berkshire Hathaway Inc., a principios del año 2002.

† Graham se está refiriendo a la disposición de la legislación tributaria federal que permite a las organizaciones «trasladar a ejercicios posteriores» sus pérdidas de explotación netas. Tal y como está en la actualidad la norma tributaria, estas pérdidas se pueden trasladar a ejercicios posteriores con un límite máximo de 20 años, reduciendo las obligaciones fiscales de la empresa durante todo el período (y por lo tanto elevando sus beneficios después de impuestos). Por lo tanto, los inversores deben tener en cuenta si hay pérdidas recientes graves que realmente puedan mejorar los beneficios netos de la empresa en el futuro.

ta o sin tener en cuenta el prácticamente 50% de impuestos sobre la renta que no tendrá que pagar en realidad? En nuestra opinión, el método adecuado de cálculo consistiría en calcular en primer lugar la citada capacidad de generación de beneficios sobre la base de que estuviese sujeta a toda su responsabilidad fiscal, y extraer una idea en términos generales sobre el valor de las acciones de la empresa que estuviese basada en dicha estimación. A esta cifra se debería incorporar algún tipo de bonificación que representase el valor por acción de la importante, aunque temporal, exención tributaria de que va a disfrutar la empresa. (También sería necesario introducir algunos ajustes para el caso de que se produjese una dilución a gran escala. De hecho, las acciones preferentes convertibles y los derechos de suscripción podrían llegar a duplicar con creces el número de acciones ordinarias en circulación si tales derechos se ejercitan).

Es posible que todo esto resulte aburrido y confuso para nuestros lectores, pero forma parte de nuestra historia. La contabilidad de las grandes empresas suele estar llena de trucos; el análisis de valores puede ser complicado; las valoraciones de las acciones sólo son realmente fiables en casos excepcionales.* Para la mayor parte de los inversores, probablemente lo mejor sería que se asegurasen de que están consiguiendo un buen valor por el precio que pagan, y que no profundizasen más en esta cuestión.

Utilización del beneficio medio

Antiguamente los analistas y los inversores prestaban una considerable atención al beneficio medio durante un período de tiempo relativamente prolongado del pasado, normalmente entre siete y diez años. Esta «cifra promedio»† era útil para equilibrar los frecuentes altibajos de los ciclos empresariales, y se pensaba

* Los inversores deberían tener siempre a mano estas palabras y recordarlas con frecuencia: «Las valoraciones de las acciones sólo son realmente fiables en casos excepcionales». Aunque las cotizaciones de la mayoría de las acciones son más o menos correctas la mayoría de las veces, la cotización de una acción y el valor de la empresa a la que representa casi nunca son idénticos. La opinión del mercado sobre la cotización por lo general es poco fiable. Por desgracia el margen de los errores de determinación de precio del mercado frecuentemente no es lo suficientemente grande para justificar los gastos en que se incurriría si se tratase de hacer operaciones para aprovecharlo. El inversor inteligente debe evaluar detenidamente los costes de operar y los efectos fiscales antes de rendirse a la tentación de aprovechar una discrepancia de cotización, y nunca debería dar por seguro que va a poder vender a la misma cotización que en ese momento está vigente en el mercado.

† «Cifra promedio» se refiere a la media simple o aritmética que Graham describía en la frase anterior.

que ofrecía una idea de la capacidad de generación de beneficios de la empresa mejor que los resultados del último año considerados en solitario. Una ventaja importante de este proceso de cálculo de promedios es que resolvía el problema de lo que había que hacer con casi todas las cargas y créditos especiales. Se debían incluir en los beneficios medios. Porque es indudable que la mayor parte de esas pérdidas y ganancias forman parte de la historia de la actividad de la empresa. Si lo hiciésemos en el caso de ALCOA, el beneficio medio del periodo 1961–1970 (diez años) ascendería a 3,62 dólares, y en el caso de los siete años que van de 1964 a 1970 a 4,62 dólares por acción. Si tales cifras se emplean en conjunción con las calificaciones de crecimiento y estabilidad de los beneficios durante el citado período, podrían ofrecer una imagen realmente informativa sobre el rendimiento que ha conseguido en el pasado la empresa.

Cálculo de la tasa de crecimiento en el pasado

Es de vital importancia que el factor de crecimiento del historial de la empresa se tenga adecuadamente en cuenta. Cuando se ha experimentado un gran crecimiento, los beneficios recientes estarán muy por encima de la media a siete o diez años, y el analista puede considerar que estas cifras a largo plazo son irrelevantes. No siempre tiene que ser así necesariamente. Es posible informar de los beneficios tanto en forma de promedio como en lo relativo a la cifra más reciente. Sugerimos que la propia tasa de crecimiento se calcule comparando la media de los tres últimos años con la cifra correspondiente de diez años antes. (En los casos en los que exista un problema de «cargas o créditos especiales», podría ponerse en práctica algún tipo de solución de compromiso). Examine el siguiente cálculo relativo al crecimiento de ALCOA en comparación con el de Sears Roebuck y el grupo del DJIA en conjunto.

Comentario: Estas cifras podrían dar lugar a un prolongado debate. Probablemente, muestran con la misma veracidad que cualesquiera otras, calculadas después de complejas operaciones matemáticas, el crecimiento real del beneficio durante el prolongado período que va de 1958 a 1970 (tabla 12.1). Sin embargo, ¿hasta qué punto es relevante esta cifra, que por lo general se considera esencial para calcular el valor de las acciones ordinarias, en el caso de ALCOA? Su tasa de crecimiento en el pasado fue excelente, de hecho un poco mejor que la de la aclamada Sears Roebuck, y muy superior a la del índice compuesto DJIA. Sin embargo, la cotización de mercado a principios de 1971, aparentemente, no tenía en cuenta este extraordinario resultado. ALCOA cotizaba a sólo 11,5 veces su reciente media trienal, mientras que Sears cotizaba a 27 veces, y el propio DJIA lo hacía a más de 15 veces. ¿Cómo se había llegado a esta situación? Evidentemente, Wall Street se mostraba bastante pesimista acerca de la futura evolución del beneficio de ALCOA, en comparación con los resultados

TABLA 12.1

	ALCOA	Sears Roebuck	DJIA
Beneficios medios 1968-1970	4,95[a]$	2,87$	55,00$
Beneficios medios 1958-1960	2,08	1,23	31,49
Crecimiento	141,0%	134,0%	75,0%
Tasa anual de crecimiento (compuesta)	9,0%	8,7%	5,7%

[a] Se deducen tres quintos de las cargas especiales por importe de 82 centavos imputadas en 1970.

que la empresa había obtenido en el pasado. Sorprendentemente, la cotización máxima de ALCOA se había alcanzado en 1959. En aquel año, había cotizado a 116, lo que suponía multiplicar por 45 su beneficio. (Hay que comparar esa cifra con la cotización máxima ajustada en 1959 de 25,5 en el caso de Sears Roebuck, lo que suponía multiplicar por 20 su beneficio de la época). Aun cuando el beneficio de ALCOA obtuvo un excelente crecimiento con posterioridad, es evidente que en el caso de esta empresa las posibilidades futuras habían sido sobrevaloradas en extremo por el mercado. Cerró el ejercicio de 1970 exactamente a la mitad de cotización que el máximo alcanzado en 1959, mientras que Sears triplicaba la cotización y el DJIA subía prácticamente el 30%.

Debería indicarse que el beneficio de ALCOA sobre los recursos de capital* había sido sólo medio o inferior, y que éste puede haber sido el factor decisivo. Los elevados multiplicadores únicamente *se mantienen* en el mercado de valores si la empresa conserva una rentabilidad mejor que la media.

Apliquemos en este momento a ALCOA la sugerencia que habíamos hecho en el capítulo anterior sobre un «proceso de valoración con dos partes».† Dicho método podría haber producido un «valor de rendimiento pasado» en el caso de ALCOA del 10% del DJIA, es decir, de 84 dólares por acción respecto del precio de cierre de 840 correspondiente al DJIA en 1970. Con estos criterios, las acciones habrían parecido bastante atractivas a su cotización de 57,25.

¿En qué medida debería el analista experto haber ajustado a la baja el «valor de rendimiento pasado» para deducir el efecto de los acontecimientos negativos que apreciase en el futuro? Francamente, no tenemos ni idea. Supongamos que tuviese motivos para considerar que el beneficio de 1971 llegaría a reducirse

---

* Aparentemente Graham utiliza los «beneficios sobre capital» en el sentido tradicional, de rendimiento sobre el valor contable, esencialmente, los beneficios netos divididos entre los activos netos tangibles de la empresa.

† Véanse las páginas 324-325.

hasta 2,50 dólares por acción, un gran recorte respecto de la cifra de 1970, en comparación con la previsión de crecimiento del DJIA. Es muy probable que el mercado de valores se tomase muy en serio estos deficientes resultados, pero ¿realmente llegaría a valorar a la antiguamente poderosa Aluminum Company of America como empresa relativamente no rentable, cuyo valor fuese inferior al de los activos tangibles existentes detrás de las acciones?* (En 1971 la cotización se redujo desde un máximo de 70 en mayo a un mínimo de 36 en diciembre, respecto del valor contable de 55).

ALCOA es indudablemente una empresa industrial representativa de enorme tamaño, pero creemos que su historial de precio y beneficio es más infrecuente, e incluso contradictorio, que el de la mayor parte de las otras grandes empresas. Sin embargo, este ejemplo ofrece respaldo, en cierta medida, a las dudas que hemos expresado en el último capítulo respecto de la fiabilidad del procedimiento de valoración cuando dicho procedimiento se aplica a la típica empresa industrial.

---

* La historia reciente, y una montaña de investigación de mercado, han demostrado que el mercado es implacable con las empresas en rápido crecimiento que declaran súbitamente una reducción de los beneficios. Las empresas que tienen un crecimiento más moderado y estable, como ALCOA en la época de Graham o Anheuser-Busch y Colgate-Palmolive en nuestra época suelen experimentar declives de mercado más moderados cuando declaran unos beneficios decepcionantes. Las grandes expectativas dan pie a las grandes decepciones si no se cumplen; cuando no se alcanzan unas expectativas moderadas, la reacción es mucho más leve. Por lo tanto, uno de los mayores riesgos de tener acciones de crecimiento no es que su crecimiento se detenga, sino que simplemente se ralentice. Por otra parte, a largo plazo, esto no es meramente un riesgo, sino prácticamente una certeza.

Comentario al capítulo 12

Es mucho más probable que te atraque un tío con un bolígrafo que un tío con una pistola.

Bo Diddley

El juego de los números

El propio Graham se sorprendería al comprobar hasta dónde han llevado las empresas y sus contables los límites de lo que resulta aceptable en los últimos años. Con una substancial retribución en forma de opciones sobre acciones, los altos ejecutivos se dieron cuenta de que podían llegar a ser fabulosamente ricos simplemente si incrementaban los beneficios de su empresa durante unos cuantos años seguidos.[1] Cientos de empresas infringieron el espíritu, cuando no la letra, de los principios contables, y convirtieron sus memorias financieras en un galimatías, enmascarando los resultados desagradables con enjuagues cosméticos, ocultando los gastos o fabricando beneficios a partir de la nada más absoluta. Observemos algunas de estas indeseables prácticas.

Como si...

Puede que la forma más generalizada de abracadabra contable fuese la moda de los beneficios «proforma». Hay un viejo dicho en Wall Street que dice que todas las malas ideas son buenas al principio, y la presentación de beneficios proforma no es una excepción. El objetivo original era el de ofrecer una imagen

[1] Si se desea más información sobre el modo en que las opciones de compra de acciones pueden enriquecer a los directivos de las empresas, pero no necesariamente a los accionistas externos, véase el comentario al capítulo 19.

más exacta sobre el crecimiento a largo plazo de los beneficios mediante el ajuste de las desviaciones de la tendencia que se produjesen a corto plazo o mediante la deducción de acontecimientos supuestamente «no recurrentes». Un comunicado de prensa proforma podría, por ejemplo, indicar lo que habría ganado una empresa durante el ejercicio anterior si otra empresa que acababa de adquirir hubiese formado parte de la familia durante los 12 meses íntegros.

Sin embargo, a medida que avanzaban los fraudulentos años de la década de 1990, las empresas no pudieron limitarse a quedarse quietas. Observemos los siguientes ejemplos de juegos malabares proforma:

— Respecto del trimestre concluido el 30 de septiembre de 1999, InfoSpace Inc., presentó un beneficio proforma como si no hubiese pagado 159,9 millones de dólares en dividendos correspondientes a las acciones preferentes.
— Respecto del trimestre concluido el 31 de octubre de 2001, BEA Systems Inc., presentó un beneficio proforma como si no hubiese pagado 193 millones de dólares en impuestos sobre el salario respecto de las opciones sobre acciones ejercitadas por sus empleados.
— Respecto del trimestre concluido el 31 de marzo de 2001, JDS Uniphase Corp. presentó un beneficio proforma como si no hubiese pagado 4 millones de dólares en impuestos sobre salarios, como si no hubiese perdido 7 millones de dólares en inversiones en acciones horrorosas, y como si no hubiese incurrido en cargas por importe de 2.500 millones de dólares relacionadas con fusiones y con el fondo de comercio.

En pocas palabras, los beneficios proforma hacen posible que las empresas muestren los buenos resultados que podrían haber obtenido si su actuación no hubiese sido tan deficiente como en la práctica fue.[2] En su condición de inversor inteligente, lo único que debe hacer con los beneficios proforma es desentenderse de ellos.

Ansia de reconocimiento

En el año 2000, Qwest Communications International Inc., el gigante de las telecomunicaciones, tenía un aspecto muy sólido. Sus acciones habían perdido menos del 5%, aunque el mercado había perdido más del 9% aquel año.

---

[2] Todos los ejemplos anteriormente citados están tomados directamente de comunicados de prensa publicados por las propias empresas. Si desea leer una brillante sátira sobre cómo sería la vida diaria si justificásemos nuestro comportamiento del modo en que las empresas ajustan sus beneficios declarados, consulte «My Pro Forma Life», de Rob Walker, en http://slate. msn.com/?id=2063953. («... un reciente almuerzo después de una sesión de gimnasio compuesto por un chuletón en Smith & Wollensky y tres chupitos de bourbon son tratados como gasto no recurrente. ¡Nunca lo volveré a hacer!»).

Sin embargo, la memoria financiera de Qwest encerraba una pequeña revelación desconcertante. A finales de 1999 Qwest había decidido contabilizar los ingresos de sus listines telefónicos en cuanto se publicaban los listines, a pesar de que, como sabe cualquier persona que haya contratado alguna vez un anuncio en las Páginas Amarillas, muchas empresas pagan esos anuncios en plazos mensuales. ¡Abracadabra! Ese aparentemente inocente «cambio en el principio de contabilidad» elevó los ingresos netos de 1999 en unos 240 millones de dólares después de impuestos, una quinta parte del dinero ganado por Qwest en ese ejercicio.

Al igual que la pequeña porción de hielo que corona un iceberg sumergido, el reconocimiento agresivo de ingresos suele ser frecuentemente una señal de peligros profundos y grandes, y eso fue lo que ocurrió en el caso de Qwest. A principios de 2003, después de una revisión de sus anteriores estados financieros, la empresa anunció que había reconocido beneficios prematuramente respecto de ventas de bienes de equipo, que había contabilizado indebidamente los costes de los servicios proporcionados por personas ajenas a la empresa, que había imputado inadecuadamente los costes como si se tratase de activos de capital en lugar de gastos, y que había aplicado un tratamiento injustificable al intercambio de activos como si fuesen ventas ordinarias. En conjunto, los ingresos de Qwest correspondientes a los ejercicios 2000 y 2001 habían sido sobrevalorados en 2.200 millones de dólares, incluidos 80 millones de dólares del antiguo «cambio de principio de contabilidad» que ahora se retrotraía.[3]

---

[3] En 2002, Qwest fue una de las 330 sociedades cotizadas que reformularon estados financieros de ejercicios pasados; esa cifra es un máximo histórico, según el Huron Consulting Group. Toda la información sobre Qwest está tomada de los informes financieros que ha presentado ante la Comisión del Mercado de Valores de Estados Unidos (informe anual, Formulario 8-K, y Formulario 10-K) que se hallan en la base de datos EDGAR en www.sec.gov. No era necesaria la perspectiva del tiempo para detectar el «cambio de principio de contabilidad» que Qwest declaró íntegramente en su momento. ¿Qué tal les fue a las acciones de Qwest durante este período? A finales del año 2000, las acciones habían cotizado a 41 dólares por acción, un valor de mercado total de 67.900 millones de dólares. A principios del año 2003, Qwest cotizaba alrededor de los 4 dólares, con una valoración para toda la empresa inferior a los 7.000 millones de dólares, es decir, una pérdida del 90%. La reducción de la cotización de las acciones no es el único coste relacionado con los beneficios ficticios; un estudio reciente descubrió que una muestra de 27 empresas acusadas de fraude contable por la Comisión del Mercado de Valores había pagado 320 millones de dólares por exceso en el impuesto de la renta federal. A pesar de que buena parte de ese dinero con el tiempo será reembolsado por parte de la Agencia Tributaria, es muy poco probable que la mayoría de los accionistas sigan conservando sus acciones para beneficiarse de esas devoluciones. (Véase Merle Erickson, Michelle Hanlon y Edward May-dew, «How Much Will Firms Pay for Earnings that Do Not Exist?» en http:// papers.ssrn.com.)

Pecados capitales

A finales de la década de 1990, Global Crossing Ltd. tenía ambiciones ilimitadas. Esta empresa con domicilio social en Bermuda estaba construyendo lo que denominaba la «primera red de fibra óptica mundial integrada», con una extensión de más de 100.000 millas de cable, tendidos principalmente sobre el fondo de los océanos. Después de instalar su tendido por todo el mundo, Global Crossing vendería a otras empresas de telecomunicaciones el derecho a desplazar su tráfico por su red de cable. Sólo en 1998, Global Crossing gastó más de 600 millones de dólares en construir su red óptica. Ese año, prácticamente un tercio del presupuesto de construcción se cargó contra los ingresos en forma de gasto denominado «coste de capacidad vendida». Si no hubiese sido por ese gasto por importe de 178 millones de dólares, Global Crossing, que declaró una pérdida neta de 96 millones de dólares, podría haber declarado un beneficio neto de aproximadamente 82 millones de dólares.

El siguiente año, afirma una nota aparentemente intrascendente al pie en la memoria anual de 1999, Global Crossing «puso en marcha el método de contabilidad de contrato de servicios». La empresa dejaría de imputar la mayor parte de los costes de construcción como gastos contra los ingresos inmediatos que recibía como resultado de la venta de capacidad de su red. En lugar de eso, una parte importante de esos costes de construcción recibirían ahora el tratamiento no de gasto de explotación, sino de inversión de capital, por lo que, por lo tanto, se incrementaría el activo total de la empresa, en vez de reducir sus ingresos netos.[4]

¡Zas! con un movimiento de la varita mágica, la partida del activo de «inmuebles y bienes de equipo» de Global Crossing creció en 575 millones de dólares, mientras que sus costes de venta aumentaban sólo en 350 millones de dólares, a pesar de que la empresa estaba gastando más dinero que un marinero borracho.

---

[4] Global Crossing anteriormente trataba buena parte de sus costes de construcción como un gasto que se debía imputar contra los ingresos generados de la venta o arrendamiento de los derechos de utilización de su red. Por lo general, los clientes pagaban los derechos por adelantado, aunque algunos podían pagarlos en plazos a lo largo de períodos de hasta cuatro años. Sin embargo, Global Crossing no contabilizaba la mayoría de los ingresos por adelantado en el momento de percepción, sino que los difería a lo largo de la duración del arrendamiento. En la actualidad, sin embargo, dado que las redes tenían una vida útil estimada máxima de 25 años, Global Crossing ha empezado a tratarlos como activos de capital amortizable de larga duración. Si bien este tratamiento se ajusta a los Principios de Contabilidad Generalmente Aceptados, no están claros los motivos por los cuales Global Crossing no lo ha utilizado hasta el 1 de octubre de 1999, o qué ha sido exactamente lo que ha provocado el cambio. En marzo de 2001, Global Crossing tenía una valoración total de acciones de 12.600 millones de dólares; la empresa presentó un expediente de quiebra el 28 de enero de 2002, dejando básicamente sin valor alguno sus acciones ordinarias.

Los gastos de capital son una herramienta esencial para que los directivos consigan que una buena empresa aumente de tamaño y llegue a ser aún mejor. Sin embargo, las reglas de contabilidad maleables permiten a los directivos inflar los beneficios declarados transformando los gastos de explotación normales en activos de capital. Como pone de manifiesto el caso de Global Crossing, el inversor inteligente tendría que asegurarse de que comprende lo que una empresa está capitalizando, y los motivos por los que lo está capitalizando.

Una historia de existencias

Al igual que muchos fabricantes de semiconductores, Micron Technology Inc. sufrió un descenso de las ventas después del año 2000. De hecho, Micron se vio tan gravemente afectada por la caída de la demanda que tuvo que empezar a cancelar en su contabilidad el valor de sus existencias, puesto que era evidente que sus clientes no querían comprarlas a los precios que Micron había estado pidiendo. En el trimestre concluido en mayo de 2001, Micron redujo el valor contable de sus existencias en 261 millones de dólares. La mayor parte de los inversores interpretaron esta cancelación no como un coste normal o recurrente de las operaciones, sino como un acontecimiento inusual.

Sin embargo, observemos lo que pasó después:

FIGURA 12.1

No lo volveré a hacer más

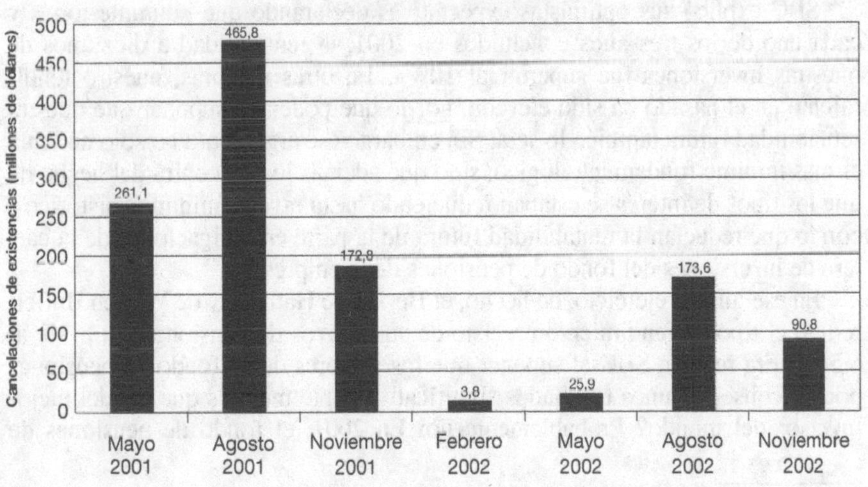

Fuente: Informes financieros de Micron Technology.

Micron realizó cancelaciones contables de existencias adicionales en todos y cada uno de los seis siguientes trimestres fiscales. ¿Fue la devaluación de las existencias de Micron un acontecimiento no recurrente, o se convirtió en una afección crónica? Es posible discrepar razonablemente en este caso particular, pero una cosa está clara: El inversor inteligente debería estar siempre pendiente de la aparición de costes «no recurrentes» que, como el conejito de las pilas Duracell, duran, y duran, y duran...[5]

La dimensión de la pensión

En el año 2001, SBC Communications Inc., que tenía participaciones en Cingular Wireless, PacTel y Southern New England Telephone, obtuvo unos ingresos de 7.200 millones de dólares en ingresos netos, un rendimiento estelar en un año malo para un sector de las telecomunicaciones que estaba sobredimensionado. Sin embargo, ese beneficio no provino exclusivamente de la actividad empresarial de SBC: 1.400 millones de dólares de esa cifra, el 13% de los ingresos netos de la empresa, provinieron del plan de pensiones de SBC.

Como SBC tenía más dinero en el plan de pensiones de lo que se calculaba que era necesario para hacer frente a las futuras prestaciones de sus empleados, la empresa atribuyó a la diferencia el tratamiento contable de ingresos ordinarios. Un motivo que explica fácilmente la aparición de ese superávit: en 2001 SBC incrementó el tipo de rendimiento que esperaba obtener con las inversiones del plan de pensiones, que pasaron del 8,5% al 9,5%, reduciendo la cantidad de dinero que tenía que dotar en la actualidad.

SBC explicó sus optimistas expectativas declarando que «durante todos y cada uno de los tres años concluidos en 2001, la rentabilidad a diez años de nuestras inversiones fue superior al 10%». En otras palabras, nuestro rendimiento en el pasado ha sido elevado, por lo que podemos suponer que nuestra rentabilidad futura también lo será. Sin embargo ese argumento no sólo no tenía el más mínimo fundamento lógico, sino que además iba en contra del hecho de que los tipos de interés se estaban reduciendo hasta niveles mínimos históricos, con lo que reducían la rentabilidad futura de la parte en obligaciones de la cartera de inversiones del fondo de pensiones de la empresa.

En ese mismo ejercicio, de hecho, el Berkshire Hathaway de Warren Buffett redujo el tipo de rendimiento previsto de sus activos de pensiones del 8,3% al 6,5%. ¿Era realista SBC al suponer que los gestores de su fondo de pensiones podían conseguir unos resultados significativamente mejores que los del mejor inversor del mundo? Probablemente no: En 2001, el fondo de pensiones de

---

[5] Deseo mostrar mi agradecimiento a Howard Schilit y a Mark Hamel del Center for Financial Research and Analysis por facilitarme este ejemplo.

Berkshire Hathaway obtuvo un beneficio de 9,8%, mientras que el fondo de pensiones de SBC perdió el 6,9%.[6]

Hay algunas reflexiones rápidas que tiene que hacer el inversor inteligente: ¿es la «aportación neta de pensiones» superior al 5% de los ingresos netos de la empresa? (Si es así, ¿seguiría estando satisfecho con el resto de los beneficios de la empresa si esas aportaciones desapareciesen en los años venideros?). ¿Es razonable la «rentabilidad a largo plazo de los activos del plan» prevista? (En 2003, cualquier tipo superior al 6,5% es improbable, mientras que un tipo creciente es directamente ilusorio).

Advertencia al inversor

Unas cuantas indicaciones que le serán útiles para no comprar una acción que acabe siendo una bomba de relojería contable.

Lea las memorias empezando por la última página. Cuando estudie las memorias financieras de una empresa, empiece su lectura por la última página y vaya retrocediendo lentamente hacia la primera. Cualquier cosa que la empresa no quiera que descubra usted estará enterrada al final de la memoria, y ése es precisamente el motivo por el que usted tiene que empezar por el final.

Lea las notas. No compre nunca una acción sin haber leído las notas a pie de página de los estados financieros incluidos en su memoria anual. Normalmente recogida bajo el título de «resumen de las principales políticas de contabilidad», una nota de las más importantes describe de qué forma contabiliza la empresa los ingresos, cómo valora las existencias, qué tratamiento concede a las ventas a plazo o a las ventas por contrato, cómo imputa sus costes de marketing, y en definitiva cómo contabiliza otros aspectos esenciales de su actividad.[7] En las demás notas al pie, trate de localizar datos sobre la deuda, las

---

[6] Los rendimientos se calculan aproximadamente dividiendo el valor neto total de los activos del plan al principio del año entre el «rendimiento real de los activos del plan».

[7] No permita que la estupefaciente redacción de las notas de contabilidad le impida seguir leyendo. Están pensadas expresamente para disuadir a las personas normales de leerlas; por este motivo debe usted perseverar. Una nota al pie del informe anual de 1996 de Informix Corp., por ejemplo, revelaba que «La empresa por lo general imputa la cantidad percibida en concepto de licencia de las ventas de software en el momento de entrega del producto de software al cliente. No obstante, en el caso de ciertos fabricantes de productos informáticos y de usuarios finales titulares de licencias con partidas por pagar en un plazo inferior a doce meses, la empresa imputa los ingresos en el momento en el que el cliente contrae el compromiso contractual relativo a un canon de licencia

opciones sobre acciones, los préstamos a clientes, las reservas frente a pérdidas y otros «factores de riesgo» que puedan consumir una gran parte de los beneficios. Entre las cosas que deberían provocar la activación de sus antenas hay términos técnicos como «capitalizado», «diferido» y «reestructuración», y palabras sencillas que indican que la empresa ha modificado sus prácticas de contabilidad, como por ejemplo «comenzó», «cambió», y «no obstante». Ninguna de estas palabras significa que no deba usted comprar acciones de esa empresa, pero todas ellas dan a entender que tiene usted que investigar más. Asegúrese de que compara las notas a pie de página con las de los estados financieros de, por lo menos, otra empresa que sea competidora cercana, para comprobar hasta qué punto se muestran agresivos los contables de la empresa en cuestión.

Lea más. Si es usted un inversor emprendedor que está dispuesto a dedicar mucho tiempo y energía a su cartera, está obligado, por mera coherencia con sus objetivos personales, a aprender más sobre la información financiera. Es la única forma de minimizar las probabilidades de ser engañado por una cuenta de beneficios alterada. Tiene a su disposición tres libros fundamentales, llenos de ejemplos oportunos y específicos: *Financial Statement Analysis*, de Martin Fridson y Fernando Álvarez, *The Financial Numbers Game*, de Charles Mulford y Eugene Comiskey, y *Financial Shenanigans*, de Howard Schilit.[8]

---

mínimo no reembolsable, siempre y cuando tales fabricantes de productos informáticos y usuarios finales titulares de licencias cumplan ciertos criterios determinados por la empresa». En román paladino, Informix estaba diciendo que se imputaría los ingresos de productos aunque no hubiesen sido revendidos a los usuarios finales (los clientes reales del software de Informix). En medio de las alegaciones formuladas por parte de la Comisión del Mercado de Valores de Estados Unidos en el sentido de que Informix había cometido fraude contable, la empresa posteriormente volvió a presentar una declaración de sus ingresos, suprimiendo 244 millones de este tipo de «ventas». Este caso es un contundente recordatorio de la importancia de leer la letra pequeña con una actitud escéptica. Tengo que dar las gracias a Martin Fridson por sugerir este ejemplo.

[8] Martin Fridson y Fernando Alvarez, *Financial Statement Analysis: A. Practitioner's Guide* (John Wiley & Sons, Nueva York, 2002); Charles W. Mulford y Eugene E. Comiskey, *The Financial Numbers Game: Detecting Creative Accounting Practices* (John Wiley & Sons, Nueva York, 2002); Howard Schilit, *Financial Shenanigans* (McGraw-Hill, Nueva York, 2002). El propio libro de Benjamin Graham, *The Interpretation of Financial Statements* (HarperBusiness, Nueva York, 1998, reimpresión de la edición de 1937), conserva una excelente introducción breve a los principios básicos de beneficios y gastos, activo y pasivo.

Capítulo 13

Comparación de cuatro sociedades cotizadas

En este capítulo expondremos un ejemplo de cómo realizar el análisis de valores. Hemos seleccionado, de manera más o menos aleatoria, cuatro sociedades que cotizan en lugares sucesivos del listado de cotización de la NYSE. Se trata de ELTRA Corp. (resultado de la fusión de Electric Autolite y Mergenthaler Linotype), Emerson Electric Co. (fabricante de productos eléctricos y electrónicos), Emery Air Freight (una transportista de carga por vía aérea que opera en el mercado nacional de Estados Unidos) y Emhart Corp. (que originalmente se limitaba a la fabricación de maquinaria para embotelladoras, pero que en la actualidad también se dedica a fabricar aparatos para el sector de la construcción).* Pueden apreciarse ciertos parecidos a grandes rasgos entre las tres empresas que se dedican a la fabricación, pero las diferencias acabarán siendo más significativas. Los datos financieros y de explotación deben ser lo suficientemente variados para que el examen que vamos a realizar resulte interesante.

En la tabla 13.1 presentamos un resumen de las cifras relacionadas con la cotización de las cuatro empresas a finales de 1970, y unas cuantas cifras de sus actividades de explotación durante ese mismo ejercicio. Posteriormente expon-

* De los cuatro ejemplos de Graham, únicamente Emerson Electric continúa existiendo de la misma forma. ELTRA Corp. ya no es una empresa independiente; se fusionó con Bunker Ramo Corp. en la década de 1970. Lo que queda de las actividades de ELTRA en la actualidad forma parte de Honeywell Corp. La empresa anteriormente conocida como Emery Air Freight es en la actualidad una división de CNF Inc. Emhart Corp. fue adquirida por Black & Decker Corp. en 1989.

TABLA 13.1

Comparación de cuatro empresas que cotizan en bolsa

	ELTRA	*Emerson Electric*	*Emery Air Freight*	*Emhart Corp.*
A. Capitalización				
Cotización de las acciones ordinarias, a 31 de dic. de 1970	27	66	57¾	32¾
Número de acciones ordinarias	7.714.000	24.884.000[a]	3.807.000	4.932.000
Valor de mercado de las acciones ordinarias	208.300.000$	1.640.000.000$	220.000.000$	160.000.000$
Obligaciones y acciones preferentes	8.000.000	42.000.000		9.200.000
Capitalización total	216.000.000	1.682.000.000	220.000.000	169.200.000
B. Partidas de ingresos				
Ventas, 1970	454.000.000$	657.000.000$	108.000.000$	227.000.000$
Ingresos netos, 1970	20.773.000	54.600.000	5.769.000	13.551.000
Percibido por acción, 1970	2,70$	2,30$	1,49$	2,75[b]$
Percibido por acción, promedio, 1968–1970	2,78	2,10	1,28	2,81
Percibido por acción, promedio, 1963–1965	1,54	1,06	0,54	2,46
Percibido por acción, promedio, 1958–1960	0,54	0,57	0,17	1,21
Dividendo actual	1,20	1,16	1,00	1,20
C. Partidas del balance, 1970				
Activo circulante	205.000.000$	307.000.000$	20.400.000$	121.000.000$
Pasivo circulante	71.000.000	72.000.000	11.800.000	34.800.000
Activo neto atribuible al capital ordinario	207.000.000	257.000.000	15.200.000	133.000.000
Valor contable por acción	27,05$	10,34$	3,96$	27,02$

[a] Suponiendo la conversión de las acciones preferentes.

[b] Tras un gasto especial de 13 centavos por acción.

[c] Año finalizado en septiembre de 1970.

TABLA 13.2

Comparación de cuatro empresas que cotizan en bolsa (continuación)

	ELTRA	*Emerson Electric*	*Emery Air Freight*	*Emhart Corp*
B. Ratios				
Precio / beneficios, 1970	10,0x	30,0x	38,5x	11,9x
Precio / beneficios, 1968–1970	9,7x	33,0x	45,0x	11,7x
Cotización / valor contable	1,00x	6,37x	14,3x	1,22x
Neto / ventas, 1970	4,6%	8,5%	5,4%	5,7%
Neto por acción / valor contable	10,0%	22,2%	34,5%	10,2%
Rendimiento por dividendo	4,45%	1,78%	1,76%	3,65%
Activo circulante a pasivo circulante	2,9x	4,3x	1,7x	3,4x
Capital de explotación a deuda	Muy grande	5,6x	No tiene	3,4x
Crecimiento del beneficio por acción:				
1968–1970 en comparación con 1963–1965	+81%	+87%	+135%	+14%
1968–1970 en comparación con 1958–1970	+400%	+250%	Muy grande	+132%
C. Record de cotización				
1936–1968 Mínimo	3/4	1	1/8	3 5/8
Máximo	50 3/4	61 1/2	66	58 1/4
1970 Mínimo	18 5/8	42 1/8	41	23 1/2
1971 Máximo	29 3/8	78 3/4	72	44 3/8

dremos algunos ratios esenciales, relacionados por una parte con el rendimiento de las empresas y por otra con su cotización (tabla 13.2). Será necesario realizar algunos comentarios sobre la correlación que existe entre los diferentes aspectos del *rendimiento* y los correspondientes aspectos de la *cotización.* Por último, someteremos a examen a las cuatro empresas, sugiriendo algunas comparaciones y relaciones, y evaluando cada una de ellas en función de los requisitos que debería imponer un inversor conservador interesado en sus acciones ordinarias.

El hecho más llamativo sobre las cuatro empresas es que sus PER varían mucho más que su situación financiera o su rendimiento de explotación. Dos de las empresas, ELTRA y Emhart, tenían una cotización modesta, de 9,7 veces y 12 veces los beneficios medios del período 1968-1970, en comparación con un múltiplo de 15,5 veces aplicable al conjunto del DJIA. Las otras dos, Emerson y Emery, tenían unos múltiplos muy elevados de 33 y 45 veces tales beneficios. Tiene que haber alguna explicación para que se produzca una diferencia de este tipo, y se encuentra en el superior crecimiento experimentado por los beneficios de las empresas favorecidas en los últimos años, en especial en el caso de la empresa de transportes. (No obstante, las cifras de crecimiento de las otras dos empresas no eran satisfactorias).

Para poder ofrecer un tratamiento más exhaustivo, revisemos brevemente los principales elementos del rendimiento tal y como aparecen en nuestras cifras.

1. *Rentabilidad. (a)* Todas las empresas tienen unos beneficios satisfactorios sobre su valor contable, pero las cifras correspondientes a Emerson y a Emery son muy superiores a las de las otras dos. Frecuentemente, junto a una elevada tasa de rendimiento sobre el capital invertido suele darse una elevada tasa de crecimiento anual de los beneficios por acción.* Todas las empresas salvo Emery arrojaron mejores beneficios sobre el valor contable en 1969 que en 1961. Sin embargo, en el caso de Emery las cifras fueron extraordinariamente elevadas en ambos casos. *(b)* En el caso de las empresas manufactureras, la cifra de beneficio por dólar de ventas suele emplearse como indicativo de fortaleza o debilidad comparativa. En este caso utilizaremos la «relación entre ingresos de explotación y ventas» tal y como se recoge en los *Informes sobre Acciones Cotizadas* de Standard & Poor's. En este terreno, una vez más, los resultados son satisfactorios para las cuatro empresas, siendo especialmente impresionantes los obtenidos por Emerson. Los cambios entre 1961 y 1969 varían en gran medida de una empresa a otra.

2. *Estabilidad.* La medimos en función del máximo declive del beneficio por acción en cualquiera de los diez últimos años, en comparación con la media de los tres años precedentes. Ningún declive se traduce en una estabilidad del 100%, y esto quedó registrado en el caso de las dos empresas más populares. Sin embargo, las reducciones de ELTRA y de Emhart fueron relativamente moderadas en el «deficiente ejercicio» de 1970, ya que ascendieron únicamente al 8% en cada uno de los casos atendiendo a nuestra medición, en comparación con el 7% correspondiente al DJIA.

3. *Crecimiento.* Las dos empresas con multiplicador reducido ofrecían unas tasas de crecimiento bastante satisfactorias, y en ambos casos conseguían mejores resultados que el grupo del Dow Jones. Las cifras de ELTRA resultan especialmente impresionantes si se comparan con su reducido ratio precio / beneficio. El crecimiento, por supuesto, es más impresionante en el caso de la pareja con elevado multiplicador.

4. *Situación financiera.* Las tres empresas manufactureras se encuentran en una sólida situación financiera, mejorando la proporción ordinaria de 2 dólares de activo circulante por cada dólar de pasivo circulante. Emery Air Freight tiene

* Esta medición se recoge en la línea «Neto por acción / valor contable» de la tabla 13.2, que mide los ingresos netos de las empresas en forma de porcentaje de su valor contable tangible.

una relación menor; no obstante, se encuadra en una categoría diferente, y con su excelente historial no tendría ningún problema para obtener la liquidez que necesitase. Todas las empresas tienen una cantidad relativamente reducida de deuda a largo plazo. Notas sobre «dilución»: Emerson tenía, a finales de 1970, acciones preferentes convertibles con bajo dividendo en circulación por un valor de mercado de 163 millones de dólares. En nuestro análisis hemos realizado un ajuste por el factor de dilución de la forma ordinaria, tratando las acciones preferentes como si se convirtiesen en acciones ordinarias. Esto ha reducido los beneficios recientes aproximadamente en 10 centavos por acción, o lo que es lo mismo en el 4%, aproximadamente.

5. *Dividendos*. Lo que realmente influye es el historial de mantenimiento sin interrupciones. El mejor historial en este terreno es el de Emhart, que no ha suspendido ningún pago de dividendos desde 1902. El historial de ELTRA es muy bueno, el de Emerson es bastante satisfactorio y el de Emery Freight apenas comienza. Las variaciones en el porcentaje de desembolso no parecen especialmente significativas. El rendimiento por dividendo actual es el doble en el caso de la «pareja barata» en comparación con el de la «pareja costosa», en correspondencia con los ratios de precio/beneficio.

6. *Historial de cotización*. El lector debería estar impresionado por el incremento porcentual que muestran las cotizaciones de las acciones de las cuatro empresas, medidas desde los puntos mínimos a los puntos máximos durante los últimos 34 años. (En todos los casos se ha ajustado la cotización mínima para compensar los efectos de los ulteriores desdoblamientos de acciones). Hay que tener en cuenta que en el caso del DJIA la banda que va del punto mínimo al máximo oscilaba en un espectro de 11 a 1; en el caso de nuestras cuatro empresas, el diferencial había variado desde «sólo» 17 a 1 en el caso de Emhart, hasta nada menos que 528 a 1 en el caso de Emery Air Freight.* Estos grandes progresos de la cotización son característicos de la mayor parte de nuestras empresas cotizadas más antiguas, y dan testimonio de las grandes oportunidades de obtener beneficio que existieron en los mercados de valores en el pasado. (Aunque también pueden indicar hasta qué punto se exageraron las caídas de mercado antes de 1950, que es el momento en el que se registraron los precios mínimos). Tanto ELTRA como Emhart sufrieron reducciones de más del 50% en el paréntesis de cotización de 1969–1970. Emerson y Emery sufrieron declives serios, pero menos dramáticos; la primera se recuperó hasta alcanzar un nuevo máximo histórico antes de finales de 1970, y la última lo hizo en 1971.

* En todos los casos Graham se refiere a la sección C de la tabla 13.2 y divide la cotización máxima alcanzada durante el período 1936-1968 entre la cotización mínima. Por ejemplo, la cotización máxima de Emery de 66 dividida entre su cotización mínima de 1/8 es igual a 528, es decir un ratio de 528 a 1 entre el máximo y el mínimo.

Observaciones generales sobre las cuatro empresas

Emerson Electric tiene un enorme valor de mercado total, que deja pequeño al de las otras tres empresas combinadas.* Es uno de nuestros «gigantes con enorme fondo de comercio» de los que hablaremos posteriormente. Un analista financiero que cuente con la ventaja (o con el inconveniente) de una buena memoria podrá establecer una analogía entre Emerson Electric y Zenith Radio, y esa analogía no sería tranquilizadora. Porque Zenith tuvo un brillante historial de crecimiento durante muchos años; y también cotizó en el mercado con una capitalización de 1.700 millones de dólares (en 1966); sin embargo, sus beneficios se redujeron de 43 millones de dólares en 1968 a sólo la mitad de esa cifra en 1970, y en la gran liquidación de ese año su cotización descendió hasta 22,5, en comparación con el anterior máximo de 89. Las valoraciones elevadas entrañan riesgos elevados.

Emery Air Freight tiene que ser necesariamente la más prometedora de las cuatro empresas en términos de crecimiento futuro, si su PER de casi 40 veces los mayores beneficios declarados está por lo menos marginalmente justificado. El crecimiento en el pasado, por supuesto, ha sido absolutamente impresionante. Sin embargo, estas cifras pueden no ser tan significativas para el futuro si tenemos en cuenta que cuando comenzó su actividad era una empresa de muy pequeñas dimensiones, con unos beneficios netos de únicamente 570.000 dólares en 1958. Frecuentemente resulta mucho más difícil seguir creciendo a un ritmo vivo después de que el volumen y los beneficios ya se hayan ampliado y hayan alcanzado grandes totales. El aspecto más sorprendente de la historia de Emery es que sus beneficios y su cotización de mercado siguieron creciendo al mismo ritmo en 1970, que fue el peor año del sector del transporte aéreo de pasajeros en el mercado nacional de Estados Unidos. Se trata de un logro destacable, pero que plantea dudas sobre si los beneficios futuros no serán vulnerables a acontecimientos negativos, provocados por el incremento de la competencia, por las presiones para llegar a nuevos acuerdos entre los transportistas de las líneas aéreas, etc. Puede que sea necesario realizar un estudio detallado antes de poder llegar a una conclusión firmemente asentada sobre estas cuestiones, pero el inversor conservador no puede desentenderse de estas posibilidades en su planteamiento general.

Emhart y ELTRA. Emhart ha tenido mejores resultados en su actividad empresarial que en el mercado de valores durante los últimos 14 años. En 1958 llegó a cotizar a 22 veces, sus beneficios corrientes, una ratio aproximadamente similar al del DJIA. Desde entonces sus beneficios se han triplicado, en compa-

* A finales del año 1970, el valor de mercado de 1.600 millones de dólares de Emerson realmente era «enorme», teniendo en cuenta los tamaños medios de las capitalizaciones en aquella época. A finales del año 2002, las acciones ordinarias de Emerson tenían un valor total de mercado de aproximadamente 21.000 millones de dólares.

ración con un incremento inferior al 100% en el caso del Dow, pero su precio de cierre en 1970 era superior únicamente en un tercio con relación al máximo de 1958, en comparación con el 43% de avance conseguido por el Dow. El historial de ELTRA es similar en cierta medida. Parece que ninguna de las dos empresas posee *glamour* o «*sex appeal*» en el actual mercado; sin embargo, en todos los datos estadísticos ofrecen unos resultados sorprendentemente positivos. ¿Cuáles son sus perspectivas futuras? No podemos hacer indicaciones sagaces en este terreno, pero esto es lo que decía Standard & Poor's sobre las cuatro empresas en 1971:

> *ELTRA:* «Perspectivas a largo plazo: Ciertas operaciones son de naturaleza cíclica, pero la posición competitiva asentada y la diversificación son factores que pueden compensar ese carácter cíclico».
>
> *Emerson Electric:* «Aunque su cotización es adecuada (en 71) en la actual coyuntura, las acciones de la empresa son atractivas a largo plazo... una política de adquisiciones sostenida en el tiempo, junto con un sólido posicionamiento en los campos industriales y un acelerado programa de expansión internacional sugiere que se producirán avances adicionales en el terreno de las ventas y de los beneficios».
>
> *Emery Air Freight:* «Aparentemente la cotización de las acciones está en un nivel elevado (a 57) a juzgar por las perspectivas actuales, pero merecería la pena conservarlas en cartera por su capacidad de tirón a largo plazo».
>
> *Emhart:* «Aunque este año se ven restringidos por el menor gasto en capital de la industria de los contenedores de vidrio, los beneficios deberían verse potenciados por la mejora del entorno empresarial en 1972. Interesa mantener en cartera sus acciones (a 34)».

Conclusiones. Muchos analistas financieros considerarán que Emerson y Emery son más atractivas e interesantes que las otras dos, principalmente, tal vez, a causa de su mejor «actuación en el mercado», y en segundo lugar porque el crecimiento de sus beneficios ha sido más rápido recientemente. Aplicando nuestros principios de inversión conservadora, la primera no es una razón válida para elegir las acciones de ninguna empresa; es algo que queda reservado para que los especuladores jueguen. El segundo argumento tiene validez, pero dentro de ciertos límites. ¿Pueden el crecimiento histórico conseguido en el pasado y las supuestamente buenas perspectivas de Emery Air Freight justificar que su cotización sea más de 60 veces sus beneficios recientes?[1] Nuestra respuesta podría ser: tal vez para una persona que haya realizado un estudio muy detallado de las posibilidades de la empresa y haya llegado a unas conclusiones extraordinariamente firmes y optimistas. Sin embargo, *no* para el inversor cuidadoso que quiere estar razonablemente seguro de antemano de que no está cometiendo el típico error del excesivo entusiasmo que suele extenderse por Wall Street cuando se da un buen resultado de los beneficios y de la actuación en el mercado de valores.* Las mismas palabras de cautela parecen aplicables en el caso de Emerson Electric, haciendo especial referencia a la actual valoración del mercado de más de 1.000 millones de dólares por los intangibles, o por la capacidad de generación de beneficios, de la empresa. Deberíamos añadir que la «industria de la electrónica», que en el pasado fue una de las favoritas del mercado de valores, ha retrocedido y ha atravesado una época bastante desastrosa. Emerson es una destacada excepción, pero tendrá que seguir siendo una excepción de ese calibre durante muchos años en el futuro antes de que el precio de cierre en 1970 haya quedado plenamente justificado por sus resultados posteriores.

En contraste, tanto ELTRA a 27 como Emhart a 33 tienen todos los distintivos de las empresas que cuentan con un valor suficiente que apoye su cotización como para constituir una inversión razonablemente protegida. En estas empresas el inversor podrá, si lo desea, considerarse básicamente propietario parcial de la entidad, a un coste que se corresponde con lo que en el balance aparece como dinero invertido en ellas.† La tasa de beneficio del capital invertido viene siendo satisfactoria desde hace mucho tiempo; la estabilidad de los beneficios también lo es; la tasa de crecimiento durante el pasado, sorprendentemente, también. Las dos empresas superarán nuestros siete requisitos estadísticos para quedar incluidas en la cartera del inversor defensivo. Estos requisitos se expondrán en detalle en el siguiente capítulo, aunque aquí podemos resumirlos de la siguiente manera:

1. Tamaño adecuado.
2. Situación financiera suficientemente sólida.
3. Dividendos continuados durante, por lo menos, 20 años en el pasado.
4. No haber experimentado ningún déficit de beneficios en los 10 últimos años.

---

* Graham tenía razón. Entre las «Cincuenta fantásticas» acciones que estaban más de moda y más valoradas en 1972 Emery fue de las que peor porvenir tuvo. El número de 1 de marzo de 1982 de *Forbes* afirmaba que desde 1972 Emery había perdido un 72,8% de su valor tras descontar la inflación. A finales de 1974, según los investigadores de inversión del Leuthold Group de Minneapolis, las acciones de Emery ya habían caído un 58% y su ratio precio / beneficios se había desplomado, de 64 a sólo 15. El «exuberante entusiasmo» contra el que Graham había advertido quedaba de nuevo a la vista tras un breve período de tiempo. ¿Puede el paso del tiempo compensar este tipo de exceso? No siempre: Leuthold calculó que 1.000 dólares invertidos en Emery en 1972 sólo valdrían 839 dólares en 1999. Es probable que las personas que pagaron un precio excesivo por acciones de Internet a finales de la década de 1990 no recuperen su inversión en muchas décadas, y eso si lo consiguen (véase el comentario al capítulo 20).

† Lo que afirma Graham es que, basándose en sus cotizaciones en ese momento, el inversor podría comprar acciones de estas dos empresas por poco más que su valor contable, según se muestra en la tercera línea de la sección B de la tabla 13.2.

5. Crecimiento en un período de 10 años de, por lo menos, un tercio en el beneficio por acción.
6. Cotización de las acciones que no suponga multiplicar por más de 1,5 el valor del activo neto.
7. Cotización que no suponga multiplicar por más de 15 el beneficio medio de los tres últimos años.

No hacemos ninguna predicción sobre los resultados en materia de beneficios que en el futuro obtendrán ELTRA o Emhart. En la lista diversificada de acciones ordinarias del inversor tendrán que estar presentes algunas empresas cuyos resultados, a la hora de la verdad, acabarán siendo decepcionantes, y es posible que esto suceda con alguna o con las dos integrantes de esta pareja. Sin embargo, la propia lista diversificada, basada en los anteriores principios de selección, en combinación con cualesquiera otros criterios sensatos que el inversor desee aplicar, debería obtener unos resultados suficientemente satisfactorios a lo largo del tiempo. Por lo menos, eso es lo que indica una prolongada experiencia.

Una última salvedad. un analista de valores experto, aunque haya aceptado nuestro razonamiento general sobre estas cuatro empresas, tendría que dudar a la hora de recomendar a un inversor que tuviese en cartera acciones de Emerson o Emery que *cambiase* sus acciones por las de ELTRA o Emhart a finales de 1970, salvo que el inversor comprendiese claramente los conceptos en los que se apoya esta recomendación. No hay ningún motivo para esperar que en cualquier período breve de tiempo la pareja con el multiplicador más bajo vaya a conseguir mejores resultados que la pareja con los multiplicadores más elevados. Esta última pareja estaba bien considerada en el mercado y, por lo tanto, gozaba de una considerable inercia que la impulsaba, y que podría mantenerse durante un período indefinido. Los motivos correctos para preferir a ELTRA y Emhart frente a Emerson y Emery serían que el cliente hubiese llegado a la conclusión razonada de que prefería unas inversiones basadas en el valor en lugar de unas inversiones basadas en el *glamour*. Por lo tanto, en una medida importante, la política de inversión en acciones ordinarias tiene que apoyarse en la actitud del inversor individual. Esta idea se aborda más extensamente en nuestro siguiente capítulo.

Comentario al capítulo 13

En el Ejército del Aire tenemos una norma: comprueba las seis. Uno va volando solo, mirando en todas las direcciones, y con la impresión de que va muy seguro. Otro vuela detrás de él, a su espalda (a las 6 en punto; las doce en punto es directamente delante de él) y dispara. La mayor parte de los aviones se derriban de esa manera. Pensar que estás seguro resulta muy peligroso. En algún lugar, habrá un punto débil que tienes que localizar. Siempre debes comprobar las 6 en punto.

Donald Kutyna, general del Ejército del Aire de Estados Unidos

E-business

Al igual que hizo Graham, comparemos las acciones de cuatro empresas, utilizando las cifras declaradas a 31 de diciembre de 1999, un momento que nos permitirá observar algunos de los ejemplos más extremos de valoración que se recuerdan en el mercado de valores.

Emerson Electric Co. (símbolo de cotización: EMR) fue fundada en 1890 y es la única superviviente del cuarteto original de Graham; fabrica una amplia gama de productos, como herramientas eléctricas, aparatos de aire acondicionado y motores eléctricos.

EMC Corp. (símbolo de cotización: EMC) se remonta a 1979 y hace posible que las empresas automaticen el almacenamiento de información electrónica en redes informáticas.

Expeditors International of Washington, Inc. (símbolo de cotización: EXPD) fundada en Seattle en 1979, ayuda a los transportistas a organizar y supervisar el movimiento de bienes por todo el mundo.

TABLA 13.1

E-valuaciones

	Emerson Electric	*EMC Corp.*	*Exodus Communications, Inc.*	*Expeditors International of Washington*
Capitalización				
Precio de cierre, 31/12/99, dólares por acción	57,37	54,62	44,41	21,68
Rendimiento total, 1999 (%)	-3,1	157,1	1.005,8	109,1
Cap. total de mercado, 31/12/99, millones de dólares	24.845,9	111.054,3	14.358,4	2.218,8
Total recursos ajenos (incluidas acciones preferentes)	4.600,1	27,1	2.555,7	0
Beneficios				
Ingresos totales, 1999, millones de dólares	14.385,8	6.715,6	242,1	1.444,6
Ingresos netos, 1999, millones de dólares	1.313,6	1.010,6	-130,3	59,2
Crecimiento de los beneficios, de 1995 a 1999 (% medio anual)	7,7	28,8	NR	19,8
Beneficios por acción (EPS), 1999 (dólares, íntegramente diluidos)	3,00	0,53	-0,38	0,55
Tasa de crecimiento EPS, 1995–1999 (% medio anual)	8,3	28,8	NR	25,8
Dividendo anual (dólar por acción), 1999	1,30	0	0	0,08
Balance				
Activo circulante, millones de dólares	5.124,4	4.320,4	1.093,2	402,7
Pasivo circulante, millones de dólares	4.590,4	1.397,9	150,6	253,1
Valor contable por acción (dólares 31/12/99)	14,27	2,38	0,05	2,79
Valoración				
Ratio precio / beneficios (X)	17,7	103,1	NR	39,4
Cotización/ valor contable (X)	3,7	22,9	888,1	7,8
Beneficio neto / ingresos (% margen neto de beneficio)	9,2	17,4	NR	4,1
Beneficios netos / valor contable (%)	21,0	22,2	NR	19,7
Capital de explotación / deuda (X)	0,1	107,8	0,4	sin deuda
Capitalización de mercado / ingresos (X)	1,7	16,5	59,3	1,5

Fuentes: Value Line, Thomson/Baseline, Bloomberg, finance.yahoo.com, los informes presentados por las empresas ante la Comisión del Mercado de Valores.

Notas: Todas las cifras están ajustadas para descontar los efectos de los posteriores desdoblamientos de acciones. La deuda, los ingresos y los beneficios se han calculado respecto de los ejercicios fiscales. Cap. de mercado: Valor total de las acciones ordinarias.

NR = no relevante.

Exodus Communications, Inc. (símbolo de cotización: EXDS) aloja y gestiona sitios web para clientes empresariales, además de ofrecer otros servicios de Internet; colocó sus acciones por primera vez en bolsa en marzo de 1998.

La figura 13.1 resume la cotización, el rendimiento y la valoración de estas empresas a finales de 1999.

Eléctrica, no electrizante

La más cara del grupo de cuatro empresas de Graham, Emerson Electric, acabó siendo la más barata de nuestro grupo actualizado. Al tener su base en la Vieja Economía, Emerson parecía aburrida a finales de la década de 1990. (En la Era de Internet, ¿quién estaba interesado en los aspiradores de alto rendimiento de sólidos y líquidos de Emerson?). Las acciones de la empresa entraron en hibernación. En 1998 y 1999 las acciones de Emerson se rezagaron respecto del índice S&P 500, en datos acumulados, 49,7 puntos porcentuales, lo que constituye un resultado miserablemente insatisfactorio.

Eso es lo que ocurrió con las acciones de Emerson. ¿Qué pasó con el negocio de la empresa Emerson? En 1999, Emerson realizó ventas de bienes y servicios por valor de 14.400 millones de dólares, lo que supuso un incremento de casi 1.000 millones de dólares respecto del ejercicio anterior. Sobre esos ingresos, Emerson obtuvo 1.300 millones de dólares de beneficios netos, el 6,9% más que en 1998. Respecto de los cinco años anteriores, el beneficio por acción se había incrementado a una robusta tasa de 8,3%. El dividendo de Emerson se había multiplicado por más de dos, hasta llegar a 1,30 dólares por acción; el valor contable había pasado de 6,69 dólares por acción a 14,27 dólares por acción. Según Value Line, a lo largo de la década de 1990, el margen de beneficio neto y la rentabilidad de capital de Emerson, indicadores esenciales de su eficacia como empresa, se habían mantenido en niveles robustamente elevados, en torno al 9% y el 18%, respectivamente. Lo que es más, Emerson había incrementado sus beneficios durante 42 años seguidos, y había incrementado su dividendo durante 43 años seguidos, una de las series más prolongadas de crecimiento sostenido en el mundo empresarial estadounidense. A final del ejercicio, las acciones de Emerson cotizaban a 17,7 veces el beneficio neto por acción de la empresa. Al igual que sus herramientas eléctricas, Emerson nunca fue deslumbrante, pero sí ha sido fiable, y no ha mostrado ninguna señal de recalentamiento.

¿Podría EMC crecer a toda velocidad?

EMC Corp. fue una de las empresas cuyas acciones consiguieron mejores resultados en la década de 1990, subiendo, casi podríamos decir levitando, más del 81.000%. Si hubiese invertido 10.000 dólares en acciones de EMC a principios de 1990, habría concluido en 1999 con algo más de 8,1 millones de dólares. Las acciones de EMC rindieron el 157,1% únicamente en 1999, más de lo que habían rendido las acciones de Emerson en los ocho años que van de 1992 a 1999 combinados. EMC nunca pagó dividendos, puesto que retenía todos sus beneficios «para aportar fondos al continuado crecimiento de la empresa».[1] A su cotización de 31 de diciembre, que ascendía a 54,625 dólares, las acciones de EMC cotizaban a 103 veces los beneficios que la empresa declararía respecto de todo el ejercicio, lo que suponía multiplicar prácticamente por seis el nivel de valoración de las acciones de Emerson.

¿Qué podemos decir sobre el negocio de EMC? Los ingresos aumentaron el 24% en 1999, llegando a 6.700 millones de dólares. Su beneficio por acción se disparó hasta los 92 centavos, desde los 61 centavos del ejercicio anterior, lo que supone un incremento del 51%. Durante los cinco años que concluyeron en 1999, el beneficio de EMC había crecido a la deslumbrante tasa anual del 28,8%. Como todo el mundo esperaba que el *tsunami* del comercio por Internet siguiese avanzando, el futuro parecía aún más brillante. Durante todo el año 1999 el consejero delegado de EMC no dejó de predecir que los ingresos llegarían a los 10.000 millones de dólares en el año 2001, desde el nivel de 5.400 millones de dólares del año 1998.[2] Esto exigiría un crecimiento anual medio del 23%, lo que es una tasa de expansión monstruosa para una empresa de tan grandes dimensiones. Sin embargo, los analistas de Wall Street y la mayor parte de los inversores estaban seguros de que EMC podría conseguirlo. Después de todo, durante los cinco últimos años, EMC había multiplicado por más de dos sus ingresos y había multiplicado por más de tres sus beneficios netos.

Sin embargo, desde 1995 hasta 1999, según Value Line, el margen de beneficio neto de EMC había retrocedido del 19,0% al 17,4%, mientras que su rendimiento sobre el capital también se había reducido desde el 26,8% al 21%. Aunque seguía siendo extraordinariamente rentable, EMC ya había comenzado a deslizarse cuesta abajo. En octubre de 1999, EMC adquirió Data General

[1] Tal y como veremos en el capítulo 19, esta argumentación muchas veces significa, en la práctica, «proporcionar fondos para el crecimiento sostenido del patrimonio de los altos directivos de la empresa».

[2] En una aparición en la CNB el 30 de diciembre de 1999 del consejero delegado de EMC, Michael Ruettgers, el presentador Ron Insana le preguntó si «el año 2000 y los años siguientes» iban a ser igual de positivos que la década de 1990. «En realidad, parece que hay una aceleración», afirmó con orgullo Ruettgers. Cuando Insana le preguntó si la acción de EMC estaba sobrevalorada, Ruettgers respondió: «Creo que cuando uno analiza la oportunidad que tenemos ante nosotros, se da cuenta de que es casi ilimitada... Aunque resulta difícil predecir que algo esté sobrevalorado, se está produciendo un cambio tan importante que si hoy se pudiese identificar a los ganadores, y estoy convencido de que EMC es uno de los ganadores, la recompensa obtenida en el futuro será sustancial».

Corp., que aportó aproximadamente 1.100 millones de dólares más a los ingresos de EMC correspondientes a ese ejercicio. Con la sencilla operación de restar los ingresos adicionales aportados por Data General, podemos apreciar que el volumen de actividad existente de EMC creció solamente de 5.400 millones de dólares en 1998 a 5.600 millones de dólares en 1999, lo que supone un incremento de únicamente el 3,6%. En otras palabras, la verdadera tasa de crecimiento de EMC fue prácticamente cero, incluso en un año en el que en la campaña en torno al efecto del año 2000 había incitado a muchas empresas a gastar cantidades ingentes en nueva tecnología.[3]

A golpe de destinatario

A diferencia de EMC, Expeditors International todavía no ha aprendido a levitar. Aunque las acciones de la empresa habían subido en cotización el 30% anual durante la década de 1990, buena parte de esa gran subida se había producido precisamente al final, cuando la acción se aceleró y obtuvo un rendimiento del 109,1% en el año 1999. El año anterior, las acciones de Expeditors habían subido únicamente el 9,5%, quedando a una distancia de más de 19 puntos porcentuales del índice S&P 500.

¿Qué ocurrió con su actividad? Expeditors crecía expeditivamente: desde 1995, sus ingresos habían aumentado a una tasa anual media del 19,8%, lo que supuso que casi se triplicaron durante el período, acabando 1999 en 1.400 millones de dólares. El beneficio por acción había crecido el 25,8% anualmente, mientras que los dividendos habían aumentado a un ritmo del 27% anual. Expeditors no tenía deuda a largo plazo, y su capital circulante prácticamente se había duplicado desde 1995. Según Value Line, el valor contable por acción de Expeditors había aumentado el 129%, y su rentabilidad sobre el capital había subido más de un tercio, hasta alcanzar el 21%.

Se emplease el criterio que se emplease, Expeditors era una empresa extraordinaria. Sin embargo, esta pequeña compañía de transportes, con sede en Seattle y buena parte de sus operaciones en Asia, era prácticamente desconocida en Wall Street. Únicamente el 32% de sus acciones estaban en poder de inversores institu-

---

[3] El «Efecto 2000» o «Problema del año 2000» consistía en que se pensaba que millones de ordenadores de todo el mundo dejarían de funcionar en cuanto el reloj pasase un minuto de la medianoche y comenzase el día 1 de enero de 2000, puesto que los programadores de la década de 1960 y 1970 no se habían planteado en el código operativo la posibilidad de que una fecha superase el 31/12/1999. Las empresas estadounidenses gastaron miles de millones de dólares en 1999 para asegurarse de que sus ordenadores estaban a salvo del «Efecto 2000». Al final, a las 12:00:01 A.M. del día 1 de enero de 2000 todo funcionó perfectamente.

cionales; de hecho, Expeditors únicamente tenía 8.500 accionistas. Después de multiplicarse por dos en 1999, la acción cotizaba a 39 veces el beneficio neto que Expeditors declararía para ese ejercicio, por lo que ya no era barata en absoluto, aunque seguía estando muy por debajo de la vertiginosa valoración de EMC.

¿La tierra de promisión?

A finales de 1999, parecía que Exodus Communications había llevado a sus accionistas directamente a la tierra del maná. Sus acciones se habían disparado el 1.005,8% en 1999, suficiente para convertir una inversión de 10.000 dólares el 1 de enero en más de 110.000 dólares para el 31 de diciembre. Los principales analistas de valores de Internet de Wall Street, incluido el extraordinariamente influyente Henry Blodget de Merrill Lynch, predecían que las acciones subirían entre el 25% y el 125% adicional durante el siguiente año.

Lo mejor de todo era, a los ojos de los especuladores *online* que habían engullido los beneficios de Exodus, el hecho de que la acción se hubiera desdoblado dos por uno en tres ocasiones durante 1999. En un desdoblamiento de acciones dos por uno la empresa duplica el número de acciones y reduce su precio a la mitad, por lo que el accionista acaba siendo titular del doble de acciones, cada una de ellas con una cotización que es el 50% del nivel anterior. ¿Qué tiene eso de bueno? Imagine que usted me da un dólar y yo le devuelvo dos monedas de cincuenta centavos y le pregunto: «¿No tiene la impresión de que es más rico ahora?». Usted probablemente llegaría a la conclusión de que o bien yo soy imbécil o bien le estoy tomando a usted por imbécil. Sin embargo, en la fiebre experimentada en 1999 por las acciones de empresas punto com, los especuladores *online* se comportaron exactamente como si dos monedas de 50 centavos valiesen más que un dólar. De hecho, la mera noticia de que una empresa iba a realizar un desdoblamiento de acciones dos por uno podía hacer que la cotización de sus acciones creciese automáticamente el 20% o más.

¿Por qué? Porque al tener más acciones las personas se sentían más ricas. Una persona que había comprado 100 acciones de Exodus en enero vio que se convertían en 200 cuando se produjo el desdoblamiento de acciones de abril; después esas 200 acciones se convirtieron en 400 en agosto; después las 400 se convirtieron en 800 en diciembre. Era absolutamente emocionante para todas esas personas darse cuenta de que tenían 700 acciones más, simplemente por el hecho de haber comprado 100 al principio del año. Para ellas, era como haber «encontrado dinero», sin que les importase que la cotización de la acción se hubiese reducido a la mitad en cada uno de los desdoblamientos.[4] En diciembre

---

[4] Si se desea más información sobre la insensatez de los desdoblamientos de acciones, véase Jason Zweig, «Splitsville», *Money*, marzo de 2001, págs. 55–56.

de 1999, un eufórico accionista de Exodus, que respondía al apelativo «givemeadollar», se desbordaba de entusiasmo en un foro *online*: «voy a conservar estas acciones hasta que tenga ochenta años, porque después de los cientos de desdoblamientos que se producirán a lo largo del tiempo, estaré a punto de llegar a ser el consejero delegado de la empresa».[5]

¿Qué pasaba con la actividad empresarial de Exodus? Graham no la habría tocado ni con una pértiga de 3 metros y un traje NBQ. Los ingresos de Exodus se multiplicaron, pasando de 52,7 millones de dólares en 1998 a 242,1 millones de dólares, en 1999, aunque en el proceso en 1999 perdió 130,3 millones de dólares, multiplicando casi por dos la pérdida que había sufrido el año anterior. Exodus tenía 2.600 millones de dólares de deuda total, y estaba tan necesitada de liquidez que tomó prestados 971 millones de dólares únicamente en el mes de diciembre. Según la memoria anual de Exodus, ese nuevo endeudamiento incrementaría en más de 50 millones de dólares los pagos de intereses durante el ejercicio siguiente. La empresa comenzó 1999 con 156 millones de dólares en efectivo e, incluso después de obtener 1.300 millones de dólares de nueva financiación, finalizó el ejercicio con un saldo de liquidez de 1.000 millones de dólares, lo que supone que su actividad consiguió devorar más de 400 millones de dólares de liquidez durante 1999. ¿Cómo podría una empresa de este tipo pagar alguna vez sus deudas?

Sin embargo, los especuladores y operadores *online* únicamente se fijaban en lo lejos y lo rápidamente que había subido la cotización de la acción, sin prestar atención a si la empresa era saludable. «Esta acción», alardeaba un operador que utilizaba el nombre en pantalla de «rampa de lanzamiento 1999» seguirá subiendo «hasta el infinito y más allá».[6]

La estupidez del planteamiento de la predicción de «rampa de lanzamiento», ¿qué es «más allá» del infinito?, es el perfecto recordatorio de una de las clásicas advertencias de Graham. «El inversor de hoy en día», nos dice Graham, está tan preocupado con tratar de anticipar el futuro que ya está pagando muy generosamente por dicho futuro por adelantado. Por lo tanto, es posible que las proyecciones que ha hecho con tanto estudio y tanto cuidado lleguen a producirse en la realidad y que, no obstante, no le generen beneficio alguno. Si no se materializasen hasta el nivel previsto podría tener, de hecho, que enfrentarse con una grave pérdida temporal, que tal vez llegase a ser permanente».[7]

---

[5] Mensaje nº 3622, de 7 de diciembre de 1999, en el tablón de anuncios de Exodus Communications en el sitio web de Raging Bull (http://ragingbull.lycos.com/mboard/-boards.cgi?board=EXDS&read=3622).

[6] Mensaje nº 3910, de 15 de diciembre de 1999, en el tablón de anuncios de Exodus Communications en el sitio web de Raging Bull (http://ragingbull.lycos.com/mboard/-boards.cgi?board=EXDS&read=3910).

[7] Véanse las palabras de Graham, «La nueva especulación en acciones ordinarias», en el apéndice, pág. 588.

¿Cómo acabaron las empresas de la E?

¿Qué resultados obtuvieron las acciones de estas cuatro empresas después de 1999?

Emerson Electric ganó el 40,7% en el año 2000. Aunque la cotización de las acciones perdió dinero tanto en 2001 como en 2002, no obstante, acabó 2002 menos del 4% por debajo de su precio final de 1999.

La cotización de EMC también subió en el año 2000, ganando el 21,7%. Sin embargo, sus acciones perdieron el 79,4% en el año 2001 y otro 54,3% en el año 2002. Eso las dejó un 88% por debajo de su nivel de finales del año 1999. ¿Qué podemos decir sobre la previsión de que obtendría unos ingresos de 10.000 millones de dólares para finales del año 2001? EMC concluyó ese año con unos ingresos de simplemente 7.100 millones de dólares (y una pérdida neta de 508 millones de dólares).

Mientras tanto, como si la bajada del mercado no hubiese existido nunca, las acciones de Expeditors International subieron el 22,9% en el año 2000, el 6,5% en el año 2001, y otro 15,1% en el año 2002, concluyendo ese año casi el 51% por encima de su precio al cierre en 1999.

Las acciones de Exodus perdieron el 55% en el año 2000, y el 99,8% en el año 2001. El 26 de septiembre de 2001 Exodus solicitó la declaración de quiebra al amparo de las estipulaciones del capítulo 11. La mayor parte de los activos de la empresa fueron adquiridos por Cable & Wireless, el gigante británico de las telecomunicaciones. En vez de llevar a sus accionistas a la tierra de promisión, Exodus les dejó exiliados en medio del desierto. A principios de 2003, la última operación realizada con acciones de Exodus tuvo lugar a un centavo por acción.

Capítulo 14

Selección de acciones para el inversor defensivo

Ha llegado el momento de centrarnos en algunas aplicaciones más generales de las técnicas del análisis de valores. Como ya hemos descrito en términos generales las políticas de inversión recomendadas para nuestras dos categorías de inversores,* nos parece lógico indicar de qué manera entra en escena el análisis de valores para poner en práctica estas políticas. El inversor defensivo que siga estas sugerencias únicamente adquirirá obligaciones de máxima categoría junto con una lista diversificada de las principales acciones ordinarias. Tiene que asegurarse de que el precio al que compra estas últimas no es injustificadamente elevado, en función de los criterios aplicables.

A la hora de configurar esta lista diversificada puede elegir entre dos métodos, la cartera de tipo DJIA y la cartera cuantitativamente contrastada. En el primer caso, adquiere una muestra verdaderamente transversal de acciones destacadas, en las que habrá algunas empresas de crecimiento especialmente favorecidas, cuyas acciones cotizarán a múltiplos especialmente elevados, y también algunas empresas menos populares y menos costosas. Esto se podría llevar a cabo, de una manera más fácil, tal vez, comprando las mismas cantidades de las acciones de las 30 empresas incluidas en el Dow Jones Industrial Average (DJIA). Diez acciones de cada una de ellas, al nivel 900 de la media, costarían en conjunto aproximadamente 16.000 dólares.[1] Atendiendo a los resultados del pasado, el inversor podría esperar aproximadamente los mismos

* Graham describe sus políticas de inversión recomendadas en los capítulos 4 a 7.

resultados en el futuro si comprase acciones de varios fondos de inversión representativos.*

Su segunda opción consistiría en aplicar una serie de criterios a todas y cada una de sus compras, para asegurarse de que obtiene: (1) un mínimo de calidad en cuanto al rendimiento pasado y la situación financiera actual de la empresa, y también (2) un mínimo de cantidad en términos de beneficio y activo por dólar de cotización. Al final del capítulo anterior enumerábamos siete de estos criterios de calidad y cantidad que sugerimos para la selección de acciones ordinarias específicas. Vamos a describirlos en orden.

1. *Tamaño adecuado de la empresa*

Todas nuestras cifras mínimas deben ser arbitrarias y sobre todo en lo tocante al tamaño exigido. Nuestra idea consiste en excluir a las pequeñas empresas que pueden quedar sometidas a más vicisitudes que la media sobre todo en el terreno industrial. (Frecuentemente, estas empresas ofrecen buenas posibilidades, pero no las consideramos adecuadas a las necesidades del inversor defensivo). Empleemos cantidades exactas, un mínimo de 100 millones de dólares de ventas anuales en el caso de una empresa industrial y no menos de 50 millones de dólares de activo total en el caso de una concesionaria de servicios y suministros públicos.

2. *Un estado financiero suficientemente sólido*

En el caso de las empresas industriales, el activo circulante debería ser por lo menos el doble que el pasivo circulante, lo que se denomina ratio circulante dos a uno. Además, la deuda a largo plazo no debería ser mayor que el activo circulante neto (o «capital de explotación»). En el caso de las concesionarias de servicios y suministros públicos la deuda no debería ser superior al doble del capital social (valor contable).

3. *Estabilidad del beneficio*

Haber obtenido un cierto beneficio atribuible al capital ordinario en cada uno de los diez últimos ejercicios.

4. *Historial de dividendos*

Haber llevado a cabo pagos de dividendos de manera ininterrumpida por lo menos durante los 20 últimos ejercicios.

---

* Como hemos señalado en los comentarios a los capítulos 5 y 9, el inversor defensivo actual puede conseguir este objetivo sencillamente comprando un fondo de índice de bajo coste, idealmente, uno que siga los resultados del mercado total de acciones de Estados Unidos.

5. *Crecimiento del beneficio*

Haber conseguido un incremento mínimo de un tercio, por lo menos, en el beneficio por acción durante los tres últimos años, empleando para el cálculo las medias a tres años del principio y del final del período sometido a análisis.

6. *PER moderado*

La cotización actual no debería ser un múltiplo de más de 15 veces el beneficio medio correspondiente a los tres últimos ejercicios.

7. *Ratio moderado de precio a activos*

El precio actual no debería ser un múltiplo de más de 1,5 veces el valor contable que se haya declarado en la última memoria. No obstante, un multiplicador del beneficio inferior a 15 podría justificar que se aplicase un multiplicador proporcionalmente mayor al activo. Como regla básica de fácil aplicación sugerimos que el producto del multiplicador por el ratio de precio a valor contable no debería exceder de 22,5. (Esta cifra corresponde a 15 veces los beneficios y 1,5 veces el valor contable. De acuerdo con ella, superaría la prueba una acción que se vendiese a 9 veces los beneficios y 2,5 veces el valor del activo, etc.).

COMENTARIOS GENERALES: Estos requisitos están configurados especialmente para atender a las necesidades y el temperamento de los inversores defensivos. Eliminarán a la inmensa mayoría de las acciones ordinarias como candidatas a la cartera, de dos formas opuestas. Por una parte excluirán a las empresas que (1) sean demasiado pequeñas, (2) se encuentren en condiciones financieras relativamente insatisfactorias, (3) tengan una lacra de déficit en su historial a diez años, y (4) no tengan un prolongado historial de abono continuo de dividendos. De estas pruebas, las más difíciles de superar en las actuales condiciones financieras son las de fortaleza financiera. Un considerable número de nuestras empresas más grandes y antiguamente sólidamente asentadas han experimentado un debilitamiento de su activo circulante o han sobredimensionado su endeudamiento, o ambas cosas, en los últimos años.

Nuestros dos últimos criterios son excluyentes en direcciones opuestas, al exigir más ingresos y más activos por dólar de cotización de lo que proporcionarán las acciones más populares. Éste no es, ni de lejos, el criterio habitual de los analistas financieros; de hecho, la mayoría de ellos insistirán en que los inversores conservadores también deben estar dispuestos a pagar precios generosos por acciones de empresas selectas. Anteriormente ya hemos expuesto nuestra opinión contraria a esas tesis; se basa, principalmente, en la ausencia de un adecuado *factor de seguridad* cuando una parte demasiado grande del precio tiene que depender de unos beneficios en constante crecimiento en el futuro. El lector tendrá que decidir esta importante cuestión por sí mismo, después de ponderar los argumentos de las dos tendencias.

No obstante, hemos optado por incluir un modesto requisito de crecimiento durante la última década. Sin ese crecimiento, la empresa típica mostraría un retroceso, por lo menos en términos de beneficio por dólar de capital invertido. No hay ningún motivo para que el inversor defensivo incluya ese tipo de empresas, aunque si el precio es suficientemente bajo, podrían cumplir los requisitos para ser consideradas oportunidades de ocasión.

La cifra *máxima* sugerida de quince veces los beneficios bien podría acabar generando una cartera típica con un multiplicador *promedio* de, por ejemplo, entre 12 y 13 veces. Hay que tener en cuenta que en febrero de 1972 American Tel. & Tel. cotizaba a 11 veces sus beneficios trienales (y corrientes) y Standard Oil of California a menos de 10 veces sus últimos beneficios. Nuestra recomendación básica es que la cartera de acciones, cuando se adquiera, tenga un ratio de beneficio a precio, el inverso del PER, por lo menos tan elevado como el tipo aplicable de las obligaciones de máxima categoría. Esto significaría un PER no superior a 13,3 en comparación con un rendimiento de una obligación AA de 7,5%.*

Aplicación de nuestros criterios al DJIA a finales de 1970

Todos los criterios que hemos sugerido eran superados por las acciones incluidas en el DJIA a finales de 1970, aunque dos de ellas lo hacían rozando el listón. A continuación ofrecemos un estudio basado en el precio de cierre de 1970 y las cifras correspondientes. (Los datos básicos de cada una de las empresas se muestran en las tablas 14.1 y 14.2).

---

* A principios del año 2003, el rendimiento de las obligaciones empresariales de calificación AA a diez años estaba alrededor del 4,6%, lo cual sugiere —según la fórmula de Graham— que una cartera de acciones debería tener un ratio de beneficios a cotización por lo menos así de elevado. Tomando el inverso de ese número (dividiendo 100 entre 4,6) podemos obtener un PER «sugerido máximo» de 21,7. Al comienzo de este párrafo Graham recomienda que la cotización de la acción «media» debería situarse alrededor de un 20% por debajo del ratio «máximo». Eso sugiere que en general Graham consideraría que las acciones que cotizasen a un máximo de 17 veces sus beneficios medios a tres años son potencialmente atractivas, teniendo en cuenta los tipos de interés y las condiciones de mercado actuales. A 31 de diciembre de 2002, más de 200, o más del 40% de las acciones del índice de acciones S&P 500 tenían unos PER medios a tres años de 17,0 o menos. Se puede encontrar el rendimiento actualizado de las obligaciones AA en www.bondtalk.com.

TABLA 14.1

Datos básicos sobre 30 acciones del Dow Jones Industrial Average a 30 de septiembre de 1971

	Cotiz. a 30 de sept. de 1971	«Beneficios por acción»[a]			Divid. desde	Valor activo neto	Divid. actual
		30 de sept. de 1971	Promed. 1968–1970	Promed. 1958–1960			
Allied Chemical	32½	1,40	1,82	2,14	1887	26,02	1,20
Aluminum Co. of Am.	45½	4,25	5,18	2,08	1939	55,01	1,80
Amer. Brands	43½	4,32	3,69	2,24	1905	13,46	2,10
Amer. Can	33¼	2,68	3,76	2,42	1923	40,01	2,20
Amer. Tel. & Tel.	43	4,03	3,91	2,52	1881	45,47	2,60
Anaconda	15	2,06	3,90	2,17	1936	54,28	0
Bethlehem Steel	25½	2,64	3,05	2,62	1939	44,62	1,20
Chrysler	28½	1,05	2,72	(0,13)	1926	42,40	0,60
DuPont	154	6,31	7,32	8,09	1904	55,22	5,00
Eastman Kodak	87	2,45	2,44	0,72	1902	13,70	1,32
General Electric	61¼	2,63	1,78	1,37	1899	14,92	1,40
General Foods	34	2,34	2,23	1,13	1922	14,13	1,40
General Motors	83	3,33	4,69	2,94	1915	33,39	3,40
Goodyear	33½	2,11	2,01	1,04	1937	18,49	0,85
Inter. Harvester	28½	1,16	2,30	1,87	1910	42,06	1,40
Inter. Nickel	31	2,27	2,10	0,94	1934	14,53	1,00
Inter. Paper	33	1,46	2,22	1,76	1946	23,68	1,50
Johns-Manville	39	2,02	2,33	1,62	1935	24,51	1,20
Owens-Illinois	52	3,89	3,69	2,24	1907	43,75	1,35
Procter & Gamble	71	2,91	2,33	1,02	1891	15,41	1,50
Sears Roebuck	68½	3,19	2,87	1,17	1935	23,97	1,55
Std. Oil of Calif.	56	5,78	5,35	3,17	1912	54,79	2,80
Std. Oil of N.J.	72	6,51	5,88	2,90	1882	48,95	3,90
Swift & Co.	42	2,56	1,66	1,33	1934	26,74	0,70
Texaco	32	3,24	2,96	1,34	1903	23,06	1,60
Union Carbide	43½	2,59	2,76	2,52	1918	29,64	2,00
United Aircraft	30½	3,13	4,35	2,79	1936	47,00	1,80
U. S. Steel	29½	3,53	3,81	4,85	1940	65,54	1,60
Westinghouse	96½	3,26	3,44	2,26	1935	33,67	1,80
Woolworth	49	2,47	2,38	1,35	1912	25,47	1,20

[a] Ajustado para descontar el efecto de los dividendos de acciones y los desdoblamientos de acciones.

TABLA 14.2

Ratios significativos de acciones del DJIA a 30 de septiembre de 1971

	Cotización a beneficios			Crecimiento de los beneficios 1968-1970 en comparación con			Cotización /
	Sept. 1971	1968-1970	Div. actual Rendimiento	1858-1960	CA/CL[a]	NCA/Debt[b]	Valor activo neto
Allied Chemical	18,3x	18,0x	3,7%	(–15,0%)	2,1x	74%	125%
Aluminum Co. of Am.	10,7	8,8	4,0	149,0%	2,7	51	84
Amer. Brands	10,1	11,8	5,1	64,7	2,1	138	282
Amer. Can	12,4	8,9	6,6	52,5	2,1	91	83
Amer. Tel. & Tel.	10,8	11,0	6,0	55,2	1,1	—[c]	94
Anaconda	5,7	3,9	—	80,0	2,9	80	28
Bethlehem Steel	12,4	8,1	4,7	16,4	1,7	68	58
Chrysler	27,0	10,5	2,1	—[d]	1,4	78	67
DuPont	24,5	21,0	3,2	(-9,0)	3,6	609	280
Eastman Kodak	35,5	35,6	1,5	238,9	2,4	1.764	247
General Electric	23,4	34,4	2,3	29,9	1,3	89	410
General Foods	14,5	15,2	4,1	97,3	1,6	254	240
General Motors	24,4	17,6	4,1	59,5	1,9	1.071	247
Goodyear	15,8	16,7	2,5	93,3	2,1	129	80
Inter. Harvester	24,5	12,4	4,9	23,0	2,2	191	66

Inter. Nickel	13,6	16,2	3,2	123,4	2,5	131	213
Inter. Paper	22,5	14,0	4,6	26,1	2,2	62	139
Johns-Manville	19,3	16,8	3,0	43,8	2,6	—	158
Owens-Illinois	13,2	14,0	2,6	64,7	1,6	51	118
Procter & Gamble	24,2	31,6	2,1	128,4	2,4	400	460
Sears Roebuck	21,4	23,8	1,7	145,3	1,6	322	285
Std. Oil of Calif.	9,7	10,5	5,0	68,8	1,5	79	102
Std. Oil of N.J.	11,0	12,2	5,4	102,8	1,5	94	115
Swift & Co.	16,4	25,5	1,7	24,8	2,4	138	158
Texaco	9,9	10,8	5,0	120,9	1,7	128	138
Union Carbide	16,6	15,8	4,6	9,5	2,2	86	146
United Aircraft	9,7	7,0	5,9	55,9	1,5	155	65
U.S. Steel	8,3	6,7	5,4	(21,5)	1,7	51	63
Westinghouse El.	29,5	28,0	1,9	52,2	1,8	145	2,86
Woolworth	19,7	20,5	2,4	76,3	1,8	185	1,90

[a] Cifras tomadas de los resultados a fin del ejercicio fiscal de 1970.
[b] Cifras extraídas de *Moody's Industrial Manual* (1971).
[c] Saldo negativo de NCA (NCA = activo circulante neto).
[d] Declaró déficit en el período 1958–1960.

1. El tamaño es más que considerable en todos los casos.
2. El estado financiero es adecuado en el conjunto, aunque no en el caso de todas y cada una de las empresas.[2]
3. Todas las empresas han pagado algún tipo de dividendo desde por lo menos 1940. Cinco de los historiales de dividendos se remontan al siglo pasado.
4. El beneficio conjunto ha sido bastante estable en la última década. Ninguna de las empresas ha declarado un déficit durante el próspero período 1961–1969, pero Chrysler arrojó un pequeño déficit en 1970.
5. El crecimiento total, comparando las medias a tres años distanciadas una década, fue del 77%, o aproximadamente el 6% por año. Sin embargo, cinco de las empresas no obtuvieron un crecimiento de un tercio.
6. El ratio de precio a fin de año a beneficio medio trienal fue de 839 a 55,5 dólares, o 15 a 1, precisamente el límite superior que sugeríamos.
7. El ratio de precio a valor neto del activo fue de 839 a 562, también dentro del límite que sugeríamos de 1,5 a 1.

No obstante, si quisiéramos aplicar los mismos siete criterios a cada una de las empresas individuales, descubriríamos que únicamente cinco de ellas satisfacen todos nuestros requisitos. Esas cinco serían las siguientes: American Can, American Tel. & Tel., Anaconda, Swift y Woolworth. Los totales de estas cinco empresas aparecen en la tabla 14.3. Naturalmente, ofrecen unos resultados estadísticos muy superiores a los del DJIA en conjunto, salvo en lo relativo a la tasa de crecimiento obtenido en el pasado.[3]

Nuestra aplicación de criterios específicos a este grupo selecto de acciones de empresas industriales indica que el número de empresas que superen todos y cada uno de nuestros criterios será un porcentaje relativamente reducido de la totalidad de acciones cotizadas de empresas industriales. Nos aventuramos a lanzar la hipótesis de que a finales de 1970 se podrían haber encontrado 100 acciones de este tipo en la *Stock Guide* de Standard & Poor's, lo que es más o menos suficiente para ofrecer al inversor una gama satisfactoria para realizar su selección personal.*

La «solución» de las concesionarias de servicios y suministros públicos

Si entrásemos en el terreno de las acciones de concesionarias de servicios y suministros públicos, nos encontraríamos con una situación mucho más acoge-

---

* Tiene a su disposición un seleccionador *online* de acciones que puede clasificar las acciones del S&P 500 conforme a la mayor parte de los criterios de Graham en: www.quicken.com/investments/stocks/search/full.

TABLA 14.3

Emisiones DJIA que cumplían determinados criterios de inversión a finales de 1970

	American Can	*American Tel. & Tel.*	*Anaconda*	*Swift*	*Woolworth*	*Promedio, 5 empresas*
Cotización a 31 de dic. de 1970	39 3/4	48 7/8	21	30 1/8	36 1/2	
Precio / beneficios, 1970	11,0x	12,3x	6,7x	13,5x	14,4x	11,6x
Precio / beneficios, 3 años	10,5x	12,5x	5,4x	18,1x[b]	15,1x	12,3x
Cotización / valor contable	99%	108%	38%	113%	148%	112%
Activo circulante / pasivo circulante	2,2x	n.a.	2,9x	2,3x	1,8x[c]	2,3x
Activo circulante neto / recursos ajenos	110%	n.a.	120%	141%	190%	140%
Índice de estabilidad[a]	85	100	72	77	99	86
Crecimiento[a]	55%	53%	78%	25%	73%	57%

[a] Véase la definición de la pág. 365.

[b] A la vista de los buenos resultados de Swift en el negativo ejercicio 1970, eximiremos en este caso la deficiencia 1968 - 1970.

[c] La pequeña deficiencia en este apartado, que estaba por debajo de 2 a 1, fue compensada por el margen para obtener financiación adicional con recursos ajenos.

n.a. = no aplicable. La deuda de American Tel. & Tel. era inferior a su capital.

dora para el inversor.* En este terreno la inmensa mayoría de acciones parecen estar fabricadas a troquel, a juzgar por su historial de rendimiento y sus ratios de precio, para ajustarse a las necesidades del inversor defensivo, tal y como nosotros las concebimos. En las pruebas a las que sometemos las acciones de concesionarias de servicios públicos excluimos uno de nuestros criterios, el ratio de activo circulante a pasivo circulante. En este sector el factor de capital de explotación se cubre por sí solo, en el marco de la financiación continua del crecimiento mediante la colocación de obligaciones y acciones. Sí que exigimos una adecuada proporción de recursos propios a recursos ajenos.[4]

En la tabla 14.4 presentamos un resumen de las 15 acciones incluidas en la media de concesionarias de servicios y suministros públicos del Dow Jones. A efectos comparativos, la tabla 14.5 ofrece una imagen similar de una selección aleatoria de otras 15 concesionarias tomada del listado de cotización de la NYSE.

A principios de 1972 el inversor defensivo podría haber tenido una amplia selección de acciones ordinarias de concesionarias de servicios públicos, y todas ellas habrían superado nuestros requisitos tanto de rendimiento como de precio. Estas empresas le hubiesen ofrecido todo lo que podía exigir de unas inversiones en acciones ordinarias elegidas de manera sencilla. En comparación con las empresas industriales destacadas que tienen representación en el DJIA, ofrecían un historial de crecimiento en el pasado casi igual de positivo, en combinación con unas menores fluctuaciones de las cifras anuales, ambas cosas con un menor precio en relación tanto a los beneficios como a los activos. La rentabilidad por dividendo era sustancialmente mayor. La situación que disfrutan las concesionarias de servicios y suministros públicos en su condición de monopolios intervenidos supone más una ventaja que una desventaja para el inversor conservador. Según la normativa vigente, tienen derecho a cobrar unas tarifas que sean lo suficientemente remuneradoras para atraer el capital que necesitan en su expansión continua, y esto entraña que tales tarifas tienen que compensar adecuadamente los costes sometidos a inflación. Aunque el proceso de reglamentación

---

* Cuando Graham escribió el libro, sólo había un único fondo de inversión importante disponible de manera generalizada que estuviese especializado en acciones de empresas concesionarias de servicios públicos, Franklin Utilities. En la actualidad, hay más de 30. Graham no podría haber previsto el caos financiero provocado por las centrales nucleares canceladas y cuya puesta en marcha fue suspendida; y tampoco pudo prever las consecuencias de la chapucera reglamentación de California. Las acciones de las concesionarias de servicios y suministros públicos son mucho más volátiles de lo que eran en la época de Graham y la mayoría de los inversores únicamente deberían tenerlas en cartera a través de un fondo de bajo coste bien diversificado como el Dow Jones U.S. Utilities Sector Index Fund (símbolo de cotización: IDU) o Utilities Select Sector SPDR (XLU). Si se desea más información, véase: www.ishares.com y www. spdrindex.com/spdr/. (Asegúrese de que su agente no le va a cobrar comisiones por reinvertir los dividendos).

TABLA 14.4

Datos sobre las 15 acciones del Dow Jones Utility Average a 30 de septiembre de 1971

	Cotización a 30 sept. de 1971	*Percibido*[a]	*Dividendo*	*Valor contable*	*Precio/ beneficios*	*Cotización/ valor contable*	*Div. rendimiento*	*Benef. por acción 1970 en comparación con 1960*
Am. Elec. Power	26	2,40	1,70	18,86	11	138%	6,5%	+87%
Cleveland El. Ill.	34¾	3,10	2,24	22,94	11	150	6,4	86
Columbia Gas System	33	2,95	1,76	25,58	11	129	5,3	85
Commonwealth Edison	35½	3,05	2,20	27,28	12	130	6,2	56
Consolidated Edison	24½	2,40	1,80	30,63	10	80	7,4	19
Consd. Nat. Gas	27¾	3,00	1,88	32,11	9	86	6,8	53
Detroit Edison	19¼	1,80	1,40	22,66	11	84	7,3	40
Houston Ltg. & Power	42¾	2,88	1,32	19,02	15	222	3,1	135
Niagara-Mohawk Power	15½	1,45	1,10	16,46	11	93	7,2	32
Pacific Gas & Electric	29	2,65	1,64	25,45	11	114	5,6	79
Panhandle E. Pipe L.	32½	2,90	1,80	19,95	11	166	5,5	79
Peoples Gas Co.	31½	2,70	2,08	30,28	8	104	6,6	23
Philadelphia El.	20½	2,00	1,64	19,74	10	103	8,0	29
Public Svs. El. & Gas	25½	2,80	1,64	21,81	9	116	6,4	80
Sou. Calif. Edison	29¼	2,80	1,50	27,28	10	107	5,1	85
Promedio	28½	2,66	1,71	23,83	10,7x	121%	6,2%	+65%

[a] Calculado para el año 1971.

TABLA 14.5

Datos sobre una segunda lista de acciones de empresas concesionarias de servicios públicos a 30 de septiembre de 1971

	Cotización a 30 sept. de 1971	*Percibido*	*Dividendo*	*Valor contable*	*Precio/ beneficios*	*Cotización/ valor contable*	*Div. rendimiento*	*Benef. por acción 1970 en comparación con 1960*
Alabama Gas	15½	1,50	1,10	17,80	10x	87%	7,1%	+34%
Allegheny Power	22½	2,15	1,32	16,88	10	134	6,0	71
Am. Tel. & Tel.	43	4,05	2,60	45,47	11	95	6,0	47
Am. Water Works	14	1,46	0,60	16,80	10	84	4,3	187
Atlantic City Elec.	20½	1,85	1,36	14,81	11	138	6,6	74
Baltimore Gas & Elec.	30¼	2,85	1,82	23,03	11	132	6,0	86
Brooklyn Union Gas	23½	2,00	1,12	20,91	12	112	7,3	29
Carolina Pwr. & Lt.	22½	1,65	1,46	20,49	14	110	6,5	39
Cen. Hudson G. & E.	22¼	2,00	1,48	20,29	11	110	6,5	13
Cen. Ill. lt.	25¼	2,50	1,56	22,16	10	114	6,5	55
Cen. Maine Pwr.	17¾	1,48	1,20	16,35	12	113	6,8	62
Cincinnati Gas & Elec.	23¼	2,20	1,56	16,13	11	145	6,7	102
Consumers Power	29½	2,80	2,00	32,59	11	90	6,8	89
Dayton Pwr. & Lt.	23	2,25	1,66	16,79	10	137	7,2	94
Delmarva Pwr. & Lt.	16½	1,55	1,12	14,04	11	117	6,7	78
Promedio	23½	2,15	1,50	21,00	11x	112%	6,5%	+71%

frecuentemente ha sido farragoso y tal vez dilatorio, no ha impedido que las concesionarias consigan una buena rentabilidad sobre su capital invertido, cada vez mayor, a lo largo de muchas décadas.

Para el inversor defensivo, el principal atractivo de las acciones de concesionarias de servicios y suministros públicos en esta ocasión debería ser el hecho de que están disponibles a un precio moderado en relación con su valor contable. Esto significa que el inversor se puede desentender de las consideraciones del mercado de valores, si lo desea, y considerarse principalmente propietario de una parte de una empresa bien asentada y con unos satisfactorios beneficios. La cotización de mercado siempre estará a su disposición para que la aproveche en momentos propicios, ya sea para realizar compras cuando las cotizaciones sean inusualmente bajas, o para llevar a cabo ventas cuando parezcan definitivamente sobrevaloradas.

El historial de mercado de los índices de concesionarias de servicios y suministros públicos, que se condensa en la tabla 14.6, junto con los de otros grupos, indica que ha habido abundantes posibilidades de conseguir beneficio en estas inversiones en el pasado. Aunque su subida no ha sido de la misma cuantía que la experimentada por el índice industrial, las concesionarias individuales han hecho gala de una mayor estabilidad en la cotización en la mayor parte de los períodos, en comparación con los demás grupos.* Resulta llamativo observar en

TABLA 14.6

Evolución de las cotizaciones y el PER de diversas medias del S & P 500, 1948–1970

	Industriales		*Ferrocarriles*		*Concesionarias de servicios y suministros públicos*	
Año	Cotización[a]	PER	Cotización[a]	PER	Cotización[a]	PER
1948	15,34	6,56	15,27	4,55	16,77	10,03
1953	24,84	9,56	22,60	5,42	24,03	14,00
1958	58,65	19,88	34,23	12,45	43,13	18,59
1963	79,25	18,18	40,65	12,78	66,42	20,44
1968	113,02	17,80	54,15	14,21	69,69	15,87
1970	100,00	17,84	34,40	12,83	61,75	13,16

[a] Cotizaciones al cierre del año.

* En una destacable confirmación de la afirmación de Graham, el aparentemente carente de interés Standard & Poor's Utility Index superó al tan cacareado NASDAQ Composite Index durante el período de 30 años que concluyó el 31 de diciembre de 2002.

esta tabla que los PER de las empresas industriales y de las concesionarias de servicios y suministros públicos han intercambiado sus posiciones durante las dos últimas décadas. Estos cambios de posiciones tendrán más sentido para el inversor activo que para el inversor pasivo. No obstante, sugieren que hasta las carteras defensivas deben cambiarse de vez en cuando, sobre todo si los valores adquiridos experimentan una subida aparentemente excesiva y se pueden sustituir por valores que tengan una cotización mucho más razonable. Por desgracia, será necesario pagar los impuestos por plusvalías, lo que para el inversor típico será como saldar cuentas con el diablo. Nuestra vieja aliada, la experiencia, nos dice que en este terreno es mejor vender y pagar el impuesto que no vender y arrepentirse después.

Invertir en acciones de empresas financieras

Hay una considerable diversidad de empresas que podrían incluirse en el epígrafe de «empresas financieras». Entre ellas estarían los bancos, las compañías de seguros, las cajas de ahorro, las pequeñas entidades de préstamo, las sociedades hipotecarias y las «sociedades de inversión» (por ejemplo, los fondos de inversión).* Una característica de todas estas empresas es que tienen una parte relativamente reducida de su activo en forma de cosas materiales, como activo fijo y existencias de mercancías, y por otra parte casi todas ellas tienen obligaciones a corto plazo muy superiores a su capital en acciones. La cuestión de la solidez financiera es, por lo tanto, más relevante en esta categoría de empresas que en el caso de la típica empresa manufacturera o comercial. A su vez, esto ha dado lugar a diferentes formas de reglamentación y supervisión, que tenían como objetivo, y que por lo general han tenido como resultado, ofrecer garantías contra prácticas financieras insensatas.

En términos generales, las acciones de las empresas financieras han producido resultados de inversión similares a las de otros tipos de empresas. La tabla 14.7 muestra las variaciones de cotización entre 1948 y 1970 de seis grupos representados en los índices de cotización de acciones de Standard & Poor's. La media de 1941–1943 se equipara a 10, el nivel básico. Las cifras de cierre de ejercicio de 1970 oscilaban entre 44,3 en el caso de los nueve bancos de Nueva

* En la actualidad, el sector de los servicios financieros está compuesto por aún más elementos, entre los que se incluyen los bancos comerciales; sociedades de ahorro y préstamo y financiación hipotecaria; empresas de financiación de consumo como las emisoras de tarjetas de crédito; gestores de patrimonio y sociedades de administración fideicomisaria; bancos de inversión y agencias de bolsa; compañías de seguros; y firmas que se dedican a la promoción o gestión inmobiliaria, incluidos los fondos de inversión inmobiliaria. Aunque el sector se encuentra mucho más diversificado hoy en día, las advertencias de Graham acerca de la estabilidad financiera son más aplicables que nunca.

TABLA 14.7

Variaciones relativas de la cotización de las acciones de diversos tipos de empresas financieras entre 1948 y 1970

	1948	1953	1958	1963	1968	1970
Seguros de vida	17,1	59,5	156,6	318,1	282,2	218,0
Seguros de inmuebles y de responsabilidad civil	13,7	23,9	41,0	64,7	99,2	84,3
Bancos de la ciudad de Nueva York	11,2	15,0	24,3	36,8	49,6	44,3
Bancos que no tienen su sede en Nueva York	16,9	33,3	48,7	75,9	96,9	83,3
Empresas de finanzas	15,6	27,1	55,4	64,3	92,8	78,3
Empresas de pequeños préstamos	18,4	36,4	68,5	118,2	142,8	126,8
Índice compuesto Standard & Poor's	13,2	24,8	55,2	75,0	103,9	92,2

[a] Cifras de cierre de ejercicio de los índices de cotizaciones de acciones de Standard & Poor's. Promedio de 1941-1943 = 10.

York y 218 en el caso de las once compañías de seguros de vida. Durante los intervalos intermedios se produjeron considerables variaciones en los respectivos movimientos de las cotizaciones. Por ejemplo, las acciones del banco New York City tuvieron unos resultados bastante positivos entre 1958–1968; en contraste, el espectacular grupo de compañías de seguro de vida perdió terreno entre 1963 y 1968. Estos movimientos desiguales se encuentran en muchos, tal vez en la mayoría, de los diferentes grupos sectoriales representados en los índices de Standard & Poor's.

No podemos hacer indicaciones muy útiles aplicables a esta amplia área de inversión, salvo aconsejar que se apliquen los mismos criterios aritméticos del precio en relación con los beneficios y el valor contable a la selección de empresas de este grupo, tal y como hemos sugerido para las inversiones en los campos industriales y de concesionarias de servicios y suministros públicos.

Valores de ferrocarriles

La historia de los ferrocarriles es muy diferente a la de las concesionarias de los servicios y suministros públicos. Las transportistas han sufrido graves problemas como consecuencia de la combinación de una intensa competencia y una estricta reglamentación. (Su problema de costes laborales también ha sido difícil, pero este tipo de problemas no se limita únicamente a los ferrocarriles). Los automóviles, los autobuses y las líneas aéreas les han robado la mayoría de su negocio de pasajeros, y lo que les ha quedado ha sido la porción menos rentable; los camiones se han apoderado de una buena parte del tráfico de carga. Más de la mitad del tendido de ferrocarriles del país ha estado en quiebra (o en «administración concursal») en diversas ocasiones durante los 50 últimos años.

Sin embargo, este medio siglo no ha sido todo de cuesta abajo para estas empresas de transporte ferroviario. Ha habido períodos de prosperidad para este sector, en especial en los años de la guerra. Algunas de las líneas de ferrocarriles consiguieron mantener su capacidad de generación de beneficios y sus dividendos a pesar de las dificultades generales.

El índice Standard & Poor's creció varias veces desde el punto mínimo de 1942 hasta el máximo de 1968, y no se quedó muy por debajo del porcentaje de subida experimentado por el índice de concesionarias públicas. La quiebra del Penn Central Transportation Co., el ferrocarril más importante de Estados Unidos, en 1970 conmocionó al mundo financiero. Hacía solamente uno y dos años las acciones del ferrocarril habían alcanzado la cotización más elevada de su prolongada historia, y había venido pagando dividendos de manera continuada desde hacía más de 120 años. (En la página 452 exponemos un breve análisis de lo ocurrido con este ferrocarril, para ilustrar de qué manera un estudiante competente podría haber detectado la aparición y crecimiento de puntos débiles en la imagen de la empresa y podría haber recomendado la venta de sus valores). El nivel de mercado de las acciones de los ferrocarriles, en conjunto, se vio seriamente afectado por ese desastre financiero.

Por lo general no es sensato hacer recomendaciones generalizadas respecto de categorías completas de valores, y por el mismo motivo tampoco lo es emitir condenas generalizadas. El historial de la cotización de las acciones de los ferrocarriles que se recoge en la tabla 14.6 muestra que el grupo, en conjunto, ha ofrecido frecuentemente oportunidades de conseguir grandes beneficios. (Sin embargo, en nuestra opinión, los grandes crecimientos, en sí mismos, no solían estar garantizados). Limitemos nuestra sugerencia a lo siguiente: no hay ningún motivo convincente para que el inversor tenga en cartera acciones de ferrocarriles; antes de comprar cualquiera de tales acciones, debería asegurarse de que está consiguiendo tanto valor a cambio de su dinero que sería poco razonable buscar otra cosa en otro sector.*

---

* En la actualidad sólo subsisten unas cuantas empresas de ferrocarriles importantes, entre las cuales se incluyen Burlington Northern, CSX, Norfolk Southern, y Union Pacific. Los consejos que se ofrecen en esta sección son por lo menos igual de relevantes para las líneas aéreas actuales, con sus enormes pérdidas y medio siglo de deficientes resultados prácticamente ininterrumpidos, que están en una situación muy similar a la de los ferrocarriles en la época de Graham.

Selectividad para el inversor defensivo

A todos los inversores les gustaría que su lista de inversiones fuese mejor o más prometedora que la media. Por lo tanto, el lector se preguntará si, en el caso de que consiga los servicios de un asesor o un analista de valores competente, no debería poder dar por descontado que esos profesionales le van a facilitar un conjunto de inversión de una categoría realmente superior a la media. «Después de todo», podría decir, «las reglas que acaba de esquematizar son bastante sencillas y fáciles de seguir. Un analista con mucha formación debería ser capaz de utilizar toda su habilidad y todo su conocimiento técnico para mejorar sustancialmente algo tan básico como el listado del Dow Jones. De lo contrario, ¿para qué sirven todas esas estadísticas, cálculos y valoraciones dogmáticas?».

Supongamos, a modo de prueba práctica, que hubiésemos pedido a cien analistas de valores que eligiesen las cinco «mejores» acciones del Dow Jones Average que se pudiesen comprar a finales de 1970. Pocos de ellos habrían coincidido con selecciones idénticas y muchas de las listas habrían sido absolutamente diferentes a las otras.

Esto no es tan sorprendente como puede parecer a primera vista. El motivo subyacente es que la cotización actual de cada acción destacada refleja con bastante exactitud los factores más importantes de su historial financiero, más la opinión general sobre sus perspectivas futuras. Por lo tanto, la opinión de cualquier analista de que una acción es mejor candidata a la compra que el resto debe basarse en gran medida en sus propias predisposiciones y expectativas personales, o en el hecho de que conceda más importancia a un conjunto de factores que a otro en su trabajo de evaluación. Si todos los analistas coincidiesen en que las acciones de una empresa concreta eran mejores que todas las demás, la cotización de esa acción subiría rápidamente hasta un nivel que contrarrestaría y anularía todas sus ventajas anteriores.*

* Graham resume la «hipótesis de los mercados eficientes», una teoría académica que afirma que la cotización de cada acción incorpora toda la información relativa a esa empresa que está a disposición del público. Con millones de inversores analizando hasta el último rincón del mercado todos los días, es muy improbable que los errores de precio graves puedan durar mucho tiempo. Un viejo chiste cuenta que van dos profesores de finanzas paseando por la acera; cuando uno ve un billete de 20 dólares y se agacha a recogerlo, el otro le agarra del brazo y le dice, «No te molestes. Si fuese realmente un billete de 20 dólares ya lo habría cogido alguien». Aunque el mercado no es perfectamente eficiente, se acerca bastante a la perfección la mayor parte del tiempo, por lo que el inversor inteligente se agachará a recoger los billetes de 20 dólares del mercado únicamente después de haberlos estudiado exhaustivamente y haber minimizado los costes de operación y tributarios.

Nuestra afirmación de que la cotización vigente refleja tanto los hechos conocidos como las expectativas futuras pretendía destacar los dos criterios en los que se basan las valoraciones de mercado. En correspondencia con estos dos tipos de elementos de valor, hay dos métodos esencialmente diferentes de realizar el análisis de valores. Por supuesto, todos los analistas competentes miran hacia el futuro, en vez de centrar su mirada en el pasado, y son conscientes de que su trabajo es bueno o malo en función de lo que vaya a pasar, y no en función de lo que ya ha pasado. No obstante, el propio futuro puede ser abordado de dos formas diferentes, que podrían denominarse la forma de la *predicción* (o proyección) y la forma de la *protección*.*

Los que hacen hincapié en la predicción se esforzarán por tratar de anticipar con bastante exactitud lo que la empresa va a conseguir en los años venideros, en especial, si los beneficios arrojarán un crecimiento pronunciado y sostenido. Estas conclusiones se pueden basar en un estudio muy cuidadoso de factores como la oferta y la demanda en el sector, el volumen, el precio y los costes, o, alternativamente, se pueden extraer de una proyección relativamente simplona que se limite a trasladar la línea de crecimiento pasado hacia el futuro. Si estas autoridades en la materia están convencidas de que las perspectivas a un plazo relativamente largo son inusualmente favorables, prácticamente siempre recomendarán comprar la acción sin prestar mucha atención al nivel al cual se esté vendiendo en la actualidad. Ésa fue, por ejemplo, la actitud general respecto de las acciones de empresas de transporte aéreo, una actitud que persistió durante muchos años a pesar de los decepcionantemente malos resultados que se cosecharon en la mayoría de los casos después de 1946. En la introducción hemos comentado la disparidad existente entre los relativamente sólidos resultados de la cotización de las acciones y el relativamente decepcionante historial de beneficios de este sector.

Por el contrario, los que destacan la protección siempre se interesan especialmente por la cotización de la acción en el momento en el que se está realizando el estudio. Su principal esfuerzo consiste en asegurarse de que existe un

* Ésta es una de las afirmaciones fundamentales del libro de Graham. Todos los inversores trabajamos bajo una cruel ironía: invertimos en el presente, pero invertimos para el futuro. Y, lamentablemente, el futuro encierra una incertidumbre prácticamente absoluta. La tasa de inflación y los tipos de interés no son seguros; las recesiones económicas van y vienen de forma aleatoria; las conmociones geopolíticas, como guerras, escasez de materias primas, y actos de terrorismo llegan sin previo aviso; y el destino de las empresas individuales y sus sectores muchas veces resulta ser el contrario al que esperan la mayor parte de los inversores. Por lo tanto, invertir en función de las *proyecciones* es pretensión inane; incluso las previsiones de los denominados expertos son menos fiables que lanzar al aire una moneda. Para la mayor parte de las personas invertir aspirando a aplicar criterios de *protección*, frente a la posibilidad de pagar de más, y frente al exceso de confianza en la fiabilidad de la capacidad de juicio personal, será la mejor solución. Graham abunda sobre este concepto en el capítulo 20.

sustancial margen de valor presente indicado sobre la cotización de mercado, margen que permitiría absorber los acontecimientos desfavorables en el futuro. En términos generales, por lo tanto, a estos analistas no les hace falta mostrarse entusiastas respecto de las perspectivas a largo plazo de la empresa, sino que se conforman con mostrarse relativamente confiados en que la empresa va a salir adelante.

El primer método, el predictivo, también podría haberse llamado método cualitativo, ya que se basa especialmente en las perspectivas, el equipo directivo y otros factores no susceptibles de medición, aunque extraordinariamente importantes, que entrarían en el epígrafe de calidad. El segundo, el protectivo, podría llamarse método cuantitativo o estadístico, ya que hace hincapié en las relaciones susceptibles de medición entre el precio de venta y los beneficios, los activos, los dividendos y demás. Incidentalmente, el método cuantitativo es realmente una extensión, hacia el terreno de las acciones ordinarias, de la teoría que el análisis de valores ha descubierto que es adecuada para seleccionar obligaciones y acciones preferentes para inversión.

En nuestra actitud personal y nuestro trabajo profesional siempre nos hemos comprometido con el método cuantitativo. Desde el principio hemos querido asegurarnos de que conseguíamos un amplio valor por nuestro dinero en términos concretos y contrastables. No estábamos dispuestos a aceptar las perspectivas y promesas del futuro como retribución por la falta de un valor suficiente en la mano en el momento actual. Ésta no ha sido la opinión imperante, ni mucho menos, entre las principales autoridades de la teoría de la inversión; de hecho, la mayoría de ellos estaría dispuesta a suscribir la teoría de que las perspectivas, la calidad de la gestión, otros aspectos intangibles y el «factor humano» son mucho más importantes que las indicaciones proporcionadas por cualquier estudio de los resultados del pasado, el balance y otras cifras frías.

Por lo tanto, esta cuestión de elegir las «mejores» acciones es esencialmente muy controvertida. Nuestro consejo para el inversor defensivo es que no se meta en este terreno. Que se interese más por la diversificación que por la selección individual. Incidentalmente, la idea universalmente aceptada de la diversificación es, por lo menos parcialmente, la negación de las ambiciosas pretensiones de la selectividad. Si fuese posible elegir las mejores acciones sin margen de error, la diversificación sólo nos serviría para salir perdiendo. Sin embargo, dentro de los límites de las cuatro reglas más generales para la selección de acciones ordinarias que sugerimos para el inversor defensivo (en las páginas 135-136), hay margen para ejercer una considerable libertad de preferencia. En el peor de los casos, el hecho de ceder ante estas preferencias no debería resultar nocivo; en el resto de los casos, tal vez añada algo valioso a los resultados. Con la creciente importancia que están adquiriendo los avances tecnológicos en los resultados a largo plazo de las empresas, el inversor no puede dejar esta cuestión al margen de sus cálculos. En este terreno, al igual que en cualquier otro, debe tratar de encontrar un equilibrio entre el desinterés y el exceso de celo.

Comentario al capítulo 14

> Quien se conforme con ganancias seguras, difícilmente llegará a amasar grandes riquezas; quien lo fíe todo a grandes aventuras, frecuentemente quebrará y caerá en la pobreza: es bueno, por lo tanto, proteger las aventuras con los frutos de la certidumbre para que puedan soportar las pérdidas.
>
> *Sir Francis Bacon*

Ponerse en marcha

¿Cómo debería abordar el laborioso trabajo de seleccionar acciones? Graham sugiere que el inversor defensivo podría, «de la manera más sencilla», comprar acciones de todas las empresas presentes en el Dow Jones Industrial Average. Hoy en día, el inversor defensivo puede hacer algo mejor aún: comprar un fondo de índice total de mercado que tenga en cartera prácticamente todas las acciones que merezca la pena tener. Un fondo de inversión de índice de bajo coste es el mejor instrumento creado jamás para inversión en acciones con bajo mantenimiento, y cualquier esfuerzo para mejorar sus resultados exige más trabajo (y genera más riesgo y mayores costes) de lo que un inversor verdaderamente defensivo podría justificar.

No es necesario investigar y seleccionar sus propias acciones; de hecho, para la mayor parte de las personas, ni siquiera es aconsejable hacerlo. No obstante, algunos inversores defensivos disfrutan con la diversión y el desafío intelectual de seleccionar acciones de empresas individuales, y, si ha sobrevivido usted a un período de bajada del mercado y todavía sigue disfrutando con la selección de acciones, no hay nada que ni Graham ni yo pudiéramos decir para disuadirle. En tal caso, en vez de integrar toda su cartera con un fondo de índice de mercado total, emplee este tipo de fondo de inversión como cimiento de su cartera. Cuando ya haya instalado ese cimiento, podrá experimentar

¿Por qué diversificarse?

Durante el período alcista de mercado de la década de 1990, una de las críticas que más habitualmente se vertía en contra de la diversificación era que reducía el potencial de obtener una elevada rentabilidad. Después de todo, si se podía identificar el siguiente Microsoft, ¿no sería sensato colocar todos los huevos en esa cesta?

Claro, por supuesto. Como dijo una vez el humorista Will Rogers, «No hagan apuestas. Cojan todos sus ahorros y compren una buena acción, consérvenla hasta que suba, y después véndanla. Si no sube, no la compren». No obstante, como Rogers sabía, ser capaz de predecir el futuro con una exactitud del 100% no es un don que haya sido otorgado a la mayor parte de los inversores. Por muy confiados que nos sintamos, no hay forma humana de saber si una acción va a subir después de que la hayamos comprado. Por lo tanto la acción que usted considere que puede ser la siguiente Microsoft podría acabar siendo la siguiente MicroStrategy. (Esta antigua estrella del mercado pasó de costar 3.130 dólares por acción en marzo de 2000 a 15,10 dólares por acción a finales de 2002, una pérdida apocalíptica del 99,5%).[1] Mantener el dinero repartido entre muchas acciones y sectores es el único seguro fiable que nos protege frente al riesgo de equivocarnos.

Sin embargo, la diversificación no sólo reduce las probabilidades de equivocarse. También aumenta al máximo las probabilidades de acertar. Durante períodos prolongados de tiempo, unas pocas acciones se convierten en «superacciones» que suben el 10.000% o más. La revista *Money* identificó las 30 acciones con mejores resultados de los 30 años concluidos en 2002, e incluso con la perspectiva que ofrece el tiempo la lista es desconcertantemente imprevisible. En vez de estar compuesta por muchas acciones de empresas tecnológicas o de asistencia sanitaria, en la lista tienen un lugar Southwest Airlines, Worthington Steel, Dollar General Discount Stores y el fabricante de tabaco en polvo, rapé, UST Inc.[2] Si piensa que podría haber estado dispuesto a hacer una gran apuesta en cualquiera de estas acciones en 1972, se está engañando a sí mismo.

Enfóquelo de esta manera: en el enorme pajar del mercado, sólo unas pocas agujas acabarán generando beneficios verdaderamente enormes. Cuanto mayor parte del pajar posea, mayores serán las probabilidades de que acabe encontrando por lo menos una de esas agujas. Si es propietario de todo el pajar (en el mejor de los casos a través de un fondo de índice que siga la evolución de todo el mercado de valores de Estados Unidos), podrá estar seguro de que va a encontrar todas las agujas, y de que va a poder aprovechar la rentabilidad de todas las superacciones. Sobre todo si es usted un inversor defensivo, ¿para qué va a esforzarse en tratar de encontrar las agujas cuando puede ser dueño de todo el pajar?

---

[1] Después de ajustar el efecto del desdoblamiento de acciones. Para muchas personas, MicroStrategy realmente parecía el siguiente Microsoft a principios del año 2000; sus acciones habían ganado un 566,7% en 1999, y su presidente, Michael Saylor, declaraba que «nuestro futuro hoy es mejor que hace 18 meses». Posteriormente, la Comisión del Mercado de Valores de Estados Unidos acusó a MicroStrategy de fraude contable, y Saylor pagó una multa de 8,3 millones de dólares para que se retirasen los cargos.

[2] Jon Birger, «The 30 Best Stocks», *Money*, otoño de 2002, págs. 88–95.

marginalmente con su propia selección de acciones. Mantenga el 90% del dinero invertido en acciones de un fondo de índice, y deje el 10% aparte para poder elegir sus propias acciones. Únicamente después de que haya creado ese núcleo esencial podrá dedicarse a experimentar. (Para descubrir por qué es tan importante esta amplia diversificación, le rogamos que lea el recuadro de la página 396).

Probando, probando

Actualizaremos brevemente los criterios de selección de acciones propuestos por Graham.

Tamaño adecuado. En la actualidad, «para excluir a las pequeñas empresas» la mayor parte de los inversores defensivos deberían mantenerse alejados de las acciones de empresas cuyo valor total de mercado fuera inferior a 2.000 millones de dólares. A principios de 2003, la aplicación de este criterio le dejaba con 437 empresas del índice de acciones Standard & Poor's para elegir.

No obstante, los inversores defensivos de la actualidad, a diferencia de los de los días de Graham, tienen la posibilidad de ser propietarios de acciones de pequeñas empresas de manera conveniente, invirtiendo en fondos de inversión especializados en acciones de pequeñas empresas. Una vez más, un fondo de índice como el Vanguard Small-Cap Index es la mejor elección, aunque hay fondos activos disponibles a coste razonable de firmas como Ariel, T. Rowe Price, Royce y Third Avenue.

Sólida condición financiera. Según los estrategas de mercado Steve Galbraith y Jay Lasus, de Morgan Stanley, a principios de 2003, aproximadamente 120 de las empresas del índice S&P 500 cumplían el requisito de Graham de ratios de circulante 2 a 1. Con un activo circulante de por lo menos el doble de su pasivo circulante, estas empresas tienen un colchón sustancial de capital de explotación que, en promedio, debería ofrecer suficiente apoyo durante las malas rachas.

En Wall Street siempre han sido frecuentes las paradojas amargas, y el pinchazo de la burbuja de las acciones en crecimiento dio lugar a un llamativo fenómeno: en 1999 y en el año 2000, se suponía que las acciones de empresas de alta tecnología, de biotecnología y de telecomunicaciones iban a proporcionar un «agresivo crecimiento» y acabaron proporcionando a la mayor parte de sus inversores una agresiva retracción. Sin embargo, para finales del año 2003, la rueda de la fortuna había recorrido todo el círculo y muchas de estas agresivas acciones de crecimiento se habían convertido en acciones de empresas financieramente conservadoras, cargadas de capital de explotación, con abundante liquidez y frecuentemente sin deuda. La tabla siguiente ofrece una muestra:

FIGURA 14.1

Todo lo nuevo es viejo otra vez

Empresa	Activo circulante	Pasivo circulante	Ratio de activo circulante a pasivo circulante	Deuda a largo plazo	Relación de deuda a largo plazo a capital circulante
Applied Micro Circuits	1.091,2	61,9	17,6	0	0
Linear Technology	1.736,4	148,1	11,7	0	0
QLogic Corp.	713,1	69,6	10,2	0	0
Analog Devices	3.711,1	467,3	7,9	1.274,5	0,39
Qualcomm Inc.	4.368,5	654,9	6,7	156,9	0,04
Maxim Integrated Products	1.390,5	212,3	6,5	0	0
Applied Materials	7.878,7	1.298,4	6,1	573,9	0,09
Tellabs Inc.	1.533,6	257,3	6,0	0,5	0,0004
Scientific-Atlanta	1.259,8	252,4	5,0	8,8	0,01
Altera Corp.	1.176,2	240,5	4,9	0	0
Xilinx Inc.	1.110,8	228,1	4,9	0	0
American Power Conversion	1.276,3	277,4	4,6	0	0
Chiron Corp.	1.393,8	306,7	4,5	414,9	0,38
Biogen Inc.	1.194,7	265,4	4,5	39	0,04
Novellus Systems	1.633,9	381,6	4,3	0	0
Amgen Inc.	6.403,5	1.529,2	4,2	3.039,7	0,62
LSI Logic Corp.	1.626,1	397,8	4,1	1.287,1	1,05
Rowan Cos.	469,9	116,0	4,1	494,8	1,40
Biomet Inc.	1.000,0	248,6	4,0	0	0
Siebel Systems	2.588,4	646,5	4,0	315,6	0,16

Todas las cifras en millones de dólares, extraídas de los informes financieros más recientes disponibles de 31/12/02. El capital de explotación es el activo circulante menos el pasivo circulante.
La deuda a largo plazo incluye las acciones preferentes y excluye las deudas tributarias diferidas.
Fuentes: Morgan Stanley; Baseline; Base de datos EDGAR en www.sec.gov.

En 1999, la mayor parte de estas empresas estaban entre las más envidiadas del mercado, y ofrecían la promesa de un gran potencial de crecimiento. A principios de 2003, ofrecían pruebas tangibles del auténtico valor.

La lección que se debe extraer no es que estas acciones fuesen «algo seguro», ni que tenga que lanzarse a comprar todo lo que aparece (o cualquier cosa que aparezca) en esta tabla.[1] Al contrario, lo que se pretende es que se dé usted cuenta de que un inversor defensivo siempre puede prosperar si examina con calma y paciencia los restos del naufragio de un período bajista del mercado. El criterio de solidez financiera propuesto por Graham sigue funcionando: si crea una cesta diversificada de acciones de empresas cuyo activo circulante sea por lo menos el doble que su pasivo circulante, y cuya deuda a largo plazo no sea mayor que el capital de explotación, debería acabar con un grupo de empresas financiadas de una manera conservadora con gran capacidad de resistencia. En la actualidad, los mejores valores suelen encontrarse en las empresas cuyas acciones estuvieron en el pasado recalentadas y que desde entonces se han enfriado. A lo largo de la historia, las acciones de esas empresas han ofrecido frecuentemente el margen de seguridad que exige un inversor defensivo.

Estabilidad del beneficio. Según Morgan Stanley, el 86% de las empresas del índice S&P 500 han tenido beneficio positivo en todos los años desde 1993 hasta 2002. Por lo tanto, la insistencia de Graham en que haya habido «algunos beneficios para las acciones ordinarias en todos y cada uno de los últimos diez años» sigue siendo una prueba válida para eliminar a las empresas con pérdidas crónicas, a la vez que no es tan restrictivo, para limitar sus opciones a una muestra injustificadamente reducida.

Historial de dividendos. A principios del año 2003, según Standard & Poor's, 354 empresas del S&P 500 (o lo que es lo mismo, el 71% del total) habían pagado dividendos. No menos de 255 habían pagado dividendos durante 20 años seguidos, por lo menos. Según S&P, 57 empresas del índice habían elevado sus dividendos durante por lo menos 25 años consecutivos. Esto no es garantía de que vayan a seguir haciéndolo siempre, pero es una señal tranquilizadora.

Crecimiento de los beneficios. ¿Cuántas empresas del S&P 500 han incrementado sus beneficios por acción «por lo menos en un tercio», como exigía Graham, durante los diez años concluidos en 2002? (Calcularemos el promedio de los beneficios de cada una de las empresas de 1991 hasta 1993, y después determinaremos si el beneficio medio de 2000 a 2002 fue superior, por lo menos, en el 33%). Según Morgan Stanley, 264 empresas del S&P 500 cumplían este criterio. Sin embargo, en ese terreno parece que Graham estableció un requisito muy poco exigente; un crecimiento acumulado del 33% durante una década es menos de un incremento anual medio del 3%. Un crecimiento acumulado del beneficio por acción de por lo menos el 50%, o lo que es lo mismo, un incremento anual medio del 4%, es un poquito menos conservador. Nada menos que 245 empresas del índice S&P 500 cumplían ese criterio a principios

[1] Para cuando usted lea esto, ya habrán cambiado muchas cosas desde finales del año 2002.

FIGURA 14.2

En la salud y en la enfermedad

Estas empresas han pagado dividendos cada vez mayores en cada ejercicio transcurrido, sin excepciones

Empresa	*Sector*	*Dividendos en metálico abonados todos los años desde...*	*Número de incrementos anuales de dividendos en los últimos 40 años*
3M Co.	Industrial	1916	40
Abbott Laboratories.	Asistencia sanitaria	1926	35
ALLTEL Corp.	Telecom. servicios	1961	37
Altria Group (anteriormente Philip Morris).	Bienes de consumo básico	1928	36
AmSouth Bancorp.	Financiero	1943	34
Anheuser-Busch Cos.	Bienes de consumo básico	1932	39
Archer-Daniels-Midland	Bienes de consumo básico	1927	32
Automatic Data Proc.	Industrial	1974	29
Avery Dennison Corp.	Industrial	1964	36
Bank of America	Financiero	1903	36
Bard (C. R.)	Asistencia sanitaria	1960	36
Becton, Dickinson	Asistencia sanitaria	1926	38
CenturyTel Inc.	Telecom. servicios	1974	29
Chubb Corp.	Financiero	1902	28
Clorox Co.	Bienes de consumo básico	1968	30
Coca-Cola Co.	Bienes de consumo básico	1893	40
Comerica Inc.	Financiero	1936	39
ConAgra Foods	Bienes de consumo básico	1976	32
Consolidated Edison	Concesionarias de servicios y suministros públicos	1885	31
Donnelley(R. R.) & Sons	Industrial	1911	36
Dover Corp.	Industrial	1947	37
Emerson Electric	Industrial	1947	40
Family Dollar Stores	Bienes de con. discrecionales	1976	27
First Tenn Natl	Financiero	1895	31
Gannett Co.	Bienes de con. discrecionales	1929	35
General Electric	Industrial	1899	35
Grainger (W. W.)	Industrial	1965	33
Heinz (H. J.)	Bienes de consumo básico	1911	38

Empresa	*Sector*	*Dividendos en metálico abonados todos los años desde...*	*Número de incrementos anuales de dividendos en los últimos 40 años*
Household Intl.	Financiero	1926	40
Jefferson-Pilot	Financiero	1913	36
Johnson & Johnson	Asistencia sanitaria	1944	40
Johnson Controls	Bienes de consumo discrecionales	1887	29
KeyCorp.	Financiero	1963	36
Kimberly-Clark	Bienes de consumo básico	1935	34
Leggett & Platt	Bienes de consumo discrecionales	1939	33
Lilly (Eli)	Asistencia sanitaria	1885	38
Lowe's Cos.	Bienes de consumo discrecionales	1961	40
May Dept Stores	Bienes de consumo discrecionales	1911	31
McDonald's Corp.	Bienes de consumo discrecionales	1976	27
McGraw-Hill Cos.	Bienes de consumo discrecionales	1937	35
Merck & Co.	Asistencia sanitaria	1935	38
Nucor Corp.	Materiales	1973	30
PepsiCo Inc.	Bienes de consumo básico	1952	35
Pfizer, Inc.	Asistencia sanitaria	1901	39
PPG Indus.	Materiales	1899	37
Procter & Gamble	Bienes de consumo básico	1891	40
Regions Financial	Financiero	1968	32
Rohm & Haas	Materiales	1927	38
Sigma-Aldrich	Materiales	1970	28
Stanley Works	Bienes de consumo discrecionales	1877	37
Supervalu Inc.	Bienes de consumo básico	1936	36
Target Corp.	Bienes de consumo discrecionales	1965	34
TECO Energy	Concesionarias de servicios y suministros públicos	1900	40
U.S. Bancorp	Financiero	1999	35
VF Corp.	Bienes de consumo discrecionales	1941	35
Wal-Mart Stores	Bienes de consumo discrecionales	1973	29
Walgreen Co.	Bienes de consumo básico	1933	31

Fuente: Standard & Poor's Corp.
Datos del 31/12/2002.

de 2003, con lo que el inversor defensivo tenía a su disposición una amplia lista para elegir. (Si se duplica el requisito de crecimiento acumulado hasta el 100%, o el 7% de crecimiento anual medio, serían 198 empresas las que superarían el corte).

PER moderado. Graham recomienda que se limite a acciones cuya cotización actual no sea más de 15 veces el beneficio medio de los tres últimos años. Increíblemente, la práctica imperante en la actualidad en Wall Street consiste en valorar las acciones dividiendo su cotización actual por una cifra denominada «beneficio del siguiente año». De esta manera se obtiene lo que en ocasiones se denomina «PER adelantado». No obstante, es una insensatez calcular un ratio precio / beneficios dividiendo el precio actual conocido entre los beneficios futuros desconocidos. A largo plazo, el gestor de patrimonios David Dreman ha demostrado que el 59% de las previsiones de beneficio «de consenso» de Wall Street yerran el objetivo por un margen mortificantemente grande, ya sea al subestimar o al sobrevalorar los beneficios declarados reales en, como mínimo, el 15%.[2] Invertir el dinero atendiendo a lo que estos charlatanes y miopes predicen para el año venidero es tan peligroso como ofrecerse voluntario a sostener la diana en un torneo de tiro al blanco para ciegos. Lo que tiene que hacer es calcular usted mismo el PER de la acción, utilizando la fórmula de Graham de precio actual dividido entre beneficio medio de los tres últimos años.[3]

A principios de 2003, ¿cuántas de las acciones del S&P 500 estaban valoradas a un máximo de 15 veces sus beneficios medios de 2000 a 2002? Según Morgan Stanley, un generoso total de 185 empresas superaban la prueba de Graham.

Moderado ratio precio a valor contable. Graham recomendaba un «ratio de precio a activos» (o ratio de precio a valor contable) de no más del 1,5. En los últimos años, una creciente proporción del valor de las empresas ha provenido de activos intangibles como franquicias, nombres comerciales y patentes y marcas comerciales. Como estos factores (junto con el fondo de comercio derivado de adquisiciones) están excluidos de la definición ordinaria de valor contable, la mayor parte de las empresas actuales tienen un precio que entraña un mayor múltiplo de cotización a valor contable que en la época de Graham. Según Morgan Stanley, 123 de las empresas del S&P 500 (o lo que es lo mismo, una de cada cuatro) tienen un precio inferior a 1,5 veces el valor contable. En conjunto, 273 empresas (o el 55% del índice) tienen unos ratios de precio a valor contable de menos de 2,5.

---

[2] David Dreman, «Bubbles and the Role of Analysts' Forecasts», *The Journal of Psychology and Financial Markets*, vol. 3, nº 1 (2002), págs. 4–14.

[3] Puede usted calcular este ratio a mano con los informes anuales de una empresa, o conseguir los datos en sitios web como, por ejemplo, www.morningstar.com o http://finance.yahoo.com.

¿Qué ocurre con la sugerencia de Graham de que multiplique el PER por el ratio de precio a valor contable y compruebe si el número resultante queda por debajo de 22,5? Atendiendo a datos de Morgan Stanley, por lo menos 142 acciones del índice S&P 500 podrían superar esa prueba a principios de 2003, y entre ellas están Dana Corp., Electronic Data Systems, Sun Microsystems y Washington Mutual. Por lo tanto, el «multiplicador combinado» de Graham sigue funcionando como filtro inicial para identificar acciones con una cotización razonable.

Tareas obligatorias

Por muy defensivo que sea usted como inversor, en el sentido que da Graham al término de estar interesado por reducir el trabajo que dedica a la selección de acciones, hay un par de cosas que no puede dejar de hacer:

Hacer los deberes. A través de la base de datos EDGAR, en www.sec.gov, tendrá acceso instantáneo a los informes anuales y trimestrales de las empresas, junto con la declaración o folleto informativo que revela la retribución de los directivos, el número de acciones que poseen y los posibles conflictos de intereses. Lea por lo menos la información correspondiente a cinco años.[4]

Vigilar el vecindario. En sitios web como http://quicktake.morningstar.com, http://finance.yahoo.com y www.quicken.com puede comprobar fácilmente qué porcentaje de las acciones de una empresa pertenece a instituciones. Cualquier cifra por encima del 60% sugiere que una acción no es suficientemente conocida y que probablemente está repartida en un número demasiado limitado de participaciones de gran tamaño. (Cuando las grandes instituciones venden, suelen hacerlo al unísono, con resultados catastróficos para la acción. Imagine a todas las animadoras de un equipo de baloncesto cayéndose a la vez desde el borde del escenario, y se podrá hacer una idea de la situación). Esos sitios web también le indicarán a quién pertenecen las mayores participaciones en la empresa. Si son firmas de gestión de fondos que invierten siguiendo un estilo similar al suyo, es una buena señal.

---

[4] Si se desea más información sobre lo que hay que buscar, véase el comentario a los capítulos 11, 12 y 19. Si no está dispuesto a realizar el esfuerzo mínimo de leer la declaración y de hacer comparaciones básicas de condición financiera en las memorias anuales de cinco años, es demasiado defensivo para comprar acciones individuales. Aléjese de la selección de acciones e invierta en fondos de índices, que son lo suyo.

Capítulo 15

Selección de acciones para el inversor emprendedor

En el capítulo anterior nos hemos ocupado de la selección de acciones ordinarias en términos de amplios grupos de valores susceptibles de elección, a partir de los cuales el inversor defensivo puede configurar cualquier lista que tanto a él, como a su asesor, le resulte atractiva, siempre y cuando se consiga una adecuada diversificación. En esa selección, nuestro principal punto de interés se ha centrado básicamente en las exclusiones, y hemos aconsejado, por una parte, que se eviten todas las acciones que puedan reconocerse como de calidad deficiente y, por la otra, también hemos recomendado que se eviten las acciones de máxima calidad si su cotización es tan elevada que genera un considerable riesgo especulativo. En este capítulo, destinado al inversor emprendedor, tendremos que analizar las posibilidades y los medios para realizar selecciones *individuales* que tengan probabilidades de resultar más rentables que una media en términos generales.

¿Cuáles son las probabilidades de tener éxito en esta misión? No seríamos completamente francos, por emplear un eufemismo, si no expresásemos desde el principio algunas graves reservas sobre esta cuestión. A primera vista, los argumentos en favor del éxito en la selección parecen manifiestos. Conseguir unos resultados medios, es decir, el equivalente al rendimiento del DJIA, no debería exigir ningún tipo de habilidad especial. Todo lo que hace falta es una cartera idéntica, o similar, a esas 30 empresas destacadas. Por lo tanto, es prácticamente seguro que actuando con una mínima destreza, por moderada que ésta quiera ser, extraída del estudio, de la experiencia o de una habilidad innata, tendría que ser posible obtener unos resultados sustancialmente mejores que los del DJIA.

Sin embargo, hay considerables e impresionantes datos que demuestran que, en la práctica, eso resulta muy difícil de hacer, aunque la capacitación y el conocimiento de las personas que traten de hacerlo sean del máximo nivel. La demostración empírica se encuentra en el historial de las numerosas sociedades de inversión, gestoras de «fondos», que llevan muchos años en funcionamiento. La mayor parte de esas gestoras de fondos son lo suficientemente grandes como para haber obtenido los servicios de los mejores analistas financieros o de valores presentes en el mercado, junto con la colaboración de todos los demás integrantes de un adecuado departamento de investigación. Sus gastos de funcionamiento, cuando se reparten entre todos su amplio capital, alcanzan en promedio medio punto porcentual al año, o menos, sobre dicho capital. Estos costes no son desdeñables en sí mismos, pero si los comparamos con el rendimiento general anual de aproximadamente el 15% ofrecido por las acciones ordinarias, en términos generales, en la década 1951–1960, e incluso con el 6% de rendimiento del periodo 1961-1970, no nos parece que sean unos grandes costes. Una pequeña dosis de capacidad de selección mejor que la media debería haber superado con creces ese hándicap de coste y haber aportado unos resultados netos superiores para los inversores en el fondo.

Tomados en conjunto, sin embargo, los fondos integrados sólo por acciones fueron incapaces durante un prolongado período de años de obtener una rentabilidad impositiva como la mostrada por las medias del Standard & Poor's 500 o por el mercado en conjunto. Esta conclusión ha quedado contrastada con varios estudios exhaustivos. Por citar el último de los que hemos examinado, que abarcaba el período 1960–1968:*

> De estos resultados parece desprenderse el dato de que carteras aleatorias de acciones cotizadas en la NYSE con inversiones iguales en cada una de las acciones obtuvieron, en promedio, mejores resultados a lo largo del período que los fondos de inversión de la misma categoría de riesgo. Las diferencias fueron de una entidad sustancial en el caso de las

---

* La investigación Friend-Blume-Crockett abarcaba desde enero de 1960 hasta junio de 1968, y comparaba el rendimiento de más de 100 fondos de inversión importantes en comparación con los rendimientos de carteras creadas aleatoriamente a partir de las 500 empresas de mayores dimensiones cotizadas en la NYSE. Los fondos del estudio de Friend-Blume-Crockett obtuvieron mejores resultados desde 1965 hasta 1968 que los conseguidos en la primera mitad del período de medición, algo muy similar a lo que descubrió Graham en su propia investigación (véase las págs. anteriores 180 y 252-255). No obstante, esa mejora no duró. Y la idea clave de estos estudios, que los fondos de inversión, en promedio, obtienen unos resultados inferiores al mercado en un margen aproximadamente similar a sus gastos de explotación y costes de negociación se ha reconfirmado tantas veces que cualquiera que lo ponga en duda debería inscribirse en el grupo de divulgación financiera de la Sociedad para la Divulgación de que la Tierra Es Plana.

carteras con riesgos bajo y medio (3,7% y 2,5%, respectivamente, por año), aunque bastante reducida en el caso de las carteras con un elevado nivel de riesgo (0,2% por año).[1]

Como señalábamos en el capítulo 9, estas cifras comparativas no invalidan en modo alguno la utilidad de los fondos de inversión como institución financiera. Porque lo cierto es que ponen a disposición de todos los miembros del público inversor la posibilidad de obtener unos resultados que se aproximan a la media con los recursos que destinan a acciones ordinarias. Por diversos motivos, la mayor parte de los miembros del público que destinan su dinero a acciones ordinarias elegidas personalmente por ellos no consiguen unos resultados tan positivos. Sin embargo, para el observador objetivo la incapacidad demostrada por los fondos para superar el resultado de una media general es una indicación bastante concluyente de que dicho logro, lejos de ser sencillo, es de hecho extraordinariamente difícil.

¿A qué se debe que lo sea? Se nos ocurren dos explicaciones diferentes, que pueden ser parcialmente aplicables cada una de ellas. La primera es la posibilidad de que el mercado de valores realmente refleje en los precios actuales no sólo todos los datos importantes sobre los resultados presentes y pasados de las empresas, sino también todas aquellas expectativas que se puedan formular razonablemente sobre su futuro. Si esto es así, los diferentes movimientos del mercado que tengan lugar posteriormente, y tales movimientos suelen ser frecuentemente extremos, deberían ser el resultado de nuevos acontecimientos y probabilidades que no podían haber sido previstos de manera fiable. Esto haría que las cotizaciones fuesen esencialmente fortuitas y aleatorias. En la medida en que esta hipótesis sea cierta, el trabajo del analista de valores, por inteligente y exhaustivo que sea, será ineficaz en lo sustancial, porque en esencia está tratando de predecir lo imprevisible.

La propia multiplicación en el número de analistas de valores puede haber ejercido una importante influencia en la generación de ese resultado. Con los cientos, o incluso miles, de expertos que estudian los factores de valor en los que se basan las acciones ordinarias importantes, sería lo más natural esperar que su precio actual reflejase de una manera bastante exacta el consenso de las opiniones informadas sobre su valor. Los que las prefiriesen a otras acciones lo harían por motivos de parcialidad personal u optimismo que podrían resultar ciertos o erróneos con la misma probabilidad.

Frecuentemente hemos pensado en la analogía entre el trabajo realizado por cientos de analistas de valores en Wall Street y las actuaciones de los jugadores maestros en los torneos de bridge duplicado. Los primeros tratan de elegir los valores «que tienen más probabilidades de tener éxito»; los últimos de conseguir la máxima puntuación en cada mano que se juega. Cualquiera de estos dos objetivos está únicamente al alcance de unos pocos. En la medida en que todos los jugadores de bridge tengan aproximadamente el mismo nivel de experiencia, será más probable que los ganadores vengan determinados por «rachas» de diferente tipo, y no por una capacitación superior. En Wall Street el proceso de igualación se ve favorecido por el espíritu de camaradería, algunos dirían masonería, que existe en la profesión, en virtud del cual las ideas y descubrimientos se comparten de manera bastante abierta en diferentes reuniones de diferente tipo. Es algo parecido a lo que ocurriría si, en la analogía establecida con el torneo de bridge, los diversos expertos mirasen las jugadas de los demás por encima del hombro y comentasen cada mano a medida que se estuviese jugando.

La segunda posibilidad es de una naturaleza muy diferente. Es posible que muchos de los analistas de valores estén lastrados por un defecto en su enfoque básico del problema de selección de acciones. Tratan de localizar los sectores con mejores perspectivas de crecimiento, y las empresas de esos sectores que tienen los mejores equipos directivos y que cuentan con otras ventajas. La inferencia es que comprarán acciones de esos sectores y de esas empresas sea cual sea el precio, y evitarán los sectores menos prometedores y las empresas menos prometedoras por baja que sea la cotización de sus acciones. Éste sería el único procedimiento correcto si fuese posible dar por descontado que los beneficios de las buenas empresas van a crecer a un rápido ritmo de manera indefinida en el futuro, porque en teoría su valor sería infinito. Si las empresas menos prometedoras estuviesen condenadas a la extinción, sin posibilidad de salvamento, los analistas acertarían al considerar que no eran atractivas a ningún precio.

La realidad respecto de nuestras entidades empresariales es muy diferente. El número de empresas que han sido capaces de mostrar una elevada tasa de crecimiento ininterrumpido durante períodos prolongados de tiempo es extraordinariamente reducido. También son remarcablemente pocas, además, las empresas de mayores dimensiones que acaban sufriendo una extinción absoluta. En la mayor parte de los casos, su historia está llena de vicisitudes, de altibajos, de cambios en su situación relativa. Algunas de estas empresas han experimentado variaciones «de la pobreza a la riqueza y vuelta otra vez a la pobreza» de manera casi cíclica –término que solía utilizarse habitualmente para explicar la evolución del sector siderúrgico– mientras que en otras los cambios más espectaculares se han identificado con el deterioro o la mejora de la capacidad de los equipos directivos.*

¿En qué se puede aplicar el análisis anterior al inversor emprendedor que querría realizar selecciones individuales de acciones que consigan unos resultados superiores? En primer lugar, sugeriría que está abordando un cometido difí-

* Como se ha indicado en el comentario al capítulo 9, hay muchos otros motivos por los cuales los fondos de inversión no han sido capaces de obtener mejores resultados que las medias del mercado, entre los cuales cabe destacar los bajos rendimientos de los saldos de efectivo de los fondos y los elevados costes de investigar y contratar las acciones. Por otra parte, un fondo que tenga acciones de 120 empresas (una cifra muy habitual) puede quedarse por detrás del índice de acciones S&P 500 si cualquiera de las otras 380 empresas de esa referencia resulta que obtiene unos excelentes rendimientos. Cuantas menos acciones posee un fondo, más probable es que se pierda las acciones de «la próxima Microsoft».

cil y tal vez inviable. Los lectores de este libro, por inteligentes que sean y por grandes conocimientos que tengan, difícilmente podrán esperar hacer un mejor trabajo de selección de cartera que los principales analistas del país. Sin embargo, si pudiese decirse que un segmento relativamente grande del mercado de valores suele estar frecuentemente discriminado, o directamente pasado por alto en las elecciones ordinarias de los analistas, entonces el inversor inteligente sí podría estar en condiciones de beneficiarse de las minusvaloraciones derivadas de ese hecho.

Sin embargo, para lograrlo, deberá seguir unos métodos específicos que no gocen de aceptación generalizada en Wall Street, puesto que los que sí que cuentan con esa aceptación no producen, aparentemente, los resultados que a todo el mundo le gustaría obtener. Sería bastante extraño que, teniendo en cuenta la inmensa cantidad de capacidad intelectual dedicada profesionalmente al mercado de valores, pudiese haber métodos que sean sensatos y relativamente poco populares. Sin embargo, nuestra propia carrera y reputación se han basado en el aprovechamiento de este relativamente improbable hecho.*

Un resumen de los métodos Graham-Newman

Para concretar la última afirmación, sería interesante ofrecer una breve exposición de los tipos de operaciones a los que nos hemos dedicado durante los 30 años de vida de la Graham-Newman Corporation, entre 1926 y 1956.† Estas operaciones se clasificaban en nuestros registros de la siguiente manera:

---

* En esta sección, al igual que hizo también en las págs. 391–392, Graham está resumiendo la Hipótesis del Mercado Eficiente. A pesar de algunas apariciones recientes en sentido contrario, el problema que tiene actualmente el mercado de valores no es que haya grandes cantidades de analistas financieros que sean idiotas, sino que hay grandes cantidades de ellos que son muy listos. A medida que aumenta el número de listos que escudriñan el mercado en busca de gangas, la propia búsqueda hace que las gangas sean cada vez más infrecuentes y, en una cruel paradoja, los analistas acaban dando la impresión de que carecen de la inteligencia necesaria para realizar la búsqueda. La valoración realizada por el mercado de una acción determinada es el resultado de una enorme y continua operación de inteligencia colectiva en tiempo real. La mayor parte del tiempo, respecto de la mayor parte de las acciones, la inteligencia colectiva acierta con las valoraciones en buena medida. Sólo en raras ocasiones lo que Graham denomina «Sr. Mercado» (véase el capítulo 8) determina unos precios descabellados.

† Graham lanzó Graham-Newman Corp. en enero de 1936, y la disolvió cuando se retiró de la gestión activa de patrimonios en 1956; fue la sucesora de una asociación denominada la Benjamin Graham Joint Account, que estuvo bajo su mando desde enero de 1926, hasta diciembre de 1935.

Arbitrajes: La adquisición de un valor y la venta simultánea de uno o más valores diferentes por los que debía ser intercambiado en virtud de un plan de reorganización, fusión o similar.

Liquidaciones: La compra de acciones que iban a recibir uno o más pagos en efectivo como liquidación del activo de la empresa.

Las operaciones de estos dos tipos eran seleccionadas con arreglo a los criterios gemelos de (a) un rendimiento anual calculado del 20% o más, y (b) nuestra valoración de que las probabilidades de un buen resultado eran de, por lo menos, cuatro de cinco.

Coberturas relacionadas: Este tipo de operaciones consiste en la compra de obligaciones convertibles o de acciones preferentes convertibles, y la venta simultánea de la acción ordinaria por la cual se podían canjear. La posición se establecía cerca del punto de paridad, es decir, con una pequeña pérdida máxima en caso de que el título preferente tuviese que acabar convirtiéndose y la operación se liquidase de esa manera. Sin embargo, se obtenía un beneficio si la acción ordinaria caía considerablemente más que los títulos convertibles, y la posición quedaba liquidada en el mercado.

Acciones de activo circulante neto (o de ocasión): La idea, en este caso, era adquirir el mayor número de acciones posible, cada una de ellas a un coste que fuese inferior a su valor contable desde el punto de vista exclusivamente de su activo circulante neto, es decir, atribuyendo un valor igual a cero a los inmuebles y demás activos. Nuestras adquisiciones se realizaban habitualmente a dos tercios o menos de dicho valor del activo reducido. La mayor parte de los años conseguíamos una enorme diversificación en este tipo de operaciones, acciones de por lo menos 100 empresas diferentes.

Deberíamos añadir que de vez en cuando llevábamos a cabo alguna adquisición a gran escala del tipo de control, pero tales operaciones no son relevantes para la exposición que nos ocupa.

Supervisábamos estrechamente los resultados obtenidos por cada tipo de operación. Como consecuencia de este seguimiento abandonamos dos campos generales, que descubrimos que no habían conseguido resultados satisfactorios generales. El primero fue la adquisición de acciones aparentemente atractivas, atendiendo a nuestro análisis general, que no era posible obtener a un precio inferior al valor de su capital de explotación considerado de manera aislada. La segunda zona de actividad de la que nos alejamos fueron las operaciones de cobertura «no relacionada», en las que el valor adquirido no era canjeable por las acciones ordinarias vendidas. (Ese tipo de operaciones se corresponden, a grandes rasgos, con las que ha comenzado a realizar recientemente el nuevo grupo de «fondos de inversión alternativa» en el terreno de las sociedades de inversión.* En los dos

---

* Una cobertura «no relacionada» supone comprar una acción u obligación emitida por una empresa y vender en descubierto (o apostar por la caída de la cotización) de un valor

casos, el estudio de los resultados que habíamos obtenido durante un período de diez o más años nos llevó a la conclusión de que los beneficios no eran suficientemente fiables, y las operaciones no disfrutaban del nivel de seguridad suficiente para «no provocar quebraderos de cabeza», de modo que consideramos que no estaba justificado que siguiésemos realizándolas.

Por lo tanto, a partir de 1939 nuestras operaciones se limitaron a situaciones «que se liquidaban a sí mismas», coberturas relacionadas, ocasiones de capital de explotación, y unas cuantas operaciones de control. Cada una de estas clases de operaciones nos ofrecieron unos resultados consistentemente satisfactorios desde aquel momento, con la característica especial de que la cobertura relacionada nos proporcionaba unos jugosos beneficios en los períodos de evolución a la baja del mercado cuando nuestros «valores minusvalorados» no conseguían unos resultados tan positivos.

Tenemos dudas sobre la conveniencia de recetar nuestra propia dieta a un gran número de inversores inteligentes. Evidentemente, las técnicas profesionales que hemos seguido no son adecuadas para el inversor defensivo, que por definición es un aficionado. En cuanto al inversor agresivo, es posible que únicamente una pequeña minoría de este grupo tenga el tipo de temperamento necesario para limitarse de forma tan draconiana a una parte tan relativamente reducida del mundo de los valores. La mayor parte de los profesionales de mentalidad dinámica preferirán adentrarse en canales más amplios. Su terreno de caza natural sería todo el campo de los valores que tuviesen la impresión de (a) que no estaban indudablemente sobrevalorados a juzgar con arreglo a medidas conservadoras y (b) que pareciesen decididamente más atractivos, a causa de sus perspectivas, de los resultados cosechados en el pasado, o de ambas cosas, que la acción ordinaria promedio. Para llevar a cabo tales elecciones sería interesante que aplicase las diversas pruebas de calidad y justificación de la cotización que hemos propuesto para el inversor defensivo, y que las aplicase siguiendo las mismas líneas. No obstante, este tipo de inversor debería ser menos inflexible, permitiéndose que una considerable ventaja en un factor compensase un pequeño inconveniente en otro. Por ejemplo, podría no excluir a una empresa que hubiese cosechado un déficit en un año como 1970, si los grandes beneficios medios y otros atributos importantes hacían que la acción pareciese barata. El inversor emprendedor puede limitar sus elecciones a sectores y empresas respecto de las cuales tenga una opinión optimista, pero tenemos que recomendar encarecidamente que no acceda a pagar un precio elevado por una acción (en

---

emitido por una empresa diferente. Una cobertura «relacionada» supone comprar y vender acciones u obligaciones diferentes emitidas por la misma empresa. El «nuevo grupo» de fondos de gestión alternativa descrito por Graham tuvieron una gran difusión allá por 1968, pero posteriormente se promulgaron normas en Estados Unidos por parte de la Comisión del Mercado de Valores que restringieron el acceso a los fondos de gestión alternativa para el público en general.

relación con los beneficios y el activo) basándose en dicho entusiasmo. Si aplica nuestra filosofía en este terreno tendrá muchas más probabilidades de ser comprador de empresas cíclicas importantes, como las siderúrgicas, tal vez, cuando la situación dominante sea desfavorable, las perspectivas a corto plazo sean malas y la baja cotización refleje plenamente el pesimismo imperante.*

Empresas de segundo nivel

Las siguientes candidatas en orden para su examen y posible selección serían las empresas de segundo nivel que estén causando en la actualidad una buena impresión, que tengan un satisfactorio historial en el pasado pero que aparentemente no resulten atractivas para el público en general. Serían las empresas como ELTRA y Emhart a sus precios de cierre en 1970. (Véase el anterior capítulo 13). Hay diferentes formas de localizar a este tipo de empresas. Trataremos de exponer un método novedoso y de dar una explicación razonablemente detallada de uno de tales ejercicios de selección de acciones. Tenemos un doble objetivo. A muchos de nuestros lectores les resultará muy valioso, en términos prácticos, el método que vamos a seguir; alternativamente cabe la posibilidad de que este método les sugiera otros equivalentes que se puedan probar. Además de eso, es posible que las operaciones que vamos a realizar sean útiles para llegar a comprender la realidad del mundo de las acciones ordinarias, y para presentar al lector uno de los libritos más fascinantes y valiosos que existen. Es la *Stock Guide* (*Guía de Acciones*) de Standard & Poor's, que se publica mensualmente y se pone a disposición del público mediante suscripción anual. Además, muchas agencias de bolsa distribuyen la guía entre sus clientes (previa solicitud).

La mayor parte de la *Guía* se dedica a facilitar, en aproximadamente 230 páginas, información estadística condensada sobre las acciones de más de 4.500 empresas. Entre ellas están todas las acciones cotizadas en las diversas bolsas, que rondarán las 3.000, junto con unas 1.500 acciones no cotizadas. La mayor parte de los datos necesarios para realizar un primer análisis, e incluso un segundo análisis, de una empresa determinada aparece en este compendio. (Desde nuestro punto de vista, el único dato importante que se echa en falta es el valor neto del activo, o valor contable, por acción, que se puede encontrar en las publicaciones más voluminosas de Standard & Poor's y en otros lugares).

El inversor al que le guste juguetear con las cifras de la contabilidad de las empresas se encontrará en el paraíso con esta *Guía*. Puede abrir cualquier pági-

---

* En 2003, un inversor inteligente que siguiese la línea de pensamiento de Graham estaría tratando de encontrar oportunidades en los sectores de la tecnología, las telecomunicaciones y el suministro eléctrico. La historia ha demostrado que los perdedores del pasado son muchas veces los ganadores del futuro.

na y tendrá ante sus ojos un panorama condensado de los esplendores y las miserias del mercado de valores, con las cotizaciones máximas y mínimas históricas desde épocas tan lejanas como 1936, en los casos en los que proceda. Descubrir empresas que han multiplicado su cotización por 2.000 desde el casi invisible punto mínimo hasta el majestuoso punto máximo. (En el caso de la prestigiosa IBM, el crecimiento supuso multiplicarse «sólo» por 333 durante ese período). El inversor descubrirá a una empresa (que en el fondo no es tan excepcional) cuyas acciones subieron desde 0,375 hasta 68, y después volvieron a caer a 3.[2] En la columna de historial de dividendos, descubrirá un pago de dividendos que se remonta a 1791, abonado por el Industrial National Bank of Rhode Island (que recientemente consideró adecuado el cambio de su ancestral razón social).[*] Si examina en la *Guía* el cierre del ejercicio 1969 descubrirá que Penn Central Co. (en su condición de sucesora del Pennsylvania Railroad) ha pagado dividendos ininterrumpidamente desde 1848; desgraciadamente, estaba condenada a la quiebra pocos meses después. Descubrirá una empresa que cotizaba a sólo dos veces sus últimos beneficios declarados, y otra que lo hacía a 99 veces.[3] En la mayor parte de los casos, le resultará difícil discernir la línea de actividad fijándose únicamente en la razón social de la empresa; por cada U.S. Steel (acero de Estados Unidos) habrá tres con razones sociales como ITI Corp (productos de bollería), o Santa Fe Industries (principalmente el gran ferrocarril). Podrá regocijarse con una extraordinaria variedad de historias de cotizaciones, dividendos y beneficios, situación financiera, configuración de capitalización, y sepa Dios cuantas cosas más. Conservadurismo retrógrado, empresas sin rasgos llamativos corrientes y molientes, las más peculiares combinaciones de «líneas de actividad principales», todo tipo de artilugios y triquiñuelas de Wall Street... todo puede encontrarse en esta *Guía*, a la espera de ser hojeada, o estudiada con un objetivo serio.

Las *Guías* ofrecen en columnas separadas los rendimientos por dividendo y los PER actuales, basados en las cifras de los 12 meses más recientes, siempre que resulte aplicable. Este último epígrafe es el que nos pondrá en marcha en nuestro ejercicio de selección de acciones ordinarias.

Criba de la *Guía de Acciones*

Supongamos que buscamos una indicación sencilla a primera vista de que una acción es barata. La primera pista de este tipo que se nos ocurre es una cotización baja en relación a los beneficios recientemente obtenidos. Elaboramos

---

[*] La sociedad que ha venido a suceder al Industrial National Bank of Rhode Island es FleetBoston Financial Corp. Uno de los antepasados de este grupo organizativo, el Providence Bank, fue fundado en 1791.

una lista preliminar de acciones que estén a la venta por un múltiplo de nueve o menos a finales de 1970. Este dato lo facilita convenientemente la última columna de las páginas pares. Para contar con una muestra ilustrativa tomaremos las 20 primeras acciones con tales multiplicadores reducidos; comienzan con la sexta acción de la lista, Aberdeen Mfg. Co., que cerró el ejercicio a 10,25, o 9 veces su beneficio declarado de 1,25 dólares por acción durante los 12 meses concluidos en septiembre de 1970. La vigésima de tales acciones es la de American Maize Products, cuyas acciones cerraron a 9,5, también con un multiplicador de 9.

Es posible que el grupo hubiese parecido mediocre, ya que 10 de las acciones incluidas en él cotizaban por debajo de los 10 dólares por acción. (Este hecho realmente no tiene importancia; probablemente, aunque no necesariamente, debería poner en guardia a los inversores defensivos frente a una lista de esas características, pero la inferencia en el caso de los inversores emprendedores podría ser favorable en conjunto).* Antes de llevar a cabo un escrutinio adicional, calcularemos ciertas cifras. Nuestra lista está compuesta aproximadamente por una de cada 10 de las primeras 200 acciones que hemos analizado. Atendiendo a ese criterio, la *Guía* debería facilitar, por ejemplo, 450 acciones que se vendiesen a múltiplos inferiores a 10. Éste sería un número importante de candidatas para llevar a cabo una selección adicional.

Por lo tanto, apliquemos a nuestra lista algunos criterios adicionales, bastante similares a los que hemos sugerido para el inversor defensivo, pero no tan estrictos. Sugerimos los siguientes:

1. Situación financiera: (a) Activo circulante de por lo menos 1,5 veces el pasivo circulante, y (b) deuda no superior al 110% del activo circulante neto (en el caso de empresas industriales).
2. Estabilidad del beneficio: ausencia de déficit en los cinco últimos años cubiertos en la *Guía de Acciones*.
3. Historial de dividendos: algún dividendo actual.
4. Crecimiento del beneficio: beneficios en el último año superiores a los de 1966.
5. Cotización: menos de 120% del activo tangible neto.

---

* Para el inversor actual, es más probable que el corte se encuentre en torno a 1 dólar por acción, el nivel por debajo del cual las acciones dejan de cotizar, o son declaradas inhábiles para negociar en las principales bolsas. El mero hecho de llevar un control de la cotización de las acciones de estas empresas puede requerir una cantidad considerable de esfuerzo, lo cual hace que resulten poco prácticas para los inversores defensivos. El coste de operar en acciones de baja cotización puede ser muy elevado. Por último, las empresas cuyas acciones cotizan muy bajo tienen una enervante tendencia a dejar de existir. No obstante, en la actualidad una cartera diversificada de docenas de estas empresas en crisis pueden tener cierto atractivo para algunos inversores emprendedores.

FIGURA 15.1

Una cartera modelo de acciones industriales con bajo multiplicador

(Las quince primeras emisiones de la *Guía de Acciones* de 31 de diciembre de 1971 que cumplen los seis requisitos)

	Cotización dic. 1970	Percibido por acción los últimos 12 meses	Valor contable	Clasificación S&P	Cotización feb. 1972
Aberdeen Mfg.	10½	1,25$	9,33$	B	13¾
Alba-Waldensian	6⅜	0,68	9,06	B+	6⅝
Albert's Inc.	8½	1,00	8,48	s.c.[a]	14
Allied Mills	24½	2,68	24,38	B+	18¼
Am. Maize Prod.	9¼	1,03	10,68	A	16½
Am. Rubber & Plastics	13¾	1,58	15,06	B	15
Am. Smelt. & Ref.	27½	3,69	25,30	B+	23¼
Anaconda	21	4,19	54,28	B+	19
Anderson Clayton	37¼	4,52	65,74	B+	52½
Archer-Daniels-Mid.	32½	3,51	31,35	B+	32½
Bagdad Copper	22	2,69	18,54	s.c.[a]	32
D. H. Baldwin	28	3,21	28,60	B+	50
Big Bear Stores	18½	2,71	20,57	B+	39½
Binks Mfg.	15¼	1,83	14,41	B+	21½
Bluefield Supply	22¼	2,59	28,66	s.c.[a]	39½[b]

[a] s.c. = sin clasificar

[b] Después de ajustar el efecto del desdoblamiento de acciones.

Las cifras de beneficio recogidas en la *Guía* correspondían por lo general al período concluido a 30 de septiembre de 1970, y por lo tanto no incluían lo que podría haber sido un trimestre malo al final de dicho ejercicio. Sin embargo, el inversor inteligente no puede pedir la luna; por lo menos, no puede pedirla para empezar. También hay que tener en cuenta que no hemos establecido un límite inferior al tamaño de la empresa. Las empresas pequeñas pueden ofrecer suficiente seguridad, siempre que se compren de forma cuidadosa y en forma de grupo.

Después de aplicar los cinco criterios adicionales a nuestra lista de 20 candidatas, su número se reduce a únicamente cinco. Sigamos nuestra búsqueda hasta que las primeras 450 acciones de la *Guía* nos hayan proporcionado una pequeña «cartera» de 15 acciones que cumplan nuestros seis requisitos. (Se recogen en la tabla 15.1, junto con algunos datos relevantes). El grupo, por supuesto, únicamente se presenta a efectos ilustrativos, y no debería haber sido elegido, necesariamente, por nuestro inversor investigador.

El hecho es que el usuario de nuestro método habría tenido una capacidad de elegir mucho mayor. Si nuestro método de criba se hubiese aplicado a las 4.500 empresas de la *Guía de Acciones*, y si la proporción aplicable a la primera décima parte de la lista se hubiese mantenido hasta el final, habríamos acabado con unas 150 empresas que cumpliesen nuestros seis criterios de selección. Entonces el inversor inteligente podría haber seguido su capacidad de juicio, o su parcialidad y prejuicio, para realizar una tercera selección de, por ejemplo, una de cada cinco de esta lista amplia.

El material de la *Guía* también recoge las «Clasificaciones de beneficios y dividendos», que se basan en la estabilidad y en el crecimiento de estos factores durante los ocho últimos años. (Por lo tanto, la atracción ejercida por la *cotización* no entra en estos cálculos). Hemos incluido las calificaciones de S&P en nuestra tabla 15.1. Diez de las 15 acciones tienen una calificación B+ (= media) y una de ellas (American Maize) recibe la calificación «elevada» de A. Si nuestro inversor emprendedor quisiese añadir un séptimo criterio mecánico a su elección, considerando únicamente las acciones calificadas por Standard & Poor's como medias o mejores en calidad, seguiría teniendo aproximadamente 100 acciones de ese tipo para poder elegir. Cabría decir que un grupo de acciones de calidad por lo menos media que también superase los criterios de situación financiera, que se pudiese comprar a un multiplicador bajo del beneficio actual y por debajo del valor del activo, debería ofrecer buenas promesas de resultados satisfactorios de la inversión.

Un criterio único para elegir acciones ordinarias

Un lector inquisitivo bien podría preguntarse si la elección de una cartera mejor que la media podría realizarse de una forma más sencilla de la que acabamos de esquematizar. ¿Se podría emplear un único criterio aceptable para conseguir una buena ventaja, como por ejemplo un PER bajo, o una elevada rentabilidad por dividendo, o un gran valor del activo? Los dos métodos de este tipo que hemos descubierto que en el pasado han dado, de manera consistente, unos resultados aceptablemente positivos han sido: (a) la adquisición de acciones con multiplicadores bajos de empresas importantes (como las del índice DJIA) y (b) la elección de un grupo diversificado de acciones que cotizan por debajo del valor del activo neto actual (o valor del capital de explotación). Ya hemos señalado que el criterio del multiplicador bajo aplicado al DJIA a finales de 1968 obtuvo unos malos resultados, si los resultados se miden en función de la evolución hasta mediados de 1971. Los resultados de las adquisiciones de acciones ordinarias a precios inferiores al valor del capital de explotación no tienen un estigma negativo de ese tipo; el inconveniente en este caso ha sido la progresiva desaparición de ese tipo de oportunidades durante la mayor parte de la última década.

¿Qué podemos decir sobre otros criterios en los que basar la selección? A la hora de redactar este libro hemos llevado a cabo una serie de «experimentos» basados cada uno de ellos en un criterio único bastante claro. Los datos utilizados se podrían encontrar fácilmente en la *Guía de Acciones* de Standard & Poor's. En todos los casos se partió de la hipótesis de que se había comprado una cartera con acciones de 30 empresas a los precios de cierre de 1968, y después se reevaluó esa cartera a 30 de junio de 1971. Los criterios independientes aplicados fueron los siguientes, que se emplearon con elecciones por lo demás aleatorias: (1) Un multiplicador bajo del beneficio reciente (sin limitarse a las acciones incluidas en el DJIA). (2) Una elevada rentabilidad por dividendo. (3) Un historial muy prolongado de pago de dividendos. (4) Un gran volumen de la empresa, medido en función del número de acciones en circulación. (5) Una sólida posición financiera. (6) Un precio bajo, expresado en dólares por acción. (7) Una cotización reducida en relación con el anterior máximo de cotización. (8) Una calificación de elevada calidad otorgada por Standard & Poor's.

Se debe tener en cuenta que la *Guía de Acciones* tiene por lo menos una columna relacionada con cada uno de los criterios anteriormente mencionados. Esto es indicativo de que el editor considera que cada uno de esos criterios es importante a la hora de analizar y seleccionar acciones ordinarias. (Como hemos señalado anteriormente, nos gustaría que se añadiese otra cifra: el valor neto del activo por acción).

El hecho más importante que se puede extraer de nuestras diferentes pruebas está relacionado con los resultados de las acciones compradas aleatoriamente. Hemos comprobado estos resultados con tres carteras compuestas por acciones de 30 empresas, configuradas cada una de ellas con acciones que se encontraban en la primera línea de la *Guía de Acciones* del 31 de diciembre de 1968, y que también aparecían en el número del 31 de agosto de 1971. Entre estas dos fechas el índice compuesto S&P prácticamente no había experimentado modificación, y el DJIA había perdido aproximadamente el 5%. Sin embargo, nuestras 90 acciones elegidas aleatoriamente habían experimentado un retroceso medio del 22%, sin tener en cuenta las 19 acciones que habían desaparecido de la *Guía* y que probablemente habían sufrido unas pérdidas mayores. Estos resultados comparativos reflejan indudablemente la tendencia que tienen las acciones de empresas más pequeñas de inferior calidad a estar relativamente sobrevaloradas en los períodos alcistas de mercado, y no sólo a sufrir retrocesos más graves que los de las empresas más sólidas en las siguientes recesiones de mercado, sino también su tendencia a demorar su plena recuperación, en muchos casos de manera indefinida. La lección que debe extraer el inversor inteligente es, por supuesto, que tiene que evitar las acciones de empresas de segundo nivel a la hora de configurar una cartera, salvo que, en el caso del inversor emprendedor, sean ocasiones contrastadamente demostrables.

Los demás resultados obtenidos con nuestros estudios de cartera se pueden resumir de la siguiente manera:

Únicamente tres de los grupos estudiados habían conseguido mejores resultados que el índice compuesto S&P (y por lo tanto mejores que el DJIA), y tales grupos son los siguientes: (1) Empresas industriales con la mayor calificación de calidad (A+). Este grupo experimentó un aumento del 9,5% en el período, en comparación con un retroceso del 2,4% del conjunto de industriales de S&P, y del 5,6% del DJIA. (Sin embargo, las acciones de las 10 concesionarias de servicios y suministros públicos que tenían calificación A+ experimentaron un retroceso del 18%, en comparación con un declive del 14% del índice de concesionarias de servicios y suministros públicos del S&P compuesto por 55 empresas). Merece la pena destacar que las calificaciones del S&P consiguieron unos resultados muy buenos en esta prueba única. En todos los casos las carteras basadas en una calificación superior consiguieron mejores resultados que las basadas en una calificación inferior. (2) Las empresas que tenían más de 50 millones de acciones en circulación no experimentaron variación en conjunto, en comparación con un pequeño declive de los índices. (3) Llamativamente, las acciones que cotizaban a un mayor precio por acción (por encima de 100) consiguieron una leve subida compuesta (1%).

Entre las diferentes pruebas que realizamos, llevamos a cabo una basada en el valor contable, cifra que no se facilita en la *Guía de Acciones*. En esta prueba descubrimos, que en contra de nuestra filosofía de inversión, las empresas que combinaban un gran tamaño con un importante elemento integrante de fondo de comercio en su precio de mercado habían conseguido muy buenos resultados en conjunto durante los dos años y medio de tenencia de la cartera. (Con la expresión «componente de fondo de comercio» nos referimos a la parte del precio que excede del valor contable).* Nuestra lista de «gigantes con grandes fondos de comercio» contaba con acciones de 30 empresas, cada una de ellas con un componente de fondo de comercio de más de 1.000 millones de dólares, que representaba más de la mitad de su precio de mercado. El valor total de mercado de estas partidas de fondo de comercio a final de 1968 era de más de 120.000 millones de dólares. A pesar de estas optimistas valoraciones de mercado, el grupo en conjunto experimentó un avance de la cotización por acción del 15% entre diciembre de 1968 y agosto de 1971, y se hizo merecedor del título de mejor entre las más de 20 listas objeto de estudio.

Un hecho como éste no debe ser pasado por alto en una obra que se centre en las políticas de inversión. Está claro que, en el peor de los casos, las empresas que combinan las virtudes del gran tamaño, un excelente historial pasado de beneficios, las expectativas del público de continuación del crecimiento de beneficio en el futuro, y unos sólidos resultados de mercado durante muchos años cuentan por

---

* Desde el punto de vista de Graham, una elevada cantidad de fondo de comercio puede derivar de dos causas: una empresa puede adquirir otras empresas por una cantidad notablemente superior al valor de sus activos, o sus propias acciones pueden negociarse a una cotización notablemente superior a su valor contable.

lo menos con una considerable inercia. Aunque la cotización pueda parecer excesiva a juzgar por nuestros criterios cuantitativos, la inercia subyacente de mercado puede seguir impulsando la cotización de estas acciones de manera más o menos indefinida. (Naturalmente esta hipótesis no es aplicable a todas las acciones individuales de esta categoría. Por ejemplo, el indiscutible líder del grupo del fondo de comercio, IBM, experimentó una bajada de 315 a 304 en el período de 30 meses). Resulta difícil juzgar en qué medida la actuación de mercado superior que se consiguió se debe a «verdaderas» ventajas de inversión, que podrían considerarse objetivas, y en qué medida es atribuible a la popularidad disfrutada durante muchos años. No hay duda de que los dos factores son importantes en este terreno. Claramente, tanto los resultados a largo plazo como la reciente actuación de mercado de los gigantes con grandes fondos de comercio los hace recomendables para una cartera diversificada de acciones ordinarias. Nuestra propia preferencia, sin embargo, sigue correspondiendo a otros tipos que muestran una combinación de factores de inversión favorables, incluido un valor de los activos que sea por lo menos dos tercios del precio de mercado.

Las pruebas en las que se utilizaron otros criterios indican en general que las listas aleatorias basadas en un único factor favorable consiguieron mejores resultados que las listas aleatorias elegidas por el factor opuesto: por ejemplo, las acciones con un bajo multiplicador experimentaron un declive más pequeño durante este período que las acciones con un elevado multiplicador, y las empresas con un prolongado historial de pago de dividendos perdieron menos que aquellas que no pagaban dividendo a finales de 1968. En esta medida, los resultados ratifican nuestra recomendación de que las acciones elegidas cumplan una combinación de criterios cuantitativos o tangibles.

Por último, deberíamos comentar algo sobre los muy deficientes resultados cosechados por nuestras listas en conjunto en comparación con el historial de cotización del índice compuesto S&P. Este último está ponderado en función del tamaño de cada empresa, mientras que nuestras pruebas se basan en la adquisición de una acción de cada empresa. Evidentemente, la mayor importancia atribuida a las empresas de gran tamaño por parte del método empleado por S&P tuvo una gran importancia en los resultados, y vuelve a destacar una vez más su mayor estabilidad de precio en comparación con las empresas corrientes y molientes.

Acciones de ocasión, o acciones de activo circulante neto

En las pruebas de las que hemos hablado anteriormente no hemos incluido los resultados de comprar 30 acciones de 30 empresas a precios inferiores al valor de su activo circulante neto. El motivo es que en el mejor de los casos sólo se habría encontrado un puñado de acciones de ese tipo en la *Guía de Acciones* a finales de 1968. Sin embargo, la situación cambió con el declive de 1970, y en los puntos de cotización mínima de ese ejercicio habría sido posible adquirir

TABLA 15.2

Acciones de empresas destacadas que se venden a la par o por debajo del valor del activo circulante neto en 1970

Empresa	*1970 Cotización*	*Valor del activo circulante neto por acción*	*Valor contable por acción*	*Percibido por acción, 1970*	*Dividendo actual*	*Cotización máxima antes de 1970*
Cone Mills	13	18$	39,3$	1,51$	1,00$	41½
Jantzen Inc.	11⅛	12	16,3	1,27	0,60	37
National Presto	21½	27	31,7	6,15	1,00	45
Parker Pen	9¼	9½	16,6	1,62	0,60	31¼
West Point Pepperell	16¼	20½	39,4	1,82	1,50	64

un considerable número de acciones ordinarias por debajo del valor de su capital de explotación. Siempre ha parecido, y de hecho sigue pareciendo, ridículamente sencillo afirmar que si es posible adquirir un grupo diversificado de acciones ordinarias a un precio inferior al simple valor aplicable del activo circulante neto, después de deducir todo el exigible previo, y contabilizando a valor cero los activos fijos y de otra naturaleza, los resultados tendrían que ser bastante satisfactorios. Lo han sido, en nuestra experiencia, durante más de 30 años, por ejemplo entre 1923 y 1957, excluido el período realmente difícil de 1930–1932.

¿Tiene este método alguna relevancia a principios de 1971? Nuestra respuesta sería un «sí» con ciertas condiciones. Un rápido repaso de la *Guía de Acciones* permitiría descubrir acciones de unas 50 o más empresas que aparentemente se podían comprar por un valor igual o inferior al de su activo circulante neto. Como cabría esperar, buena parte de estas empresas habían tenido unos resultados deficientes en el difícil ejercicio de 1970. Si eliminamos a las que habían declarado una pérdida neta en el último período de 12 meses, seguiríamos teniendo una lista suficientemente grande para configurar una tabla diversificada.

Hemos incluido en la tabla 15.2 algunos datos sobre cinco acciones que cotizaban por debajo del valor de su capital de explotación a su cotización mínima de 1970*. Esto da que pensar sobre la naturaleza de las fluctuaciones de la

* Técnicamente, el valor del capital de explotación de una acción es el activo circulante por acción, menos el pasivo circulante por acción, dividido entre el número de acciones en circulación. En este caso, sin embargo, Graham se refiere al «valor del capital de explotación neto» o al valor por acción del activo circulante menos el exigible total.

cotización de las acciones. ¿Cómo es posible que empresas sólidamente establecidas, cuyas marcas son conocidas en los hogares de todo el país, estén valoradas por cantidades tan bajas, en un momento en el que otras empresas (por supuesto, con un mejor crecimiento del beneficio) se vendían por miles de millones de dólares más de lo que aparecía en su balance? Por volver a mencionar los «viejos tiempos» una vez más, la idea del fondo de comercio como elemento de valor intangible normalmente estaba relacionada con una «marca comercial». Nombres como Lady Pepperell en el mercado de las sábanas, Jantzen en el de los trajes de baño y Parker en el de las plumas estilográficas deberían ser considerados activos de gran valor. Sin embargo, si al mercado «no le gusta una empresa» no sólo las marcas comerciales reconocidas, sino también los solares, los edificios, la maquinaria y cualquier otra cosa que se le ocurra, podrán contabilizarse por un valor cercano a cero en sus patrones de medición. Pascal dijo en una ocasión que «el corazón tiene motivos que la mente no comprende».* En donde pone «corazón» léase «Wall Street».

Hay otro contraste que nos viene a la mente. Cuando la situación es satisfactoria y las nuevas acciones se venden con facilidad, aparecen ofertas iniciales que no tienen ninguna calidad. Este tipo de ofertas encuentran comprador rápidamente; sus precios se disparan entusiásticamente después de su colocación en bolsa hasta niveles en relación con el activo y con los beneficios que deberían avergonzar a IBM, Xerox y Polaroid. Wall Street acepta estas locuras sin pestañear, sin que nadie haga ningún esfuerzo claro para imponer la cordura antes del inevitable colapso de las cotizaciones. (La Comisión del Mercado de Valores no puede hacer mucho más que insistir en que se publique información, que el público especulador acoge con un desinterés rayando en el desprecio, o anunciar investigaciones y aplicar medidas sancionadoras, normalmente leves, de diverso tipo después de que la letra de la ley haya sido manifiestamente infringida). Cuando muchas de estas minúsculas, aunque enormemente infladas, empresas desaparecen de la vista, o están a punto de hacerlo, todo se acepta de manera filosófica como «parte del juego». Todo el mundo se compromete a no volver a caer en estas extravagancias inexcusables, hasta la próxima vez.

Gracias por la clase, dirá el amable lector. Sin embargo ¿qué pasa con aquellas «acciones de ocasión» de las que hablaba? ¿Se puede ganar dinero realmente con ellas, sin incurrir en graves riesgos? Sí, por supuesto, siempre y cuando sea usted capaz de encontrar un número suficiente de ellas para crear un grupo diversificado, y siempre y cuando no pierda la paciencia si no suben de valor poco después de que las compre usted. En ciertas ocasiones la paciencia necesaria podrá parecer digna del Santo Job. En nuestra edición anterior nos

---

* *Le coeur a ses raisons que la raison ne connaît point.* Este pasaje poético es uno de los argumentos más concluyentes del gran debate del teólogo francés sobre lo que se ha dado en conocer como «La apuesta de Pascal» (véase el comentario al capítulo 20).

arriesgamos a ofrecer un único ejemplo que era actual en el momento en el que escribíamos. Se trataba de Burton-Dixie Corp., cuyas acciones cotizaban a 20, en comparación con un valor del activo neto de 30, y un valor contable de aproximadamente 50. Los beneficios derivados de tal adquisición no podrían haberse obtenido inmediatamente. Sin embargo, en agosto de 1967, se ofreció a todos los accionistas 53,75 por sus acciones, una cifra aproximadamente equivalente al valor contable. Un tenedor paciente, que hubiese comprado las acciones en marzo de 1964 a 20, habría obtenido un beneficio del 165% en tres años y medio, una tasa de rentabilidad anual simple del 47%. La mayor parte de las acciones de ocasión, en nuestra experiencia, no han necesitado tanto tiempo para arrojar buenos beneficios, ni tampoco han obtenido una tasa de beneficio tan elevada. Una situación más o menos parecida, vigente en el momento en el que redactamos la presente edición, es la correspondiente a la exposición que realizamos anteriormente acerca de National Presto Industries, en la página 190.

Situaciones especiales o «rescates»

Ocupémonos brevemente de esta cuestión, puesto que en teoría se puede incluir en el programa de operaciones del inversor emprendedor. Ya se ha comentado anteriormente. Ahora ofreceremos algunos ejemplos de este tipo, y haremos algunas indicaciones adicionales sobre lo que estas oportunidades ofrecen al inversor abierto de mente y alerta.

Tres de tales situaciones que, entre otras, estaban vigentes a principios de 1971, se pueden resumir de la siguiente manera:

Situación 1. Adquisición de Kayser-Roth por parte de Borden's. En enero de 1971, Borden Inc. anunció un plan para tomar el control de Kayser-Roth («prendas de vestir variadas») ofreciendo 1,33 acciones de su capital por cada acción de Kayser-Roth. Al día siguiente, sin que se hubiese suspendido la cotización, Borden cerró a 26 y Kayser-Roth a 28. Si un «operador» hubiese comprado 300 acciones de Kayser-Roth y vendido 400 de Borden a esos precios, y si la operación se hubiese consumado posteriormente en los términos anunciados, habría obtenido un beneficio de aproximadamente el 24% sobre el coste de las acciones, menos las comisiones y algunos otros gastos. Suponiendo que la operación se hubiese materializado en seis meses, su beneficio final podría haber rondado aproximadamente el 40% de tasa anual.

Situación 2. En noviembre de 1970 National Biscuit Co. se ofreció a tomar el control de Aurora Plastics Co. por 11 dólares en metálico. La acción cotizaba aproximadamente a 8,5; cerró el mes a 9 y siguieron cotizando a ese nivel hasta final de año. En este caso el beneficio bruto declarado era aproximadamente el 25%, expuesto al riesgo de no consumación y al elemento temporal.

Situación 3. Universal-Marion Co., que había suspendido sus operaciones empresariales, solicitó a sus accionistas que confirmasen la disolución de la empresa. El interventor declaró que las acciones ordinarias de la empresa tenían un valor contable de aproximadamente 28,5 dólares por acción, una parte del cual en forma de metálico. La acción cerró 1970 a 21,5, lo que era indicativo de la existencia de un posible beneficio bruto en estos valores, si se alcanzaba el valor contable en la liquidación, de más del 30%.

Si se pudiese contar con ejecutar operaciones de este tipo, realizadas de forma diversificada para repartir los riesgos, que rindiesen por ejemplo el 20% o más en beneficio anual, indudablemente serían más que simplemente interesantes. Como este libro no se ocupa de las «situaciones especiales», no nos adentraremos en los detalles de esta línea de negocio, porque realmente eso es lo que es. Limitémonos a señalar los acontecimientos contradictorios que se han producido en este terreno en los últimos años. Por una parte, el número de operaciones entre las que se puede elegir ha aumentado descomunalmente, en comparación con la situación que se daba, por ejemplo, hace diez años. Es una consecuencia de lo que podría denominarse la manía de las grandes empresas de diversificar su actividad a través de diferentes tipos de adquisición, etc.. En 1970 el número de «anuncios de fusión» alcanzó los 5.000, lo que supuso un descenso respecto de los 6.000 del año 1969. Los valores monetarios totales generados por estas operaciones ascendieron a muchos, muchos miles de millones de dólares. Puede que únicamente una pequeña fracción de los 5.000 anuncios pudiesen haber ofrecido una oportunidad nítida de compra de acciones por parte de un especialista en situaciones especiales, pero esa fracción seguiría siendo lo suficientemente grande como para mantenerlo ocupado estudiando, seleccionando y decidiendo.

La otra cara de la moneda es la creciente proporción de fusiones que se anuncian y que no llegan a consumarse. En tales casos, por supuesto, el beneficio que se pretendía alcanzar no se materializa, y es muy probable que se vea sustituido por una pérdida más o menos seria. Los motivos de la falta de culminación son numerosos, incluida la intervención de las autoridades encargadas de supervisar la competencia, la oposición de los accionistas, las modificaciones de la «situación de mercado», los descubrimientos negativos derivados de los estudios adicionales, la incapacidad de llegar a un acuerdo sobre los detalles, y algunas otras. El truco en estos casos, por supuesto, consiste en contar con la capacidad de juicio, reforzada por la experiencia, para elegir los acuerdos que ofrezcan más probabilidades de prosperar, y también aquellos que, en caso de que fracasen, tengan el menor potencial de provocar serias pérdidas.*

* Como se ha señalado en el comentario al capítulo 7, el arbitraje con ocasión de fusiones es absolutamente inapropiado para la mayoría de los inversores individuales.

Comentarios adicionales sobre los ejemplos anteriores

Kayser-Roth. Los consejeros de esta empresa ya habían rechazado (en enero de 1971) la propuesta de Borden cuando se escribió este capítulo. Si la operación se hubiese desmontado inmediatamente, la pérdida total, comisiones incluidas, habría sido de aproximadamente el 12% del coste de las acciones de Kayser-Roth.

Aurora Plastics. A causa de los malos resultados de la empresa en 1970, se renegociaron las condiciones de la absorción y el precio se redujo a 10,5. Las acciones se abonaron a finales de mayo. La tasa anual de rendimiento obtenida fue de aproximadamente el 25%.

Universal-Marion. Esta empresa realizó rápidamente un reparto inicial en metálico y acciones por un valor aproximado de 7 dólares por acción, reduciendo la inversión a aproximadamente 14,5. No obstante, el precio de mercado se redujo posteriormente hasta 13, arrojando dudas sobre el resultado en última instancia de la liquidación.

Suponiendo que los tres ejemplos mencionados sean relativamente representativos de las oportunidades de «rescate o arbitraje» en todo el año 1971, está claro que estas operaciones no eran atractivas si se realizaban de manera aleatoria. Esta especialidad se ha convertido, más que nunca en el pasado, en un terreno para profesionales que tengan la experiencia y capacidad de juicio necesaria.

Se produjo un interesante acontecimiento colateral sobre nuestro ejemplo de Kayser-Roth. A finales de 1971 el precio quedó por debajo de los 20, mientras que Borden cotizaba a 25, lo que equivalía a que Kayser-Roth lo hiciese a 33, en virtud de los términos de la oferta de canje. Aparentemente, o los consejeros habían cometido un grave error al rechazar la oportunidad, o las acciones de Kayser-Roth estaban tremendamente infravaloradas en el mercado. Una cuestión digna de ser examinada por algún analista de valores.

Comentario al capítulo 15

> Es fácil vivir en el mundo según la opinión del mundo; es fácil vivir en la soledad según nuestra propia medida; pero el gran hombre es aquel que en medio de la muchedumbre mantiene con perfecta ecuanimidad la independencia de la soledad.
>
> *Ralph Waldo Emerson*

Práctica, práctica, práctica

A Max Heine, fundador de la Mutual Series Funds, le gustaba decir que «hay muchos caminos que llevan a Jerusalén». Lo que este maestro de la selección de acciones quería decir era que su propio método centrado en el valor para elegir acciones no era la única forma de ser un inversor de éxito. En este capítulo examinaremos varias técnicas que algunos de los mejores gestores de patrimonio de la actualidad emplean para seleccionar acciones.

En primer lugar, sin embargo, merece la pena repetir que para la mayor parte de los inversores elegir acciones individuales es innecesario, cuando no desaconsejable. El hecho de que la mayor parte de los profesionales dejen mucho que desear a la hora de elegir acciones no significa que la mayor parte de los aficionados puedan hacerlo mejor. La inmensa mayoría de las personas que tratan de elegir acciones descubren que no son tan buenos como habían pensado; los más afortunados lo descubren al principio, mientras que los menos afortunados necesitan años para aprenderlo. Un pequeño porcentaje de inversores pueden llegar a ser excelentes en la selección de sus acciones. Todos los demás harían mejor en conseguir ayuda, idealmente a través de un fondo de índices.

Graham aconsejaba a los inversores que empezasen por practicar, al igual que la mayor parte de los atletas y los músicos, que practican y ensayan antes de las actuaciones de verdad. Sugería que al principio se dedicase un año a seguir y seleccionar acciones (pero sin utilizar dinero de verdad).[1] En la época de Graham, usted habría practicado utilizando un libro mayor de hipotéticas compras y ventas; hoy en día, puede utilizar los «seguidores de cartera» de sitios web como www.morningstar.com, http://finance.yahoo.com, http://money.cnn.com/services/portfolio, o www.marketocracy.com (en el último sitio no haga caso de toda la propaganda de «ganar al mercado» de sus fondos u otros servicios).

Al someter a prueba sus técnicas antes de emplearlas con dinero de verdad, puede cometer errores sin sufrir pérdidas reales, adquirir la disciplina necesaria para evitar la realización frecuente de operaciones, comparar el método que emplea usted con el de los principales gestores de patrimonio y descubrir qué es lo que mejor funciona en su caso. Lo mejor de todo es que al seguir el resultado de todas sus selecciones de acciones no podrá usted pasar por alto el hecho de que algunas de sus corazonadas acabaron siendo sonadas equivocaciones. Esto le obligará a aprender tanto de sus aciertos como de sus errores. Después de un año, mida sus resultados en comparación con los que habría obtenido si hubiese invertido todo su dinero en un fondo del índice S&P 500. Si no ha disfrutado al realizar el experimento, o si su selección fue deficiente, no habrá sufrido daños, y habrá descubierto que la selección de acciones individuales no es para usted. Invierta en un fondo de índice y deje de perder el tiempo con la selección de acciones.

Si ha disfrutado con el experimento y ha conseguido unos rendimientos suficientemente buenos, organice poco a poco una cesta de acciones, pero limítela a un máximo del 10% de su cartera general (conserve el resto en un fondo de índices). Recuerde, siempre puede dejarlo si la tarea deja de interesarle o si sus rendimientos resultan ser malos.

Mirar debajo de las piedras adecuadas

¿Qué debería hacer a la hora de buscar acciones potencialmente rentables? Puede utilizar sitios web como http://finance.yahoo.com y www.morningstar.com para seleccionar acciones con los filtros estadísticos que se sugirieron en el capítulo 14. También puede emplear un método más paciente y artesano. A diferencia de la mayor parte de las personas, muchos de los mejores inversores profesionales se interesan por primera vez por una empresa cuando la cotización de sus acciones baja, y no cuando sube. Christopher Browne, de Tweedy Browne Global Value Fund, William Nygren, del Oakmark Fund, Robert Rodríguez, de FPA Capital Fund, y Robert Torray, del Torray Fund, recomiendan que se observe la lista diaria de las nuevas acciones que han alcanzado el mínimo de las últimas 52 semanas en el *Wall Street Journal*, o en una tabla similar que se publica en la sección «Semana de

---

[1] Patricia Dreyfus, «Investment Analysis in Two Easy Lessons» (entrevista con Graham), *Money*, julio de 1976, pág. 36.

De beneficios por acción a rendimiento sobre el capital invertido

Los beneficios netos o los beneficios por acción han sufrido distorsiones en los últimos años a causa de factores como la concesión de opciones sobre acciones y los beneficios y cargas de naturaleza contable. Para averiguar cuánto está ganando realmente una empresa sobre el capital que emplea, hay que dejar de fijarse en los beneficios por acción y centrar la atención en el rendimiento sobre el capital invertido. Christopher Davis, de Davis Funds, lo define con esta fórmula:

ROIC = Beneficios del propietario / Capital invertido

En donde «Beneficios del propietario» es igual a:

Beneficio de explotación

Más depreciación

Más amortización del fondo de comercio

Menos impuesto de la renta federal (pagado al tipo medio de la empresa)

Menos coste de las opciones sobre acciones

Menos gastos de capital de «mantenimiento» (o esenciales)

Menos cualquier ingreso generado por tipos de rendimiento insostenibles de los fondos de pensiones (en 2003, cualquier tipo superior al 6,5%)

Y en donde el «Capital invertido» es igual a

Activos totales

Menos efectivo (así como inversiones a corto plazo y pasivo circulante que no devengue intereses)

Más cargas de contabilidad pasadas que reduzcan el capital invertido

El ROIC tiene la virtud de mostrar, después de deducir todos los gastos legítimos, la cantidad que está ganando la empresa con sus actividades de explotación, y la eficacia con la que ha utilizado el dinero de los accionistas para generar ese rendimiento. Un ROIC de por lo menos el 10% es atractivo; incluso un 6% o un 7% pueden resultar tentadores si la empresa tiene buenas marcas, una dirección centrada o si está sufriendo problemas temporales.

Mercado» de *Barron's*. Estas listas le llevarán hacia empresas y sectores que no están de moda o que no son apreciados, y que por lo tanto ofrecen el potencial de conseguir una elevada rentabilidad cuando se modifiquen las percepciones.

A Christopher Davis, de Davis Funds, y a William Miller, de Legg Mason Value Trust, les gusta ver una rentabilidad creciente en el capital que invierten, lo que se denomina ROIC, que es una forma de medir la eficacia con la que una empresa genera lo que Warren Buffett ha dado en llamar «beneficio del propietario».[2] (Véase el recuadro de esta página en donde se ofrecen más datos).

[2] Véase el comentario al capítulo 11.

Al examinar «comparables», o los precios a los que empresas similares han sido adquiridas a lo largo de los años, los gestores como Nygren, de Oakmark, y O. Mason Hawkins, de Longleaf Partners, llegan a comprender mejor qué partes de la empresa son interesantes. Para un inversor individual es un trabajo extraordinariamente meticuloso y difícil: se debe empezar por examinar la nota a pie de página titulada «Segmentos de actividad» de la memoria anual de la empresa, que normalmente suele indicar el sector industrial, los ingresos y los beneficios de cada una de las filiales. (La «Exposición y análisis de la dirección» también puede ser útil). Después habrá que consultar bases de datos de noticias como Factiva, ProQuest o LexisNexis en busca de ejemplos de otras empresas de los mismos sectores que hayan sido adquiridas recientemente. Utilizando la base de datos EDGAR de www.sec.gov. para localizar sus medias anuales anteriores, podrá determinar la proporción existente entre el precio de compra y los beneficios de esas empresas adquiridas. Después podrá utilizar esa proporción para calcular cuánto podría pagar un adquirente corporativo por una división similar de la empresa que esté usted investigando.

Al analizar por separado cada una de las divisiones de la empresa de esta manera, podrá apreciar si vale más de lo que indica la actual cotización de la acción. Hawkins, de Longleaf, disfruta encontrando lo que él denomina «dólares a sesenta centavos», o empresas cuyas acciones cotizan al 60% o menos del valor al cual él valora esas empresas. Esto le ayuda a conseguir el margen de seguridad en el que tanto insiste Graham.

¿Quién es el jefe?

Por último, la mayoría de los inversores profesionales líderes están interesados en encontrar empresas dirigidas por personas que, en palabras de William Nygren, de Oakmark, «piensen como propietarios, y no sólo como gestores». Dos pruebas sencillas: ¿Son fácilmente comprensibles los estados financieros de la empresa, o están llenos de jerigonza inescrutable? ¿Las cargas «no recurrentes» o «extraordinarias» o «fuera de lo normal» son realmente eso, o tienen el feo hábito de repetirse?

Mason Hawkins, de Longleaf, busca directivos empresariales que sean «buenos socios», lo que quiere decir que comuniquen abiertamente los problemas, que tengan planes claramente delimitados para asignar los flujos de efectivo actuales y futuros, y que tengan sustanciales participaciones en el capital de la empresa (preferiblemente mediante compras realizadas en efectivo, mejor que mediante concesiones de opciones). Sin embargo «si los equipos directivos hablan más de la cotización de las acciones que de la actividad de negocio de la empresa», advierte Robert Torray, de Torray Fund, «no nos interesa la empresa». Christopher Davis, de Davis Funds, prefiere las empresas que limitan la emisión de opciones sobre acciones a aproximadamente el 3% de las acciones en circulación.

En Vanguard Primecap Fund, Howard Schow se encarga de comprobar «lo que la empresa dijo un año y lo que ocurrió al año siguiente. No sólo estamos interesados en comprobar si los equipos directivos son honrados con los accionistas, sino también si son honrados consigo mismos». (Si el jefe de la empresa insiste en que todo va fenomenal cuando el negocio va renqueando, tenga cuidado). En nuestros días se puede asistir a las conferencias organizadas periódicamente por una empresa aunque sólo se sea propietario de unas pocas acciones; para enterarse de la fecha en la que están programadas tales conferencias, llame al departamento de relaciones con el inversor en la sede central de la empresa, o visite el sitio web de ésta.

Robert Rodriguez, de FPA Capital Funds sólo examina la última página de la memoria anual de las empresas, donde aparecen los directores de sus divisiones de explotación. Si hay muchos cambios en esos nombres en el primero o en el segundo de los años del mandato de un nuevo consejero delegado, eso es probablemente una buena señal; se está desprendiendo del peso muerto. Sin embargo, si esa elevada rotación se mantiene a lo largo del tiempo, la rotación probablemente se habrá terminado convirtiendo en un torbellino.

No aparte la vista de la carretera

Hay aún más caminos que conducen a Jerusalén que los que hemos expuesto. Algunos importantes gestores de cartera, como David Dreman, de Dreman Value Management, y Martin Whitman, de Third Avenue Funds, se concentran en empresas que cotizan a múltiplos muy bajos de su activo, beneficios o flujo de efectivo. Otros, como Charles Royce, de Royce Funds, y Joel Tillinghast, de Fidelity Low-Priced Stock Fund, se dedican a buscar pequeñas empresas infravaloradas. Si desea dar un vistazo, necesariamente demasiado breve, al método que emplea el inversor más admirado de la actualidad, Warren Buffett, para elegir empresas, lea el recuadro de la página 430.

Una técnica que puede ser útil es la siguiente: averigüe qué gestores de patrimonio profesionales importantes tienen las mismas acciones que usted. Si se repiten uno o dos nombres de manera frecuente, vaya a los sitios web de las gestoras de esos fondos y descargue sus informes más recientes. Al comprobar qué otras acciones tienen en cartera esos inversores, podrá averiguar más sobre los rasgos que tienen en común; al leer los comentarios de los gestores, podrá entrar en contacto con ideas para mejorar sus propios métodos.[3]

---

[3] También existen muchos boletines dedicados al análisis de carteras profesionales, pero la mayoría de ellos son una forma de malgastar el tiempo y el dinero incluso para los inversores más emprendedores Una excepción destacada para las personas que puedan prescindir del dinero que cuesta es *Outstanding Investor Digest* (www.oid.com).

A la manera de Warren

El alumno más aventajado de Graham, Warren Buffett, se ha convertido en el inversor con más éxito del mundo, dando nuevos giros a las ideas de Graham. Buffett y su socio, Charles Munger han combinado el «margen de seguridad» de Graham y su alejamiento del mercado con sus propias ideas innovadoras sobre crecimiento futuro. A continuación ofrecemos en un resumen extraordinariamente breve, el método seguido por Buffett:

Busca lo que él denomina empresas «franquicia» con sólidas marcas de bienes de consumo, actividades que sean fáciles de comprender, una robusta salud financiera y una situación cercana al monopolio en sus mercados, como por ejemplo H & R Block, Gillette y Washington Post. A Buffett le gusta coger acciones de empresas cuando un escándalo, una gran pérdida o alguna otra mala noticia pasan sobre la empresa como nubarrones de tormenta, y eso fue lo que hizo cuando compró Coca-Cola poco después de su desastroso lanzamiento de la «New Coke» y la crisis de mercado de 1987. También está interesado en que cuenten con directivos que hayan establecido y cumplido unos objetivos realistas; que hayan hecho crecer sus empresas desde dentro, en vez de lograrlo mediante adquisiciones; que hagan asignaciones de capital inteligentes y sensatas; y que no se concedan a sí mismos cientos de millones de dólares de premio en forma de opciones sobre acciones. Buffett insiste en conseguir un crecimiento uniformemente firme y sostenible de los beneficios, de modo que la empresa valga más en el futuro de lo que vale en la actualidad.

En sus memorias anuales, archivadas en www.berkshirehathaway.com, Buffett expone sus teorías como un libro abierto. Probablemente ningún otro inversor, Graham incluido, ha revelado públicamente más datos sobre su método ni ha escrito ensayos de tan interesante lectura. (Un aforismo de Buffett: «Cuando un equipo directivo de brillante reputación toma el control de una empresa con mala reputación económica, es la reputación de la empresa la que permanece intacta»). Todos los inversores inteligentes pueden, y deberían, aprender leyendo las palabras del maestro.

Sean cuales sean las técnicas que empleen para seleccionar las acciones, los profesionales de la inversión que tienen éxito comparten dos rasgos: en primer lugar, son disciplinados y coherentes, y se niegan a modificar su método aunque no esté de moda. En segundo lugar, piensan mucho en lo que van a hacer y en cómo lo van a hacer, pero prestan muy poca atención a lo que el mercado está haciendo.

Capítulo 16

Valores convertibles y *warrants*

Las obligaciones convertibles y las acciones preferentes han ido asumiendo una importancia predominante en los últimos años en el campo de la financiación con valores preferentes. En paralelo se ha producido la generalización de los *warrants* de opciones sobre acciones, que son derechos a largo plazo a comprar acciones ordinarias a precios estipulados, que cada vez son más numerosos. Más de la mitad de los valores preferentes que cotizan actualmente en la *Guía de Acciones* de Standard & Poor's tienen privilegios de conversión, y lo mismo ocurre con la mayor parte de la financiación mediante obligaciones empresariales que tuvo lugar entre 1968–1970. Hay por lo menos 60 series diferentes de certificados de opciones sobre acciones negociados en la American Stock Exchange. En 1970, por primera vez en su historia, la NYSE aceptó a cotización una emisión de *warrants* a largo plazo que otorgaban a sus titulares derecho a comprar 31.400.000 acciones de American Telephone & Telegraph a 52 dólares cada una. Con «Ma Bell» en cabeza de la procesión, seguro que serán muchos los nuevos fabricantes de *warrants* que se unirán al séquito. (Como indicaremos posteriormente, en más de un caso sería más adecuado hablar de fabricadores que de fabricantes).*

En la imagen general, los valores convertibles ocupan una posición mucho más importante que los *warrants*, y los expondremos en primer lugar. Hay dos aspectos principales que se deben tener en cuenta desde el punto de vista del inversor. En primer lugar, ¿qué lugar ocupan en materia de oportunidades de inversión y de riesgos? En segundo lugar, ¿de qué manera afecta su existencia al valor de las acciones ordinarias con las que están conectados esos títulos convertibles?

---

* Graham detestaba los *warrants,* como indica claramente en las págs. 441–444.

Se afirma que los títulos convertibles son especialmente ventajosos tanto para el inversor como para la entidad que los emite. El inversor recibe la superior protección de una obligación o de una acción preferente, junto con la oportunidad de participar en cualquier incremento sustancial en el valor de la acción. El emisor puede allegar fondos pagando un moderado interés, o el coste del dividendo preferente, y en caso de que la prosperidad prevista se haga realidad el emisor podrá librarse de la obligación preferente canjeándola por acciones ordinarias. Por lo tanto, las dos partes de la operación acabarían consiguiendo unos resultados infrecuentemente satisfactorios.

Evidentemente, lo que se ha dicho en el párrafo anterior tiene que suponer una exageración por un lado o por otro, puesto que es imposible conseguir, mediante la mera creación de un instrumento ingenioso, que una transacción sea mucho más favorable para las dos partes que participan en ella. A cambio del privilegio de conversión, el inversor suele renunciar a algo importante, ya sea en calidad o en rendimiento, o en ambas cosas.[1] A la inversa, la empresa consigue su dinero a un coste inferior gracias a la posibilidad de conversión, pero hay que tener en cuenta que esa conversión supone la renuncia a parte de los derechos que corresponden a los accionistas ordinarios a participar en la futura ampliación de capital. Sobre esta cuestión se pueden plantear una serie de complejas argumentaciones, tanto a favor como en contra. La conclusión más segura a la que se puede llegar es que los títulos convertibles son como cualquier otra forma de valor, en tanto en cuanto que sus rasgos formales por sí mismos no garantizan que sean atractivos o que dejen de serlo. La cuestión dependerá de todos los hechos que rodeen en cada caso al título concreto.*

Lo que sí sabemos, no obstante, es que el grupo de títulos convertibles colocado en el mercado durante la última parte de un período alcista tiene muchas probabilidades de ofrecer, en conjunto, resultados insatisfactorios. (En tales períodos en los que predomina el optimismo, por desgracia, es cuando se ha llevado a cabo en el pasado la mayor parte de la financiación con instrumentos convertibles). Las consecuencias insatisfactorias serán por lo tanto inevitables, como consecuencia de la propia coyuntura, puesto que un amplio declive en el mercado de valores depara, invariablemente, que el privilegio de conversión resulte mucho menos atractivo, y con mucha frecuencia, además, también pondrá en cuestión la seguridad subyacente del propio título.† Como ilustración del grupo seguiremos utili-

---

* Graham está indicando que, a pesar de la retórica promocional que tan acostumbrados a escuchar están los inversores, las obligaciones convertibles no ofrecen automáticamente «lo mejor de los dos mundos». El rendimiento más elevado y el riesgo más bajo no siempre van unidos. Lo que Wall Street da con una mano, por lo general, lo quita con la otra. Una inversión puede ofrecer lo mejor de un mundo, o lo peor de otro; pero lo mejor de ambos mundos raramente está disponible en un único lote.

† Según Goldman Sachs e Ibbotson Associates, entre 1998 y 2002, las convertibles generaron un rendimiento anual medio del 4,8%. Eran unos resultados considerable-

TABLA 16.1

Record de cotización de nuevas emisiones de acciones preferentes en 1946

Variación del precio desde la cotización de emisión hasta el mínimo, hasta 1947	*Valores «simples», no convertibles*	*Valores convertibles y de participación*
	(número de valores)	
Sin declive	7	0
Declive 0-10%	16	2
10-20%	11	6
20-40%	3	22
40% o más	0	12
	37	42
Declive medio	Alrededor del 9%	Alrededor del 30%

zando el ejemplo que propusimos en nuestra primera edición sobre el comportamiento de precio relativo de las acciones preferentes con y sin derecho de conversión que se ofrecían en 1946, el año en que concluyó el período alcista de mercado anterior al extraordinario período alcista que comenzó en 1949.

Resulta difícil realizar una exposición comparable correspondiente al período de 1967-1970, puesto que durante esos años no se produjo prácticamente ninguna oferta nueva de títulos no convertibles. De todas formas, es fácil demostrar que la reducción media de cotización de las acciones preferentes convertibles que tuvo lugar desde diciembre de 1967 hasta diciembre de 1970 fue mayor que la experimentada en conjunto por las acciones ordinarias (que únicamente perdieron el 5%). Además, parece que los títulos convertibles han conseguido unos resultados bastante peores que las más antiguas acciones preferentes simples, sin derecho de conversión, durante el período que va de diciembre de 1968 a diciembre de 1970, como queda de manifiesto en la muestra de 20 títulos de cada tipo

---

mente mejores que el 0,6% de pérdida anual de las acciones estadounidenses, pero sustancialmente peores que los resultados de las obligaciones empresariales a medio plazo (una ganancia anual del 7,5%) y que las obligaciones empresariales a largo plazo (una ganancia anual del 8,3%). A mediados de la década de 1990, según Merrill Lynch, se emitían anualmente casi 15.000 millones de dólares en convertibles; para 1999, la emisión se había duplicado con creces, llegando a 39.000 millones de dólares. En el año 2000, se emitieron 58.000 millones de dólares en convertibles, y en el año 2001 aparecieron otros 105.000 millones de dólares. Tal y como advierte Graham, los valores convertibles siempre se prodigan cuando se acerca el final de un período alcista del mercado, principalmente porque en esos momentos hasta las empresas de mala calidad tienen unos rendimientos suficientemente elevados en sus acciones como para que la posibilidad de conversión resulte atractiva.

que se recoge en la tabla 16.2. Estas comparaciones demostrarán que los títulos convertibles, en conjunto, tienen una calidad relativamente deficiente en tanto que emisiones preferentes, y también que están vinculados con acciones ordinarias que consiguen peores resultados que el mercado en general, salvo durante períodos de despegue especulativo. Estas observaciones, por supuesto, no son aplicables a todos los títulos convertibles. En particular, durante 1968 y 1969 unas cuantas empresas potentes recurrieron a estos títulos convertibles para afrontar la situación provocada por los tipos de interés descabelladamente elevados que se veían obligadas a desembolsar todas las obligaciones, incluso las de la máxima calidad. No obstante, es digno de mención que en nuestra muestra de 20 acciones preferentes convertibles únicamente una había experimentado un incremento de valor, mientras que 14 habían sufrido graves retrocesos.*

TABLA 16.2

Récord de cotización de acciones preferentes, acciones ordinarias y *warrants*, diciembre de 1970 en comparación con diciembre de 1968

(Basado en muestras aleatorias de 20 títulos)

	Acciones preferentes simples sin derecho de conversión				
	De calificación A o superior	De calificación inferior a A	Acciones preferentes convertibles	Acciones ordinarias cotizadas	*Warrants* cotizados
Subidas	2	0	1	2	1
Declives:					
0–10%	3	3	3	4	0
10–20%	14	10	2	1	0
20–40%	1	5	5	6	1
40% o más	0	0	9	7	18
Declives medios	10%	17%	29%	33%	65%

(El índice compuesto Standard & Poor's de 500 acciones ordinarias descendió un 11,3%).

* Ciertos cambios estructurales recientemente introducidos en el mercado de convertibles han invalidado algunas de estas críticas. Las acciones preferentes convertibles, que componían casi la mitad del mercado total de convertibles en la época de Graham, en la actualidad representan solamente un octavo del mercado. Los vencimientos son más breves, lo cual hace que las obligaciones convertibles sean menos volátiles, y en la actualidad muchas disponen de protección frente a la retirada de los valores, o garan-

La conclusión que se debe extraer de estas cifras no es que los títulos convertibles sean, por sí mismos, menos deseables que los títulos no convertibles o «simples». En igualdad de circunstancias, sería cierta la afirmación contraria. No obstante, es posible apreciar con absoluta claridad que las demás circunstancias no son iguales en la práctica y que la adición del privilegio de conversión frecuentemente, y tal vez se podría decir que generalmente, delata la ausencia de una genuina calidad de inversión del título en cuestión.

Es cierto, por supuesto, que una acción preferente convertible es más segura que una acción ordinaria de la misma empresa, es decir, que soporta un menor riesgo de posible pérdida del principal. En consecuencia, quienes adquieren nuevos títulos convertibles en lugar de la correspondiente acción ordinaria actúan con lógica en ese sentido. Sin embargo, en tales casos lo que suele ocurrir es que la adquisición de la acción ordinaria no habría sido inteligente, al precio vigente, y la sustitución de la acción ordinaria por la acción preferente convertible no mejora la situación en medida suficiente. Además, buena parte de la compra de títulos convertibles ha sido realizada por inversores que no tenían ningún interés o confianza especial en la acción ordinaria, es decir, que nunca habrían pensado en comprar la acción ordinaria en aquel momento, pero que se vieron tentados por la combinación aparentemente ideal del derecho preferente y del privilegio de conversión a un precio cercano al vigente en el mercado. En varios casos esta combinación ha rendido buenos resultados, pero la estadística indica que es más probable que acabe resultando una trampa.

En conexión con la titularidad de valores convertibles hay un problema especial que la mayoría de los inversores no detectan. Incluso en los casos en los que se produce un beneficio, dicho beneficio trae consigo un dilema. ¿Debería vender el titular su valor cuando se produzca una pequeña subida?; ¿debería esperar hasta que se produzca una subida mucho mayor?; si se produce un rescate del título, cosa que suele pasar frecuentemente si las acciones ordinarias han experimentado una considerable subida de cotización, ¿debería desprenderse de los títulos en ese momento o convertirlos y conservar la acción ordinaria?*

Hablemos en términos concretos. Supongamos que compra usted una obligación al 6%, convertible en acciones a 25, es decir, en una proporción de 40 acciones por cada obligación de 1.000 dólares. La acción sube a 30, lo que hace

---

tías contra el rescate anticipado. Por otra parte, más de la mitad de las convertibles tienen en la actualidad categoría de inversión, una mejora notable en materia de calidad crediticia con respecto a la época de Graham. De esta manera, en 2002, el índice Merrill Lynch All U.S. Convertible perdió el 8,6%, en comparación con la pérdida del 22,1% sufrida por el índice de acciones S&P 500 y el retroceso del 31,3% del índice de acciones NASDAQ Composite.

* Una obligación se «rescata» o «amortiza» cuando la sociedad que la ha emitido la paga obligatoriamente antes de la fecha de vencimiento declarada, o en la última fecha de pago de dividendos. Si se desea un breve resumen del funcionamiento de las obligaciones convertibles, véase la nota 1 del comentario a este capítulo (pág. 447).

que la obligación valga por lo menos 120, y por lo tanto cotiza a 125. Tiene la opción de vender o de conservar el título. Si lo conserva, con la esperanza de obtener una cotización superior, estará en una situación muy similar a la del accionista ordinario, puesto que si la acción pierde valor, la obligación de la que es titular también lo perderá. Una persona conservadora probablemente entenderá que superado el nivel de 125 su posición pasa a ser demasiado especulativa y, por lo tanto, venderá y obtendrá un gratificante 25% de beneficio.

Hasta ahora todo ha salido a pedir de boca. Pero insistamos en esta cuestión un poco más. En muchos casos en los que el tenedor vende a 125, la acción ordinaria sigue subiendo, impulsando con ella al título convertible, y el inversor siente esa peculiar punzada que afecta a la persona que ha vendido demasiado pronto. La próxima vez, decide esperar hasta 150 o 200. El valor sube hasta 140, y no vende. Después el mercado se viene abajo y sus obligaciones se desploman hasta 80. Otra vez se ha vuelto a equivocar.

Al margen de la angustia mental que genera hacer este tipo de suposiciones erróneas –que aparentemente son casi inevitables– las operaciones con valores convertibles sufren de un verdadero inconveniente aritmético. Podría suponerse que una política firme y uniforme de vender al 25% o al 30% de beneficio sería la que mejor resultados arrojaría para muchas carteras. Esto, por lo tanto, delimitaría el límite superior de beneficio que se podría obtener únicamente con las operaciones que diesen buen resultado. No obstante, si, como parece ser el caso, estos valores suelen carecer de una seguridad subyacente adecuada, y suelen salir al mercado y ser adquiridos en las últimas etapas del período alcista de mercado, una buena proporción de ellos será incapaz de alcanzar el nivel de 125, pero no obstante, no tendrá ningún problema para venirse abajo cuando el mercado alcance el punto de inflexión y empiece a bajar. De esta manera, las espectaculares oportunidades ofrecidas por los valores convertibles resultan ser ilusorias en la práctica, y la experiencia general viene determinada por un número de pérdidas sustanciales, por lo menos de naturaleza temporal, equivalente al de ganancias de similar magnitud.

A causa de la extraordinaria duración del período alcista de mercado que tuvo lugar entre 1950 y 1968, los valores convertibles en conjunto ofrecieron buenos resultados durante aproximadamente 18 años. Sin embargo, lo único que significa esto es que la inmensa mayoría de acciones ordinarias obtuvieron grandes subidas, en las que la mayor parte de los valores convertibles pudieron participar. La sensatez de la inversión en valores convertibles únicamente se puede contrastar en función de los resultados que obtengan en un mercado que evolucione a la baja y, en conjunto, dichos resultados han sido insatisfactorios.*

---

* En los últimos años, las convertibles han tendido a conseguir mejores resultados que el índice de acciones Standard & Poor's 500 durante épocas de declive de los mercados de acciones, pero por lo general han obtenido peores resultados que otras obligaciones, lo cual debilita, aunque no invalida totalmente, la crítica que realiza aquí Graham.

En nuestra primera edición (1949) ofrecíamos una ilustración de este problema especial que plantea la duda de «qué hacer» cuando un valor convertible evoluciona al alza. Creemos que sigue estando justificado incluir esa exposición en este libro. Como algunas otras de las referencias que hemos facilitado, éstas se basan en nuestras propias operaciones de inversión. Éramos miembros de un «grupo selecto» formado principalmente por fondos de inversión, que participó en una oferta privada de obligaciones convertibles al 4,5% de Eversharp Co., que salieron a la par, convertibles en acciones ordinarias a 40 dólares por acción. Las acciones subieron rápidamente hasta 65,5 y después (tras un desdoblamiento tres por dos) hasta el equivalente de 88. Este último precio hizo que las obligaciones convertibles valiesen por lo menos 220. Durante este período los dos valores fueron rescatados con una pequeña prima; por lo tanto, prácticamente todos se convirtieron en acciones ordinarias, que fueron conservadas por algunos de los fondos de inversión compradores originales de las obligaciones. Poco tiempo después, el precio empezó a sufrir un severo declive, y en marzo de 1948 las acciones se vendían solamente a 7,375. Esta cotización ofrecía un valor de sólo 27 para las obligaciones, lo que entrañaba la pérdida del 75% del precio original, en vez de un beneficio de más del 100%.

La verdadera enseñanza de esta historia es que algunos de los compradores originales convirtieron sus obligaciones en acciones y conservaron sus acciones durante su gran declive. Al hacerlo, fueron en contra del viejo adagio de Wall Street que dice: «No convertir nunca una obligación convertible». ¿A qué se debe este consejo? A que una vez que se convierte el valor, se pierde la combinación estratégica de derecho preferente conectado con la oportunidad de obtener un atractivo beneficio. Probablemente habrá abandonado su posición de inversor y se habrá convertido en especulador, y frecuentemente además lo habrá hecho en un momento inconveniente (porque la acción ya habrá experimentado una gran subida). Si la regla de «No convertir nunca un título convertible» es válida, ¿cómo es posible que los expertos gestores de fondos canjeasen sus obligaciones de Eversharp por acciones, para sufrir posteriormente las embarazosas pérdidas? La respuesta, sin duda, es que se dejaron llevar por el entusiasmo que les infundían las perspectivas de la empresa, así como por la «favorable evolución de mercado» de las acciones. En Wall Street hay unos cuantos principios prudentes; el problema es que normalmente se olvidan en el momento en el que más necesarios son.* De ahí proviene otro famoso adagio de los viejos del lugar: «Haz lo que digo, no lo que hago».

Nuestra actitud general hacia los nuevos títulos convertibles es, por lo tanto, de desconfianza. Con esto queremos decir, al igual que con otras observaciones

---

* Esta frase podría servir de epitafio para el período alcista del mercado de la década de 1990. Entre los «principios básicos de prudencia» que los inversores olvidaron estaban clichés como por ejemplo «los árboles no crecen hasta el cielo» y «los alcistas ganan dinero, los bajistas ganan dinero, pero los cabezotas se parten la crisma».

similares, que el inversor debería mirar más de dos veces antes de comprarlos. Después de este escrutinio escéptico es posible que siga pensando que ha descubierto una oferta excepcional que es demasiado buena para rechazarla. La combinación ideal, por supuesto, es la de un título convertible que cuente con una sólida garantía, que sea canjeable por una acción ordinaria que, en sí misma, sea atractiva, a un precio que sea sólo levemente superior al actual precio de mercado. De vez en cuando aparece una nueva oferta que cumple esos requisitos. No obstante, por la propia naturaleza de los mercados de valores, es mucho más probable descubrir una oportunidad de ese tipo con algún título más antiguo que haya evolucionado hasta una situación favorable, que hallarla con un título recién colocado en el mercado. (Si la nueva emisión es realmente buena, no es muy probable que tenga un buen privilegio de conversión).

El delicado equilibrio entre lo que se da y lo que se retiene en un valor convertible de tipo ordinario queda bien ilustrado con el uso intensivo que se ha dado a este tipo de instrumentos en la financiación de American Telephone & Telegraph. Entre 1913 y 1957 la empresa colocó por lo menos nueve emisiones diferentes de obligaciones convertibles, la mayor parte de ellas a través de derechos de suscripción entre los accionistas. Las obligaciones convertibles ofrecían la importante ventaja para la empresa de atraer a un tipo de compradores mucho más amplio que el que habría estado disponible para una colocación de acciones, puesto que las obligaciones eran muy populares entre numerosas instituciones financieras que tenían grandes recursos pero que, en algunos casos, no estaban autorizadas a comprar acciones. La rentabilidad por intereses de las obligaciones había sido por lo general de la mitad del correspondiente rendimiento por dividendo de las acciones, un factor que se había calculado para compensar el derecho preferente en caso de liquidación que se atribuía a los titulares de obligaciones. Como la empresa mantuvo su dividendo de 9 dólares durante 40 años (desde 1919 hasta el desdoblamiento de acciones que tuvo lugar en 1959), el resultado fue que prácticamente todos los títulos convertibles se convirtieron en acciones ordinarias. Por lo tanto, los compradores de estos títulos convertibles han tenido buenos resultados a lo largo de los años, aunque no tan buenos como si hubiesen comprado las acciones ordinarias desde el principio. Este ejemplo pone de manifiesto la solidez de American Telephone & Telegraph, pero no el atractivo intrínseco de las obligaciones convertibles. Para demostrar que estos instrumentos son sólidos, en la práctica necesitaríamos una serie de casos en los que los títulos convertibles hubiesen tenido un resultado satisfactorio aunque las acciones ordinarias hubiesen tenido un resultado decepcionante. Ejemplos de este tipo no son fáciles de encontrar.*

---

* AT&T Corp. ha dejado de ser un emisor significativo de obligaciones convertibles. Entre los mayores emisores de convertibles de hoy en día se encuentran General Motors, Merrill Lynch, Tyco International y Roche.

Efecto de la emisión de valores convertibles en la situación de las acciones ordinarias

En un gran número de casos, los valores convertibles se han emitido en conexión con fusiones o con nuevas adquisiciones. Posiblemente el caso más llamativo de este tipo de operación financiera fue la emisión por parte de NVF Corp. de casi 100 millones de dólares en obligaciones convertibles con un interés del 5% (más *warrants*) a cambio de la mayor parte de las acciones ordinarias de Sharon Steel Co. Esta extraordinaria operación se comenta posteriormente, en las páginas 458–462. Habitualmente la transacción tiene como consecuencia un incremento pro forma de los beneficios declarados por acción ordinaria; la cotización de las acciones sube en respuesta a sus mayores beneficios, así declarados, pero también gracias a que el equipo de dirección ha dado pruebas de su energía, espíritu emprendedor y capacidad de ganar más dinero para los accionistas.* Sin embargo, también hay otros dos factores de contrapeso: uno de ellos suele pasar prácticamente inadvertido y el otro absolutamente inadvertido en los mercados optimistas. El primero es la dilución real de los beneficios actuales y futuros de las acciones ordinarias que deriva aritméticamente de los nuevos derechos de conversión. La dilución se puede calcular específicamente si se toman los beneficios recientes, o cualquier otra cifra hipotética, y se calculan los beneficios por acción ajustados en caso de que todas las acciones u obligaciones convertibles se convirtiesen en la práctica. En la mayor parte de las empresas la reducción resultante en las cifras por acción no será significativa. Sin embargo, hay numerosas excepciones a esta afirmación, y existe el peligro de que el número de excepciones crezca en una proporción nada aconsejable. Los «conglomerados» que están en rápida expansión han sido los principales practicantes del juego de prestidigitación con valores convertibles. En la tabla 16.3 enumeramos siete empresas con grandes cantidades de acciones emisibles como consecuencia de conversiones o contra el ejercicio de derechos de suscripción otorgados en *warrants*.†

Cambios recomendados de acciones ordinarias a acciones preferentes

Durante décadas antes de, por ejemplo, 1956, las acciones ordinarias tuvieron un rendimiento superior a las acciones preferentes de las mismas empresas; esto resulta especialmente cierto en el caso de que las acciones preferentes

---

* Si se desea una explicación más detallada de resultados financieros «pro forma», véase el comentario al capítulo 12.

† En los últimos años, las empresas de los sectores financiero, tecnológico y de asistencia sanitaria han emitido muchas obligaciones convertibles.

TABLA 16.6

Empresas con grandes cantidades de títulos convertibles y warrants a finales de 1969 (acciones en miles)

		Acciones ordinarias adicionales que se pueden emitir			
		Con ocasión de la conversión de			
	Acciones ordinarias pendientes	Obligaciones	Acciones preferentes	Con cargo a *warrants*	Total acciones ordinarias adicionales
Avco Corp.	11.470	1.750	10.436	3.085	15.271
Gulf & Western Inc.	14.964	9.671	5.632	6.951	22.260
International Tel. & Tel.	67.393	190	48.115		48.305
Ling-Temco-Vought	4.410[a]	1.180	685	7.564	9.429
National General	4.910	4.530		12.170	16.700
Northwest Industries[b]	7.433		11.467	1.513	12.980
Rapid American	3.591	426	1.503	8.000	9.929

[a] Incluye «acciones especiales».
[b] Al cierre de 1970.

tuviesen un privilegio de conversión cercano al mercado. En la actualidad, la situación suele ser, por lo general, la contraria. En consecuencia, hay un número considerable de acciones preferentes convertibles que son claramente más atractivas que sus correspondientes acciones ordinarias. Los propietarios de las acciones ordinarias no tienen nada que perder, y consiguen importantes ventajas, si cambian sus acciones subordinadas por las correspondientes preferentes.

Ejemplo: un ejemplo típico de esta situación es el de Studebaker-Worthington Corp. al cierre de 1970. Las acciones ordinarias cotizaron a 57, mientras que las preferentes convertibles con dividendo de 5 dólares acabaron a 87,5. Cada acción preferente era canjeable por 1,5 acciones ordinarias; por lo tanto, valían 85,5. Esto indicaría una pequeña diferencia monetaria en contra del comprador del título preferente. Sin embargo, las acciones ordinarias recibían dividendo a razón anual de 1,20 dólares (o 1,80 dólares en el caso de las 1,5 acciones), en contraposición con los 5 dólares por cada acción preferente. Por lo tanto, la diferencia negativa original en precio podría compensarse probablemente en menos de un año, después del cual las preferentes ofrecerían un rendimiento por dividendo sustancialmente mayor que las ordinarias durante un cierto tiempo. Sin embargo, lo más importante, por supuesto, sería la posición preferente con respecto del accionista ordinario que se podría obtener con el cambio. A los precios *mínimos* de 1968, y una vez más en 1970, las acciones preferentes cotizaban 15 puntos por encima de 1,5 acciones ordinarias. Su privilegio de conversión garantizaba que nunca se vendiesen por debajo del lote de acciones ordinarias.[2]

Warrants de opciones sobre acciones

Seamos claros desde el principio. Consideramos que la reciente aparición y evolución de los *warrants* de opciones sobre acciones son prácticamente un fraude, un peligro inminente, y un potencial desastre. Han creado enormes valores agregados monetarios a partir de la nada. No tienen ningún motivo para existir, salvo que se considere como tal el hecho de que sirven para engañar a especuladores e inversores. Deberían estar prohibidos por la ley, o por lo menos estrictamente limitados a una pequeña parte de la capitalización total de una empresa.*

Si se quiere establecer una analogía en la historia general y la literatura remitiremos al lector a la sección de *Fausto* (parte 2) en la que Goethe describe la invención del papel moneda. Como ominoso precedente en la historia de Wall Street podemos mencionar los *warrants* de American & Foreign Power Co., que en 1929 tenían un valor cotizado de mercado de más de 1.000 millones de dólares, aunque únicamente aparecían recogidos en una nota al pie del balance de la empresa. Para 1932 esos 1.000 millones de dólares se habían reducido a 8 millones de dólares, y en 1952 los *warrants* fueron eliminados de la recapitalización de la sociedad, aunque ésta había conservado su solvencia durante el período.

Originalmente, los *warrants* de opciones sobre acciones se adjuntaban de vez en cuando a las emisiones de obligaciones, y solían ser normalmente el equivalente a un privilegio de conversión parcial. Su importe no solía ser trascendente, y por lo tanto no hacían daño. Su utilización se extendió a finales de la década de 1920, junto con otros muchos abusos financieros, pero desaparecieron de la vista durante muchos años después de la crisis. Estaban condenados a volver a aparecer, como las malas monedas que son, y desde 1967 se han convertido en «instrumentos de financiación» muy habituales. De hecho, ha surgi-

---

* Los *warrants* eran una técnica de finanzas empresariales muy generalizada en el siglo XIX y eran bastante comunes incluso en la época de Graham. Desde entonces han perdido importancia y popularidad; ésta es una de las pocas novedades recientes que proporcionarían a Graham una clara satisfacción. A finales del año 2002, solamente quedaban siete emisiones de *warrants* en la Bolsa de Nueva York; un mero vestigio fantasmal de un mercado. Dado que las empresas importantes ya no utilizan normalmente los *warrants*, los inversores actuales sólo necesitan leer el resto del capítulo de Graham para descubrir cómo funciona su razonamiento.

do un procedimiento ordinario para allegar capital para nuevas empresas inmobiliarias, filiales de grandes bancos, que consiste en la venta de unidades de un número igual de acciones y de *warrants* para comprar acciones adicionales al mismo precio. Ejemplo: en 1971 CleveTrust Realty Investors vendió 2.500.000 de estas combinaciones de acciones ordinarias (o «acciones de participación») y *warrants* por 20 dólares la unidad.

Pensemos un momento en qué consiste exactamente esta configuración financiera. Por lo general, una acción ordinaria suele disfrutar de un derecho preferente a comprar acciones ordinarias adicionales cuando los consejeros de la sociedad consideran conveniente captar capital de esa forma. Esto es lo que se denomina «derecho de suscripción preferente» y es uno de los elementos de valor que conlleva la tenencia de acciones ordinarias, junto con el derecho a recibir dividendos, a participar en el crecimiento de la empresa y a votar en la elección de consejeros. Cuando se emiten derechos de suscripción independientes para suscribir capital adicional, esa emisión retira parte del valor inherente de la acción ordinaria y la transfiere a un certificado independiente. Se podría hacer lo mismo emitiendo certificados independientes que confiriesen derecho a recibir dividendos (durante un período de tiempo limitado o ilimitado) o el derecho a participar en los frutos de la venta o de la disolución de la empresa, o el derecho a ejercitar el voto que corresponde a las acciones. ¿Por qué se crean, por lo tanto, estos *warrants* o certificados de suscripción como parte de la estructura de capital original? Simplemente porque las personas no tienen experiencia en cuestiones financieras. No se dan cuenta de que cuando hay *warrants* en circulación las acciones ordinarias valen menos que cuando no los hay. Por lo tanto, el lote de acción y *warrant* suele obtener un mejor precio en el mercado del que conseguirían las acciones en solitario. Hay que tener en cuenta que en las memorias de las sociedades, normalmente, los beneficios por acción se calculan (o se han venido calculando) sin tener en cuenta el efecto pertinente de los *warrants* en circulación. El resultado, por supuesto, ha sido una sobrevaloración de la verdadera relación entre los beneficios y el valor de mercado de la capitalización de la empresa.*

El método más sencillo, y probablemente el mejor, para deducir los efectos de la existencia de *warrants* consiste en añadir el equivalente a su valor de mercado a la capitalización de las acciones ordinarias, con lo que se incrementaría el «verdadero» precio de mercado por acción. Cuando se han emitido grandes

---

* En la actualidad, los últimos restos de actividad con *warrants* son los que tienen lugar en el pozo negro del «bulletin board» del NASDAQ, o mercado no organizado para minúsculas empresas en el que las acciones ordinarias se suelen combinar con *warrants* en una unidad (el equivalente contemporáneo de lo que Graham denominaba «lote»). Si un corredor de bolsa le ofrece «unidades» de cualquier empresa puede estar seguro al 95% de que en la operación hay *warrants*, y también podrá estar seguro por lo menos al 90% de que el corredor es un idiota o un ladrón. Los corredores y las agencias legítimas no realizan operaciones en esta área.

cantidades de *warrants* en conexión con la venta de títulos preferentes, suele ser habitual realizar el ajuste suponiendo que los ingresos derivados del pago de los valores se emplean para amortizar los correspondientes bonos, obligaciones o acciones preferentes. Este método no permite deducir adecuadamente la habitual «prima de valor» del *warrant* por encima del valor de ejercicio. En la tabla 16.4 comparamos el efecto de los dos métodos de cálculo en el caso de National General Corp. en lo tocante al ejercicio 1970.

¿Obtiene la empresa algún tipo de ventaja con la creación de estos *warrants*, en el sentido de que le aseguren de alguna manera la percepción de capital adicional cuando lo necesite? No en absoluto. Ordinariamente no hay forma alguna de que la sociedad pueda exigir a los tenedores de los *warrants* que ejerciten sus derechos, y por lo tanto que ofrezcan nuevo capital a la sociedad, antes de la fecha de expiración de los *warrants*. Mientras tanto, si la empresa desea obtener fondos adicionales en forma de capital ordinario tendrá que ofrecer acciones a sus accionistas de la manera tradicional, lo que significará ofrecerlas un poco por debajo del precio imperante de mercado. Los *warrants* no tienen ninguna utilidad para tal operación; simplemente complica la situación, al exigir frecuentemente una revisión a la baja de su propio precio de suscripción. Una vez más tenemos que afirmar que las grandes emisiones de *warrants* de opción sobre acciones no tienen ninguna finalidad, salvo la de fabricar valores de mercado imaginarios.

El papel moneda con el que Goethe estaba familiarizado cuando redactó su *Fausto* eran los famosos asignados franceses que habían sido acogidos como si se tratase de una maravillosa invención, y que estaban destinados a perder en última instancia todo su valor, como ocurrió con los 1.000 millones de dólares de los *warrants* de American & Foreign Power.* Algunas de las indicaciones realizadas por el poeta son aplicables con la misma validez tanto a un invento como al otro, como en la siguiente escena:

FAUSTO: *La imaginación en su más alto vuelo*
Se esfuerza en abarcarla sin conseguirlo jamás.

MEFISTÓFELES (el inventor): *¿Se quiere metálico? Siempre se encuentra un cambista.*

EL BUFÓN (por último): *Los papeles mágicos...*

---

* Los «famosos asignados franceses» se emitieron durante la Revolución de 1789. Originariamente, eran instrumentos de deuda del gobierno revolucionario, y estaban supuestamente garantizados por el valor de los inmuebles que los radicales habían confiscado a la iglesia católica y a la nobleza. Sin embargo, los revolucionarios fueron pésimos gestores financieros. En 1790, el tipo de interés de los asignados se redujo; pronto dejaron de pagar intereses totalmente y fueron reclasificados como papel moneda. No obstante, el gobierno se negó a rescatarlos por oro o plata y emitió cantidades masivas de nuevos asignados. En 1797 fueron declarados oficialmente carentes de valor.

TABLA 16.4

Cálculo del «verdadero precio de mercado» y del PER ajustado de las acciones ordinarias con grandes cantidades de *warrants* en circulación

(Ejemplo: National General Corp. en junio de 1971)

1. Cálculo del «verdadero precio de mercado».

Valor de mercado de 3 emisiones de *warrants*, 30 de junio de 1971	94.000.000$
Valor de los *warrants* por acción ordinaria	18,80%
Cotización de la acción ordinaria en solitario	24,50
Cotización corregida de la acción ordinaria, después de descontar el efecto de los *warrants*	43,30

2. Cálculo del PER teniendo en cuenta la dilución de los *warrants*

(Beneficios de 1970)	*Antes de la dilución de los* warrants	*Después de la dilución de los* warrants: *Cálculo de la empresa*	*Nuestro cálculo*
A. Antes de partidas especiales:			
Percibido por acción	2,33$	1,60$	2,33$
Cotización acciones ordinarias	24,50	24,50	43,30 (adj.)
PER	10,5x	15,3x	18,5x
B. Después de partidas especiales:			
Percibido por acción	0,90$	1,33$	0,90$
Cotización acciones ordinarias	24,50	24,50	43,30 (adj.)
PER	27,2x	18,4x	48,1x

Téngase en cuenta que, tras las cargas especiales, el efecto del cálculo de la empresa consiste en aumentar los beneficios por acción y reducir el PER. Esto es claramente absurdo. Según el método que nosotros sugerimos, el efecto de la dilución consiste en aumentar el PER considerablemente, como debería ser.

Postdata práctica

El delito de los *warrants* es el de «haber nacido».* Después de haber sido creados, funcionan como otras formas de títulos y ofrecen tanto oportunidades de beneficio como de pérdida. Prácticamente todos los nuevos *warrants* tienen un período de validez limitado, que normalmente oscila entre cinco y diez años. Los *warrants* más antiguos solían ser perpetuos, y era muy probable que sus cotizaciones experimentasen fascinantes historias a lo largo de los años.

* Graham, lector entusiasta de literatura española, está parafraseando un pasaje de la obra *La vida es sueño* de Pedro Calderón de la Barca (1600–1681): «El mayor delito del hombre es haber nacido».

Ejemplo: Los libros de registro mostrarán que los *warrants* de Tri-Continental Corp., que se remonta a 1929, se vendían a un despreciable 0,03 de dólar la unidad en lo más profundo de la depresión. Desde ese miserable nivel su precio ascendió hasta un imponente 75,75 en 1969, una progresión astronómica de aproximadamente el 242.000%. (Los *warrants* en dicho momento cotizaban considerablemente por encima de las propias acciones; esto es lo que ocurre en Wall Street como consecuencia de acontecimientos técnicos del estilo de los desdoblamientos de acciones). Un ejemplo reciente es el ofrecido por los *warrants* de Ling-Temco-Vought que en la primera mitad de 1971 pasaron de 2,5 a 12,5, y después volvieron a caer hasta 4.

No cabe duda de que se pueden realizar operaciones diestras con los *warrants* de vez en cuando, pero es una cuestión demasiado técnica para que la abordemos en esta ocasión. Podríamos afirmar que los *warrants* suelen cotizar a un nivel relativamente superior al de los correspondientes componentes de mercado en relación con el privilegio de conversión de obligaciones o acciones preferentes. En ese sentido, existe un argumento válido para vender obligaciones con *warrants* adjuntos, en lugar de crear un factor de dilución equivalente mediante un título convertible. Si el total de *warrants* es relativamente reducido, no tiene ningún sentido tomarse su aspecto teórico demasiado en serio; si el número de *warrants* emitidos es grande en relación con el capital en circulación, probablemente eso sería señal de que la sociedad tiene una capitalización preferente excesivamente cuantiosa. Debería estar colocando instrumentos de capital ordinario en vez de preferente. Por lo tanto, el principal objetivo de nuestro ataque a los *warrants*, en cuanto que mecanismo financiero, no consiste en condenar su utilización en conexión con las emisiones de obligaciones de dimensiones moderadas, sino en oponernos a la desenfrenada creación de enormes monstruosidades de «papel moneda» de esta naturaleza.

Comentario al capítulo 16

Lo que tú siembras no revive, si antes no muere.

I. Corintios, XV:36

El fanatismo del converso

Aunque las obligaciones convertibles se llaman «obligaciones», se comportan como acciones, funcionan como opciones y están envueltas en oscuridad.

Si es usted propietario de una obligación convertible, también tiene una opción: puede conservar la obligación y seguir obteniendo intereses sobre ella, o puede canjearla por una acción ordinaria de la sociedad que la haya emitido con arreglo a una razón predeterminada. (Una opción ofrece a su propietario el derecho a comprar o vender otro valor a un precio determinado dentro de un período de tiempo especificado). Como son canjeables por acciones, las obligaciones convertibles pagan unos tipos de interés inferiores a los de la mayor parte de las obligaciones que podrían compararse con ellas. Por otra parte, si la cotización de las acciones de la empresa se dispara, la obligación convertible canjeable por dicha acción tendrá unos resultados mucho mejores que la obligación convencional. (Por el contrario, la típica obligación convertible, como abona un tipo de interés menor, tendrá peores resultados en un mercado de obligaciones en declive).[1]

---

[1] A modo de breve ejemplo del modo en que funcionan en la práctica las obligaciones convertibles, piense en los pagarés subordinados convertibles al 4,75% emitidos por DoubleClick Inc. en 1999. Pagan 47,50 dólares en intereses al año y cada uno de ellos son convertibles en 24,24 acciones ordinarias de la empresa, a una «razón de conversión» de 24,24. Al cierre de 2002, las acciones de DoubleClick cotizaban a 5,66 dólares la acción, lo cual atribuía a cada obligación un «valor de conversión» de 137,20 dólares (5,66 dólares x 24,24). Sin embargo, las obligaciones se negociaban a casi seis veces más, a 881,30 dólares, lo cual creaba una «prima de conversión», o exceso sobre su

Desde 1957 hasta 2002, según Ibbotson Associates, las obligaciones convertibles obtuvieron una rentabilidad media anual del 8,3%, únicamente dos puntos porcentuales por debajo de la rentabilidad total de las acciones, pero con unos precios más firmes y unas pérdidas menos marcadas.[2] Mayores ingresos, menor riesgo que las acciones: no es sorprendente que los vendedores de Wall Street insistiesen tan frecuentemente en que las obligaciones convertibles eran «lo mejor de los dos mundos». Sin embargo, el inversor inteligente no tardará en darse cuenta de que las convertibles ofrecen menos ingresos y más riesgo que la mayor parte de las demás obligaciones. Por lo tanto, aplicando la misma lógica, y con igual justicia, podrían ser denominadas «lo peor de ambos mundos». La forma en que usted las utilice determinará en cuál de los dos bandos acabará encuadrándose.

En realidad, las obligaciones convertibles funcionan más como acciones que como obligaciones. La rentabilidad de las convertibles tiene una correlación de aproximadamente el 83% respecto del índice de acciones Standard & Poor's 500, pero únicamente del 30% respecto del rendimiento de los bonos u obligaciones del Tesoro. Por lo tanto, las «convertibles» dicen *arre* cuando la mayor parte de las obligaciones dicen *so*. Para los inversores conservadores que tienen la mayor parte de sus activos en obligaciones, la incorporación de un lote diversificado de convertibles es una forma sensata de tratar de conseguir una rentabilidad similar a la de las acciones sin tener que dar el osado paso de invertir directamente en acciones. En cierta manera, podría decirse que las obligaciones convertibles son «acciones para gallinas».

Como señala el experto en convertibles F. Barry Nelson, de Advent Capital Management, este mercado de aproximadamente 200.000 millones de dólares ha florecido desde la época de Graham. La mayor parte de las convertibles en la

---

valor de conversión, del 542%. Si se compraba a esa cotización, su «plazo para alcanzar el umbral de rentabilidad» o «período de devolución» sería demasiado prolongado. (Se pagaba aproximadamente 750 dólares más que el valor de conversión de la obligación, por lo que serían necesarios aproximadamente 16 años de pagos de intereses por importe de 47,50 dólares para «recuperar» esa prima de conversión). Dado que cada obligación de DoubleClick es convertible a poco más de 24 acciones ordinarias, las acciones tendrán que subir desde 5,66 dólares a más de 36 dólares para que la conversión llegue a ser una opción práctica antes de que las obligaciones venzan en 2006. Semejante rendimiento de las acciones no es imposible, pero roza lo milagroso. El rendimiento en efectivo de esta obligación en concreto no parece adecuado, teniendo en cuenta la escasa probabilidad de conversión.

[2] Al igual que muchas de las trayectorias que se citan con frecuencia en Wall Street, ésta es hipotética. Indica el rendimiento que hubiera obtenido en un fondo de índice imaginario que hubiese tenido todas las convertibles importantes. No incluye honorarios de gestión ni costes de contratación (que son considerables en el caso de los valores convertibles). En el mundo real, sus rendimientos habrían sido aproximadamente dos puntos porcentuales más bajos.

actualidad tienen una vigencia a medio plazo, en la banda de los 7 a los 10 años; aproximadamente la mitad tienen categoría de inversión; y muchas de ellas disfrutan ahora de una cierta protección frente al rescate (una especie de seguro contra el rescate anticipado). Todos estos factores hacen que sean menos arriesgadas de lo que solían ser en el pasado.[3]

Es costoso hacer operaciones con pequeños lotes de obligaciones convertibles, y la diversificación no es factible salvo que se disponga de bastante más de 100.000 dólares para invertir exclusivamente en este sector. Afortunadamente, el inversor inteligente actual dispone del cómodo recurso de comprar un fondo de obligaciones convertibles de bajo coste. Fidelity y Vanguard ofrecen fondos de inversión con unos gastos anuales bastante inferiores al 1%, y, por otra parte, también hay varios fondos cerrados que están disponibles a un coste razonable (y, en ocasiones, a descuentos respecto del valor del activo neto).[4]

En Wall Street la artificiosidad encaminada a resultar atractiva y la complejidad van de la mano, y las obligaciones convertibles no son una excepción. Entre las nuevas variedades hay una maraña de valores con acrónimos indescifrables, como LYONS, ELKS, EYES, PERCS, MIPS, CHIPS y YEELDS. Estos intrincados valores limitan sus pérdidas potenciales, pero también limitan los potenciales beneficios, y con frecuencia le obligan a convertir el valor en acciones ordinarias en una fecha predeterminada. Al igual que la mayor parte de las inversiones que tienen el objetivo de ofrecer garantías frente a las pérdidas (véase el recuadro de la página 450), estos instrumentos acaban generando más inconvenientes que ventajas. Es mejor aislarse frente a las pérdidas absteniéndose de comprar uno de estos instrumentos con endiablados acrónimos y diversificar de manera inteligente su cartera entre metálico, obligaciones y acciones estadounidenses y extranjeras.

---

[3] No obstante la mayor parte de las obligaciones convertibles están subordinadas a otros tipos de deuda a largo plazo y de préstamos bancarios, por lo que en caso de producirse una quiebra, los tenedores de obligaciones convertibles no tienen un derecho prioritario sobre los activos de la empresa. Además, aunque no son tan arriesgadas como los «bonos basura», muchas obligaciones convertibles siguen siendo emitidas por empresas con una calificación crediticia que dista de ser prístina. Por último, una gran parte del mercado convertible está en poder de los fondos de inversión de gestión alternativa, cuyas operaciones, que se realizan a toda velocidad, pueden incrementar la volatilidad de los precios.

[4] Si se desea más información, véase www.fidelity.com, www.vanguard.com, y www.morningstar.com. El inversor inteligente nunca comprará un fondo de obligaciones convertibles con unos gastos operativos anuales superiores al 1,0%.

Descubriendo las opciones de compra cubiertas

A medida que la recesión se adueñaba del mercado en el año 2003, salió a la superficie una vieja moda: emitir opciones de compra cubiertas. (Una reciente búsqueda del término «emisión de opciones de compra cubiertas» arrojó más de 2.600 incidencias). ¿Qué son las opciones de compra cubiertas, y cómo funcionan? Imagine que compra 100 acciones de Ixnay Corp. a 95 dólares cada una. Después vende (o emite) una opción de compra sobre sus acciones. A cambio, usted recibe una cantidad en efectivo denominada «prima de opción». (Supongamos que esa prima asciende a 10 dólares por acción). El comprador de la opción, por su parte, tiene el derecho contractual a adquirir sus acciones de Ixnay a un precio acordado entre ustedes, por ejemplo, 100 dólares. Usted conserva sus acciones mientras se mantengan por debajo de 100 dólares, y ganará la substancial prima de 1.000 dólares, que servirá para atenuar el impacto en caso de que las acciones de Ixnay sufran una pérdida.

Menos riesgo, más ingresos... ¿qué tiene de malo?

Imaginemos ahora que las acciones de Ixnay experimentan una subida de la noche a la mañana y que su cotización se dispara hasta 110 dólares. El comprador de su opción ejercitará sus derechos, y se llevará sus acciones por 100 dólares cada una. Usted seguirá disfrutando de sus 1.000 dólares de prima, pero él se queda con sus acciones de Ixnay, y cuanto más suban las acciones, peor se sentirá usted.[1]

Como el potencial de ganancia de una acción es ilimitado, mientras que ninguna pérdida puede superar el 100%, la única persona que se enriquecerá con este tipo de estrategia es su corredor de bolsa. Puede poner un suelo bajo sus pérdidas, pero también habrá colocado un techo sobre sus ganancias. En el caso de los inversores individuales, cubrir el riesgo de pérdida nunca compensa el hecho de tener que renunciar a la mayor parte del potencial de ganancia.

[1] Alternativamente puede recomprar la opción de compra, pero tendría que aceptar una pérdida, y las opciones pueden tener unos costes de negociación aún mayores que los de las acciones.

Capítulo 17

Cuatro historias reales extremadamente instructivas

La palabra «extremadamente» que aparece en el título es una especie de juego de palabras, porque las historias representan extremos de diversos tipos que se han manifestado en Wall Street en los últimos años. Son instructivas y comunican severas advertencias a cualquier persona que tenga una seria relación con el mundo de las acciones y las obligaciones, no sólo para los inversores especuladores ordinarios, sino también para profesionales, analistas de valores, gestores de fondos, administradores de cuentas de fideicomiso e incluso para los bancos que prestan dinero a las empresas. Las cuatro empresas que vamos a estudiar, y los diferentes extremos que ilustran, son los siguientes:

Penn Central (Railroad) Co. Un ejemplo extremo de la desatención prestada a las más elementales señales de alarma de debilidad financiera por parte de todos aquellos que tuvieron obligaciones o acciones de este sistema bajo su supervisión. Una cotización de mercado descabelladamente alta para las acciones de un gigante con pies de barro.

Ling-Temco-Vought Inc. Un ejemplo extremo de «construcción de imperios» rápida y sin base sólida, cuyo fracaso absoluto está prácticamente garantizado; sin embargo, se vio ayudado por una indiscriminada concesión de préstamos bancarios.

NVF Corp. Un ejemplo extremo de adquisición empresarial, en la cual la pequeña empresa absorbe a otra que es siete veces más grande que ella, y en el proceso incurre en un enorme endeudamiento y recurre a unas asombrosas artimañas contables.

AAA Enterprise. Un ejemplo extremo de financiación mediante salida a bolsa de una pequeña empresa; su valor se basaba en la palabra mágica «franquicia», y poco más, patrocinada por importantes agencias de bolsa. La quiebra se produjo en un plazo de dos años desde su salida a bolsa y de la duplicación de su precio de salida, ya inflado, como consecuencia de la acción de un imprudente mercado de valores.

El caso de Penn Central

Es el mayor ferrocarril de Estados Unidos en activos y en ingresos brutos. Su quiebra en 1970 conmocionó al mundo financiero. Incumplió el pago de la mayor parte de sus emisiones de obligaciones, y ha estado en peligro de tener que cesar sus operaciones por completo. Sus emisiones de valores cayeron espectacularmente en cotización; la de las acciones ordinarias desde un máximo de 86,5 alcanzado en 1968 a un mínimo de 5,5 en 1970. (Parece haber pocas dudas de que estas acciones serán canceladas en la reorganización).*

Nuestra afirmación esencial es que la aplicación de las más simples reglas de análisis de valores y de los más sencillos criterios de inversión sensata habrían puesto de manifiesto las debilidades esenciales del sistema de Penn Central mucho antes de su quiebra, con seguridad en 1968, cuando las acciones cotizaban a su nivel máximo desde 1929, y cuando la mayor parte de sus emisiones de obligaciones podrían haber sido canjeadas a precios equivalentes por obligaciones de concesionarias de servicios y suministros públicos bien garantizadas con los mismos tipos de cupón. Los comentarios que se recogen a continuación son absolutamente pertinentes:

1. En la *Guía de Obligaciones* de S&P se refleja el dato de que en 1968 la empresa ganó 1,98 veces las cargas de intereses, y en 1967 1,91 veces. La cobertura mínima prescrita para las obligaciones de ferrocarriles en nuestro libro de texto *Security Analysis* es de 5 veces antes de impuestos sobre la renta y de 2,9 veces después de impuestos sobre la renta a tipos ordinarios. Por lo que nosotros sabemos, la validez de esos criterios nunca ha sido puesta en tela de juicio por ninguna autoridad en el campo de la inversión. Basándonos en nuestros requisitos de beneficios después de impuestos, Penn Central no estaba a la altura en el requisito de seguridad. Sin embargo, nuestro requisito después de impuestos se basa en un ratio antes de impuestos de 5 veces, deduciendo el impuesto de la renta ordinario después de los intereses de las obligaciones. En

* ¿Hasta qué punto se «conmocionó» el mundo financiero a causa de la quiebra de Penn Central, que fue presentada durante el fin de semana del 20 - 21 de junio de 1970? La cotización de cierre de las acciones de Penn Central el viernes 19 de junio fue de 11,25 dólares por acción, lo que difícilmente puede considerarse como cotización de empresa a punto de desaparecer. Más recientemente, acciones como las de Enron y WorldCom también se han vendido a precios relativamente elevados poco antes de presentar la solicitud de quiebra.

el caso de Penn Central no había pagado impuesto de la renta alguno del que hablar durante los últimos 11 años. Por lo tanto, la cobertura de sus cargas por intereses antes de impuestos era de menos de 2 veces, una cifra absolutamente inadecuada a juzgar por nuestro conservador requisito de 5 veces.

2. El hecho de que la empresa no hubiese pagado el impuesto sobre la renta durante un período de tiempo tan prolongado debería haber planteado serias dudas sobre la validez de sus beneficios declarados.

3. Las obligaciones del sistema Penn Central podrían haber sido canjeadas en 1968 y en 1969, sin sacrificio de precio o de renta, por otras mucho mejor garantizadas. Por ejemplo, en 1969, las obligaciones al 4,5 de Pennsylvania RR con vencimiento en 1994 (que formaban parte de Penn Central) oscilaban en una banda del 61 al 74,5%, mientras que las obligaciones al 4,375, con vencimiento en 1994, de Pennsylvania Electric Co., oscilaban en una banda de cotización de 64,25 a 72,25. La concesionaria del servicio de electricidad había tenido unos ingresos que suponían multiplicar por 4,20 antes de impuestos sus intereses en 1968, en comparación con las 1,98 veces del sistema Penn Central; durante 1969 las indicaciones comparativas de la última fueron empeorando ininterrumpidamente. Un canje de este tipo era claramente conveniente, y habría sido un salvavidas para los tenedores de obligaciones de Penn Central. (A finales de 1970 las obligaciones al 4,25 del ferrocarril habían sido impagadas, y cotizaban a sólo 18,5, mientras que las obligaciones al 4,375 de la eléctrica cerraron a 66,5).

4. Penn Central declaró unos beneficios de 3,80 dólares por acción en 1968; su precio máximo de 86,5 en aquel año suponía multiplicar por 24 tales beneficios. Sin embargo, cualquier analista que se ganase el sueldo debería haberse preguntado hasta qué punto eran «reales» unos beneficios de ese tipo declarados sin que fuese necesario pagar ningún tipo de impuesto sobre la renta por tales beneficios.

5. Desde 1960 la nueva empresa fusionada* había declarado «beneficios» de 6,80 dólares por acción, en reflejo de lo cual las acciones ordinarias ascendieron posteriormente hasta su nivel máximo de 86,5. Esto suponía una valoración de más de 2.000 millones de dólares por el capital. ¿Cuántos de esos compradores sabían en aquel momento que sus tan apreciados beneficios estaban calculados antes de una carga especial de 275 millones de dólares o lo que era lo mismo 12 dólares por acción, a los que deberían hacer frente en 1971 en concepto de «costes y pérdidas» ocasionadas por la fusión? ¡Oh, Wall Street, tierra de las maravillas en la que una empresa puede declarar «beneficios» de 6,80 dólares por acción en una página y «costes y pérdidas» especiales por valor de 12 dólares en otra y los accionistas y especuladores seguir frotándose las manos con regocijo![†]

---

* Penn Central fue el resultado de la fusión, anunciada en 1966, entre Pennsylvania Railroad y New York Central Railroad.

† Este tipo de prestidigitación contable que consiste en declarar beneficios como si los gastos «inusuales» o «extraordinarios» o «no recurrentes» no importasen, es un anticipo del recurso a los estados financieros «pro forma» que se popularizaron a finales de la década de 1990 (véase el comentario al capítulo 12).

6. Un analista de ferrocarriles habría sabido desde hacía mucho tiempo que la imagen de explotación de Penn Central era muy mala en comparación con los ferrocarriles más rentables. Por ejemplo, su ratio de transporte era de 47,5% en 1968, en comparación con el 35,2% de su vecino Norfolk & Western.*

7. A lo largo de toda la trayectoria hubo algunas transacciones desconcertantes con unos peculiares resultados contables.[1] Los datos son demasiado complicados para adentrarse en ellos en este momento.

Conclusión: El planteamiento de que una mejor gestión podría haber salvado de la quiebra a Penn Central puede tener algún mérito. Sin embargo, no hay duda en absoluto de que después de 1968 no deberían haber quedado ni obligaciones ni acciones del sistema Penn Central en ninguna cuenta de valores supervisada por un analista de valores competente, por un gestor de fondos, por profesionales de la administración fiduciaria o por asesores de inversión. *Lección*: los analistas de valores deberían atender a sus funciones más elementales antes de lanzarse a estudiar los movimientos del mercado de valores, tratar de leer el futuro en bolas de cristal, elaborar complejos cálculos materiales o lanzarse a realizar viajes de investigación con todos los gastos pagados.†

Ling-Temco-Vougth Inc.

Ésta es una historia de expansión desquiciada y de endeudamiento desquiciado, que acabó en apocalípticas pérdidas y en multitud de problemas financieros. Como suele pasar en estos casos, el culpable principal tanto de la creación del gran imperio como de su ignominiosa caída fue un «joven genio» de aspecto inocente; de todas formas hay muchos otros que también deberían cargar sobre sus espaldas una buena dosis de responsabilidad en el desastre.**

---

* El «ratio de transporte» de un ferrocarril (al que en la actualidad es más habitual referirse como «ratio de explotación») mide los gastos de operación de sus trenes, divididos entre los ingresos totales del ferrocarril. Cuanto más elevado es el ratio, menos eficiente es el ferrocarril. En la actualidad, incluso un ratio del 70% se consideraría excelente.

† Hoy en día, Penn Central es un vago recuerdo. En 1976, fue absorbida en Consolidated Rail Corp. (Conrail), una sociedad de cartera que contaba con financiación federal que sacó de la quiebra a varios ferrocarriles con problemas. Conrail vendió acciones al público en 1987 y, en 1997, fue adquirida conjuntamente por CSX Corp. y Norfolk Southern Corp.

** Ling-Temco-Vought Inc. fue fundada en 1955 por James Joseph Ling, un contratis-ta eléctrico que colocó su primer millón de acciones entre el público convirtiéndose en su propio banco de inversión, anunciando sus folletos desde un stand en la Feria Estatal

La ascensión y caída de Ling-Temco-Vought se puede resumir exponiendo unas cuentas de resultados condensadas y unos extractos del balance correspondientes a cinco años del período 1958-1970. Estos datos se pueden encontrar en la tabla 17.1. La primera columna muestra los modestos comienzos de la empresa en 1958, cuando sus ventas ascendieron únicamente a siete millones de dólares. La siguiente columna ofrece las cifras correspondientes a 1960; la empresa se había multiplicado por 20 en sólo dos años, pero todavía era relativamente pequeña. Después llegaron los años dorados de 1967 y 1968, en los que las ventas volvieron a multiplicarse por 20 hasta alcanzar los 2.800 millones de dólares mientras que la cifra de endeudamiento se ampliaba desde 44 millones de dólares hasta la imponente cifra de 1.653 millones de dólares. En 1969 se produjeron nuevas adquisiciones, un nuevo y enorme crecimiento adicional de la deuda (¡hasta alcanzar un total de 1.865 millones de dólares!), y el inicio de los problemas serios. Ese año se declaró una gran pérdida, después de partidas extraordinarias; la cotización de la acción descendió desde el punto máximo de 1967, 169,5, hasta un punto mínimo de 24; el joven genio fue sustituido en el timón de la empresa. Los resultados de 1970 fueron aún peores. La empresa declaró una pérdida neta total de cerca de 70 millones de dólares; la cotización de la acción se desplomó hasta un precio de 7,125 y su mayor emisión de obligaciones llegó a cotizar en un momento a la despreciable cifra de 15 centavos por dólar. La política de expansión de la empresa sufrió una radical modificación, varias de sus importantes participaciones se colocaron en el mercado, y se consiguieron ciertos avances en la reducción de sus mastodónticas obligaciones.

Las cifras recogidas en nuestra tabla son tan elocuentes que en realidad sobran las palabras. De todas formas, pronunciaremos algunas:

1. El período de expansión de la empresa no estuvo exento de interrupciones. En 1961 arrojó un pequeño déficit de explotación pero, adoptando una prác-

---

de Texas. Su éxito en esta operación le llevó a adquirir docenas de empresas, utilizando en casi todas las ocasiones acciones de LTV para pagarlas. Cuantas más empresas adquiría LTV, más subían sus acciones; cuanto más subían sus acciones, más empresas podía adquirir. En 1969, LTV ocupaba el puesto decimocuarto en el listado *Fortune* 500 de los principales grupos empresariales de Estados Unidos. Y entonces, como expone Graham, todo el castillo de naipes se vino abajo. (LTV Corp., que en la actualidad se dedica únicamente a la fabricación de acero, terminó solicitando la declaración de quiebra a finales del año 2000). Las empresas que crecen principalmente a través de adquisiciones son denominadas «adquirentes en serie», y la similitud con el término «asesinos en serie» no es fortuita. Como se pone de manifiesto en el caso de LTV, los adquirentes en serie casi siempre siembran la muerte financiera y la destrucción a su paso. Los inversores que hubiesen comprendido esta lección de Graham habrían evitado las empresas tan cortejadas por el mercado de la década de 1990 como Conseco, Tyco y WorldCom.

TABLA 17.1

Ling-Temco-Vought Inc., 1958–1970 (en millones de dólares excepto percibido por acción)

A. Resultados de explotación	1958	1960	1967	1969	1970
Ventas	6,9$	143,0$	1.833,0$	3.750,0$	374,0$
Neto antes de impuestos e intereses	0,522	7,287	95,6	124,4	88,0
Cargas por intereses	0,1 (est.)	1,5 (est.)	17,7	122,6	128,3
(Veces percibido)	(5,5x)	(4,8x)	(54x)	(1,02x)	(0,68x)
Impuestos de la renta	0,225	2,686	35,6	*cr.* 15,2	4,9
Partidas especiales				*dr.* 40,6	*dr.* 18,8
Neto después de partidas especiales	0,227	3,051	34,0	*dr.* 38,3	*dr.* 69,6
Saldo para acciones ordinarias	0,202	3,051	30,7	*dr.* 40,8	*dr.* 71,3
Percibido por acción ordinaria	0,17	0,83	5,56	*déf.* 10,59	*déf.* 17,18
B. Situación financiera					
Total activo	6,4	94,5	845,0	2.944,0	2.582,0
Exigible a 1 año	1,5	29,3	165,0	389,3	301,3
Deuda a largo plazo	0,5	14,6	202,6	1.500,8	1.394,6
Recursos propios	2,7	28,5	245,0†	déf. 12,0*	déf. 69,0*
Ratios					
Activo circulante / pasivo circulante	1,27x	1,45x	1,80x	1,52x	1,45x
Capital / deuda a largo plazo	5,4x	2,0x	1,2x	0,17x	0,14x
Banda de cotización de mercado		28-20	169½-109	97¾-24⅛	29½-7⅛

* Excluyendo el descuento de la deuda del activo y deduciendo las acciones preferentes a su valor de rescate.

† Según se publicó. cr.: crédito. dr.: débito. déf.: déficit.

tica que posteriormente aparecería en muchas memorias en el año 1970, evidentemente decidió imputar todas las posibles cargas y reservas a un único mal año.* Todos esos cargos ascendieron a un total de 13 millones de dólares, que era una cifra superior al beneficio neto combinado de los tres años anteriores. Ahora estaba en condiciones de declarar «beneficios récord» en 1962, etc.

2. A finales de 1966 el activo tangible neto se cifraba en 7,66 dólares por acción ordinaria (después de deducir el efecto del desdoblamiento 3 por 2). Por lo tanto, la cotización de mercado en 1967 alcanzaba el nivel de 22 veces (!) el valor declarado del activo por aquella época. A finales de 1968 el balance indicaba que había 286 millones de dólares disponibles para los 3.800.000 acciones ordinarias y de clases AA, o lo que es lo mismo 77 dólares por acción. Sin embargo, si deducimos las acciones preferentes a su pleno valor y excluimos las partidas de fondo de comercio y el enorme «activo» de descuento de obligaciones,† la cifra que quedaría sería de 13 millones de dólares para las acciones ordinarias, solamente 3 dólares por acción. Este capital tangible fue arrasado por las pérdidas de los años siguientes.

3. Hacia finales de 1967 dos de nuestras mejor consideradas entidades bancarias ofrecieron 600.000 acciones del capital de Ling-Temco-Vought a 111 dólares por acción. El precio había llegado a ser altísimo, de 169,5. En menos de tres años el precio cayó hasta 7,125.**

4. A finales de 1967 los préstamos bancarios habían alcanzado un valor de 161 millones de dólares, y un año después se habían disparado hasta los 414 millones de dólares, cifra que debería haber causado estremecimientos de terror. Además, el endeudamiento a largo plazo ascendía a 1.237 millones de dólares.

---

* Aún permanece entre nosotros la sórdida tradición de ocultar la verdadera imagen de los beneficios de una empresa bajo la sombra de los gastos de reestructuración. Acumular en un año todos las cargas posibles se denomina en ocasiones «deslavazar» los resultados. Este truco de contabilidad hace posible que las empresas ofrezcan fácilmente una imagen de crecimiento aparente el siguiente ejercicio, aunque los inversores no deberían confundir esa imagen con el verdadero crecimiento.

† El «activo de descuento de obligaciones» significa, aparentemente, que LTV había comprado algunas obligaciones por debajo de su valor a la par y estaba tratando ese descuento como un activo, fundamentándose en la hipótesis de que con el paso del tiempo esas obligaciones podrían venderse a la par. En este caso Graham se burla de dicha pretensión, ya que raramente existe alguna manera de saber cuál va a ser el precio de mercado de una obligación en una determinada fecha del futuro. Si las obligaciones únicamente se pudieran vender a valores por debajo de la par, este «activo» sería en la práctica un pasivo.

** Nos encantaría saber lo que habría pensado Graham de los bancos de inversión que sacaron a cotización a InfoSpace, Inc. en diciembre de 1998. Las acciones (ajustadas para descontar los posteriores desdoblamientos) comenzaron su cotización a 31,25 dólares, alcanzaron su máximo a 1.305,32 dólares por acción en marzo de 2000, y finalizaron en 2002 a la bonita suma de 8,45 dólares por acción.

Llegado 1969, la deuda combinada alcanzaba un total de 1.869 millones de dólares. Es posible que esta cifra haya sido la mayor deuda combinada de cualquier empresa industrial en cualquier lugar y en cualquier época, con la única excepción de la inexpugnable Standard Oil of NJ.

5. Las pérdidas de 1969 y 1970 superaron con creces los beneficios totales obtenidos desde la formación de la empresa.

Lección: La primera cuestión que nos planteamos ante la historia de Ling-Temco-Vought es la siguiente: ¿Cómo es posible que llegase a convencer a los bancos comerciales para que prestasen a la empresa tales cantidades de dinero durante su período de expansión? En 1966 y antes, la cobertura de las cargas de interés de la empresa no respetaban unos criterios conservadores, y lo mismo ocurría con el ratio entre activo circulante y pasivo circulante y entre capital y deuda total. Sin embargo, en los dos años siguientes los bancos anticiparon a la empresa prácticamente 400 millones de dólares adicionales para realizar más «diversificaciones». No fue un buen negocio para los bancos, y fue aún peor, por sus consecuencias, para los accionistas de la empresa. Si el caso de Ling-Temco-Vought sirviese para mantener a los bancos comerciales alejados de cualquier intento de ayudar y apoyar expansiones insensatas de este estilo en el futuro, en última instancia algo bueno habría salido de toda esta historia.*

La absorción de Sharon Steel por parte de NVF (una pieza de coleccionista)

A finales de 1968 NVF Company era una empresa con 4,6 millones de dólares de deuda a largo plazo, 17,4 millones de dólares de capital, 31 millones de dólares en volumen de ventas y 502.000 dólares de beneficio neto (antes de un crédito especial por importe de 374.000 dólares). Se dedicaba a una actividad descrita como «fibra y plásticos vulcanizados». La dirección decidió absorber a Sharon Steel Corp., que tenía 43 millones de dólares de deuda a largo plazo, un capital social de 101 millones de dólares, 219 millones de dólares en volumen de ventas y 2.929.000 dólares de beneficio neto. La empresa que se había marcado como objetivo adquirir era, por lo tanto, siete veces mayor que NVF, la adquirente. A principios de 1969 presentó una oferta por la totalidad de las acciones de Sharon. Las condiciones por acción fueron 70 dólares en importe nominal de

* Graham se habría sentido decepcionado, aunque seguramente no sorprendido, al comprobar que los bancos comerciales han seguido respaldando permanentemente «expansiones insensatas». Enron y WorldCom, dos de los mayores descalabros de la historia empresarial, fueron apoyadas y ayudadas por los miles de millones de dólares que obtuvieron en forma de préstamos bancarios.

obligaciones subordinadas al 5% de NVF, con vencimiento en 1994, más *warrants* para comprar 1,5 acciones de NVF a 22 dólares por acción de NVF. La dirección de Sharon presentó una resistencia numantina a este intento de absorción, pero fue en vano. NVF adquirió el 88% del capital de Sharon en virtud de su oferta, emitiendo por lo tanto 102 millones de dólares de obligaciones al 5% y *warrants* que representaban 2.197.000 acciones. Si la oferta hubiese sido operativa al 100%, la empresa consolidada habría tenido, en el año 1968, 163 millones de dólares de deuda, únicamente 2,2 millones de dólares de capital social tangible, y ventas por valor de 250 millones de dólares. La cuestión de los beneficios netos habría sido un poco complicada de establecer, pero posteriormente la empresa declaró que el resultado del ejercicio había sido una pérdida neta de 50 centavos por acción de NVF, antes de un crédito extraordinario, y de 3 centavos por acción de beneficio neto después de dicho crédito.*

Primer comentario: Entre las absorciones llevadas a cabo en el año 1969, ésta fue sin duda el caso más extremo en cuanto a desproporción financiera. La empresa adquirente asumió la responsabilidad de una nueva obligación por deuda con un elevado elemento preferente, y tuvo que modificar el resultado calculado de 1968, que pasó de un beneficio a una pérdida gracias a la operación. Se puede apreciar una medida del deterioro de la situación financiera de la empresa derivado de esta transacción en el hecho de que las nuevas obligaciones al 5% no se vendiesen a más de 42 centavos por dólar durante el año de emisión. Esto habría indicado la existencia de grandes dudas sobre la seguridad de las obligaciones y sobre el futuro de la empresa; sin embargo, la dirección de la empresa sacó provecho de la cotización de las obligaciones y obtuvo unos ahorros en el impuesto sobre la renta anual de la empresa de aproximadamente un millón de dólares, tal y como se mostrará posteriormente.

---

* En junio de 1972 (justo después de que Graham terminase este capítulo), un juez federal descubrió que el presidente de NVF, Victor Posner, había desviado de forma indebida los activos de pensiones de Sharon Steel «para ayudar a empresas pertenecientes al grupo en sus adquisiciones de otras organizaciones empresariales». En 1977, la Comisión del Mercado de Valores de Estados Unidos consiguió un interdicto permanente contra Posner, NVF y Sharon Steel para impedir que incurriesen en ulteriores violaciones de la legislación federal en contra del fraude de valores. La Comisión alegó que Posner y su familia habían obtenido de forma indebida 1,7 millones de dólares en ganancias personales de NVF y Sharon, habían exagerado los beneficios antes de impuestos de Sharon en 13,9 millones de dólares, habían registrado engañosamente las existencias y «habían trasladado fraudulentamente ingresos y gastos de un año a otro». Sharon Steel, empresa que Graham había destacado con su mirada fría y escéptica, llegó a ser conocida entre los bromistas de Wall Street como «Share and Steal». Posner acabó siendo una figura esencial en la oleada de adquisiciones apalancadas y OPAS hostiles que recorrió Estados Unidos durante la década de 1980, cuando se convirtió en uno de los principales clientes de los bonos basura de cuya colocación se encargaba Drexel Burhham Lambert.

La memoria de 1968, publicada después de la absorción de Sharon, contenía una imagen condensada de estos resultados, que se habían retrotraído a fin del ejercicio. La memoria contenía dos partidas de lo más inusuales:

1. Aparecía contabilizada como activo una partida de 58.600.000 dólares en concepto de «gasto por deuda diferida». El importe era superior a la partida completa de «recursos propios», calculados en 40.200.000 dólares.
2. No obstante, los recursos propios no incluían una partida por importe de 20.700.000 dólares, denominada «excedente de capital respecto del coste de inversión en Sharon».

Segundo comentario: si eliminamos el gasto por endeudamiento de su imputación como activo, cosa que difícilmente parece posible que sea, e incluimos la otra partida entre los recursos propios (lugar en el que normalmente debería encontrarse), obtendremos una declaración más realista del capital tangible representado por las acciones de NVF, es decir 2.200.000 dólares. Por lo tanto, el primer efecto de la operación ha sido el de reducir el «capital real» de NVF de 17.400.000 dólares a 2.200.000 dólares, o lo que es lo mismo, de 23,71 dólares por acción a aproximadamente 3 dólares por acción, sobre 731.000 acciones. Además, los accionistas de NVF habían concedido a terceros el derecho a adquirir ese mismo número de acciones, multiplicado por 3,5, a seis puntos porcentuales por debajo del precio de mercado a cierre de 1968. El valor inicial de mercado de los *warrants* fue en aquel momento de aproximadamente 12 dólares cada uno, o lo que es lo mismo un total de aproximadamente 30 millones de dólares para aquellos que participaron en la oferta de compra. De hecho, el valor de mercado de los *warrants* superaba con creces el valor de mercado total del capital en circulación de NVF, otra prueba evidente de la naturaleza de casa comenzada por el tejado que tenía la transacción.

Los trucos contables

Cuando pasamos de este balance pro forma a la memoria del siguiente año encontramos varios asientos de desconcertante apariencia. Además del gasto por intereses básicos (la nada desdeñable cifra de 7.500.000 dólares), nos encontramos con una deducción de 1.795.000 dólares en concepto de «amortización de gasto de deuda diferido». Sin embargo, este último asiento queda prácticamente contrarrestado en el siguiente epígrafe por una entrada muy desconcertante: «amortización del capital respecto del coste de inversión en filial: Cr. 1.650.000 dólares». En una de las notas al pie encontramos un asiento que no aparece en ninguna otra memoria financiera de la que tengamos conocimiento: parte del capital social se denomina como «valor justo de mercado de *warrants* emitidos en relación con la adquisición, etcétera, 22.129.000 dólares».

¿Qué demonios quieren decir todos esos asientos? No se hace referencia a ninguno de ellos en el texto descriptivo de la memoria de 1959. El analista de valores bien preparado tiene que imaginar lo que quieren decir estos misterios por sí mismo, casi como si fuese un detective. Descubre que la idea subyacente es la de tratar de obtener una ventaja tributaria derivada del bajo precio inicial de las obligaciones al 5%. Para los lectores que puedan estar interesados en esta ingeniosa operación, exponemos nuestra solución en el apéndice 6.

Otras partidas inusuales

1. Inmediatamente después del cierre de 1969, la empresa adquirió un mínimo de 650.000 *warrants* a un precio de 9,38 dólares cada uno. Esto es extraordinario, en especial si tenemos en cuenta que: (a) la propia NVF tenía sólo 700.000 dólares en efectivo a fin de año, y tenía 4.400.000 dólares de deuda que debía reembolsar en 1970 (evidentemente, los 6 millones de dólares pagados por los *warrants* tuvieron que ser tomados a préstamo); (b) con estos *warrants* estaba comprando «papel moneda» en un momento en el que sus obligaciones al 5% se vendían a menos de 40 centavos por dólar, lo que normalmente es una advertencia de que en el futuro se tendrán problemas financieros.

2. Como compensación parcial, la empresa había retirado 5.100.000 dólares de sus obligaciones, junto con 253.000 *warrants* en intercambio por un importe similar de acciones ordinarias. Esto pudo hacerse porque, a causa de las veleidades del mercado de valores, había personas vendiendo las obligaciones al 5% a menos de 40, mientras que el capital ordinario se vendía a un precio medio de 13,5, sin pagar dividendo.

3. La empresa tenía planes en marcha no sólo para vender acciones a sus empleados, sino también para venderles un mayor número de *warrants* para adquirir acciones. Al igual que las compras de acciones, los *warrants* debían ser pagados mediante un desembolso anticipado del 5% y el resto durante muchos años en el futuro. Es el único plan de compra por parte de empleados cuyo objeto sean *warrants* del que tenemos noticia. ¿Tardará mucho alguien en inventar y vender a plazos el derecho a comprar el derecho a comprar una acción, y así sucesivamente?

4. En el año 1969, la recientemente adquirida Sharon Steel Co. modificó su método de calcular el coste de las pensiones, y también adoptó una tasa de amortización inferior. Estas modificaciones de contabilidad añadieron aproximadamente 1 dólar por acción a los beneficios declarados de NVF antes de dilución.

5. A finales de 1970, la *Guía de Acciones* de Standard & Poor's declaró que las acciones de NVF cotizaban a un PER de únicamente 2, la cifra más baja de las más de 4.500 acciones incluidas en el folleto. Como se solía decir en Wall Street, esto era «importante en caso de que fuera cierto». El PER se basaba en el precio a cierre del ejercicio de 8,5 y en los «beneficios» calculados de 5,38 dólares por acción correspondiente a los 12 meses concluidos en septiembre

de 1970. (Utilizando estas cifras, las acciones cotizaban únicamente a 1,6 veces los beneficios). No obstante, ese PER no tenía en cuenta el gran factor de dilución,* ni tampoco los resultados negativos que se habían sufrido en la práctica durante el último trimestre de 1970. Cuando estas cifras correspondientes al final del ejercicio acabaron publicándose, mostraron que únicamente se había obtenido un beneficio de 2,03 dólares por acción, antes de ajustar la dilución, y de 1,80 dólares por acción después de ajustar la dilución. También hay que tener en cuenta que el precio de mercado agregado de la acción y los *warrants* en aquella fecha era de aproximadamente 14 millones de dólares en comparación con una deuda por obligaciones de 135 millones de dólares, lo que supone indiscutiblemente una posición escasa de capital.

AAA Enterprises

Historia

Hace aproximadamente quince 15, un estudiante universitario llamado Williams empezó a vender caravanas.† En 1965 constituyó una sociedad para llevar a cabo su actividad empresarial. Aquel año vendió caravanas por valor de 5.800.000 dólares, y obtuvo un beneficio de 61.000 dólares antes del impuesto de sociedades. Para el año 1968 se había unido al movimiento «de

---

* El «gran factor de dilución» se desencadenaría cuando los empleados de NVF ejercitasen sus *warrants* para adquirir acciones ordinarias. La empresa tendría que emitir más acciones y sus beneficios netos se dividirían entre un número mucho mayor de acciones en circulación.

† Jackie G. Williams fundó AAA Enterprises en 1958. En su primer día de contratación, las acciones ascendieron de forma vertiginosa un 56%, para cerrar a 20,25 dólares. Williams anunció posteriormente que AAA presentaría un nuevo concepto de franquicia cada mes (si había gente dispuesta a ir a una caravana a que Mr. Tax of America le preparase su declaración del impuesto de la renta, imagine lo que estarían dispuestos a que les hiciesen dentro de un trailer). Sin embargo, AAA se quedó sin tiempo y sin dinero antes de que Williams se quedase sin ideas. La historia de AAA Enterprises recuerda a la saga de una empresa posterior con una gestión carismática y unos activos insuficientes. ZZZZ Best consiguió un valor en el mercado de valores de aproximadamente 200 millones de dólares a finales de la década de 1980, aun cuando su supuesta empresa de aspiración industrial consistía en poco más que un teléfono y una oficina alquilada, dirigida por un adolescente llamado Barry Minkow. ZZZZ Best quebró y Minkow fue a la cárcel. En el preciso momento en que está usted leyendo este libro, se estará creando otra empresa similar, y una nueva generación de «inversores» comprarán la «moto». No obstante, nadie que haya leído a Graham compraría este tipo de «moto».

las franquicias» y estaba vendiendo a otros el derecho a vender caravanas con su denominación comercial. También tuvo la brillante idea de introducirse en el negocio de elaborar declaraciones tributarias, utilizando sus caravanas como oficinas. Constituyó una filial denominada Mr. Tax of America y, por supuesto, empezó a vender franquicias a otras personas para que utilizasen esa idea y el nombre. Multiplicó el número de acciones de su sociedad hasta 2.710.000, y se preparó para realizar una oferta pública inicial. Descubrió que una de las mayores agencias de valores del país, junto con otras, estaba interesada en ocuparse de la salida al mercado de su empresa. En marzo de 1969 ofrecieron al público 500.000 acciones de AAA Enterprises a un precio de 13 dólares por acción. De ese número de acciones, se vendieron 300.000 por cuenta personal de Mr. Williams y 200.000 se vendieron por cuenta de la sociedad, incorporando 2.400.000 dólares a sus recursos. La cotización de las acciones se duplicó rápidamente, alcanzando la cifra de 28, lo que suponía un valor de 84 millones de dólares para el capital de la sociedad, en comparación con un valor contable de, por mencionar una cifra, 4.200.000 dólares y unos beneficios máximos declarados de 690.000 dólares. Por lo tanto, las acciones cotizaban a un sustancioso múltiplo de 115 veces sus beneficios actuales (que eran también los mayores de la historia) por acción. Sin ningún tipo de duda, Mr. Williams había elegido el nombre de AAA Enterprises para que apareciese la primera en las páginas amarillas. Un resultado secundario era que su empresa estaba destinada a aparecer la primera en la *Guía de Acciones* de Standard & Poor's. Al igual que el de Abu-Ben-Adhem, el primero de todos.* Esto nos da un motivo especial para elegirlo como ejemplo dantesco de las «acciones recalentadas» y la nueva financiación de 1969.

Comentario: Ésta no fue una mala operación para Mr. Williams. Las 300.000 acciones que vendió tenían un valor contable en diciembre de 1968 de 180.000 dólares y se embolsó por ellas 20 veces más, la imponente cifra de 3.600.000 dólares. Los intermediarios que se encargaron de colocar la emisión se repartieron 500.000 dólares, menos los gastos.

1. El negocio no fue tan brillante para los clientes de los intermediarios financieros. Se les pidió que pagasen aproximadamente 10 veces el valor contable de la acción, después de haber realizado la operación de autoinducción de revalorización de incrementar el capital por acción de 59 centavos a 1,35 dóla-

* En «Abou Ben Adhem», del poeta romántico británico Leigh Hunt (1784–1859), un virtuoso musulmán ve a un ángel que escribe en un libro dorado «los nombres de aquellos que aman al Señor». Cuando el ángel le dice a Abou que su nombre no estaba en esa lista, Abou dice, «oraré entonces para que se me inscriba como uno que ama a sus congéneres». El ángel vuelve la siguiente noche a mostrarle el libro a Abou en el que ahora «el nombre de Abou Ben Adhem encabezaba al resto».

res con su propio dinero.* Antes de 1968, su mejor año, los beneficios máximos de la empresa habían sido unos ridículos 7 centavos por acción. Por supuesto, había ambiciosos planes para el futuro, pero se estaba pidiendo al público que pagase generosamente por adelantado la esperanza de que estos planes llegasen a materializarse.

2. No obstante, el precio de la acción se duplicó poco después de su primera emisión, y cualquiera de esos clientes de las agencias de intermediación podría haber salido de la operación con un bonito beneficio. ¿Altera este hecho la flotación, o la posibilidad prevista de que pudiese ocurrir exonera a los distribuidores originales de la emisión de la responsabilidad de lo sucedido con esta oferta pública y los acontecimientos que se produjeron posteriormente? Es una pregunta que no resulta fácil responder, pero merece un análisis detenido por parte de Wall Street y las agencias supervisoras de la Administración.†

Historia posterior

Con su capital ampliado, AAA Enterprises se introdujo en dos actividades adicionales. En 1969 abrió una cadena de venta minorista de moquetas, y adquirió una fábrica que construía caravanas. Los resultados declarados de los nueve primeros meses no fueron exactamente brillantes, pero fueron un poco mejores que los del año anterior, 22 centavos por acción frente a 14 centavos. Lo que ocurrió en los meses siguientes fue literalmente increíble. La empresa perdió 4.365.000 dólares, o lo que es lo mismo 1,49 dólares por acción. Esto consumió todo su capital anterior a la financiación, más los 2.400.000 dólares íntegros recibidos con la venta de las acciones, más dos tercios del importe declarado como beneficio en los nueve primeros meses de 1969. Quedaba una patética

* Al comprar más acciones ordinarias con prima respecto de su valor contable, el público inversor incrementaba el valor del capital por acción de AAA. Sin embargo, los inversores únicamente estaban intentando auparse tirando de sí mismos, puesto que la mayor parte del aumento de los recursos propios provenían de la disposición de los inversores a pagar por exceso por la acciones.

† El argumento de Graham es que los bancos de inversión no tienen derecho a apuntarse el mérito de las ganancias generadas por una acción recalentada justo después de su oferta pública inicial, salvo que también estén dispuestos a aceptar la responsabilidad sobre los resultados cosechados por la acción a más largo plazo. Muchas ofertas públicas iniciales de Internet subieron un 1.000% o más en 1999 y comienzos del año 2000; la mayoría de ellas perdieron más del 95% en los tres años siguientes. ¿Cómo podrían justificar estos beneficios iniciales percibidos por una reducida cantidad de inversores la destrucción masiva de patrimonio sufrida por los millones de inversores que llegaron después? En realidad, muchas ofertas públicas iniciales tenían un precio deliberadamente inferior al que les correspondía, para «fabricar» beneficios inmediatos que atrajesen una mayor atención para la siguiente oferta.

cantidad de 242.000 dólares, o lo que es lo mismo 8 centavos por acción, de capital para los accionistas públicos que habían pagado 13 dólares por la nueva oferta sólo siete meses antes. No obstante, las acciones cerraron el ejercicio de 1969 a 8,125 comprador, lo que supone una «valoración» de más de 25 millones de dólares por la empresa.

Comentario adicional: 1. Es mucho creer que la empresa hubiese ganado realmente 686.000 dólares de enero a septiembre de 1969, y después que hubiese perdido 4.365.000 dólares en los tres meses siguientes. Algo raro, raro, raro pasaba con los resultados declarados el 30 de septiembre.

2. El precio de cierre del ejercicio de 8,125 comprador era aún más una demostración de lo absolutamente desquiciados que eran los precios de cotización originales de 13 vendedor, o la ulterior subida de la «acción recalentada» hasta un máximo de cotización de 28 comprador. Estas últimas cotizaciones por lo menos se basaban en el entusiasmo y en la esperanza, y estaban absolutamente desprovistas de cualquier conexión proporcional con la realidad y el sentido común, pero por lo menos eran comprensibles. La valoración a final del ejercicio de 25 millones de dólares se estaba otorgando a una empresa que había perdido la totalidad de su capital, con la excepción de un minúsculo remanente, respecto de la cual era absolutamente inminente la declaración de insolvencia, y respecto de la cual las palabras «entusiasmo» o «esperanza» únicamente habrían sido amargos sarcasmos. (Es cierto que las cifras de cierre del ejercicio todavía no habían sido publicadas el 31 de diciembre, pero es obligación de las agencias de Wall Street que tienen vínculos con una sociedad contar con los informes de explotación mensuales y ofrecer una idea relativamente ajustada de qué tal lo está haciendo la sociedad en cuestión).

Capítulo final

Durante la primera mitad de 1970 la empresa declaró una pérdida adicional de 1 millón de dólares. Ahora tenía un déficit de capital de dimensiones considerables. Se mantuvo a salvo de la quiebra gracias a préstamos realizados por Mr. Williams, hasta un importe máximo de 2.500.000 dólares. Aparentemente no se realizaron más declaraciones, hasta que en enero de 1971 AAA Enterprises acabó solicitando la declaración de quiebra. La cotización de las acciones a fin de mes seguía siendo de 0,50 centavos comprador por acción, lo que supone una valoración de 1.500.000 dólares por toda la emisión, que evidentemente no tenía más valor que el de servir para empapelar la pared. Fin de nuestra historia.

Lecciones y preguntas: El público especulador es incorregible. En términos financieros no sabe ni siquiera contar hasta tres. Está dispuesto a comprar lo que sea, a cualquier precio, si parece que hay algo de «acción» en marcha. Estará dispuesto a aceptar cualquier empresa identificada con las «franquicias», los ordenadores, la electrónica, la ciencia, la tecnología o lo que se le ocurra, cuando esa moda en concreto esté en pleno apogeo. Nuestros lectores, todos ellos sensatos inversores, están por encima de tales necedades, por descontado. No obstante sigue siendo necesario plantearse algunas preguntas: ¿No deberían las agencias de inversión responsables estar obligadas, por una mera cuestión de honor, a no establecer vínculos que las relacionasen con tales empresas, nueve de cada diez condenadas de antemano al fracaso y a la desaparición en última instancia? (Ésta era, por cierto, la situación cuando el autor empezó a trabajar en Wall Street en 1914. En comparación, podría dar la impresión de que los criterios éticos de Wall Street han retrocedido en lugar de avanzar en los 57 años transcurridos desde aquella fecha, a pesar de todas las reformas y todos los controles establecidos). ¿Podría, y debería la Comisión del Mercado de Valores recibir poderes adicionales para proteger al público, más allá de los que ya tiene, que se limitan a solicitar la impresión de todos los hechos relevantes en los folletos de oferta? ¿Debería elaborarse alguna especie de clasificación de las ofertas públicas de diversos tipos, que se publicase de forma que todo el mundo pudiese examinarla? ¿Deberían todos los folletos, y tal vez todas las confirmaciones de venta realizadas al amparo de una oferta original, llevar algún tipo de garantía formal de que el precio de oferta de la emisión no está sustancialmente desalineado de los precios imperantes de emisiones del mismo tipo general ya determinados en el mercado? Mientras redactamos esta edición de la obra, está en marcha un movimiento que quiere promover la reforma de los abusos de Wall Street. Será difícil imponer unos cambios que merezcan la pena en el campo de las nuevas ofertas, porque los abusos son en gran medida resultado de la despreocupación, la falta de sentido y la codicia del propio público. Sin embargo, la cuestión merece un análisis detenido y exhaustivo.*

---

* Las primeras cuatro frases de este párrafo de Graham podrían servir de epitafio oficial para la burbuja de Internet y telecomunicaciones que estalló a principios del año 2000. Del mismo modo que la macabra advertencia del Ministerio de Sanidad que aparece en los paquetes de cigarrillos no sirve para que todo el mundo deje de fumar, ninguna reforma reguladora servirá nunca para impedir que los inversores mueran de una sobredosis de codicia. (Ni siquiera el comunismo puede proscribir las burbujas de mercado; el mercado de valores chino se disparó el 101,7% en la primera mitad de 1999, y después se vino abajo). Tampoco pueden los bancos de inversión desprenderse de su propio instinto compulsivo que les lleva a vender cualquier acción a cualquier precio que el mercado sea capaz de soportar. El círculo únicamente se quebrará inversor y asesor de inversión, por inversor y asesor de inversión. Dominar los principios básicos de Graham (véanse especialmente los capítulos 1, 8 y 20) es la mejor manera de empezar.

Comentario al capítulo 17

> El dios de la sabiduría, Odín, se lanzó por el rey de los troles, le hizo una llave y le exigió que le dijese cómo podría triunfar el orden sobre el caos. «Dame tu ojo izquierdo», dijo el trol, «y te lo diré». Sin dudarlo, Odín se sacó el ojo izquierdo. «Dímelo». El trol le dijo, «El secreto consiste en mirar con los dos ojos».
>
> *John Gardner*

Cuanto más cambian las cosas...

Graham destaca cuatro casos extremos:

— Un «gigante con los pies de barro» con una cotización excesiva.
— Un conglomerado que estaba construyendo un imperio.
— Una fusión en la cual una empresa minúscula absorbe a una empresa grande.
— Una oferta pública inicial de acciones de una empresa que básicamente no vale nada.

En los últimos años se han producido nuevos ejemplos de los extremos citados por Graham en cantidad suficiente para llenar una enciclopedia. A continuación ofrecemos un muestrario:

Lucent... pero no transparente

A mediados del año 2000, las acciones de Lucent Technologies Inc., estaban repartidas entre un número de inversores mayor que el de cualquier otra empresa de Estados Unidos. Con una capitalización de mercado de 192.900 millones de dólares, era la duodécima empresa en valor de Estados Unidos.

FIGURA 17.1

Lucent Technologies Inc.

	Correspondiente al trimestre concluido el...	
	30 de junio de 2000	30 de junio de 1999
Beneficios		
Ingresos	8.713	7.403
Beneficios (pérdidas) de operaciones mantenidas	(14)	622
Beneficios (pérdidas) de operaciones abandonadas	(287)	141
Beneficios netos	(301)	763
Activo		
Efectivo	710	1.495
Partidas por cobrar	10.101	9.486
Fondo de comercio	8.736	3.340*
Costes de desarrollo de software capitalizados	576	412
Total activo	46.340	37.156

Todas las cifras en millones de dólares. *Otros activos, que incluyen el fondo de comercio.
Fuente: Informes financieros trimestrales de Lucent (Formulario 10-Q).

¿Estaba justificada esa gigantesca valoración? Examinemos algunos datos básicos de la memoria financiera de Lucent correspondiente al trimestre fiscal concluido a 30 de junio de 2000 (véase figura 17.1).[1]

Un examen más detenido de la memoria de Lucent debería hacer saltar más luces rojas de alerta que una caravana de camiones de bomberos de camino al Coloso en Llamas:

— Lucent acababa de adquirir a un proveedor de bienes de equipo ópticos, Chromatis Networks, por 4.800 millones de dólares, de los cuales 4.200 millones de dólares eran «fondo de comercio» (o coste por encima del valor contable). Chromatis tenía 150 empleados, ningún cliente y unos ingresos iguales a... cero, por lo que el término «fondo de comercio» parece inadecuado; es posible que «pozo sin fondo» fuese un término más exacto. Si los productos en embrión de Chromatis no conseguían buenos resultados, Lucent tendría que revertir el cargo de fondo de comercio e imputarlo como gasto con cargo a futuros beneficios.

— Una nota al pie de página revelaba que Lucent había prestado 1.500 millones de dólares a algunos compradores de sus productos. Lucent

[1] Este documento, al igual que todos los informes financieros citados en este capítulo, está a disposición del público en la base de datos EDGAR en www.sec.gov.

también había asumido responsabilidad respecto de 350 millones de dólares en concepto de garantía de fondos que sus clientes habían pedido prestados a otros. El total de estas «financiaciones de clientes» se había duplicado en un año, lo que sugería que los compradores se estaban quedando sin dinero en efectivo para comprar los productos de Lucent. ¿Qué pasaría si se quedaban sin efectivo para pagar sus deudas?

— Por último, Lucent había contabilizado el coste de desarrollo de nuevo software como «activo de capital». ¿En vez de un activo, no era en realidad un gasto de explotación rutinario que debería abonarse con cargo a los beneficios?

Conclusión: En agosto de 2001 Lucent cerró la división de Chromatis después de que sus productos atrajesen, según se dijo, únicamente a dos clientes.[2] En el ejercicio fiscal 2001 Lucent sufrió pérdidas por 16.200 millones de dólares; en el ejercicio fiscal 2002, sufrió pérdidas por otros 11.900 millones de dólares. En esas cifras se incluían pérdidas por valor de 3.500 millones de dólares en concepto de «provisiones para fallidos y financiación de clientes», 4.100 millones de dólares por «minoraciones de valor relacionadas con el fondo de comercio» y 362 millones de dólares en cargas «relacionadas con capitalización de software».

Las acciones de Lucent, que cotizaban a 51,062 dólares el 30 de junio de 2000, acabaron 2002 a 1,26 dólares, una pérdida de casi 190.000 millones de dólares en valor de mercado en dos años y medio.

El mago de las adquisiciones

Para describir a Tyco International Ltd., no podemos más que parafrasear a Winston Churchill y decir que nunca se había vendido tanto por tantos a tan pocos. Desde 1997 hasta 2001, este conglomerado con sede en Bermuda gastó un total de más de 37.000 millones de dólares, la mayor parte de él en acciones de sociedades que compraban acciones de Tyco de la misma manera que Imelda Marcos compraba zapatos. Sólo en el ejercicio fiscal del año 2000, según su memoria anual, Tyco adquirió aproximadamente 200 empresas, una media de más de una cada dos días.

¿El resultado? Tyco creció de manera fenomenalmente rápida; en cinco años, los ingresos pasaron de 7.600 millones de dólares a 34.000 millones de dólares y los ingresos de explotación se dispararon, pasando de una pérdida de 476 millones de dólares a un beneficio de 6.200 millones de dólares. No es sorprendente que la empresa tuviese una valoración total de mercado de 114.000 millones de dólares a finales de 2001.

---

[2] El fracaso de la adquisición de Chromatis está comentado en *The Financial Times*, 29 de agosto de 2001, pág. 1, y 1 de septiembre / 2 de septiembre de 2001, pág. XXIII.

Sin embargo, los estados financieros de Tyco eran tan asombrosamente enigmáticos, por lo menos, como su crecimiento. Prácticamente todos los años incluían cientos de millones de dólares en cargos relacionados con las adquisiciones. Estos gastos correspondían a tres categorías principales:

1. Costes de «fusión» o «reestructuración» o «de otro tipo no recurrente».
2. «Cargas por minoración de activos duraderos».
3. «Cancelaciones contables de investigación y desarrollo en curso adquiridas».

¿Cómo se han ido produciendo estas imputaciones a lo largo del tiempo? Como se puede ver en la tabla, las cargas por fusiones y reestructuraciones, que se supone que no son recurrentes, aparecían en cuatro de los cinco ejercicios, y ascendían a unos imponentes 2.500 millones de dólares. La minoración de activos duraderos aparecía con la misma insistencia, y ascendía a más 700 millones de dólares. Las cancelaciones contables de partidas de investigación y desarrollo adquiridas representaban otros 500 millones de dólares.[3]

FIGURA 17.2

Tyco International Ltd.

	Ejercicio fiscal	Costes de fusión, reestructuración o no recurrentes	Cargas por pérdida de valor de activos de vida útil prolongada	Cancelación contable de investigación y desarrollo en curso adquirida
	1997	918	148	361
	1998	0	0	0
	1999	1.183	335	0
	2000	4.175	99	0
	2001	234	120	184
Totales		2.510	702	545

Todas las cifras son las que originariamente se declararon, expresadas en cientos de millones de dólares. Los totales de «fusiones y adquisiciones» no incluyen los acuerdos de agrupación de intereses.
Fuente: Informes anuales de Tyco International (Formulario 10-K).

[3] En la contabilidad de las adquisiciones, potenciar el importe de las cancelaciones contables de I+D permitió a Tyco reducir la parte del precio de compra que se asignaba al fondo de comercio. Como las cancelaciones contables de I+D adquirida se podían deducir en un único ejercicio (en virtud de las normas contables vigentes en aquella época) mientras que el fondo de comercio tenía que ser amortizado durante períodos multianuales, la maniobra ofrecía a Tyco la posibilidad de reducir al mínimo la repercusión de las cargas provocadas por el fondo de comercio sobre sus beneficios futuros.

El inversor inteligente debería preguntar:

— Si la estrategia de crecimiento mediante adquisiciones de Tyco era una idea tan brillante, ¿cómo es posible que tuviese que gastar una media de 750 millones de dólares al año para corregir los desajustes provocados por ella?
— Si, como parece claro, Tyco no se dedicaba a hacer cosas, sino a comprar otras empresas que hacían cosas, ¿cómo es posible calificar de no recurrentes sus gastos de fusión y reorganización? ¿No formaban parte de los costes normales de la actividad ordinaria de Tyco?
— Teniendo en cuenta que las cargas de contabilidad de las adquisiciones realizadas en el pasado se acumulaban en las cuentas de los siguientes ejercicios, lastrando los beneficios, ¿quién era capaz de decir cómo iba a ser el beneficio del año siguiente?

De hecho, los inversores ni siquiera podían decir cuáles eran los beneficios de los ejercicios pasados. En 1999, después de una inspección de contabilidad realizada por la Comisión del Mercado de Valores de Estados Unidos, Tyco añadió 257 millones de dólares a sus cargas de fusiones y reestructuración en los gastos del ejercicio 1998, lo que supone que también en ese ejercicio hubo costes «no recurrentes». Simultáneamente, la empresa reorganizó las cargas que había declarado originalmente en 1999: los cargos de fusión y reestructuración se redujeron en 929 millones de dólares, mientras que los cargos por minoración de activos duraderos aumentaron en 507 millones de dólares.

Era evidente que Tyco estaba creciendo de tamaño, pero ¿también estaba creciendo en rentabilidad? Nadie ajeno a la empresa podía decirlo con seguridad.

Conclusión: En el ejercicio fiscal 2002, Tyco perdió 9.400 millones de dólares. La cotización de las acciones, que había cerrado a 58,90 dólares a finales de 2001, concluyó 2002 a 17,08 dólares, una pérdida del 71% en doce meses.[4]

La sardina que se tragó la ballena

El 10 de enero de 2000, America Online Inc. y Time Warner Inc. anunciaron que se iban a fusionar en una operación que inicialmente se valoró en 156.000 millones de dólares.

---

[4] En 2002, el antiguo consejero delegado de Tyco, L. Dennis Kozlowski, fue acusado por las autoridades estatales y federales de fraude en el impuesto sobre la renta y de desviar indebidamente activos organizativos de Tyco para su propio uso, incluida la apropiación de 15.000 dólares para un paragüero y 6.000 dólares para una cortina de ducha. Kozlowski rechazó todas las acusaciones.

A 31 de diciembre de 1999, AOL tenía 10.300 millones de dólares en activos, y sus ingresos durante los 12 meses anteriores habían ascendido a 5.700 millones de dólares. Time Warner, por otra parte, tenía 51.200 millones de dólares en activos y unos ingresos de 27.300 millones de dólares. Time Warner era una empresa inmensamente mayor, se utilizase la medición que se utilizase, salvo una: la valoración de su capital. Como America Online había hipnotizado a los inversores simplemente por el hecho de estar en el sector de Internet, sus acciones cotizaban al estupendo multiplicador de 164 veces sus beneficios. El capital de Time Warner, una bolsa variada de televisión por cable, películas, música y revistas, cotizaba aproximadamente a 50 veces los beneficios.

Al anunciar la operación, las dos empresas la denominaron «fusión estratégica de iguales». El presidente de Time Warner, Gerald M. Levin, declaró que «las oportunidades son ilimitadas para cualquier persona que esté conectada con AOL Time Warner», sobre todo, añadió, para sus accionistas.

Flotando en éxtasis ante la perspectiva de que sus acciones pudiesen, al fin, conseguir el caché de una de las empresas favoritas de Internet, los accionistas de Time Warner aprobaron abrumadoramente la operación. Sin embargo, pasaron por alto unas cuantas cosas:

— Esta «fusión de iguales» estaba diseñada para ofrecer a los accionistas de America Online el 55% de la empresa combinada, aunque Time Warner era cinco veces mayor.
— Por segunda vez en tres años, la Comisión del Mercado de Valores de Estados Unidos estaba investigando si America Online había contabilizado indebidamente los costes de marketing.
— Prácticamente la mitad del activo total de America Online, con un valor de 4.900 millones de dólares, estaba compuesto por «valores de capital disponibles para la venta». Si la cotización de las acciones de empresas de tecnología se desplomaba, desaparecería buena parte de la base de activos de la empresa.

Conclusión: El 11 de enero de 2001 las dos empresas finalizaron su fusión. AOL Time Warner Inc. perdió 4.900 millones de dólares en 2001, y, en la pérdida más colosal registrada en la historia por una empresa, otros 98.700 millones de dólares en 2002. La mayor parte de estas pérdidas tuvieron su origen en la cancelación de valor de America Online. Para finales de 2002, los accionistas para quienes Levin había pronosticado oportunidades «ilimitadas» no tenían nada que enseñar, salvo una pérdida aproximada del 80% del valor de sus acciones desde el momento en el que se realizó el primer anuncio de la operación.[5]

---

[5] Revelación: Jason Zweig es empleado de Time Inc., que anteriormente era una división de Time Warner y que en la actualidad es una unidad de AOL Time Warner Inc.

¿Se puede suspender inversión preescolar?

El 20 de mayo de 1999, eToys Inc. colocó el 8% de sus acciones entre el público. Cuatro de los bancos de inversión más prestigiosos de Wall Street, Goldman, Sachs & Co.; BancBoston Robertson Stephens; Donaldson, Lufkin & Jenrette; y Merrill Lynch & Co., garantizaron la colocación de 8.320.000 acciones a 20 dólares cada una, obteniendo con la operación 166,4 millones de dólares. La cotización de las acciones se disparó, cerrando a 76,5625 dólares, un incremento del 282,8% en el primer día de negociación. A ese precio, eToys, (que tenía 102 millones de acciones) alcanzó un valor de mercado de 7.800 millones de dólares.[6]

¿Qué tipo de empresa conseguían los compradores por ese precio? Las ventas de eToys habían crecido el 4,261% en el ejercicio anterior y habían incorporado 75.000 nuevos clientes en el último trimestre. Sin embargo, en sus 20 meses de actividad, eToys había conseguido unas ventas totales por valor de 30,6 millones de dólares, respecto de las cuales había incurrido en una pérdida neta total de 30,8 millones de dólares, lo que suponía que eToys gastaba 2 dólares por cada dólar de juguetes que vendía.

El folleto de la oferta pública inicial también revelaba que eToys utilizaría parte de los ingresos de la oferta para adquirir otra organización que operaba *online*, Baby-Center, Inc., que había perdido 4,5 millones de dólares sobre unas ventas de 4,8 millones de dólares durante el ejercicio anterior. (Para hacerse con esta joya, eToys únicamente tendría que pagar 205 millones de dólares). Además, eToys «reservaría» 40,6 millones de acciones de capital ordinario para su futura emisión a nombre de su equipo directivo. Por lo tanto, si eToys llegaba a ganar dinero en algún momento, sus resultados netos tendrían que dividirse no entre 102 millones de acciones, sino entre 143 millones de acciones, lo que suponía diluir cualquier potencial futuro beneficio por acción en prácticamente un tercio.

---

[6] El folleto de eToys tenía una portada plegable en la que aparecía el dibujo animado «Arthur the Aardvark» demostrando, de manera cómica, que era mucho más fácil comprar juguetes para niños en eToys que en cualquier juguetería tradicional. Como el analista Gail Bronson, de IPO Monitor comentó a Associated Press el día de la oferta pública inicial de eToys, «eToys ha gestionado muy inteligentemente el desarrollo de la empresa durante el año pasado y se ha colocado en posición de ser el núcleo de atención de los niños en Internet». Bronson añadió: «La clave para el éxito de una oferta pública inicial, en especial la oferta pública inicial de una empresa punto com, es un buen marketing y una buena marca». Bronson tenía razón en parte: Ésa es la clave del éxito de una oferta pública inicial para la empresa emisora y sus banqueros. Lamentablemente, para los inversores la clave del éxito de una oferta pública inicial son los beneficios, y eToys no los consiguió.

Cualquier comparación que se haga entre eToys y Toys «R» Us Inc., su principal rival, es impactante. En los tres meses precedentes, Toys «R» Us había obtenido 27 millones de beneficios netos y había vendido más de 70 veces más productos que los que eToys había vendido en todo el año. Y sin embargo, como muestra la figura 17.3, el mercado de valores atribuía a eToys un valor de casi 2.000 millones de dólares más que a Toys «R» Us.

Conclusión: El 7 de marzo de 2001 eToys solicitó la declaración de quiebra después de acumular pérdidas netas por valor de más de 398 millones de dólares en su breve vida como sociedad cotizada. Las acciones, que alcanzaron un máximo de 86 dólares por acción en octubre de 1999, hicieron su última aparición en la lista de cotización a un penique.

FIGURA 17.3

Una historia de juguetes

	eToys Inc.	Toys «R» Us, Inc.
	Ejercicio fiscal concluido el 31/3/1999	Trimestre fiscal concluido el 1/5/1999
Ventas netas	30	2.166
Beneficios netos	(29)	27
Efectivo	20	289
Total activo	31	8.067
Valor de mercado de las acciones ordinarias (20/5/1999)	7.780	5.650

Todas las cifras en millones de dólares.

Fuentes: Los informes presentados por las empresas a la Comisión del Mercado de Valores.

Capítulo 18

Una comparación de ocho pares de empresas

En este capítulo intentaremos emplear una nueva forma de exposición. Al elegir ocho pares de empresas que aparecen una junto a otra, o casi, en la lista de cotización de la bolsa esperamos ser capaces de exponer de una manera concreta y elocuente algunas de las muchas variedades de naturaleza, estructura financiera, políticas, rendimiento y vicisitudes de las empresas mercantiles, y de las actitudes de inversión y especulación que se han dado en la escena financiera en los últimos años. En cada comparación comentaremos únicamente los aspectos que tengan una importancia y un significado especial.

Pareja 1: ***Real Estate Investment Trust (establecimientos comerciales, oficinas, fábricas, etcétera) y Realty Equities Corp. de Nueva York (inversiones inmobiliarias; construcción general).***

En esta primera comparación nos alejaremos del orden alfabético que hemos utilizado para las otras parejas. Para nosotros tiene especial significado, puesto que aparentemente es capaz de encapsular, por una parte, todo lo que ha sido razonable, estable y por lo general positivo en los métodos tradicionales de gestionar el dinero de otras personas, en contraste, en la otra empresa, con la expansión irreflexiva, la prestidigitación financiera y los cambios y agitaciones incesantes que con tanta frecuencia se dan en las operaciones empresariales actuales. Las dos empresas tienen una razón social similar, y durante muchos años aparecieron una junto a la otra en la lista de cotización de la American Stock Exchange. Sus símbolos de cotización REI y REC, podrían haberse confundido fácilmente. Sin embargo, una de ellas es un serio y formal trust de Nueva Inglaterra, dirigido por tres administradores, con operaciones que se remontan casi un siglo y con un historial de pago ininterrumpido de dividendos desde 1889. Se ha mantenido durante todo ese tiempo fiel al mismo tipo de inversiones prudentes, limitando su expansión a una tasa moderada y su deuda a una cifra fácil de gestionar.*

La otra empresa es la típica empresa con sede en Nueva York que experimenta un crecimiento súbito, que le ha llevado a expandir en el plazo de ocho años sus activos desde los 6,2 millones de dólares hasta los 154 millones de dólares, y sus deudas en la misma proporción; que se ha aventurado a salir de las operaciones inmobiliarias ordinarias para introducirse en una serie variada de proyectos, como por ejemplo dos pistas de carreras, 74 salas cinematográficas, tres agencias literarias, una empresa de relaciones públicas, hoteles, supermercados y una participación del 26% en una gran empresa de productos cosméticos (que quebró en 1970).† Este conglomerado de actividades empresariales fue hábilmente combinado con la correspondiente variedad de ingeniosas operaciones societarias como por ejemplo:

1. La emisión de acciones preferentes que tenían derecho a percibir un dividendo anual de 7 dólares, pero con un valor nominal de únicamente 1 dólar, y contabilizadas como pasivo a 1 dólar por acción.
2. Un valor de capital ordinario declarado de 2.500.000 dólares (1 dólar por acción), más que compensado por la deducción de 5.500.000 dólares contabilizados como coste de 209.000 acciones de capital adquiridas para autocartera.
3. Tres series de certificados de opciones de suscripción de acciones, que otorgaban derecho a adquirir un total de 1.578.000 acciones.
4. Por lo menos seis tipos diferentes de títulos de deuda, en forma de deuda hipotecaria, obligaciones, pagarés públicos, pagarés abonables a bancos, «efectos, préstamos y contratos por pagar» y préstamos pagaderos a la Small Business Administration, que en total sumaban más de 100 millones de dólares en marzo de 1969. Además, tenía las habituales partidas de impuestos y cuentas por pagar.

Presentaremos en primer lugar unas cuantas cifras de las dos empresas tal y como aparecían en sus declaraciones de 1960 (tabla 18.1A). En esta tabla com-

---

* En este apartado Graham está describiendo el Real Estate Investment Trust, que fue adquirido por San Francisco Real Estate Investors en 1983 a 50 dólares la acción. El párrafo siguiente describe Realty Equities Corp. de Nueva York.

† El actor Paul Newman fue, durante un breve período de tiempo, un accionista importante de Realty Equities Corp. de Nueva York después de que la empresa adquiriese su productora de películas, Kayos, Inc., en 1969.

TABLA 18.1A

Pareja 1 Real Estate Investment Trust y Realty Equities Corp. en 1960

	Real Estate Investment Trust	*Realty Equities Corp. de Nueva York*
Ingresos brutos	3.585.000$	1.484.000$
Beneficios netos	485.000	150.000
Percibido por acción	0,66	0,47
Dividendo por acción	0	0,10
Valor contable por acción	20$	4$
Banda de cotización	20-12	5 3/8-4 3/4
Total activo	22.700.000	6.200.00
Total pasivo	7.400.000	5.000.000
Valor contable de las acciones ordinarias	15.300.000	1.200.000
Valor promedio de mercado de las acciones ordinarias	12.200.000	1.300.000

probaremos que las participaciones del Trust se vendían en el mercado a nueve veces el valor agregado del capital de Equities. La empresa del Trust tenía un menor importe relativo de deuda y una mejor relación de neta a bruta, pero el precio del capital ordinario era superior en relación con los beneficios por acción.

En la tabla 18.1B exponemos la situación que se daba aproximadamente ocho años después. El Trust había seguido con su tranquila y uniforme evolución, incrementando tanto sus ingresos como sus beneficios por acción en aproximadamente tres cuartos.* Por su parte, Realty Equities se había metamorfoseado en una entidad monstruosa y vulnerable.

¿Cómo reaccionó Wall Street ante estos divergentes acontecimientos? Prestando la menor atención posible al Trust y prestando mucha atención a Realty Equities. En 1968 esta última vio cómo su cotización se disparaba de 10 dólares a 37,75 dólares y los *warrants* de 6 a 36,5, con unas ventas combinadas de 2.420.000 acciones. Mientras todo esto estaba pasando, la cotización de las participaciones del Trust había ido creciendo tranquilamente de 20 a 30,25, con un modesto volumen de contratación. El balance a marzo de 1969 de Equities indicaba un valor de activo de únicamente 3,41 dólares por acción, menos de un décimo de su cotización máxima en ese ejercicio. El valor contable de las acciones del Trust era de 20,85 dólares.

* Graham, ávido lector de poesía, está citando la obra de Thomas Gray «Elegy Written in a Country Churchyard».

TABLA 18.1B

Pareja 1

	Real Estate Investment Trust	*Realty Equities Corp. de Nueva York*
Cotización, a 31 de diciembre de 1968	26½	32½
Número de acciones ordinarias	1.423.000	2.311.000 (mar. 69)
Valor de mercado de las acciones ordinarias	37.800.000$	75.000.000$
Valor estimado de mercado de los *warrants*	—	30.000.000[a]
Valor estimado de mercado de las acciones ordinarias y los *warrants*	—	105.000.000
Deuda	9.600.000	100.800.000
Acciones preferentes	—	2.900.000
Capitalización total	47.000.000$	208.700.000$
Valor de mercado por acción ordinaria, ajustado para descontar los *warrants*	—	45 (est.)
Valor contable por acción	20,85 (Nov.)	3,41$
	Noviembre 1968	Marzo 1969
Ingresos	6.281.000$	39.706.600$
Beneficio neto antes de intereses	2.696.000	11.182.000
Cargas por intereses	590.000	6.684.000
Impuesto de sociedades	58.000[b]	2.401.000
Dividendo preferente		174.000
Beneficio neto atribuible a las acciones ordinarias	2.048.000	1.943.000
Partidas especiales	245.000 cr.	1.896.000 dr
Beneficio neto final atribuible a las acciones ordinarias	2.293.000	47.000
Percibido por acción antes de partidas especiales	1,28$	1,00$
Percibido por acción después de partidas especiales	1,45	0,20
Dividendo ordinario	1,20	0,30
Veces que se cubren las cargas por intereses	4,6x	1,8x

[a] Había *warrants* para comprar 1.600.000 o más acciones a diversos precios. Una serie cotizaba a 30,5 por *warrant*.

[b] En su condición de trust inmobiliario, esta organización no estuvo sujeta al impuesto federal sobre la renta en 1968.

El siguiente año quedó claro que en la imagen de Equities no todo era de color de rosa, y la cotización de las acciones se redujo hasta 9,5. Cuando se publicó el informe correspondiente a marzo de 1970, los accionistas debieron de sentirse como si recibiesen terapia de electroshock cuando leyeran que la empresa había sufrido una pérdida neta de 13.200.000 dólares, o lo que es lo mismo 5,17 dólares por acción, que prácticamente se llevó por delante el valor de su antiguamente esbelto capital. (Esa desastrosa cifra incluía una reserva de 8.800.000 dólares para futuras pérdidas en inversiones). No obstante, los consejeros habían declarado, valientemente (?) un dividendo adicional de 5 centavos por acción justo después de cerrar el ejercicio fiscal. No obstante, había más problemas a la vista. Los auditores de la empresa se negaron a ratificar los estados financieros correspondientes al ejercicio de 1969–1970, y se suspendió la cotización de las acciones en la American Stock Exchange. En los mercados no oficiales el precio comprador quedó por debajo de los 2 dólares por acción.*

Las participaciones del Real Estate Investment Trust experimentaron las típicas fluctuaciones del valor después de 1969. Su cotización mínima en 1970 fue de 16,5, con una recuperación hasta 26,85 a principios de 1971. Los últimos beneficios declarados ascendieron a 1,50 dólares por acción, y las acciones se vendían levemente por encima de su valor contable en 1970 de 21,60 dólares. Estas acciones pueden haber estado levemente sobrevaloradas en el momento de su máxima cotización en 1968, pero los accionistas han recibido un servicio honrado y valioso de sus administradores. La historia de Realty Equities es muy diferente, y absolutamente lamentable.

Pareja 2: *Air Products and Chemicals (gases médicos e industriales) y Air Reduction Co. (gases y bienes de equipo industriales; productos químicos)*

Aún en mayor medida que en nuestra primera pareja, estas dos empresas se parecen como dos gotas de agua la una a la otra tanto, en el nombre como en la línea de actividad. Se prestan, por lo tanto, a una comparación de tipo convencional en el análisis de valores, mientras que la mayor parte de las otras parejas son de una naturaleza más heteróclita.† «Products» es una empresa más joven

* Realty Equities dejó de cotizar en la American Stock Exchange en septiembre de 1973. En 1974, la Comisión del Mercado de Valores de Estados Unidos demandó por fraude a los contables de Realty Equities. Más tarde, el fundador de Realty Equities, Morris Karp, se declaró culpable de apropiación ilícita de gran cuantía. En 1974-1975, el exceso de endeudamiento que critica Graham dio lugar a una crisis financiera entre los grandes bancos, incluido el Chase Manhattan, que había prestado mucho dinero a los trusts inmobiliarios más agresivos.

† «Heteróclito» es un término técnico del griego clásico que Graham utiliza para querer decir anormal o inusual.

que «Reduction» y en 1969 su volumen* era de menos de la mitad del de la otra empresa. No obstante, sus acciones se vendían por el 25% más en conjunto que el conjunto de capital de Air Reduction. Como muestra la tabla 18.2, el motivo se puede encontrar tanto en la mayor rentabilidad de Air Reduction como en su más sólido historial de crecimiento. En este terreno nos encontramos con las consecuencias que habitualmente se desprenden del hecho de ser capaz de hacer gala de una mejor «calidad». Air Products cotizaba a 16,5 veces sus últimos beneficios declarados, mientras que el múltiplo de Air Reduction era de únicamente 9,1. Además, Air Products cotizaba muy por encima de su base de activo, mientras que Air Reductions se podía comprar a sólo el 75% de su valor contable.† Air Reduction pagaba un dividendo más liberal, pero esto podía considerarse como un reflejo del mayor deseo que tenía Air Products de retener sus beneficios. Además, Air Reduction tenía una posición de capital de explotación más cómoda. (Sobre esta cuestión podemos indicar que una empresa rentable siempre puede poner en forma su estado implantando algún tipo de financiación permanente. Sin embargo, con arreglo a nuestros criterios, Air Products tenía un cierto exceso de obligaciones en circulación).

Si se pidiese a un analista que eligiese entre las dos empresas no habría tenido dificultades en llegar a la conclusión de que las perspectivas de Air Products parecían más prometedoras que las de Air Reduction. No obstante, ¿hacía eso que los valores de Air Products fuesen más atractivos como medio de inversión a la luz de su considerablemente mayor precio relativo? Dudamos mucho de que se pueda dar una respuesta definitiva a esta pregunta. En general, Wall Street pone la «calidad» por delante de la «cantidad» en sus reflexiones, y probablemente la mayoría de los analistas de valores optarían por la «mejor» aunque más cara Air Products, prefiriéndola respecto de la «más pobre» a la vez que más barata Air Reduction. Que esta preferencia resulte correcta o errónea dependerá en mayor medida del futuro imprevisible que de cualquier principio de inversión contrastable. En este caso, Air Reduction pertenece, aparentemente, al grupo de empresas importantes incluidas en la categoría de bajo multiplicador. Si, tal y como parecen que indican los estudios a los que hemos hecho referencia anteriormente,** ese grupo, en conjunto, tiene probabilidades de rendir mejores resultados que los de las acciones

---

* Con el término «volumen», Graham se está refiriendo a las ventas o ingresos —la cantidad total de dinero del negocio de cada empresa.

† «Base de activos» y valor contable son sinónimos. En la tabla 18.2, la relación de la cotización con el activo o valor contable se puede saber dividiendo la primera línea («cotización, a 31 de diciembre de 1969) entre «valor contable por acción».

** Graham está citando sus investigaciones sobre acciones de valor, que comenta en el capítulo 15 (véase la pág. 418). Desde que Graham concluyó sus estudios, una gran cantidad de estudios académicos han confirmado que las acciones de valor obtienen mejores resultados que las acciones de crecimiento a lo largo de períodos de tiempo pro-

TABLA 18.2
Pareja 2

	Air Products & Chemicals 1969	*Air Reduction 1969*
Cotización, a 31 de diciembre de 1969	39½	16⅜
Número de acciones ordinarias	5.832.000[a]	11.279.000
Valor de mercado de las acciones ordinarias	231.000.000$	185.000.000$
Deuda	113.000.000	179.000.000
Capitalización total a valor de mercado	344.000.000	364.000.000
Valor contable por acción	22,89$	21,91$
Ventas	221.500.000$	487.600.000$
Beneficios netos	13.639.000	20.326.000
Percibido por acción, 1969	2,40$	1,80$
Percibido por acción, 1964	1,51	1,51
Percibido por acción, 1959	0,52	1,95
Tasa de dividendo actual	0,20	0,80
Dividendo desde	1954	1917
Ratios:		
Precio / beneficios	16,5x	9,1x
Cotización / valor contable	165,0%	75,0%
Rendimiento por dividendo	0,5%	4,9%
Beneficio neto a ventas	6,2%	4,25%
Beneficios / valor contable	11,0%	8,2%
Activo circulante / pasivo circulante	1,53x	3,77x
Capital de explotación / deuda	0,32x	0,85x
Crecimiento de los beneficios por acción		
1969 en comparación con 1964	+59%	+19%
1969 en comparación con 1959	+362%	descenso

[a] Suponiendo la conversión de las acciones preferentes.

con un elevado multiplicador, se debería dar preferencia a Air Reduction, pero únicamente en el marco de una operación diversificada. (Además, un estudio exhaustivo de las empresas individuales podría llevar al analista a la conclusión contraria; sin embargo, dicha conclusión tendría que basarse en motivos diferentes a los que aparecen reflejados en los resultados del pasado).

---

longados. (Buena parte de las mejores investigaciones de las finanzas modernas no ofrecen sino una confirmación independiente de lo que Graham demostró hace décadas). Véase, por ejemplo, James L. Davis, Eugene F. Fama, y Kenneth R. French, «Characteristics, Covariances, and Average Returns: 1929–1997», en http://papers.ssrn.com.

Acontecimientos posteriores: Air Products resistió mejor que Air Reduction la crisis de 1970, ya que experimentó una retracción del 16% en comparación con el 24% de la otra empresa. Sin embargo, Air Reduction se recuperó mejor a principios de 1971, ascendiendo al 50% por encima de su cierre en 1969, en comparación con el 30% de Air Products. En este caso, las acciones con bajo multiplicador se han llevado el gato al agua, por lo menos por el momento.*

Pareja 3: *American Home Products Co. (medicamentos, cosméticos, productos de droguería, golosinas, productos para el hogar) y American Hospital Supply Co. (distribuidor y fabricante de bienes de equipo y suministros para hospitales)*

Éstas eran dos empresas de las que se caracterizaban por su «fondo de comercio de mil millones de dólares» a finales de 1969, representativas de diferentes segmentos del «sector sanitario» que estaban creciendo vertiginosamente y generando unos inmensos beneficios. Las denominaremos Home y Hospital, respectivamente. En la tabla 18.3 se ofrecen unos cuantos datos seleccionados de ambas empresas. Tenían los siguientes aspectos favorables en común: excelente crecimiento, sin contratiempos desde 1958 (es decir, 100% de estabilidad de beneficios), y sólida situación financiera. La tasa de crecimiento de Hospital hasta finales de 1969 fue considerablemente superior a la de Home. Por otra parte, Home disfrutaba de una rentabilidad sustancialmente mayor tanto sobre ventas como sobre capital.† (De hecho, la relativamente reducida tasa de beneficios de Hospital respecto de su capital en 1969, únicamente del 9,7%, planteaba la intrigante cuestión sobre si su actividad era, de verdad, extraordinariamente rentable, a pesar de su impresionante tasa de crecimiento de ventas y beneficios en el pasado).

Cuando se tiene en cuenta el nivel comparativo de precios, Home ofrece mucho más por el dinero, tanto desde el punto de vista de los beneficios actuales (o pasados) como del de los dividendos. El extraordinariamente reducido valor contable de Home pone de manifiesto una ambigüedad esencial o contradicción en el análisis de acciones. Por una parte, significa que la empresa está

---

* Air Products and Chemicals., Inc., sigue existiendo como acción que cotiza en bolsa y está incluida en el índice de acciones Standard & Poor's 500. Air Reduction Co. se convirtió en una filial en régimen de plena propiedad del BOC Group (en aquella época conocido como British Oxygen) en 1978.

† Se puede determinar la rentabilidad, medida en rendimiento sobre las ventas y rendimiento del capital, mediante referencia a la sección «Ratios» de la tabla 18.3. «Beneficio neto a ventas» mide el rendimiento de las ventas; «Beneficios / valor contable» mide rendimiento sobre el capital.

TABLA 18.3

Pareja 3

	American Home Products 1969	American Hospital Supply 1969
Cotización, a 31 de diciembre de 1969	72	45⅛
Número de acciones ordinarias	52.300.000	33.600.000
Valor de mercado de las acciones ordinarias	3.800.000.000$	1.516.000.000
Deuda	11.000.000	18.000.000
Capitalización total a valor de mercado	3.811.000.000	1.534.000.000
Valor contable por acción	5,73$	7,84$
Ventas	1.193.000.000$	446.000.000$
Beneficios netos	123.300.000	25.000.000
Percibido por acción, 1969	2,32%	0,77$
Percibido por acción, 1964	1,37	0,31
Percibido por acción, 1959	0,92	0,15
Tasa de dividendo actual	1,40	0,24
Dividendos desde	1919	1947
Ratios:		
Precio / beneficios	31,0x	58,5x
Cotización / valor contable	1.250,0%	575,0%
Rendimiento por dividendo	1,9%	0,55%
Beneficio neto a ventas	10,7%	5,6%
Beneficios / valor contable	41,0%	9,5%
Activo circulante / pasivo circulante	2,6x	4,5x
Crecimiento de los beneficios por acción		
1969 en comparación con 1964	+75%	+142%
1969 en comparación con 1959	+161%	+405%

obteniendo una elevada rentabilidad sobre su capital, lo que en general se considera que es un signo de fortaleza y prosperidad. Por la otra, significa que el inversor, al precio actual, sería especialmente vulnerable a cualquier acontecimiento negativo que se produjese en la posición de beneficios de la empresa. Dado que Hospital cotizaba por encima de cuatro veces su valor contable de 1969, esta indicación de cautela debe ser aplicada a ambas empresas.

Conclusiones: Nuestra opinión claramente perfilada sería que las dos empresas eran demasiado «ricas» a sus precios actuales para ser tenidas en cuenta por un inversor que decidiese seguir nuestras ideas sobre la selección conservadora. Esto no significa que las empresas no fuesen prometedoras. El problema, al contrario, era que su precio contenía demasiada «promesa» y un nivel insuficiente de rendimiento real. Si se combinaban las empresas, el precio de 1969 reflejaba casi 5.000 millones de dólares de fondo de comercio. ¿Cuántos años de excelentes futuros beneficios serían necesarios para «hacer realidad» ese factor de fondo de comercio en forma de dividendos o de activo tangible?

Acontecimientos posteriores a corto plazo: A finales de 1969 el mercado consideró claramente más estimables las perspectivas de beneficios de Hospital que las de Home, puesto que ofreció a la primera un multiplicador que era prácticamente el doble del aplicado a la segunda. Sin embargo, en la práctica, las acciones que habían recibido trato preferente arrojaron un declive microscópico en los beneficios de 1970, mientras que Home mostró una respetable ganancia del 8%. El precio de mercado de Hospital reaccionó significativamente a esta decepción de un año de duración. Cotizó a 32 en febrero de 1971, una pérdida de aproximadamente el 30% con respecto al precio de cierre de 1969, mientras que Home cotizaba levemente por encima de su nivel correspondiente.*

Pareja 4: *H&R Block, Inc, (servicios tributarios) y Blue Bell, Inc. (fabricantes de ropa laboral, uniformes, etcétera)*

Estas empresas comparten espacio como relativamente recién llegadas a la Bolsa de Nueva York, en donde representan dos géneros muy diferentes de experiencias de éxito. Blue Bell se ganó su lugar con gran esfuerzo en un sector extraordinariamente competitivo, en el que con el paso del tiempo llegó a convertirse en el agente principal. Sus beneficios han fluctuado en cierta medida en función de la situación que en cada momento atravesase su sector, pero su crecimiento desde 1965 ha sido impresionante. Las operaciones de la empresa se remontan a 1916 y su historial de pago ininterrumpido de dividendo a 1923. A finales de 1969 el mercado de valores no mostraba ningún entusiasmo por sus acciones, otorgándole una relación de precio a beneficio de únicamente 11, en comparación con el 17 del índice compuesto S&P.

Por el contrario, la ascensión de H&R ha sido meteórica. Sus primeras cifras publicadas se remontan únicamente a 1961, año en el que consiguió unos beneficios de 83.000 dólares sobre unos ingresos de 610.000 dólares. Sin embargo, ocho años después, en la fecha de nuestra comparación, sus ingresos se habían disparado hasta los 53,6 millones de dólares y sus beneficios netos hasta los 6,3 millones de dólares. En ese momento la actitud que mostraba el mercado de valores hacia esta empresa con fantásticos resultados era entusiasta.

---

* American Home Products Co. en la actualidad es conocida como Wyeth; la acción está incluida en el índice de acciones Standard & Poor's 500. American Hospital Supply Co. fue adquirida por Baxter Healthcare Corp. en 1985.

El precio de 55 alcanzado al cierre de 1969 suponía multiplicar por más de 100 los últimos beneficios declarados a 12 meses, que por supuesto eran los mayores hasta la fecha. El valor de mercado agregado de 300 millones de dólares alcanzado por el capital emitido suponía multiplicar por casi 30 veces el valor de los activos tangibles subyacentes a las acciones.* Era una cifra prácticamente desconocida en los anales de las valoraciones de mercado serias. (En aquella época IBM cotizaba aproximadamente a 9 veces y Xerox a 11 veces el valor contable).

Nuestra tabla 18.4 expone en cifras monetarias y en ratios la extraordinaria discrepancia en las valoraciones comparativas de H & R Block y Blue Bell. Ciertamente Block tenía el doble de rentabilidad que Blue Bell expresada por unidad monetaria de capital, y su crecimiento porcentual en beneficios durante los cinco últimos años (prácticamente a partir de la nada) era mucho mayor. Sin embargo, como empresa cotizada Blue Bell costaba menos de un tercio del valor total de Block, aunque Blue Bell estaba realizando 4 veces más volumen de negocio, y obteniendo unos beneficios 2,5 veces mayores sobre su capital, y contaba con inversiones tangibles cuyo valor era 5,5 veces mayor, a la vez que multiplicaba por 9 el rendimiento por dividendo en relación al precio de la otra empresa.

Conclusiones indicadas: Un analista experto habría concedido un gran impulso a Block, lo que implicaba unas excelentes perspectivas de crecimiento futuro. Podría haber tenido algunas dudas acerca del peligro de que tuviese que enfrentarse a una seria competencia en el terreno de los servicios tributarios, atraída por los sustanciales beneficios sobre el capital obtenidos por Block.[1] No obstante, consciente del éxito sostenido disfrutado por empresas tan destacadas como Avon Products en áreas extraordinariamente competitivas, habría tenido dudas a la hora de predecir un rápido aplanamiento de la curva de crecimiento de Block. Su principal preocupación habría sido simplemente si la valoración por 300 millones de dólares de la empresa no suponía una valoración que incluyese plenamente, y tal vez por exceso, todo lo que cabía esperar de esta excelente empresa. Por el contrario, el analista habría tenido pocas dificultades para recomendar a Blue Bell como empresa estupenda, con una cotización bastante conservadora.

---

* «Casi 30 veces» queda reflejado en el asiento de 2.920% en el epígrafe «Precio / valor contable» de la sección ratios de la tabla 18.4. Graham habría sacudido su cabeza con incredulidad a finales de 1999 y principios de 2000, época en la que muchas empresas de alta tecnología cotizaron a cientos de veces el valor de sus activos (véase el comentario a este capítulo). ¡Y hablaba de valoraciones «prácticamente desconocidas en los anales de las valoraciones serias del mercado de valores»! H&R Block sigue siendo una empresa que cotiza en bolsa, mientras que Blue Bell fue retirada de la bolsa en 1984, a 47,50 dólares por acción.

TABLA 18.4

Pareja 4

	H & R Block 1969	Blue Bell 1969
Cotización, a 31 de diciembre de 1969	55	49¾
Número de acciones ordinarias	5.426.000	1.802.000[a]
Valor de mercado de las acciones ordinarias	298.000.000$	89.500.000$
Deuda	—	17.500.000
Capitalización total a valor de mercado	298.000.000	107.000.000
Valor contable por acción	1,89$	34,54$
Ventas	53.600.000$	202.700.000$
Beneficios netos	6.380.000	7.920.000
Percibido por acción, 1969	0,51$ (octubre)	4,47$
Percibido por acción, 1964	0,07	2,64
Percibido por acción, 1959	—	1,80
Tasa de dividendo actual	0,24	1,80
Dividendos desde	1962	1923
Ratios:		
Precio / beneficios	108,0x	11,2x
Cotización / valor contable	2.920%	142%
Rendimiento por dividendo	0,4%	3,6%
Beneficio neto a ventas	11,9%	3,9%
Beneficios / valor contable	27%	12,8%
Activo circulante / pasivo circulante	3,2x	2,4x
Capital de explotación / deuda	no deuda	3,75x
Crecimiento de los beneficios por acción		
1969 en comparación con 1964	+630%	+68%
1969 en comparación con 1959	—	+148%

[a] Suponiendo la conversión de las acciones preferentes.

Acontecimientos posteriores hasta marzo de 1971. El pánico que casi se apoderó del mercado en 1970 destruyó un cuarto del precio de Blue Bell y aproximadamente un tercio del de Block. Las dos participaron en la extraordinaria recuperación del mercado general. El precio de Block ascendió hasta 75 en febrero de 1971, pero Blue Bell experimentó una subida considerablemente mayor, al equivalente de 109 (después de un desdoblamiento de tres por dos). Claramente Blue Bell resultó ser una mejor compra que la de Block a finales de 1969. Sin embargo, el hecho de que Block fuese capaz de subir aproximadamente el 35% desde aquel valor aparentemente sobredimensionado indica lo cautelosos que tienen que ser los analistas y los inversores a la hora de augurar malos tiempos para la cotización de buenas empresas, y no digamos nada a la hora de adoptar medidas para poner en práctica estos augurios, por muy elevada que pueda parecer la cotización de la empresa.*

Pareja 5: *International Flavors & Fragances (aromas, etcétera, para otras empresas) e International Harvester Co. (fabricante de camiones, maquinaria agrícola, maquinaria de construcción)*

Es posible que esta comparación genere más de una sorpresa. Todo el mundo conoce a International Harvester, una de las 30 grandes empresas del Dow Jones Industrial Average.† ¿Cuántos de nuestros lectores habían oído hablar de International Flavors & Fragances, la vecina de Harvester en la lista de cotización de la NYSE? Sin embargo, maravilla de las maravillas, IFF cotizaba a finales de 1969 por un valor de mercado agregado superior al de Harvester: 747 millones de dólares en comparación con 710 millones de dólares. Esto resulta aún más sorprendente cuando se cae en la cuenta de que Harvester tenia un capital 17 veces superior al de Flavors y unas ventas anuales 27 veces mayores. De hecho, sólo tres años antes, los beneficios netos de Harvester habían sido mayores que las ventas de Flavors en 1969. ¿Cómo se pudieron producir estas extraordinarias disparidades? La respuesta radica en dos palabras mágicas: rentabilidad y crecimiento. Flavors había tenido unos destacables resultados en ambas categorías, mientras que Harvester había dejado todo que desear.

La historia se narra en la tabla 18.5. En ella podemos descubrir que Flavors consigue un extraordinario beneficio del 14,3% de las ventas (antes de impuestos

---

* Graham está alertando a los lectores sobre una especie de «falacia del jugador» según la cual los inversores creen que una acción sobrevalorada debe ver reducida su cotización por el mero hecho de que esté sobrevalorada. De la misma forma que cuando se tira una moneda no es más probable que salga cara después de que haya salido cruz nueve veces seguidas, una acción sobrevalorada (o un mercado sobrevalorado) puede mantenerse sobrevalorado durante un período sorprendentemente prolongado. Eso es lo que hace que vender en descubierto, o apostar a que las acciones van a bajar, sea demasiado arriesgado para los mortales.

† International Harvester fue la heredera de McCormick Harvesting Machine Co., la fabricante de la cosechadora McCormick que convirtió al Medio Oeste de Estados Unidos en la «cesta del pan del mundo». No obstante, International Harvester tuvo serios problemas en la década de 1970 y en 1985 vendió su actividad de maquinaria agrícola a Tenneco. Después de cambiar su nombre a Navistar, la empresa restante fue expulsada del Dow en 1991, aunque sigue siendo miembro del índice S&P 500). International Flavors & Fragrances, que también está presente en el S&P 500, tenía un valor total de mercado de 3.000 millones de dólares a principios de 2003, en comparación con los 1.600 millones de Navistar.

TABLA 18.5

Pareja 5

	International Flavors Fragrances 1969	*International Harvester 1969*
Cotización, a 31 de diciembre de 1969	65½	24¾
Número de acciones ordinarias	11.400.000	27.329.000
Valor de mercado de las acciones ordinarias	747.000.000$	710.000.000$
Deuda	4.000.000	313.000.000
Capitalización total a valor de mercado	751.000.000	1.023.000.000
Valor contable por acción	6,29$	41,70$
Ventas	94.200.000$	2.652.000.000$
Beneficios netos	13.540.000	63.800.000
Percibido por acción, 1969	1,19$	2,30$
Percibido por acción, 1964	0,62	3,39
Percibido por acción, 1959	0,28	2,83
Tasa de dividendo actual	0,50	1,80
Dividendos desde	1956	1910
Ratios:		
Precio / beneficios	55,0x	10,7x
Cotización / valor contable	1.050,0%	59,0%
Rendimiento por dividendo	0,9%	7,3%
Beneficio neto a ventas	14,3%	2,6%
Beneficios / valor contable	19,7%	5,5%
Activo circulante / pasivo circulante	3,7x	2,0x
Capital de explotación / deuda	grande	1,7x
Intereses percibidos	—	(antes de imp.) 3,9x
Crecimiento de los beneficios por acción		
1969 en comparación con 1964	+93%	+9%
1969 en comparación con 1959	+326%	+39%

la cifra era del 23%), en comparación con un escaso 2,6% en el caso de Harvester. De la misma manera, Flavors había conseguido unos beneficios del 19,7% sobre su capital en comparación con un inadecuado 5,5% de beneficio obtenido por Harvester. En cinco años, los beneficios netos de Flavors casi se habían duplicado, mientras que los de Harvester prácticamente no habían experimentado variación. Entre 1969 y 1959 la comparación arroja unos datos similares. Estas diferencias de rendimiento dieron lugar a una típica divergencia de valoración en el mercado de valores. Flavors cotizaba en 1969 a 55 veces sus últimos beneficios declarados, mientras que Harvester lo hacía a sólo 10,7 veces. En consecuencia, la valoración de Flavors ascendía a 10,4 veces su valor contable, mientras que Harvester cotizaba con un *descuento* del 41% respecto a su activo neto.

Comentarios y conclusiones: Lo primero que hay que destacar es que el éxito de mercado de Flavors se basaba por completo en el desarrollo de su línea central de actividad, y que la empresa no había puesto en práctica ninguna de las maquinaciones, programas de adquisición, capitalización preferente y demás estructuras u otras prácticas por las que Wall Street se había hecho famosa en los últimos años. La empresa se limitó a su extraordinariamente rentable actividad, y ésta es prácticamente toda la historia. El historial de resultados cosechados por Harvester plantea un conjunto de cuestiones completamente diferentes, que tampoco tienen nada que ver con las «altas finanzas». ¿Cómo es posible que tantas grandes empresas hayan llegado a ser tan relativamente poco rentables incluso durante períodos muy prolongados de bonanza económica y prosperidad general? ¿Qué ventaja tiene hacer operaciones por un volumen superior a 2.500 millones de dólares si la empresa no es capaz de conseguir unos beneficios suficientes para justificar la inversión de los accionistas? No nos corresponde a nosotros prescribir la solución para este problema. No obstante, insistimos en que no sólo la dirección, sino también el conjunto de los accionistas debería ser consciente de que existe el problema y de que hacen falta los mejores cerebros y los máximos esfuerzos posibles para poder resolverlo.* Desde el punto de vista de la selección de acciones ordinarias, ninguna de las dos empresas habría superado nuestros criterios de inversión sensata y sólida, razonablemente atractiva y con un precio moderado. Flavors era la típica empresa brillante y con éxito pero con una valoración exageradamente cara; los resultados exhibidos por Harvester eran demasiado mediocres para que resultase realmente atractiva, incluso con el precio de descuento al que cotizaba. (Indudablemente se podían encontrar mejores valores en la categoría de precio razonable).

Acontecimientos posteriores hasta 1971: La baja cotización de Harvester a finales de 1969 protegió a la empresa de sufrir ulteriores declives durante la mala racha de 1970. Únicamente perdió un 10% más. Flavors resultó ser más vulnerable y su cotización se retrajo hasta 45, lo que supone una pérdida del 30%. En la posterior recuperación ambas empresas subieron muy por encima de su cierre en 1969, pero Harvester volvió a retroceder rápidamente hasta el nivel de 25.

---

* Si se desean más detalles sobre las opiniones de Graham acerca del activismo de los accionistas, véase el comentario al capítulo 19. Al criticar a Harvester por su negativa a maximizar el valor para el accionista, Graham está adelantándose misteriosamente al comportamiento de la futura dirección de la empresa. En 2001 la mayoría de los accionistas de Navistar votaron a favor de levantar las restricciones frente a las ofertas de adquisición externas, pero el consejo de administración simplemente se negó a poner en práctica los deseos de los accionistas. Es destacable el hecho de que las tendencias antidemocráticas de la cultura de algunas empresas puedan durar décadas.

Pareja 6: *McGraw Edison (concesionaria de servicios y suministros públicos, y bienes de equipo; electrodomésticos) McGraw-Hill (libros, películas, sistemas de instrucción; editores de revistas y periódicos; servicios de información)*

Esta pareja con nombres tan similares, a las que en ocasiones denominaremos Edison y Hill, son dos grandes empresas que tienen gran éxito, y que operan en campos muy diferentes. Hemos elegido el 31 de diciembre de 1968 como fecha para nuestra comparación, que tiene lugar en la tabla 18.6. Las acciones cotizaban aproximadamente al mismo precio, pero a causa de la mayor capitalización de McGraw-Hill, esta empresa estaba valorada aproximadamente al doble de la cifra total de la otra. Esta diferencia debería parecer sorprendente en cierta medida, puesto que McGraw Edison tenía aproximadamente el 50% de ventas más y unos beneficios netos mayores en un cuarto. Por lo tanto, descubrimos que el ratio esencial, el multiplicador de beneficios, era más del doble en el caso de McGraw-Hill que en el caso de McGraw Edison. Este fenómeno parece explicable principalmente por la persistencia de un marcado entusiasmo y parcialidad mostrado por el mercado hacia las acciones de las empresas de edición, varias de las cuales habían empezado a cotizar a finales de la década de 1960.*

De hecho, para finales de 1968 era evidente que este entusiasmo había sido exagerado. Las acciones de McGraw-Hill se habían vendido a 56 en 1967, lo que suponía multiplicar por más de 40 los históricos beneficios que acababan de ser declarados para el año 1966. Sin embargo, en 1967 se había producido una leve retracción de los beneficios y en 1968 tuvo lugar un declive adicional. Por lo tanto, el elevado multiplicador de 35 que se aplicaba en la actualidad se estaba concediendo a una empresa que ya había declarado dos años de retroceso en los beneficios. No obstante, las acciones de la empresa seguían estando valoradas a más de ocho veces el valor de su activo tangible, lo que indicaba un componente de fondo de comercio no muy lejano a los 1.000 millones de dólares. Por lo tanto, el precio parecía ilustrar, en la famosa expresión del doctor Johnson, «el triunfo de la esperanza sobre la experiencia».

Por el contrario, McGraw Edison parecía cotizar a un precio razonable en relación con el (elevado) nivel general de mercado y con relación a los rendimientos generales y a la situación financiera de la empresa.

Acontecimientos ulteriores hasta principios de 1971: El declive de los beneficios de McGraw-Hill se prolongó durante 1969 y 1970, cuando descendieron a 1,02 dólares por acción y después a 0,82 dólares por acción. En la debacle de mayo de 1970 el precio de sus acciones sufrió una devastadora caída hasta 10,

---

* McGraw-Hill sigue siendo una empresa que cotiza en bolsa y posee, entre otras organizaciones, la publicación *BusinessWeek* y Standard & Poor's Corp. McGraw Edison es en la actualidad una división de Cooper Industries.

TABLA 18.6

Pareja 6

	McGraw Edison 1968	McGraw-Hill 1968
Cotización, a 31 de diciembre de 1968	37 5/8	39 3/4
Número de acciones ordinarias	13.717.000	24.200.000[a]
Valor de mercado de las acciones ordinarias	527.000.000$	962.000.000$
Deuda	6.000.000	53.000.000
Capitalización total a valor de mercado	533.000.000	1.015.000.000
Valor contable por acción	20,53$	5,00$
Ventas	568.600.000$	398.300.00$
Beneficios netos	33.400.000	26.200.000
Percibido por acción, 1968	2,44$	1,13$
Percibido por acción, 1963	1,20	0,66
Percibido por acción, 1958	1.02	0,46
Tasa de dividendo actual	1,40	0,70
Dividendos desde	1934	1937
Ratios:		
Precio / beneficios	15,5x	35,0x
Cotización / valor contable	183,0%	795,0%
Rendimiento por dividendo	3,7%	1,8%
Beneficio neto a ventas	5,8%	6,6%
Beneficios / valor contable	11,8%	22,6%
Activo circulante / pasivo circulante	3,95x	1,75x
Capital de explotación / deuda	grande	1,75x
Crecimiento de los beneficios por acción		
1968 en comparación con 1963	+104%	+71%
1968 en comparación con 1958	+139%	+146%

[a] Suponiendo la conversión de las acciones preferentes.

menos de una quinta parte de la cifra que había alcanzado dos años antes. Posteriormente, experimentó una buena recuperación, pero el máximo de 24 de mayo de 1971 seguía siendo únicamente el 60% del precio de cierre de 1968. McGraw Edison consiguió mejores resultados, bajando hasta 22 en 1970 y posteriormente recuperándose por completo hasta los 41,5 en mayo de 1971.*

* En la «debacle de mayo de 1970» a la que se refiere Graham, el mercado de acciones perdió un 5,5%. Desde finales de marzo hasta finales de junio de 1970, el índice S&P 500 perdió el 19% de su valor, uno de los peores resultados trimestrales de su trayectoria.

McGraw-Hill sigue siendo una empresa sólida y próspera. Sin embargo, la historia de su precio es un ejemplo, como podría serlo la de muchas otras empresas, de los riesgos especulativos a los que están expuestos tales acciones, que vienen provocados por Wall Street, a causa de sus indisciplinadas oleadas de optimismo y pesimismo.

Pareja 7: *National General Corp. (un gran conglomerado) y National Presto Industries (electrodomésticos variados, artillería)*

Estas dos empresas se prestan a la comparación principalmente porque son muy diferentes. Vamos a denominarlas «General» y «Presto». Hemos elegido el final de 1968 para nuestro estudio, porque las cancelaciones contables realizadas por General en 1969 hicieron que las cifras de ese año fuesen demasiado ambiguas. El año anterior no se pueden captar en todo su esplendor las extensas y variadas actividades de General, pero no obstante la empresa ya era un conglomerado formado por un número suficiente de actividades dispersas, se mirase como se mirase. La descripción condensada que aparecía en la *Guía de Acciones* decía lo siguiente: «Cadena de salas de teatro y cine repartidas por todo el país; producción de películas y programas de televisión; sociedad de préstamos y ahorros, edición de libros». A lo cual podríamos añadir, entonces o posteriormente, «seguros, banca de inversión, discos, edición musical, servicios informáticos, bienes inmobiliarios, y una participación del 35% en Performance Systems Inc. (que acaba de cambiar recientemente su razón social, que anteriormente era Minnie Pearl's Chicken Systems Inc.)». Presto también había seguido un programa de diversificación, pero en comparación con el de General era extraordinariamente modesto. En sus inicios fue el líder de las ollas a presión, y posteriormente se había ido introduciendo en el sector de otros electrodomésticos y productos para el hogar. En una expansión de su actividad hacia un campo radicalmente diferente, también aceptó una serie de contratos de artillería de la Administración de Estados Unidos.

En nuestra tabla 18.7 se resumen los datos de las empresas a finales de 1968. La estructura de capital de Presto era lo más simple que puede ser: nada salvo 1.478.000 acciones ordinarias de capital, que cotizaban en el mercado por un valor conjunto de 58 millones de dólares. En contraste, General tenía más del doble de acciones ordinarias de capital, más una emisión de acciones preferentes convertibles, más tres emisiones de certificados de opciones de suscripción de acciones que exigirían la emisión de enormes cantidades de acciones ordinarias, más una inmensa emisión de obligaciones convertibles (que se acababa de colocar a cambio del capital de una compañía de seguro), más una importante suma de obligaciones no convertibles. Todo esto acababa dando lugar a una capitalización de mercado de 534 millones de dólares, sin contar la inminente emisión de obligaciones convertibles, y de 750 millones de dólares contando dicha emisión. A pesar de la enormemente superior capitalización de National General, realmente había conseguido un volumen bruto de actividad sustancialmente inferior al de Presto en sus ejercicios fiscales, y únicamente había conseguido el 75% de los ingresos netos de Presto.

La determinación del *verdadero valor de mercado* de la capitalización ordinaria de General plantea un interesante problema para los analistas de valores y tiene importantes consecuencias para cualquier persona que esté interesada en las acciones de la empresa por cualquier motivo más serio que la mera apuesta de azar. El problema planteado por la relativamente pequeña acción preferente convertible de 4,5 dólares puede resolverse fácilmente suponiendo que se convertirá en acciones ordinarias, cuando estas últimas coticen a un nivel de mercado adecuado. Esto es lo que hemos hecho en la tabla 18.7. Sin embargo, las opciones de suscripción exigen un tratamiento diferente. Al calcular las cifras con criterios de «dilución íntegra», la empresa da por supuesto el ejercicio de todas las opciones, y la aplicación de los ingresos para retirar deuda, y además el uso del saldo para recomprar acciones ordinarias en el mercado. Estas hipótesis en la práctica no tuvieron ningún efecto sobre los beneficios por acción en el año natural 1968, que se declararon a un nivel de 1,51 dólares tanto antes como después de la dilución. Consideramos que este tratamiento es ilógico y poco realista. Como hemos visto, los *warrants* representan una parte del «lote de capital ordinario» y su valor de mercado forma parte del «valor de mercado efectivo» y de la parte de capital ordinario del capital. (Véase nuestra exposición de esta cuestión realizada en la página 443). Esta simple técnica de sumar el precio de mercado de los *warrants* al del capital ordinario tuvo un efecto radical en las cifras declaradas de National General a final de 1968, como se puede ver en los cálculos de la tabla 18.7. De hecho, el «verdadero precio de mercado» del capital ordinario resultó ser de más del doble de la cifra mencionada. Por lo tanto, el verdadero multiplicador de los beneficios de 1968 se duplica con creces, hasta la inherentemente absurda cifra de 69 veces. El valor total de mercado del «equivalente de capital ordinario» por lo tanto llega a ser 413 millones de dólares, más de tres veces el valor de los activos tangibles representados por dicho capital.

Estas cifras parecen más anómalas cuando se comparan con las de Presto. Uno se siente impulsado a preguntarse cómo es posible que Presto estuviese valorada únicamente a 6,9 veces sus beneficios actuales cuando el multiplicador de General era prácticamente 10 veces mayor. Todos los ratios de Presto son bastante satisfactorios, de hecho, la cifra de crecimiento es sospechosamente satisfactoria. Con esta indicación lo que queremos dar a entender es que indudablemente la empresa se estaba beneficiando de su sección armamentística, y que los accionistas deberían de estar preparados para sufrir algún tipo de retroceso en los beneficios cuando se recuperase la situación imperante en tiempos de paz. Sin embargo, en conjunto, Presto cumplía todos los requisitos que se pueden exigir a una inversión para tener consideración de sensata y con un precio razonablemente determinado, mientras que General tenía todos los rasgos distintivos del típico «conglomerado» de finales de la década de 1960, lleno de artimañas legales y de grandiosas maniobras, pero carente de valores sustanciales en los que apoyar la cotización de mercado.

Tabla 18.7

Pareja 7

	National General 1968	*National Presto Industries 1968*
Cotización, a 31 de diciembre de 1968	44 1/4	38 5/8
Número de acciones ordinarias	4.330.000[a]	1.478.000
Valor de mercado de las acciones ordinarias	192.000.000$	58.000.000$
Más valor de mercado de 3 emisiones de *warrants*	221.000.000	—
Valor total de acciones ordinarias y *warrants*	413.000.000	—
Valores prioritarios	121.000.000	—
Capitalización total a valor de mercado	534.000.000	58.000.000
Cotización de mercado de las acciones ordinarias ajustada para descontar el efecto de los *warrants*	98	—
Valor contable de las acciones ordinarias	31,50$	26,30$
Ventas e ingresos	117.600.000$	152.200.000$
Beneficios netos	6.121.000	8.206.000
Percibido por acción, 1968	1,42$ (diciembre)	5,61$
Percibido por acción, 1963	0,96 (septiembre)	1,03
Percibido por acción, 1958	0,48 (septiembre)	0,77
Tasa de dividendo actual	0,20	0,80
Dividendos desde	1964	1945
Ratios:		
Precio / beneficios	69,0x[b]	6,9x
Cotización / valor contable	310,0%	142,0%
Rendimiento por dividendo	0,5%	2,4%
Beneficio neto a ventas	5,5%	5,4%
Beneficios / valor contable	4,5%	21,4%
Activo circulante / pasivo circulante	1,63%	3,40%
Capital de explotación / deuda	0,21x	sin deuda
Crecimiento de los beneficios por acción		
1968 en comparación con 1963	+48%	+450%
1968 en comparación con 1960	+195%	+630%

[a] Suponiendo la conversión de las acciones preferentes.

[b] Ajustado para descontar el precio de mercado de los *warrants*.

Acontecimientos posteriores: General mantuvo su política de diversificación en 1969, con cierto incremento de su deuda. Sin embargo, tuvo que llevar a cabo una cancelación contable impresionante por valor de millones de dólares principalmente en el valor de su inversión en la operación de Minnie Pearl Chicken. Las cifras finales arrojaron una pérdida de 72 millones de dólares antes de la aplicación de un crédito fiscal, y de 46,4 millones de dólares después de la aplicación de dicho crédito. El precio de las acciones cayó hasta 16,5 en 1969, y después hasta un nivel tan bajo como 9 en 1970 (lo que suponía únicamente el 15% de su cotización máxima de 60 alcanzada en 1968). Los beneficios declarados de 1970 ascendieron a la cifra de 2,33 dólares por acción diluida, y la cotización se recuperó hasta 28,5 en 1971. National Presto aumentó sus beneficios por acción tanto en 1969 como en 1970, con lo que logró diez años de crecimiento ininterrumpido de los beneficios. No obstante, su precio retrocedió a 21,5 en la debacle de 1970. Se trata de una cifra interesante, ya que era menos de cuatro veces los últimos beneficios declarados, y menos del valor neto del activo representado por dicho capital en su momento. Posteriormente en 1971, descubriremos que la cotización de National Presto se encuentra en un nivel superior en el 60%, a 34, pero los ratios siguen siendo sorprendentes. El capital de explotación ampliado sigue siendo aproximadamente igual a la cotización actual, que a su vez es de únicamente 5,5 veces los últimos beneficios declarados. Si el inversor fuese capaz de encontrar acciones de diez empresas de este tipo, a efectos de diversificación, podría confiar en obtener unos resultados satisfactorios.*

Pareja 8: *Whiting Corp. (bienes de equipo de manipulación de materiales) y Willcox & Gibbs (pequeño conglomerado)*

Esta pareja son vecinos cercanos pero no colindantes en la lista de cotización de la American Stock Exchange. La comparación, que se muestra en la tabla 18.8A, le lleva a uno a preguntarse si Wall Steet es una institución racional. La empresa con menores ventas y beneficios, y con la mitad de los activos tangibles representados por su capital ordinario, cotizaba a cuatro veces el valor agregado de la otra. La empresa de mayor valor estaba a punto de declarar una gran pérdida después de la imputación de cargas especiales; y no había pagado un dividendo en trece años. La otra tenía un prolongado historial de satisfacto-

* National Presto sigue siendo una empresa que cotiza en bolsa. National General fue adquirida en 1974 por otro conglomerado controvertido, American Financial Group, que en diversos momentos ha llegado a tener participaciones en televisión por cable, banca, bienes inmuebles, fondos de inversión, seguros y bananas. AFG también es el lugar en donde descansan los restos de algunos de los activos de Penn Central Corp. (Véase el capítulo 17).

TABLA 18.8A

Pareja 8

	Whiting 1969	*Willcox & Gibbs 1969*
Cotización, a 31 de diciembre de 1969	17¾	15½
Número de acciones ordinarias	570.000	2.381.000
Valor de mercado de las acciones ordinarias	10.200.000%	36.900.000$
Deuda	1.000.000	5.900.000
Acciones preferentes	—	1.800.000
Capitalización total a valor de mercado	11.200.000$	44.600.000$
Valor contable por acción	25,39$	3,29$
Ventas	42.200.000$ (octubre)	29.000.000$ (diciembre)
Beneficios netos antes de partidas especiales	1.091.000	347.000
Beneficios netos después de partidas especiales	1.091.000	*déf. 1.639.000*
Percibido por acción, 1969	1,91$ (octubre)	0,08[a]$
Percibido por acción, 1964	1,90 (abril)	0,13
Percibido por acción, 1959	0,42 (abril)	0,13
Tasa de dividendo actual	1,50	—
Dividendos desde	1954	(cero desde 1957)
Ratios:		
Precio / beneficios	9,3x	muy grande
Cotización / valor contable	70,0%	470,0%
Rendimiento por dividendo	8,4%	—
Beneficio neto a ventas	3,2%	0,1%[a]
Beneficios / valor contable	7,5%	2,4%[a]
Activo circulante / pasivo circulante	3,0x	1,55x
Capital de explotación / deuda	9,0x	3,6x
Crecimiento de los beneficios por acción		
1969 en comparación con 1964	a la par	descenso
1969 en comparación con 1959	+354%	descenso

[a] Antes de cargas especiales. *déf.*: déficit.

rios beneficios, había pagado dividendos de manera continuada desde 1936 y actualmente estaba ofreciendo uno de los mayores rendimientos por dividendo de toda la lista de cotización de acciones. Para destacar aún más la disparidad de los resultados de las dos empresas nos permitimos añadir, en la tabla 18.8B, el historial de beneficios y precios de 1961 a 1970.

TABLA 18.8B

Historial de cotización y beneficios de diez años de Whiting y Willcox & Gibbs

	Whiting Corp.		*Willcox & Gibbs*	
Año	Percibido por acción[a]	Banda de cotización	Percibido por acción	Banda de cotización
1970	1,81$	22 1/2-16 1/4	0,34$	18 1/2-4 1/2
1969	2,63	37-17 3/4	0,05	20 5/8-8 3/4
1968	3,63	43 1/8-28 1/4	0,35	20 1/8-8 1/3
1967	3,01	36 1/2-25	0,47	11-4 3/4
1966	2,49	30 1/4-19 1/4	0,41	8-3 3/4
1965	1,90	20-18	0,32	10 0/8-6 1/8
1964	1,53	14-8	0,20	9 1/2-4 1/2
1963	0,88	15-9	0,13	14-4 3/4
1962	0,46	10-6 1/2	0,04	19 3/4-8 1/4
1961	0,42	12 1/2-7 3/4	0,03	19 1/2-10 1/2

[a] Ejercicio concluido después del 30 de abril.

La historia de estas dos empresas arroja una interesante luz sobre la evolución de las empresas de medianas dimensiones en Estados Unidos, en contraste con la de las empresas de mucho mayor volumen que han aparecido principalmente en estas páginas. Whiting fue constituida como entidad con personalidad jurídica en 1896, y por lo tanto su historia se remonta por lo menos 75 años. Parece que se ha mantenido bastante fiel a su actividad de manipulación de materiales, y que ha tenido bastante éxito con ella a lo largo de las décadas. Willcox & Gibbs se remonta aún más en el tiempo, hasta 1866, y hace tiempo fue conocido en su sector como destacado fabricante de máquinas de coser industriales. Durante la última década adoptó una política de diversificación que aparentemente sigue unos criterios bastante extravagantes. Por una parte, tiene un número extraordinariamente grande de sociedades filiales (por lo menos 24), que se dedican a fabricar una asombrosa variedad de productos, pero, por otra parte, todo el conglomerado tiene un volumen rayano en lo ridículamente pequeño según los criterios habituales en Wall Street.

La evolución de los beneficios de Whiting es bastante característica de las empresas mercantiles americanas. Sus cifras muestran un crecimiento firme y bastante espectacular, desde los 41 centavos por acción de 1960 hasta los 3,63 dólares en 1968. No obstante, esas cifras no ofrecían garantía alguna de que ese crecimiento fuera a prolongarse indefinidamente en el futuro. El ulterior declive hasta únicamente 1,77 dólares correspondiente a los 12 meses concluidos en enero de 1971 puede haber sido reflejo simplemente de una ralentización de la economía general. Sin embargo, la cotización de las acciones experimentó una severa reacción, desplomándose aproximadamente el 60% desde su punto máximo de 1968 (43,5) hasta la cifra de cierre de 1969. Nuestro análisis indicaría que las acciones representaban una inversión sensata y atractiva de empresa de segundo orden, adecuada para el inversor emprendedor como parte de un grupo de este tipo de empresas.

Evolución posterior: Willcox & Gibbs sufrió una pequeña pérdida de explotación en 1970. Su cotización se redujo drásticamente hasta un mínimo de 4,5, recuperándose, siguiendo la pauta habitual, hasta el 9,5 en febrero de 1971. Resultaría difícil justificar ese precio con arreglo a datos estadísticos. Whiting también sufrió un retroceso relativamente pequeño, hasta 16,75 en 1970. (A ese precio cotizaba aproximadamente únicamente por el valor del activo circulante que las acciones tenían a su disposición). Sus beneficios se mantuvieron al nivel de 1,85 dólares por acción hasta julio de 1971. A principios de 1971 la cotización de las acciones subió hasta 24,5, nivel que parecía suficientemente razonable, pero que había dejado de ser una «ocasión» con arreglo a nuestros criterios.*

Observaciones generales

Las acciones que se han utilizado en estas comparaciones han sido elegidas con una cierta predisposición maliciosa, y por lo tanto no se puede considerar que presenten una muestra transversal aleatoria del listado de acciones cotizadas. Además, se limitan a la sección industrial, y las importantes áreas de las concesionarias de servicios y suministros públicos, empresas de transportes y empresas financieras no aparecen reflejadas en las comparaciones. Sin embargo, la comparación se ha realizado entre empresas suficientemente diferentes desde el punto de vista del tamaño, la línea de actividad y los aspectos cualitativos y cuantitativos, por lo que puede transmitir una idea razonable de las opciones a las que tiene que hacer frente el inversor que decida adentrarse en el terreno de las acciones ordinarias.

Las relaciones entre el precio y el valor indicado también han diferido en gran medida de un caso a otro. En su mayor parte, las empresas que tenían un mejor his-

---

* Whiting Corp. terminó siendo una filial de Wheelabrator-Frye, pero dejó de cotizar en bolsa en 1983. Willcox & Gibbs pertenece en la actualidad a Group Rexel, un fabricante de equipos eléctricos que es una división del grupo francés Pinault-Printemps-Redoute Group. Las acciones de Rexel se negocian en la Bolsa de París.

torial de crecimiento y una mayor rentabilidad han cotizado con multiplicadores superiores de los beneficios actuales, lo que es absolutamente razonable en general. Si los diferenciales específicos en los ratios precio / beneficios están «justificados» por los hechos, o si van a ser ratificados por la evolución futura, es una cuestión a la que no se puede dar una respuesta con confianza. Por otra parte, en estas comparaciones ha habido bastantes casos en los que ha sido posible llegar a un juicio razonable. Entre ellos estaban prácticamente todos los casos en los que se ha producido una gran actividad de mercado en empresas cuya solidez subyacente era cuestionable. Las acciones de esas empresas no sólo eran especulativas, lo que significa que eran inherentemente arriesgadas, sino que además en numerosas ocasiones también se encontraban evidente y manifiestamente sobrevaloradas. Otras acciones parecían valer mucho más que su cotización, y aparentemente habían sido víctimas de la actitud opuesta por parte del mercado, lo que podríamos llamar «infraespeculación», o de un pesimismo injustificado a causa de una reducción de los beneficios.

En la tabla 18.9 ofrecemos algunos datos de las fluctuaciones de precio de las acciones de las que hemos hablado en este capítulo. La mayor parte de ellas

TABLA 18.9

Algunas fluctuaciones de cotización de 16 acciones ordinarias (ajustadas para descontar el efecto de los desdoblamientos de acciones hasta 1970)

	Banda de cotización 1936-1970	*Declive entre 1961 y 1962*	*Declive entre 1968-1969 y 1970*
Air Products & Chemicals	1 3/8-49	43 1/4-21 5/8	49-31 3/8
Air Reduction	9 3/8-45 3/4	22 1/2-12	37-16
American Home Products	7/8-72	44 3/4-22	72-51 1/8
American Hospital Supply	3/4-47 1/2	11 5/8-5 3/4	47-26 3/4[a]
H & R Block	1/4-68 1/2	—	68 1/2-37 1/8[a]
Blue Bell	8 3/4-55	25-16	44 3/4-26 1/2
International Flavors & Fragrances	4 3/4-67 1/2	8-4 1/2	66 3/8-44 7/8
International Harvester	6 1/4-53	28 3/4-19 1/4	38 3/4-22
McGraw Edison	1 1/4-46 1/4	24 3/8-14[b]	44 3/4-21 5/8
McGraw-Hill	1/8-56 1/2	21 1/2-9 1/8	54 5/8-10 1/4
National General	3 5/8-60 1/2	14 7/8-4 3/4[b]	60 1/2-9
National Presto Industries	1/2-45	20 5/8-8 1/4	45-21 1/2
Real Estate Investment Trust	10 1/2-30 1/4	25 1/8-15 1/4	30 1/4-16 3/8
Realty Equities de Nueva York	3 3/4-47 3/4	6 7/8-4 1/2	37 3/4-2
Whiting	2 7/8-43 3/8	12 1/2-6 1/2	43 3/8-16 3/4
Willcox & Gibbs	4-20 5/8	19 1/2-8 1/4	20 3/8-4 1/2

[a] Tanto el máximo como el mínimo en 1970.

[b] Entre 1959 y 1960.

TABLA 18.10

Grandes fluctuaciones en períodos de un año de duración de McGraw-Hill, 1958-1971[a]

Desde	*Hasta*	*Subidas*	*Bajadas*
1958	1959	39-72	
1959	1960	54-$109\frac{3}{4}$	
1960	1961	$21\frac{3}{4}$-$43\frac{1}{8}$	
1961	1962	$18\frac{1}{4}$-$32\frac{1}{4}$	$43\frac{1}{8}$-$18\frac{1}{4}$
1963	1964	$23\frac{3}{8}$-$38\frac{7}{8}$	
1964	1965	$28\frac{3}{8}$-61	
1965	1966	$37\frac{1}{2}$-$79\frac{1}{2}$	
1966	1967	$54\frac{1}{2}$-112	
1967	1968		$56\frac{1}{4}$-$37\frac{1}{2}$
1968	1969		$54\frac{5}{8}$-24
1969	1970		$39\frac{1}{2}$-10
1970	1971	10-$24\frac{1}{8}$	

[a] Precios no ajustados para descontar el efecto del desdoblamiento de acciones.

han sufrido grandes retrocesos entre 1961 y 1962, y una vez más, en 1969 y 1970. Evidentemente, el inversor debe estar preparado para este tipo de oscilación negativa del mercado en los futuros mercados de capital. En la tabla 18.10 mostramos las fluctuaciones de año en año de las acciones ordinarias de McGraw-Hill durante el período 1958–1970. Se podrá apreciar que en cada uno de los últimos 13 años el precio ha subido o ha bajado en una banda de por lo menos tres a dos de un año al siguiente. (En el caso de National General, se apreciarán fluctuaciones de una amplitud por lo menos similar, tanto al alza como a la baja, en cada período de dos años).

A la hora de estudiar la lista de acciones para encontrar material para este capítulo nos volvimos a quedar impresionados por las grandes diferencias existentes entre los objetivos habituales del análisis de valores y los que nosotros consideramos fiables y remuneradores. La mayor parte de los analistas de valores tratan de elegir los títulos que vayan a dar una mejor imagen de ellos en el futuro, principalmente desde el punto de vista de la evolución en el mercado, pero considerando también la evolución de los beneficios. Nos mostramos francamente escépticos sobre que ese objetivo pueda alcanzarse con resultados satisfactorios. Nosotros preferiríamos que el trabajo del analista consistiese, al contrario, en tratar de identificar los casos excepcionales o minoritarios en los que pueda llegar a una valoración razonablemente fiable de que el precio está muy por debajo del valor. Debería ser capaz de realizar este trabajo con un nivel de experiencia suficiente para alcanzar resultados medios satisfactorios a lo largo de los años.

Comentario al capítulo 18

Lo que fue, será; lo que se ha hecho es lo que se hará; no hay nada nuevo bajo el sol. Todo aquello de lo que se diga esto es nuevo ya habrá existido en el pasado, antes de nosotros.

Eclesiastés I, 9-10

Actualicemos la clásica exposición de ocho pares de empresas realizada por Graham, utilizando la misma técnica de comparación y contraste de la que fue pionero en sus clases en la Columbia Business School y en el New York Institute of Finance. Hay que tener en cuenta que estos resúmenes exponen la situación de estas empresas únicamente en los momentos indicados. Las acciones que están baratas pueden llegar a estar sobrevaloradas en un momento posterior; las acciones caras pueden abaratarse. En algún momento de su vida, prácticamente todas las acciones son una ocasión; en otro momento serán caras. Aunque existen buenas y malas empresas, no se puede hablar con propiedad de buenas acciones; sólo existen buenos precios de acciones, que van y vienen.

Pareja 1: Cisco y Sysco

El 27 de marzo de 2000, Cisco Systems Inc. se convirtió en la empresa más valiosa de la tierra, ya que su capitalización en la bolsa llegó a ser de 548.000 millones de dólares de valor total. Cisco, que fabrica aparatos que dirigen los datos por Internet, había colocado sus acciones en bolsa por primera vez hacía sólo diez años. Si hubiese comprado acciones de Cisco en su oferta pública inicial y las hubiese conservado, habría obtenido una ganancia que parecería un error tipográfico cometido por un demente: 103.697%, o lo que es lo mismo una media de rentabilidad anual del 217%. Durante sus cuatro trimestres fiscales anteriores, Cisco había obtenido unos ingresos de 14.900 millones de dólares y 2.500 millones de dólares de beneficio. Sus acciones cotizaban a 219 veces sus beneficios, uno de los mayores PER atribuidos a una gran empresa en toda la historia.

También estaba Sysco Corp., que se dedicaba al suministro de alimentación para cocinas industriales y de instituciones, y que llevaba 30 años cotizando en bolsa. Durante sus cuatro últimos trimestres fiscales, el menú de Sysco había contenido 17.700 millones de dólares en ingresos, casi un 20% más que Cisco, pero «únicamente» 457 millones de beneficios netos. Con un valor de mercado de 11.700 millones de dólares, las acciones de Sysco cotizaban a un ratio de 26, muy por debajo de la media de mercado de 31.

En un juego de asociación de ideas con un inversor típico habría pasado más o menos lo siguiente:

P: ¿Qué es lo primero que le viene a la mente cuando menciono Cisco Systems?
R: Internet... la industria del futuro... gran acción... tremenda revalorización... ¿Puedo comprar más acciones, por favor, antes de que suban aún más?
P: ¿Qué me dice de Sysco Corp.?
R: Camiones de reparto... puré de verdura... filetes rusos... pastelillos de carne... comida de colegio... comida de hospital... no gracias, se me ha quitado el apetito.

Está demostrado que las personas suelen asignar un valor mental a las acciones basándose principalmente en las imágenes emocionales que les evocan los nombres de las empresas.[1] Sin embargo, el inversor inteligente siempre busca más allá. Esto es lo que un examen escéptico de los estados financieros de Cisco y Sysco habría encontrado:

— Buena parte del crecimiento de Cisco tanto en ingresos como en beneficios provenía de adquisiciones. Únicamente desde septiembre, Cisco había desembolsado 10.200 millones de dólares para comprar otras 11 empresas. ¿Cómo era posible aunar tan rápidamente a tantas empresas?[2] Además, prácticamente un tercio de los beneficios obtenidos por Cisco

---

[1] Pregúntese las acciones de qué empresa tienen probabilidades de subir más: las de una empresa que ha descubierto un remedio para un tipo poco frecuente de cáncer, o las de una empresa que ha descubierto una nueva manera de eliminar un tipo común de residuos. El remedio para el cáncer suena más interesante para la mayoría de los inversores, pero una nueva forma de eliminar la basura probablemente sirva para ganar más dinero. Véase Paul Slovic, Melissa Finucane, Ellen Peters y Donald G. MacGregor, «The Affect Heuristic», en Thomas Gilovich, Dale Griffin y Daniel Kahneman, eds., *Heuristics and Biases: The Psychology of Intuitive Judgment* (Cambridge University Press, Nueva York, 2002), págs. 397–420, y Donald G. MacGregor, «Imagery and Financial Judgment», *The Journal of Psychology and Financial Markets*, vol. 3, nº. 1, 2002, págs. 15–22.

[2] Las «adquirentes en serie» que crecen principalmente mediante la adquisición de otras empresas, casi siempre terminan mal en Wall Street. Véase el comentario al capítulo 17 en el que se ofrecen más detalles.

durante los seis meses anteriores no habían provenido de su actividad empresarial, sino de exenciones fiscales sobre opciones de acciones ejercitadas por sus ejecutivos y empleados. Además, Cisco había ganado 5.800 millones de dólares vendiendo «inversiones», y después había comprado 6.000 millones de dólares más. ¿Qué era Cisco en realidad: una empresa de Internet o un fondo de inversión? ¿Qué pasaría si esas «inversiones» dejaban de subir?

— Sysco también había adquirido varias empresas durante el mismo período de tiempo, pero únicamente había pagado aproximadamente 130 millones de dólares. Las opciones de acciones concedidas a los que trabajaban en Sysco únicamente representaban el 1,5% de las acciones en circulación, en comparación con el 6,9% de Cisco. Si esas personas liquidaban sus opciones, los beneficios por acción de Sysco se diluirían mucho menos que los de Cisco. Sysco, además, había elevado su dividendo trimestral de nueve a diez centavos por acción; Cisco no pagaba dividendo.

Por último, como destacaba el catedrático de finanzas de Wharton, Jeremy Siegel, ninguna empresa tan grande como Cisco había sido nunca capaz de crecer lo suficientemente rápido para justificar un PER superior a 60, por no hablar de uno superior a 200.[3] Cuando una empresa se convierte en un gigante, su crecimiento tiene que ralentizarse, ya que de lo contrario acabaría comiéndose todo el mundo. El gran cómico estadounidense Ambrose Bierce acuñó el término «incomposible» para referirse a dos cosas que se pueden concebir por separado, pero que no pueden coexistir simultáneamente. Una empresa puede ser gigantesca, o puede merecer un PER gigantesco, pero ambas cosas juntas son incomposibles.

La gigantesca Cisco no tardó mucho en descarrilar. En primer lugar, en 2001, se produjo una «carga» de 1.200 millones de dólares para «reestructurar» algunas de esas adquisiciones. Durante los dos años siguientes, se filtraron 1.300 millones de dólares de pérdidas en esas «inversiones». Desde 2000 hasta 2002, las acciones de Cisco perdieron prácticamente tres cuartos de su valor. Sysco, mientras tanto, siguió sirviendo beneficios, y la acción se revalorizó un 56% durante ese período (véase la figura 18.1).

Pareja 2: Yahoo! y Yum!

El 30 de noviembre de 1999, las acciones de Yahoo! Inc. cerraron a 212,75 dólares, con una subida del 79,6% desde el inicio del año. Para el 7 de diciembre, las acciones habían llegado a 348 dólares, una subida del 63,6% en cinco días de negociación. Yahoo! siguió disparándose hasta el cierre del ejercicio, y

---

[3] Jeremy Siegel, «Big-Cap Tech Stocks are a Sucker's Bet», *Wall Street Journal*, 14 de marzo de 2000 (disponible en www.jeremysiegel.com).

FIGURA 18.1

Cisco vs. Sysco

	2000	*2001*	*2002*
Cisco			
Rendimiento total (%)	-28,6	-52,7	-27.7
Beneficios netos (millones de dólares)	2.668	-1.014	1.893
Sysco			
Rendimiento total (%)	53,5	-11,7	15,5
Beneficios netos (millones de dólares)	446	597	680

Nota: Rendimientos totales del año natural; beneficios netos del ejercicio fiscal.
Fuente: www.morningstar.com

cerró a 432,687 dólares el 31 de diciembre. En un único mes, la cotización se multiplicó por más de dos, ganando aproximadamente 58.000 millones de dólares para llegar a un valor total de mercado de 114.000 millones de dólares.[4]

En los cuatro trimestres anteriores, Yahoo! había conseguido 433 millones de dólares de ingresos y 34,9 millones de dólares de beneficio neto. Por lo tanto, las acciones de Yahoo! estaban cotizando a 363 veces sus ingresos y a 3.264 veces sus beneficios. (Hay que recordar que un PER muy superior a 25 hacía que Graham frunciera el ceño).[5]

¿Por qué se estaba disparando la cotización de Yahoo!? Después de que el mercado cerrase el 30 de noviembre, Standard & Poor's anunció que iba a incorporar a Yahoo! a su índice S&P 500 a partir del 7 de diciembre. La entrada en el índice haría que Yahoo! fuese una adquisición obligatoria para los fondos de índices y otros grandes inversores, y esa repentina subida de la demanda iba a provocar, con certeza, que la cotización de la acción subiese aún más, por lo menos temporalmente. Teniendo en cuenta que aproximadamente el 90% de las acciones de Yahoo! estaban en manos de sus empleados, las firmas de capital riesgo y otros accionistas restringidos, sólo flotaban en el mercado unas pocas acciones. Por lo tanto, miles de personas se lanzaron a comprar las acciones únicamente porque sabían que otras personas tendrían que comprarlas, y el precio no era un obstáculo.

---

[4] Se produjo un desdoblamiento de las acciones de Yahoo! dos por uno en febrero del año 2000; las cotizaciones que se ofrecen en este gráfico no están ajustadas para descontar el efecto del desdoblamiento para mostrar los niveles a los cuales se negociaban las acciones en realidad. No obstante, el rendimiento porcentual de Yahoo! que se cita en este gráfico, sí refleja el desdoblamiento.

[5] Teniendo en cuenta el efecto de las adquisiciones, los ingresos de Yahoo! fueron de 464 millones de dólares. Graham critica los PER elevados en los capítulo 7 y 11 (y en otros lugares).

FIGURA 18.2

Yahoo! vs. Yum!

	2000	2001	2002
Yahoo!			
Rendimiento total (%)	-86,1	-41,0	-7,8
Beneficios netos (millones de dólares)	71	-93	43
Yum!			
Rendimiento total (%)	-14,6	49,1	-1,5
Beneficios netos (millones de dólares)	413	492	583

Notas: Rendimientos totales del año natural; beneficios netos del ejercicio fiscal. Los beneficios netos de Yahoo! de 2002 incluyen el efecto del cambio de los principios de contabilidad.
Fuentes: www.morningstar.com

Mientras tanto, Yum! tenía que mendigar. Una antigua división de PepsiCo que gestionaba miles de restaurantes Kentucky Fried Chicken, Pizza Hut y Taco Bell, Yum! había conseguido unos ingresos de 8.000 millones de dólares durante los cuatro trimestres pasados, y había conseguido unos beneficios de 633 millones de dólares con esos ingresos, lo que suponía multiplicar por 17 el tamaño de Yahoo!. Sin embargo, el valor de mercado de las acciones de Yum! al cierre del ejercicio era de únicamente 5.900 millones de dólares, o lo que es lo mismo, sólo una diecinueveava parte de la capitalización de Yahoo! A ese precio, las acciones de Yum! cotizaban levemente por encima de nueve veces sus beneficios, y únicamente al 73% de sus ingresos.[6]

Como le gustaba decir a Graham, a corto plazo el mercado es una máquina de votar, pero a largo plazo es una máquina de pesar. Yahoo! ganó el concurso de popularidad a corto plazo. Sin embargo, a la larga, son los beneficios lo que importa, y Yahoo! casi no consiguió ninguno. Cuando el mercado dejó de votar y empezó a pesar, la balanza se inclinó a favor de Yum! Sus acciones subieron el 25,4% desde 2000 hasta 2002, mientras que Yahoo! tuvo una pérdida acumulada del 92,4%.

Pareja 3: Commerce One y Capital One

En mayo de 2000, Commerce One únicamente había cotizado en el mercado desde el anterior mes de julio. En su primera memoria anual, la empresa

[6] Yum! era conocida en aquella época como Tricon Global Restaurants, Inc., aunque su símbolo de cotización era YUM. La empresa cambió oficialmente su nombre por el de Yum! Brands, Inc. en mayo de 2002.

(que diseñaba «bolsas o mercados de cambios» de Internet para los departamentos de compras empresariales) declaró un activo de únicamente 385 millones de dólares y una pérdida neta de 63 millones de dólares sobre unos ingresos totales que ascendían únicamente a 34 millones de dólares. Las acciones de esta minúscula empresa habían experimentado una subida de casi un 900% desde su oferta pública inicial, y habían alcanzado una capitalización total de mercado de 15.000 millones de dólares. ¿Estaba sobrevalorada? «Sí, tenemos una gran capitalización de mercado», reconoció el consejero delegado de Commerce One, Mark Hoffman, encogiéndose de hombros en una entrevista. «Sin embargo, tenemos un gran mercado para actuar. Estamos apreciando una enorme demanda... los analistas esperan que tengamos unos ingresos de 140 millones de dólares este año. En el pasado hemos superado las expectativas».

De la respuesta de Hoffman se pueden extraer dos conclusiones:

— Dado que Commerce One ya perdía 2 dólares por cada dólar de ventas, si cuadruplicaba sus ingresos (como «esperaban los analistas») ¿no perdería dinero de forma aún más masiva?
— ¿Cómo era posible que Commerce One hubiese superado las expectativas «en el pasado»? ¿Qué pasado?

Hoffman estaba preparado para dar respuesta a la pregunta de si su empresa podría tener beneficios alguna vez: «No cabe ninguna duda que podemos conseguir que esto sea un negocio rentable. Tenemos planes para llegar a ser rentables en el cuarto trimestre de 2001, un año en el que los analistas consideran que tendremos más de 250 millones de dólares de ingresos».

Aquí vuelven esos analistas otra vez. «Me gusta Commerce One a estos niveles porque está creciendo más rápidamente que Ariba [un competidor cuyas acciones también cotizaban aproximadamente a 400 veces sus ingresos]», dijo Jeannette Sing, una analista del banco de inversiones Wasserstein Perella. «Si mantienen este ritmo de crecimiento, Commerce One estará cotizando a 60 o 70 veces sus ventas en 2001». (En otras palabras, soy capaz de citar el nombre de una empresa cuyas acciones están más sobrevaloradas que las de Commerce One, por lo tanto Commerce One está barata).[7]

En el otro extremo se encontraba Capital One Financial Corp., que se dedicaba a emitir tarjetas de crédito de Visa y MasterCard. Desde julio de 1999 hasta mayo de 2000, la cotización de sus acciones había perdido el 21,5%. Sin embargo, Capital One tenía activos totales por valor de 12.000 millones de dólares y había conseguido unos beneficios de 363 millones de dólares en 1999, una subida del 32% respecto del año anterior. Con un valor de mercado de aproximadamente 7.300 millones de dólares, las acciones cotizaban a 20 veces los beneficios netos de Capital One. Era posible que no todo fuese bien en Capital One, la

---

[7] Véase «CEO Speaks» y «The Bottom Line», *Money*, mayo de 2000, págs. 42–44.

empresa había incrementado muy poco sus reservas para préstamos fallidos, aunque la proporción de impagados y fallidos suele aumentar mucho en las recesiones, pero el precio de sus acciones reflejaba por lo menos un cierto nivel de riesgo de problemas potenciales.

¿Que pasó a continuación? En 2001 Commerce One generó 409 millones de dólares de ingresos. Por desgracia, incurrió en una pérdida neta de 2.600 millones de dólares, o lo que es lo mismo, 10,30 dólares de tinta roja por acción, sobre esos ingresos. Capital One, por su parte, consiguió unos beneficios netos de casi 2.000 millones de dólares desde el año 2000 hasta el año 2002. La cotización de sus acciones bajó el 38% durante esos tres años, una evolución que no es peor que la seguida por el mercado en conjunto. Commerce One, sin embargo, perdió el 99,7% de su valor.[8]

En vez de escuchar a Hoffman y a sus analistas falderos, los operadores deberían haber hecho caso a la sincera advertencia que aparecía en la memoria anual de 1999 de Commerce One: «Nunca hemos conseguido beneficios. Esperamos incurrir en pérdidas netas durante el futuro previsible, y es posible que nunca lleguemos a tener beneficios».

Pareja 4: Palm y 3Com

El 2 de marzo del año 2000, la empresa de conexiones de datos 3Com Corp. colocó el 5% de su filial Palm, Inc. en el mercado. El 95% restante del capital de Palm sería escindido a los accionistas de 3Com en los siguientes meses; por cada acción de 3Com que tuviesen en cartera, los inversores recibirían 1,525 acciones de Palm.

Por lo tanto, había dos formas de conseguir 100 acciones de Palm: abriéndose paso a codazos en la oferta pública inicial, o comprando 66 acciones de 3Com y esperando hasta que la sociedad matriz distribuyese el resto del capital de 3Com. Al recibir una acción y media de Palm por cada acción de 3Com, se obtendrían 100 acciones de la nueva empresa y se seguirían teniendo 66 acciones de 3Com.

Pero, ¿quién quería esperar unos cuantos meses? Mientras que 3Com tenía severos problemas para competir con gigantes como Cisco, Palm era el líder del interesantísimo espacio de los asistentes personales digitales. Por lo tanto, las acciones de Palm se dispararon desde su precio de oferta inicial de 38 dólares hasta cerrar a 95,06 dólares, una rentabilidad del 150% en el primer día de cotización. Eso arrojaba una valoración de Palm a más de 1.350 veces sus beneficios de los 12 meses anteriores.

---

[8] A principios de 2003, el director financiero de Capital One dimitió después de que las autoridades supervisoras del mercado de valores revelasen que podían acusarle de infracciones de las normas para evitar el abuso de información privilegiada.

Ese mismo día, las acciones de 3Com bajaron de cotización desde 104,13 dólares hasta 81,81 dólares. ¿En qué punto de cotización debería haber cerrado 3Com aquel día, teniendo en cuenta la cotización de Palm? Los cálculos son simples:

— Cada acción de 3Com daba derecho a recibir 1,525 acciones de Palm.
— Cada acción de Palm había cerrado a 95,06 dólares.
— 1,525 x 95,06 dólares = 144,97 dólares.

Eso es lo que valían las acciones de 3Com basándose únicamente en su participación en Palm. Por lo tanto, con la cotización de 81,81 dólares, los operadores estaban afirmando que todas las demás actividades empresariales de 3Com, combinadas, tenían un valor negativo de 63,16 dólares por acción, o un total de *menos 22.000 millones de dólares*. Raramente en la historia ha habido una acción cuyo precio estuviese determinado de forma más estúpida.[9]

FIGURA 18.3

A punto de palmar

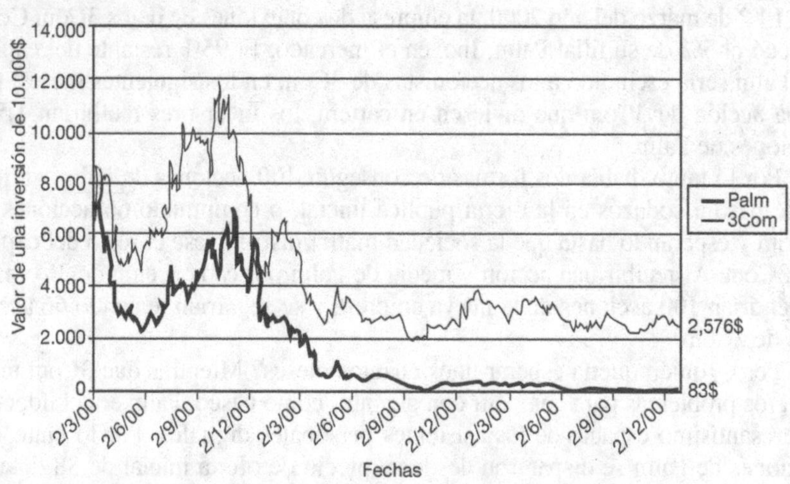

Fuente: www.morningstar.com

[9] Si se desea un análisis más exhaustivo de este increíble acontecimiento, véase Owen A. Lamont y Richard H. Thaler, «Can the Market Add and Subtract?», National Bureau of Economic Research documento de trabajo nº 8302, en www.nber.org/papers/w8302.

No obstante, había una trampa: de la misma manera que 3Com no valía realmente menos 22.000 millones de dólares, Palm tampoco valía realmente 1.350 veces sus beneficios. Para finales de 2002, las cotizaciones de las dos acciones estaban sufriendo la recesión de la alta tecnología, pero fueron los accionistas de Palm los que se llevaron la peor parte, porque habían prescindido de cualquier sentido común al comprar sus acciones (ver figura 18.3).

Pareja 5: CMGI y CGI

El año 2000 comenzó de la mejor de las maneras posibles para CMGI Inc., ya que la cotización de sus acciones ascendió hasta 163,22 dólares el 3 de enero, es decir, una subida del 1.126% de su cotización del año anterior. La empresa, una «incubadora de Internet», financiaba y adquiría firmas emprendedoras de diversas actividades *online*, entre las que habían estado las estrellas iniciales theglobe.com y Lycos.[10]

En el ejercicio fiscal 1998, durante el cual sus acciones pasaron de 98 centavos a 8,52 dólares, CMGI gastó 53,8 millones de dólares en adquirir participaciones totales o parciales en empresas de Internet. En el ejercicio fiscal 1999, durante el cual sus acciones se dispararon, pasando de 8,52 dólares a 46,09 dólares, CMGI desembolsó 104,7 millones de dólares. En los cinco últimos meses de 1999 sus acciones se dispararon hasta 138,44 dólares, y CMGI gastó 4.100 millones de dólares en adquisiciones. Prácticamente todo el «dinero» era la divisa particular recién acuñada de la empresa: sus acciones ordinarias, que en aquel momento estaban valoradas en un total de más de 40.000 millones de dólares.

Era una especie de tiovivo mágico del dinero. Cuanto más subían las acciones de CMGI, más podía gastarse en compras. Cuanto más se gastaba en compras CMGI, más subían sus acciones. En primer lugar, las acciones subían ante el rumor de que CMGI pudiese adquirirlas; después, cuando CMGI ya las había adquirido, sus propias acciones subían de cotización porque era propietaria de las otras acciones. A nadie le importaba que CMGI hubiese perdido 127 millones de dólares en sus actividades de explotación durante el último ejercicio tributario.

Al sur, en Webster, Massachusetts, a unos 100 kilómetros de la sede central de CMGI en Andover, estaba la oficina central de Commerce Group Inc. CGI era todo lo que CMGI no era: se dedicaba a los seguros de automóviles, que comercializaba principalmente entre los conductores de Massachusetts, y sus

[10] CMGI cobró vida empresarial como College Marketing Group, que vendía información sobre profesores y cursos universitarios a editoriales académicas, una actividad que tenía una remota, a la vez que perturbadora, similitud con la de National Student Marketing, que Graham expuso en la pág. 258.

acciones suscitaban muy poco interés, y además la empresa operaba en un sector anticuado. Su cotización perdió el 23% en 1999, aunque sus beneficios netos, que ascendieron a 89 millones de dólares únicamente quedaron el 7% por debajo del nivel de los de 1998. CGI llegó incluso a pagar un dividendo de más del 4% (CMGI no pagaba dividendo). Con un valor de mercado total de 870 millones de dólares, las acciones de CGI cotizaban a menos de 10 veces los beneficios que obtendría la empresa durante 1999.

Y de pronto, súbitamente, la situación cambió por completo. El tiovivo mágico del dinero de CMGI se detuvo de forma repentina: sus acciones punto com dejaron de subir, y después cayeron en picado. Al no ser capaz de venderlas obteniendo beneficio, CMGI tuvo que imputar la pérdida de valor de las acciones como recorte de beneficio. La empresa perdió 1.400 millones de dólares en el año 2000, 5.500 millones de dólares en el año 2001, y casi 500 millones de dólares más en el año 2002. La cotización de sus acciones pasó de 163,22 dólares a principios de 2000 a 98 centavos a finales de 2002, lo que supone una pérdida del 99,4%. La aburrida y vieja CGI, sin embargo, siguió produciendo beneficios firmemente, y sus acciones subieron el 8,5% en el año 2000, el 43,6% en el año 2001, y el 2,7% en el año 2002, un beneficio acumulado del 60%.

Pareja 6: Ball y Stryker

Entre el 9 de julio y el 23 de julio de 2002, las acciones de Ball Corp. sufrieron un retroceso en su cotización, pasando de 43,69 dólares a 33,48 dólares, un recorte del 24% que dejó a la empresa con un valor de 1.900 millones de dólares. Durante esas mismas dos semanas, las acciones de Stryker Corp. también sufrieron una caída de 49,55 dólares a 45,60 dólares un recorte del 8% que hizo que la valoración de Stryker quedase fijada en un total de 9.000 millones de dólares.

¿Qué pasó para que estas dos empresas perdiesen tanto valor en un plazo de tiempo tan breve? Stryker, que fabrica implantes ortopédicos y aparatos de cirugía, realizó únicamente un comunicado de prensa durante esas dos semanas. El 16 de julio, Stryker anunció que sus ventas habían subido el 15% hasta llegar a los 734 millones de dólares en el segundo trimestre, mientras que los beneficios habían subido el 31% hasta llegar a 86 millones de dólares. Las acciones subieron el 7% al día siguiente, y después se desplomaron cuesta abajo.

Ball, el fabricante de los famosos «Tarros Ball» utilizados para embotar frutas y verduras, fabrica en la actualidad embalajes metálicos y de plástico para clientes industriales. Ball no publicó comunicado de prensa alguno durante esas dos semanas. El 25 de julio, no obstante, Ball anunció que había obtenido unos beneficios de 50 millones de dólares con un volumen de ventas de 1.000 millones de dólares en el segundo trimestre, una subida del 61% en beneficios netos respecto del mismo período del ejercicio anterior. Eso hizo que sus beneficios durante los cuatro trimestres posteriores ascendiesen hasta los 152 millones de dólares, por lo que las acciones cotizaban justamente a 12,5 veces los beneficios de Ball. Con un valor contable de 1.100 millones de dólares se podían comprar las acciones de la empresa por 1,7 veces el valor de sus activos tangibles. (No obstante, es cierto que Ball tenía algo más de 900 millones de dólares de deuda).

Stryker estaba en una liga diferente. Durante los cuatro últimos trimestres la empresa había generado 301 millones de dólares de beneficios netos. El valor contable de la empresa ascendía a 570 millones de dólares. Por lo tanto, la empresa cotizaba a un sustancial múltiplo de 30 veces sus beneficios de los 12 últimos meses, y a 16 veces su valor contable. Por otra parte, desde 1992 hasta finales de 2001, los beneficios de Stryker habían crecido un 18,6% anual; sus dividendos habían crecido prácticamente el 21% al año. En el año 2001, Stryker había gastado 142 millones de dólares en investigación y desarrollo, para establecer los cimientos del futuro crecimiento.

¿Entonces, qué había hecho que estas dos empresas viesen cómo su cotización caía por los suelos? Entre el 9 de julio y el 23 de julio de 2002, a medida que WorldCom se iba a pique hundiéndose en la quiebra, el Dow Jones Industrial Average cayó desde 9.096,09 hasta 7.702,34, un desplome del 15,3%. Las buenas noticias de Ball y Stryker se perdieron entre los titulares negativos y los mercados en crisis, que se llevaron por delante a estas dos empresas.

Aunque Ball acabó cotizando a un precio mucho más barato que Stryker, la lección en este caso no es que Ball fuese un chollo y Stryker un gol, pero de chiripa. Al contrario, el inversor inteligente debería darse cuenta de que los momentos de pánico del mercado pueden dar lugar a precios excelentes por buenas empresas (como Ball) y a buenos precios por empresas excelentes (como Stryker). Ball concluyó el año 2002 a 51,19 dólares la acción, una subida del 53% desde su punto mínimo de julio; Stryker acabó el año a 67,12 dólares, una subida del 47%. De vez en cuando, tanto las acciones de valor como las acciones de crecimiento se ponen de oferta. La opción que prefiera dependerá en gran medida de su personalidad, pero se pueden conseguir grandes ocasiones en las dos ligas.

Pareja 7: Nortel y Nortek

En 1999, la memoria anual de Nortel Networks, la empresa de equipamiento de fibra óptica, declaró grandilocuentemente que había sido un «año de oro financieramente». En febrero de 2000, con un valor de mercado de más de 150.000 millones de dólares, las acciones de Nortel cotizaban a 87 veces los beneficios que los analistas de Wall Street habían calculado que produciría en el año 2000.

¿Hasta qué punto era creíble esa estimación? Las cuentas por cobrar de Nortel, las ventas a los clientes que todavía no habían pagado la factura, habían crecido en más de 1.000 millones de dólares al año. La empresa afirmaba que ese incremento «estaba impulsado por un crecimiento de las ventas en el cuarto trimestre de 1999». No obstante, las existencias también habían aumentado en

1.200 millones de dólares, lo que suponía que Nortel estaba produciendo equipos más deprisa de lo que esas «ventas incrementadas» eran capaces de colocar entre los clientes.

Mientras tanto, la partida de «cuentas por cobrar a largo plazo», facturas que todavía no habían sido pagadas, correspondientes a contratos multianuales, pasaron de 519 millones de dólares a 1.400 millones de dólares. Además, Nortel estaba teniendo graves problemas para controlar los costes; y sus gastos generales, de venta y de administración (los gastos generales) habían pasado del 17,6% de los ingresos en 1997 al 18,7% en 1999. En conjunto, Nortel había perdido 351 millones de dólares en 1999.

Por otra parte estaba Nortek, Inc., que producía cosas encuadradas en el extremo deprimente del espectro del *glamour*: burletes vinílicos, timbres de puerta, extractores de humos, campanas extractoras, compactadores de basura. En 1999 Nortek ganó 49 millones de dólares sobre unas ventas netas de 2.000 millones de dólares, una subida respecto de los 21 millones de beneficios sobre unas ventas de 1.100 millones en 1997. El margen de beneficios de Nortek (beneficios netos en porcentaje de ventas netas) había subido prácticamente en un tercio, pasando de 1,9% a 2,5%. Nortek, además, había reducido los gastos generales del 19,3% de los ingresos al 18,1%.

En aras de la justicia, hay que reconocer que buena parte de la expansión de Nortek había provenido de las adquisiciones de otras empresas, no del crecimiento interno. Lo que es más, Nortek tenía 1.000 millones de dólares de deuda, una gran carga para una empresa tan pequeña. Sin embargo, en febrero de 2000 la cotización de las acciones de Nortek, que era de aproximadamente 5 veces sus beneficios de 1999, incluía una saludable dosis de pesimismo.

Por otra parte, la cotización de Nortel, 87 veces la estimación de lo que podría llegar a ganar en el año venidero, contenía una masiva dosis de optimismo. A la hora de la verdad, en vez de ganar los 1,30 dólares por acción que habían predicho los analistas, Nortel perdió 1,17 dólares por acción en el año 2000. Para finales de 2002, Nortel había perdido más de 36.000 millones de dólares.

Nortek, por otra parte, ganó 41,6 millones de dólares en el año 2000, 8 millones de dólares en el año 2001 y 55 millones de dólares en los nueve primeros meses de 2002. La cotización de sus acciones pasó de 28 dólares por acción a 45,75 dólares a finales de 2002, un incremento del 63%. En enero de 2003 los directivos de Nortek sacaron a la empresa de la bolsa, comprando todas sus acciones al público a 46 dólares por acción. Las acciones de Nortel, por su parte, se desplomaron desde los 56,81 dólares de febrero de 2000 a 1,61 dólares por acción a finales de 2002: una pérdida del 97%.

Pareja 8: Red Hat y Brown Shoe

El 11 de agosto de 1999, Red Hat Inc., un desarrollador de software Linux, salió a bolsa por primera vez. Red Hat estaba al rojo vivo; y el precio de oferta inicial fue de 7 dólares; las acciones abrieron la negociación a 23 dólares y cerraron a 26,031 dólares, un incremento del 272%.[11] En un único día las acciones de Red Hat habían subido más que las de Brown Shoe en los 18 años anteriores. Para el 9 de diciembre las acciones de Red Hat habían alcanzado los 143,13 dólares, una subida del 1.944% en cuatro meses.

Brown Shoe, mientras tanto, iba de tropezón en tropezón. Fundada en 1878, la empresa distribuía al por mayor los zapatos Buster Brown y contaba con casi 1.300 zapaterías en Estados Unidos y Canadá. Las acciones de Brown Shoe, a 17,50 dólares por acción el 11 de agosto, se desplomaron a 14,31 dólares para el 9 de diciembre. Durante todo el ejercicio de 1999, las acciones de Brown Shoe habían perdido el 17,6%.[12]

Además de un buen nombre y de una acción recalentada, ¿qué tenían los inversores de Red Hat? Durante los nueve meses concluidos el 30 de noviembre, la empresa había obtenido unos ingresos de 13 millones de dólares, con los que había generado una pérdida neta de 9 millones de dólares.[13] La actividad empresarial de Red Hat apenas tenía más volumen que la charcutería de la esquina, y además era mucho menos lucrativa. Sin embargo, los operadores de mercado, arrebatados por las palabras «software» e «Internet», impulsaron el valor total de las acciones de Red Hat hasta los 21.300 millones de dólares que alcanzó el 9 de diciembre.

¿Qué pasó con Brown Shoe? Durante los tres trimestres anteriores, la empresa había tenido ventas netas por 1.200 millones de dólares y había conseguido 32 millones de dólares de beneficios. Brown Shoe tenía prácticamente 5 dólares por acción en efectivo y bienes inmuebles; los zapatos Buster Brown seguían de moda entre los jóvenes. Sin embargo, aquel 9 de diciembre las acciones de Brown Shoe tenían un valor total de 261 millones de dólares, apenas 1/80 el tamaño de Red Hat, a pesar de que Brown Shoe había tenido unos ingresos que multiplicaban por 100 los de Red Hat. A ese precio, Brown Shoe estaba valorada en 7,6 veces sus beneficios anuales, y en menos de un cuarto de sus ventas anuales. Red Hat, por otra parte, no tenía beneficios de ningún tipo, mientras que sus acciones cotizaban a más de 1.000 veces sus ventas anuales.

Red Hat, la empresa, siguió generando pérdidas. En breve, sus acciones también lo hicieron. Sin embargo, Brown Shoe siguió generando más beneficios, y también lo hicieron sus accionistas (véase figura 18.4).

---

[11] Todas las cotizaciones de las acciones de Red Hat están ajustadas para descontar el efecto del desdoblamiento de acciones dos por una llevado a cabo en enero de 2000.

[12] Curiosamente, 65 años antes Graham había destacado a Brown Shoe como una de las empresas más estables de la Bolsa de Nueva York. Véase la edición de 1934 de *Security Analysis*, pág. 159.

[13] Utilizamos un período de nueve meses únicamente porque los resultados de 12 meses de Red Hat no se podían determinar a partir de sus informes financieros sin incluir los resultados de las adquisiciones.

FIGURA 18.4

Red Hat y Brown Shoe

	2000	2001	2002
Red Hat			
Rendimiento total (%)	-94,1	13,6	-16,8
Beneficios netos (millones de dólares)	-43	-87	-140
Brown Shoe			
Rendimiento total (%)	-4,6	28,2	49,5
Beneficios netos (millones de dólares)	36	36	-4

Nota: Rendimientos totales del año natural; beneficios netos del ejercicio fiscal.
Fuente: www.morningstar.com.

¿Qué hemos aprendido? El mercado se burla de los principios de Graham a corto plazo, pero al final siempre acaban siendo ratificados. Si usted compra una acción simplemente porque su cotización ha subido, en vez de preguntarse si el valor subyacente de la empresa está creciendo, antes o después acabará sintiéndolo mucho. No es una probabilidad. Es una certeza.

Capítulo 19

Accionistas y equipos directivos: Política de dividendos

Desde 1934 siempre hemos defendido en nuestros escritos la necesidad de una actitud más inteligente y dinámica de los accionistas hacia los directivos de sus empresas. Les hemos pedido que adopten una actitud más generosa hacia los que estén realizando un buen trabajo, de manera demostrable. Les hemos pedido que exijan explicaciones claras y satisfactorias cuando los resultados parezcan ser peores de los que deberían ser, y que apoyen los movimientos para mejorar o retiren de sus cargos a los directivos claramente improductivos. Los accionistas tienen todos los motivos justificables para hacer preguntas sobre la competencia de la dirección cuando lo resultados (1) sean insatisfactorios por sí mismos, (2) sean peores que los obtenidos por otras empresas que aparentemente estén en una situación similar, y (3) hayan tenido como consecuencia una cotización de mercado insatisfactoria que se prolongue mucho tiempo.

En los últimos 36 años no se ha logrado prácticamente nada a través de la actuación inteligente por parte del gran conjunto de accionistas. Un defensor de una causa sensato, si es que existe tal cosa, debería interpretar esto como una señal de que ha estado malgastando su tiempo, y de que sería mejor que abandonase su lucha. En realidad, nuestra causa no se ha perdido; ha sido rescatada por el surgimiento de una figura que tiene su origen en el exterior de la empresa, conocida como absorción u OPA.* Decíamos en el capítulo 8 que unos malos

* Curiosamente, las absorciones empezaron a desaparecer poco después de que apareciese la última edición revisada de Graham, y la década de 1970 y los principios de

equipos directivos dan lugar a unas deficientes cotizaciones de mercado. Cuanto peores son las cotizaciones de mercado, a su vez, más llaman la atención de empresas que están interesadas en diversificar su explotación, y en la actualidad son innumerables las empresas de este tipo. Muchísimas de tales adquisiciones se han logrado mediante acuerdos con la dirección existente, y en los demás casos la operación ha tenido éxito gracias a la acumulación de las acciones existentes en el mercado y mediante la presentación de ofertas que puenteaban a los que ejercían el control. El precio de oferta normalmente ha estado dentro de la banda de lo que valdría la empresa si contase con un equipo directivo razonablemente competente. Por lo tanto, en muchos casos, el accionista pasivo ha tenido que ser rescatado por las acciones de personas «ajenas a la empresa» que en ocasiones pueden ser individuos o grupos emprendedores que actúan por su cuenta.

Podría decirse, a modo de regla, que con muy pocas excepciones los malos equipos directivos no son modificados por la actuación del colectivo de los «pequeños accionistas», sino únicamente por el ejercicio del control por parte de una persona individual o de un grupo compacto. Esto está ocurriendo con la suficiente frecuencia en la actualidad como para que los equipos directivos, incluido el consejo de administración, de la típica empresa cotizada con accionariado muy repartido, sean conscientes de que si los resultados de explotación y la concomitante cotización de mercado son muy insatisfactorios es posible que la empresa acabe siendo objetivo de una oferta pública de adquisición que acabe prosperando. En consecuencia, es posible que los consejos de administración se muestren más activos que en el pasado a la hora de desempeñar su función esencial, que consiste en asegurarse de que la empresa cuenta con un equipo competente de alta dirección. En los últimos años se han visto muchos más cambios de presidentes que en el pasado.

---

la década de 1980 representan los mínimos absolutos en eficacia de la industria estadounidense moderna. Los coches eran «castañas», los televisores y las radios nunca funcionaban bien, los directivos de muchas empresas cotizadas se desentendían de los intereses actuales de los accionistas externos y de las perspectivas futuras de sus propias empresas. Todo esto empezó a cambiar en 1984, cuando el petrolero independiente T. Boone Pickens lanzó una oferta de adquisición hostil por Gulf Oil. En poco tiempo, alimentados por la financiación mediante «bonos basura» facilitada por Drexel Burnham Lambert, los tiburones empresariales revolucionaron el panorama empresarial estadounidense, consiguiendo que empresas esclerotizadas desde hacía mucho tiempo adoptasen un nuevo régimen de eficiencia, ante el temor de ser objeto de una OPA. Aunque muchas de las empresas afectadas por las compras apalancadas y las absorciones fueron saqueadas, el resto de las empresas estadounidenses salieron del proceso siendo más estilizadas (lo que fue positivo) y más implacables (lo que en ocasiones no lo fue tanto).

No todas las empresas que han tenido resultados insatisfactorios se han visto beneficiadas por estas novedades. Además, el cambio normalmente suele tener lugar después de un prolongado período de malos resultados durante el que nadie adopta ninguna medida correctiva, y, además, para que ese cambio llegue a materializarse suele ser necesario que exista un número suficiente de accionistas decepcionados que se desprendan de sus acciones a precios reducidos y que de ese modo hagan posible que personas ajenas a la empresa pero con suficiente espíritu emprendedor y energía adquieran una participación de control en su capital. Sin embargo, la idea de que el colectivo de pequeños accionistas pueda ayudarse a sí mismo apoyando medidas para mejorar la dirección y las políticas de dirección ha resultado ser demasiado quijotesca para que siga mereciendo espacio adicional en este libro. Los accionistas individuales que tienen el coraje suficiente para dejar que su presencia se note en las juntas generales de accionistas, lo que por lo general da lugar a una intervención absolutamente infructuosa, no necesitarán nuestro consejo sobre las cuestiones que tienen que plantear a los equipos directivos. En el caso de los demás, el consejo seguramente caerá en oídos sordos. De todas formas, cerraremos esta sección con el ruego encarecido de que los accionistas consideren con la mente abierta y con toda la atención que merece la documentación para la delegación de voto que les envíen otros accionistas que quieran remediar una situación de gestión manifiestamente insatisfactoria en la empresa.

Accionistas y política de dividendo

En el pasado, la política de dividendo era una cuestión de debate relativamente frecuente entre los pequeños accionistas, o los «accionistas minoritarios», y los equipos directivos de las empresas. Por lo general, estos accionistas estaban interesados en que se implantase una política de dividendo más liberal, mientras que los directivos solían ser partidarios de retener los beneficios en la empresa, para «reforzarla». Los directivos pedían a los accionistas que sacrificasen sus intereses presentes por el bien de la empresa y por sus propios beneficios a largo plazo. Sin embargo, en los últimos años la actitud mostrada por los inversores hacia los dividendos ha sufrido un cambio gradual, pero significativo. El argumento principal al que se alude en la actualidad para defender el pago de dividendos reducidos, en vez de liberales, no es que la empresa «necesite» el dinero, sino, al contrario, que puede utilizarlo en beneficio directo e inmediato de los accionistas reteniendo los fondos para llevar a cabo una expansión rentable. Hace años normalmente eran las empresas débiles las que se veían más o menos obligadas a retener sus beneficios, en lugar de desembolsar la proporción habitual en aquella época, de entre el 60% y el 75% de tales beneficios en forma de dividendo. Esa retención casi siempre se traducía en un efecto negativo para la cotización de mercado de las acciones. Hoy en día es bastante probable que una empresa sólida y en crecimiento que mantenga deliberadamente en un nivel reducido los dividendos que paga cuente con la aprobación tanto de inversores como de especuladores.*

Siempre han existido sólidos argumentos teóricos para justificar la reinversión de los beneficios en la empresa, en los casos en los que era posible dar por descontado, con cierta seguridad, que esa retención iba a generar un sustancial incremento de los beneficios. Sin embargo, también había varios argumentos plausibles en sentido contrario, como los siguientes: los beneficios «pertenecen» a los accionistas, y éstos tienen derecho a que se les entreguen, siempre que se respeten los límites de una gestión prudente; muchos de los accionistas necesitan sus ingresos por dividendos para poder vivir; los beneficios que reciben los accionistas en forma de dividendos son «dinero de verdad» mientras que los que se retienen en la empresa pueden convertirse posteriormente en valores tangibles para los accionistas... o no. Estos argumentos que iban en contra de las tesis favorables a la retención eran tan convincentes que, a la hora de la verdad, el mercado de valores tradicionalmente había mostrado una persistente predisposición a favor de las empresas que pagaban unos dividendos liberales, y en contra de las empresas que no pagaban dividendo o que pagaban unos dividendos relativamente reducidos.[1]

En los 20 últimos años, la teoría de la «reinversión rentable» ha ganado terreno de manera firme. Cuanto mejores eran los resultados históricos de crecimiento de la empresa, más dispuestos estaban los inversores y los especuladores a aceptar la aplicación de una política de pago de dividendo reducido. Estas nociones han llegado a arraigar hasta un punto tal que, en muchos casos, la tasa de dividendo desembolsada por las empresas favoritas del mercado que tienen un gran crecimiento, o incluso la ausencia de cualquier tipo de dividendo, no ha tenido prácticamente ningún efecto en la cotización alcanzada por sus acciones.†

Un llamativo ejemplo de este hecho se aprecia en la historia de Texas Instruments, Incorporated. La cotización de sus acciones ordinarias subió desde 5 en 1953 hasta 256 en 1960, mientras que los beneficios aumentaban de 43 centavos por acción a 3,91 dólares por acción, sin que se desembolsase ningún tipo

---

* La ironía que describe en este pasaje del libro Graham se hizo aún más obvia en la década de 1990, cuando casi daba la impresión de que cuanto más sólida era la empresa, menos probabilidades había de que pagase dividendos, o que sus accionistas los quisiesen. La «razón de desembolso de beneficios» (o el porcentaje de beneficio neto que las empresas abonan en forma de dividendos) se redujo del «60% al 75%» en la época de Graham al 35% al 40% a finales de 1990.

† A finales de 1990, las empresas tecnológicas defendían con especial ardor la opinión de que sus beneficios debían ser «reinvertidos en la empresa», en donde podían conseguir unos rendimientos mayores que lo que cualquier accionista externo podría conseguir reinvirtiendo esos mismos fondos si se le entregasen en forma de dividendos. Increíblemente, los inversores nunca han puesto en tela de juicio este principio paternalista de «Papá sabe lo que te conviene», o incluso no han caído en la cuenta de que la empresa pertenece a sus accionistas, no a sus directivos. Véase el comentario a este capítulo.

de dividendo. (En 1962 se empezó a pagar un dividendo en efectivo, pero para ese año los beneficios se habían reducido a 2,14 dólares y la cotización había sufrido un espectacular retroceso hasta un punto mínimo de 49).

Otro ejemplo extremo lo ofrece Superior Oil. En 1948 la empresa declaró unos beneficios de 35,26 dólares por acción, desembolsó 3 dólares de dividendo y cotizó hasta a 235. En 1953 el dividendo se redujo a 1 dólar, pero la cotización máxima fue de 660. En 1957 *no pagó ningún dividendo* en absoluto y alcanzó una cotización de 2.000. Las acciones de esta inusual empresa retrocedieron posteriormente hasta 795 en 1962, cuando obtuvo 49,50 dólares de beneficio y desembolsó 7,50 dólares en forma de dividendo.*

La opinión de los inversores dista mucho de estar asentada en esta cuestión de la política de dividendo de empresas en crecimiento. Las opiniones enfrentadas quedan ilustradas perfectamente en los ejemplos de dos de las más grandes empresas de Estados Unidos: American Telephone & Telegraph e International Business Machines. American Tel. & Tel. estuvo considerada como una empresa con grandes posibilidades de crecimiento, como queda de manifiesto en el hecho de que en 1961 cotizase a 25 veces los beneficios de ese año. No obstante, la política de dividendo en efectivo de la empresa ha sido en todo momento un elemento de reflexión importante tanto para inversores como para especuladores, puesto que su cotización reaccionaba activamente incluso ante meros *rumores* de un inminente aumento del tipo de dividendo. Por otra parte, se prestaba comparativamente poca atención al dividendo en efectivo desembolsado por IBM, que en 1960 únicamente rindió el 0,5% de la cotización máxima de ese año, y el 1,5% a cierre de 1970. (Sin embargo, en ambos casos, los desdoblamientos de acciones han operado como poderosa influencia en el mercado).

La valoración realizada por el mercado sobre la política de dividendo en efectivo parece que está evolucionando en la siguiente dirección: cuando el interés no se coloca principalmente en el crecimiento, la acción se califica como «valor generador de renta» y el tipo de dividendo mantiene su tradicional importancia como uno de los elementos esenciales a la hora de determinar la cotización de mercado. En el otro extremo, las acciones claramente reconocidas como pertenecientes a la categoría de rápido crecimiento se valorarán principalmente en términos del tipo de crecimiento previsto durante, por ejemplo, la siguiente década, y el dividendo en efectivo quedará más o menos al margen de los cálculos.

Aunque la afirmación que acabamos de hacer puede describir adecuadamente la tendencia actual, no es en modo alguno una guía claramente delimitada de la situación que se da respecto de todas las acciones ordinarias, y puede que no lo sea ni siquiera de la situación imperante en la mayoría. Por una parte, hay muchas empresas que ocupan un puesto intermedio entre las empresas de creci-

* La cotización de las acciones de Superior Oil alcanzó el máximo en 2.165 dólares por acción en 1959, cuando pagó un dividendo de 4 dólares. Durante muchos años, Superior fue la acción de la Bolsa de Nueva York que tenía la cotización más elevada. Superior, controlada por la familia Keck de Houston, fue adquirida por Mobil Corp. en 1984.

miento y las empresas que no tienen crecimiento. Es difícil afirmar cuánta importancia se debería atribuir al factor de crecimiento en tales casos, y la opinión del mercado puede cambiar radicalmente de un año a otro. En segundo lugar, parece que existe algún elemento paradójico sobre el hecho de que se exija a las empresas que tienen un menor crecimiento que actúen de forma más liberal con su dividendo en efectivo. Normalmente, éstas suelen ser las empresas menos prósperas, y en el pasado cuanto más próspera era la empresa, mayor era la expectativa de que realizase desembolsos más liberales y de mayor cuantía.

Opinamos que los accionistas deberían exigir a sus equipos directivos una tasa de desembolso de beneficio normal, del orden de, por ejemplo, dos tercios, o alternativamente una demostración más allá de toda duda razonable de que los beneficios reinvertidos han generado un satisfactorio incremento de los beneficios por acción. Este requisito de realización de una demostración podría ser superado sin grandes problemas por las empresas de crecimiento claramente reconocidas como tales. Sin embargo, en muchos otros casos, la tasa de pago de dividendo reducida normalmente da lugar a una cotización de mercado media que está por debajo del valor justo, y en estos casos los accionistas tienen todos los motivos para investigar la situación y probablemente para quejarse.

Con frecuencia se han impuesto políticas cicateras con el beneficio en las empresas cuya posición financiera era relativamente débil, y que necesitaban la mayoría o todos sus beneficios (más las cantidades imputadas como depreciación) para pagar las deudas y para mejorar el estado del capital de explotación. En tales casos no hay mucho que los accionistas puedan decir, salvo, tal vez, expresar sus críticas a la dirección por permitir que la empresa llegue a estar en una posición financiera tan insatisfactoria. No obstante, los dividendos, en ocasiones, son retenidos por empresas relativamente poco prósperas con el objetivo declarado de expandir su actividad. Tenemos la impresión de que esa política es ilógica en su mero planteamiento, y que debería exigirse una explicación exhaustiva y una defensa convincente antes de que los accionistas la aceptasen. A juzgar por la trayectoria que han seguido en el pasado, no hay ningún motivo que a primera vista resulte aceptable para explicar que los propietarios vayan a beneficiarse de operaciones de expansión emprendidas con su dinero por parte de una empresa que ha hecho gala de unos resultados mediocres y que sigue bajo la dirección de su antiguo equipo directivo.

Dividendos en acciones y desdoblamientos de acciones

Es importante que los inversores comprendan la diferencia esencial entre un dividendo en acciones (en sentido estricto) y un desdoblamiento de acciones. Esta última operación representa una refundición de la estructura de capital, en un caso habitual por ejemplo, mediante la emisión de dos o tres acciones a cambio de una. Las nuevas acciones no tienen ninguna relación con la reinversión de beneficios concretos de un período concreto del pasado. El objetivo que se persigue consiste en conseguir una cotización de mercado inferior para las acciones individuales, supuestamente porque tal cotización inferior resultará más aceptable tanto para los viejos como para los nuevos accionistas. Es posible que el desdoblamiento de acciones se lleve a cabo mediante lo que técnicamente se denomina dividendo en acciones, que entraña la transferencia de cantidades de las cuentas de beneficios retenidos o reservas voluntarias a la cuenta de capital; o en otros casos se puede realizar por una modificación del valor nominal que no afecte a los beneficios retenidos o reservas voluntarias.*

Lo que nosotros denominaríamos *dividendo en acciones en sentido estricto* es aquel que se abona a los accionistas con el objetivo de ofrecerles una prueba tangible o una representación de los beneficios específicos que han sido reinvertidos en la empresa a cuenta de los resultados de un período de tiempo relativamente breve del pasado, por ejemplo, como máximo los dos años precedentes. En la actualidad, la práctica establecida consiste en valorar dicho dividendo en acciones al valor aproximado en el momento de declaración, y transferir un importe igual a dicho valor de las reservas voluntarias o beneficios retenidos a la cuenta de capital. De esta manera, el importe del dividendo en acciones típico suele ser relativamente reducido, en la mayor parte de los casos no superior al 5%. En esencia, un dividendo en acciones de este tipo tiene el mismo efecto general que el pago de una cantidad equivalente en metálico con cargo a beneficios, cuando va acompañada por la venta a los accionistas de acciones adicionales por un valor total similar. Sin embargo, el pago de dividendos directamente en acciones tiene una importante ventaja fiscal respecto del por lo demás equivalente lote de dividendo en metálico con derechos de suscripción de acciones, que es la práctica casi normativa de las concesionarias de servicios y suministros públicos.

La Bolsa de Nueva York ha establecido la cifra del 25% como divisoria práctica entre los desdoblamientos de acciones y los dividendos en acciones. Los del 25% o más no deben ir necesariamente acompañados por la transferencia de su valor de mercado y de las reservas voluntarias de los beneficios retenidos a la cuenta de capital, etc.† Algunas empresas, en especial los bancos, todavía conti-

---

* En la actualidad, casi todos los desdoblamientos de acciones se llevan a cabo mediante un cambio en el valor. En un desdoblamiento dos por una, una acción se convierte en dos, cada una de las cuales cotiza a la mitad del precio de la acción original antes del desdoblamiento; en un desdoblamiento tres por una, una acción se convierte en tres, y cada una de ellas cotiza a una tercera parte de la cotización anterior al desdoblamiento; y así sucesivamente. En muy raras ocasiones se transfiere cantidad alguna «de la cuenta de beneficios retenidos a la cuenta de capital», como en la época de Graham.

† La Regla 703 de la Bolsa de Nueva York rige los desdoblamientos de acciones y los dividendos en acciones. En la actualidad la NYSE denomina «desdoblamientos parciales de acciones» a los dividendos mayores al 25% y menores que el 100%. A diferencia de lo que sucedía en la época de Graham, estos dividendos en acciones pueden provocar la aplicación del requisito de contabilidad de la NYSE de que el importe del dividendo se capitalice con cargo a beneficios retenidos.

núan utilizando la vieja práctica de declarar cualquier tipo de dividendo en acciones que quieran, por ejemplo uno del 10%, no relacionado con los beneficios recientes, y estos casos siguen generando una indeseable confusión en el mundo financiero.

Llevamos mucho tiempo defendiendo una política sistemática y claramente enunciada aplicable al pago de dividendos en metálico y en acciones. En virtud de dicha política, los dividendos en acciones se pagarían periódicamente para capitalizar la totalidad o una parte de los beneficios reinvertidos en la empresa. Esta política, que cubriría el 100% de los beneficios reinvertidos, es la que han seguido empresas como Purex, Government Employees Insurance y tal vez algunas otras.*

Aparentemente, los dividendos en acciones de todo tipo provocan la desaprobación de la mayor parte de los teóricos que escriben sobre esta materia. Insisten en que no son nada más que trocitos de papel, que no aportan a los accionistas nada que no tuviesen antes y que generan unos gastos y unas incomodidades absolutamente innecesarios.† Por nuestra parte, consideramos que ésta es una opinión absolutamente doctrinaria, que no tiene en cuenta las realidades prácticas y psicológicas de la inversión. Ciertamente, un dividendo en acciones periódico, digamos del 5%, únicamente cambia la «forma» de la inversión de los propietarios. El propietario ahora tendrá 105 acciones en vez de 100; pero sin el dividendo en acciones, las 100 acciones originales representarían la misma participación en la propiedad que ahora representan sus 105 acciones. No obstante, este cambio de forma es, en la práctica, realmente trascendente y aporta valor al accionista. Si desease liquidar su participación en los beneficios reinvertidos, podría hacerlo vendiendo el nuevo certificado que se le ha remitido, en

---

* Esta política, que ya era poco frecuente en la época de Graham, hoy en día es extremadamente inusual. En 1936 y nuevamente en 1950, casi la mitad de las acciones de la Bolsa de Nueva York pagaron lo que se denominó dividendo especial. Sin embargo, para 1970 ese porcentaje había descendido a menos del 10% y en la década de 1990 el porcentaje estaba muy por debajo del 5%. Véase Harry DeAngelo, Linda DeAngelo, y Douglas J. Skinner, «Special Dividends and the Evolution of Dividend Signaling», *Journal of Financial Economics*, vol. 57, nº 3, de septiembre de 2000, págs. 309–354. La explicación más plausible de este descenso es que a los directivos empresariales no les gustó la idea de que los accionistas pudiesen interpretar que los dividendos especiales eran una señal de que los beneficios futuros podrían ser bajos.

† La crítica académica de los dividendos estuvo liderada por Merton Miller y Franco Modigliani, cuyo influyente artículo «Dividend Policy, Growth, and the Valuation of Shares» (1961) les ayudó a ganar el Premio Nobel de Economía. Miller y Modigliani sostenían, en esencia, que los dividendos eran irrelevantes, dado que a un inversor no le debía importar si su rendimiento era fruto de los dividendos y de una subida de la cotización, o únicamente de la subida de la cotización, siempre y cuando el rendimiento total fuese el mismo en ambos casos.

lugar de tener que reducir su cartera original. Podría seguir recibiendo la misma tasa de dividendo en metálico sobre 105 acciones que anteriormente recibía sobre sus 100 acciones; no sería en absoluto tan probable que se produjese una subida del 5% en la tasa de dividendo en metálico si no se hubiese producido el desembolso del dividendo en acciones.*

Las ventajas de una política periódica de pago de dividendo en acciones quedan más claras cuando se comparan con la práctica habitual de las concesionarias de servicios y suministros públicos de pagar unos dividendos en metálico muy liberales y después retomar buena parte de ese dinero de los accionistas vendiéndoles acciones adicionales (a través de derechos de suscripción).† Como ya hemos mencionado anteriormente, los accionistas se encontrarían exactamente en la misma posición si recibiesen los dividendos en acciones en vez de la popular combinación de dividendos en efectivo seguidos por las suscripciones de acciones, con la salvedad de que se ahorrarían el impuesto sobre la renta que en el otro caso tienen que pagar por los dividendos en metálico. Los que quisieran o necesitasen los máximos ingresos en efectivo anuales, sin acciones adicionales, podrían obtener ese resultado vendiendo las acciones recibidas como dividendo, de la misma forma en que venden sus derechos de suscripción siguiendo la mecánica actual.

El importe agregado de impuestos sobre la renta que se ahorraría sustituyendo la práctica actual de dividendos en metálico más derechos de suscripción por dividendos en acciones es enorme. Recomendamos que las concesionarias de servicios y suministros públicos den el paso de cambiar su política, a pesar del efecto negativo que tendría sobre la Hacienda de Estados Unidos, porque estamos convencidos de que es absolutamente injusto imponer un segundo impuesto sobre la renta (en esta ocasión de naturaleza personal) sobre beneficios

---

* El argumento de Graham ya no es válido, y los inversores actuales pueden saltarse tranquilamente este apartado. Los accionistas ya no tienen que preocuparse por las complicaciones prácticas de tener que reducir su cartera, puesto que prácticamente todas sus acciones existen en forma electrónica, y no en forma de títulos valores. Cuando Graham dice que un incremento del 5% en la tasa de dividendo efectiva sobre 100 acciones es menos «probable» que un dividendo invariable sobre 105 acciones, no está claro cómo puede llegar a calcular esa probabilidad.

† Los derechos de suscripción preferente, normalmente conocidos simplemente como «derechos de suscripción», se emplean con menos frecuencia que en la época de Graham. Confieren al accionista el derecho de adquirir acciones nuevas, en ocasiones con un descuento respecto al precio del mercado. El accionista que no participe terminará teniendo una participación proporcionalmente inferior de la empresa. Por lo tanto, como ocurre con tantas otras cosas que se denominan «derechos», muchas veces entrañan un cierto grado de coerción. Los derechos de suscripción preferentes hoy en día son muy habituales entre los fondos cerrados y los seguros u otras sociedades de cartera.

que no son realmente percibidos por los accionistas, puesto que las empresas vuelven a recuperar ese dinero a través de la venta de acciones.*

Las empresas eficaces no dejan de modernizar sus instalaciones, sus productos, sus técnicas contables, sus programas de formación de directivos, sus relaciones con los empleados. Ya va siendo hora de que piensen en modernizar sus principales prácticas financieras, entre las cuales una de las más trascendentes es su política de dividendos.

* La Administración del presidente George W. Bush consiguió interesantes progresos a principios de 2003 para la reducción del problema de la doble imposición de los dividendos empresariales, aunque todavía es demasiado pronto para saber la utilidad que va a tener cualquier legislación definitiva en este campo. Una forma más clara de abordar esta cuestión consistiría en permitir que las empresas se dedujesen los pagos de dividendos, pero esta posibilidad no forma parte de la propuesta.

Comentario al capítulo 19

Las mentiras más peligrosas son las verdades ligeramente distorsionadas.

G. C. Lichtenberg

¿Por qué arrojó la toalla Graham?

Es posible que no haya otra parte de *El inversor inteligente* que haya sido modificada de una manera más drástica por Graham que ésta. En su primera edición, este capítulo formaba parte de una pareja que, en conjunto, se extendía durante casi 34 páginas. La sección original («El inversor como propietario de la empresa») se ocupaba de los derechos de votación de los accionistas, de las formas de evaluar la calidad de la dirección de la empresa y de las técnicas para detectar conflictos de intereses entre los inversores que trabajaban en la empresa y los inversores externos. En su última edición revisada, sin embargo, Graham había reducido toda la exposición más o menos a ocho páginas sucintas que se limitaban a hablar de dividendos.

¿Por qué eliminó Graham más de tres cuartas partes de su argumento original? Después de décadas de exhortación, evidentemente había abandonado cualquier esperanza de que los inversores se tomasen la molestia de ejercer el control sobre el comportamiento de los directivos de las empresas.

Sin embargo, la última epidemia de escándalos, alegaciones de comportamientos ilícitos de los directivos, contabilidad engañosa, triquiñuelas fiscales en importantes empresas como AOL, Enron, Global Crossing, Sprint, Tyco y WorldCom, es un claro recordatorio de que las advertencias iniciales de Graham sobre la necesidad de vigilancia permanente son más necesarias que nunca. Recuperémoslas y analicémoslas a la luz de la situación actual.

Teoría y práctica

Graham comienza su exposición original (1949) de «El inversor como propietario de la empresa» señalando que en teoría, «los accionistas, como clase, son los reyes. Actuando como mayoría, pueden contratar y despedir a los directivos y hacer que se plieguen absolutamente a sus voluntades». Sin embargo, en la práctica, Graham afirmaba lo siguiente:

> Los accionistas son una absoluta calamidad. En conjunto, no muestran ni inteligencia ni disposición. Votan, como si fuesen un rebaño de borregos, cualquier propuesta que recomiende la dirección, por malo que pueda ser el historial de resultados de la dirección.... Es como si la única forma de inspirar al accionista medio estadounidense para que adopte una acción inteligente por su cuenta, de manera independiente fuese ponerle un petardo debajo de la silla... No podemos resistirnos a la tentación de mencionar la paradoja de que hasta Jesús parece haber tenido un sentido empresarial más practico que el de los accionistas estadounidenses.[1]

Graham desea que centre usted su atención en un hecho básico y a la vez increíblemente profundo: cuando compra una acción, se convierte en propietario de una empresa. Sus directivos, todos ellos, hasta llegar al consejero delegado, trabajan para usted. Su consejo de administración debe rendir cuentas ante usted. Su dinero en efectivo le pertenece a usted. Sus actividades empresariales son suyas. Si no le gusta cómo se gestiona su empresa, tiene derecho a exigir que se despida a los directivos, que se cambie a los consejeros, o que se vendan los bienes del patrimonio de la empresa. «Los accionistas», declaraba Graham, «deberían despertarse».[2]

---

[1] Benjamin Graham, *The Intelligent Investor* (Harper & Row, Nueva York, 1949), págs. 217, 219, 240. Graham explica su referencia a Jesús de la siguiente forma: «Por lo menos en cuatro parábolas del evangelio se hace referencia a una relación extraordinariamente crítica entre una persona acaudalada y las personas a las que encarga que se ocupen de su patrimonio». Más concretas son las palabras en las que se explica que «un rico» habla con su mayordomo al que acusa de disiparle su hacienda: «Da cuenta de tu administración, porque ya no podrás seguir de mayordomo». (Lucas, 16:2)». Entre las otras parábolas que parece que Graham tiene en la cabeza está la de Mateo, 25:15–28.

[2] Benjamin Graham, «A Questionnaire on Stockholder-Management Relationship», *The Analysts Journal*, cuarto trimestre de 1947, pág. 62. Graham indica que había realizado un estudio entre casi 600 analistas profesionales de valores y que había descubierto que más del 95% de ellos creían que los accionistas tenían el derecho a solicitar una investigación formal de los directivos cuyo liderazgo no aumentase el valor de la acción. Graham añade que «dicha acción resulta prácticamente desconocida en la realidad». Esto, afirma, «destaca la gran diferencia que existe entre lo que debería pasar y lo que realmente pasa en las relaciones entre los accionistas y los directivos».

El propietario inteligente

Los inversores actuales se han olvidado del mensaje de Graham. Centran la mayor parte de su esfuerzo en la compra de las acciones, después prestan un poco de atención a la venta, y se desentienden absolutamente del ejercicio de la propiedad entre ambas operaciones. «Ciertamente», nos recordaba Graham, «hay tantos motivos para ejercitar la prudencia y la sensatez en ser accionista como en convertirse en accionista».[3]

Por lo tanto, ¿qué debería hacer usted, en su condición de inversor inteligente, para ser un propietario inteligente? Graham empieza por indicarnos que «hay simplemente dos cuestiones esenciales a las que los accionistas deberían prestar su atención:

1. ¿Es la dirección razonablemente eficaz?
2. ¿Están recibiendo una atención adecuada los intereses del accionista medio externo?».[4]

Debería juzgar la eficacia de la dirección comparando la rentabilidad, el tamaño y la competitividad de cada empresa con la de empresas similares de su sector. ¿Qué ocurre si llega a la conclusión de que los directivos no son competentes? Entonces, apremia Graham:

> Unos cuantos de los accionistas más importantes deberían llegar a convencerse de que el cambio es necesario y deberían estar dispuestos a trabajar para conseguir ese cambio. En segundo lugar, la inmensa mayoría de los pequeños accionistas debería tener la suficiente amplitud de miras para leer el material de delegación de voto y para ponderar los argumentos de las dos partes. Por lo menos, debería ser capaz de saber en qué casos la empresa ha cosechado fracasos y debería estar dispuesta a exigir algo más que unas cuantas obviedades cuidadosamente redactadas como justificación del equipo directivo actual. En tercer lugar, sería muy útil que, cuando las cifras indicasen claramente que los resultados están muy por debajo de la media, se convirtiese en costumbre habitual convocar a expertos externos sobre estructuras y prácticas empresariales para que emitiesen un dictamen sobre las políticas y la competencia de la dirección.[5]

---

[3] Graham y Dodd, *Security Analysis* (ed. 1934), pág. 508.

[4] *The Intelligent Investor*, edición de 1949, pág. 218.

[5] Edición de 1949 pág. 223. Graham añade que sería necesaria una delegación de voto para que se autorizase a un comité independiente de accionistas externos a que eligiesen a la «firma de ingeniería» que se encargase de presentar un informe a los accionistas, y no al consejo de administración. No obstante, la empresa debería correr con los gastos de este proyecto. Entre las «empresas de ingeniería» que Graham tenía en la

La jugada maestra de Enron

En 1999, Enron Corp. ocupaba el séptimo lugar en el *Fortune* 500, la lista de grandes empresas de Estados Unidos. Los ingresos del gigante de la energía, sus activos y sus beneficios subían como un cohete.

No obstante, ¿qué habría pasado si un inversor, desentendiéndose del oropel y el *glamour*, hubiese puesto el informe presentado a la junta general de 1999 bajo el microscopio del sentido común? Bajo el epígrafe «Transacciones» en el informe se revelaba que el director financiero de Enron, Andrew Fastow, era el «socio gerente» de dos entidades, LJM1 y LJM2, que compraban «inversiones relacionadas con la energía y las comunicaciones». ¿A quién estaba comprando LJM1 y LJM2? ¿A quién iba a ser, salvo a Enron? El informe aclaraba que esas entidades habían comprado 170 millones de dólares de activos a Enron, en ocasiones con dinero prestado por la propia Enron.

El inversor inteligente le habría preguntado inmediatamente:

— ¿Aprobaban esta situación los consejeros de Enron? (Sí, según se indicaba en el informe).
— ¿Se quedaba Fastow con una parte de los beneficios de LJM? (Sí, según se indicaba en el informe).
— En su condición de director financiero de Enron, ¿estaba Fastow obligado a actuar exclusivamente en beneficio de los intereses de los accionistas de Enron? (Por supuesto).
— ¿Estaba Fastow, por lo tanto, obligado por su propio cargo a maximizar el precio que Enron obtenía por los activos que vendía? (Absolutamente.)
— Pero... si LJM pagaba un precio elevado por los activos de Enron, ¿no reduciría eso los beneficios potenciales de LJM y los beneficios personales de Fastow? (Claramente).
— Por otra parte, si LJM pagaba un precio reducido, ¿aumentarían los beneficios de Fastow y sus entidades, a la vez que se veían perjudicados los intereses de Enron? (Claramente).
— ¿Debería prestar Enron dinero a las entidades de Fastow para que comprasen activos a Enron y pudiesen generar un beneficio personal para Fastow? (¿Qué dice?).
— ¿No constituye todo esto un perturbador conflicto de intereses? (No es posible suponer ninguna otra cosa).
— ¿Qué indica toda esta situación sobre la capacidad de juicio de los consejeros que la han aprobado? (Indica que debería usted llevarse su dinero e invertirlo en otra parte).

De este desastre se desprenden dos lecciones claras: Nunca se debe profundizar tanto en el estudio de los números como para que el sentido común quede arrinconado, y es imprescindible leer el informe a la junta de accionistas antes (y después) de comprar una acción.

¿Qué es el «material de delegación de voto» y por qué insiste Graham en que lo lea? En su propuesta de delegación de voto, que envía a todos los accionistas, la empresa anuncia el orden del día de su junta anual y revela los datos sobre la retribución y las carteras de los directivos y miembros del consejo, así como las transacciones realizadas entre personas de dentro de la empresa y la empresa. Se pide a los accionistas que voten sobre la empresa de contabilidad que debería auditar las cuentas de la empresa y sobre las personas que deberían desempeñar cargos en el consejo de administración. Si hace gala de sentido común mientras lee la propuesta de delegación de voto, este documento puede ser como un canario en una mina de carbón: una advertencia inicial que indica que algo va mal. (Véase el recuadro sobre Enron).

Sin embargo, de media, entre un tercio y la mitad de los inversores individuales no se molesta en enviar su delegación de voto.[6] ¿Llega siquiera a leerla?

Comprender y ejercitar sus derechos en la delegación de voto es tan importante para ser un inversor inteligente como lo es para ser un buen ciudadano seguir las noticias y acudir a votar. No importa que sea usted propietario del 10% de la empresa o que con sus escasas 100 acciones simplemente posea 1/10.000 de un 1%. Si no lee usted las propuestas de delegación de voto de las acciones que tiene en cartera, y la empresa quiebra, la única persona a la que debería culpar es a usted mismo. Si lee usted la delegación de voto y ve cosas que le preocupan, entonces:

— Vote en contra del nombramiento de todos los miembros del consejo, para que sepan que usted desaprueba la situación.
— Asista a la junta anual y defienda sus derechos.
— Localice un foro digital dedicado a las acciones de la empresa (como los que se encuentran en http://finance.yahoo.com) y anime a otros inversores a que se unan a su causa.

---

cabeza se encontraban los gestores de patrimonios, las agencias de calificación y las organizaciones de analistas de valores. Hoy en día, los inversores podrían escoger entre centenares de empresas de consultoría, asesores de reestructuración, y miembros de entidades como la Risk Management Association.

[6] Las tabulaciones de los resultados de votaciones del año 2002, realizadas por Georgeson Shareholder y ADP's Investor Communication Services, dos de las más importantes empresas que se dedican a solicitar delegaciones de voto por correo, sugieren que la tasa de respuesta media está entre el 80% y el 88% (incluyendo las delegaciones enviadas por agencias en representación de sus clientes, que delegan el voto automáticamente para que se ejercite a favor de la dirección, salvo que los clientes especifiquen otra cosa). Por lo tanto, entre el 12% y el 20% de los accionistas no delegan su voto. Como las personas individuales únicamente poseen el 40%, en valor, de las acciones del mercado de Estados Unidos y como la mayoría de los inversores institucionales, como los fondos de pensiones y las compañías de seguros están legalmente obligados a ejercer el voto o la delegación, esto significa que aproximadamente un tercio de los inversores individuales no ejercen su derecho de voto.

Graham tenía otra idea que podría beneficiar a los inversores actuales:

> ...puede resultar ventajoso elegir a uno o más consejeros profesionales e independientes. Deberían ser personas con una amplia experiencia de negocio que pudiesen aportar una opinión diferente y experta sobre los problemas de la empresa... Deberían presentar una memoria anual independiente, dirigida directamente a los accionistas, que contuviese sus opiniones sobre la principal cuestión que preocupa a los propietarios de la empresa: «¿Está consiguiendo la empresa para los accionistas externos lo que cabría esperar de ella si estuviese dirigida por unos directivos competentes?». Si la respuesta es no, ¿cuál es el motivo, y qué debería hacerse al respecto?[7]

Sólo cabe imaginar la consternación que la propuesta de Graham provocaría entre los amigotes que se reparten los cargos en las empresas y los compañeros de partidas de golf que constituyen buena parte de los grupos de consejeros «independientes». (No decimos que se fuesen a soliviantar ante la posibilidad de que alguien pusiera en tela de juicio sus opiniones, porque se podría decir que la mayoría de los consejeros independientes no tienen opiniones).

Pero... ¿de quién es el dinero?

Examinemos el segundo criterio de Graham, el de que la dirección esté actuando o no en beneficio de los inversores externos. Los directivos siempre han dicho a los accionistas que ellos, los directivos, saben qué es lo mejor que se puede hacer con el dinero de la empresa. Graham fue capaz de ver la verdad que se escondía detrás de toda esa palabrería de los directivos:

> Es posible que la dirección de la empresa gestione bien sus actividades y aún así no ofrezca a los accionistas externos los resultados que se merecen, porque su eficiencia se limita a las operaciones y no se extiende a la mejor aplicación del capital. El objetivo de una operación eficaz consiste en producir a bajo coste y encontrar los artículos más rentables que se puedan vender. Las finanzas eficaces exigen que el dinero de los accionistas opere de la forma más adecuada para sus intereses. Ésta es una cuestión en la que la dirección, como tal dirección, tiene poco interés. De hecho, casi siempre querrá la mayor cantidad de capital de los propietarios que sea capaz de conseguir, para reducir al mínimo sus propios problemas financieros. Por lo tanto, la dirección habitual operará con más capital del necesario, si los accionistas se lo permiten, cosa que frecuentemente hacen.[8]

---

[7] Edición de 1949, pág. 224.
[8] Ídem, pág. 233.

Desde finales de la década de 1990 y principios de la de 2000, los equipos directivos de las empresas de tecnología más importantes adoptaron esta actitud de «Papá sabe lo que te conviene» y la llevaron a nuevos extremos. El argumento era el siguiente: ¿Por qué va a exigir usted un dividendo cuando nosotros podemos invertir el dinero mejor que usted y convertirlo en una mayor cotización de la acción? Lo único que tiene que hacer es comprobar cómo ha ido subiendo la cotización de nuestras acciones: ¿No demuestra eso que somos capaces de multiplicar su dinero mucho mejor que usted?

Increíblemente, los inversores se tragaron el anzuelo, la línea y hasta el plomo. «Papá sabe lo que te conviene» se convirtió en una verdad incuestionable, de modo que, para 1999, únicamente el 3,7% de las empresas que habían salido a bolsa ese año pagaron un dividendo, en comparación con el 72,1% de todas las ofertas públicas iniciales de la década de 1960.[9] Puede comprobar cómo se ha ido reduciendo el porcentaje de empresas que pagaban dividendo (que aparece en color oscuro en la figura 19.1).

Sin embargo, la afirmación de que «Papá sabe lo que te conviene» no era más que un montón de tonterías. Aunque algunas empresas utilizaron diligentemente el dinero, fueron muchas más las que deberían ser encuadradas en una de las dos categorías siguientes: las que simplemente lo malgastaron, y las que lo amontonaron más deprisa de lo que podían gastar.

Entre las del primer grupo, Priceline.com tuvo que imputarse 67 millones de dólares en pérdidas en el año 2000, después de lanzar unos incongruentes proyectos en el sector de los ultramarinos y las estaciones de servicio, mientras que Amazon.com destruía 233 millones de dólares del patrimonio de sus accionistas, «invirtiendo» en fracasos punto com como Webvan y Ashford.com.[10] Las dos mayores pérdidas registradas hasta el momento, las de JDS Uniphase por valor de 56.000 millones de dólares en el año 2001 y las de AOL Time Warner por importe de 99.000 millones de dólares en el año 2002, tuvieron lugar después de que las empresas optasen por no pagar dividendos y fusionar-

---

[9] Eugene F. Fama y Kenneth R. French, «Disappearing Dividends: Changing Firm Characteristics or Lower Propensity to Pay?», *Journal of Financial Economics,* vol. 60, nº 1, abril de 2001, págs. 3–43, en especial la tabla 1; véase también Elroy Dimson, Paul Marsh, y Mike Staunton, *Triumph of the Optimists* (Princeton Univ. Press, Princeton, 2002), págs. 158–161. Es interesante destacar que el importe total de dividendos pagado por las acciones estadounidenses ha aumentado desde finales de la década de 1970, incluso después de la inflación, pero el número de acciones que pagan dividendo se ha reducido prácticamente en dos tercios. Véase Harry DeAngelo, Linda DeAngelo y Douglas J. Skinner, «Are Dividends Disappearing? Dividend Concentration and the Consolidation of Earnings», disponible en: http://papers.ssrn.com.

[10] Tal vez Benjamin Franklin, de quien se dice que llevaba su dinero en un monedero de amianto para que no le quemase en el bolsillo, podría haber evitado este problema si hubiese sido consejero delegado de una empresa.

FIGURA 19.1

¿Quién paga dividendos?

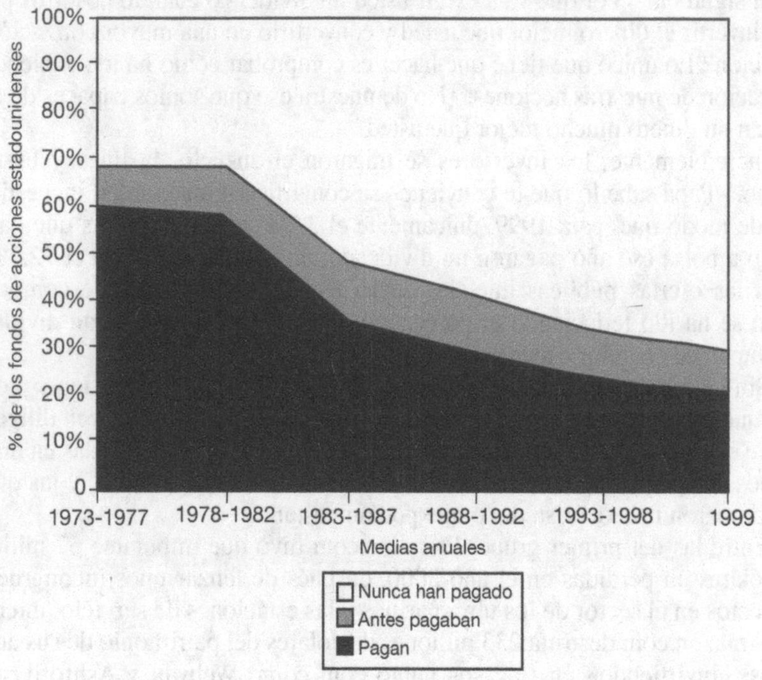

Fuente: Eugene Fama y Kenneth French, «Disappearing Dividends», *Journal of Financial Economics*, abril 2001.

se con otras empresas en un momento en el que sus acciones estaban obscenamente sobrevaloradas.[11]

En el segundo grupo, podemos pensar que a finales de 2001, Oracle Corp. había acumulado 5.000 millones de dólares en efectivo. Cisco System había amasado por lo menos 7.500 millones de dólares. Microsoft había acumulado

---

[11] Un estudio llevado a cabo por *BusinessWeek* descubrió que entre 1995 y 2001, el 61% de más de 300 grandes fusiones terminaron destruyendo riqueza para los accionistas de la empresa adquirente, situación que se conoce con el nombre de «la maldición del ganador» o «el remordimiento del comprador». Y las empresas adquirentes que utilizaron las acciones, en lugar del dinero en efectivo, para pagar el acuerdo obtuvieron un rendimiento un 8% inferior al logrado por sus competidoras. (David Henry, «Mergers:

una impresionante montaña de dinero en efectivo por valor de 38.200 millones de dólares que crecía a una media de más de 2 millones de dólares por hora.[12] ¿Para qué tipo de problema se estaba preparando, dicho sea de paso, Bill Gates?

Por lo tanto, estos datos esporádicos manifiestan claramente que muchas empresas no saben qué hacer para convertir el exceso de efectivo en ingresos adicionales. ¿Y qué nos dicen los datos estadísticos?

— La investigación realizada por los gestores de patrimonio Robert Arnott y Clifford Asness descubrió que cuando los dividendos actuales son escasos, los beneficios futuros de la empresa también acaban siendo escasos. Cuando los dividendos actuales son elevados, también lo son los beneficios futuros. Durante períodos de diez años, el tipo medio de crecimiento de los beneficios fue 3,9 puntos mayor cuando los dividendos eran elevados que cuando los dividendos eran reducidos.[13]

— Los profesores de contabilidad de la Columbia University, Doron Nissim y Amir Ziv, descubrieron que las empresas que elevan sus dividendos no sólo consiguen una mejor rentabilidad sobre sus acciones, sino que además los «incrementos de dividendos están relacionados con una mayor rentabilidad futura durante un período mínimo de cuatro años a contar desde el cambio en la política de dividendos».[14]

Why Most Big Deals Don't Pay Off», *BusinessWeek*, 14 de octubre de 2002, págs. 60–70). Un estudio académico similar descubrió que las adquisiciones de sociedades no cotizadas y de filiales de sociedades cotizadas generaban resultados positivos, mientras que las adquisiciones de sociedades cotizadas enteras generaban pérdidas para las empresas que las adquirían. (Kathleen Fuller, Jeffry Netter, y Mike Stegemoller, «What Do Returns to Acquiring Firms Tell Us?», *The Journal of Finance*, vol. 57, nº 4, agosto de 2002, págs. 1.763–1.793).

[12] Con unos tipos de interés cercanos a los mínimos históricos, una montaña de dinero en efectivo de ese calibre genera unos resultados horrorosos si simplemente está depositada en el banco. Como decía Graham: «Mientras ese excedente en metálico se encuentre en el banco, el accionista externo extraerá pocos beneficios de él» (edición de 1949, pág. 232). De hecho, para finales del año 2002, el saldo de recursos en efectivo que tenía Microsoft había alcanzado los 43.400 millones de dólares, prueba evidente de que la empresa no era capaz de encontrar una forma adecuada de utilizar el efectivo que generaban sus actividades empresariales. Como diría Graham, las operaciones de Microsoft eran eficientes, pero sus finanzas ya no lo eran. En un esfuerzo por equilibrar la situación, Microsoft declaró a principios de 2003 que iba a empezar a pagar un dividendo periódico trimestral.

[13] Robert D. Arnott y Clifford S. Asness, «Surprise! Higher Dividends = Higher Earnings Growth», *Financial Analysts Journal*, enero / febrero de 2003, págs. 70–87.

[14] Doron Nissim y Amir Ziv, «Dividend Changes and Future Profitability», *The Journal of Finance*, vol. 56, nº 6, diciembre de 2001, págs. 2.111–2.133. Hasta los investigadores que no están de acuerdo con los descubrimientos de Arnott-Asness y de

En pocas palabras, la mayor parte de los directivos se equivoca cuando dice que es capaz de utilizar su dinero mejor que usted. El pago de dividendo no garantiza grandes resultados, pero normalmente mejora la rentabilidad de las acciones al retirar por lo menos parte del dinero en efectivo de las manos de los directivos antes de que puedan malgastarlo o guardarlo bajo siete llaves.

Vender barato, comprar caro

¿Qué cabe decir de la afirmación de que las empresas pueden emplear mejor el dinero recomprando sus propias acciones? Cuando una empresa recompra parte de su capital, reduce el número de acciones en circulación. Aunque sus beneficios netos se mantengan invariables, los beneficios por acción de la empresa aumentarán, ya que sus beneficios totales se tendrán que repartir entre un número inferior de acciones. Esto, a su vez, eleva la cotización de las acciones. Aún mejor, a diferencia del dividendo, la recompra de acciones es una operación fiscalmente exenta para los inversores que no vendan sus acciones.[15] Por lo tanto, esto incrementa el valor de sus acciones sin elevar el importe que deben pagar en concepto de impuestos. Por otra parte, si las acciones están baratas, la utilización del efectivo disponible para la recompra de las acciones supone una manera excelente de utilizar el capital de la empresa.[16]

Todo esto es cierto en teoría. Por desgracia, en el mundo real, la generalización de la retribución en acciones ha acabado sirviendo a una finalidad que únicamente puede ser descrita como siniestra. En el momento actual en el que las opciones sobre acciones se han convertido en un elemento tan importante de la

---

Nissim-Ziv sobre los beneficios futuros están de acuerdo en que los incrementos de dividendos dan lugar a un mayor rendimiento del capital; véase Shlomo Benartzi, Roni Michaely y Richard Thaler, «Do Changes in Dividends Signal the Future or the Past?», *The Journal of Finance*, vol. 52, nº 3, julio de 1997, págs. 1.007–1.034.

[15] Las reformas fiscales propuestas por el presidente George W. Bush a principios de 2003 modificarían la tributación de los dividendos, pero el destino de esta regulación no estaba todavía claro en el momento de enviar el libro a la imprenta.

[16] Históricamente las empresas han abordado la cuestión de la recompra de acciones desde un punto de vista de sentido común, reduciéndolas cuando las cotizaciones eran elevadas e incrementándolas cuando eran reducidas. Después de la crisis del 19 de octubre de 1987, por ejemplo 400 empresas anunciaron nuevos planes de recompra de acciones durante los 12 días siguientes, mientras que únicamente 107 empresas habían anunciado programas de recompra de acciones durante la primera parte del año, en la que las cotizaciones habían sido mucho más elevadas. Véase Murali Jagannathan, Clifford P. Stephens y Michael S. Weisbach, «Financial Flexibility and the Choice Between Dividends and Stock Repurchases», *Journal of Financial Economics*, vol. 57, nº 3, septiembre de 2000, pág. 362.

retribución de los ejecutivos, muchas empresas, sobre todo en los sectores de la alta tecnología, deben emitir cientos de millones de acciones para entregárselas a los ejecutivos que ejercitan estas opciones sobre acciones.[17] Sin embargo, eso incrementaría el número de acciones en circulación y reduciría los beneficios por acción. Para contrarrestar esa dilución, las empresas deben actuar en sentido contrario y recomprar millones de acciones en el mercado abierto. En el año 2000, las empresas se gastaban un asombroso 41,8% de sus beneficios totales netos en la recompra de sus propias acciones, lo que supone un impresionante aumento desde el nivel de 1980: 4,8%.[18]

Observemos el caso de Oracle Corp., el gigante informático. Entre el 1 de junio de 1999 y el 31 de mayo de 2000, Oracle emitió 101 millones de acciones ordinarias a sus altos ejecutivos y otros 26 millones a los empleados, incurriendo en un coste de 484 millones de dólares. Mientras tanto, para evitar que el ejercicio de las anteriores opciones sobre acciones diluyese el beneficio por acción, Oracle gastó 5.300 millones de dólares, o lo que es lo mismo, el 52% de sus ingresos totales de ese año, para recomprar 290,7 millones de acciones ordinarias. Oracle emitía sus acciones a las personas de dentro de la empresa a un precio medio de 3,53 dólares por acción, mientras que recompraba las acciones a un precio medio de 18,26 dólares. Vender barato, comprar caro: ¿Es ésa una forma de «aumentar» el valor para el accionista?[19]

---

[17] Las opciones sobre acciones otorgadas por una empresa a sus ejecutivos y empleados les conceden el derecho (pero no la obligación) de comprar acciones en el futuro a una cotización con descuento. Esta conversión de las opciones de compra en acciones se denomina «ejercitar» las opciones. Los empleados pueden entonces vender las acciones al precio vigente del mercado y embolsarse la diferencia en forma de beneficio. Como son cientos de millones las opciones que se pueden ejercitar en un año concreto, la empresa debe incrementar su oferta de acciones en circulación. En ese caso, no obstante, los beneficios netos totales de la empresa se tendrían que repartir entre un número muy superior de acciones, con lo que se reducirían los beneficios por acción. Por lo tanto, la sociedad suele sentirse obligada a recomprar otras acciones para cancelar las acciones entregadas a los titulares de opciones. En 1998, el 63,5% de los directores financieros reconocieron que uno de los principales motivos por los que se recompraban acciones era el de contrarrestar el efecto de dilución provocado por las opciones sobre acciones (véase CFO Forum, «The Buyback Track», *Institutional Investor*, julio de 1998).

[18] Uno de los principales factores que están impulsando esta modificación ha sido la decisión de la Comisión del Mercado de Valores de Estados Unidos en 1982 en el sentido de suavizar las anteriores restricciones que pesaban sobre las recompras de acciones. Véase Gustavo Grullon y Roni Michaely, «Dividends, Share Repurchases, and the Substitution Hypothesis», *The Journal of Finance*, vol. 57, nº 4, agosto de 2002, págs. 1.649–1.684.

[19] A lo largo de sus obras, Graham insiste en que los equipos directivos de las empresas tienen la obligación de asegurarse no sólo de que sus acciones no están infravaloradas, sino también de que no llegan nunca a estar sobrevaloradas. Tal y como afirma en *Security Analysis* (ed. de 1934, pág. 515), «la responsabilidad de los equipos directivos

Para el año 2002, las acciones de Oracle habían retrocedido a menos de la mitad de la cotización que habían tenido en su momento máximo de 2000. Ahora que sus acciones eran más baratas, ¿se apresuraba Oracle a comprar más acciones? Entre el 1 de junio de 2001 y el 31 de mayo de 2002 Oracle redujo sus operaciones de recompra de acciones a 2.800 millones de dólares, aparentemente porque sus ejecutivos y empleados ejercitaron un número inferior de opciones durante ese ejercicio. La misma pauta de conducta de vender barato y comprar caro se aprecia en docenas de otras empresas del sector de la tecnología.

¿Qué está pasando? En este tipo de operaciones se aprecia la influencia de dos factores sorprendentes:

— Las empresas consiguen una bonificación fiscal cuando los ejecutivos y los empleados ejercitan opciones sobre acciones (que la Hacienda de Estados Unidos considera un «gasto salarial» para la empresa).[20] En sus ejercicios fiscales desde 2000 hasta 2002, por ejemplo, Oracle disfrutó de 1.690 millones de dólares en bonificaciones fiscales como consecuencia de las opciones ejercitadas por las personas de dentro de la empresa. Sprint Corp. se embolsó 678 millones de dólares en bonificaciones fiscales gracias a que sus ejecutivos y empleados recibieron 1.900 millones de dólares en bonificaciones en forma de opciones sobre acciones durante los ejercicios de 1999 y 2000.

— Un alto ejecutivo cuya retribución contuviera un importante elemento de opciones sobre acciones tiene un interés personal en favorecer la recompra de acciones respecto del pago de dividendos. ¿Por qué? Por motivos técnicos, las opciones aumentan de valor a medida que las fluctuaciones de las acciones se hacen mayores. Sin embargo, los dividendos atenúan la volatilidad de la cotización de las acciones. Por lo tanto, si los directivos incrementasen el dividendo, reducirían el valor de sus propias opciones sobre acciones.[21]

---

de actuar en interés de sus accionistas incluye la obligación de evitar, en la medida en que puedan hacerlo, que se establezcan unas cotizaciones ridículamente elevadas o injustificadamente bajas para sus valores». Por lo tanto, aumentar el valor para el accionista no sólo significa asegurarse de que la cotización de las acciones no baja demasiado; también significa asegurarse de que la cotización no aumenta hasta niveles injustificados. Ojalá los directivos de las empresas de Internet hubieran tenido en cuenta las ideas de Graham en 1999.

[20] Increíblemente, aunque las opciones están consideradas como gasto de retribución en las declaraciones tributarias de las empresas, no se contabilizan como gasto en la cuenta de resultados de los informes financieros a los accionistas. Los inversores deberían tener todas sus esperanzas depositadas en que las reformas contables modifiquen esta ridícula práctica.

[21] Véase George W. Fenn y Nellie Liang, «Corporate Payout Policy and Managerial Stock Incentives», *Journal of Financial Economics*, vol. 60, nº 1, abril de 2001, págs.

No es sorprendente que los consejeros delegados prefieran recomprar acciones a pagar dividendos, por muy sobrevaloradas que puedan estar las acciones o por grande que pueda ser el derroche de los recursos de tales operaciones para los accionistas externos.

Mantener abiertas todas las opciones

En última instancia, unos inversores apáticos a más no poder han acabado ofreciendo a las empresas un margen de maniobra para pagar unos salarios tan exageradamente elevados a sus ejecutivos que son sencillamente inconcebibles. En 1997, Steve Jobs, el cofundador de Apple Computer Inc. volvió a la empresa como consejero delegado «provisional». Jobs, que ya era una persona muy acaudalada, insistió en recibir un salario en efectivo de 1 dólar al año. A finales del año 1999, para agradecer a Jobs que hubiese prestado sus servicios como consejero delegado «durante los dos años y medio anteriores sin haber recibido retribución» el consejo de administración le obsequió con su propio reactor Gulfstream, al desdeñable coste para la empresa de solamente 90 millones de dólares. El mes siguiente Jobs accedió a retirar la palabra «provisional» de la denominación de su cargo, y el consejo de administración le recompensó con opciones sobre 20 millones de acciones. (Hasta aquel momento, Jobs había tenido una cartera compuesta por un total de dos acciones de Apple).

El principio en el que se apoyaban esas concesiones de opciones era el de coordinar los intereses de los directivos con los de los accionistas externos. Si fuese usted un accionista externo de Apple, querría que sus directivos fuesen recompensados únicamente si las acciones de Apple consiguiesen unos resultados superiores. Nada podría ser más justo para usted y para los demás propietarios de la empresa. Sin embargo, como John Bogle, antiguo presidente de los

---

45–72. Los dividendos hacen que las acciones sean menos volátiles al proporcionar una sucesión de renta actual que atenúa la repercusión que tienen sobre el accionista las fluctuaciones en valor de mercado. Varios investigadores han descubierto que la rentabilidad media de las empresas que tienen programas de recompra de acciones (y que no abonan dividendos en efectivo) es el doble de volátil que la de las empresas que pagan dividendos. Esos beneficios más volátiles, por lo general, dan lugar a unas cotizaciones de acciones con más altibajos, que hacen que las opciones sobre acciones que se conceden a los directivos sean más atractivas, al crear más oportunidades cuando las cotizaciones de las acciones están en máximos temporales. En la actualidad, alrededor de las dos terceras partes de la retribución de los directivos se realiza en forma de opciones de compra de acciones y otras recompensas no en metálico; hace 30 años, como mínimo las dos terceras partes de la retribución se realizaba en efectivo.

fondos Vanguard, suele señalar, prácticamente todos los directivos venden las acciones que reciben inmediatamente después de ejercitar sus opciones. ¿Cómo es posible que desprenderse de millones de acciones a cambio de un beneficio instantáneo permita coordinar los intereses de los ejecutivos con los de los accionistas leales a largo plazo de la empresa?

En el caso de Jobs, si las acciones de Apple suben de cotización solamente el 5% al año hasta principios de 2010, podrá liquidar sus opciones por 548,3 millones de dólares. En otras palabras, aunque las acciones de Apple no sean capaces de superar el 50% del rendimiento medio a largo plazo del mercado en general, Jobs se embolsará una bonificación de 500 millones de dólares.[22] ¿Coordina eso sus intereses con los de los accionistas de Apple, o echa por tierra la confianza que los accionistas de Apple habían depositado en los miembros del consejo de administración?

Si lee con atención las propuestas de delegación de voto, el propietario inteligente se opondrá a cualquier plan de retribución de los ejecutivos que a través de las concesiones de opciones sobre acciones ponga en manos de los directivos más del 3% de las acciones en circulación de la empresa. También debería vetar cualquier plan que no haga que la concesión de opciones sobre acciones dependa de que se consiga una medida justa y duradera de resultados mejores que la media, por ejemplo, superar a la acción promedio del mismo sector durante un período de cinco años, por lo menos. Ningún consejero delegado se merece hacerse rico si los resultados que ha proporcionado a sus accionistas son deficientes.

Una última idea

Volvamos a la sugerencia de Graham de que todos los miembros independientes del consejo deberían informar por escrito a los accionistas sobre si la actividad de la empresa está o no competentemente gestionada en nombre de sus verdaderos propietarios. ¿Qué pasaría si los consejeros independientes también tuviesen que justificar las políticas de dividendos y de recompra de acciones de la empresa? ¿Qué pasaría si tuviesen que describir exactamente cómo han determinado que la alta dirección de la empresa no está recibiendo una retribución exagerada? ¿Qué pasaría si todos los inversores llegasen a ser propietarios inteligentes y leyesen realmente ese informe?

---

[22] Información relativa a la junta general de accionistas de abril de 2001, documento de delegación de voto, Apple Computer Inc., pág. 8 (disponible en www.sec.gov). Las opciones sobre acciones de Jobs y su cartera de acciones están ajustadas para que reflejen el efecto del desdoblamiento de acciones 2 x 1.

Capítulo 20

El «margen de seguridad» como concepto central de la inversión

En la vieja leyenda los sabios acabaron reduciendo la historia de los asuntos humanos a una única frase: «Esto también pasará».[*] Al enfrentarnos con un desafío similar para destilar el secreto de la inversión sensata en tres palabras, nos atrevemos a proponer el lema MARGEN DE SEGURIDAD. Éste es el hilo que recorre toda la exposición precedente sobre política de inversión, frecuentemente de manera explícita, y en ocasiones de una forma menos directa. Intentemos ahora, brevemente, exponer esa idea en forma de argumentación conectada.

Todos los inversores expertos son conscientes de que el concepto de margen de seguridad es esencial para elegir unas obligaciones y unas acciones preferentes adecuadas. Por ejemplo, una empresa de ferrocarriles debería haber conseguido unos ingresos que cubriesen con creces cinco veces sus cargas fijas (antes de impuestos), durante una serie de años, para que sus obligaciones tuviesen categoría de títulos de nivel de inversión. Esta habilidad del pasado para obtener unos ingresos superiores a los intereses que deben desembolsar constituye el margen

[*] «Se cuenta la historia de un rey oriental que una vez encargó a sus sabios que le redactasen una frase para que estuviese permanentemente expuesta y que fuese cierta y adecuada en todo momento y circunstancia. Le propusieron las siguientes palabras: '*Esto también pasará*'. ¡Cuánto sentido encierran esas palabras! ¡Qué aleccionadoras son en la hora de orgullo! ¡Qué consoladoras en lo más profundo de la aflicción! 'Esto también pasará.' Y no obstante, esperemos que no sean siempre ciertas».—Abraham Lincoln, discurso pronunciado ante la Wisconsin State Agricultural Society, Milwaukee, 30 de septiembre de 1859, en *Abraham Lincoln: Speeches and Writings, 1859–1865* (Library of America, 1985), vol. II, pág. 101.

de seguridad con el que se cuenta para proteger al inversor frente a las pérdidas o a la inquietud en el supuesto de que se produzca algún tipo de declive en el futuro en los ingresos netos. (El margen por encima de las cargas se puede denominar de otras formas: por ejemplo, en el porcentaje en el cual los ingresos de los beneficios pueden descender antes de que desaparezca el saldo positivo después del pago de intereses, pero la idea subyacente sigue siendo la misma).

El inversor en obligaciones no espera que los futuros beneficios medios sean iguales que los del pasado; si estuviese seguro de eso, el margen exigido podría ser pequeño. Tampoco se basa en medida alguna en su capacidad de juicio sobre si los beneficios futuros van a ser materialmente mejores o peores que en el pasado; si lo hiciese, tendría que medir su margen en términos de una cuenta de ingresos cuidadosamente proyectada, en vez de destacar el margen que se puede apreciar en el historial pasado. En este caso, la función del margen de seguridad es, en esencia, la de hacer innecesaria una estimación exacta del futuro. Si el margen es grande, es más que suficiente para suponer que los futuros beneficios no quedarán por debajo de los del pasado, de modo que el inversor pueda sentirse suficientemente protegido frente a las vicisitudes del tiempo.

El margen de seguridad de las obligaciones se puede calcular, alternativamente, comparando el valor total de la empresa con el importe de la deuda. (Se podría realizar un cálculo similar para las acciones preferentes). Si una empresa adeuda 10 millones de dólares y su patrimonio está valorado en 30 millones, queda margen para una reducción de dos tercios de su valor, por lo menos en teoría, antes de que los tenedores de obligaciones sufran pérdidas. El importe de este valor extraordinario, o «colchón», por encima de la deuda se puede calcular aproximadamente utilizando la cotización media de mercado de las acciones ordinarias durante una serie de años. Como la cotización media de las acciones suele estar relacionada con la capacidad media de generación de beneficios, el margen de «valor de empresa» respecto de la deuda y el margen de beneficios sobre las cargas en la mayor parte de los casos serán similares.

Esto es lo que se puede decir sobre el concepto de margen de seguridad aplicable a «las inversiones de renta fija». ¿Se puede trasladar el concepto al campo de las acciones ordinarias? Sí, pero con algunas modificaciones imprescindibles.

Hay casos en los que las acciones ordinarias podrían considerarse adecuadas porque disfrutan de un margen de seguridad tan grande como el de una buena obligación. Esto ocurrirá, por ejemplo, cuando una empresa tenga en circulación únicamente acciones ordinarias que en condiciones de depresión se vendan por un importe inferior al de las obligaciones que podrían emitirse con seguridad con cargo a su patrimonio y su capacidad de generación de beneficio.* Ésa fue la situación de numerosas empresas industriales fuertemente financiadas en los niveles de

* «Capacidad de generación de beneficios» es el término empleado por Graham para referirse a los beneficios potenciales de la empresa, o, en sus palabras, la cantidad que «podría esperarse que ganase una empresa año tras año si las condiciones económicas

cotización deprimidos que se dieron en 1932–1933. En esos casos, el inversor puede obtener el margen de seguridad relacionado con las obligaciones, más todas las probabilidades de conseguir una mayor renta y apreciación del principal inherentes a las acciones ordinarias. (Lo único de lo que carecerá es de la capacidad jurídica de insistir en los pagos de dividendos «porque si no...», pero éste es un pequeño inconveniente en comparación con las ventajas). Las acciones ordinarias compradas en tales circunstancias ofrecerán una combinación ideal, aunque infrecuente, de seguridad y oportunidad de conseguir beneficios. Como ejemplo relativamente reciente de estas situaciones, volveremos a mencionar una vez más el caso de las acciones de National Presto Industries, cuya cotización arrojaba un valor total de la empresa de 43 millones de dólares en 1972. Con sus 16 millones de beneficios antes de impuestos recientemente declarados, la empresa podría haber ofrecido respaldo cómodamente a esa cantidad de obligaciones.

En las acciones ordinarias adquiridas a modo de inversión en condiciones normales de mercado, la existencia de un margen de seguridad depende de que exista una capacidad de generación de beneficios esperada que sea considerablemente superior al tipo vigente de las obligaciones. En ediciones anteriores hemos aclarado esta cuestión con las siguientes cifras:

> Supongamos, en un caso típico, que la capacidad de generación de beneficios es del 9% sobre la cotización y que el tipo de interés vigente de las obligaciones es del 4%; en tal caso, el comprador de acciones tendrá un margen medio anual del 5% que se devengará a su favor. Parte de ese excedente le será abonado en la tasa de dividendo; aun cuando el inversor gaste ese dividendo, su importe deberá ser tenido en cuenta en el resultado general de su inversión. El saldo que no se distribuye se reinvierte en la empresa por su cuenta. En muchos casos, esos beneficios reinvertidos no son capaces de incrementar proporcionalmente la capacidad de generación de beneficio y el valor de sus acciones. (Ése es el motivo por el cual el mercado tiene el obstinado hábito de valorar más generosamente los beneficios que se distribuyen en forma de dividendos que la parte que se retiene en forma de beneficio retenido o reserva voluntaria en la empresa).* No obstante, si se contempla la imagen en

---

generales imperantes durante el período no sufriesen variación» (*Security Analysis*, ed. de 1934, pág. 354). Algunas de sus conferencias dejan claro que Graham pretendía que el término abarcase un período de cinco años o más. Se puede realizar un cálculo, tosco pero razonablemente aproximado, de la capacidad de generación de beneficios por acción de una empresa si se calcula el inverso del PER; se puede afirmar que una acción con un PER de 11 tiene una capacidad de generación de beneficios del 9% (o 1 dividido entre 11). En la actualidad, a la capacidad de generación de beneficios se le suele denominar «rendimiento por beneficios».

* El problema se comenta pormenorizadamente en el comentario al capítulo 19.

conjunto, hay una conexión razonablemente estrecha entre el crecimiento de los superávits empresariales generados mediante la reinversión de los beneficios y el crecimiento de los valores de la empresa.

A lo largo de un período de diez años, el excedente típico de capacidad de generación de beneficios de las acciones respecto de los intereses de las obligaciones puede llegar a acumular el 50% del precio pagado. Esta cifra es suficiente para ofrecer un margen de seguridad muy real, que, en condiciones favorables, evitará o reducirá al mínimo las pérdidas. Si existe dicho margen en cada una de las acciones presentes en la lista diversificada de 20 o más empresas, la probabilidad de un resultado favorable en «condiciones razonablemente normales» será muy grande. Ése es el motivo por el que la política de invertir en acciones ordinarias representativas no requiere mucho conocimiento ni capacidad de previsión para acabar teniendo éxito. Si las adquisiciones se hacen en el nivel medio de mercado correspondiente a una serie de años, los precios abonados deberían llevar con ellos la garantía de un margen de seguridad adecuado. El peligro para los inversores radica en concentrar sus adquisiciones en los niveles superiores de mercado, o en comprar acciones ordinarias no representativas que entrañan un riesgo superior a la media de reducción de la capacidad de generación de beneficios.

Tal y como lo concebimos, el problema de la inversión en acciones ordinarias en las condiciones vigentes en 1972 radica en el hecho de que «en un caso típico» la capacidad de generación de beneficios es ahora muy inferior al 9% del precio pagado.* Supongamos que, concentrándose en cierta medida en las acciones con bajo multiplicador de las grandes empresas, un inversor defensivo puede adquirir en el momento presente acciones a 12 veces los beneficios recientes, es decir con un rendimiento por beneficios del 8,33% sobre el coste. Puede obtener una rentabilidad por dividendo de aproximadamente el 4%, y ten-

---

* Graham resumió elegantemente el debate que viene a continuación en una conferencia que ofreció en 1972: «El margen de seguridad es la diferencia entre el porcentaje de beneficios de la acción al precio que se pagó por la acción y el tipo de interés de las obligaciones, y ese margen de seguridad es la diferencia que podría absorber cualquier acontecimiento insatisfactorio que pueda producirse. Cuando se redactó la edición de 1965 de *El inversor inteligente* las acciones normales se vendían a 11 veces los beneficios, ofreciendo un rendimiento del 9% frente al 4% ofrecido en las obligaciones. En este caso, tendría usted un margen de seguridad superior al 100%. En la actualidad [en 1972] no hay diferencia entre la tasa de beneficio de las acciones y el tipo de interés de las obligaciones, lo que me lleva a decir que no hay margen de seguridad... hay un margen negativo de seguridad para las acciones...». Véase «Benjamin Graham: Thoughts on Security Analysis» [transcripción de una conferencia ofrecida en la Facultad de Empresariales de la Northeast Missouri State University, marzo de 1972], revista *Financial History*, nº 42, marzo de 1991, pág. 9.

drá el 4,33% de su coste reinvertido en la empresa por su cuenta. Con estos criterios, el excedente de capacidad de generación de beneficios de las acciones respecto a los intereses de las obligaciones a lo largo de un período de diez años seguiría siendo demasiado reducido para constituir un adecuado margen de seguridad. Por ese motivo, tenemos la impresión de que en la actualidad existen riesgos reales incluso en una lista diversificada de buenas acciones ordinarias. Estos riesgos se pueden compensar completamente por las posibilidades de obtención de beneficio de las acciones recogidas en la lista; de hecho, cabe la posibilidad de que el inversor no tenga más opción que incurrir en esos riesgos, puesto que de lo contrario podría incurrir en los riesgos aún más graves de que su cartera estuviese integrada únicamente por instrumentos que le concediesen derecho a reclamar el reembolso de cantidades fijas denominadas en dólares sujetos a una incesante depreciación. No obstante, el inversor haría bien en ser consciente, y en aceptar con toda la filosofía de que sea capaz, que la antigua conjunción de adecuadas posibilidades de beneficio combinadas con un reducido riesgo en última instancia ha dejado de estar a su alcance.*

No obstante, el riesgo de pagar un precio demasiado elevado por una acción de buena calidad, aunque es real, no es el principal peligro al que se enfrenta el comprador medio de acciones. La observación durante muchos años nos ha enseñado que las principales pérdidas que sufren los inversores provienen de la adquisición de acciones de baja calidad en momentos en los que las condiciones económicas son favorables. Los compradores consideran que los buenos beneficios actuales son equivalentes a la «capacidad de generación de beneficios» y dan por supuesto que la prosperidad es lo mismo que la seguridad. En esos años, es cuando las obligaciones y las acciones preferentes de categoría inferior se venden entre el público a un precio aproximado a la par, porque producen un rendimiento por renta levemente superior o aportan un privilegio de conversión engañosamente atractivo. También suele ser en esos momentos cuando las acciones de empresas desconocidas salen a bolsa a precios muy superiores a los de sus inversiones tangibles, apoyándose en la solidez de dos o tres años de excelente crecimiento.

Estos valores no ofrecen un margen de seguridad adecuado en ningún sentido razonable del término. La cobertura de las cargas por intereses y por dividendos preferentes se debe contrastar durante una serie de años, que incluya preferentemente un período de actividad por debajo de lo normal como ocurrió en 1970-1971. Lo mismo puede decirse, por lo general, de los beneficios de las acciones ordinarias, si se quiere que tales beneficios sirvan de indicación válida de la capacidad de generación de beneficios. Por lo tanto, de todo esto se desprende que la mayor parte de las inversiones realizadas en momentos favorables,

* Este párrafo, que fue redactado por Graham a comienzos de 1972, es una descripción misteriosamente precisa de las circunstancias del mercado a principios del año 2003. (Si se desean más detalles, véase el comentario al capítulo 3).

a precios y condiciones favorables, sufrirán perturbadores retrocesos de cotización cuando el horizonte se nuble y, frecuentemente, incluso antes de que lo haga. Tampoco puede el inversor dar por descontada la confianza en una recuperación con el paso del tiempo, aunque dicha recuperación suele producirse en algunos casos, porque nunca habrá disfrutado del margen de seguridad real que le permitiría capear la adversidad.

La filosofía de invertir en acciones de empresas en crecimiento discurre en paralelo en parte con el principio del margen de seguridad, y en otra parte lo contraviene. El comprador de acciones de empresas en crecimiento se basa en una capacidad de generación de beneficios prevista que es mayor que la media obtenida en el pasado. Por lo tanto, cabría afirmar que dicho comprador está empleando esta capacidad de generación de beneficios prevista en lugar del historial de beneficios del pasado a la hora de calcular su margen de seguridad. En la teoría de la inversión no hay ningún motivo por el que una cifra de beneficios futuros cuidadosamente estimada deba ser menos fiable, a la hora de servir como guía, que el mero historial del pasado; de hecho, el análisis de valores cada vez es más proclive a utilizar las evaluaciones competentemente realizadas del futuro. Por lo tanto, el método de las acciones de empresas en crecimiento puede ofrecer un margen de seguridad tan fiable como el que se encuentra en las inversiones en empresas ordinarias, siempre y cuando el cálculo del futuro se realice con arreglo a criterios conservadores, y siempre y cuando, además, de dichos cálculos se desprenda un satisfactorio margen en relación con el precio pagado.

El peligro del programa de inversión en empresas en crecimiento radica precisamente aquí. El mercado tiene tendencia a establecer unos precios para estas acciones favoritas que no ofrecen una protección adecuada si se realiza una proyección conservadora de los beneficios futuros. (Una regla básica de la inversión prudente es que todas las estimaciones, cuando difieran de los resultados del pasado, deben errar levemente por defecto). El margen de seguridad siempre depende del precio que se pague. Será grande con un precio, pequeño con un precio más elevado, e inexistente con un precio aún más elevado. Si, como sugerimos, el nivel medio de mercado de la mayor parte de las acciones de las empresas en crecimiento es demasiado elevado para aportar un adecuado margen de seguridad para el comprador, entonces una simple técnica de compras diversificadas en este terreno puede que no arroje resultados satisfactorios. Será necesario hacer gala de una especial capacidad de juicio y de previsión, si se quieren realizar unas inteligentes selecciones específicas con las que sea posible contrarrestar los riesgos inherentes en el nivel de mercado habitual de este tipo de acciones en conjunto.

La idea de margen de seguridad se aprecia con mucha mayor claridad cuando se aplica al terreno de los valores de ocasión infravalorados. En este terreno, por definición, tenemos una diferencia favorable entre el precio por una parte y el valor indicado o tasado por la otra. Esa diferencia es el margen de seguridad. Está a disposición del inversor para que absorba el efecto de los potenciales errores de cálculo o de una suerte peor que la media. El comprador de acciones de ocasión puede hacer especial hincapié en la capacidad de la inversión de resistir acontecimientos negativos. Dado que en la mayoría de estos casos el comprador no estará realmente entusiasmado por las perspectivas de la empresa. Ciertamente, si las perspectivas son definitivamente malas, el inversor preferirá evitar el valor, por reducido que sea el precio. Sin embargo, el terreno de las acciones infravaloradas se compone de muchas empresas, probablemente una mayoría de las existentes, para las cuales el futuro no es ni claramente prometedor ni claramente poco auspicioso. Si estas acciones se compran en condiciones de ocasión, aunque posteriormente se produzca un moderado declive de la capacidad de generación de beneficios, dicho declive no tendría que impedir, necesariamente, que la inversión arrojase resultados positivos. El margen de seguridad, en tales casos, habrá servido a su justa finalidad.

Teoría de la diversificación

Existe una estrecha conexión lógica entre el concepto de margen de seguridad y el principio de diversificación. Uno es correlativo con el otro. Incluso con un margen a favor del inversor, una acción individual puede tener malos resultados. Con el margen lo único que se garantiza es que existen más probabilidades de beneficio que de pérdida, no que la pérdida sea imposible. Sin embargo, a medida que aumenta el número de valores de ese tipo presentes en la cartera, mayor será la certeza con la que se podrá afirmar que el conjunto de los beneficios serán mayores que el conjunto de las pérdidas. Éste es el sencillo principio en el que se basa la actividad empresarial de los seguros y reaseguros.

La diversificación es un principio establecido de la inversión conservadora. Al aceptarla de manera tan universal, los inversores están demostrando que aceptan el principio del margen de seguridad, del cual la diversificación es complementaria. La cuestión podría explicarse de una manera más colorista si establecemos una analogía con la aritmética de la ruleta. Si alguien apuesta 1 dólar a un único número, recibirá un beneficio de 35 dólares si gana, pero las probabilidades son de 37 a 1 de que pierda. Tiene un «margen negativo de seguridad». En este caso la diversificación sería una locura. A medida que aumenta la cantidad de números a los que apuesta, menores son sus probabilidades de acabar teniendo beneficios. Si apostase habitualmente 1 dólar a cada número (incluido el 0 y el 00) es seguro que perdería 2 dólares con cada giro de la ruleta. Sin embargo, supongamos que el ganador recibiese un rendimiento de 39 dólares en vez de 35 dólares. En tal caso tendría un pequeño pero importante margen de seguridad. Por lo tanto, a medida que aumentase la cantidad de números a los que apuesta, mayores serían sus probabilidades de ganar. Además, podría estar seguro de ganar 2 dólares con cada giro de la ruleta, simplemente apostando 1 dólar a cada uno de los números. (Incidentalmente, los dos ejemplos expuestos describen en la práctica las situaciones respectivas del jugador y del propietario de una ruleta que tenga 0 y 00).*

Un criterio de inversión en contraposición a especulación

Como no hay una definición única de inversión que goce de aceptación generalizada, las autoridades en la materia tienen derecho a definirla como prefieran. Muchos de los autores niegan que exista una diferencia útil o fiable entre los conceptos de inversión y de especulación. En nuestra opinión, este escepticismo es innecesario y lesivo. Es injurioso porque promueve la predisposición innata de muchas personas hacia la excitación y los peligros de la especulación con acciones ordinarias. Somos de la opinión de que el concepto de margen de seguridad se puede utilizar de manera muy provechosa como piedra de toque que permite distinguir una operación de inversión de una operación de especulación.

Es probable que la mayor parte de los especuladores piensen que tienen las probabilidades a su favor cuando asumen el riesgo en sus operaciones y, por lo tanto, que pueden afirmar que hay un margen de seguridad en sus actuaciones. Todo el mundo tiene la impresión de que realiza sus adquisiciones en el momento propicio, o que su capacidad es superior a la de la multitud, o que su asesor o su sistema son dignos de confianza. Sin embargo, estas pretensiones no son convincentes. Se basan en valoraciones subjetivas, que no están apoyadas por ningún conjunto de pruebas que las ratifiquen ni por ninguna línea de razonamiento concluyente. Dudamos mucho que la persona que se juegue el dinero basándose en su opinión de que el mercado va a evolucionar al alza o a la baja pueda afirmar que está protegido por un margen de seguridad en cualquier sentido razonable de la expresión.

En contraste, el concepto de margen de seguridad que tiene el inversor, tal y como se ha expuesto anteriormente en este capítulo, se basa en un sencillo

---

* En la ruleta «americana», la mayoría de las ruletas incluyen el 0 y el 00 junto con los números del 1 al 36, lo cual hace que el total de casillas sea 38. El casino ofrece un premio máximo de 35 a 1. ¿Qué ocurriría si apostase usted 1 dólar a cada número? Dado que la bola únicamente puede caer en una casilla, usted ganaría 35 dólares en esa casilla, pero perdería 1 dólar en cada una de las otras 37 casillas, lo cual hace una pérdida neta de 2 dólares. Esa diferencia de 2 dólares (o diferencial de 5,26% en su apuesta total de 38 dólares) es la «ventaja de la casa» del casino, que le asegura que en promedio los jugadores de ruleta siempre pierdan más de lo que ganan. Del mismo modo que al jugador de ruleta le interesa apostar lo menos posible, al casino le interesa que la ruleta no deje de girar. De la misma manera, el inversor inteligente debería tratar de aumentar al máximo el número de participaciones que ofrecen una «mejor probabilidad de ganancia que de pérdida». Para la mayoría de los inversores, la diversificación es la manera más simple y barata de ampliar su margen de seguridad.

y concluyente razonamiento aritmético extraído de datos estadísticos. También tenemos la impresión de que está bien apoyado por la experiencia práctica de inversión. No hay ninguna garantía de que este método fundamental cuantitativo vaya a seguir consiguiendo resultados favorables en las circunstancias que puedan darse en el futuro, que en el momento actual nos resultan desconocidas. No obstante, por los mismos motivos, no hay ningún motivo válido para mostrarse pesimista en esta cuestión.

Por lo tanto, en resumen, tenemos que afirmar que una verdadera inversión exige la presencia de un verdadero margen de seguridad. Un verdadero margen de seguridad es aquel cuya existencia se puede demostrar con cifras, con un argumento persuasivo y haciendo referencia a un conjunto de experiencias reales.

Extensión del concepto de inversión

Para completar nuestra exposición sobre el principio de margen de seguridad, estableceremos ahora una distinción adicional entre las inversiones convencionales y las inversiones no convencionales. Las inversiones convencionales son adecuadas para una cartera típica. En este epígrafe siempre se habían incluido las obligaciones del estado (de Estados Unidos) y las acciones ordinarias de mejor categoría que pagaban dividendo. Hemos añadido las obligaciones municipales y estatales para aquellos que puedan extraer una ventaja suficiente de sus características de exención fiscal. También se incluyen las obligaciones empresariales de primera categoría cuando, como ocurre en el momento actual, se pueden comprar en condiciones que ofrezcan un rendimiento suficientemente superior al de los bonos de ahorro de Estados Unidos.

Las inversiones no convencionales son aquellas que únicamente son adecuadas para el inversor emprendedor. Cubren una amplia gama. La categoría más amplia es la de las acciones infravaloradas de empresas de segundo orden, cuya compra recomendamos cuando pueda realizarse a dos tercios o menos de su valor indicado. Junto a éstas, suele haber frecuentemente una amplia oferta de obligaciones empresariales de categoría intermedia y de acciones preferentes también de categoría intermedia que cotizan en unos niveles tan bajos que se pueden obtener también con un considerable descuento respecto de su valor aparente. En tales casos, el inversor medio estaría inclinado a calificar de especulativos a estos valores, porque a sus ojos la falta de una calificación de primera es sinónimo de la falta de categoría de inversión.

Nosotros afirmamos que un precio suficientemente bajo puede hacer que un valor de categoría mediocre se convierta en una buena oportunidad de inversión, siempre y cuando el comprador esté informado y sea experto, y ponga en práctica una diversificación adecuada. La cuestión es que si el precio es suficientemente bajo como para crear un sustancial margen de seguridad, el valor cumplirá los requisitos para que lo consideremos como perteneciente a la categoría de inversión. Nuestro ejemplo favorito en apoyo de esta argumentación proviene del terreno de las obligaciones inmobiliarias. En la década de 1920, se vendieron miles de millones de dólares de estos instrumentos a la par, en un momento en el que eran recomendados como buenas inversiones. Una gran proporción de ellos tenían un margen de valor sobre la deuda tan reducido que en realidad su carácter era extraordinariamente especulativo. En la depresión de la década de 1930 una enorme cantidad de estos instrumentos incumplieron su obligación de pago de intereses, y su cotización se vino abajo, en algunos casos por debajo de los 10 centavos por dólar. En ese momento, los mismos asesores que los habían recomendado cuando cotizaban a la par, afirmando que eran inversiones seguras, los rechazaban afirmando que se trataba de papel del tipo más especulativo y menos atractivo que cabía imaginar. Sin embargo, de hecho, la depreciación de aproximadamente el 90% hacía que muchos de estos valores fuesen extraordinariamente atractivos y razonablemente seguros, porque los verdaderos valores que había detrás de ellos eran cuatro o cinco veces superiores a la cotización de mercado.*

El hecho de que la compra de estas obligaciones tuviese como consecuencia lo que generalmente se denomina «un gran beneficio especulativo» no es obstáculo para que su verdadera naturaleza fuese la de instrumento de inversión, teniendo en cuenta sus reducidos precios. El beneficio «especulativo» era la recompensa del comprador por haber hecho una inversión inusualmente inteligente. Tenían todo el derecho a denominarse oportunidades de inversión, puesto que un cuidadoso análisis habría mostrado que el excedente de valor respecto del precio ofrecía un gran margen de seguridad. Por lo tanto, la propia categoría de «inversiones en condiciones favorables» que en las páginas anteriores habíamos citado como una de las fuentes principales de graves pérdidas para los compradores de valores inexpertos tiene muchas probabilidades de proporcionar interesantes oportunidades de obtención de beneficios a los operadores sofisticados que los adquieran en momentos posteriores a unos precios que serán prácticamente los que ellos hayan querido establecer.†

Todo el campo de las «situaciones especiales» entraría dentro de nuestra definición de operaciones de inversión, porque la adquisición siempre se aconseja después de realizar un exhaustivo análisis que saque a la luz el potencial para obtener una mayor materialización de valor que el precio pagado. Una vez más, en cada caso individual hay factores de riesgo, pero éstos deben ser incluidos en los cálculos y absorbidos en los resultados generales de una operación diversificada.

---

* Graham está afirmando que no existen las acciones buenas ni las acciones malas; únicamente existen las acciones baratas y las acciones caras. Incluso las acciones de la mejor empresa se convierten en candidatas a la venta cuando su cotización sube demasiado, mientras que merece la pena comprar acciones de la peor empresa si su cotización baja lo suficiente.

† Las mismas personas que consideraban que las acciones de tecnología y de telecomunicaciones eran «algo seguro» a finales de 1999 y principios de 2000, cuando estaban terriblemente sobrevaloradas, las rehuyeron por considerarlas «demasiado arriesgadas» en

Para llevar esta exposición hasta su extremo lógico, podríamos sugerir que se podría organizar una operación de inversión justificable comprando valores intangibles representados por un grupo de «opciones sobre acciones ordinarias» que cotizase a un precio históricamente bajo. (Pretendemos que este ejemplo provoque una cierta conmoción).* Todo el valor de esos *warrants* radica en la posibilidad de que las acciones a las que se refieren algún día coticen por encima del precio de opción. En el momento presente no tienen valor ejercitable. Sin embargo, dado que todas las inversiones dependen de unas expectativas de futuro razonables, es adecuado considerar estos *warrants* desde el punto de vista de las probabilidades matemáticas de que algún futuro período alcista de mercado dé lugar a un gran incremento de su valor indicado y de su cotización. Este estudio podría llevar a la conclusión de que de este tipo de operación pueden desprenderse unos beneficios muy superiores a las posibles pérdidas, y de que las probabilidades de acabar obteniendo un beneficio son mucho mayores que las de acabar incurriendo en una pérdida definitiva. Si tal fuese el caso, habría un margen de seguridad presente incluso en un valor de este tipo, tan poco atractivo por naturaleza. Un inversor suficientemente emprendedor podría incluir una operación de *warrants* o de opciones sobre acciones en su conjunto variado de inversiones no convencionales.[1]

En resumen

La inversión es más inteligente cuanto más se parece a una operación empresarial. Es sorprendente ver cuántos empresarios tremendamente capaces tratan de operar en Wall Street desentendiéndose de todos los principios de sensatez con los que han conseguido el éxito en sus propias empresas. Sin embargo, la mejor postura posible a la hora de abordar esta cuestión es la de considerar que todos los valores

---

2002, aunque según las palabras literales de Graham de un período anterior, «una depreciación de la cotización de casi el 90% hizo que muchos de esos valores fuesen extraordinariamente atractivos y razonablemente seguros». De una forma similar, los analistas de Wall Street siempre han tendido a «recomendar encarecidamente» la compra de una acción cuando su cotización es elevada, para recomendar posteriormente su venta cuando su precio haya retrocedido, que es exactamente lo contrario de lo que recomendarían Graham (y el sentido común). Como hace a lo largo de todo el libro, Graham está diferenciando entre especulación, o comprar con la esperanza de que la cotización de la acción continúe subiendo, e inversión, o comprar basándose en lo que vale la actividad subyacente.

* Graham emplea el término «opciones sobre acciones ordinarias» como sinónimo de *warrant*, un valor emitido directamente por una sociedad que concede a su titular el derecho a comprar acciones de la sociedad a un precio predeterminado. Los *warrants* han sido sustituidos prácticamente por completo por las opciones sobre acciones. Graham reconoce que pretende que el ejemplo provoque conmoción porque incluso en su época, los *warrants* estaban considerados como uno de los instrumentos más infectos del mercado. (Véase el comentario al capítulo 16).

empresariales representan, en primera instancia, una participación en la propiedad, o un derecho sobre una empresa concreta. Si una persona decide dedicarse a conseguir beneficios con la compra y la venta de valores, se estará lanzando a una actividad empresarial, que deberá gestionar de conformidad con unos principios empresariales generalmente aceptados si quiere tener una probabilidad de prosperar.

El primero, y más evidente, de estos principios es: «conozca lo que está haciendo, conozca su negocio». En el caso del inversor, esto significa lo siguiente: no trate de conseguir «beneficios empresariales» con las operaciones que realice con valores, entendiendo por «beneficio empresarial» un rendimiento por encima de los intereses y dividendos ordinarios, salvo que tenga sobre el valor de los instrumentos concretos los mismos conocimientos que debería tener de una mercancía que pretendiese fabricar o con la que pretendiese comerciar.

Un segundo principio sería el siguiente: «No permita que nadie dirija su empresa salvo (1) que pueda supervisar sus resultados con una diligencia adecuada y comprendiendo los datos o (2) salvo que tenga unos motivos inusualmente sólidos para depositar una confianza implícita en su integridad y su capacidad». En el caso del inversor, esta regla debería determinar las condiciones en las cuales va a permitir a otra persona que decida lo que se hace con su dinero.

Un tercer principio empresarial sería el siguiente: «No haga una operación, es decir, no fabrique o comercie con un artículo, salvo que después de realizar un cálculo fiable esté convencido de que tiene una buena probabilidad de conseguir un beneficio razonable. En particular, manténgase alejado de los proyectos en los que tiene poco que ganar y mucho que perder». En el caso del inversor emprendedor, esto significa que sus operaciones para conseguir beneficio no deberían basarse en el optimismo, sino en los cálculos aritméticos. En la situación aplicable a todos los inversores, significa que cuando limita la rentabilidad que puede obtener a una cantidad reducida, como ocurría por lo menos en el pasado con las obligaciones convencionales o con las acciones preferentes, debe exigir pruebas convincentes de que no está sometiendo a riesgo una parte injustificadamente grande de su principal.

La cuarta regla tiene una naturaleza más positiva: «Tenga el coraje de reconocer su conocimiento y su experiencia. Si ha llegado a una conclusión a partir de los hechos y sabe que su juicio es sensato, póngalo en práctica, aunque los demás duden u opinen otra cosa». (Usted no tendrá razón ni se equivocará por el hecho de que la multitud no esté de acuerdo con usted. Tendrá razón porque sus datos y su razonamiento sean correctos). De la misma manera, en el mundo de los valores, el coraje es la virtud suprema después de un adecuado conocimiento y de una capacidad de juicio contrastada.

Afortunadamente, en el caso del inversor típico no suele ser necesario para el éxito que incorpore todas estas cualidades a su programa, siempre y cuando limite su ambición a su capacidad y restrinja sus actividades al seguro y estrecho sendero de la inversión ordinaria defensiva. Conseguir unos resultados de inversión satisfactorios es más sencillo de lo que la mayoría de la gente piensa; conseguir unos resultados superiores es mucho más difícil de lo que parece.

Comentario al capítulo 20

> Si no nos anticipamos a los imprevistos, si no esperamos lo inesperado en un universo de infinitas posibilidades, estamos a merced de cualquiera y de cualquier cosa que no pueda ser etiquetada, programada o clasificada
>
> *Agente Fox Mulder,* Expediente X.

Para empezar, no pierda

¿Qué es el riesgo?

Las respuestas serán diferentes dependiendo de a quién, y cuándo, le formule la pregunta. En 1999 el riesgo no significaba perder dinero; significaba ganar menos dinero que otra persona. Lo que les daba miedo a las personas era tropezarse con alguien en una barbacoa y descubrir que esa persona se estaba haciendo más rica más rápidamente haciendo operaciones intradía con empresas punto com aún más deprisa que ellas. Después, súbitamente, en el año 2003 riesgo pasó a significar que el mercado de valores siguiese cayendo hasta acabar con cualquier traza de riqueza que todavía le quedase.

Aunque su significado pueda parecer tan volátil y fluctuante como los propios mercados financieros, el riesgo tiene atributos profundos y permanentes. Las personas que hacen las mayores apuestas y consiguen las mayores ganancias durante los períodos alcistas de mercado son casi siempre las mismas que sufren las peores pérdidas en los períodos bajistas de mercado que inevitablemente siguen a los primeros. (Tener «razón» hace que los especuladores estén cada vez más dispuestos a asumir una mayor cantidad de riesgo, a medida que su confianza se va desbordando). Y después de haber perdido grandes cantidades de dinero, se hace necesario apostar aún más para volver al lugar de partida, como ocurre con los jugadores de casino o de hipódromo que se lo juegan al todo o nada después de cada apuesta fallida. Salvo que tenga una suerte extraordinaria, ésa es una receta para el desastre. No es sorprendente que cuando se le pidió que resumiese todo lo que había aprendido durante su prolongada carrera sobre la forma de hacerse rico, el legendario financiero J.K. Klingenstein, de Wertheim & Co., respondiese sencillamente: «No perder».[1] El siguiente gráfico muestra lo que quería decir.

FIGURA 20.1

El coste de las pérdidas

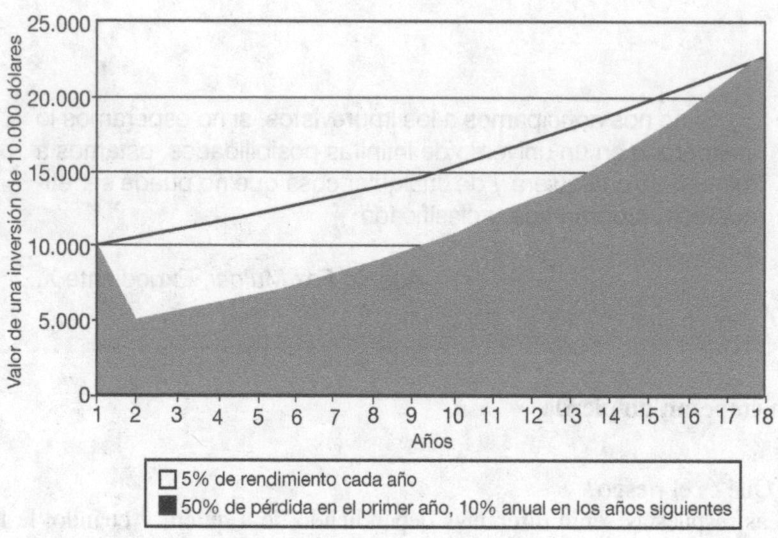

Imagínese que encuentra una acción que usted cree que puede crecer al 10% anual aunque el mercado únicamente crezca un 5% anualmente. Lamentablemente, siente usted tal entusiasmo que paga un precio demasiado elevado, y la acción pierde el 50% de su valor el primer año. Aunque la acción posteriormente generase el doble del rendimiento del mercado, usted necesitará más de 16 años para sobrepasar al mercado, simplemente porque pagó demasiado, y perdió demasiado, al principio.

Perder algo de dinero es parte inevitable de las actividades de inversión, y no hay nada que se pueda hacer para evitarlo. Sin embargo, para ser un inversor inteligente es necesario asumir la responsabilidad de asegurarse que nunca se pierda la mayoría o la totalidad de su dinero. La diosa hindú de la fortuna,

[1] Véase entrevista con Ellis en Jason Zweig, «Wall Street's Wisest Man», *Money*, junio de 2001, págs. 49–52.

Lakshmi, suele aparecer representada de pie, de puntillas, preparada para salir corriendo en cuanto se parpadee. Para mantenerla simbólicamente en su sitio, algunos de los devotos de Lakshmi atan su estatua con tiras de tejido o clavan sus pies al suelo. Para el inversor inteligente, el «margen de seguridad» de Graham desempeña una función similar: al negarse a pagar demasiado por una inversión, se reducen al mínimo las probabilidades de que su patrimonio desaparezca o se destruya súbitamente.

Piense en este ejemplo: durante los cuatro trimestres que concluyeron en diciembre de 1999, JDS Uniphase Corp., la empresa de fibra óptica, generó 673 millones de dólares en ventas netas, con las que sufrió una pérdida de 313 millones de dólares. Sus activos tangibles ascendían a 1.500 millones de dólares. Sin embargo, el 7 de marzo de 2000, las acciones de JDS Uniphase alcanzaron los 153 dólares por acción, lo que arrojaba para la empresa un valor total de mercado de aproximadamente 143.000 millones de dólares.[2] En aquel preciso momento, al igual que la mayoría de las acciones de empresas de la «Nueva Era» se vino abajo. Cualquiera que hubiese comprado acciones aquel día y las hubiera mantenido hasta finales del año 2002 tuvo que hacer frente a las perspectivas indicadas en la figura 20.2.

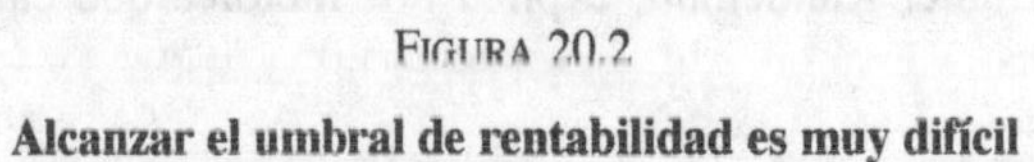

FIGURA 20.2

Alcanzar el umbral de rentabilidad es muy difícil

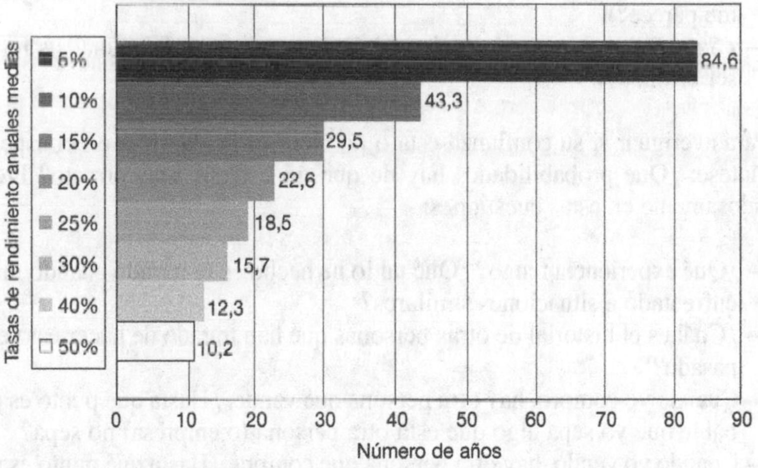

Si hubiese adquirido acciones de JDS Uniphase a su precio máximo de 153,421 dólares el 7 de marzo de 2000, y todavía las conservase a finales de 2002 (cuando cerró a 2,47 dólares), ¿cuánto tiempo tardaría en volver a alcanzar el precio de compra a diversos tipos medios anuales de rendimiento?

[2] La cotización de JDS Uniphase ha sido ajustada para tener en cuenta los posteriores desdoblamientos.

Incluso con una sólida tasa de rendimiento anual del 10%, se necesitarían más de 43 años para volver a recuperar el nivel en el que se compró esta acción sobrevalorada.

El riesgo no está en nuestras acciones, sino en nosotros

El riesgo existe en otra dimensión: dentro de usted. Si sobreestima todo lo que sabe realmente sobre las inversiones, o sobreestima su capacidad para superar un desplome temporal de los precios, no importa cuál sea la composición de su cartera o cuál sea la evolución del mercado. En última instancia, el riesgo financiero no reside en los tipos de inversión que tenga en cartera, sino en el tipo de inversor que sea usted. Si quiere saber de verdad qué es el riesgo, vaya al baño más cercano y asómese al espejo. Eso es el riesgo, lo que le mira desde el otro lado del espejo.

Cuando se mire en el espejo, ¿qué debería buscar? El psicólogo ganador del premio Nobel, Daniel Kahneman, explica dos factores que caracterizan a las buenas decisiones:

— *«Confianza bien calibrada»* (¿entiendo esta inversión tan bien como a mí me parece?).
— *«Sufrimiento bien anticipado»* (¿cómo reaccionaré si mi análisis resulta ser erróneo?).

Para averiguar si su confianza está o no bien calibrada, mire en el espejo y pregúntese: ¿Qué probabilidades hay de que mi análisis sea correcto? Piense cuidadosamente en estas cuestiones:

— ¿Qué experiencia tengo? ¿Qué tal lo he hecho en el pasado cuando me he enfrentado a situaciones similares?
— ¿Cuál es el historial de otras personas que han tratado de hacer esto en el pasado?[3]
— Cuando yo compro, hay otra persona que vende. ¿Hasta qué punto es probable que yo sepa algo que esta otra persona (o empresa) no sepa?
— Cuando yo vendo, hay otra persona que compra. ¿Hasta qué punto es probable que yo sepa algo que esta otra persona (o empresa) no sepa?
— ¿He calculado cuánto tiene que subir esta inversión para que recupere mi dinero después de pagar impuestos y los costes de operación?

---

[3] Nadie que haya investigado diligentemente la respuesta a esta pregunta, y haya aceptado de verdad los resultados, realizaría jamás operaciones intradía ni compraría acciones en ofertas públicas iniciales.

A continuación, mire en el espejo para averiguar si es usted el tipo de persona que es capaz de anticipar correctamente su sufrimiento. Comience por preguntarse: «¿Comprendo plenamente las consecuencias que tendría el hecho de que mi análisis fuese erróneo?». Responda a esa pregunta teniendo en cuenta estas cuestiones:

— Si acierto, podría ganar mucho dinero. Sin embargo, ¿qué pasa si me equivoco? Atendiendo a los resultados históricos de inversiones similares, ¿cuánto podría llegar a perder?
— ¿Tengo otras inversiones que me ayuden a capear la situación si esta decisión acaba siendo errónea? ¿Tengo acciones, obligaciones o fondos con un historial contrastado de subida cuando este tipo de inversión evoluciona a la baja? ¿Estoy arriesgando una cantidad exagerada de mi capital con esta nueva inversión?
— Cuando me digo: «Tienes una elevada tolerancia hacia el riesgo», ¿cómo he llegado a saberlo? ¿He perdido alguna vez mucho dinero con una inversión? ¿Cómo me sentí? ¿Compré más, o liquidé mi posición?
— ¿Me estoy basando únicamente en mi fuerza de voluntad para decidir que no voy a ceder al pánico en el peor momento? ¿O he controlado mi comportamiento anticipadamente mediante la diversificación, mediante la firma de un contrato de inversión, y mediante la técnica del promedio de coste monetario?

Debería recordar siempre, en las palabras del psicólogo Paul Slovic, que «el riesgo es una combinación de dosis iguales de dos ingredientes: probabilidades y consecuencias».[4] Antes de invertir, debería asegurarse de que ha evaluado de manera realista su probabilidad de acertar y la forma en que va a reaccionar a las consecuencias de haberse equivocado.

La apuesta de Pascal

El filósofo de inversión Peter Bernstein resume todo esto de otra manera. Se remonta a Blaise Pascal, el gran matemático y teólogo francés (1623-1662), que creó un experimento de reflexión según el cual un agnóstico debía apostar sobre si Dios existía o no. Lo que debe poner en juego esta persona para realizar la apuesta es su conducta en la vida; el premio definitivo de la apuesta es el destino de su alma después de la muerte. En esta apuesta, afirma Pascal, «la razón no puede decidir» la probabilidad de la existencia de Dios. Dios existe o no existe,

[4] Paul Slovic, «Informing and Educating the Public about Risk», *Risk Analysis*, vol. 6, nº 4 (1986), pág. 412.

y únicamente la fe, que no la razón, puede dar respuesta a esa pregunta. Sin embargo, mientras que las probabilidades en la apuesta de Pascal son las mismas que cuando se arroja una moneda al aire, las consecuencias son absolutamente claras e indiscutiblemente ciertas. Como explica Bernstein:

> Supongamos que actúa usted como si Dios existe y usted vive de manera virtuosa, en abstinencia, cuando en realidad no hay Dios. Habrá renunciado a algunas cosas buenas de la vida, pero también habrá tenido recompensas. Por el contrario, supongamos que actúa usted como si Dios no existiese y vive una vida de pecado, egoísmo y lujuria cuando en realidad Dios existe. Es posible que se haya divertido y que haya tenido grandes emociones a lo largo de la relativamente breve duración de su vida, pero cuando el día del juicio final llegue, estará usted metido en un tremendo aprieto.[5]

Bernstein llega a la siguiente conclusión: «A la hora de adoptar decisiones en condiciones de incertidumbre, las consecuencias deben dominar a las probabilidades. Nunca sabemos lo que va a pasar en el futuro». Por lo tanto, al igual que le ha recordado Graham en todos los capítulos de este libro, el inversor inteligente debe centrarse no sólo en conseguir que el análisis sea correcto. También debe asegurarse frente a las pérdidas si su análisis resulta ser erróneo, cosa que ocurrirá de vez en cuando incluso con los mejores análisis. La probabilidad de cometer por lo menos un error en algún momento de su vida de inversión es prácticamente del 100%, y esas probabilidades están absolutamente fuera de su control. No obstante, usted sí que tiene control sobre las consecuencias que tendría su equivocación. Muchos «inversores» pusieron prácticamente todo su dinero en las acciones de las empresas punto com en 1999; un estudio realizado *online* entre 1.338 estadounidenses por la revista *Money* descubrió que prácticamente una décima parte de ellos tenía, como mínimo, el 85% de su dinero invertido en acciones de empresas de Internet. Al desentenderse de la recomendación de Graham de contar con un margen de seguridad, estas personas apostaron por la opción errónea de la apuesta de Pascal. Ante la certeza de que conocían las probabilidades de acertar, no hicieron nada para protegerse frente a las consecuencias de equivocarse.

Simplemente con mantener su cartera constantemente diversificada, y negarse a arrojar su dinero a las últimas y alocadas modas que hayan captado el interés del Sr. Mercado, podrá asegurar que las consecuencias de sus errores nunca serán catastróficas. Sea lo que sea lo que el Sr. Mercado le proponga, siempre podrá decir, con una tranquila confianza, «Esto también pasará».

---

[5] «The Wager», en Blaise Pascal, *Pensées* (Penguin Books, Londres y Nueva York, 1995), págs. 122–125; Peter L. Bernstein, *Against the Gods* (John Wiley & Sons, Nueva York, 1996), págs. 68–70; Peter L. Bernstein, «Decision Theory in Iambic Pentameter», *Economics & Portfolio Strategy*, 1 de enero de 2003, pág. 2.

Epílogo

Conocemos muy bien a dos socios que pasaron buena parte de su vida gestionando sus propios fondos, y los de otras personas, en Wall Street. Alguna experiencia difícil les enseñó que era mejor estar seguro y actuar con prudencia que tratar de ganar todo el dinero del mundo. Llegaron a elaborar un enfoque relativamente exclusivo sobre las operaciones con valores, que combinaba unas buenas posibilidades de conseguir beneficio con un sólido valor. Evitaron cualquier cosa que pareciese excesivamente cara y actuaron con gran rapidez para desprenderse de las acciones que habían ascendido hasta niveles que consideraban que ya no eran atractivos. Sus carteras estaban siempre bien diversificadas, con más de 100 acciones diferentes en ellas. De esta forma, consiguieron resultados bastante buenos durante muchos años de altibajos en el mercado general; consiguieron una media de aproximadamente el 20% anual sobre los varios millones de capital cuya gestión habían aceptado, y sus clientes quedaron satisfechos con los resultados.*

El año de la primera edición de este libro se ofreció la oportunidad al fondo de estos socios de adquirir una participación del 50% en una empresa en crecimiento. Por algún motivo, la industria en la que participaba esa empresa no atraía a Wall Street en aquel momento y la operación había sido rechazada por unas cuantas agencias importantes. Sin embargo, nuestros dos socios quedaron impresionados por las posibilidades que ofrecía la empresa; el elemento decisivo para ellos era que el precio era moderado en relación con los beneficios actuales y el valor del activo. Los socios decidieron seguir adelante con la adquisición, que en términos monetarios representaba aproximadamente una quinta parte del patrimonio de su fondo. Se identificaron muy estrechamente con su nueva participación empresarial, que prosperó.†

---

* Los dos socios a los que Graham se refiere tímidamente son Jerome Newman y el propio Benjamin Graham.

† Graham está describiendo la Government Employees Insurance Co., o GEICO, en la cual él y Newman adquirieron una participación del 50% en 1948, precisamente en

De hecho, consiguió unos resultados tan positivos que la cotización de sus acciones alcanzó un nivel de 200 veces o más el precio pagado por la participación del 50%. La subida de cotización superó con mucho el crecimiento real de los beneficios, y prácticamente desde el principio la cotización dio la impresión de que era demasiado elevada si se evaluaba de conformidad con los propios criterios de inversión de los socios. Sin embargo, como consideraban que la empresa era una especie de «empresa familiar» mantuvieron una participación sustancial en las acciones, a pesar de la espectacular subida del precio. Un gran número de los partícipes de sus fondos hicieron lo mismo, y llegaron a hacerse millonarios gracias a sus carteras en esta única empresa, más las filiales que se constituyeron posteriormente.*

Paradójicamente, el conjunto de beneficios derivado de esta única decisión de inversión superó con mucho la suma acumulada de todas las demás decisiones de inversión adoptadas durante 20 años de operaciones muy variadas en los campos de actividad en los que estaban especializados los socios, período durante el cual realizaron grandes investigaciones, prolongadas sesiones de reflexión y adoptaron innumerables decisiones individuales.

¿Hay alguna lección que deba extraer el inversor inteligente de esta historia sobre el valor? Una lección obvia es que existen muchas formas de ganar y conservar dinero en Wall Street. Otra lección, no tan obvia, es que una racha de suerte, o una decisión extraordinariamente inteligente, ¿quién es capaz de diferenciar la una de la otra?, puede representar más que una vida de esfuerzos incesantes.[1] Sin embargo, más allá de la suerte, o de la decisión crucial, tiene que haber unos antecedentes de preparación y de capacidad disciplinada. Es necesario tener un fundamento suficiente y gozar de fama adecuada para que estas oportunidades llamen a la puerta. Hace falta tener los medios, la capacidad de juicio y el coraje para aprovecharlas.

---

la época en la que había terminado de escribir *El inversor inteligente*. Los 712.500 dólares que Graham y Newman colocaron en GEICO representaban aproximadamente el 25% de los activos de su fondo en aquel momento. Graham fue miembro del consejo de administración de GEICO durante muchos años. En un interesante golpe del destino, el más brillante alumno de Graham, Warrent Buffett, hizo su propia apuesta enorme en GEICO en 1976, cuando la gran aseguradora se había aproximado peligrosamente a la quiebra. Resultó también una de las mejores inversiones de Buffett.

* Como consecuencia de un tecnicismo jurídico, Graham y Newman recibieron instrucciones de la Comisión del Mercado de Valores de Estados Unidos de que «escindiesen» o distribuyesen la participación en GEICO de Graham Newman Corp. a los accionistas del fondo. Un inversor que tuviese 100 acciones de Graham-Newman al comienzo de 1948 (valoradas en 11.413 dólares) y que las hubiera mantenido hasta la distribución de GEICO habría tenido 1,66 millones de dólares para 1972. Entre las «sociedades del grupo de GEICO constituidas posteriormente» se encontraban Government Employees Financial Corp. y Criterion Insurance Co.

Por supuesto, no podemos prometer una experiencia igual de espectacular a todos los inversores que sean en todo momento prudentes y que estén en todo momento alerta a lo largo de los años. No vamos a concluir con el eslogan de J.J. Raskob del que nos reímos al principio: «Todo el mundo puede ser rico». Sin embargo, en la escena financiera abundan las posibilidades interesantes, y el inversor inteligente y emprendedor debería ser capaz de encontrar disfrute y beneficio en este circo de tres pistas. La emoción está garantizada.

Comentario al epílogo

Para tener éxito en la inversión es necesario gestionar el riesgo, no evitarlo. A primera vista, cuando se cae en la cuenta de que Graham colocó el 25% de los recursos de su fondo en una única acción, se puede pensar que hizo una apuesta muy arriesgada con el dinero de sus inversores. Sin embargo, si se profundiza en lo que realmente ocurrió, se descubrirá que Graham había realizado pormenorizados análisis que le permitieron llegar a la determinación, más allá de toda duda razonable, de que podría liquidar GEICO por una cantidad por lo menos igual a la cifra que había pagado por la empresa; aclarado este extremo queda claro que Graham estaba asumiendo un riesgo financiero muy reducido. Sin embargo, necesitó un enorme coraje para asumir el riesgo psicológico de realizar una apuesta de tal dimensión con una acción de una empresa tan desconocida.[1]

Los titulares actuales están llenos de datos que producen temor y de riesgos que no han llegado a resolverse: el final del período alcista de la década de 1990, el claudicante crecimiento económico, los fraudes contables en las grandes empresas, los fantasmas del terrorismo y la guerra. «A los inversores no les gusta la incertidumbre», afirma un estratega de mercado en este momento en un programa que se emite en el canal financiero de la televisión, o que se publica en el periódico del día. Sin embargo, la realidad es que a los inversores nunca les ha gustado la incertidumbre y, sin embargo, ésa es la característica más fundamental y permanente del mundo de la inversión. La incertidumbre siempre ha existido, y siempre existirá. A la hora de la verdad, «incertidumbre» e «inversión» son sinónimos. En el mundo real, nadie ha tenido la capacidad de apreciar que un momento determinado es el más indicado para comprar acciones. Sin la

---

[1] La anécdota de Graham sirve también para recordar claramente que aquellos de nosotros que no seamos tan brillantes como él debemos diversificar para protegernos del riesgo de colocar demasiado dinero en una única inversión. Que el propio Graham admita que GEICO fue «un golpe de suerte» es una señal de que la mayor parte de nosotros no podemos contar con ser capaces de descubrir una oportunidad tan propicia. Para evitar que la inversión termine degenerando y convirtiéndose en un juego de azar, debe usted diversificar.

fe en el futuro, sin esa fe que nos salva, nadie, absolutamente nadie se molestaría en invertir. Para ser inversor es necesario, es imprescindible, tener fe en que el mañana que nos espera será mejor.

A Graham, el mayor amante de la literatura de entre los inversores, le encantaba la historia de Ulises, narrada a través de la poesía de Homero, Alfred Tennyson y Dante. Al final de su vida, a Graham le entusiasmaba la escena del *Infierno* de Dante en la que Ulises describe la forma en que inspiró a su tripulación para que navegase hacia el oeste, adentrándose en aguas desconocidas más allá de las columnas de Hércules:

«¡Oh hermanos», dije, «que después de cien mil
peligros habéis llegado a occidente,
en esta tan pequeña vigilia
que resta a nuestros sentidos
no queráis negaros la experiencia,
del mundo despoblado que nos espera siguiendo al Sol.
Considerad la simiente de la que procedéis:
hechos no fuisteis para vivir como brutos,
sino para perseguir virtud y conocimiento».
Con esta mi breve arenga mis compañeros
tornáronse tan ansiosos de seguir camino,
que apenas podría con esfuerzo haberlos contenido
y, vuelta nuestra popa a la mañana,
de los remos hicimos alas para el loco vuelo.[2]

Invertir también es una aventura; el futuro financiero siempre es un mundo desconocido y sin mapas. Empleando a Graham como guía, su viaje de inversión que durará toda la vida será tan seguro y digno de confianza como lleno de aventura.

---

[2] Dante Alighieri, *Infierno*, canto XXVI, líneas 112–125.

Apéndices

1. Los superinversores de Graham and Doddsville

Por Warren Buffett

NOTA DEL EDITOR: *Este artículo es una versión editada de una conferencia pronunciada en la Columbia University en 1984 para conmemorar el 50 aniversario de la publicación de* Security Analysis, *escrito por Benjamin Graham y David L. Dodd. Este volumen especializado introdujo por primera vez las ideas que posteriormente se popularizarían en* El inversor inteligente. *El ensayo de Buffett ofrece un fascinante estudio de la forma en que los discípulos de Graham han utilizado el método de inversión en valor de Graham para conseguir un fenomenal éxito en el mercado de valores.*

¿Ha quedado desfasado el método de análisis de valores de Graham y Dodd que consistía en «buscar valores que tengan un margen de seguridad significativo en relación con los precios?». Muchos de los profesores que escriben libros de texto en la actualidad dicen que sí. Afirman que el mercado de valores es eficiente; es decir, que la cotización de las acciones refleja todo lo que se sabe sobre las perspectivas de una empresa y sobre el estado de la economía. No hay acciones minusvaloradas, afirman estos teóricos, porque existen inteligentes analistas de valores que utilizan toda la información disponible para garantizar unos precios inquebrantablemente apropiados. Los inversores que aparentemente consiguen unos resultados mejores que los del mercado año tras año lo logran simplemente por pura suerte. «Si los precios reflejan completamente toda la información disponible, este tipo de habilidad para la inversión queda excluido», escribe uno de los autores de los libros de texto actuales.

Bueno, es posible, quién sabe. Sin embargo, he venido a presentarles a un grupo de inversores que, año tras año, han conseguido mejores resultados que el índice de acciones Standard & Poor's 500. La hipótesis de que lo hayan hecho por pura suerte es, por lo menos, digna de examen. Un elemento esencial de ese examen es el hecho de que todas estas personas que han conseguido mejores resultados que el mercado son personas a las que conozco muy bien, y que habían sido identificadas previamente como inversores excelentes, identificación que, en el caso más reciente, tuvo lugar hace más de 15 años. A falta de esta condición, es decir, si simplemente acabase de buscar entre miles de archivos para elegir los nombres de las personas que les voy a presentar esta mañana, les aconsejaría que dejasen de leer ahora mismo. Debo añadir que todos estos historiales han sido auditados. Y también añadiré, adicionalmente, que conozco a muchas de las personas que han realizado inversiones con estos gestores, y que los cheques que han recibido esos partícipes a lo largo de los años estaban en consonancia con lo que se declaraba en los registros.

Antes de que comencemos este examen, me gustaría que imaginasen un campeonato nacional de lanzamiento de monedas cara o cruz. Supongamos que conseguimos que mañana por la mañana 225 millones de estadounidenses se presenten a ese concurso de cara o cruz y les pedimos a todos que tiren una moneda al aire. Al día siguiente, al alba, todos ellos se levantan y tratan de adivinar si va a salir cara o cruz. Si aciertan, ganan 1 dólar de aquellos que hayan fallado. Todos los días los perdedores son descalificados, y al día siguiente las apuestas acumuladas con las ganancias de los días anteriores se vuelven a apostar. Después de diez apuestas en diez mañanas habrá aproximadamente 220.000 personas en Estados Unidos que habrán sido capaces de adivinar correctamente diez apuestas seguidas. Cada una de ellas habrá ganado algo más de 1.000 dólares.

Probablemente los integrantes de este grupo empezarán a sentir una punzada de orgullo, siendo como es la naturaleza humana. Es posible que traten de ser modestos, pero en las fiestas, de vez en cuando, reconocerán ante los miembros más agraciados del sexo opuesto que tienen una técnica, explicarán cómo es esta técnica, y harán maravillosas aportaciones al arte de adivinar si va a salir cara o cruz.

Suponiendo que los ganadores están percibiendo una recompensa adecuada de los perdedores, en otros diez días tendremos 215 personas que hayan sido capaces de adivinar 20 veces seguidas si la moneda iba a salir cara o cruz y que, gracias a este ejercicio, habrán conseguido convertir 1 dólar en algo más de 1 millón. Se habrán perdido 225 millones de dólares y se habrán ganado otros 225 millones de dólares.

Llegado este momento, los miembros de este selecto grupo habrán perdido la cabeza por completo. Probablemente estarán escribiendo libros sobre «Cómo convertí un dólar en un millón trabajando 30 segundos cada mañana». Aún peor, estarán probablemente empezando a recorrer el país pronunciando conferencias sobre el eficiente arte de tirar la moneda al aire y desdeñando a los profesores escépticos con la afirmación de «si es imposible hacerlo, ¿cómo es que 215 de nosotros lo hemos logrado?».

No obstante, llegado ese momento, algún catedrático de una facultad de empresariales será probablemente lo suficientemente grosero como para mencionar el hecho de que, si 225 millones de orangutanes se hubiesen dedicado al mismo ejercicio, el resultado habría sido muy parecido: 215 orangutanes ególatras con una serie de 20 aciertos seguidos.

Me gustaría afirmar, no obstante, que hay *algunas* diferencias importantes en los ejemplos que voy a exponer. Por una parte, si (a) se hubiese repartido a 225 millones de orangutanes de una forma más o menos parecida a como está repartida la población de Estados Unidos, y si (b) quedasen 215 ganadores después de 20 días y si (c) descubriese usted que 40 de esos 215 ganadores provenían de un zoológico concreto en Omaha, estaría usted bastante seguro de que estaba a punto de descubrir algo interesante. Por lo tanto, probablemente visitaría el zoológico y le preguntaría al cuidador qué les daba de comer a los orangutanes, si hacían algún tipo de ejercicio especial, y qué libros leían, o cualquier otra cosa que se le ocurriese. Es decir, si hubiese descubierto cualquier concentración realmente extraordinaria de éxito, estaría interesado en averiguar si era capaz de identificar concentraciones de características infrecuentes que pudiesen ser factores causales.

El estudio científico suele seguir de manera natural este tipo de patrón. Si estuviese tratando de analizar las causas posibles de un tipo infrecuente de cáncer del que hubiese, por ejemplo, 1.500 casos al año en Estados Unidos, y descubriese que 400 de ellos se producen en un pequeño pueblo minero de Montana, estaría muy interesado en examinar el agua de ese pueblo, o que tratase de averiguar a qué se dedican las personas afectadas, u otras variables. Sabría que no era posible que por mera distribución aleatoria 400 afectados proviniesen de un área tan reducida. Es posible que no supiese necesariamente los factores causales, pero sabría en dónde tenía que buscar.

Mi tesis es que hay formas de definir el origen diferentes a la geografía. Además de los orígenes geográficos, existen lo que yo denomino orígenes *intelectuales*. Creo que podrán descubrir que existe un número desproporcionado de personas que han conseguido éxito en el concurso de cara o cruz en el mundo de la inversión que provenían de una muy pequeña aldea intelectual que podría llamarse Graham and Doddsville. Se puede atribuir a esta pequeña aldea intelectual una concentración de ganadores que simplemente no puede explicarse por la mera suerte.

Podrían existir circunstancias que hiciesen que incluso una concentración de ese tipo fuese intrascendente. Es posible que hubiese 100 personas que simplemente estaban imitando la elección a la hora de lanzar al aire la moneda de una personalidad extraordinariamente persuasiva. Si esa persona decía cara, sus 100 seguidores decían cara automáticamente. Si el líder formase parte de los 215 que quedaban al final, el hecho de que 100 tuviesen el mismo origen intelectual no significaría nada. Simplemente estaría identificando un único caso con los 100 casos que eran manifestación de las elecciones de esa única persona. De la misma manera, supongamos que viviese en una sociedad muy patriarcal y que todas las familias de Estados Unidos estuviesen compuestas por diez miembros. Además, supongamos que esa cultura patriarcal fuese tan marcada que cuando los 225 millones de personas saliesen el primer día todos los miembros de cada familia se identificasen con la elección del padre. Al final del período de 20 días habría

215 ganadores, y se descubriría que esos 215 ganadores provenían de únicamente 21,5 familias. Algunos simplones podrían decir que eso es indicación del carácter tremendamente hereditario del factor que explica el éxito a la hora de saber si va a salir cara o cruz. Sin embargo, por descontado, esa afirmación no tendría ningún sentido, puesto que en realidad no habría 215 ganadores individuales, sino 21,5 familias aleatoriamente distribuidas que eran ganadoras.

En este grupo de inversores de éxito que quiero examinar había un patriarca intelectual común, Ben Graham. Sin embargo, los niños que abandonaron la casa de este patriarca intelectual decidieron sus «apuestas» de formas muy diferentes. Fueron a lugares diferentes y compraron y vendieron diferentes acciones de diferentes empresas y, no obstante, consiguieron unos resultados combinados que simplemente no se pueden explicar por la casualidad aleatoria. Ciertamente, no se pueden explicar por el hecho de que todos estuviesen haciendo la misma apuesta de la misma manera porque un líder estuviese indicándoles lo que tenían que hacer. El patriarca se limitó a exponer la teoría intelectual para adoptar las decisiones a la hora de lanzar al aire la moneda, pero cada alumno decidió a su manera su propio método personal de aplicar la teoría.

El rasgo intelectual común de los inversores procedentes de Graham and Doddsville es el siguiente: buscan discrepancias entre el *valor* de una empresa y el *precio* de las pequeñas partes de la empresa que se venden en el mercado. En esencia, aprovechan esas discrepancias sin prestar atención a las cuestiones que tanto interesan al teórico del mercado eficiente: si las acciones se compran el lunes o el jueves, o si es enero o julio, etc.. Incidentalmente, cuando los empresarios compran de empresas, que es exactamente lo que nuestros inversores Graham & Dodd están haciendo a través de los valores negociables, dudo que haya muchos que tengan en cuenta en sus decisiones de compra el día de la semana o el mes en el cual va a tener lugar la transacción. Si no tiene ninguna importancia ni trascendencia el que una empresa se compre el lunes o el viernes, me desconciertan los motivos que llevan a tantos académicos a invertir enormes cantidades de tiempo y esfuerzo a comprobar si tiene algún efecto el que esas pequeñas partes de esas mismas empresas se compren un día u otro, o un mes u otro. Nuestros inversores de Graham & Dodd, huelga siquiera mencionarlo, no se ocupan ni de betas, ni de modelos de determinación de precios de activos de capital, ni de covarianzas en los rendimientos entre valores. No son temas que les interesen. De hecho, la mayoría de ellos tendrían dificultades para definir esos términos. Los inversores se centran simplemente en dos variables: precio y valor.

Siempre me ha parecido extraordinario que haya tantos estudios que se centren en el comportamiento del precio y el volumen, las cosas que interesan a los chartistas. ¿Se imagina comprando una empresa entera simplemente porque su precio ha *subido* sustancialmente la última semana y la semana anterior? Por supuesto, el motivo de que se hagan tantos estudios con estas variables de precio y volumen es que en la actualidad, en la era de los ordenadores, hay una serie prácticamente infinita de datos sobre esas variables. No es que este tipo de estudios tengan necesariamente alguna utilidad; simplemente es que los datos están ahí y que los académicos se han esforzado mucho para adquirir las habilidades matemáticas necesarias para manipularlos. Después de adquirir esas habilidades parece un despilfarro no utilizarlas, aunque su utilización no tenga ninguna utilidad, o incluso aunque esa utilidad sea negativa. Como dice un amigo mío, a un hombre que tiene un martillo todo le parecen clavos.

Creo que el grupo que hemos identificado como procedente de un origen intelectual común es digno de estudio. Incidentalmente, a pesar de todos los estudios académicos que se han hecho acerca de la incidencia de variables como el precio, el volumen, la estacionalidad, el tamaño de capitalización, etcétera, sobre el rendimiento de las acciones, no se ha apreciado ningún interés en el estudio de los métodos de esta inusual concentración de ganadores centrados en el valor.

Comenzaré este estudio de los resultados remontándome a un grupo de cuatro de nosotros que trabajamos en la Graham-Newman Corporation desde 1954 hasta 1956. Éramos únicamente cuatro; no es que haya elegido estos nombres entre miles de personas. Me ofrecí a trabajar en Graham-Newman gratuitamente después de seguir el curso de Ben Graham, pero él me rechazó diciendo que pedía demasiado. ¡Se tomaba muy en serio esto del valor! Después de darle mucho la lata, acabó contratándome. Había tres socios y cuatro de nosotros con categoría de «siervos». Los cuatro dejamos la empresa entre 1955 y 1957, momento en el que fue liquidada, y ha sido posible seguir el historial de tres de nosotros.

El primer ejemplo (véase la tabla 1, págs. 574–575) es el de Walter Schloss. Walter no fue a la universidad, pero hizo el curso de Ben Graham por la noche en el New York Institute of Finance. Walter dejó Graham-Newman en 1955 y consiguió los resultados que se muestran en la tabla a lo largo de 28 años.

Esto es lo que «Adam Smith», después de que le hablase sobre Walter, escribió sobre él en *Supermoney* (1972):

> No tiene contactos ni acceso a información útil. Prácticamente nadie de Wall Street le conoce, y no le ofrecen ninguna idea. Examina los números de los manuales y solicita las memorias anuales, y eso es todo.
>
> Al presentarme a Schloss, me parece que Warren se ha descrito a sí mismo. «Nunca deja de tener presente que está gestionando el dinero de otras personas, y esto refuerza su gran aversión natural a las pérdidas». Tiene una integridad absoluta y una imagen realista de sí mismo. Para él, el dinero es real y las acciones son reales; de este hecho fluye su atracción por el principio del «margen de seguridad».

Walter se ha diversificado muchísimo, y tiene en cartera más de 100 acciones actualmente. Sabe cómo identificar valores que se venden por una cifra considerablemente inferior al valor que tendrían para un propietario particular.

Eso es todo lo que hace. No le importa que sea enero, no le importa que sea lunes, no le importa que haya elecciones o no este año. Su teoría es muy sencilla: si una empresa vale 1 dólar y puedo comprarla por 40 centavos, es posible que me pase algo bueno. Eso es lo que hace una y otra y otra vez. Tiene acciones de muchas más empresas que yo, y está mucho menos interesado en la naturaleza subyacente de lo que hacen esas empresas: no parece que mis ideas influyan mucho sobre Walter; ése es uno de sus puntos fuertes: nadie tiene mucha influencia sobre él.

El segundo caso es el de Tom Knapp, que también trabajó conmigo en Graham-Newman. Tom era licenciado en química por Princeton antes de la guerra; cuando volvió de la guerra, lo único que hacía era ir a la playa. Un día se enteró de que Dave Dodd daba un curso nocturno de inversión en la Columbia University. Asistió al curso como oyente, y se interesó tanto por la materia que decidió matricularse en la Columbia Business School para hacer un MBA. Volvió a hacer el curso de Dodd, y también hizo el de Ben Graham. Por cierto, 35 años después llamé a Tom para comprobar alguno de los datos que he mencionado aquí y volví a encontrarle en la playa. La única diferencia es que ahora era el dueño de la playa.

En 1968 Tom Knapp y Ed Anderson, también discípulo de Graham, junto con uno o dos colegas más de ideas similares, formaron Tweedy, Browne Partners y los resultados de sus inversiones son los que se recogen en la tabla 2. Tweedy, Browne consiguió esos resultados con una diversificación muy amplia. Ocasionalmente adquirían el control de las empresas, pero el historial de sus inversiones pasivas es igual al historial de las inversiones de control.

La tabla 3 describe al tercer miembro del grupo que formó Buffett Partnership en 1957. Lo mejor que hizo fue dejarlo en 1969. Desde entonces, en cierta manera, Berkshire Hathaway ha sido una continuación de esa asociación en ciertos aspectos. No hay un único índice que pueda ofrecerles que en mi opinión sea un reflejo justo de la forma de gestionar inversiones de Berkshire. Sin embargo, creo que sea cual sea la forma en que lo examinen, el historial ha sido satisfactorio.

La tabla 4 muestra el historial del Sequoia Fund, que está gestionado por una persona a la que conocí en la clase de Ben Graham en 1951, Bill Ruane. Después de salir de la Harvard Business School, fue a Wall Street. Posteriormente se dio cuenta de que le hacía falta una educación empresarial de verdad, por lo que se fue a seguir el curso de Ben en la Columbia, en donde nos conocimos a principios de 1951. El historial de Bill desde 1951 hasta 1970, trabajando con cantidades relativamente pequeñas de dinero, fue mucho mejor que la media. Cuando liquidé Buffett Partnership, le pregunté a Bill si podía organizar un fondo que gestionase a todos nuestros socios, por lo que organizó el Sequoia Fund. Lo hizo en un momento espantoso, justo cuando yo me retiraba. Se encontró en medio del mercado partido en dos de la década de 1970 y tuvo que enfrentarse a todos los problemas que se plantearon para calcular los resultados comparativos de los inversores orientados hacia el valor. Me complace poder decir que mis socios, en una medida asombrosa, no sólo se mantuvieron fieles a él, sino que le confiaron aún más dinero, con los felices resultados que se muestran.

Estos datos no están manipulados por la ventaja que da conocer los resultados a *posteriori*. Bill fue la única persona que recomendé a mis socios, y en aquel momento afirmé que si conseguía una ventaja de cuatro puntos por año respecto del Standard & Poor's, eso sería un resultado sólido. Bill mejoró con creces esos resultados, trabajando con cantidades cada vez mayores de dinero. Eso hace que las cosas sean mucho más difíciles. El tamaño es el ancla del rendimiento. De eso no cabe ninguna duda. No significa que no sea posible hacerlo mejor que la media a medida que se crece, sino que el margen se reduce. Y si alguna vez llegase a darse el caso de que estuviese gestionando dos billones (con b) de dólares, y más o menos ése fuese el importe de la valoración total del capital de la economía, no crea que iba a obtener mejores resultados que la media.

Debo añadir que en los registros que hemos examinado hasta el momento, durante todo este período de tiempo no hubo apenas duplicación alguna en estas carteras. Las personas que estoy presentando eligen los valores basándose en las discrepancias entre el precio y valor, pero adoptan sus decisiones de selección de una forma muy diferente. Las mayores participaciones de Walter se centraban en empresas tan *afamadas* y *brillantes* como Hudson Pulp & Paper y Jeddo Highland Coal y New York Trap Rock Company, y todos esos otros nombres que le vienen inmediatamente a la cabeza a una persona que lea, aunque sea de Pascuas a Ramos, las páginas de negocio de los periódicos. Las selecciones de Tweedy Browne descienden a niveles aún inferiores en la escala de popularidad de las empresas. Por otra parte, Bill *sí* que ha trabajado con grandes empresas. Las coincidencias entre estas carteras han sido muy, muy reducidas. Los registros que estamos exponiendo no reflejan el hecho de que una persona decida lo que hay que hacer y 50 repitan lo mismo siguiendo su ejemplo.

La tabla 5 es el registro de un amigo mío que es licenciado en derecho de Harvard, y que creó una importante firma de asesoría jurídica. Me encontré con él en 1960 y le dije que el derecho estaba bien como afición, pero que había mejores cosas que podía hacer. Organizó una sociedad bastante diferente de la de Walter. Su cartera se concentraba en una cantidad muy reducida de valores, y, por lo tanto, su registro muestra una volatilidad mucho mayor, pero su método se basaba en el mismo criterio de descuento respecto del valor. Estaba dispuesto a aceptar mayores altibajos en sus resultados, puesto que es una persona cuya mentalidad tiene una gran propensión hacia la concentración, con los resultados que se muestran. Por cierto, este historial pertenece a Charlie Munger, socio mío durante mucho tiempo en la gestión de Berkshire Hathaway. Cuando dirigía su asociación, sin embargo, las participaciones de su cartera eran casi absolutamente diferentes de las mías y de las de los otros colegas mencionados anteriormente.

En la tabla 6 se muestra el historial de un compañero que era amigo de Charlie Munger, otra persona que no había pasado por la facultad de empresariales, ya que era licenciado en matemáticas por la University of Southern California. Al salir de la universidad trabajó para IBM, como vendedor, durante un tiempo. Después de que yo hablase con Charlie, Charlie habló con él. El historial del que estoy hablando es el de Rick Guerin. Rick, en el período que va desde 1965 hasta 1983, durante el cual el S&P obtuvo una ganancia compuesta del 316%, consiguió una ganancia compuesta del 22.200%, que, además, probablemente debido a que carece de formación en una facultad de empresariales, considera que es estadísticamente significativa.

Me gustaría hacer una indicación al margen: me resulta extraordinario que la idea de comprar billetes de 1 dólar por 40 centavos arraigue inmediatamente en unas personas, o no arraigue en absoluto. Es como una inoculación. Si no se apodera de una persona inmediatamente, sería posible hablar con ella durante años y enseñarle todo tipo de datos y registros, y no serviría para nada. Simplemente, no son capaces de captar el concepto, a pesar de lo sencillo que es. Sin embargo, una persona como Rick Guerin, que no tenía ningún tipo de educación formal relacionada con el mundo de los negocios, comprendió inmediatamente el método de valor para invertir y cinco minutos después ya lo estaba aplicando. Nunca he conocido a ninguna persona que se haya ido convirtiendo de forma progresiva, a lo largo de un período de diez años, a este método. No es una cuestión de coeficiente intelectual, ni de formación académica. O se reconoce instantáneamente, o no hay nada que hacer.

La tabla 7 es el historial de Stan Perlmeter. Stan era licenciado en bellas artes por la Universidad de Michigan, y trabajaba como socio en la agencia de publicidad de Bozell & Jacobs. Trabajábamos en el mismo edificio de Omaha. En 1965 se dio cuenta de que yo tenía un negocio mejor que él, por lo que dejó la publicidad. En este caso, también hicieron falta sólo cinco minutos para que Stan se convirtiese al método del valor.

Perlmeter no tiene las mismas acciones que Walter Schloss. Tampoco tiene las mismas acciones que Bill Ruane. Sus registros se crean de manera *independiente.* Sin embargo, siempre que Perlmeter compra una acción es porque consigue más por su dinero de lo que está pagando. Es lo único en lo que piensa. No se interesa por las proyecciones de beneficios trimestrales, no analiza los beneficios del próximo ejercicio, no piensa en el día de la semana que es, no le importa lo que dice una firma de inversión de no se sabe qué ciudad, no está interesado en la inercia del precio, ni en el volumen, ni en nada por el estilo. Lo único que pregunta es lo siguiente: ¿Cuánto vale la empresa?

La tabla 8 y la tabla 9 son los historiales de dos fondos de pensiones con los que he estado relacionado. No los he elegido entre docenas de fondos de pensiones con los que haya mantenido algún tipo de relación; son los dos únicos fondos de pensiones en los que he influido. En ambos casos los orienté hacia gestores relacionados con el método del valor. Muy, pero que muy pocos fondos de pensiones se gestionan de acuerdo con las teorías del valor. La tabla 8 corresponde al fondo de pensiones de la Washington Post Company. Hace unos cuantos años trabajaban con un gran banco, y les sugerí que les convendría buscar gestores que estuviesen orientados hacia el valor.

Como pueden ver, en términos generales, se ha mantenido en el percentil superior desde que hicieron el cambio. El Post indicó a los gestores que mantuviesen por lo menos el 25% de estos fondos en obligaciones, elección que no habría sido necesariamente la realizada por estos gestores. Por lo tanto, he incluido el rendimiento de las obligaciones simplemente para ilustrar que este grupo no tenía especial experiencia en materia de obligaciones. Ellos tampoco habían dicho que la tuviesen. Incluso con este peso muerto del 25% de su fondo en un área que no era su campo de especialidad, consiguieron estar en el percentil superior de la gestión de fondos. La experiencia del Washington Post no abarca un período especialmente largo, pero sí que es representativa de muchas decisiones de inversión adoptadas por tres gestores que no han sido identificados retroactivamente.

La tabla 9 recoge el historial del fondo FMC Corporation. No gestiono personalmente ni un centavo de este fondo, pero en 1974 sí que influí en su decisión de elegir unos gestores que empleasen el método del valor. Antes de aquel año, habían elegido a sus gestores de la misma forma que la mayoría de las grandes empresas. Hoy en día ocupan el número uno en el estudio Becker de fondos de pensiones correspondiente a su tamaño, puesto que ocuparon a partir del momento en que se produjo esta «conversión» al método del valor. El año pasado tuvieron ocho gestores de capital cuyo ejercicio duró más de un año. Siete de ellos tenían un historial acumulado mejor que el S&P. Los ocho habían conseguido un historial mejor que el S&P durante el año anterior. La diferencia neta en la actualidad entre un rendimiento medio y el rendimiento real del fondo FMC durante este período asciende a 243 millones de dólares. FMC atribuye este éxito a la mentalidad que se les recomendó para elegir a los gestores. No son los gestores que yo habría elegido necesariamente, pero todos ellos tienen el denominador común de que eligen los instrumentos en los que invierten atendiendo al valor.

Pues bien, éstos son los nueve historiales de los jugadores a cara o cruz de Graham and Doddsville. No los he elegido a *posteriori* entre miles de ellos. No estoy recitando los nombres de un puñado de ganadores de la lotería; personas de las que nunca había oído hablar antes de que ganasen la lotería. Elegí a estas personas hace años basándome en las estructuras que utilizaban para adoptar sus decisiones de inversión. Sabía lo que se les había enseñado, y adicionalmente tenía un cierto conocimiento personal sobre su intelecto, su carácter y su temperamento. Es muy importante comprender que este grupo ha asumido muchos menos riesgos que la media; hay que examinar sus resultados en los años en los que el mercado general tenía malos resultados. Aunque difieren mucho en cuanto a su estilo, estos inversores están siempre, mentalmente, *comprando la empresa, no las acciones*. Algunos de ellos, en ocasiones, compran empresas completas. Sin embargo, es mucho más frecuente que únicamente compren pequeñas partes de empresas. Su actitud, ya sea al comprar la totalidad de la empresa o al comprar únicamente una pequeña participación, es la misma. Algunos de ellos tienen carteras con docenas de acciones; otros se concentran sólo en un puñado de acciones. No obstante, todos aprovechan la diferencia entre el precio de mercado de una empresa y su valor intrínseco.

Estoy convencido de que hay muchísima ineficacia en el mercado. Estos inversores de Graham and Doddsville han conseguido el éxito aprovechando las divergencias entre el precio y el valor. Teniendo en cuenta que el precio de una acción puede estar influido por un «rebaño» de Wall Street, que acepta los precios establecidos marginalmente por la persona más desequilibrada, o más avariciosa, o por la persona más deprimida, resulta muy difícil afirmar que el mercado siempre establece los precios racionalmente. En realidad, los precios del mercado frecuentemente son absolutamente insensatos.

Me gustaría decir una cosa muy importante sobre el riesgo y la recompensa. En ocasiones, el riesgo y la recompensa están relacionados de forma positiva. Si alguien me dijese un día: «Aquí tengo un revólver de seis tiros, y he introducido una bala en él. ¿Por qué no haces girar el tambor y aprietas el gatillo una vez? Si sobrevives, te daré un millón de dólares». Yo rechazaría su oferta, y tal vez indicaría que un millón no es suficiente. Después podría hacerme una oferta para que apretase dos veces el gatillo a cambio de 5 millones; miren por dónde, ésa podría ser una correlación positiva entre el riesgo y la recompensa.

Con la inversión en valor ocurre exactamente lo contrario. Si se compra un billete de 1 dólar por 60 centavos, es más arriesgado que si se compra un billete de 1 dólar por 40 centavos, pero la expectativa de recompensa es mayor en el último caso. Cuanto mayor es el potencial de recompensa de la cartera de valor, menor riesgo hay.

Les ofreceré un ejemplo rápido: la Washington Post Company en 1973 se vendía a 80 millones de dólares en el mercado. En aquella época, aquel día, se podrían haber vendido los activos a cualquiera entre un grupo de diez compradores por lo menos, como mínimo, por 400 millones de dólares, y tal vez por mucho más. La empresa era propietaria del *Post*, del *Newsweek*, de varias emisoras de televisión en mercados importantes. Esas mismas propiedades valen hoy en día 2.000 millones de dólares, así que la persona que hubiese pagado 400 millones de dólares por ellas no habría estado loca.

Pues bien, si las acciones hubiesen experimentado una mayor pérdida de cotización, y hubiesen llegado a una valoración de 40 millones de dólares en vez de 80 millones de dólares, su beta habría sido mayor. Y para las personas que creen que la beta mide el riesgo, el precio menor les habría parecido que entrañaba un mayor riesgo. Verdaderamente, esto es digno de Alicia en el País de las Maravillas. Nunca he sido capaz de entender por qué es más arriesgado comprar un patrimonio valorado en 400 millones de dólares por 40 millones que hacerlo por 80 millones. Por cierto, es una obviedad que si se compra un grupo de valores de ese tipo y se tiene una remota idea de valoración de empresas, no existe esencialmente ningún riesgo en comprar 400 millones de dólares por 80 millones de dólares, en especial si se hace comprando diez bloques de 40 millones de dólares por 8 millones de dólares cada uno. Dado que no va usted a tener en sus manos los 400 millones, será necesario que se asegure de que trabaja con personas honradas y razonablemente competentes, pero eso no es difícil.

También será necesario que disponga de los conocimientos que le permitan realizar una estimación en términos muy generales sobre el valor de las empresas subyacentes. De todas formas, no hace falta aproximarse mucho. Esto es lo que quería decir Ben Graham cuando hablaba del margen de seguridad. La cuestión no es tratar de comprar una empresa que vale 83 millones de dólares por 80 millones de dólares. El truco está en contar con un enorme margen de seguridad. Cuando se construye un puente, se insiste en que sea capaz de soportar 30.000 kilogramos, pero únicamente se permite pasar a camiones de 10.000 kilogramos por él. El mismo principio se aplica en el mundo de la inversión.

En conclusión, es posible que algunas de las personas aquí presentes que tengan una mente más comercial se estén preguntando por qué he escrito este artículo. La incorporación de muchos conversos al método del valor reducirá, inevitablemente, los diferenciales entre el precio y el valor. Lo único que puedo decirles es que el secreto lleva 50 años a la vista de todo el mundo, desde que Ben Graham y Dave Dodd escribieron *Security Analysis*, y todavía no he apreciado ninguna tendencia hacia la inversión en valor en los 35 años que llevo practicándola. Aparentemente, existe alguna perversa característica humana que hace que las cosas fáciles acaben resultando difíciles. El mundo académico, si acaso, se ha ido alejando cada vez más de la enseñanza de la inversión en valor durante los 30 últimos años. Es muy probable que siga haciéndolo. Los barcos darán la vuelta al mundo, pero la Sociedad para la Defensa de que la Tierra es Plana seguirá ganando adeptos. Seguirá habiendo grandes discrepancias entre el precio y el valor en el mercado, y los que lean a Graham y Dodd seguirán prosperando.

Y a continuación se muestran las tablas 1–9:

TABLA 1

Walter J. Schloss

Año	Ganancia general S&P, incluidos dividendos (%)	Ganancia anual general socios de WJS Ltd al año (%)	Ganancia anual general de WJS Partnership (%)
1956	7,5	5,1	6,8
1957	-10,5	-4,7	-4,7
1958	42,1	42,1	54,6
1959	12,7	17,5	23,3
1960	-1,6	7,0	9,3
1961	26,4	21,6	28,8
1962	-10,2	8,3	11,1
1963	23,3	15,1	20,1
1964	16,5	17,1	22,8
1965	13,1	26,8	35,7
1966	-10,4	0,5	0,7
1967	26,8	25,8	34,4
1968	10,6	26,6	35,5

Ganancia compuesta durante 28,25 años Standard & Poor's	887,2%
Ganancia compuesta durante 28,25 años socios de WJS Limited	6.678,8%
Ganancia compuesta durante 28,25 años WJS Partnership	23.104,7%
Tasa anual compuesta durante 28,25 años Standard & Poor's	8,4%
Tasa anual compuesta durante 28,25 años socios WJS Limited	16,1%
Tasa anual compuesta durante 28,25 años WJS Partnership	21,3%

Durante la historia de la sociedad, ésta ha tenido en cartera acciones de más de 800 empresas y en la mayoría de las ocasiones, ha tenido por lo menos 100 posiciones. Los activos gestionados en el momento actual ascienden aproximadamente a 45 millones de dólares. La diferencia entre los rendimientos de la sociedad y los de los socios comanditarios se debe a las asignaciones realizadas al socio general en concepto de gestión.

TABLA 1

Walter J. Schloss *(Continuación)*

Año	Ganancia general S&P, incluidos dividendos (%)	Ganancia anual general socios de WJS Ltd al año (%)	Ganancia anual general de WJS Partnership (%)
1969	-7,5	-9,0	-9,0
1970	2,4	-8,2	-8,2
1971	14,9	25,5	28,3
1972	19,8	11,6	15,5
1973	-14,8	-8,0	-8,0
1974	-26,6	-6,2	-6,2
1975	36,9	42,7	52,2
1976	22,4	29,4	39,2
1977	-8,6	25,8	34,4
1978	7,0	36,6	48,8
1979	17,6	29,8	39,7
1980	32,1	23,3	31,1
1981	6,7	18,4	24,5
1982	20,2	24,1	32,1
1983	22,8	38,4	51,2
1984 1er trimestre	2,3	0,8	1,1

TABLA 2

Tweedy, Browne Inc.

Período concluido (30 de septiembre)	Dow Jones* (%)	S&P 500* (%)	General de TBK (%)	Socios comandatarios de TBK (%)
1968 (9 meses)	6,0	8,8	27,6	22,0
1969	-9,5	-6,2	12,7	10,0
1970	-2,5	-6,1	-1,3	-1,9
1971	20,7	20,4	20,9	16,1
1972	11,0	15,5	14,6	11,8
1973	2,9	1,0	8,3	7,5
1974	-31,8	-38,1	1,5	1,5
1975	36,9	37,8	28,8	22,0
1976	29,6	30,1	40,2	32,8
1977	-9,9	-4,0	23,4	18,7
1978	8,3	11,9	41,0	32,1
1979	7,9	12,7	25,5	20,5
1980	13,0	21,1	21,4	17,3
1981	-3,3	2,7	14,4	11,6
1982	12,5	10,1	10,2	8,2
1983	44,5	44,3	35,0	28,2
Rendimiento total				
15,75 años	191,8%	238,5%	1.661,2%	936,4%
Tasa anual compuesta durante 15,75 años Standard & Poor's				7,0%
Tasa anual compuesta durante 15,75 años socios comanditarios de TBK				16,0%
Tasa anual compuesta durante 15,75 años general de TBK				20,0%

* Incluye los dividendos abonados tanto del Standard & Poor's 500 Composite Index como del Dow Jones Industrial Average.

TABLA 3

Buffett Partnership, Ltd.

Año	Resultados generales del Dow (%)	Resultados de la sociedad (%)	Resultados de los socios comanditarios (%)
1957	-8,4	10,4	9,3
1958	38,5	40,9	32,2
1959	20,0	25,9	20,9
1960	-6,2	22,8	18,6
1961	22,4	45,9	35,9
1962	-7,6	13,9	11,9
1963	20,6	38,7	30,5
1964	18,7	27,8	22,3
1965	14,2	47,2	36,9
1966	-15,6	20,4	10,0
1967	19,0	35,9	28,4
1968	7,7	58,8	45,6
1969	-11,6	6,8	6,6
Con criterios acumulados o compuestos, los resultados son:			
1957	-8,4	10,4	9,3
1957-58	26,9	55,6	44,5
1957-59	52,3	95,9	74,7
1957-60	42,9	140,6	107,2
1957-61	74,9	251,0	181,6
1957-62	61,6	299,8	215,1
1957-63	94,9	454,5	311,2
1957-64	131,3	608,7	402,9
1957-65	164,1	943,2	588,5
1957-66	122,9	1.156,0	704,2
1957-67	165,3	1.606,9	932,6
1957-68	185,7	2.610,6	1.403,5
1957-69	152,6	2.794,9	1.502,7
Tasa anual compuesta	7,4	29,5	23,8

TABLA 4

Sequoia Fund, Inc.

Año	Variación anual porcentual** Sequoia Fund (%)	Índice S&P 500* (%)
1970 (Desde el 15 de julio)	12,1	20,6
1971	13,5	14,3
1972	3,7	18,9
1973	-24,0	-14,8
1974	-15,7	-26,4
1975	60,5	37,2
1976	72,3	23,6
1977	19,9	-7,4
1978	23,9	6,4
1979	12,1	18,2
1980	12,6	32,3
1981	21,5	-5,0
1982	31,2	21,4
1983	27,3	22,4
1984 (primer trimestre)	-1,6	-2,4
Período completo	775,3%	270,0%
Rendimiento anual compuesto	17,2%	10,0%
Más 1% de honorarios de gestión	1,0%	
Rendimiento bruto de la inversión	18,2%	10,0%

* Incluye los dividendos (y las distribuciones de ganancias de capital en el caso de Sequoia Fund) que han sido tratados como si se hubiesen reinvertido.

** Estas cifras difieren ligeramente de las cifras de S&P de la tabla 1 debido a una diferencia en el cálculo de los dividendos reinvertidos.

TABLA 5

Charles Munger

Año	Mass. Inv. Trust (%)	Investors Stock Fund (%)	Lehman (%)	Tri-Cont. (%)	Dow (%)	General de la sociedad (%)	Socios comanditarios (%)
Resultados anuales (1)							
1962	-9,8	-13,4	-14,4	-12,2	-7,6	30,1	20,1
1963	20,0	16,5	23,8	20,3	20,6	71,7	47,8
1964	15,9	14,3	13,6	13,3	18,7	49,7	33,1
1965	10,2	9,8	19,0	10,7	14,2	8,4	6,0
1966	-7,7	-9,9	-2,6	-6,9	-15,7	12,4	8,3
1967	20,0	22,8	28,0	25,4	19,0	56,2	37,5
1968	10,3	8,1	6,7	6,8	7,7	40,4	27,0
1969	-4,8	-7,9	-1,9	0,1	-11,6	28,3	21,3
1970	0,6	-4,1	-7,2	-1,0	8,7	-0,1	-0,1
1971	9,0	16,8	26,6	22,4	9,8	25,4	20,6
1972	11,0	15,2	23,7	21,4	18,2	8,3	7,3
1973	-12,5	-17,5	-14,3	-21,3	-23,1	-31,9	-31,9
1974	-25,5	-25,5	-30,3	-27,6	-13,1	-31,5	-31,5
1975	32,9	33,3	30,8	35,4	44,4	73,2	73,2

TABLA 5 *(continuación)*

Charles Munger

Año	Mass. Inv. Trust (%)	Investors Stock Fund (%)	Lehman (%)	Tri-Cont. (%)	Dow (%)	General de la sociedad (%)	Socios comanditarios (%)
Resultados compuestos (2)							
1962	-9,8	-13,4	-14,4	-12,2	-7,6	30,1	20,1
1962-3	8,2	0,9	6,0	5,6	11,5	123,4	77,5
1962-4	25,4	15,3	20,4	19,6	32,4	234,4	136,3
1962-5	38,2	26,6	43,3	32,4	51,2	262,5	150,5
1962-6	27,5	14,1	39,5	23,2	27,5	307,5	171,3
1962-7	53,0	40,1	78,5	54,5	51,8	536,5	273,0
1962-8	68,8	51,4	90,5	65,0	63,5	793,6	373,7
1962-9	60,7	39,4	86,9	65,2	44,5	1.046,5	474,6
1962-70	61,7	33,7	73,4	63,5	57,1	1.045,4	474,0
1962-71	76,3	56,2	119,5	100,1	72,5	1.336,3	592,2
1962-72	95,7	79,9	171,5	142,9	103,9	1.455,5	642,7
1962-73	71,2	48,2	132,7	91,2	77,2	959,3	405,8
1962-74	27,5	40,3	62,2	38,4	36,3	625,6	246,5
1962-75	69,4	47,0	112,2	87,4	96,8	1.156,7	500,1
Tasa anual compuesta media	3,8	2,8	5,5	4,6	5,0	19,8	13,7

TABLA 6

Pacific Partners, Ltd.

Año	Índice S & P 500 (%)	Resultado de la sociedad limitada (%)	Resultado general de la sociedad (%)
1965	12,4	21,2	32,0
1966	-10,1	24,5	36,7
1967	23,9	120,1	180,1
1968	11,0	114,6	171,9
1969	-8,4	64,7	97,1
1970	3,9	-7,2	-7,2
1971	14,6	10,9	16,4
1972	18,9	12,8	17,1
1973	14,8	-42,1	-42,1
1974	-26,4	-34,4	-34,4
1975	37,2	23,4	31,2
1976	23,6	127,8	127,8
1977	-7,4	20,3	27,1
1978	6,4	28,4	37,9
1979	18,2	36,1	48,2
1980	32,3	18,1	24,1
1981	-5,0	6,0	8,0
1982	21,4	24,0	32,0
1983	22,4	18,6	24,8

Ganancia compuesta durante 19 años Standard & Poor's	316,4%
Ganancia compuesta durante 19 años socios comanditarios	5.530,2%
Ganancia compuesta durante 19 años general sociedad	22.200,00%
Tasa anual compuesta durante 19 años Standard & Poor's	7,8%
Tasa anual compuesta durante 19 años socios comanditarios	23,6%
Tasa anual compuesta durante 19 años general sociedad	32,9%

TABLA 7

Perlmeter Investments

Año	PIL general %	Socio comandatario (%)
1/8 - 31/12/65	40,6	32,5
1966	6,4	5,1
1967	73,5	58,8
1968	65,0	52,0
1969	-13,8	-13,8
1970	-6,0	-6,0
1971	55,7	49,3
1972	23,6	18,9
1973	-28,1	-28,1
1974	-12,0	-12,0
1975	38,5	38,5
1/1 - 31/10/76	38,2	34,5
1/11/76-31/10/77	30,3	25,5
1/11/77-31/10/78	31,8	26,6
1/11/78-31/10/79	34,7	28,9
1/11/79-31/10/80	41,8	34,7
1/11/80-31/10/81	4,0	3,3
1/11/81-31/10/82	29,8	25,4
1/11/82-31/10/83	22,2	18,4

Ganancia porcentual total de la sociedad 1/8/65 hasta 31/10/83	4.277,2%
Ganancia porcentual total de los socios comanditarios 1/8/65 hasta 31/10/83	2.309,5%
Tipo compuesto anual de ganancia general de la sociedad	23,0%
Tipo compuesto anual de ganancia de los socios comanditarios	19,0%
Dow Jones Industrial Average 31/7/65 (aproximado)	882,0
Dow Jones Industrial Average 31/10/83 (aproximado)	1.225,0
Tasa de ganancia compuesta aproximada del DJI incluidos los dividendos	7%

TABLA 8

The Washington Post Company, Master Trust, 31 de diciembre de 1983

	Trimestre actual		Año concluido		2 años concluidos*		3 años concluidos*		5 años concluidos*	
	% Rdto.	Clasificación	% Rdto.	Clasificación	% Rdto	Clasificación	% Rdto.	Clasificación	% Rdto.	Clasificación
Todas las inversiones										
Gestor A	4,1	2	22,5	10	20,6	40	18,0	10	20,2	3
Gestor B	3,2	4	34,1	1	33,0	1	28,2	1	22,6	1
Gestor C	5,4	1	22,2	11	28,4	3	24,5	1	—	—
Master Trust (todos los gestores)	3,9	1	28,1	1	28,2	1	24,3	1	21,8	1
Acciones ordinarias										
Gestor A	5,2	1	32,1	9	26,1	27	21,2	11	26,5	7
Gestor B	3,6	5	52,9	1	46,2	1	37,8	1	29,3	3
Gestor C	6,2	1	29,3	14	30,8	10	29,3	3	—	—
Master Trust (todos los gestores)	4,7	1	41,2	1	37,0	1	30,4	1	27,6	1
Obligaciones										
Gestor A	2,7	8	17,0	1	26,6	1	19,0	1	12,2	2
Gestor B	1,6	46	7,6	48	18,3	53	12,7	84	7,4	86
Gestor C	3,2	4	10,4	9	24,0	3	18,9	1	—	—
Master Trust (todos los gestores)	2,2	11	9,7	14	21,1	14	15,2	24	9,3	30
Obligaciones y equivalentes a efectivo										
Gestor A	2,5	15	12,0	5	16,[illegible]	64	15,5	21	12,9	9
Gestor B	2,1	28	9,2	29	17,[illegible]	47	14,7	41	10,8	44
Gestor C	3,1	6	10,2	17	22,0	2	21,6	1	—	—
Master Trust (todos los gestores)	2,4	14	10,2	17	17,[illegible]	20	16,2	2	12,5	9

*Anualizado.

La clasificación indica el rendimiento del fondo en comparación con el universo A.C. Becker .

La clasificación se expresa en percentiles: 1 = el mejor rendimiento, 100 = el peor.

TABLA 9

FMC Corporation Pension Fund, tasa anual de rendimiento (porcentaje)

Período que concluye	1 año	2 años	3 años	4 años	5 años	6 años	7 años	8 años	9 años
FMC (obligaciones y acciones combinadas)									
1983	23,0								17,1*
1982	22,8	13,6	16,0	16,6	15,5	12,2	13,9	16,3	
1981	5,4	13,0	15,3	13,8	10,5	12,6	15,4		
1980	21,0	19,7	16,8	11,7	14,0	17,3			
1979	18,4	14,7	8,7	12,3	16,5				
1978	11,2	4,2	10,4	16,1					
1977	-2,3	9,8	17,8						
1976	23,8	29,3							
1975	35,0								
Media de planes grandes de Becker									
1983	15,6								12,6
1982	21,4	11,2	13,9	13,9	12,5	9,7	10,9	12,3	
1981	1,2	10,8	11,9	10,3	7,7	8,9	10,9		
1980	20,9	NA	NA	NA	10,8	NA			
1979	13,7	NA	NA	NA	11,1				
1978	6,5	NA	NA	NA					
1977	-3,3	NA	NA						
1976	17,0	NA							
1975	24,1								

* 18,5 únicamente de acciones

TABLA 9

FMC Corporation Pension Fund, tasa anual de rendimiento (porcentaje) *(continuación)*

Período que concluye	1 año	2 años	3 años	4 años	5 años	6 años	7 años	8 años	9 años
S&P 500									
1983	22,8								15,6
1982	21,5	7,3	15,1	16,0	14,0	10,2	12,0	14,9	
1981	-5,0	12,0	14,2	12,2	8,1	10,5	14,0		
1980	32,5	25,3	18,7	11,7	14,0	17,5			
1979	18,6	12,4	5,5	9,8	14,8				
1978	6,6	-0,8	6,8	13,7					
1977	7,7	6,9	16,1						
1976	23,7	30,3							
1975	37,2								

2. Reglas importantes relativas a la fiscalidad de la renta derivada de inversiones y de las transacciones con valores (en 1972) (en Estados Unidos)

Nota del editor: A causa de los profundos cambios experimentados por las normas que rigen tales transacciones, el siguiente documento únicamente se incluye a efectos históricos. Cuando fue redactado originalmente por Benjamin Graham en 1972, toda la información que contenía era correcta. Sin embargo, la evolución que se ha producido desde entonces hace que este documento sea inexacto a los efectos de hoy en día. A continuación del apéndice 2 original de Graham se incluye una versión revisada y actualizada de «Los aspectos básicos de la fiscalidad de las inversiones», que aporta al lector información actualizada sobre la normativa correspondiente (en Estados Unidos).

Regla 1. Intereses y dividendos

Los intereses y dividendos tributan como renta ordinaria salvo: (a) las rentas derivadas de obligaciones estatales, municipales y similares, que están exentas de tributación federal, pero que pueden estar sujetas a tributación estatal, (b) los dividendos que representen rendimiento del capital, (c) ciertos dividendos abonados por sociedades de inversión (véase más adelante), y (d) los 100 primeros dólares de dividendos de sociedades ordinarias de Estados Unidos.

Regla 2. Ganancias y pérdidas de capital

Las ganancias y pérdidas de capital obtenidas a corto plazo se combinan para obtener la ganancia o pérdida neta de capital obtenida a corto plazo. Las ganancias y pérdidas de capital obtenidas a largo plazo se combinan para obtener la ganancia o pérdida neta de capital obtenida a largo plazo. Si la ganancia neta de capital obtenida a corto plazo es superior a la pérdida neta de capital obtenida a largo plazo, se incluirá como renta el 100% de dicha diferencia. El tipo tributario máximo que se cargará sobre dicha cantidad es del 25% hasta los primeros 50.000 dólares de tales ganancias, y el 35% sobre el saldo excedente.

La pérdida neta de capital (el importe que exceda de la ganancia de capital) se puede deducir de la renta ordinaria hasta un máximo de 1.000 dólares en el año en curso y en cada uno de los cinco años siguientes. Alternativamente, las pérdidas no utilizadas se pueden aplicar en cualquier momento para compensar las ganancias de capital. (Las pérdidas trasladadas de ejercicios anteriores a 1970 reciben un tratamiento más liberal que las pérdidas posteriores).

Nota relativa a las «sociedades de inversión reguladas»

La mayor parte de los fondos de inversión («sociedades de inversión») disfrutan de beneficios concedidos en virtud de estipulaciones especiales del derecho tributario, que les permite tributar, en lo principal, como si fuesen asociaciones. De este modo, si consiguen beneficios a largo plazo con los valores, pueden distribuirlos en forma de «dividendo por ganancia de capital» que será declarado por sus accionistas de la misma forma que las ganancias a largo plazo. Tales ganancias soportan un tipo tributario inferior al de los dividendos ordinarios. Alternativamente, tales sociedades pueden optar por tributar al 25% por cuenta de sus accionistas y después retener el saldo de las ganancias de capital sin distribuirlas en forma de dividendos por ganancias de capital

3. Los aspectos básicos de la fiscalidad de las inversiones (actualizado a 2003) (en Estados Unidos)

Intereses y dividendos

Los intereses y dividendos tributan al tipo fiscal de la renta ordinaria salvo: (a) los intereses que tengan su origen en obligaciones municipales, que están exentas del impuesto de la renta federal, pero que pueden estar sujetas a impuestos estatales, (b) dividendos que representen un rendimiento del capital, y (c) repartos de ganancias de capital a largo plazo realizados por fondos de inversión (véase más adelante). Las obligaciones municipales de actividades privadas, incluso cuando estén incluidas dentro de un fondo de inversión, pueden hacer que quede usted sujeto al impuesto mínimo alternativo federal.

Ganancias y pérdidas de capital

Las ganancias y pérdidas de capital obtenidas a corto plazo se combinan para obtener la ganancia o pérdida neta de capital obtenida a corto plazo. Las ganancias y pérdidas de capital obtenidas a largo plazo se combinan para obtener la ganancia o pérdida neta de capital obtenida a largo plazo. Si su ganancia de capital neta a corto plazo es mayor que su pérdida de capital neta a largo plazo, la diferencia se considera renta ordinaria. Si hay una ganancia de capital neta a largo plazo, dicha ganancia tributa a un tipo de ganancia de capital favorable, que generalmente es el 20%, y que se reducirá al 18% en el caso de inversiones adquiridas después del 31 de diciembre de 2000 y que hayan sido conservadas durante más de cinco años.

La pérdida de capital neta se puede deducir de la renta ordinaria hasta un máximo de 3.000 dólares en el ejercicio en curso. Cualquier pérdida de capital que exceda de 3.000 dólares se puede aplicar a ejercicios posteriores para compensar futuras ganancias de capital.

Fondos de inversión

En su condición de «sociedades de inversión reguladas», prácticamente todos los fondos de inversión aprovechan las estipulaciones especiales del derecho tributario que les eximen del pago del impuesto de sociedades. Después de vender participaciones a largo plazo, los fondos de inversión pueden distribuir los beneficios en forma de «dividendos de ganancia de capital», que en manos de sus accionistas serán tratados como ganancias a largo plazo. Éstas tributan a un tipo inferior (por lo general, el 20%) al de los dividendos ordinarios (que están sujetos a un tipo que puede llegar al 39%). Por lo general, deberá evitar la realización de grandes inversiones nuevas durante el cuarto trimestre de cada ejercicio, momento en el cual se suelen distribuir estos repartos de ganancias de capital; de lo contrario, incurrirá en una obligación tributaria por una ganancia obtenida por el fondo antes de que fuese usted propietario de éste.

4. La nueva especulación en acciones ordinarias[1]

Lo que voy a decir es reflejo de los muchos años que he pasado en Wall Street, con sus concomitantes variedades de experiencias. Entre estas experiencias cabe mencionar la recurrente aparición de nuevas situaciones, de una nueva atmósfera, que pone en tela de juicio el valor de la propia experiencia. Es cierto que uno de los elementos que distingue a la economía, a las finanzas y al análisis de valores de otras disciplinas prácticas es la incierta validez de los fenómenos del pasado a la hora de servir de guía para el presente y el futuro. Sin embargo, no tenemos ningún derecho a desdeñar las lecciones del pasado hasta que, por lo menos, las hayamos estudiado y comprendido. Mi discurso de hoy es un esfuerzo encaminado a dicha comprensión en un campo limitado, en concreto, un esfuerzo por señalar algunas relaciones de contraste entre el presente y el pasado en estas actitudes subyacentes hacia la inversión y la especulación con acciones ordinarias.

Permítaseme comenzar con un resumen de mi tesis. En el pasado, los elementos especulativos de las acciones ordinarias residían de manera casi exclusiva en la propia empresa; se debían a las incertidumbres, a los elementos fluctuantes, a debilidades puras y duras del sector, o de la configuración individual de la empresa. Estos elementos de especulación siguen existiendo, por supuesto; no obstante, podría decirse que se han reducido considerablemente como consecuencia de una serie de acontecimientos a largo plazo a los que me referiré posteriormente. Sin embargo, a modo de venganza, se ha introducido un nuevo e importante elemento de especulación en el terreno de las acciones ordinarias, y este elemento proviene de fuera de las propias empresas. Su origen se puede localizar en las actitudes y puntos de vista del público que compra acciones y de sus asesores, que principalmente somos nosotros, los analistas de valores. Esta actitud podría describirse en un simple enunciado: la atención centrada principalmente en las expectativas para el futuro.

Nada parecerá más lógico y natural para esta audiencia que la idea de que las acciones ordinarias deberían ser valoradas, y su precio debería establecerse, principalmente atendiendo al resultado futuro que se espera para la empresa. Sin embargo, este concepto de apariencia sencilla lleva consigo una serie de paradojas y obstáculos. Por una parte, reduce a cenizas una buena parte de las antiguas y bien establecidas distinciones entre la inversión y la especulación. El diccionario dice que la palabra «especular» proviene del latín «*specula*», atalaya o puesto de vigilancia. Por lo tanto, era el especulador el que se dedicaba a estar vigilante y el que se daba cuenta de que se iban a producir ciertos acontecimientos futuros antes de que otras personas se percatasen. Sin embargo, en la actualidad, si el inversor es inteligente o está bien asesorado, también tiene que disponer de su atalaya sobre el futuro, o más bien tiene que compartir la atalaya codo con codo con el especulador.

En segundo lugar, hemos descubierto que en la mayor parte de los casos, las empresas que tienen las mejores características de inversión, es decir, la mejor calificación crediticia, son aquellas que tienen más probabilidades de atraer el mayor interés especulativo sobre sus acciones ordinarias, puesto que todo el mundo da por descontado que tienen garantizado un futuro brillante. En tercer lugar, el concepto de perspectivas futuras, y en especial el concepto de crecimiento sostenido en el futuro, invita a la aplicación de fórmulas derivadas de la alta matemática para determinar el valor presente de las acciones más apreciadas en el mercado. Sin embargo, se puede utilizar la combinación de unas fórmulas precisas y unas hipótesis extraordinariamente precisas para establecer, o más bien, para justificar, prácticamente cualquier valor que se desee, por elevado que éste sea, para unas acciones realmente extraordinarias. Sin embargo, paradójicamente, ese mismo hecho, si lo sometemos a un examen pormenorizado, entraña que no es posible establecer y mantener ningún valor, ni ninguna banda razonablemente reducida de valores, con respecto a una determinada empresa de crecimiento; de ahí que en ocasiones el mercado pueda valorar el componente de crecimiento de una empresa con una cifra llamativamente reducida.

Volviendo a mi distinción entre los antiguos y los modernos elementos especulativos de las acciones ordinarias, podríamos describirlos con dos palabras de imponente factura, pero muy apropiadas: endógeno y exógeno. Permítaseme ilustrar brevemente el concepto tradicional de acción especulativa, en cuanto a sus diferencias con respecto a la acción de inversión, aportando ciertos datos relativos a American Can y a Pennsylvania Railroad, en 1911–1913. (Estos datos aparecen en Benjamin Graham y David L. Dodd, *Security Analysis*, McGraw-Hill, 1940, págs. 2–3).

En estos tres años la banda de precios de «Pennsy» únicamente osciló entre 53 y 65, o lo que es lo mismo, entre 12,2 y 15 veces sus beneficios medios de ese período. La empresa mostró unos beneficios firmes, pagó un dividendo fiable de 3 dólares y los inversores estaban seguros de que estaba apoyada por un activo tangible que tenía un valor sustancialmente mayor que su valor a la par de 50 dólares. Por el contrario, el precio de American Can osciló en una banda de entre 9 y 47; sus beneficios oscilaron entre 7 centavos y 8,86 dólares; el ratio de precio a beneficio medio a tres años osciló entre 1,9 veces y 10 veces; no pagó ningún tipo de dividendo; los inversores sofisticados eran perfectamente conscientes de que el valor a la par de 100 dólares no representaba nada, salvo «agua» no revelada, puesto que la acción preferente era muy superior a los activos tangibles que tenía a su disposición. Por lo tanto, las acciones ordinarias de American Can eran un valor especulativo representativo, puesto que American Can Company era en aquella época una empresa especulativamente capitalizada de un sector en fluctuación y extremadamente incierto. De hecho, American Can tenía un futuro mucho más brillante que el de Pennsylvania Railroad; sin embargo, este hecho no sólo no era ni siquiera intuido por parte de los inversores o los especuladores en aquella época, sino que además, aun en el caso de que lo hubiesen sabido, los inversores probablemente lo habrían dejado de lado, puesto que habrían considerado que era básicamente irrelevante para las políticas de inversión y los programas de inversión aplicables en los años 1911–1913.

Ahora me gustaría exponerles la evolución que ha tenido a lo largo del tiempo la importancia concedida a las perspectivas a largo plazo de las inversiones. Me gustaría utilizar como ejemplo a nuestra empresa industrial de grandes dimensiones más espectacular; nada menos que IBM, que el año pasado entró en el reducido grupo de empresas que tienen un volumen de ventas de 1.000 millones de dólares. ¿Podría introducir una o dos notas autobiográficas en este momento, para inyectar un pequeño toque personal a lo que de lo contrario sería una fría exposición de cifras? En 1912 dejé la universidad durante un trimestre para ocuparme de un proyecto de investigación realizado para la US Express Company. Nuestro objetivo consistía en encontrar la repercusión sobre los ingresos de un nuevo sistema revolucionario que se había propuesto para calcular las tarifas de envíos urgentes. A tal fin utilizamos las máquinas conocidas como Hollerith, que eran alquiladas por la entonces denominada Computing-Tabulating-Recording Company. Estas máquinas estaban compuestas por taladradoras de tarjetas, clasificadoras de tarjetas y tabuladores, instrumentos que en aquella época resultaban prácticamente desconocidos para los empresarios y que habían tenido su principal aplicación en la Oficina del Censo. Empecé a trabajar en Wall Street en 1914 y al año siguiente las obligaciones y las acciones ordinarias de C.-T.-R. Company empezaron a cotizar en la Bolsa de Nueva York. Pues bien, yo tenía una especie de interés sentimental en esa empresa, y además me consideraba una especie de experto tecnológico en sus productos, puesto que era uno de los pocos profesionales de las finanzas que los había visto y los había utilizado. Por lo tanto, a principios de 1916 me dirigí al director de mi firma, conocido como Mr. A. N. y le indiqué que las acciones de C.-T.-R. estaban cotizando en la banda media de los 40 (con 105.000 acciones); le dije que había conseguido unos beneficios de 6,50 dólares en 1915; que su valor contable, en el que estaban incluidos, por supuesto, algunos intangibles no segregados, era de 130 dólares; que había puesto en marcha una política de dividendo de 3 dólares y que yo personalmente tenía en alta estima los productos y las perspectivas de la empresa. Mr A. N. me dirigió una mirada de conmiseración. «Ben», me dijo, «no vuelvas a mencionarme esa empresa en la vida. No la tocaría ni con un palo de 3 metros de largo. [Ésa era su frase favorita]. Sus obligaciones al 6% cotizan en la franja baja de los 80 y no son buenas. De manera que, ¿cómo podrían ser buenas sus acciones? Todo el mundo sabe que no hay nada detrás de esa empresa, salvo agua». (Glosario: en aquella época, ése era el máximo enunciado de condenación. Significaba que la cuenta de activos del balance era ficticia. Muchas empresas industriales, destacablemente U.S. Steel, a pesar de su valor a la par de 100 dólares, no representaban nada más que agua, y lo disimulaban en una cuenta de instalaciones sobredimensionada. Dado que no tenían «nada» en que apoyarse, salvo su capacidad de generación de beneficios y sus perspectivas para el futuro, ningún inversor que se respetase a sí mismo les dedicaría ni un segundo de reflexión).

Volví a mi cubículo de estadístico, humillado y avergonzado por mi atrevimiento juvenil. Mr. A. N. no sólo era experto y había cosechado un gran éxito, sino que también era extraordinariamente inteligente y perspicaz. Tanto me impresionó su condena sin paliativos de la Computing-Tabulating-Recording que nunca en mi vida compré una acción de esa empresa, ni siquiera después de que cambiase su nombre por el de International Business Machines en 1926.

Analicemos ahora esta misma empresa con su nuevo nombre en 1926, un año en el que el mercado de las acciones estaba a un nivel bastante elevado. En aquella época, publicó por primera vez su partida de fondo de comercio en el balance, y dicha partida ascendía a la considerablemente importante suma de 13,6 millones de dólares. Mr. A. N. había tenido razón. Prácticamente todo el dinero de lo que había dado en denominarse capital en el cual se apoyaban sus acciones ordinarias en 1915 había sido agua, nada más que agua. Sin embargo, desde aquella época la empresa había conseguido un impresionante historial bajo la dirección de T. L. Watson Senior. Su neto había aumentado de 691.000 dólares a 3,7 millones, multiplicándose por más de cinco, una espectacular ganancia porcentual, mayor de lo que iba a conseguir en cualquier período posterior de once años. Había acumulado un estupendo capital tangible en el que apoyar las acciones ordinarias, y había realizado un desdoblamiento de acciones de 3,6 por 1. Había establecido una política de dividendos de 3 dólares para las nuevas acciones, mientras que los beneficios ascendían a 6,39 dólares por cada acción. Cabría haber esperado que el mercado de valores en 1926 se hubiese mostrado relativamente entusiasmado por una empresa con semejante historial de crecimiento y una posición comercial tan sólida. Veamos. La banda de precios durante ese ejercicio fue de 31 mínimo, 59 máximo. A una media de 45, seguía cotizando al mismo multiplicador de siete veces sus beneficios, y al mismo 6,7% de rendimiento por dividendo al que cotizaba en 1915. En su punto mínimo de 31 no estaba muy por encima del valor nominal de su activo tangible y, en ese sentido, su precio estaba determinado de una forma mucho más conservadora que once años antes.

Estos datos ilustran, igual de bien que podrían hacerlo cualesquiera otros, la persistencia de los puntos de vista tradicionales sobre la inversión hasta los años culminantes del período alcista de mercado de la década de 1920. Lo que ha pasado desde entonces se puede resumir utilizando intervalos de diez años en la historia de IBM. En 1936, el neto se expandió hasta duplicar las cifras de 1926, y el multiplicador medio ascendió de 7 a 17,5. De 1936 a 1946, la ganancia fue de 2,5 veces, pero el multiplicador medio en 1946 seguía estando en el nivel de 17,5. A partir de esa fecha el ritmo se aceleró. El neto de 1956 prácticamente cuadruplicó la cifra de 1946, y el multiplicador medio ascendió a 32,5. El último año, con una ganancia adicional del neto, el multiplicador volvió a ascender hasta una media del 42, si no incluimos en la ecuación el capital no consolidado de la filial en el extranjero.

Cuando examinamos estas recientes cifras de precios con detenimiento, podemos apreciar algunas analogías y contrastes interesantes con respecto a las cifras que se daban 40 años antes. El agua tan escandalosa en aquella época, y tan omnipresente en los saldos de las empresas industriales, ha sido escurrida, en primer lugar mediante la publicidad que se debe dar a las cuentas, y después mediante las cancelaciones de las partidas que la contenían. Sin embargo, el mercado de valores ha vuelto a recuperar una clase diferente de agua en sus valoraciones, y han sido los inversores y los especuladores los encargados de incorporarla. Teniendo en cuenta que IBM cotiza en la actualidad a siete veces su valor contable, en lugar de hacerlo a siete veces sus beneficios, el efecto es prácticamente el mismo que si no tuviese ningún tipo de valor contable en absoluto. Alternativamente, cabría interpretar que el pequeño elemento de valor contable constituye una especie de componente de importancia secundaria de capital preferente del precio, y que el resto representa exactamente el mismo tipo de compromiso contraído por los especuladores de antaño cuando compraban acciones ordinarias de Woolworth o de U.S. Steel apoyándose únicamente en su capacidad de generación de beneficios y sus perspectivas para el futuro.

Merece la pena destacar, de pasada, que en los 30 años que han sido testigos de la transformación de IBM de una empresa que valía 7 veces sus beneficios a otra que vale 40 veces sus beneficios, buena parte de lo que he denominado aspectos especulativos endógenos de nuestras grandes empresas industriales han tendido a desaparecer, o por lo menos a disminuir en gran medida. Su situación financiera es firme, sus estructuras de capital conservadoras: están gestionadas de una forma mucho más experta, e incluso diría mucho más honrada, que en el pasado. Adicionalmente, los requisitos de publicidad absoluta han acabado con uno de los principales elementos especulativos del pasado: el que derivaba de la ignorancia y el misterio.

Permítaseme otra digresión personal. En mis primeros años en Wall Street, una de las acciones misteriosas favoritas era Consolidated Gas of New York, en la actualidad Consolidated Edison. Era propietaria, en forma de filial, de la rentable New York Edison Company, pero únicamente declaraba los dividendos percibidos de esta fuente, no todas sus ganancias. Las ganancias no declaradas de Edison eran la fuente del misterio y del «valor oculto». Para mi sorpresa, descubrí que estas cifras que se cuchicheaban al oído en Wall Street estaban realmente publicadas, ya que tenían que presentarse todos los años en el registro de la Comisión de Servicios Públicos del estado. Era simplemente cuestión de consultar los registros y de exponer los verdaderos beneficios de Consolidated Gas en un artículo de una revista. (Por cierto, la adición a los beneficios no era espectacular). Uno de mis amigos, de más edad que yo, me dijo en aquella época: «Ben, es posible que pienses que eres un tipo genial por aportar esas cifras que se echaban en falta, pero ten en cuenta que Wall Street no te va a agradecer el esfuerzo en absoluto. Consolidated Gas con todo su halo de misterio es más interesante y más valiosa que sin ese halo. Vosotros, los jovenzuelos que queréis meter la nariz en todas partes, vais a arruinar a Wall Street».

Es cierto que las tres M que en aquella época aportaban tanto combustible a las calderas especulativas prácticamente han desaparecido en la actualidad. Esas M eran el Misterio, la Manipulación y los (pequeños) Márgenes. Sin embargo, nosotros, los analistas de valores, hemos creado por nuestra cuenta métodos de valoración que son tan especulativos por naturaleza que podrían ocupar perfectamente el lugar de aquellos antiguos factores especulativos. ¿No tenemos nuestras propias «3 M» en la actualidad, en forma nada menos que de la Minnesota Mining and Manufacturing Company (3 M), y no ilustra su capital ordinario perfectamente la nueva especulación, en contraste con la antigua? Analicemos unas cuantas cifras. Cuando las acciones ordinarias de M. M. & M. cotizaron el año pasado a 101, el mercado estaba valorando la empresa a 44 veces los beneficios de 1956, que a la larga acabaron siendo los mismos que en 1957, ya que en este año no se produjo ningún incremento de beneficios del que pueda hablarse. La propia empresa estaba valorada en 1.700 millones de dólares, de los cuales 200 millones de dólares estaban cubiertos por activos netos, y la bonita cifra de 1.500 millones de dólares era representativa de la valoración realizada por el mercado de su «fondo de comercio». No sabemos qué proceso de cálculo ha sido el empleado para alcanzar esa valoración del fondo de comercio; lo que sí sabemos es que unos pocos meses después el mercado revisó su valoración a la baja en unos 450 millones de dólares, lo que supone aproximadamente el 30%. Por supuesto, es imposible calcular de manera exacta el elemento intangible de una empresa tan espléndida como ésta. Podría afirmarse que se puede formular una especie de ley matemática según la cual cuanto mayor es la trascendencia del fondo de comercio o del factor de generación de beneficios futuro, más incierto es el verdadero valor de la empresa y, por lo tanto, más inherentemente especulativo es su capital ordinario.

Posiblemente, convendría reconocer una esencial diferencia que ha ido surgiendo en la valoración de estos activos intangibles, cuando comparamos los viejos tiempos con los actuales. Hace una generación o más, la norma, reconocida tanto en los precios medios de las acciones como en las tasaciones formales o legales, era que los intangibles se debían valorar de una forma más conservadora que los tangibles. Una buena empresa industrial podía verse obligada a obtener entre el 6% y el 8% sobre su activo tangible, representado habitualmente por obligaciones y capital preferente; sin embargo, sus beneficios excedentarios, o los activos intangibles a los que daban lugar, estarían valorados con arreglo a criterios de, por ejemplo, el 15%. (Se podrían encontrar aproximadamente estas proporciones en la oferta inicial de las acciones preferentes y de las acciones ordinarias de Woolworth y de muchas otras empresas). No obstante, ¿qué ha pasado desde la década de 1920? En la actualidad se puede apreciar una relación exactamente inversa a la que hemos mencionado. Hoy en día, las empresas tienen que ganar por lo general el 10% sobre su capital ordinario para conseguir cotizar en el mercado medio a su valor nominal completo. Sin embargo, sus beneficios excedentarios, por encima del 10% del capital, se suelen valorar de una forma más liberal, o a un multiplicador más elevado, que los beneficios básicos necesarios para apoyar el valor contable en el mercado. De esta manera, una empresa que obtenga el 15% sobre el capital bien podría cotizar a 13,5 veces los beneficios, o el doble de su activo neto. Esto significaría que el primer 10% obtenido sobre el capital se valora únicamente a 10 veces, pero el siguiente 5%, lo que tradicionalmente se llamaba «excedente», se valora de hecho a 20 veces.

Existe un motivo lógico para esta inversión en el proceso de valoración, que está relacionado con el nuevo interés mostrado por las expectativas de crecimiento. Las empresas que obtienen un elevado rendimiento sobre el capital disfrutan de estas valoraciones liberales no sólo por la buena rentabilidad que exhiben, y la relativa estabilidad asociada con ella, si no, tal vez de manera aún más racional, porque los elevados beneficios sobre el capital suelen ir de la mano de un buen historial de crecimiento y de unas perspectivas positivas. Por lo tanto, lo que realmente se paga en nuestros días en el caso de las empresas extraordinariamente rentables no es el fondo de comercio en el antiguo y restringido sentido de un nombre o marca comercial bien consolidado y de una empresa o actividad rentable, sino las presuntas expectativas superiores de obtención de unos mayores beneficios en el futuro.

Esto me lleva a uno o dos aspectos matemáticos adicionales de esta nueva actitud hacia las valoraciones de las acciones ordinarias, que abordaré meramente de pasada en forma de breves sugerencias. Si, como demuestran numerosas pruebas, el multiplicador de los beneficios tiende a aumentar con la rentabilidad, es decir, a medida que la tasa de rendimiento sobre el valor contable aumenta, la consecuencia aritmética de esta característica es que el valor tiende a aumentar directamente como el cuadrado de los beneficios, pero *inversamente* respecto del valor contable. Por lo tanto, en un sentido importante y muy real, el activo tangible se ha convertido en un peso muerto sobre el valor medio de mercado, en lugar de ser una de sus fuentes. Tomemos un ejemplo que dista mucho de ser extremo. Si la empresa A gana 4 dólares por acción con un valor contable de 20 dólares, y la empresa B gana también 4 dólares por acción con un valor contable de 100 dólares, es prácticamente seguro que la empresa A cotiza a un multiplicador más elevado y, por lo tanto, a un precio más elevado que la empresa B, por ejemplo, 60 dólares en el caso de las acciones de la empresa A y 35 dólares en el caso de las acciones de la empresa B. Por lo tanto, no sería inexacto afirmar que los 80 dólares por acción en los que el activo de la empresa B supera al de la empresa A son los responsables de los 25 dólares por acción de menor cotización de mercado, puesto que los beneficios por acción se supone que son iguales.

No obstante, más importante que la relación que se ha mencionado anteriormente es la relación general existente entre las matemáticas y los nuevos métodos de abordar los valores de las acciones. Teniendo en cuenta los tres ingredientes de (a) hipótesis optimistas en cuanto a la tasa de crecimiento de los beneficios, (b) una proyección suficientemente prolongada de este crecimiento en el futuro y (c) la milagrosa mecánica del tipo de interés compuesto, el analista de valores recibe una nueva especie de piedra filosofal, que permite elaborar o justificar cualquier valoración que se desee para una «acción realmente buena». He comentado recientemente en un artículo en el *Analysts' Journal* la moda de recurrir a la matemática elevada en los períodos alcistas de mercado, y he mencionado la exposición realizada por David Durand sobre la sorprendente analogía que existe entre los cálculos de valor de las acciones de empresas en crecimiento y la famosa Paradoja de Petersburgo, que ha sido un desafío y una fuente de confusión para los matemáticos desde hace más de 200 años. Lo que quiero afirmar es que se produce una paradoja especial en la relación que existe entre las matemáticas y las actitudes de inversión en acciones ordinarias, que es la siguiente: por lo general, se considera que las matemáticas producen resultados precisos y dignos de confianza; sin embargo, en el mercado de valores, cuanto más elaborado e incomprensiblemente abstruso es el aparato matemático utilizado, más inciertas y especulativas son las conclusiones a las que se llega con dichos cálculos. En 44 años de experiencia y estudio en Wall Street no me he topado nunca con unos cálculos fiables realizados respecto de los valores de las acciones ordinarias, o de las concomitantes políticas de inversión, que fuesen más allá de la aritmética simple o del álgebra más elemental. Siempre que entraba el cálculo en la ecuación, o el álgebra superior, se podía tomar su aparición como una señal de advertencia de que el operador estaba tratando de prescindir de la experiencia y aportar teoría en su lugar, normalmente con el fin de proporcionar una engañosa apariencia de inversión a la especulación.

Es posible que las viejas nociones sobre inversión en acciones ordinarias le parezcan simples al sofisticado analista de valores de la actualidad. Siempre se otorgó más importancia a lo que en la actualidad denominamos aspectos defensivos de la empresa o de la acción, principalmente la garantía de que su dividendo no experimentaría una reducción en los años de malos resultados. Por lo tanto, los sólidos ferrocarriles, que constituyeron el grueso de la inversión en los valores ordinarios con categoría de inversión de hace 50 años, tenían una consideración muy similar a aquella de la que gozan en la actualidad los valores ordinarios de las empresas concesionarias de servicios y suministros públicos. Si el historial de resultados del pasado indicaba estabilidad, se había cumplido el requisito esencial; no se realizaban grandes esfuerzos para tratar de prever modificaciones adversas de carácter subyacente en el futuro. Sin embargo, a la inversa, los inversores más sagaces consideraban que las perspectivas favorables para el futuro eran algo que se debía tratar de identificar, pero que no se debía pagar.

En la práctica esto supuso que el inversor no tuviese que pagar ninguna cantidad sustancial por el hecho de que una empresa tuviese mejores perspectivas a largo plazo. El inversor podía conseguir esas perspectivas virtualmente de manera gratuita, como recompensa a su superior inteligencia y capacidad de juicio para seleccionar a las mejores empresas, y no conformarse con las que simplemente eran buenas. Lo cierto es que las acciones ordinarias de empresas con la misma solidez financiera, el mismo historial de beneficios en el pasado y la misma estabilidad de dividendos cotizaban más o menos todas al mismo rendimiento por dividendo.

Ciertamente, se trataba de una perspectiva corta de miras, pero tenía la tremenda ventaja de que hacía que la inversión en acciones ordinarias en aquella época no sólo fuese sencilla, sino esencialmente sensata y extraordinariamente rentable. Espero no abusar demasiado de su comprensión si realizo un último apunte personal. En algún momento alrededor de 1920, nuestra empresa distribuyó una serie de pequeños panfletos titulados *Lecciones para inversores*. Por cierto, hizo falta que un pomposo analista de veintitantos años, a la sazón yo mismo, fuese capaz de acuñar un título tan autosuficiente y presuntuoso. No obstante, en uno de esos folletos realicé la afirmación casual de que «si una acción ordinaria es una buena inversión, también es una buena especulación». Porque, razonaba yo, si una acción ordinaria fuese tan sólida que aportase muy poco riesgo de pérdida debería ser, por lo general, lo suficientemente buena como para poseer unas excelentes probabilidades de ganancia en el futuro. Se trataba de un descubrimiento absolutamente cierto e incluso valioso, aunque el inconveniente radicaba en que era cierto precisamente porque nadie le prestaba atención. Algunos años después, cuando el público se dio cuenta de los méritos históricos de los que podían hacer gala las acciones ordinarias en cuanto que inversiones a largo plazo, tales méritos no tardaron en desaparecer, puesto que el entusiasmo del público dio lugar a unos niveles de cotización que acabaron con cualquier margen de seguridad que pudiesen tener incorporado tales valores y, por lo tanto, los expulsaron de la categoría de instrumentos de inversión. Por supuesto, el péndulo osciló posteriormente en dirección contraria hasta el otro extremo, y no tardamos en ver a una de las más respetadas autoridades declarando (en 1931) que ninguna acción ordinaria podría nunca ser merecedora de la categoría de instrumento de inversión.

Cuando observamos esta experiencia de largo recorrido con perspectiva, descubrimos otro conjunto de paradojas en la cambiante actitud que ha mostrado el inversor hacia las ganancias de capital en comparación con la renta. Parece una obviedad afirmar que el inversor en acciones ordinarias de antaño no estaba muy interesado en las ganancias de capital. Compraba de manera prácticamente exclusiva para tratar de obtener seguridad y renta, y dejaba que fuesen los especuladores los que se interesasen por la revalorización. En la actualidad, es más probable afirmar que cuanto mayores son la experiencia y los conocimientos del inversor, menos atención presta a la rentabilidad por dividendos y más se concentra en la revalorización a largo plazo. Sin embargo, cabría afirmar, perversamente, que precisamente por el hecho de que el inversor de antaño no centraba su atención en la futura revalorización del capital estaba prácticamente garantizando que disfrutaría de dicha revalorización, por lo menos en el terreno de las acciones de empresas industriales. A la inversa, el inversor actual está tan preocupado con prever el futuro que está pagando generosamente por ese futuro, por adelantado. Por lo tanto, es posible que lo que ha proyectado con tanto estudio y esfuerzo llegue realmente a materializarse en la práctica y que, no obstante, no le aporte beneficio alguno. Por otra parte, si no se llega a materializar de la forma y en la medida en que lo ha previsto, es posible que tenga que afrontar una seria pérdida temporal, o tal vez incluso permanente.

¿Qué lecciones, y vuelvo a utilizar otra vez el título pretencioso de mi panfleto de 1920, puede extraer el analista de 1958 de esta conexión entre las actitudes del pasado y las actitudes actuales? Uno podría sentir la tentación de responder que ninguna excesivamente valiosa. Podemos mirar al pasado con nostalgia, recordando los buenos viejos tiempos, cuando únicamente pagábamos por el presente y podíamos quedarnos con el futuro gratis, una especie de combinación «todo esto, y el Cielo también». Meneando la cabeza, musitamos con tristeza para nuestro interior «Aquellos tiempos se han ido para siempre». ¿No será que los inversores y los analistas de valor han comido del árbol de la sabiduría del bien y del mal de las predicciones? Al hacerlo, ¿no será que se han autoexpulsado permanentemente de aquel Paraíso en el que las prometedoras acciones ordinarias a precios razonables crecían de los árboles? ¿Estamos condenados a correr permanentemente el riesgo bien de pagar cantidades irrazonablemente elevadas por la buena calidad y las perspectivas, o bien de conseguir una calidad y unas perspectivas que dejen mucho que desear cuando pagamos un precio aparentemente razonable?

Ciertamente, tal parece ser la situación. Sin embargo, no es posible estar seguro ni siquiera de ese pesimista dilema. Recientemente, realicé una pequeña investigación en la historia a largo plazo de ese gigante empresarial, General Electric, estimulado por un arrebatador gráfico en el que se mostraban 59 años seguidos de ganancias y dividendos que se recogía en su Memoria de 1957, recientemente publicada. Estas cifras no están exentas de sorpresas para un analista capaz de percibirlas. Por una parte, indican que antes de 1947 el crecimiento de GE fue relativamente modesto y muy irregular. Los beneficios de 1946, ajustados por acción, eran únicamente un 30% superiores a los de 1902, 52 centavos en comparación con 40 centavos, y en ningún ejercicio de este período llegaron a duplicarse los beneficios de 1902. Sin embargo, el PER aumentó de 9 veces en 1910 y 1916, a 29 veces en 1936 y nuevamente en 1946. Podría afirmarse, por supuesto, que el multiplicador de 1946 era, como mínimo, representativo de esa afamada presciencia que adorna la mente de los inversores sagaces. Nosotros, los analistas, fuimos capaces de prever en aquel año el auténticamente brillante período de crecimiento que se avecinaba en la siguiente década. Tal vez fuera así. Sin embargo, algunos de ustedes recordarán que el siguiente año, 1947, que estableció un impresionante nuevo punto máximo de los beneficios por acción de GE, estuvo marcado también por una extraordinaria retracción del PER. En su punto mínimo de 32 (antes del desdoblamiento 3 por 1) GE en realidad volvió a cotizar, de nuevo, a solamente 9 veces sus beneficios actuales, y su cotización media de ese ejercicio únicamente ascendió a 10 veces sus beneficios. Nuestra bola de cristal ciertamente se nubló en el breve espacio de 12 meses.

Este llamativo reverso tuvo lugar hace solamente 11 años. Esto arroja una ligera sombra de duda, en mi opinión, sobre la absoluta fiabilidad de la popular creencia extendida entre los analistas según la cual las empresas destacadas y prometedoras siempre van a cotizar a elevados ratios de precio a beneficio; lo cual es un fenómeno natural esencial en el mundo del inversor, y además éste puede llegar a aceptarlo e incluso es posible que le llegue a agradar. No siento ningún deseo en absoluto de mostrarme dogmático sobre esta cuestión. Lo único que puedo decir es que me parece que todavía no está resuelta de manera definitiva, y que cada uno de ustedes tendrá que esforzarse por resolverla por sí mismo.

Sin embargo, en mis indicaciones finales sí puedo decir algo definitivo acerca de la estructura del mercado de diferentes tipos de acciones ordinarias, en cuanto a sus características de inversión y especulación. En los viejos tiempos, el carácter de inversión de una acción ordinaria era más o menos el mismo que, o por lo menos era proporcional a, el de la propia empresa que la había emitido, que venía medido con bastante exactitud por su calificación crediticia. Cuanto menor era el rendimiento de sus obligaciones o de sus acciones preferentes, más probable era que las acciones ordinarias satisficieran todos los criterios para ser consideradas inversión satisfactoria, y menor era el elemento de especulación relacionado con su adquisición. Esta relación entre la calificación especulativa de las acciones ordinarias y la calificación como inversión de la sociedad se podía expresar de manera gráfica de una forma bastante exacta como una línea recta que descendiese de izquierda a derecha. Sin embargo, en la actualidad yo diría que ese gráfico tendría forma de U. A la izquierda, cuando la propia empresa es de naturaleza especulativa y su calificación crediticia es baja, las acciones ordinarias son, por supuesto, extraordinariamente especulativas, al igual que lo han venido siendo desde tiempo inmemorial. En el extremo derecho, sin embargo, cuando la empresa tiene la máxima calificación crediticia como consecuencia tanto de su historial como de sus perspectivas para el futuro, que serán ambos de la naturaleza más impresionante que quepa imaginar, descubriremos que el mercado de valores tiene tendencia a incorporar de manera más o menos ininterrumpida un extraordinario elemento especulativo en las acciones ordinarias, mediante el sencillo método de determinar un precio tan elevado que las obligue a soportar una considerable cantidad de riesgo.

En este momento no puedo evitar introducir una cita llamativamente relevante, aunque bastante exagerada, sobre esta cuestión, que encontré recientemente en uno de los sonetos de Shakespeare:

¿No he visto a moradores del favor o la forma,
perderlo todo y más aún pagando alta renta?

Volviendo a mi gráfico imaginario, el área central sería el lugar en el que el elemento especulativo de las adquisiciones de acciones ordinarias tendería a estar en su punto mínimo. En esta zona podríamos encontrar muchas empresas bien establecidas y sólidas, con un historial de crecimiento en el pasado correspondiente al de la economía nacional en conjunto, y con unas perspectivas para el futuro aparentemente de la misma naturaleza. Tales acciones ordinarias podrían comprarse, en la mayor parte de los casos, salvo en las etapas superiores de un período alcista de mercado, a precios moderados respecto de su valor intrínseco declarado. De hecho, a causa de la actual tendencia tanto de inversores como de especuladores a concentrarse en las acciones con más oropel, me atrevería a hacer la afirmación de que estas acciones de la zona intermedia suelen cotizar, en conjunto, bastante por debajo de sus valores determinados de forma independiente. Por lo tanto, cuentan con un factor de margen de seguridad proporcionado por las mismas preferencias y prejuicios del mercado que suelen destruir el margen de seguridad de las acciones más prometedoras. Además, en esta amplia variedad de empresas existe mucho margen para realizar penetrantes análisis de los historiales y para ejercer una selección discriminatoria en el terreno de las perspectivas sobre el futuro, a lo cual se puede añadir la mayor seguridad otorgada por la diversificación.

Cuando Faetón insistió en conducir el carro del Sol, su padre, el experto operador, ofreció al neófito algunos consejos que después éste no siguió, pagando las consecuencias. Ovidio resumió el consejo de Febo en tres palabras:

Medius tutissimus ibis
(Por el medio segurísimo irás).

Creo que ese consejo sigue siendo válido para los inversores y sus asesores analistas de valores.

5. La historia de un ejemplo: Aetna Maintenance Co.

La primera parte de esta historia es una reproducción de nuestra edición de 1965, en donde apareció con el título de «Un horrible ejemplo». La segunda parte resume la metamorfosis que experimentó posteriormente la empresa.

Creo que tendrá un saludable efecto sobre la actitud futura de nuestros lectores hacia las ofertas públicas iniciales de nuevas empresas el hecho de que citemos un «horrible ejemplo» con cierto detalle en este momento. Está tomado de la primera página de la *Guía de Acciones* de Standard & Poor's, e ilustra, llevando el ejemplo al extremo, las flagrantes debilidades de las salidas a bolsa que tuvieron lugar en 1960–1962, las extraordinarias sobrevaloraciones que les atribuyó el mercado y su posterior desplome.

En noviembre de 1961, se vendieron al público 154.000 acciones ordinarias de Aetna Maintenance Co., a 9 dólares, y su cotización no tardó en subir hasta

15 dólares. Antes de la financiación, el activo neto por acción rondaba los 1,20 dólares, pero dicho activo se incrementó hasta poco más de 3 dólares por acción gracias al dinero recibido por las nuevas acciones.

Las acciones y los beneficios antes de la financiación eran los siguientes:

Año concluido	*Ventas*	*Beneficio neto atribuible a las acciones ordinarias*	*Percibido por acción*
Junio de 1961	3.615.000$	187.000$	0,69$
(Junio de 1960)*	(1.527.000)	(25.000)	(0,09)
Diciembre 1959	2.215.000	48.000	0,17
Diciembre 1958	1.389.000	16.000	0,06
Diciembre 1957	1.083.000	21.000	0,07
Diciembre 1956	1.003.000	2.000	0,01

* Correspondiente a seis meses.

Las cifras correspondientes después de la financiación eran las siguientes:

Junio 1963	4.681.000$	*42.000%* (déf.)	*0,11$* (déf.)
Junio 1962	4.234.000	149.000	*0,36*

En 1962 la cotización retrocedió hasta 2,75, y en 1964 cotizó a únicamente 0,875. Durante este período no se pagaron dividendos.

COMENTARIO: Era una empresa demasiado pequeña para cotizar en bolsa. La acción se vendió, y se compró, atendiendo a los resultados de un buen ejercicio; antes de ese ejercicio los resultados habían sido irrisorios. No había nada en la naturaleza de esta extraordinariamente competitiva empresa para asegurar la estabilidad en el futuro. Al precio elevado alcanzado poco después de la salida a bolsa, el insensato público estaba pagando mucho más por cada dólar de beneficios y de activos que por la mayor parte de nuestras mejores y grandes empresas. Es justo reconocer que se trata de un ejemplo extremo, pero dista mucho de ser único; los casos de sobrevaloraciones de menor entidad, aunque también inexcusables, se cuentan por cientos.

Acontecimientos posteriores 1965 – 1970

En 1965 entraron nuevos intereses en la empresa. La unidad de negocio de mantenimiento de edificios, que no era rentable, fue vendida, y la empresa se lanzó a un proyecto completamente diferente: la fabricación de aparatos electrónicos. El nombre se cambió por el de Haydon Switch and Instrument Co. Los resultados sobre los beneficios no han sido impresionantes. En los cinco años que van de 1965 a 1969 la empresa obtuvo unos beneficios medios de únicamente 8 centavos por acción del «viejo capital», habiendo percibido 34 centavos en el mejor año, 1967. No obstante, siguiendo un estilo verdaderamente moderno, la empresa llevó a cabo un desdoblamiento de las acciones 2 por 1 en 1968. La cotización de mercado también siguió la norma de Wall Street. Pasó de 0,875 en 1964 al equivalente de 16,5 en 1968 (después del desdoblamiento). La cotización en la actualidad supera el récord establecido en los entusiastas días de 1961. En esta ocasión, la sobrevaloración ha sido mucho peor que en la anterior. La acción cotiza en la actualidad a 52 veces los beneficios de su único año bueno, y a unas 200 veces los beneficios medios. Además, la sociedad volvió a declarar un déficit en el mismo año en el que se alcanzaba su cotización máxima. Al año siguiente, 1969, el precio comprador cayó hasta 1 dólar.

PREGUNTAS: ¿Sabían los idiotas que pagaron más de 8 dólares por esta acción en 1968 algo sobre el historial anterior de la empresa, su historial de beneficios quinquenal, el valor de sus activos (que por cierto era muy pequeño)? ¿Sabían todo lo que estaban recibiendo por su dinero o, por mejor decir, lo poco que estaban recibiendo por su dinero? ¿Les importaba? ¿Tiene alguien en Wall Street algún tipo de responsabilidad por la periódica repetición de las operaciones especulativas descerebradas, asombrosamente generalizadas e inevitablemente catastróficas que se suelen llevar a la práctica con estos tipos de vehículos?

6. Contabilidad tributaria de la adquisición por parte de NVF de acciones de Sharon Steel

1. NVF adquirió el 88% del capital de Sharon en 1969, pagando por cada acción 70 dólares en obligaciones al 5% de NVF, con vencimiento en 1994, y con *warrants* para adquirir 1,5 acciones de NVF a un precio de 22 dólares por acción. El valor inicial de mercado de las obligaciones aparentemente únicamente fue del 43% del par, mientras que los *warrants* cotizaron a 10 dólares por cada acción de NVF afectada. Esto significó que los accionistas de Sharon únicamente recibían 30 dólares de valor en obligaciones, y 15 dólares de valor en *warrants* por cada acción que entregaban, un total de 45 dólares por acción. (Aproximadamente éste era el precio medio de las acciones de Sharon durante el año 1968, y también fue su cotización al cierre de ese ejercicio). El valor nominal de Sharon era de 60 dólares por acción. La diferencia entre este valor nominal y el valor de mercado de las acciones de Sharon representaba aproximadamente 21 millones de dólares sobre las 1.415.000 acciones de Sharon que se adquirieron.

2. El tratamiento contable estaba diseñado para conseguir tres objetivos: (a) Dar a la emisión de las obligaciones el tratamiento que habría correspondido a una «venta» de tales obligaciones a 43, con lo que se ofrecía a la empresa una deducción de los resultados en concepto de amortización por el gran descuento sufrido por las obligaciones por importe de 54 millones de dólares. (De hecho, se estaría cobrando aproximadamente el 15% de interés anual sobre los «ingresos» de la emisión de obligaciones por importe de 99 millones de dólares). (b) Compensar esta carga por descuento de las obligaciones con un «beneficio» aproximadamente igual consistente en un abono a la cuenta de resultados de una décima parte de la diferencia entre el precio de coste de 45 de las acciones de Sharon y su valor contable de 60. (Esto correspondería, a la inversa, a la práctica exigida de imputar a los resultados de cada año una parte del precio pagado por las adquisiciones por encima del valor contable de los activos adquiridos). (c) El atractivo de este método radicaría en que la empresa podría ahorrar inicialmente unos 900.000 dólares al año, o lo que es lo mismo, 1 dólar por acción en el impuesto sobre la renta por estos dos asientos anuales, puesto que la amortización del descuento de las obligaciones podría deducirse de los resultados imponibles, pero la amortización del «excedente de capital respecto del coste» no tenía que ser obligatoriamente incluida en los resultados sujetos a tributación.
3. Este tratamiento contable queda reflejado tanto en la cuenta consolidada de pérdidas y ganancias como en el balance consolidado de NVF correspondiente al ejercicio 1969, y en las versiones pro forma de 1968. Como una buena parte del coste de las acciones de Sharon iban a recibir el tratamiento que les correspondería al haber sido pagadas mediante *warrants* era necesario mostrar el valor inicial de mercado de los *warrants* como parte integrante de la cifra de capital de las acciones ordinarias. Por lo tanto, en este caso, a diferencia de cualquier otro del cual tengamos conocimiento, se asignó un valor sustancial a los *warrants* en el balance, literalmente más de 22 millones de dólares (aunque, ciertamente, sólo se reflejó en una nota explicativa).

7. Las empresas tecnológicas como inversiones

En los boletines informativos de Standard & Poor's de mediados de 1971 aparecían enumeradas aproximadamente 200 empresas cuyos nombres comenzaban por Compu-, Data-, Electro-, Scien-, Techno-. Aproximadamente la mitad de tales empresas estaban encuadradas en alguna zona del sector informático. Todas ellas cotizaban en el mercado o habían presentado su solicitud para ser admitidas a cotización y poder vender su capital al público.

Un total de 46 de estas empresas aparecían en la *Guía de Acciones* de S&P de septiembre de 1971. De estas empresas, 26 declaraban déficits, únicamente seis habían conseguido unos beneficios superiores a 1 dólar por acción, y solamente cinco de ellas pagaban dividendo.

En el número de diciembre de 1968 de la *Guía de Acciones* habían aparecido 45 empresas con unos nombres tecnológicos similares. Siguiendo los acontecimientos posteriores acaecidos a las empresas enumeradas en esta lista, tal y como aparecen reflejados en la *Guía* de septiembre de 1971, encontramos las siguientes evoluciones:

Total empresas	*Aumento de cotización*	*Retroceso de la cotización en menos de la mitad*	*Retroceso de la cotización en más de la mitad*	*Expulsadas de la* Guía de Acciones
45	2	8	23	12

COMENTARIO: Es prácticamente seguro que las muchísimas empresas tecnológicas que no estaban incluidas en la *Guía* de 1968 habrán tenido un historial posterior aún peor que el de aquellas que sí estaban incluidas; además, es un hecho también incuestionable que las 12 empresas que han desaparecido de la lista tuvieron unos resultados peores que aquellas que han permanecido. Los espantosos resultados que exhiben estas muestras son, sin duda, razonablemente indicativos de la calidad y del historial de precios de todo el grupo de acciones «tecnológicas». El fantástico éxito de IBM y de unas cuantas empresas más estaba condenado a producir una multitud de ofertas públicas iniciales en su terreno, para las cuales estaba prácticamente garantizado un futuro plagado de enormes pérdidas.

Notas finales

Introducción: **Qué se pretende conseguir con este libro**

1. Uno de tales instrumentos, denominados *«letter stock»* eran títulos no inscritos para su venta en la Comisión del Mercado de Valores de Estados Unidos (SEC) y respecto de los cuales el comprador aportaba una carta en la que se declaraba que la adquisición tenía finalidad de inversión.
2. Las anteriores son cifras de Moody's para obligaciones AAA y acciones industriales.

Capítulo 1. **Inversión en contraposición a especulación: Resultados que puede esperar el inversor inteligente**

1. Benjamin Graham, David L. Dodd, Sidney Cottle, y Charles Tatham, McGraw-Hill, 4ª ed., 1962. En 1996 se reeditó (McGraw-Hill) un ejemplar facsímil de la edición de 1934 de *Security Analysis*.
2. Se trata de una cita procedente de *Investment and Speculation*, de Lawrence Chamberlain, publicado en 1931.
3. En un estudio llevado a cabo por el Consejo de la Reserva Federal.
4. Edición de 1965, pág. 8.
5. Partimos de la hipótesis de que el inversor típico tendrá un tipo impositivo del 40% aplicable a los dividendos y del 20% aplicable a las ganancias de capital.

Capítulo 2. **El inversor y la inflación**

1. Esto se escribió antes de la «congelación» de precios y salarios del presidente Nixon en agosto de 1971, que fue seguida por su «Fase 2» de sistema de controles. Estos importantes acontecimientos aparentemente confirman las opiniones expresadas anteriormente.

2. La tasa percibida por el índice Standard & Poor's de 425 acciones industriales era de aproximadamente el 11,5% del valor de los activos, debido en parte a la inclusión de la gran y rentable IBM, que no formaba parte del DJIA 30.
3. Un gráfico divulgado por American Telephone & Telegraph en 1971 indica que las tarifas cobradas por los servicios telefónicos para hogares eran algo menores en 1970 que en 1960.
4. Recogido en el *Wall Street Journal*, octubre de 1970.

Capítulo 3. **Un siglo de historia en el mercado de valores: El nivel de cotización de las acciones a principios de 1972**

1. Tanto Standard & Poor's como Dow Jones tienen medias independientes para empresas concesionarias de servicios y suministros públicos y empresas de transporte (principalmente ferrocarriles). Desde 1965, la Bolsa de Nueva York ha calculado un índice que representa las oscilaciones de todas sus acciones ordinarias cotizadas.
2. Realizado por el Center for Research in Security Prices de la Universidad de Chicago, con una subvención de la Charles E. Merrill Foundation.
3. Esto se escribió por primera vez a comienzos de 1971, con el DJIA a 940. La opinión contraria, mayoritariamente aceptada por Wall Street, queda de manifiesto en un detallado estudio que alcanzaba una valoración media de 1.520 para el DJIA en 1975. Esa cifra correspondería a un valor descontado de unos 1.200 a mediados de 1971. En marzo de 1972 el DJIA estaba nuevamente a 940, tras haber pasado por un mínimo de 798. Una vez más, Graham tenía razón. El «estudio detallado» que menciona era excesivamente optimista, y erraba en una década completa: El Dow Jones Industrial Average no cerró por encima de 1.520 hasta el 13 de diciembre de 1985.

Capítulo 4. **Política de cartera general: El inversor defensivo**

1. Un mayor rendimiento exento de tributación, con una suficiente seguridad, se puede obtener con ciertas *obligaciones de ingresos especiales*, un invento relativamente novedoso en el campo de los instrumentos financieros. Serían especialmente interesantes para el inversor emprendedor.

Capítulo 5. **El inversor defensivo y las acciones ordinarias**

1. *Practical Formulas for Successful Investing*, Wilfred Funk, Inc., 1953.
2. En los métodos matemáticos actuales para la adopción de decisiones de inversión, se ha convertido en práctica habitual definir el riesgo en términos de variaciones medias de precio, o «volatilidad». Véase, por ejemplo, *An*

Introduction to Risk and Return, de Richard A. Brealey, The M.I.T. Press, 1969. Consideramos que este empleo de la palabra «riesgo» es más perjudicial que útil para las decisiones sensatas de inversión, ya que hace excesivo hincapié en las fluctuaciones del mercado.

3. Las 30 empresas del DJIA satisfacían este criterio en 1971.

Capítulo 6. Política de cartera para el inversor emprendedor: Método negativo

1. En 1970 el ferrocarril de Milwaukee declaró un amplio déficit. Suspendió el pago de intereses de sus obligaciones de ingresos especiales, y el precio de la las obligaciones al 5% descendió a 10.
2. Por ejemplo: Las acciones preferentes prioritarias con dividendo de 6 dólares, que no estaban pagando dividendo, se vendieron por sólo 15 en 1937, y por 27 en 1943 cuando las acumulaciones habían llegado a los 60 dólares por acción. En 1947 fueron retiradas, canjeadas por 196,50 dólares de obligaciones al 3% por cada acción y llegaron a cotizar a 186.
3. Un complejo estudio estadístico llevado a cabo bajo la supervisión del National Bureau of Economic Research indica que en realidad así ha sido. Graham se está refiriendo a la obra de W. Braddock Hickman, *Corporate Bond Quality and Investor Experience* (Princeton University Press, 1958). El libro de Hickman inspiró posteriormente a Michael Milken de Drexel Burnham Lambert a ofrecer una financiación masiva de alto rendimiento a empresas con unas calificaciones crediticias que no eran precisamente excelentes, con lo que ayudó a encender la locura de las OPAS hostiles y las compras apalancadas de finales de la década de 1980.
4. Una muestra representativa formada por 41 emisiones de este tipo extraídas de la *Guía de Acciones* de Standard & Poor's muestra que 5 perdieron el 90% o más de su cotización máxima, 30 perdieron más de la mitad, y el grupo entero perdió alrededor de las dos terceras partes. Las muchas que no aparecen en la *Guía de Acciones* sufrieron indudablemente una mayor retracción en conjunto.

Capítulo 7. Política de cartera para el inversor emprendedor: Aspectos positivos

1. Véase, por ejemplo, Lucile Tomlinson, *Practical Formulas for Successful Investing*; y Sidney Cottle y W. T. Whitman, *Investment Timing: The Formula Approach*, ambos publicados en 1953.
2. Una empresa con un historial ordinario no puede denominarse, sin forzar el término, «acción de empresa en crecimiento» simplemente porque quienes las presentan esperen que sus resultados sean mejores que la media en el futuro. Se trata meramente de una «empresa prometedora». Graham está formulando

un argumento sutil pero importante: Si la definición de una acción de crecimiento es la de una empresa que va a prosperar en el futuro, en realidad no se trata de una definición en absoluto, sino de una ilusión. Es como llamar a un equipo deportivo «el campeón» antes de que la temporada termine. Esta forma ilusoria de pensar pervive todavía; entre los fondos de inversión, las carteras de «crecimiento» describen sus participaciones como «con potencial de crecimiento superior a la media» o con «perspectivas favorables de crecimiento de los beneficios». Tal vez podría ser mejor definición una que afirmase que el término se refiere a aquellas empresas cuyos beneficios netos por acción han aumentado a una media anual de, por lo menos, el 15% al menos durante cinco años consecutivos. (El hecho de que una empresa haya respondido a esta definición en el pasado no significa que vaya a responder en el futuro).

3. Véase la tabla 7.1.
4. Veamos dos antiguos aforismos de Wall Street que aconsejan dicho tipo de ventas: «Ningún árbol crece hasta el cielo» y «Los alcistas pueden ganar dinero, los bajistas pueden ganar dinero, pero los cabezotas sólo se parten la crisma».
5. Hay dos informes disponibles. El primero de ellos, elaborado por H. G. Schneider, uno de nuestros alumnos, abarca los años 1917–1950 y fue publicado en junio de 1951 en el *Journal of Finance*. El segundo fue elaborado por Drexel Firestone, miembros de la Bolsa de Nueva York, y abarca los años 1933–1969. En esta obra se ofrecen los datos gracias a su amable autorización.
6. Véanse las páginas 422-424, si se desean tres ejemplos de situaciones especiales existentes en 1971.

Capítulo 8. **El inversor y las fluctuaciones de mercado**

1. Excepto, tal vez, los planes de promedio de coste monetario comenzados con un nivel de precios razonable.
2. Sin embargo, según Robert M. Ross, una autoridad de la teoría Dow, las dos últimas señales de compra que se manifestaron en diciembre de 1966 y en diciembre de 1970 estuvieron muy por debajo de los precedentes puntos de venta.
3. Las tres mejores calificaciones para obligaciones y acciones preferentes son Aaa, Aa y A utilizadas por Moody's, y AAA, AA y A, empleadas por Standard & Poor's. Hay otras, que llegan hasta la D.
4. La idea ha sido adoptada en algunos casos en Europa, por ejemplo, por parte de la empresa pública eléctrica del estado italiano, en sus «pagarés a tipo de interés flotante garantizados» con vencimiento en 1980. En junio de 1971 anunció en Nueva York que el tipo anual de interés pagado por tales pagarés durante los seis meses siguientes sería 8,125%.

Uno de estos programas flexibles se incorporó a las obligaciones de The Toronto Dominion Bank al 7% - 8% con vencimiento en 1991, ofrecidas en junio de 1971. Las obligaciones abonan el 7% hasta julio de 1976 y el 8% de ahí en adelante, pero el titular tiene la opción de recibir su principal en julio de 1976.

Capítulo 9. **Invertir en fondos de inversión**

1. La comisión de venta se declara de manera generalizada en forma de porcentaje del precio de venta, que incluye la comisión, lo que hace que parezca menor que si se aplicase al valor neto del activo. Nosotros consideramos que se trata de un truco de ventas indigno de este respetable sector.
2. *The Money Managers*, de G. E. Kaplan y C. Welles, Random House, 1969.
3. Véase la definición de «*letter stock*» en la pág. 605.
4. Título de un libro publicado por primera vez en 1852. En el volumen se describían la «Burbuja de los Mares del Sur», la fiebre de los tulipanes y otras francachelas especulativas del pasado. En 1932, Bernard M. Baruch, tal vez el único especulador con éxito continuado de los últimos tiempos, realizó una reimpresión. *Comentario:* Era como cerrar la puerta del establo una vez que han robado el caballo. La obra de Charles Mackay, *Extraordinary Popular Delusions and the Madness of Crowds* (Metro Books, Nueva York, 2002), se publicó por primera vez en 1841. No se trata de una lectura fácil ni rigurosamente exacta en todo momento, pero es un extenso análisis acerca del modo en que grandes cantidades de personas muchas veces creen cosas terriblemente absurdas, como por ejemplo que el hierro se puede transmutar en oro, que los demonios suelen aparecer los viernes por la noche, y que es posible hacerse rico rápidamente en el mercado de valores. Si desea un relato más basado en datos, consulte la obra de Edward Chancellor *Devil Take the Hindmost* (Farrar, Straus & Giroux, Nueva York, 1999); si desea una dosis más ligera, pruebe con la obra de Robert Menschel *Markets, Mobs, and Mayhem: A Modern Look at the Madness of Crowds* (John Wiley & Sons, Nueva York, 2002).

Capítulo 10. **El inversor y sus asesores**

1. Los exámenes son impartidos por el Institute of Chartered Financial Analysts, que es una sección de la Financial Analysts Federation. Esta última cuenta con sociedades que tienen en conjunto más de 50.000 miembros.
2. La NYSE ha impuesto algunas reglas drásticas de valoración (conocidas como «cortes de pelo») diseñadas para minimizar este riesgo, pero por lo que parece, no ha sido suficiente.
3. En la actualidad, las nuevas ofertas únicamente se pueden vender por medio de un folleto elaborado conforme a las normas de la Comisión del Mercado de Valores. Este documento debe revelar todos los datos pertinentes con respecto a la emisión y el emisor, y es perfectamente adecuado para informar al inversor prudente sobre la naturaleza exacta del título que se le ofrece. Sin embargo, la propia abundancia de datos requeridos, por lo general, da lugar a que el folleto tenga una extensión que hace que su lectura íntegra sea una proeza. Generalmente, todo el mundo está de acuerdo en que únicamente un reducido porcentaje de las personas que adquieren una nueva emisión leen el

folleto con detenimiento. Por lo tanto, las personas siguen actuando principalmente sin basarse en su propio criterio, sino basándose en el de la entidad que les vende el valor o en la recomendación del vendedor individual o el gestor de cuentas.

Capítulo 11. **Análisis de valores para el inversor inexperto: Enfoque general**

1. Nuestro libro de texto, *Security Analysis* de Benjamin Graham, David L. Dodd, Sidney Cottle, y Charles Tatham (McGraw-Hill, 4ª ed., 1962), conserva el título elegido originariamente en 1934, pero abarca buena parte del alcance del análisis financiero.
2. Con Charles McGolrick, Harper & Row, 1964, reeditado por HarperBusiness, 1998.
3. Estas cifras son de Salomon Bros., una gran agencia de obligaciones de Nueva York.
4. Al menos, no para el gran conjunto de analistas de valores e inversores. Los analistas excepcionales, que pueden indicar anticipadamente qué empresas merecen un estudio intensivo y que disponen de las instalaciones y la capacidad necesarias para hacerlo realidad, podrían tener un éxito continuado en esta línea de trabajo. Si se desean más detalles de este tipo de método, véase Philip Fisher, *Common Stocks and Uncommon Profits*, Harper & Row, 1960.
5. En la pág. 320 exponemos una fórmula que pone en relación los multiplicadores con el tipo de crecimiento esperado.
6. Parte de la espectacularidad de la cotización de Chrysler indudablemente vino provocada por el desdoblamiento de acciones 2 por 1 que tuvo lugar en el año 1963, que era un fenómeno sin precedentes en una empresa importante. A principios de la década de 1980, bajo el mandato de Lee Iacocca, Chrysler «tri-pitió» la hazaña, regresando desde el borde del abismo de la quiebra, para convertirse en una de las acciones con mejor rendimiento de Estados Unidos. No obstante, identificar a los directivos que son capaces de liderar las grandes recuperaciones organizativas no es tan fácil como parece. Cuando Al Dunlap se hizo cargo de Sunbeam Corp. en 1996 tras llevar a cabo la reestructuración de Scott Paper Co. (y conseguir que la cotización de sus acciones subiese un 225% en 18 meses), Wall Street lo aclamó casi como si fuese el Segundo Mesías. Al final resultó que Dunlap era un impostor que recurría a la contabilidad fraudulenta y a la falsificación de los estados contables para llevar a error a los inversores de Sunbeam, incluidos los admirados gestores de patrimonios Michael Price y Michael Steinhardt, que le habían contratado. Si se desea una meticulosa disección de la carrera profesional de Dunlap, véase John A. Byrne, *Chainsaw* (HarperCollins, Nueva York, 1999).
7. Tenga en cuenta que no estamos sugiriendo que esta fórmula ofrezca el verdadero valor de una acción de una empresa en crecimiento, sino únicamente que es una aproximación a los resultados ofrecidos por los cálculos más elaborados que están de moda.

Capítulo 12. Cosas que se deben tener en cuenta respecto de los beneficios por acción

1. El método que recomendamos para tratar la dilución de los *warrants* se expone más adelante. Preferimos considerar que el valor de mercado de los *warrants* es un elemento añadido a la cotización vigente del mercado de las acciones ordinarias en conjunto.

Capítulo 13. Comparación de cuatro sociedades cotizadas

1. En marzo de 1972, Emery vendió a 64 veces sus beneficios de 1971.

Capítulo 14. Selección de acciones para el inversor defensivo

1. Como consecuencia de numerosos desdoblamientos de acciones, etc., acontecidos a lo largo de los años, la cotización media real de la lista DJIA era de alrededor de 53 dólares por acción a principios de 1972.
2. En 1960 solamente 2 de las 29 empresas industriales fueron incapaces de mostrar un activo circulante igual al doble del pasivo circulante, y únicamente dos no mostraron unos activos circulantes netos mayores que sus deudas. Para diciembre de 1970, la cifra en cada una de estas categorías había pasado de 2 a 12.
3. Sin embargo hay que tener en cuenta que su acción de mercado combinada desde diciembre de 1970 hasta principios de 1972 fue peor que la del DJIA. Esto demuestra, una vez más, que ningún sistema ni ninguna fórmula permitirán garantizar unos resultados de mercado superiores. Nuestras exigencias únicamente «garantizan» que el comprador de la cartera está consiguiendo un buen valor por su dinero.
4. En consecuencia, debemos excluir a la mayor parte de las empresas de gasoductos, puesto que estas empresas cuentan con una cuantiosa financiación con obligaciones. La justificación para esta configuración es la estructura subyacente de contratos de adquisición que «garantiza» los pagos de las obligaciones; no obstante, las consideraciones en este terreno pueden ser demasiado complejas para las necesidades del inversor defensivo.

Capítulo 15. Selección de acciones para el inversor emprendedor

1. *Mutual Funds and Other Institutional Investors: A New Perspective*, I. Friend, M. Blume y J. Crockett, McGraw-Hill, 1970. Debemos añadir que los resultados de 1966-1970 de muchos de los fondos que analizamos fueron algo

mejores que los del índice compuesto de acciones Standard & Poor's 500 y notablemente mejores que los del DJIA.

2. Nota personal: Muchos años antes del inicio de los fuegos de artificio bursátiles en esa empresa particular, el autor era su «vicepresidente financiero» con el principesco salario de 3.000 dólares al año. Entonces estaba, realmente, en el sector de los fuegos de artificio. A principios de 1929, Graham se convirtió en vicepresidente financiero de Unexcelled Manufacturing Co., el mayor fabricante de fuegos de artificio del país. Unexcelled se convirtió más tarde en una empresa química diversificada, y ya no existe como empresa independiente.
3. La *Guía* no muestra multiplicadores por encima de 99. La mayor parte de ellos serían curiosidades matemáticas, provocadas por unos beneficios levemente superiores a cero.

Capítulo 16. **Valores convertibles y *warrants***

1. Esta cuestión queda excelentemente ilustrada por una oferta de dos emisiones de Ford Motor Finance Co. realizadas de forma simultánea en noviembre de 1971. Una de ellas eran obligaciones no convertibles a 20 años, con un rendimiento del 7,5%. La otra eran obligaciones a 25 años, subordinadas a la primera en cuanto al orden de preferencia, y con un rendimiento de sólo el 4,5; pero eran convertibles en acciones de Ford Motor, a su precio vigente en aquel momento de 68,5. Para conseguir el privilegio de la conversión, el adquirente renunciaba al 40% de rendimiento por renta y aceptaban una posición acreedora supeditada.
2. Téngase en cuenta que a finales de 1971 las acciones ordinarias de Studebaker-Worthington se vendían al reducido precio de 38, mientras que las acciones preferentes con dividendo de 5 dólares se vendían a, o alrededor de, 77. El diferencial, por lo tanto, ha aumentado de 2 a 20 puntos durante el año, ilustrando una vez más lo deseables que resultan tales canjes y también la tendencia del mercado de valores a desentenderse de la aritmética. (Incidentalmente, la pequeña prima de las acciones preferentes respecto de las comunes en diciembre de 1970 había sido compensada por su mayor dividendo).

Capítulo 17. **Cuatro historias reales extremadamente instructivas**

1. Véase, por ejemplo, el artículo «Six Flags at Half Mast», del Dr. A. J. Briloff, en *Barron's*, 11 de enero de 1971.

Capítulo 18. **Una comparación de ocho pares de empresas**

1. El lector recordará de la anterior pág. 463 que AAA Enterprises trató de entrar en este negocio, pero fracasó rápidamente. En este caso, Graham está

realizando una observación profunda y paradójica: Cuanto más dinero gana una empresa, más probable resulta que tenga que enfrentarse a nuevos competidores, ya que sus elevados rendimientos indican claramente que se puede conseguir dinero fácil. La aparición de nuevos competidores, a su vez, dará lugar a una reducción de los precios y una reducción de los beneficios. Esta cuestión esencial fue pasada por alto por los compradores de acciones de Internet que se dejaron llevar por su entusiasmo, que creían que los primeros ganadores serían capaces de sostener su ventaja indefinidamente.

Capítulo 19. Accionistas y equipos directivos: Política de dividendos

1. Los estudios analíticos han mostrado que en el caso típico un dólar pagado en dividendos tenía un efecto positivo sobre la cotización de mercado cuatro veces mayor que ese mismo dólar de beneficios no distribuidos. La cuestión quedaba claramente ilustrada por la situación del grupo de las empresas concesionarias de servicios y suministros públicos durante una serie de años antes de 1950. Los valores con un bajo ratio de pago de beneficios en forma de dividendo cotizaban con bajos multiplicadores de los beneficios, y resultaron dar lugar a adquisiciones especialmente atractivas porque sus dividendos aumentaron posteriormente. Desde 1950 los ratios de pago de dividendo a beneficio han sido mucho más uniformes en la industria.

Capítulo 20. El «margen de seguridad» como concepto central de la inversión

1. Este argumento es respaldado por Paul Hallingby, Jr., «Speculative Opportunities in Stock-Purchase Warrants», *Analysts' Journal*, tercer trimestre de 1947.

Epílogo

1. En aras de la verdad hemos de admitir que la operación estuvo a punto de frustrarse porque los socios querían garantías de que el precio de compra estaría cubierto al 100% por el valor del activo. Una futura ganancia de mercado de 300 millones de dólares o más se convirtió en, por ejemplo, 50.000 dólares de partidas contables. Por pura suerte recibieron exactamente lo que tanto habían insistido en conseguir.

Apéndices

1. Discurso de Benjamin Graham ante la Convención Anual de la National Federation of Financial Analysts Societies, mayo de 1958.

Agradecimientos de Jason Zweig

Deseo hacer llegar mi más sincera gratitud a todos los que me han ayudado a actualizar el trabajo de Graham, entre los cuales se incluyen: Edwin Tan de HarperCollins, cuya visión y chispeante energía hizo nacer el proyecto; Robert Safian, Denise Martin, y Eric Gelman de la revista *Money*, que bendijeron este proyecto con su respaldo entusiasta, paciente e incondicional; mi agente literario, el simpar John W. Wright; y la infatigable Tara Kalwarski de *Money*. Recibí ideas brillantes y críticas esenciales de Theodore Aronson, Kevin Johnson, Martha Ortiz, y el personal de Aronson + Johnson + Ortiz, L.P.; Peter L. Bernstein, presidente, de Peter L. Bernstein Inc.; William Bernstein, de Efficient Frontier Advisors; John C. Bogle, fundador, del Vanguard Group; Charles D. Ellis, socio fundador de Greenwich Associates; y Laurence B. Siegel, director de investigación de políticas de inversión, de la Fundación Ford. También estoy muy agradecido a Warren Buffett; a Nina Munk; al personal incansable del Time Inc. Business Information Research Center; a Martin Fridson, consejero delegado, de FridsonVision LLC; a Howard Schilit, presidente, del Center for Financial Research & Analysis; a Robert N. Veres, redactor y editor, de *Inside Information*; a Daniel J. Fuss, de Loomis Sayles & Co.; a F. Barry Nelson, de Advent Capital Management; al personal del Museum of American Financial History; a Brian Mattes y Gus Sauter, del Vanguard Group; a James Seidel, de RIA Thomson; a Camilla Altamura y Sean McLaughlin de Lipper Inc.; a Alexa Auerbach de Ibbotson Associates; a Annette Larson de Morningstar; a Jason Bram del Federal Reserve Bank of New York; y a un gestor de fondos que desea mantenerse en el anonimato. Sobre todo, doy las gracias a mi esposa y a mis hijas, que han soportado la parte más pesada de mis meses de trabajo sin descanso. Sin su cariño incondicional y su paciencia, nada de esto habría sido posible.

Printed in the USA
CPSIA information can be obtained
at www.ICGtesting.com
LVHW030418130724
785402LV00010B/73

9 781400 343263